教育部人文社科重点基地重点项目

WORLD·HISTORY·AND·CULTURE·SERIES

·世界历史文化丛书·

拜占庭帝国通史

The History of the Byzantine Empire

陈志强⊙著

序言

　　10多年前在北京商务印书馆出版的《拜占庭帝国史》虽然几经加印，仍然脱销，已经不能满足教学和广大读者的需求了。公众对欧洲中古的这个帝国抱有极大的兴趣，表明了我国在经济社会发展的同时，读者对世界历史知识和人类多种文明知识的认知程度越来越高，反映了普遍的精神文明需求的增长和公民素质水平的提升。拜占庭帝国在欧洲中古历史上的重要性是众所周知的，通过新型媒体的多种传播形式，这个具有千余年悠久历史的帝国越来越为国人所了解，曾是中古欧洲和地中海世界最大的政治、经济、文化和宗教中心的帝国都城君士坦丁堡越来越为踏访巡游人类文明的我国旅行者所青睐。如果说拜占庭帝国对当时周边各国各民族曾经产生过强大的影响，特别是在文化领域，它成为连接古典希腊罗马时代和意大利文艺复兴时代之间的桥梁，那么谈论近现代西方文明的形成和发展就不能不涉及拜占庭文明，就不能不充分认识其在欧洲历史和文明发展进程中占有的重要地位。对于遥远的中国来说，这个又古又洋的中古帝国究竟有什么吸引力？是什么力量推动拜占庭历史和文化知识在我国不断扩展？这里我请诸位读者看看太平洋彼岸的美国。

　　第二次世界大战后，美国的拜占庭学迅速超越英国、德国、法国、俄罗斯和希腊等传统拜占庭学研究强国，快速崛起，凭借其强大的经济实力，发展出拥有数十名一流学者、数百名拜占庭学专家和世界上最好的专业图书馆的拜占庭研究中心，并依靠其先进的科技力量建立起拜占庭学大型资料数据库。美国拜占庭学的发展至少让我们看到了一个大国强国对待人类文明和多元文化的欣赏，以及在所有学问研究领域占领制高点的心态。虽然拜占庭帝国灭亡时，美国的源头尚未形成，但是拜占庭历史和文化知识在战后美国仍然广受欢迎，这反映出，当今的美国拜占庭学早已淡去了功利主义的色彩。

以上这个例子也许可以比照近年来拜占庭学在我国快速发展的情况。20世纪80年代中期以前，我国有关拜占庭史的中文书籍只有一两部，而今相关书籍总计超过40部；那以前，我国学者完成的相关文章总计不到35篇，如今每年发表的相关文章可能都要超过这个数字；那以前，我国大学中没有相关课程，现在开设相关课程的大学在10所左右，并建立起从本科到博士研究生培养（包括国内外联合培养）的完善体系。毫无疑问，我国拜占庭学的发展得益于30年改革开放政策的推行，得益于我国现代化建设事业的快速发展，得益于人民生活水平特别是生活质量的普遍提高。作为专门从事拜占庭历史和文化教学与科研工作的教师，笔者当然为此感到欢欣鼓舞，我们在欣喜地目睹这一过程的同时，也为自己能够对拜占庭历史和文化知识在我国的扩展作出力所能及的努力，能够为我国拜占庭学的发展作出些许贡献感到欣慰，而且对我国拜占庭学发展的美好前景和光明未来充满了憧憬。同时我们也深感在这个领域我们与国际同行还存在巨大差距，我们还有大量的工作需要加倍努力地去做。

这部《拜占庭帝国通史》可以说面目一新，一是增加了大量的历史图片，俾使读者通过这些图片可以更加形象地了解拜占庭帝国的历史、事件和人物；二是在总体框架和内容上部分内容有所调整，主要是力图将这10多年的新成果和新变化吸收进去。例如我们对书名作了微调，采用了通史的称谓，使得书名更加符合书的内容，通史之通，既体现了以王朝编年体例来贯通描述拜占庭帝国的兴衰成败，强化了年代顺序之通的特征，同时还将一些与"帝国"相关的重要专题如文化发展和外交关系的内容作了贯通式的论述，有利于读者阅读掌握。又如在简述拜占庭学发展史中，我们增加了近年来发展的新趋势，特别是我国拜占庭学发展的最新变化。30年前，我们不可能作这样的总结，但现在不一样了，我们有许多可以进行分析的进展，为此笔者感到由衷的欣慰。再如新增加的"查士丁尼瘟疫"一节，不仅提出了重新思考拜占庭历史发展重大转折时期的问题，而且提示读者注意从生态环境史的角度解读历史，因此多少能够引导读者关注国际拜占庭学界乃至整个学术界发展的一个重要动向。还有许多涉及具体内容的调整，这里就不一一列举了，笔者还是乐于让读者保持一些阅读新书的神秘感。笔者深知全书存在诸多疏漏和错误，恳请读者留意记录，不弃赐教，并直接向笔者提出评判建议。笔者的联系地址：markchen@nankai.edu.cn。这里，我们向读者表示诚挚的谢意。

这里要特别感谢出版界的朋友们，他们常常能够从读者和作者的结合部找到一些亮点，策划并实施一些非常有意义的出版项目，为我国广大读者奉献出越来越精彩的精神食粮，也为我们这些专业作者创造出展示各自成果的机会。感谢上海社会科学院出版社对本书的支持。

目录

1 序言

1 绪论
1 　一、国外的拜占庭研究
13 　二、我国的拜占庭研究
27 　三、基本知识

36 **第一章　君士坦丁时代**
36 　一、艰难的过渡时期
36 　　1. 晚期罗马帝国的危机
39 　　2. 蛮族入侵
41 　　3. 东、西罗马帝国的差异
44 　二、君士坦丁王朝的统治
44 　　1. 君士坦丁王朝的建立
47 　　2. 君士坦丁的基督教政策
60 　　3. 新罗马的建设
66 　　4. 内政改革
68 　　5. 蛮族问题
70 　三、狄奥多西王朝和利奥王朝
70 　　1. 狄奥多西王朝的内政
74 　　2. 狄奥多西王朝的外交
78 　　3. 狄奥多西一世的后人和利奥王朝
80 　四、精神文化生活

85 **第二章　查士丁尼时代**
85 　一、查士丁尼一世
85 　　1. 查士丁尼一世其人
89 　　2.《罗马民法大全》
91 　　3. 强化皇权

1

95		4. 经济改革
99		5. 宗教政策
103	二、	昙花一现的光荣
103		1. 大兴土木重建首都
107		2. 波斯战争
109		3. 汪达尔战争
113		4. 东哥特战争
117		5. 天灾与瘟疫
123		6. 查士丁尼帝国的危机
125	三、	查士丁尼时代的文化成就

129　第三章　希拉克略时代

129	一、	希拉克略王朝的统治
129		1. 希拉克略王朝
133		2. 军区制改革
138		3. 农兵和小农经济的发展
141		4. 波斯战争
144	二、	阿拉伯战争
144		1. 伊斯兰教的兴起和阿拉伯人的扩张
151		2. 拜占庭阿拉伯战争
155	三、	希拉克略一世的后人

158　第四章　毁坏圣像运动时代

158	一、	伊苏利亚王朝的对外战争
158		1. 抵抗阿拉伯人入侵
160		2. 对外扩张
162	二、	毁坏圣像运动
162		1. 毁坏圣像运动的爆发
166		2. 运动的发展与结束

- 169   3. 深远的影响
- 172   三、立法活动及农村社会
- 172   1. 立法活动
- 173   2.《农业法》反映的农村社会
- 179   四、弗里吉亚王朝

- 182 **第五章 马其顿王朝的统治**
- 183   一、马其顿王朝的兴起
- 187   二、保加利亚战争
- 187   1. 马其顿王朝以前的保加利亚人
- 188   2. 传教活动的成功
- 191   3. 第四次保加利亚战争
- 194   4. 巴西尔二世的内政改革
- 195   5. 保加利亚王国的灭亡
- 200   三、对外扩张
- 203   四、"拜占庭帝国黄金时代"
- 203   1. 立法活动
- 206   2. 宗教政策
- 207   3. 文化政策

- 212 **第六章 拜占庭帝国的衰落和十字军运动**
- 212   一、拜占庭帝国的衰败
- 212   1. 衰败的根源
- 214   2. 科穆宁—杜卡王朝
- 219   3. 十字军狂潮的兴起
- 223   4. 安格洛斯王朝内讧
- 226   二、十字军占领君士坦丁堡
- 226   1. 第四次十字军的阴谋
- 229   2. 西欧骑士洗劫君士坦丁堡

232		3. 西欧骑士对拜占庭帝国的分赃
234		4. 拉丁帝国的统治

237	**第七章**	**尼西亚流亡政府**
237	一、	拉斯卡里斯王朝
237		1. 在流亡中崛起的政府
240		2. 改革和重建军区
242		3. 文化救亡运动
245	二、	推翻拉丁帝国的斗争

250	**第八章**	**拜占庭末代王朝统治及帝国灭亡**
250	一、	巴列奥略王朝的统治
250		1. 末代王朝
254		2. 皇族内战
258		3. "二等小国"
261		4. 王朝内战的后果
265	二、	拜占庭帝国的灭亡
265		1. 奥斯曼土耳其人的兴起
266		2. 君士坦丁堡的陷落

274	**第九章**	**拜占庭文化**
274	一、	拜占庭文化的曲折发展
276	二、	拜占庭文化
276		1. 教育
285		2. 文学
297		3. 艺术
302		4. 自然科学
304		5. 天文历法
315	三、	拜占庭文化的特征

- 315　　　　1. 拜占庭文化的传统特征
- 319　　　　2. 拜占庭文化的开放性
- 324　　　　3. 教俗文化并存共荣
- 328　　四、拜占庭文化的历史地位
- 328　　　　1. 对斯拉夫世界的影响
- 330　　　　2. 对阿拉伯文化的影响
- 332　　　　3. 对中古西欧的影响
- 336　　　　4. 对忽视拜占庭文化意见的一点分析

341　第十章　拜占庭帝国的对外关系
- 341　　一、拜占庭帝国在亚洲西部地区
- 341　　　　1. 拜占庭帝国与波斯人
- 344　　　　2. 拜占庭帝国与阿拉伯人
- 347　　　　3. 拜占庭帝国与土耳其人
- 349　　　　4. 拜占庭帝国与其他西亚民族
- 356　　二、拜占庭帝国在东欧
- 356　　　　1. 拜占庭帝国与保加利亚人
- 360　　　　2. 拜占庭帝国与俄罗斯人
- 363　　　　3. 拜占庭帝国与其他东欧民族
- 373　　三、拜占庭帝国在西欧
- 373　　　　1. 拜占庭帝国与日耳曼人
- 376　　　　2. 拜占庭帝国与意大利
- 384　　　　3. 拜占庭帝国与教皇
- 387　　　　4. 拜占庭帝国与十字军
- 395　　　　5. 拜占庭帝国与西欧其他民族
- 401　　四、拜占庭帝国与古代中国

406　附录一　基本参考史料
- 406　　一、主要文献资料

407	1. 教会史
409	2. 年代记
425	3. 人物传记
427	4. 编年史
433	5. 其他文献史料
436	二、文物资料
436	1. 拜占庭铸币
438	2. 拜占庭印章
439	三、原始资料
439	1. 教会史
441	2. 当代史
444	3. 编年史
445	4. 典章制度
447	5. 人物传记
448	6. 书信札记

451 附录二　重要参考书目

451	1. 通史、断代史
456	2. 政治、军事和外交
460	3. 经济、技术
462	4. 宗教文化
468	5. 人物传记
470	6. 其他

473 附录三　拜占庭帝国皇帝年表

绪论

一、国外的拜占庭研究

近代早期资本主义兴起以后,西欧学者开始注意拜占庭帝国历史与文化的研究。当时,处于奥斯曼帝国统治下的希腊人坚持其传统的东正教信仰,在统治当局严酷控制下的东正教会长期发挥着团结拜占庭希腊人的作用。此时的拜占庭人大多放弃了"罗马人"的称呼,改称为"希腊人",他们使用希腊语在教堂和教会主办的学校里教育本族子弟。1453年拜占庭帝国的灭亡激发了他们恢复古代文化的热情。这种热情一度转变为收集和翻译整理古代文物和文献的文化行动,并迅速地与意大利文艺复兴时代人文主义者的尚古热潮结合在一起,推动西欧资产阶级新文化运动的发展。"拜占庭灭亡时抢救出来的手抄本,罗马废墟中发掘出来的古代雕像,在惊讶的西方面前展示了一个新世界——希腊的古代,在他的光辉的形象面前,中世纪的幽灵消逝了,意大利出现了前所未见的艺术繁荣"。[①]大量的希腊古代手稿因此在这一期间流入西欧,为拜占庭研究工作的开展奠定了文献资料基础。

最早有关拜占庭历史和文化的研究是从16世纪末开始的,至今已经有400多年的历史了。在此期间,拜占庭研究史的发展大体经历了如下几个阶段:

早期研究阶段始于15、16世纪。当时,文艺复兴运动从意大利向阿尔卑斯山脉以北扩展,在全欧洲范围内大规模展开,德、法两国的学者像其意大利先驱一样,掀起了搜集和整理古代希腊罗马手稿和文物的热潮。附庸风雅的

[①] 恩格斯:《自然辩证法》,人民出版社1985年版,第3卷,第444—445页。

法国专制王朝，不仅与意大利文艺复兴运动中显赫一时的美第奇家族结亲，而且出资支持法国学人广泛收集希腊古物和文献。在收集活动中，许多拜占庭时期的作品，如手稿、古代文物和艺术品，也被当作古典文化的一部分加以研究。当时，好古者对古典作家和拜占庭作家不加区别，把他们统称为古代希腊作家。

16世纪末，德国奥格斯堡的富格尔家族秘书、著名学者赫罗尼姆斯·沃尔夫（Hieronymus Wolf, 1516—1580年）在整理注释拜占庭历史学家的手稿时，发现中世纪希腊文献与古典时代的希腊文献有重要区别，他认为从中古希腊文献中可以得出许多有关拜占庭帝国的历史知识，呼吁学术界给予足够的注意，并应充分认识拜占庭历史在欧洲历史发展中的特殊地位。为了区别拜占庭作家和古希腊作家，他给前者的作品冠以"拜占庭的"（the Byzantine）字样，这样，他就成为开创拜占庭研究工作的第一位学者，而拜占庭研究工作也从此开始迅速发展，获得显著成就。

在拜占庭研究的早期阶段，德国、法国和希腊等国都出现了一些杰出的拜占庭学者，他们致力于拜占庭古代文献的整理工作，不仅开辟了历史研究的新领域，而且为拜占庭研究工作的进一步发展作了准备。沃尔夫去世以后，他的学生威尔海曼·赫尔兹曼（Wilhelm Holzmann）、大卫·赫施尔（David Hoeschel）和约翰尼斯·伦克拉维乌斯（Johannes Leunclavius）继续进行拜占庭古籍的译注。法国教会学者迪尼斯·比陶（Denis Petau）开始法国的拜占庭研究。荷兰学者沃尔坎努斯（B. Vulcanius）和约翰尼斯·缪尔修斯（Johannes Meursius），以及希腊学者尼古拉斯·阿林曼努斯（Nicolaus Alemannus）和利奥·阿拉丢斯（Leo Allatius）等，都是当时拜占庭研究领域中的杰出代表人物。而16、17世纪的德意志尚处于封建诸侯各自为政、四分五裂的政治状态，个别学者对拜占庭文献表现出的兴趣还难以形成广泛的影响。

拜占庭研究的真正兴起是在法国出现的。法国国王路易十三（Louis XIII, 1610—1641年在位）和路易十四（Louis XIV, 1643—1715年在位）统治期间，实行开明专制政策，崇尚古典文明，促成了法国文化界研究希腊古代手稿的热潮。王室支持政府广泛收集民间藏书，红衣主教马扎然（Cardinal Mazarin, 1602—1661年）和柯尔贝特（Colbert, 1619—1683年）的私人藏书即以希腊古文书为重要组成部分，移交皇家图书馆后，使法国成为拜占庭历史资料十分集中的国家。王室和政府积极支持并赞助著名的卢浮宫出版机构组织学者编辑出版拜占庭古籍系列丛书，使过去由学者自发进行的希腊古籍翻译工作变为有组织的政府行为。1645年，这部丛书的第一册，即拜占庭皇帝约翰六世《历史》问世，标志着有组织的资料整理工作正式开始。同时，这项计划的实施激发起学者更大的热情。数年后，法国著名学者拉比（Ph. Labb，1607—1667年）等人提出了拜占庭历史文献大全的出版计划，邀请全国学者共同合作，得到国内外学者的积极响应，从而奠定了《巴黎拜占庭历史文献大全》（简称《巴黎大全》，Paris Corpus）编辑委员会的组织基础。这套丛书以原文和译文对照并详加注释的形式出版，学术价值极高，至今仍然是拜占庭研究工作中不可缺少的原始资料参考书。《巴黎大全》的出版是拜占庭研究工作早期阶段的最重大的成就，也反映出早期研究工作的特点：即广泛搜集历史文献，整理出版重要史籍。

《巴黎大全》出版工作进展十分迅速，特别是由于当时最著名的拜占庭史学家西维奥尔·杜康（Du Cange，1610—1688年）的加盟而达到其最辉煌的顶峰。杜康是法国著名的历史学家、古币学家和考古学家，广泛涉猎文学和艺术。他大器晚成，45岁以后才开始发表作品，并积极参与领导《巴黎大全》的编辑工作。他从语言学、系谱学、地形学和古币学角度对拜占庭社会生活、君士坦丁堡地理和地貌以及中世纪希腊语所作的研究具有特别重要的学术价值，特别是他编纂的中世纪希腊—拉丁语词典至今仍是最重要的工具书之一。可以说，他是当时最杰出的拜占庭学家，代表了这个时期拜占庭研究的最高水平，是拜占庭历史研究工作的奠基人。在杜康之后，一批博学的历史学家继续推进拜占庭历史文献的收集和研究工作，其中让·马比永（Jean Mabillon，1632—1707年）、贝尔纳·德·蒙特福松（Bernard de Montfaucon，1655—1741年）、米歇尔·勒基安（Michel Lequien，1661—1733年）、安塞尔莫·班杜利（Anselmo Banduri，1670—1743年）等人是重要代表人物，《巴黎大全》的编辑工作于1819年告一段落。

拜占庭研究工作在18世纪遭受到重大挫折，这是拜占庭学发展的第二个阶段。当时，代表新兴资产阶级的进步思想家掀起批判宗教神学、提倡理性主义的启蒙运动。他们把欧洲中世纪称为"黑暗时代"，认为在这一黑暗时代，欧洲古典文化全面倒退，遭到落后的蛮族和基督教的扼杀，他们还对深受基督教神学思想影响并以东正教为国教的拜占庭帝国持批判态度。伏尔泰、孟德斯鸠等启蒙思想家对拜占庭历史和文化无一不持否定态度。英国历史学家爱德华·吉本（Edward Gibbon，1737—1794年）在其《罗马帝国衰亡史》中把拜占庭帝国千余年的历史视为罗马帝国长期的衰亡史，并将这一衰亡过程称为"蛮族主义和宗教的胜利"。① 这些思想对拜占庭学的研究工作产生了极大的消极影响，使这项研究在18世纪初以后百余年内几乎没有获得任何重大发展。尽管如此，吉本（图0-1）的这部名著仍然以其广泛的史料考证和典雅的文学语言享有极高的声誉，特别是英国著名拜占庭学家布瑞（J. B. Bury，1861—1927年）对该书的注释，使其学术价值保持到今天，成为启蒙运动时代拜占庭研究领域最杰出的代表作。②

同一时期，拜占庭历史和文学资料的编辑整理并没有停止，在德国出版了包括大量拜占庭作品在内的14卷的希腊古文献书目，它提供了完整的拜占庭历史文献索引，具有很高的参考价值，至今是拜占庭文献学研究必不可少的工具书。德国学者开始筹划在《巴黎大全》版本的基础上扩大出版拜占庭历史文献丛书。另外，各国学者对拜占庭古代文献分散进行的译注也为此后拜占庭学发展成为独立学科作了文献资料方面的准备。法国学者在该学科发展最初阶段发挥了重要作用，他们在新的发展阶段中继续带动世界其他国家的学者投身研究工作，终于形成了世界范围的拜占庭学发展的高潮。

图0-1　英国历史学家爱德华·吉本

拜占庭研究的现代阶段开始于19世纪初。法国大革命后，怀疑主义思潮泛起，人们重新审视启蒙学者提倡的理性主义观念，欧洲学术界出现清理历史遗产、重写人类历史的呼声和重视历史研究的风尚，人们希望从历史中寻求国富民强、长治久安的借鉴。德国历史学家兰克（Leopold von Ranke，1795—1886年）和蒙森（Theodor Mommsen，1817—1903年）等著名学者重视史料挖掘、忠实历史事实的历史观念影响和改变了18世纪流行的消极历史观和历史虚无主义（图0-2）。拜占庭研究工作也因此出现了前所未有的新发展。首

---

① Edward Gibbon, *The History of the Decline and Fall of the Roman Empire*, London 1905-1906, Vol.1, p.53.
② 吉本的这部名著由黄宜思和黄雨石翻译的中文节选本已经由商务印书馆于1997年出版。吉本著，黄宜思和黄雨石译：《罗马帝国衰亡史》，商务印书馆1997年版。

先,学者对拜占庭文献的搜集和整理工作继续向前推进。1828年,《波恩拜占庭历史作品大全》(简称《波恩大全》,Bonn Corpus)在德国出版问世。这部丛书在《巴黎大全》的基础上进一步扩大对资料的搜索范围,采用原文和拉丁文对照的方式,附带精简的德文诠释,具有完整、精确和使用方便的特点。至今,《波恩大全》与《巴黎大全》一样是从事拜占庭研究人员必备的原始资料丛书。

这一时期,各国学者不再满足搜集整理拜占庭文献,而是积极从事对拜占庭历史和文化的全面研究。英国、法国、德国、俄国和希腊等国都出现了许多从事拜占庭历史和文化研究的专家,出版了一大批各种文

图0-2 德国历史学家兰克

字、多种版本的专著,涉及拜占庭研究的各个领域。法国学者施伦伯格(G. Schlumberger,1844—1928年)、查尔斯·迪尔(Ch. Diehl,1859—1944年)和他的学生路易·布莱赫尔(L. Brehier,1868—1951年)最为突出,他们的研究涉及拜占庭帝国军事外交史、王朝政治制度史和物质文明及文化史等拜占庭人生活的主要方面,代表了这个时期法国拜占庭学发展的方向。英国学者乔治·范莱(George Finlay,1799—1875年)和约翰·布瑞(J. B. Bury,1861—1927年)也是拜占庭学研究杰出的代表人物。他们在19世纪上半叶震动整个欧洲的希腊革命的影响下,多次访问为推翻土耳其人统治、实现民族独立而进行不屈不挠的革命斗争的希腊,先后完成多部拜占庭帝国和希腊通史,被认为是继吉本之后最优秀的历史作家。布瑞作为著名的剑桥大学历史教授,主编《剑桥中世纪史》,邀请当时最著名的拜占庭学家参加该书写作,使之代表了当时英国拜占庭历史和文化研究的最高水平。[①]

德国在完成自上而下的统一事业前后,学术活动在国家的支持下非常活跃,而兰克和蒙森等史学大师将注重实证史学的风气注入拜占庭研究工作,使德国的拜占庭研究从一开始就表现出严谨的学术特点。德国学者卡尔·霍普夫(Karl Hopf,1832—1873年)和卡尔·科隆巴赫尔(Karl Krumbacher,

---

① *Cambridge History of European Economy*, Cambridge 1952.

1856—1909年）在拜占庭历史资料的发掘、拜占庭经济史和文献研究方面作出了卓越贡献，代表了这一时期德国拜占庭研究的最高水平。特别应该提到的是，科隆巴赫尔的《从查士丁尼到东罗马帝国末期的拜占庭文献史》内容极为丰富，对当时已经发现的拜占庭作品和作家进行全面述评，是拜占庭文学史和史料学最重要的参考书，至今仍是拜占庭学者必备的案头书，[1]该书已被翻译为世界主要语言。科隆巴赫尔的另一项重要贡献是于1892年编辑发行了第一部拜占庭学研究年刊《拜占庭研究》（*Byzantinische Zeitschrift*）。这一刊物仍然是当今国际拜占庭学第一流的学术出版物。此外，诸如塔菲尔（G. L. F. Tafel, 1787—1860年）、托马斯（G. M. Thomas, 1817—1887年）、赫兹伯格（G. F. Hertzberg, 1826—1898年）和格里高罗维乌斯（F. Gregorovius, 1838—1910年），以及法尔默赖尔雷尔（J. P. Fallmerayer, 1790—1861年）和林根绍尔（K.E. Zacharia von Lingenthal, 1812—1894年）等一批德国学者也对拜占庭历史和文化研究工作作出了重要贡献。

希腊学者很早就开始研究拜占庭帝国历史和文化，特别是在19世纪初希腊民族解放运动中，爱国学者注重发掘希腊古代中世纪历史和文化，以此作为唤起民族自尊心的重要措施。希腊雅典大学教授巴巴利格布罗斯（Paparrigopoulos, 1810—1902年）和斯比利冬·兰布罗斯（Spiridon Lampros, 1851—1919年）是希腊拜占庭学家中的佼佼者。前者积30年的功力完成了5卷本《从远古到近代的希腊民族史》和《希腊文明史》，后者出版了《从远古到君士坦丁堡陷落的图解希腊史》。[2]雅典大学教授安德列亚迪斯（A. Andreades, 1876—1935年）十分注意拜占庭帝国财政经济史研究，其成果至今没有过时。

拜占庭学在俄国的发展值得注意。俄国学者认为本民族的历史文化与拜占庭帝国有密切的联系，同属于东正教信仰，因此对其文明有强烈的认同感。一些具有民族主义情绪的沙皇时代的御用学者甚至认为，在拜占庭帝国灭亡以后，俄国理应成为"第三罗马帝国"，或至少是拜占庭帝国与东正教的正宗继承者。客观的俄国拜占庭历史和文化研究是在法、德两国学术界的影

---

[1] K.Krumbacher, *Geschichte der byzantinischen Litteratur von Justinian bis zum ende des ostromischen reiches*, Munich 1891, Athens 1974.

[2] Παπαρριγοπουλος, Ιστορια του Ελληνικου εθνους απο των αρχαιοτατων χρονων μεχρι των νεωτερων, Αθηνα 1860-1877. Paparrigopoulos, *Histoire de la civilisation hellenique*, Paris 1878. Lampros, Ιστορια της Ελλαδος. μετ εικονων απο των αρχαιοτατωνχρονων μεχρι της Κωνσταντινουπολεως, Athens 1886, 1908.

响下形成的,其主要成就集中在拜占庭经济史和教会史研究方面。俄国早期拜占庭学者从最初模仿法、德学者收集整理拜占庭历史资料,逐步开始其研究工作,很快就发展出自己的研究特点,即在经济史和农业史方面颇有创见。俄国学者如皇家科学院院士库尼科(Ernst Kunich,1814—1899年)、穆拉尔特(Eduard de Muralt,1809—1895年)是俄国拜占庭研究工作的先驱,他们不仅在俄国古代和拜占庭帝国文献资料的收集方面,而且在俄国境内的拜占庭考古方面均取得显著成绩。曾任圣彼得堡大学教授和俄国科学院院士的瓦西列夫斯基(V. G. Vasilievsky,1838—1899年)、康达科夫(N. P. Kondakov,1838—1925年)和乌斯本斯基(I. Uspensky,1845—1928年)是俄国拜占庭历史和文化研究工作的创始人,他们不仅在拜占庭内政和外交问题研究中开创了许多新领域,而且在原始资料的考证方法和在历史研究中的批判方面提出许多重要意见,其独到的治学方法和精神对后人影响甚深。

20世纪是拜占庭学发展的春天,各国学者在各自的研究工作中都取得了重大进展,国际一流水平的著名学者达数百名,他们著述颇丰,硕果累累,研究范围涉及拜占庭历史和文化的所有领域。这里,我们不可能提到所有对当今拜占庭学发展产生重大影响的学者,仅就其中具有代表性的人物介绍一二。

美籍俄国学者瓦西列夫(A. A. Vasiliev)影响最为广泛,他不仅著述极为丰富,而且以通俗易懂的英语出版了《拜占庭帝国史》,从而获得了广泛的国际声誉。该书的重要之处在于,它几乎涉及直到20世纪50年代初拜占庭学全部有争议的问题和最重要的学术观点以及最新研究成果,[①]堪称是拜占庭历史和文化研究成果的总汇。该书因此多次再版,并被译为法、德、俄、希腊等多种语言,该书的中译本也可望于近年面世。

拜占庭学研究工作在巴尔干地区和其他东欧国家的蓬勃开展使该地区学者在国际拜占庭学界异军突起,保加利亚学者穆塔夫斯耶夫(P. Mutafciev,1884—1943年)、兹拉塔斯基(V. Zlatarski,1866—1935年)和尼科夫(P. Nikov,1884—1939年),前南斯拉夫学者阿纳斯塔修维奇(D. Anastasijevic,1877—1950年)、格兰尼奇(F. Granic,1883—1948年)、斯塔诺耶维奇(St. Stanojevic,1874—1937年)和希西奇(F. Sisic,1869—1940年)是其中重要代表人物。而影响力最大者当属奥斯特洛格尔斯基(G. Ostrogorsky),他的《拜占庭国家史》是一部影响深远、被公认为最有学术价值的拜占庭通史著

---

① A.A. Vasiliev, *History of the Byzantine Empire*, Wisconsin 1958.

作，书中在各个历史时期专章中开辟专门小节分析相关的拜占庭史料和最重要的研究著作，其严谨的著述方法独树一帜，构成了全书的坚实基础。①在这部名著中，作者注重对物质文化和经济制度的研究和考察，他对拜占庭经济史的研究水平远远超过同时代其他国家的学者，他关于拜占庭帝国农业经济的意见至今保持着强大的影响力。他的这部书历经半个多世纪，为学界公认是最好的拜占庭通史著作。罗马尼亚学者奥尔佳（N. Iorga）的《拜占庭人生活史，帝国与文明》突破一般的历史著作的写法，另辟新路，注重考察拜占庭帝国时期社会生活的状况，突出作为整体的拜占庭文明演化的主要线索。该书的重要价值还在于它附录了大量的参考书，使读者可以借此进一步深入阅读。②

英国学者仁西曼（S. Runciman，1903—2000年）可以称为长寿作家，他在经历了多年在土耳其、希腊的外交生涯后，任教于英国多所大学，他的《拜占庭文明》、《皇帝利卡潘努斯罗曼努斯及其统治》、《十字军史》和《第一保加利亚帝国史》在国际拜占庭学界获得了普遍的好评，从而他成为继布瑞之后英国拜占庭学的学科带头人。③俄国学者乌斯本斯基于1914年出版的《拜占庭帝国史》堪称俄国拜占庭历史研究的代表作品，其重要性不仅在于书中包括对晚期罗马和拜占庭帝国社会经济史的论述，代表了俄国学术界的研究特点，而且使用大量图片、地图和表格，生动地再现了自4世纪以后1400年的历史，从而形成了该书图文并茂的重要特点，这在当时严肃的学术著作中是极为罕见的。十月革命胜利后，苏联的历史学家力图用马克思主义历史唯物论重新解释全部人类历史。在一大批优秀的拜占庭学专家中，列夫臣柯（M. V.

---

① G. Ostrogorsky, *History of the Byzantine State*, tr. J. Hussey, Oxford 1956, 1968. 美国新生代拜占庭学家Warren T. Treadgold近年来屡有佳作问世，其《拜占庭国家与社会史》最为得意，曾放言为Ostrogorsky之后第一杰作。该书多有新意，但总体水平尚未突破奥氏经典作品，此乃为国际拜占庭学界的共识。参见W. T. Treadgold, *A History of the Byzantine State and Society*, Stanford 1997. 这从另一个侧面反映了Ostrogorsky作品的强大生命力。2002年出版的《牛津拜占庭史》也值得一读，其中最大的亮点在于，主编Cyril Mango允许作者纳入了许多新见解和对传统意见的质疑。Cyril Mango ed., *The Oxford History of Byzantine*, Oxford University Press, 2002.

② N. Iorga, *Histoire de la vie byzantine, empire et civilisation*, Bucarest, Édition de l'auteur, 1934.

③ S. Runciman, *Byzantine Civilization*, London 1933, 1959. S. Runciman, *The Emperor Romanus Lecapenus and His Reign. A Study of Tenth Century*, Cambridge 1929. S. Runciman, *A History of the Crusades*, Cambridge 1951. S. Runciman, *A History of the First Bulgarian Empire*, London 1930.

绪 论

Levchenko, 1890—1955年)是突出的代表人物。他被认为是第一位试图用历史唯物论研究拜占庭帝国史的学者,他在其《拜占庭史》一书中分析了拜占庭社会生产力和生产关系的矛盾,描述了经济基础和上层建筑的相互影响,特别是用阶级分析的方法对拜占庭社会最终解体的原因作了初步的阐述,从而用拜占庭历史的演化说明马克思主义历史唯物论的正确性。[1]另一位英国作家柏尼斯(N. H. Baynes, 1877—1961年)也是多产的历史学家,他的研究领域涉及拜占庭帝国社会生活的所有方面,特别对历史文献、早期政治制度和教会问题有突出的成果,他与莫斯(H. Moss)合作完成的《拜占庭:东罗马帝国文明概论》以专题史的方法描述了拜占庭帝国社会生活的各个方面,对拜占庭专题史的发展产生了重要的影响。[2]德国学者斯坦因(E. Stein, 1891—1945年)是一位杰出的经济史专家,他对拜占庭帝国社会经济生活作了精深的研究,特别是对拜占庭手工业、丝织业和行会的研究至今处于国际一流水平。[3]

20世纪拜占庭学发展的一个明显特征是专题研究取得了快速进展。学者在拜占庭语言和文献研究领域获得了突出的成就,近一个世纪以来发现的新资料不断补充了科隆巴赫尔100年前开创的文献研究。前国际拜占庭学学会主席、德国学者贝克(H. G. Beck)的《拜占庭民间文学史》和国际拜占庭学学会前秘书长、希腊学者卡拉扬诺布鲁斯(J. Karayannopulos)的《拜占庭历史文献》是这一领域研究的最新代表作品。[4]英国学者卡梅隆(Averil Cameron)、美国学者塔尔博特(Alice-Mary M. Talbot)、澳大利亚学者斯科特(Roger Scott)和爱尔兰学者穆雷特(Margaret Mullett)等人在各自主持的拜占庭研究中心致力于拜占庭文献的整理翻译,成效显著。同时出现了一批文物全集,例如许多国家出版了拜占庭古币全书,其中又以大英博物馆、法国国家图书馆、美国顿巴登橡树园和怀特莫尔研究中心的作品为突出。[5]

---

[1] 列夫臣柯:《拜占庭》,三联书店1962年版。

[2] N.H.Baynes and H.Moss (eds.), *Byzantium.An Introduction to East Roman Civilization*, Oxford 1948.

[3] E.Stein, *Geschichte des spatromischen Reiches*, Vienna 1928.

[4] H.G.Beck, *Geschichte der byzantinischen Volksliteratur*, Munich 1971.I.Karayannopulos, Πηγαι της βυζαντινης ιστοριας, Θεσσαλονικη 1978.

[5] W.Wroth, *Catalogue of the Imperial Byzantine Coins in the British Museum*,London 1908.A.R. Bellinger, *Catalogue of the Byzantine Coins in Dumbarton Oaks Collection and in the Whittemore Collection*, Washington 1966. Cecile Morrisson, *Catalogue des monnaies byzantine de la Bibliotheque Nationale(491–1204)*, Paris 1970.I.Tolstoj, *Vizantijskie monety*, Amsterdam 1968.

总之,现代拜占庭学迅速发展的标志主要有四:其一,各国拜占庭研究机构相继建立,世界各主要发达国家都建立起国家或民间的拜占庭研究中心,其中德国、美国、希腊、法国、英国、俄罗斯、南斯拉夫、保加利亚、加拿大等国的研究中心,在研究水平和组织建设方面均处于领先地位。这些研究中心的工作范围不局限于组织本国学者从事研究活动,而且积极促进各国学者之间的学术往来和交流。其二,拜占庭学的研究从欧洲个别国家扩展到全世界。除了希腊、南斯拉夫和俄罗斯外,东欧其他国家也将拜占庭研究视为本国历史研究的一部分,积极发展该项研究,而美国、加拿大等经济大国在第二次世界大战后,以人类文明保护者的姿态积极促进拜占庭研究工作的发展。二战以后拜占庭学迅速成为"热门"学科并不是偶然的,而是与上述国家学者的努力分不开的,他们和德、法、俄、希腊等国构成当代拜占庭学发展的主力军。其三,国际交流与合作广泛活跃。自1924年第一届拜占庭学者国际大会召开以来,每5年举行一次会议,至2006年,已经举行了21届大会。会议讨论拜占庭学发展的方向问题,组织国际合作,调整大会机构,并出版会刊和论文集。除此之外,每年还不定期举行世界拜占庭学家恳谈会和各种专题讨论会,随时交流学术成果。其四,拜占庭学成果丰硕,人才辈出。每年新版和再版的拜占庭学图书资料有数百种之多,截至20世纪末,全世界有近300种学术刊物涉及拜占庭学。这种国际交流极大地推动了拜占庭学的发展。为了培养后备力量,许多国家还在大学中设立拜占庭历史和文化课程。

现代拜占庭学发展趋势和突出特点首先表现在,学者对拜占庭文史资料展开更广泛的搜集和更精确的注释,这项工作不仅得到各国政府的支持,而且得到联合国科教文组织的资助。例如学者根据考古学、印章学和古币学的新成果对20世纪的《巴黎大全》和《波恩大全》重新注释出版拜占庭历史文献。近年来,学者对所谓"活的拜占庭博物馆"阿索斯圣山修道院保存的文物手稿进行整理,获得大量经济史资料,这些陆续出版的"阿索斯档案"对拜占庭学的进一步发展提供了更雄厚的资料基础。其次,学者根据不断发现的新史料重写拜占庭通史著作。这里,特别要提到近年来各国出现的拜占庭通史力作。用英文出版的拜占庭通史有布鲁宁(R. Browning)的《拜占庭帝国》、曼格(C. A. Mango)的《拜占庭:新罗马帝国》、奥柏林斯基(D. Obolensky)的《拜占庭帝国:500—1453年的东欧史》。用希腊文出版的通史有卡拉扬诺布鲁斯(I. Karagiannoulos)的《拜占庭国家》和《拜占庭国家史》,用德文和意大利文出版的通史有施莱尼尔(P. Schreiner)的《拜占庭》和卡日丹(A. P.

Kazhdan)的《拜占庭人及其文明》。①

这个时期的学者特别注意拜占庭历史专题研究,关注拜占庭学薄弱环节研究,其中专题史研究涉及拜占庭学各个方面,如文化史、经济史、货币史、法律史、政治史、思想史、建筑史、东正教思想和教会史、外交和民族关系史、文学和语言史,等等。比较有代表性的作品有：拜占庭政治学方面的优秀作品包括希腊学者卡拉扬诺布鲁斯的《拜占庭政治理论》、马科斯莫维奇(I. J. Maksimovic)的《巴列奥略王朝时期拜占庭省区管理》和法国学者弗里奥纳斯(Sp. Vryonis)的《拜占庭帝国的权威》等。②这些近年来出现的专著弥补了拜占庭学长期存在的弱项,为多角度的研究工作开辟了更加广阔的空间。20世纪80年代以来世界各地陆续发现的大量拜占庭古物直接促进了拜占庭考古研究的发展,新的拜占庭货币、印章和器物大全在继承前人研究成果的基础上,相继出版,其中特别突出的有：国际拜占庭学研究会秘书长伊格诺米基斯(N. Oikonomidis)的《拜占庭印章》、洪梅尔(W. Hummel)的《拜占庭货币分类》、哈金斯等人(T. Hackens)的《拜占庭货币》。③

另外,学者在拜占庭研究工作中使用了新的研究手段和新的研究方法。许多拜占庭学者注意到国际历史学研究方法的多样化,提出改革拜占庭学研究方法的建议,著名德国学者贝克在1981年举行的国际拜占庭学大会上发出呼吁,引起学者的广泛注意。他认为,现在已经到了应从整体上把握拜占庭历史演化、从全局上系统了解拜占庭学社会变革的新时期,新的宏观研究应该和传统的微观研究一样成为拜占庭学专家采用的方法。有的学者在第二、第三代年鉴学派的影响下,提出历史研究应以人为中心,特别是以普通人,如农民、手工工匠、妇女、士兵等为关注的焦点,他们主张通过对小人物和具体人

---

① R.Browning, *The Byzantine Empire*, London 1980.C.Mango, *Byzantium and its Image*, London 1984. D. Obolensky, *The Byzantine Commonwealth: Eastern Europe, 500-1453*, London 1971.I.Karagiannoulos, *Το Βυζαντινον Κρατος*, Θεσσαλονικη 1983.I.Karagiannoulos, *Ιστορια Βυζαντινου Κρατους*, Θεσσαλονικη 1992.P.Schreiner, *Byanz*, Munich 1986.A. P. Kazdan, *The History of the Byzantines*, N. Y. 1985.这些书在我国大都可以找到。

② I.Karagiannopoulos, *Η Πολιτικη Θεορια των Βυζαντινων*, Θεσσαλονικη 1988. I.J. Maksimovic, *The Byzantine Provincial Administration*, Amsterdam 1988.S.Vryonis, *Byzantine Imperial Authority*, Paris 1982.

③ N.Oikonomidis, *Byzantine Lead Seals*, Washington D.C.1985.W.Hummel, *Katalog der byzantinischen*, Munich 1982.Tony Hackens, *Le Monnayage byzantin:émission, usage, message*, Louvain-la-Neuve : Séminaire de numismatique Marcel Hoc, Collège Erasme, 1984.

的生活的考察,再现真实的历史原貌。原苏联学者卡日丹(A. P. Kazdzn)完成的《拜占庭人及其权力》和英国学者卡梅隆的《拜占庭人》就是这种新史学观点的代表作,前者考察了拜占庭社会中各种人的生活,细致具体地描述社会各阶层,包括贵族、农民、手工工匠、妇女的日常生活。后者在关注物质生活的同时,深入探讨了拜占庭人的精神生活。[①]目前,以新史学观点指导完成的作品逐步增多,反映了拜占庭学研究工作的新变革。

学者在研究中使用计算机处理数字统计和目录检索,将统计学和社会学的研究方法引入拜占庭历史和文化研究,这是当代拜占庭学发展的又一个新趋势。使用计算机不仅提高了研究工作的效率,而且有助于拜占庭历史研究与其他学科的融合,使这个古老学科朝向数据化、模式化的科学方向发展,在定性研究的基础上辅以定量研究。

总之,当代拜占庭学的发展生机勃勃,方兴未艾。1997年国际拜占庭学研究会在哥本哈根举行会议。研究会在正式发布的文件中,将该会主席关于拜占庭学百年来的发展报告作为最重要的文件。该报告指出,拜占庭学发展的重要标志首先在于它构建起比较完整的学科体系和内部构造,形成了通史、断代史、专门史和专题史研究领域,并整理了大量原始资料,出版了系列专著,发行了许多专门学术刊物。其次,世界各主要国家在开展拜占庭学教育和培养高级研究后备力量工作中取得了长足进步,拜占庭学研究从欧洲国家发展到世界各地,拜占庭学研究队伍迅速扩大,例如,美国拜占庭学研究会正式会员达到300余人。拜占庭学研究国际大会成为当今学术界的一大盛事,仅以大会发布的文件为例,第一届大会仅96页,至第十六届大会时达到5489页,其中主要是各国学者的最新研究成果。

拜占庭学研究的国际化被认为是另一个重要标志,各国学者打破民族、国家、文化和宗教背景不同的心理界线,共同致力于拜占庭学的发展,例如冷战时代的苏联拜占庭学发展得到国际拜占庭学界的承认。努力克服国际政治和文化背景差异对拜占庭学研究造成的影响,也是各国拜占庭学家的共同目标。在瞻望拜占庭学的未来发展时,该报告提出了以下内容。第一,各国学者将继续致力于拜占庭历史资料的发掘和整理,抢救大量受到环境破坏的拜占

---

① A.P.Kazdan, *People and Power in Byzantium:an introduction to the Modern Byzantine Studies*, Washington D.C.:Dumbarton Oaks 1991. A.Cameron, *The Byzantines*, Malden, MA: Blackwell Pub.2006.

庭文物，完善和出版诸如大型拜占庭希腊语词典、百科全书、地图集、年表、文物大全等拜占庭学工具书。第二，各国拜占庭学研究机构将继续支持以美国学者为主发起的将现代科技手段应用到拜占庭学研究的计划，加州大学尔湾分校开发的"希腊文古籍数据库"将包括自荷马至后拜占庭帝国时代所有希腊语文献，该数据库的建立无疑将推动拜占庭学研究的发展。而国际和各国拜占庭学研究机构在国际互联网上建立的网站和开辟的主页，以其快捷准确的信息，为现代拜占庭学研究提供了极大的方便。① 第三，各国拜占庭学家将继续在传统研究基础上，积极创新，开拓新兴研究领域，注意对薄弱研究课题的开发，例如中国与拜占庭帝国的关系受到国际拜占庭学界的关注，特别是中文古籍中有关史料的发掘得到美国、德国和希腊等许多研究机构的注意。② 该报告特别提出拜占庭学研究中继承与创新相结合的问题，呼吁拜占庭学新生代注意克服忽视优秀研究传统的倾向。③

二、我国的拜占庭研究

我国拜占庭研究起步于20世纪50年代，最初受苏联学术观点影响比较强烈，当时苏联学术界拜占庭研究的成果被陆续引入我国，④ 列夫臣柯的简明拜占庭史书《拜占庭》就是其中的代表作。在此基础上，我国部分从事世界历史研究工作的高校教师也开始涉及这一领域，至80年代中期，我国各类刊物发表的关于拜占庭史的各类文章共30余篇，其中学术论文10篇左右，其余为俄文翻译作品和介绍性通俗读物。在此期间，我国通用教材中有关拜占庭历史的内容大多采用苏联多卷本《世界通史》的相关部分。我国的拜占庭学研究除了个别课题，如齐思和先生关于中国与拜占庭帝国之间关系的研究外，尚未真正展开。这一时期我国拜占庭史研究的特点表现为偏重理论探讨和关注

---

① 国际拜占庭学研究机构的网站和主页为：http://www.sc.edu; http://www.eie.gr.aieb，各国拜占庭学研究机构的网址和拜占庭学者的电子信箱可从中查询。
② 我国学者在这一课题上取得的初步成果一经发表，立即引起国际拜占庭学界的普遍关注，国外一些学术机构分别向我国学者提出合作意向，其中某些项目正在进行中。
③ 该报告发表于哥本哈根会议正式文件，笔者已经将其翻译为中文，将另行发表。
④ 张联芳、马细谱编译：《世界各国对拜占庭学的研究状况》，《世界历史研究动态》1979年第1期；齐思和：《苏联历史学家对拜占庭研究的卓越贡献》，《历史研究》1957年第11期，第98页。

苏联拜占庭学的动态,齐思和先生将此概括为"研究的中心问题是拜占庭封建制度的一般性和特殊性",[①]即力图以马克思主义关于经济基础和上层建筑的理论为指导,分析拜占庭社会封建化过程和阶级斗争问题。[②]由于对马恩经典作家有关理论和概念的理解存在较大差异,我国学者在诸如"封建"、"封建制"、"封建社会"、"封建化"等问题上始终纠缠不清,加之缺乏必要的史料,致使这一时期我国拜占庭史研究基本上跟随苏联拜占庭学者的观点。例如,苏联学术界关于阶级矛盾和阶级斗争是导致拜占庭帝国灭亡的原因的观点对我国学者很有影响,尹曲先生即认为拜占庭灭亡"主要是因为帝国经济的衰落,人民大众的贫困,阶级斗争和封建集团的内讧所造成"。[③]

近30年来,我国拜占庭学获得了长足发展,学科基本建设的速度逐渐加快,科研实力迅速提高,特别是在基本的图书资料购置方面,国家和相关学校投入不断增多,[④]各层次人才培养的规模和人才队伍进一步扩大,培养体系渐趋完善。[⑤]我国专门从事拜占庭历史和文化研究的专家学者开展了积极的对外交流活动,不仅参加相关国际会议,而且与国际一流拜占庭研究中心开展合作研究,促进了整体研究水平的提高。一批重要的研究成果相继问世,[⑥]既初

[①] 齐思和,前引文,第98页。
[②] 这类文章中比较有代表性的包括许宏杰:《拜占庭封建化过程的几个问题》,《新史学通讯》1956年第2期;杨连山:《关于拜占庭封建制起源与封建化问题的探讨——对许宏杰同志〈拜占庭封建化过程的几个问题〉一文的商榷》,《史学月刊》1959年第1期;陈兆璋:《试论拜占庭帝国奴隶制向封建制过渡的几个问题》,《厦门大学学报》1964年第1期;郑如霖:《关于东罗马帝国从奴隶制向封建制过渡中的几个问题》,《华南师大学报》1983年第1期。
[③] 尹曲:《拜占庭帝国是怎样灭亡的》,《历史教学》1956年第3期,第28页。
[④] 国家图书馆每年购置世界各地最新出版的拜占庭学书籍,而《前荷马至后拜占庭时期希腊文古籍数据库》(简称TLG)已经落户南开大学5年以上,并正式对全国学者开放。
[⑤] 20年前,我国尚未建立拜占庭学全面的人才培养体系,只有两三所高校开设本科层次的拜占庭史选修课。目前,南开大学、东北师范大学、清华大学等高校可以培养博士和硕士研究生,更多学校的本科课程表中也都设有拜占庭历史和文化方面的课程。
[⑥] "从50年代中期至80年代中期,共刊出关于拜占庭史的各类文章35篇,其中译作6篇,我国学者的学术论文11篇,包括转译在内的通讯和综述12篇,常识性文章6篇。从中外学者的17篇论文来看,讨论的问题如下:关于拜占庭封建化问题9篇,关于拜占庭灭亡及其原因3篇,有关考古及中国与拜占庭关系3篇,关于拜占庭文化与生活1篇,关于查士丁尼1篇。此外出版了一本译自俄文的中文本简史,列夫臣柯的《拜占庭》"。郑玮:《中国学者对拜占庭史研究综述》,《史学理论研究》2000年第1期。近20多年来,我国学人撰写的拜占庭学方面的论文总数百篇左右,一批以拜占庭历史和文化为主题的著作和译作相继出版,将近30种,研究状况之改善可见一斑。

步改变了该领域发展长期滞后于其他学科方向的状况,也为今后的发展奠定了更坚实的基础。作为我国世界古代中古史研究的重要分支领域,拜占庭研究近年来出现了一些值得注意的新动向。为了便于读者查阅,我们将对此作比较详细的叙述。

20世纪80年代初期,国家加强了对拜占庭学人才的培养力度,在改革开放政策激励下,我国拜占庭研究重新振作和兴起,首先从拜占庭文化研究开始。1986年我国世界史学科专业学术刊物《世界历史》刊发了《应该加强对拜占庭历史的研究》一文,其中建议:"着手进行资料建设和人才建设。要同世界有关研究中心建立联系,从各种渠道广泛搜集有关文献资料,取得各方面的信息,在若干年内建立起我国自己的拜占庭史资料体系;同时要组织史学工作者到这块处女地上耕耘,挖掘我国古代著述中的有关资料,翻译当代世界有关名著;在大学开设有关课程,选派留学生出国学习"。①这一建议得到响应,无论在项目设立还是在高校完善课程建设都得到多层次的支持,从而拉开了相关研究的序幕。此后,《历史教学》《世界史资料》和多种刊物相继发表了《拜占庭文化特征初探》《拜占庭文化在中世纪欧洲文化发展中的地位和作用》等论文,②《历史教学》连续6期开辟专栏,以图片和文字说明的形式对拜占庭文化进行系统介绍。③

应该说,这个时期我国学者撰写的关于拜占庭历史和文化的文章大多具有外国学术成果引进性质,还不是真正意义上的研究性论文,其中介绍多于论述,描述多于分析。这与当时我国拜占庭研究的总体水平有限密切相关。当时,该领域研究的局限性不仅表现在研究工作所需要的基本史料比较缺乏,可资参考的专著书籍屈指可数,更不用说原始文献资料,而且当时非常有限的研究人员掌握的外语比较单一,即便对相关语言具有初步知识,使用也很不熟练。

经过我国拜占庭学工作者的努力,近30年来该研究领域出现了可喜的发展。最明显的变化是有关拜占庭历史和文化研究的视野更加广阔。举凡拜占庭学的重要方面我国学者大体都有涉及,前面提到的近年来见诸期刊发表的百余篇文章,涉及拜占庭文化特征和历史作用的不足5篇,而涉及拜占庭宗教

---

① 凌强:《应该加强对拜占庭历史的研究》,《世界历史》1986年第11期。
② 陈志强、徐家玲:《试论拜占庭文化在中世纪欧洲和东地中海文化发展中的地位和作用》,《历史教学》1986年第8期。陈志强:《拜占庭文化特征初探》,《世界历史研究动态》1988年第8期。1996年《天津统一战线》连续登载希腊拜占庭文化方面的文章。
③《历史教学》1986年第6—12期。

文化的有13篇,涉及拜占庭物质文化的有30余篇,其中仅关于我国发现的拜占庭(东罗马)货币的文章就占了1/3以上。同时,诸如涉及拜占庭经济制度、商业活动、染织艺术、城市建筑规划设计、器物装饰造型风格、拜占庭音乐、圣索菲亚大教堂建筑、玻璃制造技术、拜占庭式家具、拜占庭式园艺、拜占庭教育、拜占庭史诗文本、拜占庭历法等拜占庭文化具体细节的文章也不时问世,显示出研究兴趣和关注点的多样化,[①]这是我国对拜占庭文化研究迈出的极有发展前景的重要步骤,为今后的研究开拓出巨大的空间。特别可喜的是,我国拜占庭学后备人才人数不断增多,他们的专业化水准不断提高,学术成果的数量明显增加,根据笔者初步统计,近两年正式发表的拜占庭学文章每年都在30篇以上。[②]

之所以出现这样的变化,主要是因为研究理论的变化带来了研究视野的扩大。我国拜占庭学工作者从理论层面上突破了传统的"狭义文化"概念,以

---

① 我们不可能一一列举这百余篇文章,现代研究技术开发的多种论文数据库可以为读者提供检索方便。但是在此列举几篇有特色的文章对于我们说明问题还是必要的。缪良云的《拜占庭染织艺术》(苏州大学学报(工科版)2002年第3期)细致地讨论了拜占庭帝国的两种主要纹织物;许美琪的《拜占庭文明及其家具》(《家具与室内装饰》2006年2月19日)详细介绍了豪华的拜占庭室内装饰和家具设计,分析了其脱离写实主义倾向于抽象的象征性的特点;张煜琼等的《由圣索菲亚大教堂看拜占庭建筑与其结构的整合》(《长沙铁道学院学报(社会科学版)》2006年第3期)以建筑工程师的专业眼光具体分析了拜占庭建筑的力学和美学特点;钱俊龙摘编的《锶同位素用来研究早期玻璃生产——来自近东拜占庭和早期伊斯兰玻璃》(《文物保护与考古科学》2003年总第15卷)对古代拜占庭玻璃样本进行了化学分析,以确定其制造原料的来源;陈志强的《拜占庭帝国历法特点研究》(《世界历史》1999年第4期)专门探讨多种拜占庭历法及其现代的计算方法;姜丹翻译的长篇《拜占庭音乐》(《中央音乐学院学报》2002年第4期)并非一般性的介绍文章,而是翻译者在维也纳大学音乐系进修学习的成果,其对古代拜占庭音乐文本、旋律等的解读具有极高的专业水平。黄坤坊的《拜占庭帝国的档案工作》(《档案与建设》1995年第7期)、郭健的《拜占庭教育概述》(《河北大学学报》1997年第3期)、林英的《新疆波马出土的虎柄金杯中的拜占庭因素》(《艺术史研究》,中山大学出版社2001年12月第3辑)、陈志强:《"查士丁尼瘟疫"影响初探》(《世界历史》2008年第2期)、陈志强:《拜占庭文化与巴尔干火药桶》(《史学理论研究》2007年第3期)、陈志强:《研究与视角——"查士丁尼瘟疫"研究》(《中国历史上的环境与社会》,王利华主编,三联书店2007年版,第293-307页)、陈志强:《"查士丁尼瘟疫"辨析》(《世界历史》2006年第1期)都是就拜占庭历史和文化的某个方面做出的专题研究成果。

② 2012年6月17日,在南开大学历史学院举行了我国首次拜占庭研究圆桌会议,来自清华大学、中山大学、东北师范大学等全国各地高校的20多名教师同学参加了会议。

"广义文化"的概念界定拜占庭文化研究的范围。自19世纪西方人类文化学者提出"文化"的定义后,无论是"生活方式论",还是"工具制造过程论",或"人类生活复合体论",人们大体将文化分为广义和狭义两种,前者是指人类在社会实践过程中创造的物质财富和精神财富的总和,后者则专指精神文化而言,即社会意识形态以及与之相适应的典章制度、政治和社会组织、风俗习惯、学术思想、宗教信仰、文学艺术等。1986年《试论拜占庭文化在中世纪欧洲和东地中海文化发展中的地位和作用》一文提出:"所谓拜占庭文化,是指古典的希腊与罗马文化在拜占庭帝国内与基督教文化和古代东方文化融汇、发展而成的精神财富的总和",这里,学者理解的拜占庭文化还大体局限于精神文化。[1]但是,此后拜占庭文化的概念不断扩大,推动我国拜占庭学者的研究视野从拜占庭文学、艺术、雕刻、音乐等方面扩展开来,逐渐关注包括拜占庭社会物质生活及其相关制度的其他方面。

仅就拜占庭宗教研究而言,不仅研究选题的范围得到极大扩展,而且一些微观研究将一些长期停留在理论层面上的课题深入到具体的细节。毁坏圣像运动是决定拜占庭东正教发展的重大事件,理所当然受到高度关注,《拜占庭毁坏圣像运动的原因》《拜占庭毁坏圣像运动的影响》《圣像与破坏圣像运动》等文章比较全面地探讨了这一历史事件的起因、性质、影响和历史意义。[2]有关拜占庭宗教问题的研究涉及的课题非常广泛,例如君士坦丁和查士丁尼的宗教政策、拜占庭早期历史上的宗教问题、拜占庭圣像画、拜占庭教堂壁画等,均有专题论文问世。在这些文章中,《世界宗教研究》发表的《试析东正教的遁世主义修道理念在拜占庭时期的发展》长篇论文分量最重,该文突破了拜占庭史学研究笼统谈论拜占庭宗教及其作用的传统方法,深入探讨遁世修道理念在拜占庭特殊的社会历史背景下的发展,分析了其不同于罗马天主教入世主义修道观的特点,明确提出:"西部基督教世界和东方拜占庭帝国在修道理念上表现出明显的差异:前者把修道手段与教化社会的目标紧密结合,早在6世纪即将修道活动的原初理念——遁世主义理念异化为入世主义修道

---

[1] 陈志强、徐家玲,前引文,《历史教学》1986年第8期,第28页。
[2] 陈志强:《拜占庭毁坏圣像运动的原因》,《世界历史》1996年第3期。李丽:《试论拜占庭帝国的圣像破坏运动》,《吉林师范学院学报》1996年第1期,《拜占庭毁坏圣像运动的影响》,《吉林师范学院学报》1999年第6期和《毁坏圣像运动时期拜占庭帝国的军事和外交》,《社会科学战线》2000年第5期。苑一博:《圣像与破坏圣像运动》,《历史教学问题》2004年第3期。祁颖:《再析圣像破坏运动的影响》,《学术交流》1997年第5期。

观;后者则继续以否定尘世生活的方式去追寻上帝,完美地保持和发展了该理念,从而使东部基督教会的修道活动和灵性生活显现出与西部教会迥然不同的精神气质。"[1]又如在拜占庭经济制度研究方面,学者不仅注意到拜占庭社会主要的发展趋势,还关注查士丁尼、尤利安统治时期的经济制度。[2]一些文章甚至注意拜占庭人物质交流的某些细节,他们在文章中指出:"4—6世纪间,东方帝国的经济复苏无疑得益于东方相对安定的社会环境,但帝国政府的各项经济政策也在经济复苏中起到了不可忽视的作用","拜占庭的农产品和各种精美绝伦的丝绸、布匹、金银制品、雕刻的象牙、细致的玻璃、玛瑙杯子、雕镂的和珐琅的花瓶、镶嵌物、水果、醇美的酒和其他特制的奢侈品运往东西方的重要港口;与此同时,拜占庭人又从阿拉伯和东方商人手中,购买来小亚细亚……各地的珍贵商品:香料、香水、宝石、稀有金属、檀香、麝香与樟脑、生丝与棉花、丝的和精美的羊毛织品……"[3]

显然,研究工作的指导思想和基本理论的变化是近年来我国拜占庭历史和文化研究领域最重要的变化,其引发的研究视野的扩展和研究角度的调整彻底突破了我国拜占庭学研究只关注政治经济领域的局限性,[4]使拜占庭学在我国的发展呈现出勃勃生机。

研究视野的扩展和研究角度的调整促使研究方法更加多样化,针对具体的研究课题采用不同的研究方法,这一点是我国拜占庭历史和文化研究的另一重要动向。首先,实证性的研究得到了加强,使一些过去已经得出结论的课题进一步得到延伸。例如,我国学者早就注意到拜占庭文化对古典希腊罗马文化的继承,他们将这一特点称为"传统性"或"尚古性",[5]并具体列举其表

---

[1] 吴舒屏:《试析东正教的遁世主义修道理念在拜占庭时期的发展》,《世界宗教研究》2002年第1期。
[2] 谭建华:《查士丁尼立法活动的经济原因探析》,《湖南第一师范学报》2003年第4期。武鹏:《拜占庭皇帝尤利安宗教政策的经济社会原因分析》,《历史教学》2005年第6期。
[3] 徐家玲:《论4至6世纪拜占庭帝国的经济复苏与转轨》,《历史教学》2000年第4期,第23页。徐家玲:《拜占庭在中世纪地中海商业复兴中的地位》,《求是学刊》1997年第5期,第101页。
[4] 对这一重要理论问题,陈志强的《研究视角与史料》(《史学集刊》2006年第1期)和《拜占庭文化研究的新动向》(《世界历史》2007年第6期)作了实证性的探讨。有关1986年前我国拜占庭史研究状况的总结可以参考郑玮前引文章。
[5] 前引陈志强:《拜占庭文化特征初探》和解素蔚的《拜占庭文化及其对西欧文艺复兴的影响》(《江西师范大学学报》1987年第4期)分别进行了探讨。

现,即热衷于誊写、翻译、收集和整理古希腊罗马的文史哲古籍,并在其文史哲和法律创作及建筑艺术活动中打上古典文明的烙印。但是,从古希腊文化到拜占庭文化之间的数百年发展似乎还没有得到人们应有的重视,关于东地中海文化发展的连续性缺乏具体的实证性研究。《希腊化与拜占庭帝国》一文对该领域的薄弱环节作了补充,提出:"希腊化在东地中海区域维持了长愈数世纪的经济文化繁盛……希腊化影响又曾延伸了一个相当长的时段,表征着一定的跨时代的文化超越性,对而后的罗马帝国,进而通过罗马对中世纪的拜占庭帝国,产生了尤为直接、显明的正面作用。"[1]同样,关于拜占庭文化的影响及其世界历史意义的探讨,从比较宏观的理论分析逐步深入到对其细节的实证性研究,取得了一批可喜的成果。例如《拜占庭帝国与拜占庭文化的传统》和《论拜占庭文化对欧洲文化的影响》论述尚显空泛,而《拜占庭与西方世界的文化联系》则举证丰富,实证性较强,《拜占庭基督教传入对罗斯文化具有积极影响解析》实证性论述稍显不足,而《罗斯时期的拜占庭文化痕迹》则着重对基辅罗斯和莫斯科两个时期拜占庭文化影响进行全面细致的实证性论述,这篇论文以俄文写成,如能以中文出版则影响更大。[2]

其次,对比和比较研究方法的突破也促进了我国拜占庭历史和文化研究的发展。历史学界历来重视对比和比较的研究方法,但是这种方法具有的难度也为学者所公认,研究者不仅需要了解比较研究对象双边甚至多边的知识,而且需要具有较强的理论把握能力。正因为如此,我国老一代世界史学者曾告诫青年学人要慎重地选择这一研究方法。[3]《东西方文化特征在城市布局上的体现——长安城与君士坦丁堡》的作者通过对比这两个古代都城,提出:"无论从城市布局所遵循的美学原则(对称与非对称)、城市布局所反映的民族文化心理还是城市中心建筑物的位置和类别所反映的君权和中央集权与神

---

[1] 沈坚:《希腊化与拜占庭帝国》,《华东师范大学学报》1993年第2期;沈坚:《关于希腊化时代的历史考察》,《史学集刊》1992年第3期。
[2] 刘伟冬:《拜占庭帝国与拜占庭文化的传统》,《南京艺术学院学报》2006年第2期。乔丹:《论拜占庭文化对欧洲文化的影响》,《郑州航空工业管理学院学报(社会科学版)》2005年第5期。徐家玲:《拜占庭与西方世界的文化联系》,《河北大学学报》2001年第2期。杨翠红:《拜占庭基督教传入对罗斯文化具有积极影响解析》,《西伯利亚研究》2006年第4期。孔丽娜:《罗斯时期的拜占庭文化痕迹》,《硕士论文文库》2006年。
[3] 北京大学历史系马克垚先生在2003年8月全国世界史学科武汉会议上的发言作如是说,笔者深以为然。

权、自由民主的对立,两者所表现出的东西文化的差异都是十分明显的。"①《阿拉伯文明与拜占庭文明的碰撞与融合》在论述两大文明之间关系史的同时,注意到"这两大文明渊源不同,特色各异",他们都"在中世纪呈放光彩,对世界历史产生深远影响"。《河西五凉文化与拜占庭文化之比较》则将存世1 000余年的拜占庭文化与存世100余年的我国河西地区文化进行对比,正如作者所说,这两种文化"时限不齐,地域大小不一,可比基数不同",所以"干脆抛开理论框架,只比较可比因素"。②同一作者的两次比较研究不同,前者尚可说得过去,而后者显然比较失败。《拜占庭对西欧文化的影响》是针对《中世纪西欧吸收古希腊文化渠道问题初探》一文的观点,就西欧接受拜占庭文化与阿拉伯文化影响所作的对比研究,由于对比得当,参考文献比较丰富,因此说服力较强。③由此可见,拜占庭文化比较研究之难。计量史学方法在我国历史学界的应用尚不普及,但是在拜占庭文化研究领域的初步尝试却取得了一定的进展。发表在《中国社会科学》上的长篇论文《拜占庭皇帝继承制特点研究》使用计量分析的方法对拜占庭历史上近百位皇帝的即位情况作了分析,进而概括出拜占庭皇帝继承制度具有的继承方式多样性、继承结果不稳定性和继承过程复杂性,从而以定量分析阐释了对拜占庭皇帝专制制度的定性说明。应该注意的是,计量史学的内容极为丰富,这篇文章只是初步的尝试,其使用的计量方法也是比较简单直观的。即便如此,作者的研究仍然以其对大量史料进行基本数据处理为依据。④新的研究方法在拜占庭历史和文化研究中应用之难,在此又得到了证明。

再者,我国拜占庭历史和文化研究新方法的应用推进了拜占庭史料学的发展,以文本为主以文物和遗址为辅的史料观念正在形成。历史学的学科性质决定了史料考证在研究工作中的基础性地位,我国拜占庭学的多数研究目

---

① 唐亦功:《东西方文化特征在城市布局上的体现——长安城与君士坦丁堡》,《陕西师范大学学报(哲学社会科学版)》1996年第4期。
② 王三义:《阿拉伯文明与拜占庭文明的碰撞与融合》,《西安电子科技大学学报(社会科学版)》2004年第2期。《河西五凉文化与拜占庭文化之比较》,《西北史地》1994年第2期。
③ 吴长春:《中世纪西欧吸收古希腊文化渠道问题初探》,《历史教学》1988年第2期。陈志强:《拜占庭对西欧文化的影响》,《历史教学》1991年第2期,该文引用了16种外文专著。
④ 陈志强:《拜占庭皇帝继承制特点研究》,《中国社会科学》1999年第1期。《拜占庭皇帝谱牒简表》,《南开大学历史系建系七十五周年纪念文集》,南开大学出版社1998年版,第361-369页。

绪 论

前尚属历史学范畴，因此扩大史料收集的范围，对于该领域研究的深化具有决定性意义。前文提及的大多数研究成果还是以文本为主要依据，但是，近年来出现了以拜占庭文化遗址和古代器物为主要研究依据的新现象。①

目前，我国拜占庭文化研究中最为国际拜占庭学界关注的是古代中国与拜占庭帝国之间的文化交往，这一课题能够跻身国际拜占庭学前沿的重要原因，是我国具有世界首屈一指的悠久文化传统和物质文化遗产。其中对于拜占庭文化研究有着直接关系的是大量的古籍文献和考古发掘器物。就古籍文献而言，中西方学者曾进行过长期深入的整理，中文古籍中有关拜占庭文化的史料虽然得到初步的研究，但是，其研究水平大体局限于部分文献的解读和古代人名、地名、物产名的考证，涌现了诸如伯希和、夏德、亨利·裕尔、白鸟库吉、冯承均、张星烺、向达、沙畹等一批著名学者。然而，由于语言和资料交流方面存在的障碍，这方面的研究长期停滞在20世纪三四十年代前后的水平，其间偶尔问世的一些作品大多难以达到前人的水准。②正因为如此，国际拜占庭学界大力开展和推进这一领域的合作研究工作，希望能借助现代技术加快相关中文文本资料的国际化。在此背景下，我国拜占庭学者相继出访国际著名拜占庭研究机构，从事合作研究，参加相关专题国际会议，并在国际拜占庭学刊物上以多种文字发表了一系列成果。③就考古发掘器物分析，我国发

---

① 郑玮的博士论文《雅典的基督教化（267-582年）》（2005年）即是以拜占庭早期历史文献和雅典保存的拜占庭教堂遗址为研究对象，该论文已经正式出版，见天津人民出版社2009年版。
② 有关研究状况林英在其《20世纪中国与拜占庭帝国关系研究综述》（《世界历史》2006年第5期）长篇文章中作了系统全面的回顾。
③ 张绪山：《从中国到拜占庭》（其博士论文原名为《6至9世纪中国与拜占庭帝国的关系研究》），雅典1998年版。陈志强：《中文史料关于拜占庭记载的初步报告》（The Preliminary Report of Chinese Sources about the Byzantine State），《拜占庭研究》（*Buzantiaka*）1992年总第2期。《中文史书中关于罗马希腊世界地理资料的辨析》（*The Analysis of Geographical Sources on the Roman-Greek World in Ancient and Medieval Chinese Books*），《历 史 地 理》（*Istorikogewgrafika*）1992年总第5期。《中文古籍中的"大秦"概念》（The Conception of Ta-tsin in Ancient and Medieval Chinese Books），《拜 占 庭 研 究》（*Buzantiaka*）1993年总第13期。《中国与拜占庭之间的路道交通》（*Οι Χερσαιοι δρομοι Εοκοινωνια μεταξυ Κινας και Βυζαντιου*），《历史地理》（*Istorikogewgrafika*）1994年第7期。《中文史书中关于罗马希腊世界的资料研究》（*The Sources on the Roman-Greek World in Ancient and Medieval Chinese Books*），《历史地理》（*Istorikogewgrafika*）2005年总第13期。《中国与拜占庭之间交通的考察——陆、海商路研究》（*Μελεθ της Επικινωνιας μεταξυ της Κινας και του Βυζαντιου* —（转下页）

现的拜占庭金币成为历史学界、考古学界和钱币学界的"热门",不仅发表了一大批拜占庭钱币发掘报告,而且在相关具体问题的研究中取得了一些高质量的成果。我国学术界对这些金币的系统研究始于已故著名考古学家夏鼐先生,近年来又有宿白、徐苹芳、罗丰、康柳硕、羽离子、陈志强、林英、张绪山、李一全、金德方、郭云艳等人涉及,他们的研究文章或总结报告多有新意,特别是学者对于截至2006年在我国发现的近百枚拜占庭钱币的研究,对于我国钱币学、考古学和历史学界均提供了重要的参考信息,引起国际拜占庭学界的高度重视,为拜占庭与中国之间的文化交往研究提供了充分的物质证据。①

总之,近年来我国拜占庭历史和文化研究的方法显示出更加突出的实证性和多样性,不仅提高了研究成果的质量,而且在一些课题上真正进入国际前沿水平,特别是在拜占庭与古代中国之间文化关系研究中对国际拜占庭学发展作出了实质性的贡献。客观地分析,我国拜占庭研究尚在兴起阶段,在这一领域还存在着大量没有开发的处女地,因此理论探讨和宏观研究固然重要,但是具体和微观的研究具有更重要的意义。因为,前者必须以后者为基础,否则就必然陷入空泛的论说,得出的结论必然经不住推敲。人们欣慰地发现,近年来我国拜占庭历史和文化研究更加注意从原始文献和一手史料入手,研究水平获得了实质性的提升。

一般而言,拜占庭历史和文化研究的选题宜小不宜大,研究对象越具体越好,因为过于宽泛的课题不仅增加了研究工作中收集原始文献的难度,而且由于研究对象的不确定性使得对史料的选择带有更明显的主观色彩,进而很难得出合情合理的客观结论。《6—7世纪拜占庭帝国与西突厥汗国的交往》一文堪称标杆之作,该文的主题非常集中,主要研究6世纪前半期至659年唐军消灭西突厥期间拜占庭帝国与西突厥汗国的文化联系,而使用的中文原始

(接上页)Εμπορικοι δρομοι απο χερα και θαλασσα),《拜占庭研究》(Buzantiaka) 1995年总第15期。《中文古籍中有关拜占庭人的叙述资料》(Narrative Materials about the Byzantines in Chinese Sources),《描述拜占庭》(Byzantine Narrative),墨尔本2006年版。徐家玲:《中文古籍中有关罗马拜占庭世界的描述》(Narratives of the Roman-Byzantine World in Ancient Chinese Sources),《描述拜占庭》(Byzantine Narrative),墨尔本2006年版。

① 徐苹芳:《考古学上所见中国境内的丝绸之路》,《燕京学报》1995版新1期。陈志强:《我国所见拜占庭铸币相关问题研究》,《考古学报》2004年第3期,另见《丝绸之路古国钱币暨丝路文化国际学术研讨会论文集》,上海博物馆2011年版。在大量的研究成果中,郭云艳博士的长篇博士论文《拜占庭金币及其仿制品研究》对这方面的情况所作探讨最为深入详细,文后所附总表提供了我国发现的近百枚拜占庭钱币的详细信息。希望该论文能够尽早出版。

绪　论

文献包括《后汉书·西域传》、《梁书》、《周书·突厥传》,西文原始资料包括亨利·裕尔的《东域纪程录》(该书虽为现代学者所著,但其中收集整理了大量相关原始文献)、科斯马斯的《基督教风土志》、普罗柯比的《战史》、侯拉尼的《阿拉伯航海》、弥南德的《希腊史残卷》、塞奥凡尼斯的《历史》,还有相关的重要史料集如《古代突厥鲁尼文碑铭》和沙畹的《西突厥史料》。尽管个别中亚文字资料尚未被作者注意到,但是可以说,该文基本上穷尽了这一选题应该使用的中外文原始资料。① 同样,《拜占庭〈农业法〉研究》一文也是如此,该文属于拜占庭文献研究,集中探讨《农业法》及其相关问题,因而其使用的相关原始文献比较完整,有关资料几乎被一网打尽,包括法律文本《六书》《皇帝法律选编》《法律选编》《农业法》原文、查士丁尼的《法学汇纂》、泽波斯的《希腊罗马法》和《罗斯法典》,而涉及该法的拜占庭史书如塞奥发尼的《编年史》、尼基弗鲁斯的《简史》《往年纪事》(俄罗斯最早的史书)和相关的原始文献如《圣经》和菲洛塞奥斯的《官职表》也受到应有的重视。②《地中海首次鼠疫研究》的史料调查和运用更为用心,作者不仅充分注意到国际拜占庭学界大多数学者通常使用的3种基本史料,即普罗柯比、埃瓦格留斯、以弗所人约翰的记载,而且在扩大调查范围的工作中将基本史料增加到10余种,其中很多是国内外学者此前未曾注意到的,包括阿加塞阿斯的《五卷本历史》、约翰·马拉拉斯的《编年史》、匿名作家的《复活节编年史(284—628 AD)》《阿贝拉编年史》、安娜·科穆宁的《阿历克塞传》、塞奥发尼斯的《编年史》、尼基弗鲁斯的《当代编年纪》和尼基乌主教约翰的《编年史》。③ 新发现的史料对于"查士丁尼瘟疫"研究提供了更加可靠的依据,因而拉近了我国与国际拜占庭学发展的距离。

在原始文献收集和使用方面同样极有功力的《试析东正教的遁世主义修道理念在拜占庭时期的发展》和《拜占庭军区制和农兵》两篇文章,因为选题比较宽泛,虽然原始资料比较丰富,但仍然略显庞杂。④ 就《试析东正教的遁世主义修道理念在拜占庭时期的发展》使用的原始材料分析,其包括塞奥尼修斯的《书信》、圣瓦西里的《隐修者的典范》和《书信》、瓦西里的《小修道院规定》和《大修道院规定》、《盖利斯奥斯山拉兹鲁斯修道院遗嘱》、凯撒里亚

---

① 张绪山:《6—7世纪拜占庭帝国与西突厥汗国的交往》,《世界历史》2002年第1期。
② 陈志强:《拜占庭〈农业法〉研究》,《历史研究》1999年第6期。
③ 陈志强:《地中海首次鼠疫研究》,《历史研究》2008年第1期。
④ 吴舒屏:《试析东正教的遁世主义修道理念在拜占庭时期的发展》,《世界宗教研究》2002年第1期。陈志强:《拜占庭军区制和农兵》,《历史研究》1996年第5期。

的优西比乌的《基督教会史》、查士丁尼的《新律》、《(917年)尤西米奥为斯帕萨玛夏修道院和阿加留修道院所写的遗嘱》,还有转引自赵敦华《基督教哲学1500年》一书的奥利金的《第一原则》,和转引自基纳勾普洛斯的《拜占庭教会、社会与文明》一书的大教长约翰的《论修道院的纪律以及修道院缘何要转交世俗人》、塞奥多利的《826年修道改革规范》、阿塔纳修斯的《安东尼生平》、格列高利的《摩西生平》。而《拜占庭军区制和农兵》一文使用的拜占庭作家的作品则包括君士坦丁七世的《论军区》和《礼义书》、雅尼的《教会史》、塞奥发尼的《编年史》、阿加塞阿斯的《五卷本历史》、雅尼斯的《编年史》、利奥的《法令》格力高拉斯的《罗马史》、泽波斯的《希腊罗马法》,以及考古资料集《色雷斯的拜占庭铭文集》和《汪达尔和拜占庭时期迦太基考古》等。毋容讳言,就这两篇文章的题目而言,所用原始资料并未被穷尽。同样的情况也出现在前述《拜占庭皇帝继承制特点研究》一文中。①

  上述这几篇文章是真正反映我国拜占庭研究质量和水平获得实质性提升的代表作。还有许多作品虽然不能穷尽各自研究应涉及的原始资料,但是研究者已经有意识尽可能全面地采用与课题相关的专题著作,并初步使用部分原始史料。例如《论阿历克塞一世的政治体制改革》一文使用了17种外文参考书,其中包括与主题密切相关的拜占庭作家安娜·科穆宁的《阿历克塞传》、侯尼亚迪斯的《历史》和左纳拉斯的《当代史》。而《巴列奥略王朝外交政策研究》外文专著参考书目则达24种,其中包括拜占庭作家尼基弗鲁斯·格利高拉斯的《历史》、《米海尔八世自传》、杜卡斯的《拜占庭城的历史》、格利高拉斯的《书信集》和帕西麦利斯的《历史》。②《查士丁尼大瘟疫述论》和《7—9世纪拜占庭帝国乡村和小农勃兴的原因分析》虽然文章不长,但是引用的外文专著很丰富,前者有16种,后者有11种,并且都使用了拜占庭作家普罗柯比的《战史》和《秘史》。③这位6世纪拜占庭著名作家的作品显然得到我国研究者的普遍重视,《早期拜占庭的政教关系和查士丁尼的宗教政策》、

---

① 该文使用了拜占庭作家优西比乌的《君士坦丁大帝传》、马拉拉斯的《编年史》、格力高拉斯的《罗马史》、颇塞留斯的《编年史》、劳尼西的《当代史》、塞奥发尼的《编年史》、侯尼亚迪斯的《历史》、司基里兹的《当代史》和查士丁尼《法典》。
② 李秀玲:《论阿历克塞一世的政治体制改革》,《史学集刊》2006年第6期。陈志强:《巴列奥略王朝外交政策研究》,《南开学报》1997年第1期。
③ 崔艳红:《查士丁尼大瘟疫述论》,《史学集刊》2003年第3期。郑玮:《7-9世纪拜占庭帝国乡村和小农勃兴的原因分析》,《历史教学》2004年第6期。

《中国丝织技术西传考》等文章和《早期拜占庭和查士丁尼时代研究》一书都以之作为主要的史料依据。① 类似的研究成果还有《论第四次十字军东征转向及君士坦丁堡陷落的原因》和《论古代埃及基督教的变迁》,前者使用了包括参与十字军战争的维利哈顿的《十字军回忆录》在内的9种外文参考书,后者则使用了包括凯撒里亚的优西比乌的《教会史》在内的10种外文参考书。② 近年来,我国世界史学科顶级刊物陆续发表的拜占庭史论文《拜占庭史料中公元6世纪安条克的地震灾害述论》《浅析拜占庭帝国早期阶段皇位继承制度的发展》《浅议"查士丁尼瘟疫"复发的特征及社会影响》等文章,从原始文本等重要史料中获取研究结论的意识都明显提高。显然,对原始资料和外文专题著作的重视程度在我国拜占庭历史和文化研究中日益提高,因而促进了研究水平的整体提高。③

由于我国拜占庭学尚在初期发展阶段,资料建设还不完善,许多研究者既无出国进行学术交流的机会,也难以接触到原始文献。在很多地方,甚至很少能够找到的外文专题著作。即便在如此艰苦的科研环境中,我国学者仍然注意尽可能多地采用外文资料,以充实研究成果的资料基础。这里应该提到这类文章中比较突出的作品,它们使用的外文参考书多在10种左右,其中包括《论拜占庭帝国的灭亡》《欧洲文化史上的重要一环——论拜占庭文化对欧洲文化发展的贡献》《查士丁尼宗教政策失败原因初探》《早期拜占庭帝国执事官的政治地位及影响》。④ 特别值得高兴的是,我国拜占庭文化研究领

---

① 徐家玲:《早期拜占庭的政教关系和查士丁尼的宗教政策》,《东北师大学报》1993年第6期。《中国丝织技术西传考》,《东北师大学报》1995年第6期。其中使用的其他原始材料如凯撒里亚的优西比乌的《基督教会史》和《狄奥多西法典》都转引自瓦西列夫的《拜占庭帝国史》。徐家玲:《早期拜占庭和查士丁尼时代研究》,东北师范大学出版社1998年版。
② 赵法欣:《论第四次十字军东征转向及君士坦丁堡陷落的原因》,《雁北师范学院学报》2005年第4期。田明:《论古代埃及基督教的变迁》,《内蒙古民族大学学报》2006年第4期。凯撒里亚的优西比乌的《教会史》及《君士坦丁大帝传》也被陈志强和马巍合写的《君士坦丁基督教政策的政治分析》(《南开学报》1999年第6期)所引用。
③ 武鹏:《拜占庭史料中公元6世纪安条克的地震灾害述论》,《世界历史》2009年第6期。董晓佳:《浅析拜占庭帝国早期阶段皇位继承制度的发展》,《世界历史》2011年第2期。刘榕榕、董晓佳:《浅议"查士丁尼瘟疫"复发的特征及社会影响》,《世界历史》2012年第2期。
④ 厉以宁:《论拜占庭帝国的灭亡》,《北京大学学报》2005年第5期。肖牛:《欧洲文化史上的重要一环——论拜占庭文化对欧洲文化发展的贡献》,《贵州师范大学学报》1990年第2期。郭云艳:《查士丁尼宗教政策失败原因初探》,《历史教学》2005年第11期。黄良军:《早期拜占庭帝国执事官的政治地位及影响》,《东北师大学报》1998年第3期。

域的新军中开始增加了使用俄语进行研究的人才,《罗斯时期的拜占庭文化痕迹》的作者就是俄语专业出身,而《罗斯引进拜占庭基督教原因探微》一文更是将俄文专题著作作为主要资料依据。类似的系统研究成果还有南开大学博士国春雷的数十万字的长篇博士学位论文《拜占庭与早期俄罗斯关系史研究》,其中使用了大量相关的一手和二手史料。①

随着现代计算机技术的广泛应用和数字化学术资源的普及,我国拜占庭研究也逐渐开始使用网络数据库提供的资料。这方面比较突出的《君士坦丁军事改革刍议》一文就大量引用网络资源提供的史料,其中使用的学术网站地址至少有6个。②但是,我们在面对这一新的研究方式时应格外慎重,网络的虚拟性和时效性的弱点需要传统的纸质史料加以补充。

综上所述,我国拜占庭研究出现的理论思维和研究视野的扩大、研究角度和研究方法的多样化,以及注重从解读原始文献和使用第一手材料开展研究等新的动向,都反映了该领域近年来的发展与提高。这里提到的研究成果成为此间问世的一批相关专著和教材的写作基础。③人们有理由相信,我国

---

① 杨翠红:《罗斯引进拜占庭基督教原因探微》,《北方论丛》2006年第6期。希望国春雷博士的论文经过加工,早日面世,弥补我们在俄语拜占庭研究领域的不足。毛晨岚近年来发表的一系列有关文章也反映出我国学者在这个领域涉足越来越多,但需要更熟练地掌握俄语。

② 张晓校:《君士坦丁军事改革刍议》,《北方论丛》2004年第5期,其不足之处在于未能提供引用的时间。

③ 为方便读者,特此将近年出版的相关书籍按照问世先后排列在此。陈志强:《君士坦丁堡陷落记》,广东人民出版社1996年。张绪山:《从中国到拜占庭》,雅典1998年版。徐家玲:《早期拜占庭和查士丁尼时代研究》,东北师范大学出版社1998年版。乐峰:《东正教史》,中国社会科学出版社1999年版。陈志强:《独特的拜占庭文化》,中国青年出版社1998年版。陈志强:《拜占庭学研究》,人民出版社2001年版。陈志强:《拜占庭文明探秘》,云南人民出版社2001年版。徐家玲:《拜占庭文明》,山西教育出版社2001年版。李铁生编著:《古希腊罗马币鉴赏》,北京出版社2001年版。陈志强:《拜占庭帝国史》,商务印书馆2003年版,2006年版。林英:《金钱之旅——从君士坦丁堡到长安》,人民美术出版社2004年版。叶民:《最后的古典:阿米安和他笔下的晚期罗马帝国》,天津人民出版社2004年版。厉以宁:《罗马拜占庭经济史》,商务印书馆2006年版。徐家玲:《拜占庭文明》,人民出版社2006年版。崔艳红:《古战争——普罗柯比〈战史〉研究》,时事出版社2007年版。林英:《唐代拂菻丛说》,中华书局2006年版。陈志强:《巴尔干古代史》,中华书局2007年版。赵彦编著:《拜占庭文明》,北京出版社2008年版。郑玮:《雅典的基督教化(267—582)》,天津人民出版社2009年版。田明:《罗马拜占庭时代的埃及》,天津人民出版社2009年版。王其钧编著:《拜占庭的故事》,机械工业出版社2009年版。陈志强:《拜占庭史研究(转下页)

拜占庭学以此为起点,在未来会继续大踏步地前进。

三、基本知识

拜占庭(Byzantium)这一名称最初是指位于博斯普鲁斯海峡的古城拜占庭。该城市始建于古希腊商业殖民时代,4世纪君士坦丁大帝(Constantine the Great, 306—337年在位)在古城旧址上扩建罗马帝国的东都,此后,拜占庭城迅速发展,成为地中海第一大都市,而拜占庭这个名字也因此闻名于世。

然而,在中古欧洲并不存在所谓"拜占庭帝国",也没有任何民族自称为"拜占庭人"。当时,原罗马帝国东部被称为"东罗马帝国"(the Eastern Roman Empire),其君主自称为"罗马皇帝",当地的居民则自称"罗马人",连他们的首都也冠以"新罗马"。那么,我们使用的"拜占庭帝国"、"拜占庭国家"和"拜占庭人"等名称究竟从何而来?这些称谓实际上是近代学者在其研究工作中开始采用的。1526年,德国学者赫罗尼姆斯·沃尔夫(H. Wolf)在最初奠定《波恩大全》编辑基础工作中,首次使用"拜占庭的"一词,以示这部丛书的内容有别于古希腊和近代希腊的历史文献。1680年,法国学者西维奥尔·杜康也使用这一名称作为其《拜占庭史》一书的题目,用来说明这个以古城拜占庭为首都的东地中海国家的历史。从此,学者就将涉及这个古国的事物冠以"拜占庭的",东罗马帝国也被称为"拜占庭帝国"。在历史文献中,"拜占庭"大多是指这个城市,而非我们今天的含义。

拜占庭国家历史始于330年,这一年,君士坦丁大帝正式启用古城拜占庭为东都"新罗马",后来该城改称为君士坦丁堡(图0-3),意为"君士坦丁之

(接上页)入门》,北京大学出版社2012年版。还有若干翻译作品。吉本著,黄宜思和黄雨石译:《罗马帝国衰亡史》,商务印书馆1997年版。布尔加科夫:《东正教——教会学说概要》,商务印书馆2001年版。弗·洛斯基著,杨德友译:《东正教神学导论》,河北教育出版社2002年版。玛丽·坎宁安著,李志雨译:《拜占庭的信仰》,北京大学出版社2005年版。奥斯特洛格尔斯基著,陈志强译:《拜占庭帝国》,青海人民出版社2006年版。雅各布·布克哈特著,宋立宏等译,宋立宏审校:《君士坦丁大帝时代》,上海三联书店2006年版。普罗柯比著,吴舒屏、吕丽蓉译:《秘史》,上海三联书店2007年版。沃伦·特里高德著,崔艳红译:《拜占庭简史》,上海人民出版社2008年版。优西比乌著,瞿旭彤译:《教会史》,三联书店2009年版。普罗柯比著,崔艳红译:《战史》,大象出版社2010年版。普罗科皮乌斯著,王以铸等译:《战争史》,商务印书馆2010年版。拜尼斯主编,陈志强、郑玮、孙鹏译:《拜占庭:东罗马文明概论》,大象出版社2012年版。

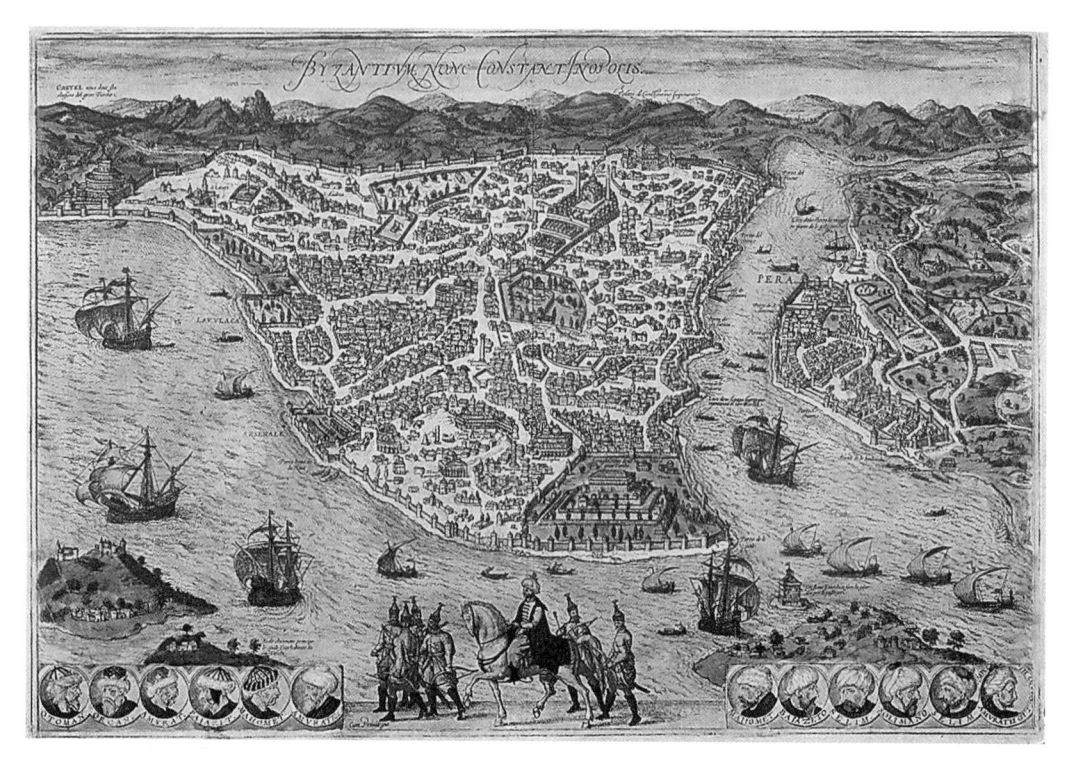

图0-3　16世纪的君士坦丁堡

城"。长期以来拜占庭历史起始年代一直是史学界聚讼不休的问题,学者对这一年代的判断相去甚远,意见多达近10种。本书采用330年作为拜占庭国家史的开端。

事实上,拜占庭国家在330年时已经形成比较完整的政治实体。3世纪危机是罗马帝国历史发展的转折点,这场危机使罗马帝国陷于全面的社会动荡和政治混乱。在动荡的局势中,相对稳定的东罗马帝国(即后人所称拜占庭帝国)逐步发展,其作为帝国统治中心的政治地位逐步超过帝国西部。皇帝戴克里先及其后的多位皇帝将行宫设在帝国东部。君士坦丁大帝正式启用扩建后的拜占庭城为新罗马,标志着具有独立政治中心的政治实体的形成。而此时的罗马古城和亚平宁半岛作为帝国政治中心的地位已经名存实亡。新国家还建立了与旧罗马帝制不同的血亲世袭制王朝,君士坦丁大帝将皇帝的位置传给其子君士坦丁二世(Constantine II, 337—340年在位),并后传4位血亲皇帝,从而开始了拜占庭帝国王朝的历史。同时,新帝国建立了由皇帝任免、对皇帝效忠并领取薪俸的中央和地方官僚机构,在拜占庭社会中,形成庞大的官僚阶层,这个阶层与罗马帝国时期作为公民代表和"公仆"的官员有本质区别。而作为国家机器重要组成部分的军队和法律也成为皇帝统治的工具,皇帝成为军队最高统帅,是立法者和最高法官。

拜占庭国家政治制度的演化有其深刻的经济背景。自3世纪危机以后,西罗马帝国即陷入经济萧条、人口锐减、城市破败、商业凋敝的境况之中,衰亡之势不可逆转。而东罗马帝国则由于多种经济形式并存,具有较大的灵活性和适应能力。早期拜占庭农村存在的公社制、隶农制、自由小农制使农业经济一直比较发达的东地中海沿海地区没有出现类似西罗马帝国那样严重的农业危机,因而,也为早期拜占庭国家提供了相对稳定的经济基础。早期拜占庭国家相对稳定的政治局势也使占有商业贸易地理优势的拜占庭帝国能够继承古代世界开创的东西方贸易传统,发展起活跃的国际商业活动,以致君士坦丁堡成为"沟通东西方的金桥"(马克思语)。显然,330年时,以君士坦丁堡为中心的东地中海经济区已经形成,它不再是西罗马帝国经济的附属部分,而是一个具有独立经济系统的区域,其繁荣和发达的程度远远超过罗马帝国的西部(图0-4)。

拜占庭帝国在宗教和社会意识形态方面也发生了深刻的变化,这主要表现为基督教的迅速发展。基督教产生于1世纪的古代罗马世界,并广泛流传于东地中海沿岸地区,至3—4世纪时,它已经从被压迫被剥削的下层人民的宗教逐步演化成为受统治阶级推崇的宗教,其早期的性质、社会基础、教义、教会组织和教规礼仪都发生了巨大且深刻的变化,日益与罗马帝国政府合流。4世纪上半叶君士坦丁大帝颁布的《米兰敕令》和他亲自主持召开的尼西亚会议实际上使基督教获得了国教的地位。基督教的发展与传播为普遍存在的对现实生活绝望的社会心理和颓废思想提供了精神寄托,使意识形态的混乱局面得到调整。在拜占庭帝国,基督教已经从屡受官方迫害的民间宗教发展成为受到统治集团支

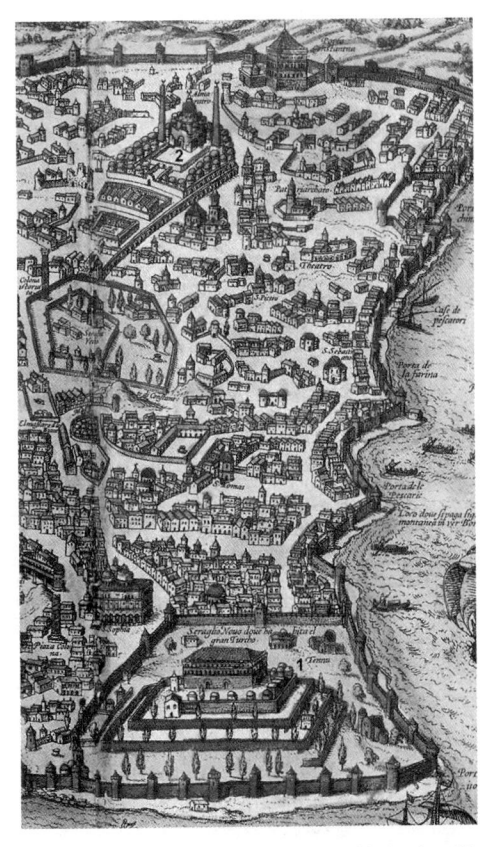

图0-4 15世纪的君士坦丁堡

持的宗教。由于东罗马帝国政治相对稳定、经济相对繁荣，以希腊人和希腊化的其他民族为主体的拜占庭人就开始兼收并蓄古代希腊罗马文化、古代东方文化和基督教文化，积极发展具有独立文化特征的拜占庭文化。可以说，东地中海地区一直是古典文化的中心，也是拜占庭文化发展的温床。

笔者近读古人书，发现在中古时期，拜占庭作家也大多以君士坦丁大帝（图0-5）为其新帝国（东罗马帝国）的首位君主，直到1453年奥斯曼土耳其军队攻陷帝国都城的最后时刻，预感到大难临头的城中居民仍在流传着帝国首位君主君士坦丁的种种预言。[①] 显然，我们在这个问题上的看法与古人暗合，具有合理的历史感。

拜占庭史分期也是个见仁见智的问题，因为历史本无分期，是后人为了学习和理解的方便人为划定的。目前有多种拜占庭历史分期法，本书仍坚持早、中、晚的分期，主要是在大体符合拜占庭历史起伏发展的趋势基础上，更便于记忆和理解问题。自330年至1453年君士坦丁堡被奥斯曼土耳其军队攻陷，拜占庭历史经历了1 100余年。在此期间，拜占庭历史发展大体可以划分为3个阶段：即330—610年的早期历史阶段，610—1056年的中期历史阶段和1056—1453年的晚期历史阶段。[②]

图0-5　君士坦丁大帝

早期拜占庭国家经历了由古代社会向中古社会的转变，为了能够在普遍的混乱和动荡中找到维持稳定的统治形式，拜占庭帝国皇帝作了多种尝试，其中以君士坦丁大帝和查士丁尼一世（Justinian I，527—565年在位）的改革为突出的代表。查士丁尼一世以其毕生精力企图重建罗马帝国昔日的辉煌，力图恢复古代罗马帝国的旧疆界，其努力最终失败，标志着在旧社会的框架和制度中寻求建立新秩序的时代的结束。565年查士丁尼一世去世后，拜占庭帝

---

① Nicolo Barbaro's *Diary of the Siege of Constantinaople, 1453*, by J.B.Jones, New York 1969.
② 例如目前国际古代中古史学界将4世纪至650年前后的时期单独划分为"晚期古代"（Late Antiquity），虽然"这一概念的独特性仅仅在最近50年方才得到承认，但已变成一个学术上的热点问题"。Cyril Mango ed., *The Oxford History of Byzantine*, Oxford University Press, 2002, p.5.按照这一划分，拜占庭早期历史的下限还要作出调整。

国陷入内外交困的危机,政变不断、外敌入侵、农田荒芜、城市缩小、人口减少,包括大地主和小农在内的农业经济瓦解,特别是斯拉夫人、阿瓦尔人、波斯人、阿拉伯人、伦巴底人等周边民族的四面围攻加剧了形势的恶化。

希拉克略一世(Heraclius I,610—641年在位)登上拜占庭帝国皇位标志拜占庭帝国中期历史的开始(图0-6)。在此期间,拜占庭统治者推行以军区制为中心的社会改革,加速社会组织的军事化。这一制度适合当时形势发展的需要,为缓解危机形势、稳定局势、加强国力提供有力的保障。在拜占庭帝国国力不断增强的基础上,拜占庭军队以巴尔干半岛和小亚细亚为基地,不断对外扩张。在马其顿王朝统治时期,拜占庭帝国势力达到鼎盛,巴西尔二世(Basil II,976—1025年在位)发动的一系列成功的对外战争成为拜占庭国家强盛的外在标志。但是,"成也萧何,败也萧何",曾经一度挽救拜占庭帝国危亡形势的军区制,在发展过程中暴露了大量内部无法克服的矛盾,军区制下兴起的大土地贵族日益强大,在经济和政治上与帝国中央集权相对抗,而军区制赖以存

图0-6 希拉克略一世夺回真十字架并将其送往耶路撒冷

在的小农经济基础的瓦解则成为拜占庭帝国衰落的开端。马其顿王朝统治末期,拜占庭帝国再度陷入内外交困的境地,这标志着拜占庭帝国晚期衰亡史的开始。

晚期拜占庭历史是帝国急剧衰落,直至灭亡的历史。11世纪末,军区制彻底瓦解,帝国经济实力急剧下降,国库空虚,以农兵为主体的小农经济的瓦解使拜占庭不仅陷入经济危机,而且兵源枯竭。以大地产为后盾的贵族特别是军事贵族参与朝政,角逐皇位,他们相互残杀,引狼入室,致使君士坦丁堡于1204年失陷于十字军骑士之手。此后,拜占庭国土分裂,中央集权瓦解,

拜占庭帝国通史

领土不断缩小，沦为东地中海的小国，在奥斯曼土耳其、塞尔维亚和保加利亚等强国之间周旋，苟延残喘。1453年奥斯曼土耳其帝国攻陷君士坦丁堡，末代皇帝君士坦丁十一世（Constantine XI Palaiologos，1449—1453年在位）阵亡，其后，末代王朝巴列奥略家族男性成员被土耳其人尽数屠杀，拜占庭帝国最终灭亡。

在1100多年期间，拜占庭帝国疆域变动不定。早期拜占庭帝国疆域基本上囊括原罗马帝国的全部领土，到君士坦丁大帝去世时（337年），其领土包括多瑙河以南的巴尔干半岛、黑海及其沿岸地区、幼发拉底河以西的小亚细亚、叙利亚、巴勒斯坦、尼罗河第二瀑布以北的埃及、北非的马格里布地区、西班牙、高卢和意大利。5世纪初，拜占庭帝国仍然保持上述疆域，分划为120个左右省份。

查士丁尼一世继承皇帝权力时，帝国西部几乎全部丧失于日耳曼各小王国，拜占庭帝国的领土仅包括巴尔干半岛、黑海南岸、小亚细亚、叙利亚、巴勒斯坦和埃及。他在位期间致力于恢复罗马帝国昔日的疆域，多次对西地中海世界发动远征，帝国西部领土部分得到恢复，重新控制意大利、北非马格里布沿地中海地区、西班牙南部和直布罗陀海峡。到查士丁尼一世（图0-7）去世时（565年），除高卢和西班牙北部地区外，拜占庭帝国基本重新占据了罗马帝

图0-7 查士丁尼一世及其部属

国的旧领土,地中海再次成为帝国的内海。

6世纪末,斯拉夫人和阿瓦尔人大举侵入巴尔干半岛,波斯军队则进犯帝国亚洲领土,兵抵地中海东部沿海,伦巴底人的进攻也使拜占庭军队龟缩于拉韦纳总督区。至7世纪中期,阿拉伯人更以凶猛的进攻夺取拜占庭帝国在亚洲和非洲的领土,从而导致帝国疆域的巨大变化。8世纪时,拜占庭帝国疆域仅包括以阿纳多利亚高原和幼发拉底河上游为东部界标的小亚细亚地区,和以马其顿北部为边界的巴尔干半岛,以及爱琴海及其海岛。此后,这一边界大体保持不变,上述领土构成拜占庭帝国版图。

9世纪,随着拜占庭帝国国力增强和对外扩张,其疆域有所扩大。巴尔干半岛包括阿尔巴尼亚和伊庇鲁斯,直到多瑙河南岸地区尽为拜占庭帝国所有,意大利南部和西西里岛也重新为拜占庭人所控制,拜占庭帝国的海上势力远达塞浦路斯岛和克里特岛。10—11世纪帝国对外战争再度得手,其疆域又有扩大,东部边界推进到两河流域中、上游和美索不达米亚地区,南部直到叙利亚地区的凯撒里亚城。此期,帝国西部疆界基本没有发生变化。

第四次十字军攻占拜占庭帝国首都君士坦丁堡开启了拜占庭人丢城失地的历史。在博斯普鲁斯海峡东岸的尼西亚城流亡57年的拜占庭政府只控制小亚细亚的中部地区。拜占庭帝国原有的领土大部分成为拉丁帝国封建骑士的领地和各个希腊人小政权实体。1261年拜占庭帝国巴列奥略王朝重新入主君士坦丁堡后,其疆域仅剩京城附近地区,黑海南岸的特拉比仲德王公、伯罗奔尼撒半岛南部的莫利亚地区和伊庇鲁斯山区虽然承认拜占庭中央政府的宗主权,但实行独立统治。这种情况一直持续到拜占庭帝国最后灭亡。

从拜占庭帝国疆域变动的过程来看,拜占庭帝国继续保持了古代罗马帝国濒水的特性,也就是说拜占庭帝国仍然是个围绕在海洋周围的帝国,只不过将古代罗马帝国围绕地中海东、西方向的中轴线改变为从黑海、经博斯普鲁斯海峡、马尔马拉海、达达尼尔海峡、爱琴海至东地中海的南、北方向的中轴线,且将罗马帝国时期的东西向中轴线之中央核心点罗马古都政治中心,迁移到新帝国南北向中轴线的中央核心点新罗马,即君士坦丁堡(图0-8)。这样外在的空间变动反映出拜占庭帝国的"遗传与变异",是值得我们深入思考的。

拜占庭帝国的居民最初基本上是由原罗马帝国东部地区各民族构成的。他们包括东地中海沿海地区各民族,即巴尔干半岛南部的希腊人、希腊化的埃及人、叙利亚人、约旦人、亚美尼亚人,以及小亚细亚地区的古老民族,如伊苏利亚人和卡帕多利亚人等,还包括西地中海的西班牙人和意大利人等。虽然,

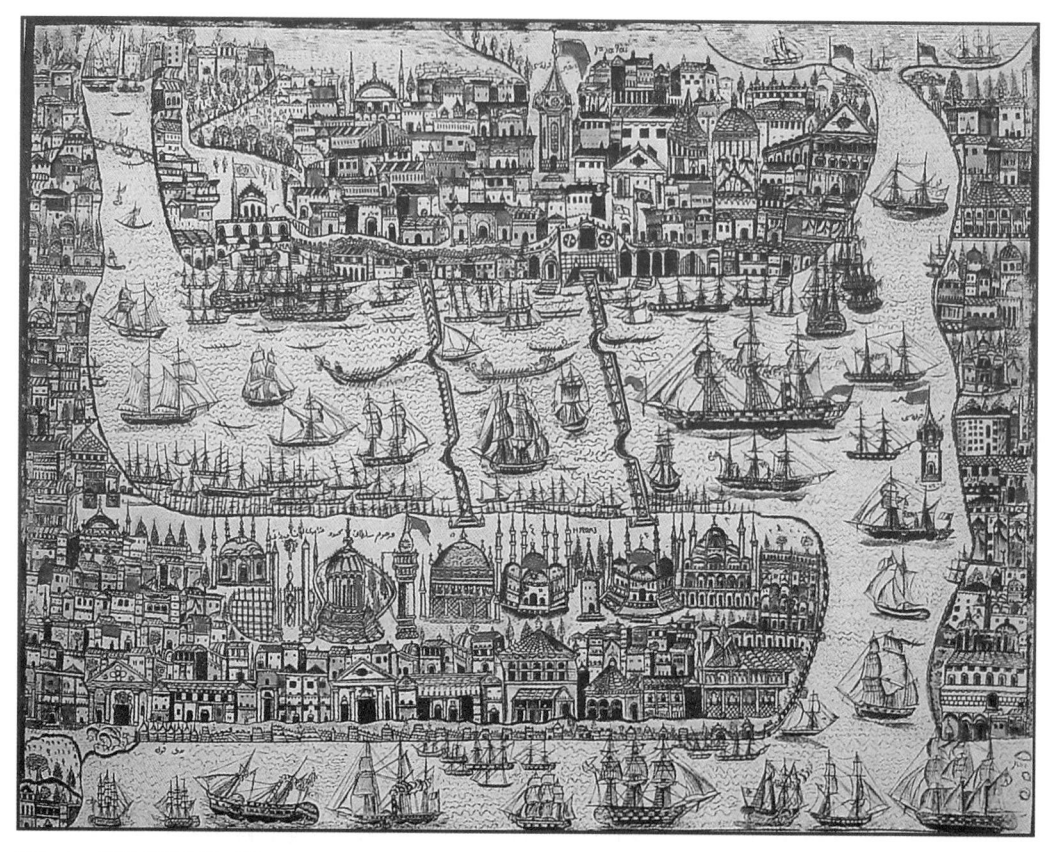

图0-8　繁华的君士坦丁堡

拜占庭帝国的民族构成比较复杂,但是,希腊人和希腊化的各个民族是拜占庭帝国的主要民族。这一时期,帝国的官方语言是拉丁语,民间语言则主要包括希腊语、叙利亚语、亚美尼亚语、柯普特语等。

6—7世纪时,早期拜占庭民族构成发生了巨大变化。首先,拜占庭帝国非洲的全部领土和亚洲的部分领土丧失于阿拉伯人,在这些领土上居住的民族脱离拜占庭人控制,成为阿拉伯哈里发国家的臣民,例如埃及人和约旦人就是从这一时期开始伊斯兰化的。此外,西班牙人也逐步摆脱了拜占庭帝国的控制。其次,斯拉夫人大举迁徙进入巴尔干半岛,并作为帝国的臣民定居在拜占庭帝国腹地,在与希腊民族融合的过程中逐渐成为拜占庭帝国的主要民族之一。这样,拜占庭帝国中期历史上的主要居民包括希腊人、小亚细亚地区各民族和斯拉夫人,他们使用的官方语言是希腊语和拉丁语。这里要特别指出的是,作为帝国臣民的斯拉夫人与巴尔干半岛北部地区独立的斯拉夫人有很大区别。前者与希腊人融合,成为现代希腊人的祖先之一,后者则独立发展成为现代斯拉夫人的祖先。前者使用希腊语为母语,而后者以斯拉夫语为母语。这种状况此后没有发生重大变化。

12世纪以后,拜占庭帝国的主要民族成分基本上与拜占庭帝国中期历史上的民族成分一样,只是拉丁语不再为拜占庭人所使用,只有少数官员和高级知识分子偶尔使用拉丁语。我们这里所谓"主要民族"是指在国家政治生活和文化生活中起主要作用的民族。在拜占庭帝国,统治阶层和贵族大多是由希腊人和希腊化的小亚细亚人,如希腊和伊苏利亚等民族构成。拜占庭的皇帝大多是来自这些民族,特别是6世纪以后,统治集团的成员几乎全部由希腊贵族和小亚细亚贵族组成。他们虽然自称为"罗马人",并在政治方面力图保持古代罗马帝国的传统,但是,他们所用的语言以希腊语为主,他们生活的文化环境也是东地中海的希腊化世界,即公元前4—前1世纪亚历山大大帝及其部将征服和统治的东地中海和近东地区。在这些地区,高度发展的古代希腊文化已经被当地各民族所接受,成为此后各自发展的文化基础。

第一章　君士坦丁时代

一、艰难的过渡时期

1. 晚期罗马帝国的危机

古代罗马帝国多种深刻的矛盾演化为3世纪危机,这次危机进一步沉重打击了病入膏肓的晚期罗马帝国。这次影响深刻的无可逆转的危机使罗马社会经济全面崩溃,昔日繁荣的古代商品经济结构彻底瓦解,城市生活破败,商业贸易凋敝,农村土地荒芜,人口总数锐减。同时,整个罗马帝国政治剧烈动荡,军阀血腥混战、激烈争权夺地、各地武装割据、拥兵自立为帝。社会各阶层无不人人自危、朝不保夕、精神颓废、道德沦丧,宗教迷信迅速扩展,恶性膨胀。虽然这次危机在帝国的东、西部表现的形式和危害的程度有一定区别,但是,危机对整个帝国经济、政治、文化等社会物质和精神生活都产生了不利影响。当帝国西部地区在内部危机和外部日耳曼诸各民族入侵的双重打击下迅速衰亡时,帝国东部地区也在危机中苦苦挣扎,寻求摆脱困境的出路。拜占庭国家即在这一过程中逐步形成。

按照罗马皇帝戴克里先(Diocletian,284—305年在位)施行的"四帝共治制"(图1-1),[①]所谓罗马帝国东部包括伊利里亚省和今非洲苏尔特湾以东直到两河流域的广大地区,其实际控制区包括巴尔干半岛西北部地区,即今阿尔巴尼亚、希腊和前南斯拉夫部分地区,以及小亚细亚、叙利亚、巴勒斯坦、埃及地区。这一地区与罗马帝国西部一样经历了普遍的社会危机,特别是非洲地区,

---

[①] 戴克里先在其行政改革中首先任命马克西米安为帝国西部副皇帝,也称"奥古斯都",而后,两位皇帝再各自任命一位"凯撒",即伽列里乌斯和君士坦提乌斯,分管伊利里亚、高卢、西班牙、不列颠群岛,这就是所谓"四帝共治制"。

第一章　君士坦丁时代

这个在几个世纪期间对罗马帝国经济生活有着重要意义的地区此时开始迅速衰落,其直接的原因是残酷的政治斗争和血腥的内战,当时的希腊历史作家记载:"那些初登帝位就进行战争和多次屠杀的人残害了许多官员,并给另外一大群人带来了不可恢复的灾难,因此,外省许多城市都荒无人烟,大片土地任其荒废,许多人都死掉了。"① 作为古代文明生活中心的城市经济瓦解的最为迅速。物价飞涨,货币贬值,贵金属货币逐渐消失,在盛产谷物的埃及,小麦的价格在数十年间上涨了数倍,以致一个成年手工工人的收入不足以养活四口之家。商业贸易中猖狂的投机倒把活动和金融市场上活跃的黑市交易完全摧毁了城市经济生活的正常秩序。国际贸易关系几乎完全中断。经常不断的战争和军队的抢劫不仅使城市而且也使农村经济陷于破产。一封反映3—4世纪埃及农村生活的书信要求军队将领:"制止士兵

图1-1　戴克里先实行四帝共治制,他与马克西米安以及两个凯撒共理国事

的暴行。不许其中任何一个人偷一只鸡或捉一头羊。不许任何人拿走葡萄或打谷子,也不许任何人勒索橄榄油、盐和木材……不要仗着挤外省人的眼泪过日子。"② 正如美国历史学家汤普逊正确指出的:"罗马非洲省的衰落开始于公元3世纪中期",③ 其显著特征是人口锐减,灌溉系统崩坏,耕地荒芜。

在小亚细亚和巴尔干半岛地区也发生着类似的经济困难,内战对当地城乡经济生活的破坏也相当严重。古代东地中海世界最昌盛的雅典此时已经迅速衰落成为人口不多的小渔村。"在希腊有许多城市完全消灭;别的城市也人烟稀少。至于爱琴海上的岛屿大部分变成一片荒凉的山岩。阿加狄亚几乎回

---

① 《献君王词》,转引自罗斯托夫采夫:《罗马帝国社会经济史》,商务印书馆1985年版,第625页。
② 罗斯托夫采夫:《罗马帝国社会经济史》,第653页。
③ 阿加狄亚是指伯罗奔尼撒半岛中部地区,汤普逊:《中世纪经济社会史》,商务印书馆1984年版,第12页。

到了自然状态"。①罗马帝国时代非常富庶的小亚细亚地区成为兵匪洗劫的对象,当地的皇家佃户集体向皇帝申诉他们遭受的不幸:"小人等深受那些本应保护民众的官员之欺压榨取……举凡官吏、士兵、城市权贵(长官)与陛下所派之办事人员……均来到小人等之村庄,驱使小人等割舍正业,强征小人等之耕牛,勒索非分财物,故此小人等所受之冤屈与掠夺实在极为痛苦。"②

经济危机和长期内战导致帝国广大领土内各民族和社会各阶层之间的矛盾激烈冲突。反对帝国政府的人民运动此起彼伏,不堪军队勒索和国家苛捐杂税剥削的下层民众啸聚山林、结草为寇,当时的文献普遍流露出对社会治安形势日趋恶化表现的极大恐惧。国家的税收官员和公粮押运员经常被愤怒的民众打得遍体鳞伤。320年的一份诉讼状能够清楚地表明农民与地主之间的激烈对抗。该诉讼状的原告是大地主、市议政会的议员,他们控告其田庄上的农民,在收获季节"拿出村民们常有的那种蛮横态度",阻止土地主人收获谷物。显然,农民出于自身的利益,对长期剥削他们的豪强恶霸进行公开的斗争。

晚期罗马帝国的内战和军阀割据一度使帝国东部地区陷入混乱,恶劣的政治环境破坏了经济生活的正常秩序,而经济混乱进一步成为国家政治混乱的物质基础,上层军事将领和政客乘机聚敛财富的行为和国家官吏的普遍贪污腐败不仅侵蚀国家政治和经济机体,而且扩大了社会各阶层之间的贫富差距,激化了他们之间存在的深刻矛盾。物质生活环境的剧烈动荡和生活水平的普遍降低也使文化发展失去必要的基础和动力,对现实生活失去信心和希望的民众丧失了对健康文化的需求,他们除了热衷于宗教和迷信活动,千方百计地企图从中找寻心理上的安慰之外,普遍沉溺在颓废腐化的物质享受之中,传统的家庭结构在瓦解,道德败坏已成一时风气,这种精神状态对社会经济和政治生活的不断恶化起着推波助澜的毒化作用。

总之,晚期罗马帝国已经病入膏肓,无可救药,但是,如果没有一种外力的打击或推动,垂死的罗马帝国还将继续挣扎,罗马帝国的社会转变仍然迟迟不会发生。这种外力就是日耳曼民族各部落对罗马帝国的入侵,可以说蛮族入侵是罗马社会转变的最后推动力。蛮族入侵不仅使西罗马帝国最终灭亡,而且促使东罗马帝国加速发展成为独立的经济、政治、文化和宗教中心,使之逐渐发展为独立的拜占庭帝国。

---

① 汤普逊:《中世纪经济社会史》,第21页。
② 罗斯托夫采夫:《罗马帝国社会经济史》,第657页。

2. 蛮族入侵

蛮族（Barbarian）一词来源于古希腊语，最初只是指"不说希腊语的人"，并无贬义，但是，在罗马帝国时代，它成为罗马公民对周边落后民族的蔑称。公元前3—前2世纪，生活在欧亚大陆偏北地区的游牧民族即开始了长期的迁徙运动，逐渐变冷的气候和持续增长的人口压力①迫使他们举族南下，至4—5世纪，形成民族大迁徙的最高峰。其中原属于日耳曼民族的哥特人首先与罗马帝国东部省份的居民发生接触，据史料记载，238年，他们便大批涌入罗马帝国的多瑙河下游、希腊和小亚细亚地区，273年，罗马帝国政府被迫允许他们在多瑙河下游的达吉亚省定居下来。从此以后，源源不断迁徙而来的哥特人便成为侵扰东罗马帝国数百年的边患。

哥特人最初是随原始日耳曼民族从波罗的海沿岸地区南下俄罗斯平原，经维斯杜拉河流域，进入第涅伯河与顿河流域的草原定居，第涅伯河以东的哥特人被称为东哥特人（the Ostrogoths），以西的哥特人则被称为西哥特人（the Visigoths）。公元初年，哥特人便与黑海北岸的希腊罗马人发生了接触，其原始的社会生活开始受到先进文明的影响，使他们逐渐成为日耳曼人中文明程度最高的部落。2世纪时，哥特人继续南下进入黑海北部地区，并经常洗劫沿岸富庶的城市和农村。3世纪以后，他们定居在黑海北岸，控制了克里米亚大部分区域，并进入博斯普鲁斯海峡，频繁袭击和洗劫黑海沿岸及小亚细亚地区的城市和农村，其活动范围最远达到爱琴海和多瑙河中游地区。像古城拜占庭、尼科米底亚、尼西亚、以弗所，甚至雅典和科林斯都遭受过他们的袭击，远在地中海的克里特、罗得和塞浦路斯诸岛也没能躲过哥特人的攻击。

罗马帝国强盛时，对哥特人的袭击进行过强有力的反击，并多次清剿过他们在黑海地区的巢穴，但是3世纪危机期间，被内部危机困扰得焦头烂额的罗马帝国已经无力对付日益强盛的哥特人，致使哥特人乘机向多瑙河南岸入侵，皇帝戈尔迪安三世（Gordian III, 238—244年在位）曾被迫向哥特人纳贡求和，而皇帝德西乌斯（Trajan Decius, 249—251年在位）于251年亲自统兵与哥特人作战，失利阵亡，直到269年皇帝克劳狄二世（Claudius II, 268—270年在位）重创哥特人后，蛮族迁徙的浪潮才稍微平息，日耳曼人各部落按照传统的部落群居形式逐渐在帝国边境地区定居下来。

---

① 马基雅维里认为日耳曼人"繁殖很快；常常因为人口太多，一部分人被迫迁离乡土到别处寻求居住地"。马基雅维里著，李活译：《佛罗伦萨史》，商务印书馆1997年版，第1页。

4世纪时,属于蒙古利亚人种的匈奴人(the Huns)大举西迁(图1-2),他们逢人便杀、逢物便抢、逢村便烧的野蛮进军和恐惧传言迫使正在向农耕生活转化的哥特人为躲避屠杀而举族向西迁徙,蜂拥渡过多瑙河。匈奴人首先从东方进入东哥特人地区,而后强迫被征服的东哥特人与他们一起进攻西哥特人。在匈奴人的压力下,绝望的哥特人向东罗马帝国派出使节,要求皇帝许可他们整个部落成为帝国的臣民,并许诺提供赋税和军队。"这样,四五十万蛮族人便被正式允许定居在帝国疆域内,其中半数可以从军作战"。[1]从此他们作为东罗马帝国的臣民和同盟者开始在帝国初期的历史上发挥重要的作用。一方面,他们整个部落的男女老幼,连同奴隶和牲畜定居在帝国边境那些人烟稀少的荒野和沼泽地带,有利于将荒地开垦成为农田,不仅养活自己,还为帝国政府提供赋税,成为帝国经济生活的重要补充。另一方面,他们为帝国军队提供了相当充分的人力资源。哥特人以其勇猛善战成为罗马军队重要

图1-2 匈奴人大举西迁,征服了黑海北岸一带大草原上的阿兰人

[1] A.A. Vasiliev, *History of the Byzantine Empire*, Wisconsin 1958, p.86.

的组成部分,他们组成哥特军团,其战斗力甚至超过罗马军团。君士坦丁大帝(Constantine the Great,306—337年在位)就把哥特军团当作军队主力,在其统一帝国的战争中,依靠哥特军团击败军事对手李锡尼(Licinius)。据记载,君士坦丁大帝军队中就有4万哥特士兵组成的哥特军团,其中一些人还担任罗马军队重要职务。他们在其居住的罗马边境地区形成了阻遏其他游牧民族侵入罗马帝国的屏障。

随着哥特人军事势力的增长,他们在东罗马帝国政治生活中开始发挥越来越大的作用,甚至影响帝国政府的内外政策。作为帝国边境地区的农民,他们越来越不能忍受帝国贪官污吏的无耻敲诈和对其妻室子女的侵害。起初,他们逃亡到小亚细亚,后来,则发动大规模起义,在阿兰人(the Alans)和匈奴人的帮助下向东罗马帝国腹地色雷斯平原进犯,直逼帝国都城君士坦丁堡。与此同时,在东罗马军队中供职的哥特人,特别是那些担任高级官职的哥特人对皇帝施加影响,迫使朝廷相信用武力不能解决哥特人问题,而应实行和平的感化政策,即用先进的希腊罗马文化和舒适的生产生活方式影响他们,并给予他们与"罗马人"享有的同等政治权利,在经济方面则让他们拥有更多的自由和发财的机会。这一政策使东罗马帝国的哥特人势力进一步发展,特别是他们对帝国军队的影响迅速扩大,以至于哥特人将领一度几乎完全控制了帝国军队。

除了哥特人对帝国构成的严重威胁外,诸如阿兰人和匈奴人也侵入帝国边境,抢劫帝国的边境居民。这些日益严重的外族入侵与晚期罗马帝国的内部危机相结合,推动古代罗马帝国社会逐步向中世纪社会转化。这一转化过程在帝国东部采取了长期的渐变的形式,而在帝国西部则采取了相对短暂的突变的形式。人们不禁要问:同为罗马帝国的两个部分为何会出现不同的社会转化过程?为什么西罗马灭亡后东罗马又存在了近千年?要回答这类问题,我们必须首先了解晚期罗马帝国东部和西部存在的差异。

3. 东、西罗马帝国的差异

与罗马帝国西部深刻的社会动荡相比,帝国东部的危机相对缓和,内外形势也相对稳定。在经济方面,自3世纪危机爆发之初,罗马帝国东、西两部分的差异即迅速加大。当西部地区奴隶制经济全面崩溃之时,一种新型的隶农生产形式在东部地区逐渐发展起来。在东罗马帝国,特别是在盛产谷物的叙利亚和小亚细亚地区长期存在多种经济形态。甚至在罗马帝国经济鼎盛时期,奴隶制的大庄园生产也从来没有在东部地区占据主导地位,不仅奴隶的数量非常少，而且使用奴隶劳动的庄园规模也小得多，这就极大地缓和了奴隶制经济危机造成的冲击。而在东部长期存在的诸如永佃制和代耕制等形式的自由小农租种土地的制度也有利于隶农经济和农村公社经济迅速发展，隶农和自由小农的人数迅速增加，构成农村人口的多数。人身的部分解放和农民对相对独立的小农经济利益的追求激发了农村劳动力的积极性，提高了农业生产率，活跃了农村经济，从而为东部帝国渡过危机奠定了坚实的物质基础。

农业经济的稳定发展促进了东罗马帝国商业贸易的兴起，一方面，农业生产（包括畜牧业和渔业）为城乡工商业提供了丰富的农副产品和原料，为集中在大、小城镇的手工业、国内外商业快速发展创造了有利的条件。另一方面，城乡经济交流的加强和国内商品市场的形成也为国际商业贸易的兴起奠定了基础。早在百余年前就已经兴起的东西方贸易此时更加活跃，东地中海世界逐渐形成了以拜占庭城、亚历山大城和安条克等大城市为中心的国际商业贸易区，其中博斯普鲁斯海峡地区由于控制东西南北海陆交通的汇合点而具有特别突出的重要性。来自中国、印度的丝绸、香料和宝石原料，埃及的纸草和谷物，叙利亚的兵器和织物，来自古罗斯平原的原木、毛皮和蜂蜡以及来自撒哈拉以北非洲的动植物及其产品多在这些城市的集市上交换，并转运至欧亚各地。古城拜占庭优越的商业地理位置被形象地比喻为"东西方之间的一道金桥"。[①] 罗马帝国东部相对多样化和稳定的经济状况使3世纪危机对这个地区社会生活的冲击大为缓解。

经济稳定也提高了东部地区的政治地位，晚期罗马帝国社会中上层分子特别是富有的商人纷纷迁居到帝国东部，甚至帝国皇帝也越来越喜欢其东方行宫，皇帝戴克里先（图1-3）生前大部分时间住在其博斯普鲁斯海峡亚洲一侧的尼科米底亚城行宫，其后的许多皇帝如马克西米安、伽列里乌斯和李锡尼也都把自己的行政中心搬到东部地区。帝国政治中心向东地中海转移的趋势在君士坦丁大帝将古城拜占庭改建为新罗马的宏伟计划中达到了顶峰。西罗马帝国在这一时期政局动荡，帝国故都罗马城屡遭蛮族洗劫，原有的帝国行政中心被迫先后迁移到米兰和拉韦纳。晚期罗马帝国政治中心的东移绝不是由个别皇帝个人好恶决定的，而是东、西部政局演变的巨大差异使然。正是东罗马相对安定的生产生活环境吸引了罗马帝国统治阶层离开西部定居东部，而政治中心的东移也促进了东罗马帝国专制统治的形成与发展。

---
① 《马克思恩格斯全集》第9卷，人民出版社1985年版，第263页。

第一章 君士坦丁时代

图1-3 戴克里先宫(复原图),戴克里先退位后即居于此,位于克罗地亚斯普利特,为一座宏大壮丽的海滨堡垒和豪华巨型乡间别墅。斯普利特市正是依此而发展起来

东地中海世界的古代文明有过极为辉煌的历史,特别是古希腊文化的发展曾达到这个地区文明发展的最高水平,随着马其顿扩张和亚历山大东侵,先进的希腊文化得以传遍整个东地中海世界,并得到该地区各民族的认同,从而形成了相对稳定的文化基础。这种文化的民族载体主要是希腊人和希腊化的民族,而希腊语则是其主要的交流工具。早在罗马帝国统治时期,被征服的东地中海民族就将罗马帝国当局视为敌对的外族统治,并经常发动起义,企图摆脱外族统治。尖锐的民族矛盾一直是令罗马帝国统治集团头痛的问题。帝国政治中心的东移极大地促进了不同于古代罗马文化的东地中海文化发展,并由此揭开了一种中古新文化发展的序幕。

经济和政治生活的相对稳定也使东罗马帝国社会意识形态和精神生活发生了不同于西罗马的变化,这主要反映在基督教的迅速发展。基督教产生于1世纪的古代罗马世界,并广泛流传于东地中海沿岸地区,至3—4世纪时,它已经从被压迫被剥削的下层人民的宗教逐步演化成为受统治阶级推崇的宗教,其早期的性质、社会基础、教义、教会组织和教规礼仪都发生了深刻的变化,日益与罗马帝国政府合流。①4世纪上半叶,君士坦丁大帝颁布的《米兰敕令》和他亲自主持召开的尼西亚会议不仅授予基督教合法地位和许多特权,而且强行通过三位一体的信仰为正统教义,使基督教获得了实质上的国教地位。早期基督教的五大教区,除罗马教区外,其余四大教区都在东罗马帝国,而此时的西罗马帝国仍然普遍信仰古代的多神教。基督教的发展和传播给普遍存在对现实生活绝望的社会心理和颓废思想提供了精神寄托,使意识形态的混乱局面得到调整。

总之,由于西罗马帝国社会内部各种矛盾冲突严重,帝国已经崩溃,因此在日耳曼民族入侵的打击下归于灭亡。而东罗马帝国社会矛盾冲突相对缓和,帝国气数未尽,因此能够渡过危机。显然,罗马帝国东、西部自3世纪以后开始走上不同的发展道路不是偶然的,而是有其深刻的历史背景的。东西罗马帝国社会转型采取了极为不同的方式这一点已经为学者所公认,但是,这一过程究竟始于何时却是人们长期争论不休的问题,我们通过对晚期罗马帝国的全面考察认为,将330年君士坦丁大帝建成并启用新都——新罗马作为东罗马帝国的起始年代比较接近历史事实。②

二、君士坦丁王朝的统治

1. 君士坦丁王朝的建立

君士坦丁王朝(324—363年)由君士坦丁大帝创立,统治时间仅30余年,历经5位君主。该王朝存在时间虽短,却由于它作为拜占庭历史上第一个王朝而在拜占庭国家形成过程中起了重要的作用,特别是王朝创立者君士坦丁大帝在位期间制定的一系列方针大计对整个拜占庭历史影响深远,确定了拜占庭帝国此后发展的方向,其各项举措也成为此后拜占庭帝国的基本国策,影响长达千余年。至少在他统治后的200多年里,他推行的军国大政方针没有发生重大转变,以至于人们称这个时期为"君士坦丁时代"。③

君士坦丁(图1-4)生于272年,其父君士坦提乌斯一世为罗马帝国东方

---

① 正如后人指出的那样,"基督教和罗马的君主政体,实际上是同时产生的"。Cyril Mango ed., *The Oxford History of Byzantine*, p.2.
② 参见陈志强:《关于拜占庭史启始年代问题》,《南开大学学报》1987年第4期。
③ 雅各布·布克哈特著,宋立宏等译,宋立宏审校:《君士坦丁大帝时代》,上海三联书店2006年版。

第一章　君士坦丁时代

达吉亚行省人，与帝国皇帝克劳狄二世（Claudius II, 268—270年在位）有血缘关系，行武出身，官至达吉亚行省总督，后升为高卢大区的大区长。皇帝戴克里先实行四帝共治制改革以后，任命他为四区长之一，称为凯撒，统领高卢大区全部兵马，主持该大区事务。305年戴克里先和马克西米安退位后，君士坦提乌斯一世成为罗马帝国西部地区的主宰。

君士坦丁自少年时代即随其父经历了军旅生涯，青年时便从军作战、指挥部队，在艰苦的军事生涯中锻炼了坚强的意志和强健的体魄。在晚期罗马帝国各路军阀勾心斗角的血腥较量中，他一度作为人质被扣押在戴克里先部下，伽列里乌斯即位后更加紧了对他的限制，千方百计阻止他回到其父控制的高卢大区，残酷复杂的军事和政治斗争培养了他精明的头脑和组织才干。306年7月25日，君士坦提乌斯一世去世，从东方大区巧妙脱身的君士坦丁于同日在不列颠被部下拥立为皇帝。当时，罗马帝国军阀混战，几个

图1-4　君士坦丁大帝

正副皇帝之间相互争权夺利、钩心斗角，时而爆发血腥的厮杀。

君士坦丁周旋在各派势力之间，先是获得伽列里乌斯的支持，得到凯撒（即副皇帝）的称号，后又与马克西米安结盟，使其皇帝地位得到正式承认，称奥古斯都。为了完成首先统一帝国西部、进而统一整个帝国的政治雄心，他联合帝国东部皇帝李锡尼共同进攻帝国西部政敌马克森提乌斯，于312年彻底击败后者，成为西部唯一的皇帝。在完成统一大业的最后斗争中，他充分展示了一个政治家的谋略和才能。他强化对军队的控制，完善军事建设，在其统治的区域内，轻徭薄赋，实行宗教宽容政策，从而极大地加强了自身的实力。324年，他在帝国东部阿纳多利亚地区的克里索波利斯将昔日的盟友和妹夫李锡尼击败，迫使其投降，后将其处死在塞萨洛尼基。这样，君士坦丁就成为帝国唯一的皇帝，完成了统一帝国的事业。

胜利后，君士坦丁大帝立即着手建立王朝，他一改晚期罗马帝国皇帝任命皇位继承人的拟制血亲制度，抛弃了在位皇帝收养"义子"的传统习俗，而是任命其两宫皇后所生的4个儿子为副皇帝，作为其皇权继承人。这一举措可以被看作是罗马帝国皇帝继承制度的重要改革。在此之前，虽然个别罗马

45

帝国的皇帝曾经将皇位传给其直系亲属,但具体过程仍然没有超越传统做法。换言之,罗马帝国传统的皇帝权力继承制度并没有发生变化。君士坦丁的做法是将皇权当作皇帝个人的私有权利,皇帝不再是帝国公民的公仆,因此,它可以也必须像私人财产一样传给具有血缘关系的后代。①

君士坦丁大帝(图1-5)即位前曾娶米奈尔维娜为妻,生长子克里斯普斯,即位后又娶年轻美貌的福斯达为妻,生3男2女(有资料说3女)。为了维持家天下王朝和传承皇权,他于317年3月1日确定其长子克里斯普斯和次子君士坦丁二世为皇帝继承人,任命他们为凯撒。但是,他寄予厚望且战功卓著、能力超群的长子却因被怀疑与其年龄相近的后母福斯达有染,或因涉嫌某件

图1-5 君士坦丁大帝

无从考证的重大罪案而于326年被突然处决。②此事对君士坦丁大帝打击很大,为保证王朝统治持续不断,他先于324年任命第三子君士坦提乌斯二世为凯撒,后于333年任命第四子君士坦斯一世为凯撒,这样,在其统治晚年,他的3个儿子均被确定为皇位继承人。为了防止在他死后几个兄弟之间发生争夺皇权的冲突,君士坦丁大帝在337年临终病故之前,在尼科米底亚行宫,为其诸子划分了各自的势力范围,即由君士坦丁二世控制不列颠、高卢和西班牙地区,君士坦提乌斯二世控制色雷斯、西亚和黑海地区,由君士坦斯一世控制意大利、非洲、达吉亚和马其顿等地区。③但是,新的皇帝继承制度并没有解决政治稳定问题,君士坦丁大帝刻意创立的血亲世袭皇权制度还需要时间加

---

① 参见陈志强:《拜占庭皇帝继承制度特点研究》,《中国社会科学》1999年第1期。
② 此事当为一件历史谜案,左西莫斯首次记载此事,怀疑克里斯普斯因偷情而被君士坦丁大帝秘密处决,其根据是福斯达在克里斯普斯死后表现异常,不久即被皇帝下令淹死在浴池中。参见珀尔散德:《克里斯普斯:辉煌的一生和悲惨的结局》,H.Pohlsander, Crispus:Brilliant Career and Tragic End, in *History*, 1984 (33), pp.79–106.
③ Eusebius, *Church History, Life of Constantine, Oration in Praise of Constantine*, edit. By Schaff, P., New York: Christian Literature Publishing Co., 1890, chap.10.

以完善,他去世后,皇家内部即爆发了兄弟间的厮杀。皇家内讧最终导致君士坦丁大帝直系血亲继承人和家族男性继承人大部分被杀,王朝最后一任皇帝尤利安是君士坦丁大帝的女婿和外甥。

君士坦丁王朝的建立标志着中古拜占庭帝国王朝历史的开始。君士坦丁大帝制定的政策确定了王朝内政外交的方向,不仅在该王朝统治期间得到了贯彻执行,而且成为此后几个王朝坚持的治国方针。在该王朝的诸项"政绩"中,首先应该提到其基督教化政策,其影响极为深远,贯穿拜占庭帝国千余年历史。

2. 君士坦丁的基督教政策

综合考察君士坦丁一生的政治活动,我们可以大体将其划分为3个时期,即306—312年巩固皇帝地位和增强其割据实力的阶段,312—324年扩张势力进而统一帝国阶段和324—337年强化君士坦丁王朝中央集权阶段。他推行的基督教政策即围绕上述3个时期的政治目的,为实现其最终政治目标服务。

君士坦丁在约克郡被其父部下拥立为帝是第一个阶段的开端。当时,他面临着险恶的形势,一系列紧迫问题亟待解决,各地军阀割据势力此消彼长,他在高卢地区的权力随时受到东方统治者的威胁,其帝位兴废系于毫发。早在君士坦提乌斯一世(图1-6)受命统领高卢大区兵马、独立治理高卢大区事务时,君士坦丁就被送往戴克里先的宫廷中,名为培养教育,实为充当人质,受到严密的监视。戴克里先于305年宣布退位后,控制帝国东部的伽列里乌斯和君士坦提乌斯一世分别升任为帝国东部和西部皇帝,前者为制约后者,千方百计阻止君士坦提乌斯一世父子汇合。君士坦丁作为继承人原则上应被任命为新的凯撒,但是在幕后操纵的太上皇戴克里先却另外选择了马克西米努斯(Maximinus)和塞维鲁(Severus)分任帝国东部和西部凯撒职务,继续将君士坦丁当作人质扣留在伽列里乌斯的宫中,以此制衡君士坦提乌斯一世的力量。君士坦提乌斯一世去世后,君士坦丁虽然被军队拥立为帝,但是其地位并不稳固。首先,在军阀割据的几大势力中,君士坦丁的力量相对弱小,一则其辖区高卢地区比帝国的伊利里亚、东方和意大利诸大区疆域

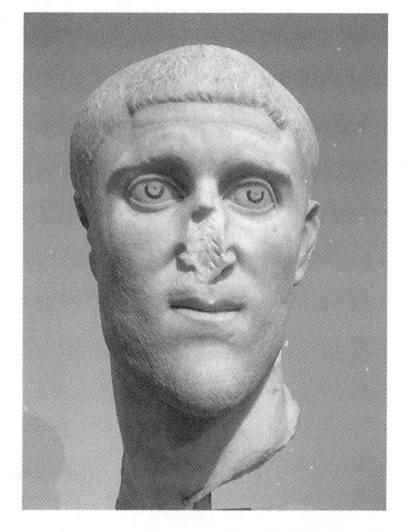

图1-6 君士坦提乌斯一世

小,资源少且气候寒冷,加之开发较晚而相对落后贫穷;二则其控制的军队人数比较少,士兵的素质远不能与训练有素的其他大区军队相比。其次,其权力是通过士兵拥立的非法途径获得的,被其他皇帝看作是"篡权",他必须获得太上皇戴克里先等人的认可。由于君士坦丁的政治地位相当脆弱,他必须在诸强中找到强大的支持力量,作为其称帝的坚强后盾。可以说,巩固称帝的成果,加强称帝后的政治地位是君士坦丁在这一时期最重要的政治目标。

  君士坦丁为了实现其政治目标,采取精明的外交手段。他以十分恭敬的口吻致信合法皇帝伽列里乌斯,称其为"我的主子",以表明自己承认其最高皇帝的地位,在通报君士坦提乌斯一世病故的同时,提出继承其父职权的要求。而后,他积极发展与退位皇帝马克西米安的联盟关系,争取其在帝国东部部分省区和意大利的强大势力的支持,甚至娶马克西米安之女福斯达为妻,通过政治联姻扩大实力,终于获得合法皇帝对其地位的正式承认。① 他在积极加强军队建设和在高卢地区推行富国强兵措施的同时,通过多项保护基督徒的法令,明令辖区军政官员在对基督教执法中减少流血冲突,争取民众支持,从而揭开了其基督教化政策的序幕。他继位后立即在不列颠、高卢和西班牙等辖区取消了前朝皇帝颁布的各项迫害基督徒的法令,下令各地军政官吏停止迫害行动,要求他们尊重基督徒的信仰自由。他还利用各种场合以愤怒的口吻斥责其他大区的士兵仅仅因为信仰不同而对人民采取野蛮残暴的行径。"在君士坦丁对这几个高卢省份实行有限统治的时期,他的信奉基督教的臣民一直受到这位君王的权威和他所制订的法律的保护"。② 事实上,君士坦丁之所以采取保护基督教的政策并不像一些西方学者所说,是纯粹出于虔诚的信仰或因信仰而产生的仁慈,而是当时社会变革的总形势使然。

  当晚期罗马帝国在经济、政治、文化和道德上发生总崩溃的时候,社会精神生活也陷入危机,传统的自然神和多神教信仰失去了吸引力,人们对摆脱现世的困苦感到完全绝望,多神教那些"空洞含糊的观念不能吸引群众,各种传统的多神教仪式无法为民众提供思想上的安慰,在各种宗教团体中,基督教会在这一方面是无与伦比的,它不仅有助于精神上的安慰,而且还对实际生活的

---

① Zosimus, *New History*, trans.and commentary by Ronald T.Ridley, Canberra 1982, Vol.1, II, pp.79–80.
② 吉本:《罗马帝国衰亡史》第1卷,黄宜思等译,商务印书馆1997年版,第436页。

第一章 君士坦丁时代

灾难许以援助和给予真正的援助",[1]基督教作为一神教适应了当时晚期罗马帝国的政治现实,比多神教更充分地满足了社会各阶层的需要,因此迅速发展成为跨国界多民族的阶级成分复杂的世界性宗教。3世纪末时,基督教已具有成熟的信仰和教义,其经典《圣经》也已经成书,有组织严密的教会,信徒人数众多。仅据249—251年间的统计,罗马教会主教就控制着46名长老、7名会吏、7名副会吏和42名低级神职人员。[2]这一统计数字说明基督教此时不仅拥有众多信徒,还有专门的神职人员,并形成教阶制度,可见基督教已发展成为重要的宗教组织。在帝国的东部,基督教的势力更为强大,基督教早期历史上出现的5个大教区,除了罗马教区外,都在帝国东部地区,其中安条克教会和亚历山大教会权势最大,成为独立于国家权力之外的社会团体。在帝国各地还分散着数千名高级教士。[3]特别是在君士坦丁时代,大批信仰基督教阿利乌派教义的哥特人进入帝国军队,他们构成了君士坦丁军事力量的重要部分。在此形势下,君士坦丁作为精明的政治家,必定会敏感地注意到基督教是可利用的社会力量,必定会经过反复权衡确定将基督教作为其政治斗争的重要筹码。

君士坦丁采取保护基督教政策的另一个重要因素是他吸取了其前任皇帝镇压基督徒失败的教训。戴克里先曾在伽列里乌斯的挑动下,放弃其最初的宗教自由政策,大肆逮捕基督徒,焚烧教会书籍,捣毁教堂,在全国范围内展开一场被基督教史学家称为有史以来最严重的迫害基督教运动。但是,帝国政府的迫害政策并没有达到其预想的目的,对基督教的镇压使得社会秩序更加不稳定,多神教徒与基督徒的冲突愈演愈烈。特别是在帝国东部地区,政府以强制手段解决宗教信仰问题的做法引起朝野贵族和黎民百姓的分裂,正常的社会生活受到严重干扰。连伽列里乌斯也承认其迫害基督教的政策遭到失败,因为,"任何暴政即使尽最大的努力也不能使一个民族彻底灭绝或者完全消除他们的宗教迷信",[4]他被迫颁布承认基督教是合法宗教的敕令。唯有君士坦提乌斯一世在其高卢辖区内实行保护基督徒的政策。君士坦提乌斯一世温和的宗教宽容政策使高卢各省在遍及帝国的大迫害中独享安宁,与伽列里

---

[1] 琼斯:《晚期罗马帝国》,第1卷,第694–695页。
[2] Eusebios of Caesarea, *The History of the Church from Christ to Constantine*, trans.by G. Williamson, New York, Penguin 1965, Vol.6, XXXXIII, 11.
[3] 吉本:《罗马帝国衰亡史》第1卷,第470–471页。
[4] 吉本:《罗马帝国衰亡史》第1卷,第363页。

乌斯迫害基督教政策引起的混乱形成鲜明的对比。这使君士坦丁认识到,对基督徒实行迫害是犯了政治策略的重大错误,只有保护基督教才能使社会趋于稳定,才能赢得民众的支持,才能在剑拔弩张的割据势力中逐渐壮大,占据优势。

特别值得注意的是,君士坦丁保护基督教政策的直接原因还与稳定军心、鼓舞士气有密切关系。从3世纪末到4世纪初,在帝国政治生活中发挥重要作用的军队基督教化的倾向越来越明显。据凯撒里亚的优西比乌记载,随着士兵中基督徒人数的增多,基督教在帝国军队中的影响迅速增加,由于基督徒士兵的勇敢作战,帝国"霹雳兵团"在多瑙河流域打败日耳曼人。到286年,基督徒士兵已经构成帝国东部西班牙兵团的主要成分。[①]马克西米安在执行迫害基督徒法令时,仅在其塞比安人军团中就处死6 000名基督徒士兵,几乎引发大规模兵变。[②]当时,主要由笃信基督教的蛮族人组成的近卫军兴废君主的事变时有发生,军队在皇帝的废立上发挥着举足轻重的作用。正反两方面的事实使君士坦丁认识到,若要巩固其政治地位,就必须取得军队的支持,"若无军队作他的后盾,他的生命即将难保"。[③]君士坦丁宗教宽容政策在高卢等辖区易于推行是以君士坦提乌斯一世的政策为基础的。在后者统治时期,高卢和不列颠军队中的基督徒与多神教徒和平共处,并肩作战,因此,君士坦丁推行以保护基督教为主的宗教宽容政策是稳定军心,进而巩固其统治的最好措施。

总之,君士坦丁即位前后采取包括保护基督教在内的所有信仰的宗教宽容政策,目的在于争取民心军心,实现其巩固皇帝地位、扩大割据势力的政治目标。这一政策在其后清除割据分裂势力,统一帝国的第二阶段政治实践中作了调整。

君士坦丁统一帝国的斗争始于312年,

图1-7 李锡尼

---

① 杨真:《基督教史纲》,三联书店1979年版,第78页。
② Eusebius of Caesarea, *The History of the Church from Christ to Constantine*, Vol.8, IV, VII.
③ 威尔·杜兰:《世界文明史》第3卷,幼狮文化公司译,东方出版社1998年版,第860页。

第一章 君士坦丁时代

前期以扫除马克森提乌斯和小伽列里乌斯割据势力为主,后期以剪除李锡尼(图1-7)为主,最终于324年实现帝国统一。在此期间,君士坦丁巧妙地利用基督教作为其建立政治联盟,分化政治对手以图各个击破和瓦解敌军,消除分裂割据势力的工具,其基督教政策在统一帝国战争中成为克敌制胜战略的重要组成部分。312年,君士坦丁进军意大利,揭开了其统一帝国战争的序幕。当时,控制帝国西部的君士坦丁和马克西米安之子马克森提乌斯(Maxentius Augustus,306—312年在位)分别自立为帝,后者还杀死率兵前往意大利镇压叛乱的塞维鲁皇帝。君士坦丁则通过精明的外交活动,于310年被合法皇帝大伽列里乌斯确认为西部皇帝。311年,大伽列里乌斯去世,帝国政局立即发生重大变动,小伽列里乌斯出兵占领东方大部分地区,李锡尼则控制巴尔干半岛的伊利里亚地区。在帝国西部,君士坦丁继续辖制高卢大区,而马克森提乌斯则统治意大利。君士坦丁选择马克森提乌斯作为其统一帝国的突破口,主要是因为后者的统治地位最不稳固。

君士坦丁利用基督教扩大统一帝国的力量。首先,他通过大力支持基督教的发展来强化与李锡尼的联盟,从而对马克森提乌斯构成两面夹击之势。君士坦丁将其妹妹君士坦提亚嫁给李锡尼,并与后者共同采取保护和支持基督教的措施。事实上,君士坦丁当时尚未强大到足以统一整个帝国,因此他必须联合盟友而后各个击破政治对手。他之所以寻找可靠的盟友,一方面是为了加强统一帝国的联合武装力量;另一方面是防止敌对势力结成联盟。他选择李锡尼主要是因为其基督教政策与自己比较一致,可以借此扩大反对马克森提乌斯的共同阵营。313年,君士坦丁在米兰会晤李锡尼,消除李锡尼对其政治野心的警惕性,并共同颁布《米兰敕令》,明确宣布:"从今以后,所有希望共同遵守基督教信仰的人都将无条件地被许可自由信仰基督教,其信仰将不受任何骚扰和侵害,我们认为下述各点有助于以最完整的方式表明你们所关心的事情,像你们可能了解的那样,我们已经完全地无保留地给予所谓基督教权威人士施行其信仰的权力",此后还首次允许基督教会拥有财产。[①]正是在李锡尼的有力支持下,君士坦丁击败了马克森提乌斯,也是在李锡尼的直接打击下,割据帝国东方大区的小伽列里乌斯战败逃窜,于313年客死小亚细亚的塔尔苏斯。其次,君士坦丁利用基督教作为攻击敌人的舆论工具,瓦解敌军斗志。他公开指责马克森提乌斯在意大利残酷迫害基督徒,并劝说李锡尼派兵参加对马克森提乌斯的

---

① Eusebios of Caesarea, *The History of the Church from Christ to Constantine*, Vol.10, V.

进攻。他紧紧抓住马克森提乌斯对基督教残酷迫害的暴行,大肆攻击后者违背神意,必遭上帝的惩罚,从而在道义和心理上瓦解敌人士气。最终,君士坦丁联合李锡尼进攻意大利,以9万步兵和8 000骑兵在罗马城附近的米尔万桥彻底击溃并杀死马克森提乌斯,清除了帝国西部的割据势力,[①]达到了其统一帝国西部的阶段性政治目标。

君士坦丁还利用基督教鼓舞士气,统一全军官兵的思想,振奋士兵的精神。君士坦丁在进军意大利途中,编造了上帝显灵托梦的神话,[②]公开打出拉伯兰旗(labarum),以基督教信仰统一全军将士的思想(图1-8)。所谓的拉伯兰旗是一面长方形旗帜,旗帜上方的横杆与旗手所持的竖杆及其顶端形成XP的抽象符号,教会史学家认为这是希腊文"基督"的前两个字母组合。事实上,XP的字母组合在古罗马军队中很常见,X可能是高卢古代某种宗教的象征,代表着太阳或者雷电,P则意味着太阳神的鞭子。[③]君士坦丁赋予其军旗以基督教的含义,并作出上帝显灵的解释,无非是企图使他发动的统一帝国的战争具有神圣的色彩,使其劳师远征的战争行为归于天意,是执行上帝的旨意,以此掩盖其称霸整个帝国的政治野心,使普通士兵和广大民众支持这场战争。他选择拉伯兰旗作为其军旗,充分表明其精明的宗教政策,因为它既包涵着基督教信仰的象征,又继承了古老的宗教传统,基督徒和多神教徒都可以在XP这个意义广泛的符号中找到适合自己信仰的解释,基督徒可以把它看作象征耶稣基督

图1-8 君士坦丁在进军意大利途中公开打出拉伯兰旗

---

① Zosimus, *New History*, Vol.2, pp.86-88.
② 这个神话描述了他在夕阳下看到天空中上帝显灵的十字架和当夜上帝再度托梦给他的详细情节,这使我们联想到陈胜、吴广在发动农民起义前精心编造的一系列神迹。参见 Eusebius, *Church History, Life of Constantine*, Vol.1, pp.28-30。
③ John W.Eadie ed., *The conversion of Constantine*, Huntington, N.Y.:R.E.Krieger Pub.Co., 1977, c1971, p.34.

的十字架,多神教徒则可以把它理解为旧信仰的复兴。①在这一旗帜下,不同信仰的将领和士兵都可以实现他们为神灵献身的理想,都心甘情愿地去战斗。君士坦丁利用宗教信仰为其战争服务的政治目的清楚地表现在他为全军将士确定的星期日祈祷词中,"我们只把您看作上帝与国王,我们祈求您给我们帮助,通过您我们赢得胜利,通过您我们战胜敌人,我们感谢您过去给我们的恩惠……我们祈祷您永远保佑我们不受伤害,保佑皇帝君士坦丁的胜利"。②这里一切宗教说词都是为君士坦丁发动的统一战争服务的。

君士坦丁十分注意利用基督教拉拢上层贵族官吏。当时,基督教在经过数百年的发展后,其教义中原有的代表下层受压迫受剥削民众的思想内容逐渐被逆来顺受、强调服从的教义所代替,"主教制与教阶制的萌芽,说明教会已经牢固地被控制在富有阶级手中。此后,基督教通过教会的领导人和教父进一步向罗马奴隶主政权靠拢","他们在组织上实行主教制……在思想上神化罗马皇帝和奴隶制度,从理论上论证基督教与罗马帝国利益的一致性……在行动上,不断向罗马皇帝写效忠信,表白基督教忠于帝国政府"。③基督教与罗马帝国统治阶级的合流有助于许多元老、贵族、富人和各级官吏成为信徒,这使君士坦丁逐渐认识到,基督教在人民中间传播的仁爱、道德和无条件服从与依顺的福音精神,正是他可以利用的思想工具,也是他借以拉拢帝国上层阶级的工具。基督教在前此官方的多次迫害中,特别是在意大利地区,非但没有销声匿迹,反而更加壮大,不仅人数增加,而且发展成为更加团结、凝聚力更强、成分更加复杂的群体,和最"有活力的宗教",④吸引越来越多的上层人士皈依基督教。君士坦丁在高卢的宫廷中有许多重要官员信奉基督教,神学家拉克坦提乌斯担任君士坦丁长子克里斯普斯的家庭教师,并成为君士坦丁身边无话不谈的密友。⑤君士坦丁的家眷大多是基督徒或基督徒的保护人,在其宫廷和军队中,基督徒担任了重要的军政官职。正因为如此,君士坦丁为赢得帝国社会上层军政贵族的支持,也必须采取支持基督教的政策。

君士坦丁于312年战胜马克森提乌斯后,便开始策划消灭最后的对手李

---

① *The Cambridge Medieval History*, ed.by J.M.Hussey, Cambridge 1966, Vol.1, p.4.
② 布克哈特:《君士坦丁大帝时代》,第298页。
③ 于可主编:《世界三大宗教及其流派》,湖南人民出版社1988年版,第32-34页。
④ Arnold Toynbee, *An Historian's Approach to Religion*, Oxford University Press, 1979, p.107.
⑤ Timothy David Barnes, *Constantine and Eusebius*, Harvard University Press, 1981, p.74.

锡尼的计划。同年戴克里先的去世使控制帝国霸权的两巨头的矛盾迅速激化，上升为帝国政局的主要焦点。314年，君士坦丁与李锡尼之间爆发了战争，君士坦丁与李锡尼的联盟随即瓦解，野心勃勃的君士坦丁开始其扫除建立君主专制的最后障碍。君士坦丁虽然与李锡尼共同颁布了《米兰敕令》，但是，他只是把双方的合作看作各个击破政治对手的权宜之计。314年，君士坦丁将其妹阿纳斯塔西亚嫁给他任命的凯撒瓦西亚努斯，随即向李锡尼提出领土要求，致使君士坦丁与李锡尼两派之间的矛盾进一步激化。当李锡尼拒绝君士坦丁的要求时，后者立即派遣数万大军进攻伊利里亚地区，并在西巴利斯战役和马尔迪亚战役中重创数万敌军，使李锡尼军队主力元气大伤。① 失败后的李锡尼不甘沦落为君士坦丁的副皇帝，"他不再追随好人，而是疯狂地干起残忍暴君之邪恶的所作所为"，将其失败归罪于基督徒，特别是对君士坦丁大力支持的基督教恨之入骨，② 暗中却将其宫中的基督徒流放他乡，或投入监狱，并下令清洗军队中的基督徒将士，剥夺所有曾坚持基督教信仰的贵族和军官的头衔和军阶，指令任何人不得探视基督教囚徒，否则将遭到同样的监禁。他要求所有官员参加多神教献祭，否则将被解职，还秘密处死许多德高望重的基督徒贵族，以惩罚他们对君士坦丁的崇拜，帝国东部的基督教教堂大都被捣毁或关闭。③ 李锡尼对基督教的迫害为君士坦丁提供了发动进攻的借口，他利用基督教作为其最终完成帝国政治统一的工具。君士坦丁蓄势待发，等待李锡尼在基督教政策上犯错误，以获得消灭最后一个政治对手的口实。随后，君士坦丁便以惩罚"强迫基督徒献祭的人"为借口，向李锡尼宣战。④ 君士坦丁发动的战争因此被看作是基督教圣战，甚至连李锡尼的基督教臣民也在为君士坦丁的胜利祈祷。323年，君士坦丁以基督徒的解放者身份挥师东进，7月3日在阿德里安堡战役中大败李锡尼，而后继续追击李锡尼，在东方大区安那托利亚地区的克里索波利斯战役中彻底打败李锡尼（图1-9）。324年，李锡尼被迫投降。325年，李锡尼被处死于塞萨洛尼基。

君士坦丁在统一帝国战争中合理地利用基督教，扩大消灭分裂割据势力的阵营，按照其统一帝国斗争的政治需要，有步骤地打出支持基督教的旗号，

---

① Zosimus, *New History*, Vol.2, pp.90-94.
② Eusebius of Caesarea, *The History of the Church from Christ to Constantine*, Vol.10, VIII, 2-6.
③ Eusebius of Caesarea, *The History of the Church from Christ to Constantine*, Vol.10, VIII, 12; IX, 3.
④ Timothy David Barnes, *Constantine and Eusebius*, pp.70-71.

第一章　君士坦丁时代

图1-9　君士坦丁大帝舰队与李锡尼舰队决战

最终达到了建立统一的中央集权专制君主统治的目的。在君士坦丁专制皇权统治下，基督教从被利用的工具逐渐变成被控制的对象，成为其维护王朝集权统治的工具。

君士坦丁在完成帝国统一，建立君士坦丁王朝专制统治后，其政治生涯达到鼎盛时期，其基督教政策围绕着维护专制皇权的政治需要又进行了调整。此时其基督教政策的核心是维护帝国统一，缓和宗教矛盾，防止发生动乱，强化中央集权。君士坦丁首先将基督教当作实现其政令统一和专制统治的工具。他在一封信中明确表达了这种愿望："我渴望您（上帝）的子民和平相处，为了我们共同的世界和所有人的良知不要彼此分裂。让那些迷失在错误中的人与笃信上帝的人同样享有和平与安定。让所有的人复归友爱，这足以使他们走上正路。不要让任何人再扰乱他人，让每个人做他想做的事……朕本人拥有您最荣耀的真理的宝库，这是您赐予我的自然财富，而朕祈求他人也通过普遍的和谐得以享受快乐。"[1]作为统一帝国的皇帝，君士坦丁一改其与对手征战时的面孔，大谈和平、安定、和谐和友爱，其利用基督教实现中央集权制统治的目的表

---

[1] R. MacMullen, *Constantine the Great*, London 1970, p.165, 该书作者还正确地指出："他必须关心其良好治下的6 000万或8 000万臣民对基督的崇拜"，见第169页。

现得非常明显。在这一思想指导下，君士坦丁积极地利用基督教教会协助恢复帝国行政管理系统，他将1 800名主教分派到各行省，其中1 000名在东部，800名在西部，按照省区建立教区，自上而下地行使官方任命的司法和宗教权力，从而使"一种新的永久性的、始终受人尊敬但有时十分危险的神职官员在教会和国家内产生了"。①他利用这样一套管理机构有效地控制了庞大帝国社会的精神生活，主教之下的各级神职人员的活动范围深入到村庄农户。

为了彻底消灭分裂割据残余势力，君士坦丁对李锡尼的政策进行了大刀阔斧的改革，废除了李锡尼颁行的各项法令，恢复基督教的所有免税权、财产继承权、司法审判权、接受捐赠权等各种特权，大批流亡流放的基督教人士从穷乡僻壤、矿井盐场回到家乡，监狱中的基督教囚徒也荣归故里，被卖为奴的基督徒再度成为人民热烈欢迎的信仰英雄。②他还使被解职的基督徒官复原职，并解除军队中对基督徒士兵的禁令。同时，君士坦丁利用基督教问题大肆镇压李锡尼的部下，其中许多人被判处死刑，有的甚至未经审判便遭杀戮。③曾经受到李锡尼支持的多神教也因此遭到压制，而长期控制君士坦丁堡及安条克两大教区的基督教阿利乌派，也因为曾经支持过李锡尼而被君士坦丁主持召开的尼西亚基督教大会宣判为异端（图1-10）。事实上，他对阿利乌派那些晦涩的神学所知甚少，"这位皇帝的行为完全为一时冲动所决定，而并无任何宗教指导原则"。④

君士坦丁利用基督教统一人民的思想，强化专制皇权的精神统治。他千方百计使臣民中的大批基督徒拥护其皇权。据专家统计，3世纪末，帝国东部的基督徒占人口总数的

图1-10 君士坦丁大帝下令烧毁阿利乌派书籍

---

① 吉本：《罗马帝国衰亡史》第1卷，第460页。
② R. MacMullen, *Constantine the Great*, p.161.
③ Timothy David Barnes, *Constantine and Eusebius*, p.210.
④ 吉本：《罗马帝国衰亡史》第1卷，第485-486页。

1/10,西部占1/15。[1]他继承了戴克里先时代流行的君权神授理论,只不过将多神崇拜改为上帝崇拜,将对阿波罗的信仰变为对耶稣基督的信仰,宣称其对世界的统治权来自上帝,"公众认为他是被上天派来统治人世的说法满足了他的虚荣,他的成功又使他有理由相信自己享有的最高统治权来自神授,而这种权利却是以基督启示的真实性作为基础的"。[2]

在选择新都城址和兴建东罗马帝国首都(拜占庭)时,他再次祭起基督教上帝的灵旗,宣称他是按照"上帝的意旨"确定新罗马在博斯普鲁斯海峡的拜占庭古城。在他亲自跑马圈定新城城址时,对大批疲惫不堪的随从官员宣布他是跟从"在我前面引路的不可见的神灵(上帝)",[3]从而使其大兴土木建立新都的行为添上了神圣的色彩,他本人则成为上帝意志的执行者。新建的君士坦丁堡中心广场上耸立的高大的皇帝雕像手中不仅持有象征统治世界的地球,而且有象征君权神授的十字架。[4]他还从维护统一帝国的政治需要出发,加强对基督教的控制和利用。无论是主张三位一体信条的基督教正统派,还是主张基督神性高于人性的阿利乌派,甚至多神教徒,只要拥护君士坦丁王朝统治,只要效忠皇帝本人,都将获得他的保护和重用。他公开致信基督教各派,认为他们都是"共有同一个上帝、同一种宗教、同一种礼拜仪式的基督教信徒,没有理由因为如此无关紧要的一点意见分歧而分裂为几派"。在他看来,帝国东部如火如荼的宗教争端已经严重影响了其臣民的思想统一。为了减少因神学争论造成的社会分裂,君士坦丁在宣判阿利乌派为异端的尼西亚会议之后不到3年,就暗中解除了对该派的迫害,"表现出了同情,甚至纵容。放逐令被撤消了……(阿利乌派领袖)凯撒里亚的优西比乌也官复原职,仍旧登上了他被屈辱地赶下台的大教长的宝座",阿利乌本人则成了基督教的英雄[5]。君士坦丁在阿利乌派问题上的朝令夕改,恰恰说明君士坦丁是从其政

---

[1] 布克哈特:《君士坦丁大帝时代》,第124页,这里仅是大概的估计,例如在迦太基的人口登记中,基督徒人数超过10%。

[2] 吉本:《罗马帝国衰亡史》第1卷,第451页。

[3] R. MacMullen, *Constantine the Great*, p.149.A.A. Vasiliev, *History of the Byzantine Empire*, Wisconsin 1958, p.59.作者都描写了有关的事件,但是他们的资料来自拜占庭作家费劳斯多基乌斯的《教会史》。

[4] R. MacMullen, *Constantine the Great*, p.150.

[5] 吉本:《罗马帝国衰亡史》第1卷,第485—487页,吉本原著中 "the episcopal throne" 在中译本中作"教皇"是错译,因为教皇仅指天主教的最高首脑,东正教最高首脑称"大教长"或"牧首",本文采用前者。

治需要出发处理基督教神学争论,为了缓和神学争论引发的教派对立和社会矛盾,他取消教派争论,将基督教教士视为命根子的神学教义玩弄于股掌之间。

同样,君士坦丁在大力扶植基督教时并没有大张旗鼓地迫害多神教,特别是在他成为帝国惟一的皇帝后,主动调整了对多神教的政策,颁布法令允许多神教徒"定期实施肠卜祭祀活动,(他的皇帝)纹章上都铸有朱庇特和阿波罗、玛斯和赫丘利的图象和象征"。① 帝国各地的多神教神庙仍然拥有大量的财富,享有帝国的馈赠和特权,其信徒甚至还可以公开举行传统的宗教仪式和祭祀。② 君士坦丁力图使多神教徒与基督徒之间能融洽相处。他针对帝国东部基督教势力较强大和帝国西部古罗马传统多神教势力较大的实际情况,采取对两者支持力度和方式有所区别的宗教措施。③ 显然,君士坦丁对当时帝国社会多种宗教信仰流行的现状有清醒的认识,因此在推行其宗教政策中力图保持一种没有倾向性的最高仲裁权,在实际行动中极力消除宗教对立。这也可以解释他为何宣称皈依基督教而没有受洗,直到临终前才接受洗礼。其政治原因在于,他以此防止因其公开表明宗教倾向而引起动乱,防止任何教派利用为皇帝洗礼的机会在宗教争端中占据优势地位,更是防止自己落入某个宗教的实际控制。④ 因此,他成为帝国惟一的皇帝后一直强调宗教中立,不使自己成为任何一派的教徒,而是超乎所有派别的最高仲裁者,对他们进行总体控制。另外,君士坦丁一再推迟受洗是为了保证世俗政权的独立性和统治权的完整。因为,他一旦接受洗礼,就成为受到教会控制的基督徒,其至高无上的皇权将受到教会的制约,教会就有凌驾于皇权之上的危险,这是与其建立君主专制统治的愿望背道而驰的。

君士坦丁在扶植基督教的同时,还对其严加控制,使教会成为国家机器的一部分,他亲自过问教义神学、礼仪活动、人事安排,所有基督教的重大事务都必须有利于他对统一帝国的统治。在325年召开的尼西亚宗教会议上,

---

① 这里提到的分别为罗马主神、太阳神、战胜和大力神,吉本:《罗马帝国衰亡史》第1卷,第435-436页,可惜中译本多有错译,本文引用中作了适当修改。
② Timothy David Barnes, *Constantine and Eusebius*, p.246.
③ R.MacMullen, *Constantine the Great*, p.124.
④ 吉本试图从道德方面解释这个事件,拜占庭作家左西莫斯则认为此事源于君士坦丁错杀其子的自我悔恨,而一些教会学者还认为他这样做是因为既可纵情享乐人世又可死后升入天堂,这些意见均缺乏历史唯物主义的眼光。吉本:《罗马帝国衰亡史》第1卷,第453-455页。

第一章　君士坦丁时代

他不仅直接干预《尼西亚信经》的制定,还确立了皇帝对教会的"至尊权"。基督教吸引君士坦丁关注的不是它的教义,而是它的统一性,而统一的教会能够为统一的帝国提供稳定的、和平的精神生活方式,这对于一心强化专制皇权的君士坦丁是亟需的。统一和稳定是君士坦丁建立统一帝国不可或缺的,他确信假如能引导人们在信念上联合起来,"公共事务的处理将相当的容易",[1]所以他极力控制各地教会。当他得知亚历山大里亚教区发生神学争论后,立即进行干预,他真正关心的不是神学是非,而是对统一稳定的教会的控制。当宗教争论出现失控的可能时,他立即主持召开宗教会议,会议的核心任务不是解决纷争,而是统一信仰和宣布皇帝在教会中的最高地位及至尊权,包括召集宗教大会权、教职任免权、教义解释权、争端仲裁权等。[2]在尼西亚会议(图1-11)上,君士坦丁以基督教首脑的身份主持会议,并致以简短的开幕词,呼吁各地主教恢复教会团结,因为只有上帝的信徒团结在和平的环境中,帝国才能长治久安。[3]他严密控制会议的进程,并将其意志变成会议的主题,一切均按他的预先安排进行。尼西亚会议的召开,表明君士坦丁已经在神学教义、教会组织等根本问题上控制了基督教,使基督教在实质上完全成为皇帝君士坦丁统治帝国的精神工具。一些学者因此认为"尼西亚会议标志着原始基督教的质变,实质上已成为罗马帝国的国教"。[4]

总之,君士坦丁的基督教政策虽然灵活多变,但万变不离其宗,即为其建立和维护君主专制统治的政治目的服务,他将基督教当作能使"自己一跃而为罗马世界专制皇

图1-11　尼西亚大会

---

[1] 威尔·杜兰:《世界文明史》第10卷,第328页。
[2] 陈志强:《拜占庭文明》,中国青年出版社1998年版,第290-292页。
[3] Timothy David Barnes, *Constantine and Eusebius*, p.215.
[4] 于可:《世界三大宗教及其流派》,第38页。

的最好手段"。① 就此而言,其基督教化政策达到了预期的效果,完成了预期的任务,实现了预期的理想,故而是成功的。

3. 新罗马的建设

建立东都新罗马是君士坦丁大帝的又一重大举措。新都的前身是古希腊商业殖民城市拜占庭。公元前7世纪前半期,富于进取精神的希腊商人积极建立海外商业殖民城邦,其足迹遍及地中海和黑海沿岸,拜占庭就是其中的一个殖民城市。起初,他们在博斯普鲁斯海峡的亚洲一侧建立了迦克墩城,几年后,又在迦克墩城对面的欧洲一侧建立起新的商业据点,并使用其首领柏扎思的名字为新城命名,称拜占庭城。此后数百年,特别是在希波战争②中,拜占庭城发挥了重要作用,对此,古希腊"历史之父"希罗多德(Herodotus,公元前485—前425年)曾作过记载。地理学家斯特拉波(Strabo,公元前63—公元23年)和古罗马历史学家塔西陀(Tacitus,约56—120年)等古典作家都对拜占庭城作过描述。古代许多军事将领很早就注意到其特殊的地理位置所具有的重要的经济和军事战略意义,古代波斯国王薛西斯一世(Xerxes I of Persia,约公元前519—前465年)手下大将迈加比佐斯就嘲笑迦克墩城的居民有眼无珠,竟然没有认识到拜占庭城得天独厚的地理优势。但是,罗马帝国统治时期,拜占庭城的发展却受到极大限制,特别是在194年,罗马皇帝塞普蒂米乌斯·塞维鲁(L. Septimius Severus,193—211年在位)为报复该城居民支持其政治死敌尼格尔(Niger,?—194年),几乎将它夷为平地(图1-12)。直到4世纪初,它仍然没有从这次破坏中恢复过来。

130年后,这个惨遭破坏的城市迎来了它的辉煌时代。当时,作为罗马帝国杰出政治家的君士坦丁大帝充分认识到帝国东部地区在增强其统治实力中的重要性,特别是他在古城罗马期间诸事不顺,当地元老打着民意、民主的

图1-12 塞普蒂米乌斯·塞维鲁

---

① 《马克思恩格斯全集》第19卷,第328页。
② 公元前499—前449年,希腊诸城邦联合抗击波斯军队入侵的战争,最终以波斯人势力被迫退出欧洲和爱琴海及沿海地区而告结束。

第一章　君士坦丁时代

旗号,对他处处掣肘,使他决心在东部建立新都。在选择新都城址时,他独具慧眼,力排众议,舍弃萨尔底卡(今索菲亚)、帖撒罗尼迦(今塞萨洛尼基)、尼科米底亚和特洛伊等大城,而选定当时看来并不起眼的拜占庭城作为建设新都的城址。事实上,早在戴克里先时代,迁都的意见即提上皇帝的议事日程,戴克里先虽然长期定居东方的尼科米底亚行宫,但是未及实施迁都的计划。君士坦丁大帝击败所有对手统一帝国后,帝国东部和西部的形势发生了很大变化,迁都的计划势在必行。

君士坦丁为确定新都日思夜想,颇费了一番心思,以致在梦中见到了"神迹",帮助他最终确定了新都的城址。他选择古城拜占庭为新都是有其道理的,因为这座城市确实占尽了独特的经济地理优势和军事战略重要性。它坐落在博斯普鲁斯海峡欧洲一侧的小山丘上,南临马尔马拉海,北靠"黄金角"海湾,东面扼守博斯普鲁斯海峡,控制赫力斯滂(今达达尼尔)海峡,把守马尔马拉海北向黑海出口,西面居高临下俯瞰色雷斯平原,易守难攻。不仅如此,这里还是罗马帝国重要的军事大道埃格南地亚大道和小亚细亚地区军事公路的汇合点,是通向亚洲的必经之地。同时,由于它控制黑海经由爱琴海进入地中海的水上交通要道,因此具有重要的战略意义。此外,拜占庭城北的黄金角海湾是一个条件极佳的自然港湾,全长约10公里,主航道宽约460米,并有多处分支水巷,可供船只停泊。自古以来,这里便成为世界各地商船汇集的地方,给当地居民带来财富,故被称为黄金角。由于拜占庭古城优越的地理位置(图1-13),未来的新都可以凭借一面靠山两面临水防御来自各方面的进攻,又可以利用便利的水陆交通发展商业,满足新都的物质需求。与同在这一地区的尼科米底亚相比,新都更具有军事防御的优势,这是戴克里先东方行宫所缺乏的。同时,拜占庭城内的7个高地正巧被君士坦丁用来比附古都罗马的七丘之城,在政治和宗教传承上也有特殊含义。

324年,君士坦丁大帝发布命令兴建新

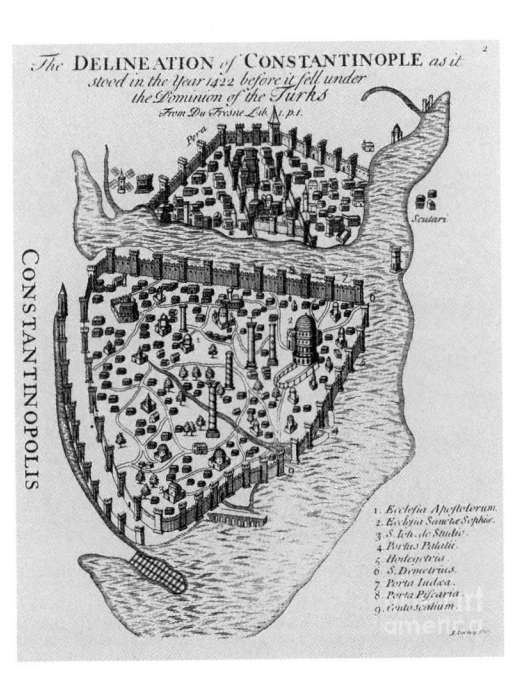

图1-13　新都优越的地理位置

罗马，并任命重臣着手进行建筑工程的准备工作。为了在最短的时间里完成新都的建设，君士坦丁下令建立专门学校大量培养当时急需的各类建筑人才。次年，建筑工程正式开工。君士坦丁大帝对这项工程极为重视，他亲自跑马勘测、圈定城市界标，参与城市布局规划，组织官员进行财政和物资支援，甚至亲自审定公共建筑图纸。当时，他的随从官员对他确定的城市的巨大面积感到惊讶，疑惑不解地问道："我的殿下，您将继续往前走多远？"他回答说："我要继续走下去，直到在我前面引路的神认为合适停下为止。"[①] 此后，他调集帝国各地的建筑师和能工巧匠，按照罗马城的样式和规模精心设计，全面建设。大量的奇石异物从帝国各地运到工地，无数古代的建筑和艺术杰作被拆除，强行从罗马、雅典、亚历山大里亚、以弗所和希腊各地文化名城运往拜占庭城，黑海沿岸原始森林的优质原木、爱琴海岛屿出产的各色大理石源源不断地运抵黄金角海湾。为了加快施工进度，他特地调动4万哥特士兵投入建筑工作。

经过5年精心施工，新都基本完工，古城拜占庭焕然一新，一座规模宏大、豪华典雅的新罗马坐落在博斯普鲁斯海峡上。新罗马的面积超过旧城10多倍。在旧城原址的小山丘上，豪华的皇宫拔地而起，这个皇家建筑群是全城的制高点，其大理石屋面、阳台和柱廊在金色的阳光和蔚蓝的大海衬托下，形成了全城最亮丽的天际线，整个建筑群使得全城显得格外典雅庄重。大皇宫由几个比邻的独立宫院组成，内有各种大殿、宫室、花园和柱廊，是君士坦丁堡最豪华的建筑群。皇宫内设有地下通道与大赛场相通，供皇帝和贵族高官进入赛场观看比赛。从皇家花园的不同出口，还可以通过大理石码头直接出海进入马尔马拉海和博斯普鲁斯海峡航道。大皇宫占地60多万平方米，与大赛场和皇家教堂圣索菲亚教堂同在全城最高的山丘上，可以由此俯瞰全城。以此为三角形城区的顶点，城墙沿黄金角海湾和马尔马拉海岸向西伸延约4300米，与城西的君士坦丁城墙连接，面积达8平方公里。根据史家统计，在城区内集中了大量优美的建筑，除了大皇宫外，还有元老院议事大厦、公共学堂、大赛场、2个剧场、8个豪华的公共浴池、153个私人浴池、52道沿街柱廊、5座囤粮谷仓、8条引水渠道、4座用于集会和法院公审的大厅、14座教堂、14座宫殿和4388座私人拥有的贵族官邸。[②] 其面积和规模都远远超过了故都罗

[①] A.A. Vasiliev, *History of the Byzantine Empire*, pp.57–60.
[②] Edward Gibbon, *The History of the Decline and Fall of the Roman Empire*, London 1905–1906, p.239.

第一章 君士坦丁时代

马,也超过了古代的巴比伦、雅典、中世纪的伦敦和巴黎,成为中世纪西方世界第一大城。在这巨大的空间里,原来的旧城墙被改建为高大的皇城城墙,城门塔楼正对西方的宽广大道。大道南侧修建起巨大的大赛场,完全仿照罗马竞技场的式样,但比罗马的大赛场还长40米左右,赛车道可容10辆马车并驾齐驱。场内均匀地分布着许多立柱和方尖碑,赛场中央耸立的是从埃及运来的古埃及方尖碑,立柱上则装饰各种雕像。可容纳近10万人的看台用花岗岩分区建造,外墙则由4层拱形门廊构成,上面装饰精美的大理石雕刻。沿柱廊拱卫的麦西大道由此继续向西,圆形的君士坦丁广场周围矗立着一大片公共建筑群,是公众从事商业和政治活动的第一大中心。这里,最高大雄伟的建筑是帝国议会和元老院,十几级大理石台阶是政要显贵、文人墨客向公众阐述政治见解和显露文学天赋的论坛。广场中心耸立着数十米高巨型花岗石圆柱,坐落在白色大理石基座上,圆柱直径约3.2米,顶端是从雅典运来的高大的阿波罗铜像(不久便被君士坦丁皇帝的高大雕像所取代)。而稍后在该广场西侧建立的狄奥多西广场呈方形,是多条重要的罗马军事大道的汇合点,也是全城最大的集市贸易区。这里作坊店铺遍布,商号钱庄比邻,衣食用行玩乐,应有尽有,分区设立,井井有条,形成了方圆数里的商业区。向西南伸展的麦西大道是举世闻名的大理石柱廊大道,两侧有巍峨的市政厅,森严的将军府和国库,典雅的国家图书馆和豪华的贵族宅邸。在这里,风格各异的罗马贵族庭院也按罗马城式样建筑,以便吸引各地名门显贵。全城主要街道、广场和建筑物前都布满了精彩绝伦的艺术品。城市最西侧建立的君士坦丁城墙长约3 000米,是第一道城防,数十年后加修的狄奥多西城墙则构成了第二道城防。为了保障城市用水和保持卫生排水,新都充分吸取了古都罗马城建设的经验教训,力求尽善尽美,舒适典雅。

330年5月11日,君士坦丁大帝亲自主持了盛大的新都落成典礼,拉开了持续40天的庆祝活动的序幕(图1-14)。人们热烈庆祝新都的建成,载歌载舞,彻夜狂欢,颂扬君士坦丁大帝的万世功德,因此又把新罗马称为君士坦丁堡,意即"君士坦丁的城市"。此后,帝国政府采取了一系列措施提高新都的地位,使新都迅速发展成为欧洲和地中海世界第一大城。君士坦丁大帝曾亲自批准罗马贵族免费迁入新都贵族宅邸,君士坦丁堡元老院也获得了与罗马元老院同等的法律地位。君士坦丁还鼓励和命令原罗马城骑士以上的贵族全部迁居新都,这一系列特殊政策极大地推动了新都的发展,城市人口急剧增长,在数十年内,君士坦丁堡城区居民达到数十万人。现代拜占庭学家根据该

图1-14　圣索菲亚大教堂西南大门镶嵌画：君士坦丁大帝把君士坦丁堡的模型献给圣马利亚

城粮食进口的记载粗略估计，4世纪末时君士坦丁堡人口在50万—100万之间。这在整个中世纪的欧洲十分罕见，其居民数在此后上千年的欧洲城市中都是首屈一指的，甚至到中古晚期的13—14世纪，欧洲最富有的威尼斯仅有20万人口，近代早期的伦敦、巴黎等欧洲大城市人口数也难达到君士坦丁堡。

君士坦丁堡是帝国行政中心所在地，大皇宫则是整个帝国的神经中枢和心脏，一切政令都从这里发出，通过遍布帝国的公路网，传送到各地。在皇家驿道上经常来往着信使和受委派的高级地方官吏，他们随时将帝国各地的军事和政治情报送入大皇宫，也带着皇帝和朝廷的命令奔赴各地。特别是标有"军情"标志的流星信使马不停蹄地奔驰在各驿站之间，在很短的时间里就可以将首都发出的命令送到最远的边区。作为帝国权力核心的新都迅速吸引了地中海世界的大小政客，他们怀着不同目的和愿望，纷纷迁居到新都。即使是已被派往各地的官员也在首都留有宅府和家眷，这既是中央政府的命令，也是他们的愿望，因为保持与权力中枢的密切联系将有利于他们在仕途上的发展。

君士坦丁堡的政治中心作用决定了它在宗教、文化等社会生活方面的特殊地位。3—4世纪，在帝国境内形成的罗马、亚历山大里亚、耶路撒冷、安条克和拜占庭城五大教区，代表基督教最强大的几股势力，其中新都君士坦丁堡的宗教地位迅速上升，从排名最后到排名第一。在皇帝的支持下，新都很快就获得了与罗马同等重要的地位，甚至在许多方面超过了罗马，君士坦丁堡大教长也因此成为东部各教区的首领。由于皇帝严密控制教会事务，所以，帝国各地教会的主教，包括罗马的主教都随时听候皇帝的召唤，或到首都参加会议，或面君聆听训示。与此同时，新都迅速发展成为欧洲和地中海区域最大的文化中心。这里安全舒适的环境和繁荣昌盛的城市生活吸引着整个帝国的知识界人士，原先聚集在罗马城的文人学者和分散在各地的知识分子纷纷涌入新都。语法学家和哲学家来到首都建立起语言学校，向贵族子弟传授古希腊和罗马语言知识，因为吟颂古典诗篇和名著既是当时的时髦风雅，也是从政为

第一章　君士坦丁时代

官的基本要求。艺术工匠来到这里开设作坊,广招当时急需的建筑和艺术学徒,承包和制作大量建筑所需的艺术品,他们从最初仿制古希腊的绘画雕刻发展到创作具有独特风格的宗教作品。法学家也开办了法律学校,培训帝国官员,提供大量急需的司法人才。国家还规定,通过全国性考试,招贤纳才,选择和任命国立学校教师。为了整理古代图书,帝国政府聘请了许多著名学者翻译注释古希腊罗马时代的重要文献。当时的君士坦丁堡尚古之风极盛,学习古希腊语、搜集抄写古籍蔚然成风,研究古代哲学和戏剧、钻研古代文法和修辞也成为知识界的"热门"。正是在这个热潮中,形成了以中世纪希腊语为基础的拜占庭译本古典文献和以亚历山大柯普特语以及叙利亚语为基础的译本。首都文化生活极为丰富,除了定期举行的大型赛车赛事和体育竞赛外,各个层次的大小剧场经常上演传统剧目和流行曲目,各种新节日也常常把君士坦丁堡人带入不夜的狂欢之中。君士坦丁堡特殊的文化环境使它成为地中海世界和欧洲各国王公贵族及其子弟向往的求学之地,来自各国的年轻人与拜占庭学生一起在君士坦丁堡各所学校中接受教育。同样,来自地中海各地的冒险家和下层人也聚集在首都各色酒馆和娱乐场所,寻找发展的机会,或者尽享娱乐。

　　君士坦丁堡(图1-15)活跃的经济生活是其重要的政治、文化和宗教生活的基础。在城区中心地带建立的巨大商业区,汇集着全国各地的商品,和通过庞大的国内外贸易网贩运来的世界各地的珍奇货物。街道上各种肤色的商贾身穿各国服装来来往往,集市上人们用各种语言进行交易,黄金角海湾中则停泊着各国各地的船只,拜占庭金币成为各国商人从事交易的国际硬通货。帝国的各类作坊和工场大多集中在大皇宫内或附近地区,著名的皇家丝织厂和铸币厂就在皇宫大院内,而兵器和金银加工厂则散布在全城不同地方,发达的手工业和商业使君士坦丁堡的经济地位进一步提高,逐步成为全国的经济中心。这里

图1-15　君士坦丁堡

生产的金币和贵重首饰流传全世界,享有稳定的国际声誉。[①]

可以说,拜占庭帝国的历史就是以君士坦丁堡为中心的历史,在这里上演着帝国千余年的历史剧,作为拜占庭帝国首都的君士坦丁堡成为拜占庭兴亡历程的主要见证。330年新罗马建成和君士坦丁大帝启用新都标志着拜占庭国家历史的开端。自此,以君士坦丁堡及其周围地区为核心的东罗马帝国也被后代历史学家因拜占庭古城之名而称为拜占庭帝国。

4. 内政改革

君士坦丁堡的建立虽然标志拜占庭国家的形成,但是新国家并不稳固,它面临许多亟需解决的问题。君士坦丁大帝首先进行旨在强化中央集权的行政改革,其主要内容包括:继续推行戴克里先采取的皇帝专制制度,强化皇权;建立由皇帝控制、只对皇帝个人负责的庞大的官僚机构;削减地方权力,将地方行政权和军事权分开,由皇帝任免军、政高级官员。

事实上,君士坦丁的行政改革是在戴克里先改革的基础上进行的,他继续保持了戴克里先改革所确立的君主专制制度,不仅继续在宫廷中实行皇帝崇拜礼节,而且通过各种方式扩大君主权。君士坦丁还利用对基督教的宽容政策争取民众支持,鼓励基督教信徒神化皇帝的活动。为了有效地防止和克服军阀割据的现象,他废除了戴克里先曾推行的四帝共治制,将包括高卢、意大利、伊利里亚和东方大区在内的整个帝国重新进行行政区划分,分别置于由皇帝任命的大区长的管辖之下,罗马和君士坦丁堡为直辖市,所有大区和直辖市均由中央政府严密控制。大区再进一步划分地区,东方大区包括埃及、东方、滂底斯(今黑海)、亚细亚和色雷斯5个地区;伊利里亚大区包括达吉亚和马其顿两个地区;意大利大区包括亚平宁半岛、北非、达尔马提亚、番诺尼亚、诺里库和莱提亚等地区;高卢大区包括高卢(今法国)、不列颠(今英国)、伊比利亚(今西班牙)和毛里塔尼亚4个地区。地区由行省组成,行省的军政权力分别由皇帝任命的行政和军事官员掌握。戴克里先(图1-16)实行改革以前,罗马帝国仅有57个行省,君士坦丁重新统一帝国后,行省的数量上升到

[①] 以金币为例,远在东亚的中国就发现了大量拜占庭时代的金币,夏鼐先生曾总结说,中国发现的外国货币,波斯银币为最,次之为东罗马金币。参见陈志强:《我国发现的拜占庭铸币及其相关问题研究》,《考古学报》2004年第3期;另见《我国发现的拜占庭货币》,《丝绸之路上的古钱币暨丝路文化国际学术研讨会论文集》,上海博物馆2011年,第354-370页。

96个，君士坦丁改革后行省的数量增加到120个左右。[①]大区、地区和行省不仅数量常变，而且，其边界区域也不固定。此外，所有的地方官员均由皇帝亲自任免，使他们直接效忠皇帝，对皇帝个人负责，这样做的目的显然是为了杜绝地方官员培植个人势力，防止地方势力坐大。同时，严格的等级制度也有效地制约了各级官员权力的膨胀。

为了加强中央权力，君士坦丁扩大朝廷各部门权力，完善中央政府管理体制，增加朝廷官吏数量，并把许多原来由地方控制的权力收归中央部门管理。最初，君士坦丁堡市长是中央政府中权力最大的官员，几乎控制首都社会生活的各个方面。但是不久以后宰相取代了君士坦丁堡市长的地位，实际控制朝廷各部官员的活动。

图1-16 戴克里先

宰相之下设立财政税收、邮政交通等主管部门，他还控制着1 200名钦差大臣，这些钦差大臣是中央政府加强地方控制的工具，他们随时将监视地方官员动向的报告提交给宰相。宰相还负责指挥御林军和近卫军，确保皇帝的人身安全和首都的正常生活秩序。皇家总管也听命于宰相，负责皇室房地产的经营和内宫事务。邮政大臣的职责既包括信件往来，也包括道路修筑和皇家驿站的管理，还包括外国君主和信使的迎来送往。财政部是宰相府中第一大部，财政大臣则是宰相之下最重要的官员，由两名地位相同的大臣担任，主管全国税收和国家财政收支事务。大法官是与宰相和君士坦丁堡市长同样重要的官员，负责为皇帝起草法律文件，帮助皇帝处理司法审判，并掌管皇帝的印玺。此时的元老院成为真正的皇帝咨询会议，其过去拥有的立法权逐渐丧失，其对帝国行政事务的影响力迅速削弱，但是，它在帮助皇帝立法方面仍然发挥不可小视的作用，特别是在人民起义和皇帝意外死亡等非常时期，元老院将决定新皇帝的即位。君士坦丁大帝去世时，元老院约有2 000名成员。为了稳定中央政府的贵族和高级官吏，君士坦丁大帝制定了新的等级条例，并根据等级的高低，发放薪俸和赏赐财产。

---

① J.Bury, *History of the Later Roman Empire*, Amsterdam:Adolf M.Hakkert 1966 1, chap.1.

君士坦丁行政改革的方向和成果基本上为其后的皇帝所沿袭,特别是在狄奥多西一世(Theodosius I, 379—395年在位)统治时期,中央政府采取一系列措施打击罗马旧贵族的反抗,削弱元老院的权力,加强以皇帝为首的中央政府的权力(图1-17)。狄奥多西二世(Theodosius II, 408—450年在位)在位时还组织法学家编纂了著名的《狄奥多西法典》,该法典于438年正式颁布,它将君士坦丁大帝以来百余年历代君主颁布的法令汇集成册,从而以法律的形式巩固和强化了中央集权的改革成就,也为继续推行改革提供了法律依据。这部法典对后世影响很大,直到查士丁尼时代,才被《罗马民法大全》所取代。

图1-17 狄奥多西一世

君士坦丁大帝推行的改革稳定了战乱后的城乡社会,经历血腥战争统一的东罗马帝国亟需进行制度建设,君士坦丁推行的各项改革措施不断完善着新国家的制度体系,逐步理顺了中央与地方、行政与军事、世俗与教会、城市与乡村等多种关系,使得士农工商各业进入大一统中央政府管理下的稳定环境中,秩序得到恢复,生活重归常态。"城市、集镇、村庄和修道院都是相互依存系统中的组成部分,它们通过贸易彼此沟通,并因政治和宗教体系紧密地联系在一起。而已经基督教化了的各个部分支撑着希腊罗马世界的基本机构,繁荣的城市植根于它们所依赖的广大乡村之中,反过来乡村也依赖着城市"。[1]

5. 蛮族问题

蛮族入侵是早期拜占庭国家面临的一个急待解决的问题。4世纪末,日耳曼各部落在匈奴人的进攻压力下加快了向西迁徙的速度,拜占庭军队几乎无法阻挡他们涌入帝国的浪潮,拜占庭统治者认识到使用武力解决不了哥特人问题,因此采取接纳和利用蛮族的政策。君士坦丁大帝接受哥特人为帝国的臣民,允许他们在帝国边境地区定居垦荒,交纳赋税,提供劳役和军队,而且大量使用哥特人雇佣兵,在帝国军队中建立哥特人兵团,吸收哥特人担任军官,甚至担任高级军职。

---

[1] Cyril Mango ed., *The Oxford History of Byzantine*, p.95.

第一章　君士坦丁时代

　　哥特人进入拜占庭社会生活带来了多方面的影响。首先，随着哥特人的迁徙，在拜占庭国家经济中增加了一种新的经济生活方式，即普遍存在于日耳曼各部落的农村公社。根据《日耳曼尼亚志》记载，[①]日耳曼人农村公社制度早在1世纪就已经存在，在农村公社中土地公有，由公社按照家族人口和身份地位进行分配，"他们每年更换新地，但土地还是很多"。

　　晚近学者研究认为，此时的公社属于大家庭公社阶段。[②]到4—5世纪时，日耳曼人（图1-18）在入侵罗马帝国过程中，其原始公社的社会制度逐渐瓦解。其中与拜占庭人接触最多的哥特人发展速度最快，其农村公社经济生活制度已

图1-18　日耳曼人

经相当成熟。由若干大家族组成的农村公社基本保持土地公有的习惯，由公社将新定居地区的土地分配给各个家庭，以个体家庭劳动为基础，由家庭经营。如果没有新的迁徙活动和重大变迁，土地一旦分配即由公社成员连续使用，而不必每年重新分配。农村公社仍然由集体占用公地，如树林、河流和草地等。这种经济生活方式，就个体而言，与拜占庭社会早期历史上逐步发展起来的小农经济十分相似。因此，拜占庭政府从一开始就允许定居在巴尔干半岛和小亚细亚地区的哥特人保持其农村公社制度，让他们继续按照其过去的习俗生活。这一政策的经济意义在于加强了拜占庭小农阶层的力量，巩固了处于社会转型中的拜占庭农业经济基础。当然，由于大批哥特人按照约定向拜占庭人交纳赋税，从而缓解了拜占庭国家的财政困难。其次，大批哥特人定居拜占庭国家后，为拜占庭军队提供了兵源。一方面，他们作为士兵，以集体参军组成军团的形式参与拜占庭军队对外战争，由于他们勇敢尚武、忠诚团

---

① 古罗马作家塔西佗写于98年。塔西佗：《阿古利可拉传　日耳曼尼亚志》，马雍等译，商务印书馆1997年版。
② 马克垚：《西欧封建经济形态研究》，人民出版社1985年版，第26页。

结,使拜占庭军队作战能力得到提高。另一方面,君士坦丁及其后的皇帝大胆任用哥特人担任军中要职,使用哥特御林军代替经常哗变的拜占庭贵族禁卫军,个别哥特将领甚至进入了元老院。

哥特人加入拜占庭军队产生了两方面的影响,其一,拜占庭国家抵御外敌的防务任务相当大部分逐渐由哥特人承担,他们大多驻守在边境地带,有效地阻止了其他民族对拜占庭的进攻,至少在使其他民族绕过拜占庭领土继续向西迁徙方面起了一定的作用。其二,进入拜占庭军队的哥特人的凶猛剽悍多多少少给士气不振的拜占庭军队注入了一些生气,而习惯单兵作战的哥特将领也部分地改变了陈旧的罗马军团式作战的战略战术。

君士坦丁王朝在解决外来民族问题上的政策,不仅有效解决了罗马帝国晚期人力资源短缺的难题,使得兵源和劳动力资源得到及时的补充,而且利用外来族群迁入带来的活力,有效提高了军事实力,调整了晚期罗马帝国腐朽的社会生活。但是,作为注入拜占庭帝国的新因素,他们也引发了新的社会矛盾,特别是进入社会上层的哥特贵族与帝国旧贵族发生越来越严重的冲突。这些问题将留待狄奥多西王朝的皇帝解决。

三、狄奥多西王朝和利奥王朝

狄奥多西王朝(379—457年)和利奥王朝(457—518年)统治时间长达近140年,其间统治集团以君士坦丁大帝确定的治国原则为基本的指导方针,因此,后代学者将君士坦丁大帝以后直到518年的历史时期统称为君士坦丁时代。狄奥多西王朝统治时期的政策主要是继续贯彻君士坦丁王朝的基督教政策和强化中央集权措施。[1]

1. 狄奥多西王朝的内政

狄奥多西一世(Theodosius I,379—395年在位)从两方面继续推进君士坦丁大帝开始的基督教化政策:其一是清除多神教残余;其二是坚决支持以《尼西亚信经》为信仰的正统教派。[2]狄奥多西一世所处的时代是古代社会

---

[1] Thomas Hodgkin, *The Dynasty of Theodosius:Eighty years' struggle with the barbarians*, New York, B.Franklin, 1971.

[2] Robert Malcolm Errington, *Roman Imperial Policy from Julian to Theodosius*, University of North Carolina Press, 2006.

向中古社会转变的时代，人们的宗教信仰也处于转变时期，各种古代多神教和基督教派别林立。君士坦丁王朝在处理宗教问题时政策忽左忽右，有的皇帝支持基督教，有的支持多神教，而在支持基督教的皇帝中有的倾向于尼西亚派，有的保护阿利乌派，这清楚地反映出当时多种宗教并存和基督教宗派林立的情况。古代罗马多神教祭司集团的各项特权虽然在西部帝国皇帝格拉提安（Gratianus，375—383年在位）统治时期就已被取消，但是多神教信仰仍然流行，各种多神教的献祭仪式在民间仍然屡禁不止，元老院议事大厅仍然供奉着古代的胜利女神。狄奥多西一世（图1-19）改变了前朝皇帝实行的宗教宽容政策，采取了比较坚决的措施清除多神教残余。他于388年胜利平息马克西姆叛乱后，亲自参加在米兰召开的元老院会议，说服元老们以多数票否定了以大神朱庇特为主

图1-19　狄奥多西一世皈依基督教

神的多神教崇拜，促使帝国各地贵族纷纷抛弃旧信仰，连罗马最古老和势力最显赫的加图家族的元老也迫不及待地脱去祭司的长袍，换上基督教教父的法衣。元老院还通过法案，禁止多神教崇拜所必需的偶像崇拜，得到各地官吏和民众雷厉风行的贯彻执行。朱庇特神庙被破坏，阿波罗神像被人们任意作践。狄奥多西一世将其帝国东部行之有效的禁止奉献牺牲的法令在帝国西部推行，斥责所有研究牲畜内脏以获得神谕的多神教仪式既是有罪的也是不道德的，是严重的犯罪行为，[①]应受到法律的严惩。他在一道措辞严厉的法令中写道："朕决定和希望，朕的任何臣民，无论是行政官员还是普通公民，无论其职位和社会地位高低，都不得在任何城市或任何地方用无辜的牲畜作为牺牲向无知觉的偶像献祭"，违犯者以叛国罪论处。[②]为此，他派遣东方大区长基奈尤斯（Cynegius）和西部重臣卓维乌斯（Jovius）伯爵作为特使，到帝国各地巡

---

① Theodosios, *Codex Theodosianus:The Theodosian Code and Novels, and the Sirmondian Constitutions*, trans.by C.Pharr and T.Davdson, Princeton 1952, Vol.16, X, 7.
② Theodosios, *Codex Theodosianus*, Vol.16, X, 12.

视,强制关闭所有多神教神庙,①罢免残余的祭司职务,收缴贵重祭神用具,捣毁所有偶像,没收多神教产业。在狄奥多西一世的公开支持下,各地基督教教士毫不犹豫地成为打、砸、抢、烧、杀的能手,主教们一改斯文仁慈的面孔,亲自率领狂热的教徒冲击多神教神庙,砍伐献祭给古代神祇的月桂树,虐待甚至杀死顽固不化的多神教信徒。东部各省普遍发生了基督教与多神教信徒之间的流血冲突,迫使帝国政府出动军队帮助基督教取得最后的胜利。

基督教的胜利伴随着多神教残余的最后清除和基督教教会迅速的发展,同时,基督教各教派之间存在的矛盾再度激化,深刻的神学争议和派别斗争重新凸显出来,自尼西亚会议以来长期引起争论的阿利乌派教义也成为公众关注的焦点。君士坦丁大帝虽然出于政治目的,利用尼西亚会议判定其政敌李锡尼支持的阿利乌派为异端教派,但是他本人对阿利乌派信徒并没有进行严厉打击,相反,他晚年对他们格外信任,加以重任,甚至在其临终前由阿利乌派主教主持皈依仪式并进行施洗。直到狄奥多西一世统治初期,阿利乌派一直控制君士坦丁堡和安条克教区。基督教重新得势后,有关阿利乌派教义的争论再起,而且呈现愈演愈烈的局面,当时的作家记载道:"这个城市充满了商人和奴隶,他们都自诩为渊博的神学家,在商店和街头到处讲道。如果你想要与一个人兑换一块银币,他必定告知你圣子与圣父的区别所在;假如你要询问一条面包的价格,你将得到圣子低于圣父的回答;而你若问及浴池是否准备停当,回答则是圣子毫无神性。"②帝国西部皇后查士丁娜在米兰城强制推行阿利乌派教义几乎酿成人民起义。

狄奥多西一世清醒地认识到,统一帝国除了靠武力,还要靠思想,而统一帝国臣民思想的工具只能是基督教正统教义。《尼西亚信经》不仅是包括狄奥多西一世家乡西班牙地区的帝国东西部大部分省份共同接受的教义,而且是其本人推崇的信仰。他于380年罢免了阿利乌派领袖的君士坦丁堡大教长职务,任命著名的正统教义捍卫者纳齐安城人格列高利出任这一重要职务。381年,他公开宣布支持正统的三位一体教义:"朕高兴地知晓所有为朕之宽厚仁慈治辖的各民族均将坚定地信奉圣彼得教喻罗马人的宗教,其信仰传统得以

---

① 埃及著名的亚历山大里亚塞拉皮斯神殿是在390年被拆毁,有千余年历史的古希腊著名的德尔菲神殿则被关闭于394年。H.W.Parke, *Greek Oracles*, London, Hutchinson, 1967, p.147.

② Gregory of Nyssa, *The Letters*, trans.by Anna M.Silvas, Letter 33.

保持,目前,更得到大马士革主教和具有教父圣洁之名的亚历山大主教彼得的完善。根据这位圣洁教父的教规和福音的信条,让我们诚信圣父、圣子和圣灵之惟一圣体,同位同格的纯粹三位一体。朕特许信奉这一信条的信徒享有正统基督教的称号;而在斥责所有其他信徒为放肆的疯子时,给他们打上臭名昭著的异端恶名;朕还宣布他们的集会不得再占用玷污教会这一令人敬畏的称号。除了上帝正义的谴责外,他们还应遭受严厉的惩罚。幸赖上天智慧指引的朕之权威将思考对他们给予适当的严厉惩处。"[1]阿利乌派教徒集中的安条克因此发动近一个月的起义,他们煽动和召集所有对现实不满的势力围攻官府,将狄奥多西一世及皇家成员的雕像推倒砸碎,直到狄奥多西一世派遣大将军赫勒比库斯（Hellebicus）和行政长官凯撒利乌斯（Caesarius）前往镇压为止。根据狄奥多西一世对安条克起义颁布的法令,为惩罚起义民众,安条克被剥夺所有帝国城市应当享有的特权,甚至被取消了城市的称号,而降级为村镇,隶属于距离安条克百余公里的海滨城市劳狄西亚管辖。当地的阿利乌派势力遭到致命打击,这座经历过数百年繁荣的古城从此衰落。381年5月1日,他下令召开第二次基督教大公会议,会议再次承认和肯定尼西亚会议决议的正统地位,宣布了一批违背正统教义的教派为异端。在为期两个多月的会议期间,他多次亲临会场,指导150名主教制定会议文件,并确定君士坦丁堡教区为仅次于罗马教区的第二大教区地位。

  狄奥多西一世统治时期,为强化中央集权采取了多次军事行动。首先,他面临帝国西部地区马克西姆于383年发动的叛乱,后者派杀手刺杀了帝国西部皇帝格拉提安,并立即派使节携带重礼拜见狄奥多西一世,向他解释格拉提安之意外死亡与其本人毫无关联,同时提出希望得到狄奥多西一世的友谊,而不希望战争。狄奥多西一世考虑到哥特战争刚刚结束,其军事实力尚不足以发动新的远征,故暂时与叛军结盟,达成互不敌视协议。数年后,狄奥多西一世经过精心备战,借口马克西姆违背协议入侵意大利,而他本人应查士丁娜及其子瓦伦提尼安二世的救援请求,于388年出兵意大利,充分发挥其部队中匈奴人、阿兰人和哥特人骑兵的优势,击溃以战车为主力的意大利军,在阿奎莱亚城下与马克西姆决战,后者战败被俘,旋即被狄奥多西一世部下乱刀砍死,后者已经被加冕为皇帝的儿子维克托（Victor）也被杀死。而后,狄奥多西一世扶植瓦伦提尼安二世重新控制帝国西部,并派遣得力将领阿波加斯特

---

[1] Theodosios, *Codex Theodosianus*, Vol.16, I, 2.

斯辅助瓦伦提尼安二世。

第二次平息叛乱的军事活动发生在394年。当时,无能的瓦伦提尼安二世无力控制朝政,他先是依靠其母后查士丁娜,后依赖军事大权在握的将领阿波加斯特斯。阿波加斯特斯原为瓦伦提尼安二世的部将,后为狄奥多西一世重用,担任高卢军团总兵。392年5月阿波加斯特斯密谋暗害瓦伦提尼安二世,拥立伪帝尤金尼乌斯,使帝国中央集权再度受到挑战,帝国统一再度受到威胁。尤金尼乌斯的使臣在面见狄奥多西一世时,企图说服后者相信瓦伦提尼安二世死于意外,希望得到后者的友谊与合作。但是,狄奥多西一世清楚地意识到其中暗藏的阴谋和暗杀事件的恶劣影响,决定发动新的西征。他先是不动声色地以厚礼送走尤金尼乌斯的使臣,而后经过两年备战,于394年发动对西部伪帝的征讨。他命令战将斯提利赫(Stilicho)和迪马修斯(Timasius)从伊比利亚人、阿拉伯人和哥特人中招募士兵,与训练有素的罗马军团组成了西征的主力军。在最初的交战中,以逸待劳的叛军大败劳师远征的狄奥多西一世的军队,在阿奎莱亚城附近的遭遇战中,狄奥多西一世损失万余人。但是,随着战事的深入,足智多谋的狄奥多西一世分化瓦解了叛军阵营,使战局发生扭转,并最终击溃尤金尼乌斯。愤怒的士兵在狄奥多西一世默许下将伪帝斩首。叛军首领阿波加斯特斯走投无路,自杀身亡。[①]

显然,狄奥多西一世比较完整地延续了君士坦丁时期确立的基本国策,不仅强化基督教政策,在立法中明确了基督教的"国教"地位,而且坚持清除地方分裂割据势力,加强中央集权,即便在统治力相对薄弱的帝国西部也以武力维系着中央与地方的行政关系。这就进一步稳固了君士坦丁大帝的基本国策在新帝国的长期主导作用,也为后世拜占庭君主树立了榜样。

2. 狄奥多西王朝的外交

狄奥多西一世统治时期,拜占庭帝国面临的主要外部威胁仍然以哥特人入侵为主。但是,狄奥多西一世与前朝皇帝的对外政策有所区别,他采取安抚利用蛮族的策略,一方面允许多瑙河以北的哥特人进入色雷斯地区定居;另一方面积极招募哥特人加入帝国军队,甚至对才能出众的哥特将领加以重用。

[①] 这两次内战的资料出自Zosimus, *New History*, Vol.4, p.120. Sozomen, *The Ecclesiastical History*, translated by Chester D. Hartranft, New York: Christian Literature Publishing Co., 1890, Vol.7. Scorates, *Scorates and Sozomenus Ecclesiastical Histories*, edit. By Schaff, P., New York: Christian Literature Publishing Co., 1886, Vol.7。

狄奥多西一世本人自青年时代从军，即参加过多次对蛮族的作战，他曾指挥帝国军队打败斯科特人、萨克森人、摩尔人和萨尔马提亚人，亲身感受到这些游牧或渔猎游牧参半的民族之凶猛剽悍和好战尚武，特别是在帝国皇帝瓦伦斯惨败于哥特人，帝国军队损失4万精锐兵团之后，他认识到，对于这些难以征服的蛮族只能采取刚柔相济偏重怀柔利用的政策。虽然小亚细亚和伊比利亚的兵源能够使帝国军队迅速得到补充，分布在帝国各地的34间武器制造工场可以在短时间内满足军需，但是，阿德里安堡战役失败在帝国朝野和军队中产生的深远的心理影响不可能很快消除。在此情况下，采取利用蛮族和"以夷制夷"的策略既是不得已而为之，也是有利可图的政策。

狄奥多西一世将塞萨洛尼基修建为行宫，亲自坐镇哥特人为害最烈的马其顿和色雷斯地区。他在加强边境地区军事要塞建设和补充训练帝国军队的同时，以不间断的小规模出击削弱哥特人的散兵游勇，打击哥特人的侵扰，恢复帝国将士的信心。当时，哥特人新首领亚拉里克（Alaric）很难将各个部落联合起来（图1-20），他们相互攻击，实力受到极大的削弱，为精明的狄奥多西一世提供了分化瓦解、各个击破的机会。他以重金收买哥特人小部落酋长莫达尔（Modar），任命他为拜占庭帝国军官，而后资助和指使莫达尔袭击不肯臣服的哥特人。[1]多年前为躲避战乱进入山林地区的哥特人领袖阿萨纳里克（Athanaric）下山收编哥特人各部落后，狄奥多西一世立即派使节主动结好，并于382年9月邀请阿萨纳里克到君士坦丁堡参观，盛情款待。在狄奥多西一世极为友好的接待中，阿萨纳里克毫无节制，酒色无度，很快便暴死酒场。狄奥多西一世除了为其举行盛大葬礼外，又将其统率的哥特人武装力量全部收编进拜占庭军队。数年后，当另一位哥特人领袖阿拉塞乌斯（Alatheus）领兵乘3 000只

图1-20 亚拉里克

---

[1] 左西莫斯记载莫达尔在大肆屠杀哥特人以后向狄奥多西一世进献大批战利品和数千件武器的事件。Zosimus, *New History*, Vol.4, c.22.

船偷渡多瑙河入侵拜占庭帝国时，狄奥多西一世亲自设计并指挥水陆军队大败哥特人。

此后，狄奥多西一世在马其顿和色雷斯地区为臣服的哥特人划定定居区，允许他们保留原有的部落社区组织，其原有的部落酋长仍对各自部落进行自治管理，并自行安排农牧业生产和生活。许多哥特人在弗里吉亚和里迪亚地区的荒芜土地上定居，仿照拜占庭农民比较先进的生产方式，开垦荒地种植各类谷物。为了鼓励哥特人定居务农，狄奥多西一世规定在开垦荒地的最初若干年内，他们可以享有免税的优惠待遇；在哥特人定居区内，他们只要承认拜占庭皇帝的最高权力，就可以继续使用民族语言，保持相对独立和传统的生活方式与习惯，甚至不必服从拜占庭帝国地方法律。狄奥多西一世还吸收数万哥特人进入拜占庭军队，组成"同盟者"军团。为了进一步有效地控制哥特人，他利用和挑拨哥特人内部矛盾，打拉结合，支持以弗拉维塔（Fravitta）为首的亲拜占庭派别打击以普利乌尔夫（Priulf）为首的独立派，并派人杀死后者，使困扰拜占庭帝国多年的哥特人问题逐渐化解。

但是，哥特人进入拜占庭政治和军事生活也产生了新的社会问题。首先是定居拜占庭帝国边疆地区的哥特人对帝国官员的敲诈勒索极为反感，而拜占庭官吏对他们的民族歧视又将这种不满变为仇恨，拜占庭人的经济压榨和政治压迫以及民族欺压迫使哥特人不断举行起义。395年，哥特人在亚拉里克（Alaric，约370—410年）的率领下发动民族大起义，从巴尔干半岛北部向南进攻，侵入色雷斯平原和马其顿地区，兵锋直指君士坦丁堡。拜占庭朝野极为震惊，立即展开外交斡旋，说服亚拉里克改变进攻计划，调整进军路线，使哥特军队继续南下希腊阿提卡和伯罗奔尼撒半岛，而后转向西方的意大利。其次，哥特人政治势力的增加激起以希腊人为主体的拜占庭贵族集团的极大恐惧，当时的一位主教在致皇帝的信中万分忧虑地写到："武装的蛮族将使用各种借口窃取权力，并成为罗马公民的统治者。因此，手无寸铁的人们将被迫与这些装备精良的家伙斗争。首先，这些外国人应被赶出军队指挥岗位和元老阶层……就是那些长着浅色头发、戴着埃维亚人头饰、原本在私人家中充当佣人的蛮族人竟然成为我们政治生活的统治者，这难道不令人极其惊讶吗？"[1]一大批拜占庭贵族联合起来，组成了反哥特人势力，提出将哥特人赶出军队，代之以本国人军队，限定哥特人只能充当农村中的苦力。对此，哥特

---

[1] A.A. Vasiliev, *History of the Byzantine Empire*, p.93.

人贵族领袖塔依纳斯联合拜占庭军政部门的哥特人作出强烈对抗,并依靠其控制的军队平息了拜占庭希腊贵族的骚乱,监禁和处死他们的领导人尤特罗琵乌斯。但是,拜占庭人使用武力未能征服的哥特人,也同样没能用暴力手段平息民族情绪高涨的拜占庭民众起义。在君士坦丁堡大教长"金嘴"约翰(John Chrysostom,398—404年在位)领导下,拜占庭朝野内外、教俗各界以"勤王"为口号,于400年7月11日(或12日)在首都君士坦丁堡发动了反对哥特人大起义,哥特士兵被大批屠杀,主要的哥特军官被处死,塔依纳斯侥幸逃脱,不知去向。哥特人在早期拜占庭国家的军事势力从此被清除,哥特贵族对拜占庭政治和军事生活的影响从此逐步消失。

哥特人对拜占庭帝国上层社会的威胁虽然被解除,但是,仍有大量哥特移民活跃在巴尔干半岛,他们和来自小亚细亚的另一支蛮族伊苏利亚人成为5世纪拜占庭国家新的威胁。拜占庭皇帝弗拉维·芝诺(Flavius Zeno,474—491年在位)统治时期,对这两股蛮族势力采取坚决措施加以限制。一方面,他派出精兵良将对伊苏利亚人进行无情镇压,扫荡其在小亚细亚的根据地,平毁其军事据点,并清除军队和政府中的伊苏利亚人。另一方面,他拉拢说服东哥特人领袖狄奥多里克(Theoderic the Great,即狄奥多里克大帝,454—526年)带领难以驯服的哥特人前往意大利(图1-21),代表帝国皇帝平息西哥特人的反叛。当时西哥特人在奥多亚塞(Odoacer,476—493年在位)领导下灭亡了西罗马帝国,自立为帝。弗拉维·芝诺这样做可以一箭双雕,达到既能祸水西引,最终消除东罗马帝国的哥特人祸害,又可借刀杀人,平息意大利的哥特民族骚乱。488年,狄奥多里克率东哥特人横渡亚得里亚海进攻西哥特人,临行前,曾在拜占庭宫中作为人质的他,向弗拉维·芝诺表示:将把被征服的意大利"作为您赠赐的礼物加以掌管,我不像那个您所不佐的人(指奥多亚塞),降服您的元老于其伪权之下,奴役您的部分王国"。① 这样,在狄奥多西王朝及其后的利奥王朝统治期间,早期拜占庭帝国就基本解决了蛮

图1-21 狄奥多里克大帝

---

① 马克垚:《西欧封建经济形态研究》,第51页。

族入侵的问题，而没有像西罗马帝国在蛮族入侵的打击下最终灭亡。

3. 狄奥多西一世的后人和利奥王朝

狄奥多西一世的后人在治理国家中几乎没有值得称道的建树，其两个儿子阿卡狄奥斯和霍诺留均为无能之辈，两人性格相近，前者受东部大区长鲁菲努斯控制，后者受西部军队总兵、皇亲斯提里科（Stilicho，约359—408年）控制。鲁菲努斯代表了帝国朝野贵族势力，而具有汪达尔人血统的斯提里科则代表了当时逐渐构成帝国军队主力的蛮族军事势力。他们在治国安邦中毫无作为，却使宫廷斗争愈演愈烈，宫廷贵族和宦官势力开始逐步左右朝政。他们暗中鼓动已经定居在多瑙河下游地区的西哥特人发动叛乱，致使哥特人首领亚拉里克（Alaric）势力坐大，在色雷斯和马其顿地区大肆洗劫。狄奥多西王朝既无杰出君主，也无适当的传位后人，其统治很快被利奥王朝取代。

利奥王朝的创立者是利奥一世（Leo I the Thracian，457—474年在位），他出生在伊利里亚大区达吉亚省，行武为生，官至塞林布利亚地区巡逻队长。因其作战勇敢，被当时控制帝国军权的阿斯巴提拔到宫廷中担任禁卫军队长。狄奥多西王朝末代皇帝马尔西安死后，阿斯巴推荐利奥为皇帝，旨在控制朝政。登基后，利奥一世（图1-22）为摆脱阿斯巴的控制，请君士坦丁堡大教长阿纳托留斯（Anatolios，449—458年在任）为其加冕，从而首开大教长在皇帝登基大典上为皇帝加冕的先例。① 蛮族军事贵族阿斯巴于468年取得打击匈奴人胜利后，更加骄横，不可一世，与利奥一世强化皇权的政策发生冲突。利奥一世联合朝野反哥特人势力，特别是重用伊苏利亚军事将领弗拉维·芝诺，为剪除阿斯巴势力做充分的准备。他将女儿阿利雅得尼（Ariadne）嫁给弗拉维·芝诺，通过联姻加

图1-22 利奥一世

---

① 有学者认为，此事凸显了基督教势力对帝国高层政治决策的影响。也有学者认为这是皇权神化的重要步骤。"皇帝的典礼仪式也逐渐变得更具宗教气息，强调了皇帝处在神权与世俗权力交汇点独一无二的位置"。Cyril Mango ed., *The Oxford History of Byzantine*, p.45.

强政治军事联盟后,任命其女婿为军队总司令,进一步剥夺了阿斯巴的军权。471年,他设计诱杀了阿斯巴及其子,清除了宫廷中的哥特人势力。但是,伊苏利亚人军事力量的兴起和弗拉维·芝诺进入皇室对拜占庭帝国又产生了新的威胁。利奥一世于474年病故,临终前为其6岁的孙子利奥二世(Leo II,474—474年在位)加冕,以此防范军事贵族左右朝政。但是,他这样做的目的并未实现,相反却把其孙子的性命搭了进去。因为利奥二世于474年被迫为其亲生父亲弗拉维·芝诺加冕,数月后,便神秘死亡,弗拉维·芝诺合法地继承了皇位。围绕小皇帝的死亡,皇室内爆发了新的斗争,利奥一世的遗孀怀疑弗拉维·芝诺害死了她的外孙(也是弗拉维·芝诺的亲生儿子),因此与其兄弟巴西利斯库斯(Basiliscus,475—476年在位)联合起兵打击弗拉维·芝诺,迫使后者逃亡伊苏利亚故地。只是由于其他蛮族部落的协助,弗拉维·芝诺才于476年重登帝位,再度控制了朝政。击溃皇后党人后,弗拉维·芝诺将巴西利斯库斯困死于其避难的修道院。[①]长期的宫廷斗争严重影响了拜占庭帝国的军事实力和对外战争,利奥王朝不得不通过重金收买说服东哥特人领袖狄奥多里克(Theodoric)放弃在希腊地区的抢劫活动,转而进攻意大利。同时,他们与汪达尔人达成和平协议。

但是,以阿利雅得尼公主为代表的利奥皇族不甘心失败,她联合被称为"双色眼人"的安条克大主教阿纳斯塔修斯与弗拉维·芝诺展开激烈斗争,粉碎了后者计划扶植其弟弟郎吉诺斯(Longinos)继承皇位的企图。她于491年设计害死弗拉维·芝诺(图1-23),为其母亲和舅舅报仇后,立即与阿纳斯塔修斯(Anastasius I,即阿纳斯塔修斯一世,491—518年在位)结婚,并辅助他平息了伊苏利亚党人的叛乱,维持统治达27年之久。阿纳斯塔修斯虽然不是利奥家族成员,但是他能力超群,治国有方,统治期间积极从事财税制度改革,发行优质铜币弗里司(Follis),并变国有土地为皇家产业,扩大了国家税户,国库因此充盈。[②]515年阿利雅得尼病故,两年半后阿纳斯塔修斯也撒手人间,利奥王朝统治结束,同时也标志着君士坦丁时代的结束。

经历了皇党与哥特军事贵族之间、后党与伊苏利亚党之间的血腥内讧后,拜占庭帝国继续保持了君士坦丁大帝确立的帝国发展方向,继续坚持王朝最

---

① J.Bury, *History of the Later Roman Empire*, pp.390-394.
② 史家记载,他去世时国库留有32金镑, A.Johnes, *The Prosopography of the Later Roman Empire*, Cambridge University Press, 1970, Vol.2, pp.78-80.

图1-23 弗拉维·芝诺之死

高权力的血亲世袭继承原则,不仅强化了中央集权皇帝专制制度,而且开创了基督教涉足皇权继承的惯例,彻底解决了蛮族军事势力控制帝国最高层的危险倾向,君士坦丁时代的各项历史任务得到了比较圆满的完成。

四、精神文化生活

君士坦丁时代是拜占庭文化形成和发展的重要时期。在这200多年时间里,以君士坦丁堡为中心的东地中海文化经历了复杂剧烈的变化,古典的希腊罗马文化、古代的东方文化和新兴的基督教文化在这里经过相互间的撞击、渗透和融合,逐渐发展成为独立的文化体系,它具有丰富的思想内涵、多样的表现形式、稳定的民族载体、全面的文化成就和巨大的影响力。早期拜占庭国家在推行一系列经济、政治、军事、外交和宗教政策的同时,也注意开展文化活动,通过丰富人们的精神生活达到强化专制统治的目的,可以说,文化发展构成了此期拜占庭历史发展的重要方面。

早期拜占庭国家特别注意继承古典文化的遗产,这是因为皇权专制统治需要从传统中寻求精神力量,从丰富的文化遗产中得到民众的认同。同时,拜占庭帝国的兴起有助于文化活动的开展。君士坦丁堡以其安全和繁荣吸引了整个罗马帝国的知识界人士,原先集聚在故都罗马的文人学者和分散在地中海世界各个角落的艺术工匠纷纷涌向帝国新都。他们带来了大量的图书文物、艺术杰作,丰富了首都的文化生活,他们对古典文化的狂热追求促进了新国家崇尚古典知识的文化氛围。为了集中保护古代遗留下来的图书手稿,中央政府建立了规模庞大的国家图书馆,其任务不仅包括整理、抄写古代书籍,而且广泛收集民间藏书。这座图书馆很快就发展成为仅次于亚历山大里亚图书馆的第二大国家图书馆,藏书达12万册,其中多数为古典书籍。翻译和注释古代作品也是当时知识界的一项重要工作,因为,在数百年希腊化的过程中,东地中海不同民族在接受希腊文化的同时,都不同程度地改变着古希腊语经典和标准的古代语言,使这种流行在东地中海和西亚地区的国际语言呈现语法混乱、地方俚语方言混杂的现象。当时,古希腊语对于使用中世纪希腊语的拜占庭希腊人来说也很艰深难懂。正因为如此,对古典文史哲和自然科学著作的翻译注释就显得十分必要,也是在整理翻译古典作品的过程中,形成了古典希腊罗马著作的几大译本体系,即以亚历山大用语为基础的柯普特语①译本和以君士坦丁堡用语为基础的希腊语译本,以及以安条克为中心的叙利亚文本。流传至今的古希腊罗马作品大多是从这几种译本翻译成近现代通用语言的。古代杰作的翻译有助于古典文化的普及,当时的君士坦丁堡、安条克和亚历山大里亚形成了浓厚的尚古风气,人们积极学习古代语言,搜集古代图书,翻译古代名作,研究古代哲学和背诵古代文学戏剧。4世纪著名诗人塞米斯条斯(Themistius,317—388年)和4—5世纪亚历山大里亚最负盛名的女学者希帕提娅(Hypatia,355/360—415年)是当时众多知识分子的杰出代表。为了发展世俗学术,皇帝尤利安(Julian the Apostate,361—363年在位)下令进行全国统考,招聘国立学校教师。皇帝狄奥多西二世(Theodosius II,408—450年在位)正式建立君士坦丁堡大学(图1-24),开设哲学、法律、希腊语和拉丁语课程。当然,建立国立学校的目的主要是为满足补充庞大的帝

---

① 柯普特语是指拜占庭帝国时代埃及地区流行的语言,它是一种使用希腊字母拼写古代埃及语言而形成的文字。

图1-24 狄奥多西二世

国官僚机构的需要,但是,在客观上却起到了繁荣文化生活的效果。①

基督教文化在这个时期也有重要发展,特别是在小亚细亚、叙利亚和巴勒斯坦地区,古代东方神秘主义文化极大地影响了基督教文化。由于拜占庭政府的基督教化政策,许多学者致力于古典文化与基督教文化的结合,使宗教文化迅速发展,出现了大批基督教文史著作和圣徒传记,神学论文和对话集成为当时非常流行的文学创作形式,宗教书籍开始充斥各个图书馆,尤其是教堂和修道院图书馆发展极快,大有取代国家图书馆之势。同时,基督教艺术家逐渐放弃了古典作家注重自然景物的审美观念和创作手法,宗教的抽象艺术风格也逐渐取代了先前的世俗倾向。在此过程中,拜占庭帝国形成了几个重要的基督教文学中心,其中有小亚细亚的卡帕多利亚地区、叙利亚的安条克和贝利图斯城(今贝鲁特)、巴勒斯坦的耶路撒冷和加沙城、巴尔干半岛的塞萨洛尼基城和帝国首都君士坦丁堡。一批基督教文学家闻名遐迩,他们的作品走红一时,例如,被时人称为"卡帕多利亚三杰"的巴西尔(Βασιλειος Ο Μεγας,330—379年)和格列高利(Γρηγοριος Νυσσης,335—394年)兄弟,以及他们的朋友神学家格列高利(Γρηγοριος Ναζιανζηνος,329/330—390年)即是其中的佼佼者。值得注意的是,当时基督教文化与世俗古典文化并不是尖锐对立的,当时著名的作家几乎都是教俗文化兼通的大学者,例如,巴西尔青年时代就在雅典和亚历山大里亚最好的文法学校接受系统的世俗教育,精通古典文学,后来投身于新兴的"新亚历山大学派"文化活动,致力于用古典希腊哲学概念思考和解释基督教教义。神学家格列高利也是拜占庭帝国最有名的世俗学校的毕业生,对古代戏剧和诗歌颇有研究,后来从事基督教文学创作,留下大量模仿古典叙事诗的宗教散文和神学教义论文,其中长篇散文《关于上帝的生活》是当时基督教文学的

---

① A.A.Vasiliev, *History of the Byzantine Empire*, I, pp.359-369.

代表作，在拜占庭文学史上占有重要地位。[1]叙利亚的著名作家"金嘴"约翰（John Chrysostom，347—407年，即君士坦丁堡大教长约翰一世）被后人认为是教俗文化结合的典型代表，他极有创作和演说才能，思维敏捷，作品富有逻辑性，据记载，这些优点全是得自其早年在著名世俗学校接受的系统教育。他一生著述颇丰，留下了大量论文、散文、诗歌、演讲词和书信，对后世影响很大，[2]以致许多拜占庭作家模仿他的作品（图1-25）。一位拜占庭诗人是这样评价他："我曾读过他上千篇布道词，它们渗透着无以言表的甜美。自年轻时代，我就敬慕着他，倾听他的演讲，那好似上帝的声音。我知道的一切和我的一切都属于他。"[3]凯撒里亚的优西比乌也是一位不可不提的重要文史作家，他一生留下了许多传世之作，其中《教会史》《编年史》和《君士坦丁大帝传》是他的代表作品，这些作品保持了古典希腊历史作品的写作风格，既是拜占庭教会史的开山之作，也是拜占庭教俗历史撰写的范本，不仅成为后代拜占庭历史作家的学习榜样，而且是研究君士坦丁时代的现代历史学家必读的史料书籍，在拜占庭文化史上占有首屈一指的重要地位，他的作品目前大多有英文译本。[4]

君士坦丁时代文人学者众多，各种文化活

图1-25 君士坦丁堡大教长约翰一世

---

[1] M.M. Fox, *The Life and Times of Basil the Great as Revealed in His Works*, Washington D.C.,1939, chap.2、3.
[2] 他的作品经后人整理，已经出版的有《演讲》和《书信集》，后者包括其240封书信，两书均在巴黎出版。
[3] 尼基弗鲁斯：《教会史》，转引自A.A. Vasiliev, *History of the Byzantine Empire*, p.118。
[4] 有些学者认为，纵向比较看，"一些时代，如尤利安（Julian）短暂的（361-363年）和查士丁尼长久的（527-565年）统治时期，史学成就辉煌灿烂，而其他一些时期则极为暗淡无光。非常奇怪的是，4-5世纪，甚至包括君士坦丁的时代，除了教会史之外，很少有重要的长时间跨度的原始文献存留至今"。Cyril Mango ed., *The Oxford History of Byzantine*,p.6.

动丰富多彩,这里难以一一详述,本书将作专门叙述。总之,君士坦丁时代是早期拜占庭国家在剧烈动荡的社会转型过程中,通过政治、经济、宗教和文化等社会生活各个方面改革,努力探索在困境中求发展,从危机中找出路的历史时期。应该说,这一时期以君士坦丁大帝、狄奥多西一世和阿纳斯塔修斯一世为代表的拜占庭皇帝初步解决了拜占庭国家形成初期面临的各种难题,确定了拜占庭国家未来发展的方向,奠定了中世纪拜占庭社会演化的基础,基本上完成了历史赋予他们的使命。

第二章 查士丁尼时代

一、查士丁尼一世

1. 查士丁尼一世其人

查士丁尼一世（Justinian I，527—565年在位）是这个时代的核心人物，也是该时代最重要的代表，因此，后代学者将其所在的历史时期称为查士丁尼时代。[①]要了解查士丁尼时代首先必须了解查士丁尼一世其人其事。

查士丁尼一世（图2-1）是该王朝创立者查士丁一世（Justin I，518—527年在位）的外甥，他作为拜占庭帝国历史上最杰出的皇帝之一，并非名门之后，而是生于乱世，出身低下，其父是拜占庭帝国巴尔干半岛达尔达尼亚行省贝德里亚纳的农民。青年时代因家境贫苦随其舅父从军。[②]其舅查士丁是个文盲，行武出身，因勇敢忠诚和作战有功升任禁卫军队长。由于他自由进出皇宫，有机会接触朝中

图2-1　查士丁尼一世

[①] J.B.Bury, *History of the Later Roman Empire*, Amsterdam:Adolf M.Hakkert 1966, p.351. A.A.Vasiliev, *Justin the First:An Introduction to the Epoch of Justinian the Great*, Cambridge, Mass., Harvard University Press, 1950.p.V.
[②] 据同时代作家普罗柯比说，他们"在一次因贫穷而起的决斗后，离家出走，去军中试试运气。他们步行去了君士坦丁堡，肩上扛着他们的行李，里面装的不是兵器而是他们自己在家中烤制的大饼。他们一到京城就被准许入伍，而后皇帝挑选他们做了宫廷卫士，因为他们都仪表不俗、相貌堂堂"。普罗柯比:《秘史》，吴舒屏等译，上海三联书店2007年版，第6章。关于查士丁尼一世也有另外的说法：认为他出生于巴尔干半岛西部山区Tauresium，是斯拉夫农夫之子，原名为Sabbatius，曾在君士坦丁堡接受教育，521年被任命为执政官，527年被其舅舅任命为共治皇帝，同年成为正式皇帝，并与其妻一同加冕为帝。

权贵,因此在阿纳斯塔修斯一世去世前后,他成为许多觊觎皇位的大贵族争夺利用的对象。在这些贵族中,有一位名叫塞奥克里多斯(Theokritos)的大臣向查士丁提供了大笔金钱,企图利用他收买人心。一个偶然的机会查士丁被送上皇帝的宝座,这对于他这个目不识丁的赳赳武夫来说实在是勉为其难,因为,据当时的历史作家普罗柯比(Procopius,约500—565年)记载,他连自己的名字都不会写,在签署文件时必须使用木刻"图章"照猫画虎。因此,在复杂的政治角逐中,他非常器重和依靠他的外甥。查士丁尼一世虽然出身贫寒,但却聪颖过人,普罗柯比将他描写成中等身材,普通相貌,圆脸鬈发,面带农村人的红次面,生性平和,儒雅木讷,富有同情心,常因怜悯同情而落泪,喜欢结交朋友。在随其舅父从军期间,他充分利用身在宫廷的有利时机,在君士坦丁堡浓厚的文化氛围中,刻苦读书,广泛涉猎,学习了许多有用的知识,特别是有关历史和政治方面的知识。由于舅父的信任,他很早就参与帝国上层社会的活动,目睹了达官显贵的虚伪和腐败,又由于他早年生活在社会下层,因此,对民情也深有体察。

518年7月,皇帝阿纳斯塔修斯一世去世,查士丁一世被部下拥立为帝。据记载,查士丁一世能以禁卫军队长称帝,是采纳了其精明的外甥的主意,即利用贵族塞奥克里多斯企图通过他用大笔金钱贿赂士兵的机会,取得了部下的忠诚,并被部下抬上盾牌成为皇帝。登基伊始,查士丁一世便任命其外甥查士丁尼一世为凯撒(副皇帝),辅佐他治理帝国,其时他已经68岁,自知不久于人世,故将治国大权放心地委托给36岁的查士丁尼一世。查士丁尼一世在任凯撒的9年里成为帝国军政大计的实际制定者,也是内外政策的实施人,其治国安邦的雄才大略初步得以施展。在此期间,他积极推行"清除内患,化解外争"的政策,首先即处死对皇权造成最大威胁的贵族领袖塞奥克里多斯和维塔里安(Vitalian),对企图反叛闹事的贵族起了杀一儆百的威慑作用。同时,他取消了前任皇帝的宗教政策,重申对《尼西亚信经》正统教义的支持,暂时消除了因宗教对立造成的社会动荡。在对外关系方面,他主动结好西部教会,邀请罗马教区大主教访问君士坦丁堡,并与波斯保持友好关系。为了限制波斯人向两河流域西部扩张,他与拉茨卡人、匈奴人、阿拉伯人和埃塞俄比亚人等弱小民族结盟。这些措施实际上就是查士丁尼一世日后称帝推行的"重建罗马大帝国"政策的前奏曲。他的出色表现深得查士丁一世的赏识,特别是年迈的查士丁一世身后无人,更加信任查士丁尼一世,527年4月初,他任命查士丁尼一世为共治帝,正式确定了其外甥的帝位继承权。

第二章 查士丁尼时代

在辅佐查士丁一世期间，查士丁尼一世十分注意网罗各方面的人才，不以出身门第为标准，任人唯贤，唯才是用，为其日后治理帝国作好了组织准备。在这些人才中特别突出的是他自己的妻子狄奥多拉（Theodora）。她与查士丁尼一世一样，社会下层出身，其父阿卡鸠斯为大赛场驯兽师，负责看管比赛用的动物。狄奥多拉少年时家庭生活极为困苦，她曾与亲姊妹一起跪在大赛场上乞求本党观众的施舍。[1]后来，由于生活所迫，她们流浪到亚历山大里亚和安条克等地卖艺求生。当她最终以艺妓身份出现在君士坦丁堡大赛场上时，正置查士丁尼一世担任凯撒之际。他很快便为她天生的丽质、聪颖和对时世的见解所倾倒。经过5年的接触，年已43岁的查士丁尼一世完全被她所征服。525年，即在查士丁尼一世成为皇帝的前两年，狄奥多拉与比她年长15岁的查士丁尼一世结婚，从此，便成为他忠实的伴侣和精明的顾问，在许多内政和外交重大事件上发挥了关键作用。[2]

另一位对查士丁尼一世统治起了重要作用的人物是贝利撒留（Belisarius，505—565年）。他也是巴尔干半岛色雷斯地区的农民之子，据普罗柯比记载，他相貌堂堂，一表人才，膂力惊人，善于骑射，年轻时就在农村的小伙伴们中间显出过人之处，特别重要的是他处事果敢，性格坚毅，这些品质无疑是他成为卓越将领的重要素质，也是他能够在青年时期从众多军事人才中脱颖而出的重要原因。[3]查士丁尼一世对这个比自己小23岁的青年军官极为赏识和信任，先是任命他担任自己的卫队长，后提升他为美索不达米亚总督。贝利撒留

---

[1] 拜占庭时代的君士坦丁堡居民保持着古代观看竞技比赛的传统，他们在赛场上按照座位区域的颜色组成蓝、绿、红、白4色协会，后来发展成为表达各自政治要求的党派，史称"竞技党"。

[2] 吉本根据普罗柯比《秘史》对狄奥多拉进行大肆贬斥，称之为"不惜以她的淫荡的美招揽各种职业和身份的大批乱七八糟的市民和外族人"、"花费巨大，或朝三暮四的情妇"，见《罗马帝国衰亡史》第2卷，商务印书馆1999年版，第178页。对此意见布瑞持批评态度，J.B.Bury, *History of the Later Roman Empire*, pp.359-364。

[3] 普罗柯比的记载是吉本等后世拜占庭学者认为贝利撒留出身农民的主要史料根据，爱德华·吉本著，席代岳译：《罗马帝国衰亡史》第4册，吉林出版集团有限责任公司2008年版，第87页。陈志强：《拜占庭帝国史》，商务印书馆2006年版，第127页。徐家玲：《早期拜占庭和查士丁尼时代研究》，东北师范大学出版社1998年版，第172页。朱庭光主编：《外国历史名人传·古代部分》下册，中国社会科学出版社1983年版，第13页。但也有学者推测贝利撒留为贵族出身，见Mahon, Lord, *The Life of Belisarius: the Last Great General of Rome*, London 1829.pp.4-5.Ian Hughes, *Belisarius,The Last Roman General*,Westholme Publishing, 2009, pp.19-20。

24岁时升任东部战区总司令,在这期间,他以一系列击败波斯军队的辉煌战绩显露了军事才华。查士丁尼一世就是如此不计高低贵贱地将一批才智过人、能力超群的各方面人才吸引在身边,作好了实现其远大政治抱负的组织准备。

527年8月1日,年近80岁的查士丁一世寿终正寝。同日,查士丁尼一世即位,随即任命狄奥多拉为皇后(图2-2),又任命贝利撒留为拜占庭帝国东部军区总司令,提拔了一大批军事、司法、行政管理和宗教人才。他洞察时弊,了解民意,继续推行他在凯撒任期内的各项政策。为了建立"一个皇帝、一部法律、一个帝国"的新秩序,实现重建昔日罗马大帝国的政治理想,他制定了全面的改革方案和对外进行征服战争的计划。为此,他放弃奢侈生活,夜以继日,废寝忘食,疯狂工作。据记载,他清心寡欲,生活刻板,既没有娱乐,也很少休息,一心一意要实现其政治理想。

查士丁尼一世的内外政策构成了这个时代的基本内容,正像君士坦丁大帝一样,他是这个时代的主角,其推行的政策成为当时帝国最重要的施政内容,对后世产生了深远的影响,而他的行动又为其后人树立了榜样,指明了方向。[①]

图2-2 皇后狄奥多拉及其宫女

[①] 吉本对查士丁尼一世的评价集中在其名著《罗马帝国衰亡史》第2卷,第221-223页,其很多结论值得推敲。

第二章 查士丁尼时代

2.《罗马民法大全》

查士丁尼一世即位之初,为稳定拜占庭帝国动荡不安的局势,采取了一系列强有力的改革措施。登基后,他首先着手调整帝国社会各种关系,缓和各类矛盾。他充分认识到建立完整的法律对于巩固皇权的重要性,他在《法理概要》中指出:一个好的皇帝"应该不仅以其武力而获尊荣,还必须用法律来武装,以便在战时和平时都有法可依,得到正确的指导;他必须是法律的有力捍卫者,也应是征服敌人的胜利者"。[1]针对当时成文法律极为混乱的情况,他下令编纂法典,组成了在著名法学家特里波尼安(Tribonian)指导下的法律编纂委员会,该委员会包括君士坦丁堡法律教授狄奥菲鲁斯(Theophilus)等10名法学专家。查士丁尼一世即位后半年,这项工作即正式开始。查士丁尼一世注意到当时的帝国法律存在两大问题:其一是前代皇帝立法因时间久远版本混乱,狄奥多西王朝所做的清理工作不够彻底,[2]因此立法概念和规定中矛盾比比皆是;其二,前代皇帝特别是《狄奥多西法典》内容过于庞杂,部头太大,其编年体系使用极不方便。因此,查士丁尼一世立法的主要任务是收集整理以前历代皇帝颁布的法令,删除其中因过时而不再适用或内容相互抵触的部分,按照"人"、"物"等立法主题重新编纂为适于使用的法典。

经过一年多的努力,法典编纂委员会完成10卷本的《查士丁尼法典》(*Code of Justinian*),并由查士丁尼一世于529年4月7日正式颁布。该法典收编范围自罗马帝国皇帝哈德良(Hadrian,117—138年在位)到查士丁尼一世时期历代皇帝颁布的法律,它注重阐明法理,所有立法概念均由法学家字斟句酌,作出适合当时社会生活的准确说明。该法律一经颁布,立即取代其他与此相矛盾的旧法,成为拜占庭帝国唯一具有权威性的法典。此后,查士丁尼再度指示特里波尼安组成17名法学家编辑委员会编纂《法学汇编》(*Digest* 或 *Pandects*)。他们夜以继日,查阅了1300年的法律文献,并于3年后编成,由查士丁尼一世于530年12月15日正式颁布。该书汇集了古代法学家的论著,共分50卷,是学者阅读参考2 000多部古书编撰而成的包括300万行内

---

[1] Justinian, *The Institutes of Justinian*, trans.by A.Thomas, Amsterdam 1975, Introduction.布瑞高度评价了他的这一思想,认为任何政府都必须以法律维持秩序,以武力保护法律,"就此而言,查士丁尼为世界树立了第一部法律里程碑,这不仅使他青史留名,而且对人类福利与进步作出巨大贡献"。J. B. Bury, *History of the Later Roman Empire*, p.365.
[2] 指《狄奥多西法典》,*The Theodosian Code: studies in the imperial law of late antiquity*, ed. by Jill Harries, London:Bristol Classical Press, 2010。

容的巨著。由于编撰工作十分繁重,时间又相对仓促,这部法律汇编的内容比较粗糙,一些古代法律相互存在矛盾,某些法律条文的注释概念模糊不清,个别总结性的评语也有明显的错误。[1]为了普及法律知识,培养法律人才,查士丁尼一世要求特里波尼安、狄奥菲鲁斯为学习法律的学生编辑《法学总论》(*Institutiones*)。该书于533年发表时共分为4卷,它以400多年前罗马著名法学家盖尤斯(Gaius,117—180年)的同名作品为蓝本,以通俗易懂的语言和明确的法学概念简明系统地总结了《法学汇编》的全部内容,并补充了大量前述两部法典未能表明的法学定理和定义。[2]在查士丁尼一世统治末期,他又命令法学家将自己在534年以后颁布并且没能收入法典的法令编辑成《查士丁尼新法》(*the Novellae*)作为补充,与前几部法律书有所区别的是,《查士丁尼新法》使用希腊语编纂。该法于565年查士丁尼一世去世前颁布。

这样,查士丁尼一世就完成了《罗马民法大全》的全部编辑工作,为他的改革和整顿工作提供了统一的尺度,为理顺社会各种关系提供了理论依据。由于它是欧洲历史上第一部系统完整的法典,因此它不仅成为拜占庭帝国此后历代皇帝编纂法典的依据和蓝本,而且成为欧洲各国的法律范本。不仅如此,由于这部法典明确地确定了公法和私法的概念,为私有制的商品社会关系提供了法律基础,因此对近现代世界范围法学发展的影响也极为深远。

《罗马民法大全》(图2-3)的性质问题一直是法学家和史学家争论不休的问题,争论的中心点是如何评价其中有关奴隶的条款。事实

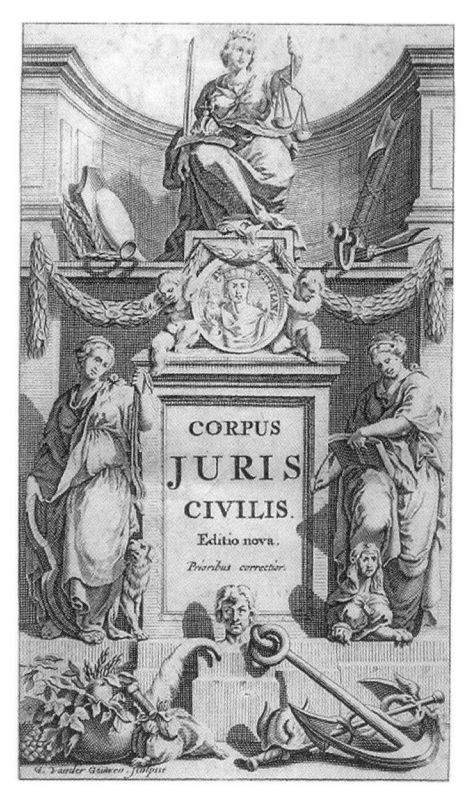

图2-3 《罗马民法大全》扉页

---

[1] 吉本对查士丁尼一世评价最高的成就即是其立法活动,因此在《罗马帝国衰亡史》一书第5卷中以第44章进行专题论述,参见Edward Gibbon, *The History of the Decline and Fall of the Roman Empire*, London 1905-1906, Vol.5, pp.1-95。
[2] 这部书目前已经由商务印书馆出版,张企泰翻译,1996年版。查士丁尼法典的其他部分目前正在由中国政法大学的罗马法专家分卷翻译出版,这项工作十分有意义。

上，《罗马民法大全》是通过总结和整理古代立法对现实的改革作出理论上的规范，反映了查士丁尼一世重建罗马帝国的原则思想。第一，该法强调皇权和国家政权的至高无上的地位，宣扬君主专制思想，提出"没有任何事物比皇帝陛下更高贵和神圣"，为此，它提出"君权神授"和"君权神化"的理论，并明确指出皇帝拥有的各项权力，其中包括立法权，即皇帝的意旨具有法律效力，只有皇帝才可以颁布法律，还包括国家的最高主权，即控制全部国家机器、代表整个帝国的权力，以及皇帝对国家其他经济、政治、司法、军事、宗教等各方面的权力。第二，该法提出公法优先于私法的原则，它对两者作出明确划分，即"公法是有关罗马帝国政府的法律，私法是有关个人利益的法律"，将私有制的法律内涵作了系统的阐述。这样，公法的所有权就表现为国家对捐税劳役的合理征收使用，而私法表现在人、物、人权、物权和民事诉讼方面，私法对公法的自由表现为免税权。第三，该法肯定了教会在国家中的地位，它不仅拥有主管道德、权利和义务的权力，而且拥有参与国家司法活动的权力，教会法具有民法的效力，教会法庭甚至具有高于世俗法庭的地位。第四，该法继续承认奴隶制，但是，规定教、俗各界释放奴隶，改善奴隶的地位，承认奴隶具有人的地位。根据这部法典，奴隶不再像罗马法律规定的那样被视为"会说话的工具"，而是不具有法人地位的"人"，他们触犯法律将由其主人承担法律责任。第五，该法确定了社会各阶层的权利和义务，以及各阶层之间的关系，力图以法律形式稳定社会各阶层的流动，如工匠的后代只能世代做工，农夫的儿女必须永远务农，隶农则世代固着在土地上，农村社区邻里之间负有相互帮助、共同完成国家税收的义务，等等。第六，该法还对婚姻、财产继承等社会生活其他方面作了法律规定。

3. 强化皇权

加强以皇帝为首的中央集权是查士丁尼一世登基伊始首先推行的政策，这一政策是他企图重建古罗马帝国理想的核心和政治目标。皇帝专制制度始建于君士坦丁大帝时代，皇帝血亲世袭皇权，皇帝总揽国家所有权力并担当最高立法者和执法者，包括军队和宫廷在内的庞大的国家机构完全对皇帝个人负责是这一制度的主要表现。但是，拜占庭帝国作为古代罗马帝国的继承者，其政治生活中仍然保存着大量民主制的残余，普通臣民在帝国事务中仍然保持着许多昔日公民的权利，例如，他们仍然享有免费参与公共娱乐的权利，在皇帝的选立方面仍然有相当大的发言权，并通过首都民众起义表达出来。我国唐朝以前的史籍中对此也多有记载，称："其王无常人，简贤者而立之。国中灾异及风雨不时,辄废而更立。"①查士丁尼一世即位后,面临两种势力的威胁:其一是代表大土地贵族和旧王朝贵族势力的复辟力量;其二是不满现状的普通民众。这两种势力在532年的君士坦丁堡大起义中纷纷登台,充当了起义的主要角色,并且几乎推翻了查士丁尼一世的统治,但是最终遭到帝国当局毁灭性的打击。

这次起义爆发于532年。当时,首都君士坦丁堡保持着经常举行赛车会的古老传统,赛场划分为蓝、绿、红、白色4个坐区,各区观众为本区赛车呐喊助威。由于当时赛事频繁,这种赛区"车迷协会"的作用日益增大,发展成为"吉莫"(意为赛区)党,它们不仅成为参加体育竞赛各方的组织者,而且是本区民众表达政治意见的代表。当时,约有900名正式会员的蓝党代表元老院贵族和上层居民的心声,而拥有1600名会员的绿党则代表商人和富裕居民的要求,这两大协会是势力最大的政治派别,而红、白两派则因势力较弱附属于蓝、绿两党。各党群众经常利用赛场表达政治意愿,发泄对当局政策的不满。但是,蓝、绿两党代表的阶层和意见不同,在宗教方面,前者代表信奉正统的《尼西亚信经》的信众,而后者代表"一性论派"的信徒,他们之间经常发生冲突。据记载,阿纳斯塔修斯一世统治时期,绿党曾利用赛场混乱在一次冲突中杀死了3 000名蓝党的追随者。②

532年爆发的起义原因比较复杂。首先发难的是绿党,他们除了对查士丁尼一世支持《尼西亚信经》派、反对一性论派的宗教政策不满外,还暗中支持查士丁尼一世的政治对手、原皇室贵族进行复辟活动,其目的是推翻查士丁尼一世的统治。而查士丁尼一世则公开支持蓝党对绿党进行迫害,"甚至一般市民,常被这些夜间作祟的土匪剥光衣服,滥加杀害……教会和神坛也常被残酷杀害的无辜者的血所污染,那些杀人犯却公开相互吹嘘自己如何武艺高强,一剑便能致人于死地。君士坦丁堡的放荡青年们全都穿上了叛乱分子的蓝党服装……债主被迫放弃了他们的债款;法官睁着眼颠倒黑白……漂亮的男孩被从父母的怀抱里夺走;为人妻的除非她自愿一死,便会当着自己丈夫的面被人奸污"。③走投无路的绿党利用参加赛车的机会向查士丁尼一世进行申

---

① 《旧唐书》卷一九八《西戎传》一四八。《魏略》记载:"其国无常主,国中灾异简贤者而立之,辄更立贤人以为王。而生放其故王,王亦不敢怨。"《三国志》卷三十。
② Edward Gibbon, *The History of the Decline and Fall of the Roman Empire*, Vol.6, p.303.
③ 吉本:《罗马帝国衰亡史》下册,商务印书馆1997年版,第186页。

述,绿党的发言人对大赛场皇帝包厢里的查士丁尼一世尖叫着,对新法赋予贵族的特权提出批评,对帝国官员无情欺压下层民众进行指控:"我们穷,我们是清白无辜的,我们受到了欺侮,我们不敢在街头走过;有人对我们的名号和颜色普遍进行迫害。让我们去死吧,啊皇帝陛下!但让我们按照您的命令,为您效劳而死!"[1]

最初,绿党以抗议蓝党的暴行为借口,将斗争的矛头指向权倾一时的大法官特里波尼安和东方大区长卡帕多西亚的约翰(John the Cappadocian),因为是他们帮助查士丁尼一世制定了一系列有利于蓝党贵族的法令。于是在大赛场引发了蓝、绿两派民众的冲突,并很快从赛场扩展到大街小巷。但是,在查士丁尼一世处死两派闹事的暴徒之后,两党之间的冲突很快就转变为一致攻击政府的行动,他们指责查士丁尼一世高额税收的财经政策,抱怨卡帕多西亚的约翰制定的新税收过于沉重,怒斥官员的横征暴敛,公开否定查士丁尼一世的中央集权专制化措施。查士丁尼一世显然不能允许下层民众的这种行为,下令采取镇压措施。这一公开镇压立即引发了更大规模的骚动,一部分民众在市中心放火,另一部分人砸开监狱,释放大批囚徒。这些囚徒很快就成为起义的骨干力量。起初,查士丁尼一世企图通过谈判解决问题,他在能够容纳数万人的大赛场多次会见起义民众,答应罢免特里波尼安和约翰,惩治贪官污吏,甚至公开承认自己对人民犯罪。但是,情绪激昂的民众被皇帝的公开道歉所激励,他们尖声呐喊,愤怒的声浪淹没了皇帝的许诺。骚动变为全面的起义,民众高呼"尼卡"(Νικα,希腊语意为胜利)的口号,杀死查士丁尼一世的宠臣,袭击大皇宫和政府机关,攻入监狱,焚烧市政厅,由此引起全城大火。起义民众进而要求查士丁尼一世下台,推举失意朝臣、前朝皇帝阿纳斯塔修斯一世的侄子伊帕迪奥斯(Hypatios)为皇帝。紧急时刻,查士丁尼一世见势不妙,从地道逃离大赛场,回宫后惊慌失措,在朝臣怂恿下准备弃城出逃。正当群臣议论纷纷、查士丁尼一世举棋未定之时,镇定自若的皇后狄奥多拉站出来阻止皇帝和部分企图出逃的朝臣,她坚定地说:"我的皇帝陛下,您可以为自救离开,喏!大海就在那边,船只已准备起航,您也有足够的盘缠。但我要留下!我认为凡穿上帝王紫袍的人就再也不应把它脱下,当人们不再称呼我皇后时我绝不会苟且偷生。我喜欢那句老话:紫绸可做最好的衣服。"[2]据普

---

[1] 吉本:《罗马帝国衰亡史》下册,商务印书馆1997年版,第188页。
[2] Harold Lamb, *Theodora and the Emperor*, N.Y.:Doubleday, 1952, p.69.

罗柯比记载,皇后的镇定极大地影响了在场的朝臣,查士丁尼一世羞红了面孔,主张出逃的卡帕多西亚的约翰绝望地倒在椅子上。重新振作起来的查士丁尼一世立即和皇后调兵遣将,并设计将起义民众引诱到大赛场,而后密令贝利撒留率领伊苏利亚雇佣兵军队从地道进入并包围大赛场(图2-4),进行了大屠杀,他们不分男女老幼、参与者或旁观者,当场杀死3万余人。[①]在随后进行的清算中,查士丁尼一世无情地屠杀任何异己势力,包括被起义民众临时推举为皇帝的伊帕迪奥斯及其家人,许多支持或参与起义甚至态度犹豫不决的异己贵族也被株连,一时间,君士坦丁堡成为查士丁尼一世剪除异己分子和民众民主活动的行刑场。他的这一血腥恐怖政策消除了皇权的敌人和威胁王

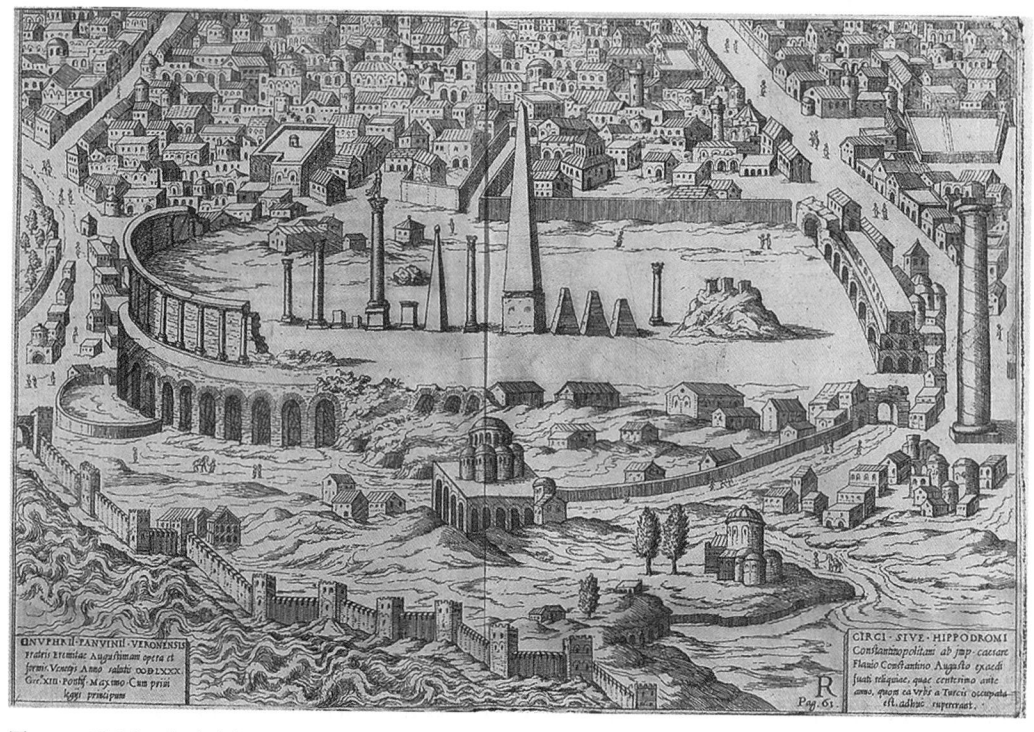

图2-4 君士坦丁堡大赛场

---

① 普罗柯比在其《波斯战记》中详细记述了大屠杀的过程,并确信"民众那一天死去的有3万多人",这一记载成为后世研究者的主要史料来源。参见Procopios, *History of the Wars, Secret History and Building*, trans.ed.and abridged A.Cameron, New York 1967, I, xxiv, 51.Harold Lamb, *Theodora and the Emperor*, Bantam Books, Inc., 1963, pp.70-71。另参见Robert Browning, *Justinian and Theodora*, Thames and Hudson, 1987, pp.69-72。

第二章 查士丁尼时代

朝统治的隐患,因此基本上改变了君士坦丁堡民众参与高层政治决策的传统,甚至连赛车这种体育活动后来也逐渐取消了。

查士丁尼一世为了加强皇权采取的另一项改革是逐步取消戴克里先改革和君士坦丁时代的行政制度,将数量众多的小行省联合扩大为大省区,并将地方军政权力重新结合,特别是在东部的亚洲领土上率先推行军政权力的合二为一政策。他还在意大利的拉韦纳和非洲的迦太基试行总督制,使这些边远地区的最高长官能够总揽当地各方面的权力,及时应付紧急情况。但是,在其他行省,查士丁尼一世仍然保持原来的制度。这一系列强化中央集权皇帝专制的政策措施确实保证了查士丁尼王朝的统治,稳定了社会秩序,使他梦寐以求的"一个皇帝"的君主专制得到实现。

4. 经济改革

查士丁尼一世的经济政策主要是调整税收制度和发展国内外商业贸易与手工业两个方面,前者的目的旨在稳定国内收入,后者的目的则为扩大外部经济资源的空间,以便为皇帝专制统治提供雄厚的物质基础。

拜占庭帝国税收制度是在罗马帝国税制基础上发展而来的。最初,拜占庭国家的税收属于"土地人头税",即根据耕地、劳动者和劳动工具及产量等诸种因素确定税收额度,在一定期限内,国家对税户进行资产和劳力核算,并根据税收额度征集税收。中央政府根据各地清查核算的结果,登记各省区的纳税总额。由于拜占庭帝国地方官吏的腐败,上述核算过程被做了许多手脚,纳税额度掺杂了极大的水分。特别是当时流行的包税制,即政府在从包税人那里收取纳税总额后授予包税人在一定区域和时间内任意收缴捐税的方法,严重破坏了拜占庭帝国税制。查士丁尼一世通过立法废除了包税制,下令全国官吏进行税收业务培训,核查各地税额,重新登记各省纳税单位。他指示各地税务官员必须以最大的力量和最有效的办法促使纳税人完成政府规定的税收。他还将普通税从原有的实物形式变为实物和货币混合税。

与此同时,他针对大地主和大土地贵族千方百计逃避国家税收的现象,加大了对等级税的征收。这一改革从政治上还有打击日益兴起的大土地贵族势力的目的。当时,帝国各地出现了许多有权有势极为富有的大地主,例如,埃及的阿琵欧斯家族(the Atheoses)在当地权倾一时,富比王侯,不仅在亚历山大里亚等城市拥有房产钱庄和商店作坊,而且在埃及各地拥有大片地产和无数村庄,其畜群几乎不可数计,该贵族还拥有私人库府总管、税收官员、秘书随从、亲兵卫队和大批奴隶工匠、雇工佃户,甚至有私设的家族警察和军队,等等。对此,查士丁尼一世在《查士丁尼法典》中指出:"我们得到了有关行省中存在时弊的消息,实在令人惊讶,当地的最高官员几乎无法凭自己的力量加以克服。我们极为震惊地听说,大地主们拥有的地产面积极大,他们还有私人卫队,有大批追随他们的暴民,无情地掠夺任何东西……国家财产几乎完全落到私人手中,为私人所有,因为,包括所有畜群的国家财产被掠夺、被侵吞。对此没有任何人加以批评,因为所有官员的嘴都被金子堵住了。"[①]为了限制大贵族和大地主的发展,查士丁尼一世取消了贵族地主享有的免税权,要求大地主根据各自土地的多寡和劳动力的人数按时按量缴纳税收。他还借口大地主在税收问题上的违法行为,对最有势力的地主采取没收地产、强迫捐献和依法惩处的措施。他对教会地产的限制也同样严厉。在平息了532年尼卡起义之后,上述从经济上打击大地主的政策推行得更加坚决。查士丁尼一世坚决清理包括高官显贵在内的全国税户,重新核准确定税收等级,增加新税种,整顿全国税收机构,精简各级官府,裁减官员,严厉整肃税收机构和官僚队伍中的腐败行为,因为,他清楚地认识到帝国税收官的贪污受贿和对普通百姓的横征暴敛已经严重瓦解了国家的税收体系。事实上,这个问题已经成为破坏社会稳定、摧毁农业生产、扰乱城市财政和打乱国家正常经济秩序的关键。535年,他在立法中明确了政府各级官员的职责,特别指出:官员"应像父亲关心子女般地对待所有忠诚的公民,保护臣民们免受欺压,应拒绝各种贿赂,在司法审判和行政管理中应公正,打击犯罪,保护无辜,应依法惩治罪犯,总之,对待臣民应像父亲对待自己的孩子……无论在何处都应清廉"。[②]法律还要求国家官吏必须关心国家利益,保证税收,尽一切可能增加国库的收入,特别要按时收缴国家已规定税额的税收。大批钦差大臣被派往各行省,检查税收情况,各地的主教也被委以监督税收的职责。凡被发现犯有违反法律规定的官员均受到查处,撤职监禁,财产充公,而为官清廉、办事公道、收税得力的官员则受到奖励和加官晋爵。

发展商业贸易是查士丁尼一世经济政策的重要内容。早在罗马帝国时代,东西方商业贸易就已经十分活跃,著名的丝绸之路已经存在了几百年。拜

[①] Justinian, *The Digest of Justinian*, trans.by Th.Mommsen and P.Krueger, Philadelphia 1985, Vol.3, XLIIII, 5.

[②] Justinian, *The Digest of Justinian*, trans.by Th.Mommsen and P.Krueger, Philadelphia 1985, Vol.8, XVI, 8.

第二章　查士丁尼时代

占庭帝国凭借有利的地理位置,在东西方贸易中获得了巨大的利益。但是,查士丁尼一世对此并不满足,他希望拜占庭帝国能在对东方的商业活动中占有更大的份额。当时,来自远东的中国丝绸和印度香料等贵重商品并不是直接到达安条克、亚历山大里亚等拜占庭帝国各口岸城市,中途需经过萨珊波斯控制的陆路和阿拉伯人控制的海路,巨额利润要经过多次瓜分,特别是在拜占庭与波斯两国关系紧张时期,垄断东方贸易几乎成为波斯人手中的一张经济王牌。因此,查士丁尼一世决心打通新的商路,发展海上实力,建立东西方之间直接的商业往来,打破波斯人的垄断。

在这一政策鼓励下,拜占庭帝国出现了许多勇敢的冒险商人,他们积极投身到开发远东商路的活动中,其中值得一提的是科斯马斯(Cosmas Indicopleustes)(图2-5)。此人生于查士丁尼时代,因经商致富,曾活跃在东地中海地区,长期经营东方商品交易。为了寻找通往东方的直通道路,他曾到过红海东岸、西奈半岛、阿比西尼亚(今埃塞俄比亚)和锡兰(今斯里兰卡),晚年进入修道院过隐修生活,写下了著名的《基督教国家风土记》(又名《科斯马斯旅行记》)。这本书准确地记载了科斯马斯的旅行见闻,对沿途国家、民族的风土人情作了生动的描写。特别难能可贵的是作者提供了其资料的来源,并对其亲眼所见的事实和亲耳听到的传闻作了严格的区分。这本书中还正确地叙述了古代中国隋军入健康灭陈的历史事件,成为拜占庭人重要的商业指南书籍。科斯马斯在这本书中提出,大地是漂浮在海洋上的扁平陆地,其最东端是称为印度的国家,而盛产丝绸的中国只是印度北方的一部分,"这一丝绸之国位于印度最偏僻的地方,地处那些进入印度洋的人们左侧……这一被称为秦尼扎的丝绸之国左边由海洋所环绕……运载丝绸的车队要由陆地旅行,相继经过各个地区,时间不长就到达了波斯,而通向波斯的海路要漫长得多……在秦尼扎以远,就再也不能航行也不能居住了……印度大陆的其他部分由发运丝绸的秦尼斯坦所占据,在此之

图2-5　科斯马斯

外就再没有其他地区了,因为东部由大洋所环抱"。[1]在当时,这样的描述基本准确,反映了东西方贸易联系持续而稳定的情况。

　　查士丁尼一世为了保护拜占庭帝国的商业利益,不惜发动战争,与波斯人展开了激烈的较量,以争夺红海贸易控制权。红海历来是连接印度洋和地中海的通道,也是对东方贸易的重要门户。查士丁尼时代,拜占庭人在红海西北角大力发展港口,在阿卡巴湾建立了阿乌拉港,在其南部建立克里斯马港。从这里,大批来自东方的商品货物可以转运到安条克、君士坦丁堡和亚历山大里亚,甚至直接运往西地中海各港口。查士丁尼一世积极支持当地阿克苏姆帝国(Kingdom of Aksum)的阿比西尼亚基督徒,发展与该帝国的友好关系。当波斯商人与阿克苏姆商人发生冲突时,他甘愿冒着与波斯帝国发生战争的风险,坚决支持后者。

　　关于查士丁尼一世从中国引进育蚕丝织技术的故事最能说明他发展对外商业的政策。普罗柯比在《哥特战争》中记载:"某些来自印度的僧侣们深知查士丁尼皇帝以何等之热情努力阻止罗马人购买波斯丝绸,他们便前来求见皇帝,并且向他许诺承担制造丝绸,以便今后避免罗马人再往他们的夙敌波斯人中或其他民族中采购这种商品了。他们声称自己曾在一个叫作赛林达的地方生活过一段时间,而赛林达又位于许多印度部族居住地以北。他们曾非常仔细地研究过罗马人地区制造丝绸的可行办法。由于皇帝以一连串问题追问他们,询问他们所讲的是否真实,所以僧人们解释说,丝是由某种小虫所造,上天赋予它们这种本领,它们被迫为此操劳。他们还补充说,绝对不可能从赛林达地区运来活虫,但却很方便也很容易生养这种虫子;这种虫子的种子是由许多虫卵组成的;在产卵之后很久,人们再用厩肥将卵种覆盖起来,在一个足够的短期内加热,这样就会导致小动物们的诞生。听到这番讲述以后,皇帝便向这些人许诺将来一定会得到特别厚待恩宠,鼓励他们通过实验来证明自己的话。为此目的,这些僧侣返回了赛林达,并且从那里把一批蚕卵带到了拜占庭。依我们上述的方法炮制,他们果然成功地将蚕卵孵化成虫,并且用桑叶来喂养幼虫。从此之后,罗马人中也开始生产丝绸了。"[2]这段史料被后代作家广泛引用,给予多种多样的解释,引起现代学者的争论,他们或是由这段史料引申出古代中国

---

[1] Cosmas, *The Christian Topography of Cosmas Indicopleustes*, Cambridge 1909, II, 38.
[2] Procopios, *History of the Wars, Secret History and Building*, trans.ed.and abridged A.Cameron, New York 1967, VIII, xvii, 1—8.参见戈岱司:《希腊拉丁作家远东古文献辑录》,中华书局1987年版,第96页。普罗柯比著,崔艳红译:《战史》,大象出版社2010年版。普罗科皮乌斯著,王以铸等译:《战争史》,商务印书馆2010年版。

实行丝绸技术封锁，或是夸大育蚕和丝织技术的神秘，或是渲染僧侣"偷盗"中国丝绸技术的过程。[①]但是，一个无可争辩的事实是，拜占庭帝国从此独立发展起兴盛的丝织业，在科林斯、伯罗奔尼撒半岛形成了几个丝织业中心，它们又成为中国育蚕丝织技术西传的中续站，而欧洲也从此开始了其丝织业的历史。

查士丁尼一世的经济政策有助于拜占庭帝国实力的增强，进而为实现其再创昔日罗马大帝国辉煌的政治理想奠定了坚实的经济基础，至少为其进行大规模战争和君士坦丁堡重建提供了财政支持。但是，长期战争和大兴土木造成的负面影响也不可小视，强化与红海贸易中心的频繁联系引发的生态灾难也不能忽略。全面考察查士丁尼一世经济改革的成败得失有助于我们理解此后拜占庭历史的曲折发展。

5. 宗教政策

查士丁尼一世的宗教政策也是围绕其建立统一帝国的总目标服务的。因为，基督教经过数百年的发展，到查士丁尼时代已经成为地中海世界信徒最多、势力最大、分布最广的宗教，其宗教神学逐步进入成熟阶段。但是，关于耶稣基督"神""人"两性的争论一直没有停止，普通信徒在这个艰深玄妙的焦点问题上也找不到明确的解释，在社会改革引发的动荡环境中，公众很容易卷入无休止的争论，造成思想对立，进而加剧社会分裂。这种情况迫使致力于中央集权皇帝专制的查士丁尼一世不得不出面干预。

早期拜占庭帝国历史上曾发生过3次重大的神学争论，即4世纪发生的所谓阿利乌派学说之争，5世纪的聂斯脱里教义之争和自4世纪中期开始的"一性论之争"。所谓阿利乌派学说是指亚历山大里亚教会教士阿利乌（Arius）提出的神学理论（图2-6），即认为上帝圣父和圣子在本体和本性上不同，圣父无始无终，永恒存在，其本性不变，而圣子基督为上帝所造，不能与圣父同样永恒，其本体和本性经历了发生、发展的过程，他只是体现上帝的道，因此不是神，其地位

图2-6　阿利乌

[①] 关于丝绸之路和东西方育蚕丝织技术交流的问题历来是中西文化交流专家关注的热点，近年来，这一问题再度引起世界范围学术界的注意，出版了有关专著和论文。

低于圣父。这一理论否定了基督救赎的可能性和人类获得上帝恩典的途径，与正统基督教神学发生冲突。围绕这一理论，教会内外分裂为不同教派，直到在君士坦丁大帝直接干预下举行的尼西亚宗教会议判定阿利乌派为异端。聂斯脱里派神学是由安条克神学家聂斯脱里（Nestorius）提出的两元论神学，即认为基督的神、人两性分离，其神性来自上帝，而其人性来自马利亚。这一理论与正统的三位一体信仰相悖，遭到罗马和亚历山大里亚两教会的激烈反对，并于431年以弗所宗教大会上被斥责为异端。该派后流亡波斯帝国，并以波斯帝国为基地发展壮大，进而传入我国。[①]一性论神学主张基督在所谓道成肉身后，其神性和人性合二为一，只有神性表现出来。这种神学思想在埃及、叙利亚和巴勒斯坦等盛行东方闪米特文化神秘主义的拜占庭帝国东部地区广泛流行。显然，将耶稣基督的神性和人性割裂并使两者处于高下不等的地位是"错误"的，而将两者割裂后对立起来也是"错谬"，将后者消融在前者之中而单独强调神性仍然是"谬论"，这三种神学理论都违背了三位一体信仰所强调的基督神人两性的同质、同性、同格、同位的理论。客观而论，早期基督教神学争论了几百年的这个焦点问题看似简单，但它涉及基督教独立神学理论的建立，进而涉及基督教这个深受犹太教和古典希腊哲学影响的新宗教的神学定位。

　　查士丁尼一世统治时期，一性论之争达到了白热化的程度，在首都以及小亚细亚、叙利亚和埃及等拜占庭帝国东部地区，民众因此被分成两个对立的派别。据当时的史家记载，狂热的信徒在街头巷尾、市场商店无止无休地辩论神学问题，甚至当顾客问及商品的价格时，店主竟回答"三位一体"，许多家庭也因神学分歧而破裂，几乎每一个帝国臣民都被要求在神学争论中表明自己的观点，所有人的日常生活都受到了干扰，因为面包作坊因此会拒绝向顾客出售面包。帝国社会因宗教争论而被分裂并造成极大的思想混乱，这是强势君主查士丁尼一世不能容忍的。因为，他认为在一个皇帝统治下的统一帝国只能有一种宗教信仰，他要扫除一切有碍实现其政治目标的因素，要通过对宗教事务的干预恢复皇帝对教会的绝对权威，强化至尊权。553年，查士丁尼一世召集君士坦丁堡宗教大会，试图调解神学分歧。此后，他和狄奥多拉在皇宫中举行500名教士和神学家大会，讨论一性论神学。据说，查士丁尼一世为此专门学习神学理论，刻苦研究双方的意见，对那些晦涩难懂的教义信条日夜思考，夜不成寐。根据普罗柯比的

[①] 唐朝初期传入我国的聂斯脱里派基督教称为景教，现存西安的"大秦景教流行中国碑"对此提供了确凿证据。

第二章 查士丁尼时代

一手记载,我们仍很难判断,他更多思考的是如何加强皇帝的至尊权还是基督神性和人性的关系,但他对基督教的笃信和痴迷是可以确定的。

拜占庭皇帝自4世纪基督教成为国教之初就享有控制教会的至尊权,这一权力是早期拜占庭皇帝作为羽翼未丰的教会的保护人而自然形成的。从理论上讲,皇权和教权的结合是拜占庭君主权力的基础,两者相互支持,相互配合,皇帝需要教会从精神统治方面给予帮助,而教会则是在皇帝的直接庇护下发展起来。最初,皇帝对教会的权力是无限的,但是随着教会实力的增加,这种权力越来越受到侵害,教会则出现了脱离皇权控制的倾向。皇帝至尊权主要表现在如下方面:其一,召开基督教大会的权力。自君士坦丁大帝于325年亲自召开第一届基督教大会后,381年,狄奥多西一世在君士坦丁堡召集了第二届基督教大会,431年,狄奥多西二世在以弗所召集了第三届基督教大会,此后,第四届迦克墩基督教大会(图2-7)和第五届君士坦丁堡基督教大会分别由马尔西安(Marcian,450—457年在位)和查士丁尼一世于451年和553年分别主持召开。这个时期,基督教五大教会尚未形成最高教权机构,教

图2-7 迦克墩基督教大会

会总协调人自然由皇帝充任。其二,掌握基督教高级教职人员的任免权。早期基督教教会曾建立了五大教区,即罗马、君士坦丁堡、耶路撒冷、亚历山大里亚和安条克教区。依据第二次和第四次基督教大会的决议,罗马和君士坦丁堡两教区享有最高教区的特权。拜占庭皇帝紧密地控制这些教区的高层事务特别是罗马和君士坦丁堡主教和大教长的任免权,并对不与皇帝合作者撤职监禁,甚至加以迫害。君士坦丁大帝就曾免去亚历山大里亚主教亚他那修(Athanasius of Alexandria)的主教教职,狄奥多西二世则通过宗教会议罢免了君士坦丁堡大教长聂斯脱里,并将其流放。其三,参与教会事务和仲裁教会争端。皇帝都极为重视教会内部的思想动向,一方面是出于防止教会脱离皇权控制的考虑;另一方面是及时制止宗教争端造成的社会分裂。自基督教成为国教以后数百年间,帝国皇帝几乎参与和决定了教会所有争端的最后结果。

查士丁尼一世公开宣布自己是正统国教的保护人,大力支持基督教教会,兴建了许多教堂和修道院,并授予教会多方面的特权。为了更好地参与教会的争论,他认真学习《圣经》,参加基督教教义讲习班,向高级教会神学家请教。同时,他积极参与教会神学家之间的辩论,总是力图平息各个教派之间的教义论争,一方面强令所有异教徒改信国教;另一方面以高压手段打击不愿屈服的异端信徒。529年,查士丁尼一世关闭了被视为古典思想中心和传播异教学说基地的雅典哲学院,许多不愿屈服的著名教授被流放,学院的财产被没收。雅典这个古代地中海世界的著名文化中心从此失去了最后的光荣。[①]与此同时,查士丁尼一世下令所有持非正统教义的信徒限期3个月皈依国教,否则,剥夺其政治和宗教信仰权,并以重税和劳役实行经济上的迫害。一性论派、阿利乌派、聂斯脱里派都被列入异端的黑名单,其中对一性论的斗争最为激烈。这一派在埃及、叙利亚和巴勒斯坦影响最大,特别是在宫廷中,有相当数量的大臣倾向于该派,其中包括皇后狄奥多拉。起初,查士丁尼一世的宗教政策并没有严格执行,但是,548年狄奥多拉病故后,他开始全面推行宗教迫害政策。他主持召开第五次基督教大会,决定严厉惩处一性论派信徒和所有反对其宗教政策的人士。罗马大主教维吉吕(Pope Vigilius)即因此被流放,后客死他乡。

这些宗教迫害措施激起东部各省的起义。显然,查士丁尼一世从政治角度处理宗教问题,以高压和武力方式处理信仰问题,或调解各教派与政府之间的关系,或调和各教派之间的矛盾,最终都未能解决拜占庭帝国内部的宗教分

---

① 参见郑玮:《雅典的基督教化(267-582)》,天津人民出版社2009年版。

歧。事实上,围绕一性论进行的神学争论不仅是基督教正统和非正统教派之间的斗争,而且反映拜占庭帝国各种深刻的社会矛盾,亦即经济上比较富裕的东部各行省不满于帝国中央政府沉重的剥削,亚洲各被统治民族也对西部贵族的长期政治歧视和压迫心怀仇恨,他们利用宗教问题与朝廷对抗,而查士丁尼一世的基督教政策强化了这些复杂的矛盾,埋下了分离主义的祸根。半个世纪后,其恶果在阿拉伯军队大举扩张中显现出来。

二、昙花一现的光荣

1. 大兴土木重建首都

查士丁尼一世为重建昔日罗马帝国的光荣竭尽全力,他的另一项业绩是与弘扬罗马帝国的光荣联系在一起的,即重新修建君士坦丁堡。自4世纪新都建成以来,君士坦丁堡的大型城市建筑工程几乎全部停止,仅有个别小型建筑工作在零零散散地进行。至查士丁尼一世统治时期,城内建筑大多年久失修。特别是465年的大火毁坏了一半以上的城区,532年的尼卡起义又使城市中心区的建筑被尽数摧毁。因此,重建首都不仅十分迫切,而且对于重新确立帝国的光辉形象也极为必要。查士丁尼一世聘请当时著名的建筑师米利都的伊西多尔(Isidore of Miletus)和特拉勒斯的安提莫斯(Anthemius of Tralles)制定了庞大的计划,下令他们立即监督施工。5年后,重建的君士坦丁堡再放光辉,宏伟的圣索菲亚大教堂屹立在城市中心,成为拜占庭建筑风格的代表作,堪称中古世界的一大奇观。

据普罗柯比在《建筑》一书中的记载,这个时期在君士坦丁堡建造和修缮的教堂就有33座。此外,豪华的黛屋希裸公共浴池和皇帝公园都在原来的旧址上加以扩建。庞大的修建工程直到查士丁尼一世去世以后仍然继续进行,这使君士坦丁堡这颗珍珠重放光明。[①] 普罗柯比提到的建筑物包括:奥古斯都广场旁的元老院、广场上高大的石柱及其顶端的查士丁尼一世的骑马铜像、埃琳娜教堂、大济贫院、伊西多鲁收容院、阿卡迪收容院、圣母马利亚教堂、布拉切奈教堂、巴鲁克利教堂、金门教堂、喷泉教堂、悉艾龙教堂、圣安娜教堂、

---

① 普罗柯比在其《建筑》(*Buildings*)一书中详细记载了查士丁尼一世重建君士坦丁堡的盛况,参见Procopios, *The Wars, the Buildings, the Secret History*, trans. by H. Dewing, London, Loeb Classical Library 1914—1935。

佐伊教堂、大天使米迦勒教堂、圣彼得教堂、圣保罗教堂、赫尔米斯达宫殿、塞尔吉教堂、巴库斯教堂、特卖努西庭院、圣使徒教堂、圣约翰教堂、君士坦提乌斯教堂、阿卡西乌斯教堂、圣佩拉图教堂、圣塞克拉教堂、塞拉教堂、圣劳伦斯教堂、圣女教堂、圣尼古拉教堂、圣普里斯库斯教堂、圣格玛斯教堂、圣达米安教堂、圣安塞姆教堂、安娜普鲁斯港口、海滨市场、海滨女修道院、女子忏悔所、海角教堂、阿叶龙尼避难所、阿瑞斯宫殿、奥古斯都广场、大皇宫、阿卡迪娜公共浴场、市郊花园、饮水渠、蓄水池、柱廊大道、赫拉宫殿、尤侃迪娜宫殿、城东码头、赫拉码头，等等。用普罗柯比的话来说，"该城其余地方的一些最著名的建筑，特别是皇宫那些雄伟壮观的建筑已被纵火烧毁，夷为平地。不过，皇帝以比原来更漂亮的形式重建或修复了这些建筑"。

还是让我们欣赏一下普罗柯比是如何用他的生花妙笔描写重建的圣索菲亚大教堂（图2-8）的：重建之后，"这座教堂因此成为一个美妙绝伦的景观，看到它的人无不为之倾倒，但那些通过传闻听说的人还是完全不能相信……她高高

图2-8 圣索菲亚大教堂

第二章　查士丁尼时代

地耸立于云霄之中,仿佛巍然屹立在其他建筑物之上,俯瞰着整座城市,所有的建筑都仰慕她,因为她是该城中最壮观的部分,她以自己的壮美傲视整个城市。她的长宽比例协调,可以这么说,其造型极其匀称。她以难以置信的典雅之美令人流连忘返,且以惊人的巨大容量和结构匀称让世人倾倒,她具有比我们所熟知的其他建筑物更多的优点而使其独树一帜。该建筑虽然面积巨大,但难能可贵之处在于有充足的阳光照射进来,大理石反射光把整个教堂照得通明,的确,不借助太阳的光线教堂内部不会发光,但大殿内部能够借助墙面的反射生成光线,使整个大殿沐浴在明亮的光照之中。教堂的正面朝向太阳升起的方向,在阳光下教堂正面充满了神秘氛围,令人无限崇敬上帝。正面是以下列方式建筑的……不是按照一条直线建造的,而是从周围侧面逐渐向内部弯曲……形成一半圆形状。就是建筑师们极擅长制作的一种叫半圆筒的建筑。然后,这部分升高到令人吃惊的高度……这个结构上面的部分是个球体,在球形结构的上面建筑了另一个新月形的结构,以利于建筑物的各个部分相互衔接,她的外观优雅美妙绝伦,但由于这种构造的各个部分似乎给人不稳固的感觉而令人生畏。好像穹隆没有稳固的基础,像气体飘浮在空中一般,但大殿的内部为这些不稳定感作了很好的平衡处理,实际上,通过坚固的基础和良好的安全性使她显得更加稳固,因为在墙的另一面即侧厅通道排放着许多柱子,这些柱子不是按同一种样式成直线排列,而是排列整齐,互相照应,向内部凹下去,形成半圆形的图案,在这些柱子的上面悬空建造新月形的建筑结构。东侧对面的墙上建有一个出口,这面墙的另一面正像我在前面叙述的那样,则矗立着半圆形造型。各个圆柱本身及其上面的建筑造型都是半圆形的。教堂的中心即主殿,矗立着四个高大的柱子……两个在南边,两个在北边,相互平行对立,这样两两相对有四个柱子互相站立。这些柱子是用经过精心挑选熟练打磨、垒砌而成的巨石建筑,石柱建造得极高,直达大厅的顶点,令人浮想联翩,好像它们就是峻峭的山峰。那些高耸在空中的穹隆被建造在一个方形建筑物的四周,它们的首尾相接,连缀在一起,都被紧紧地建筑在这些柱子的顶部,其他部分也随之腾空而起,凸显其高大轻盈,宛如凌空飞架。两个空中飞架的拱形结构凌空对接,东西两面各有两个这样的拱形结构,其余类似的两个圆拱则建立在建筑物和众多下面的小柱子上,大圆拱建筑上建筑着半球形穹隆;这种建筑造型能让日光始终照射进来。我相信,由于教堂是建立在地球上,所以她免不了有时被遮挡,光线照不进来,为此故意留下了一些孔洞,建造出石头结构的通光道,这样就能保证有充足的光照射入教堂。这些拱形结构被联接在一起形成了一个水平的四角形,两拱之间的石头框架便形成四个三角形……在这个圆形结构的上面建立起这个巨大的穹隆,使得整个教堂显得极其壮美。她似乎不是坐落在坚固的砖石建筑上,却好像从天国轻盈飘下的金色穹隆,飘浮在空中一般。所有的细节都结合完美无缺,整个建筑极其轻盈,宛如飞架天空的彩虹,她坐落在整个建筑的其他部分上,极为和谐匀称,形成无与伦比的结构美,由于其每个细节都对观众产生难以抵制的吸引力,所以看客总感到没有时间细品建筑的每一部分细节。由于美丽的景象总是不断地忽现眼前,看者必然认为整个建筑细节都美妙绝伦。然而,即便看客注意到每个方面,并被每个细节所吸引,他们仍然不能了解能工巧匠们精湛的技艺,以至于他们流连忘返……许多技能我既没有能力完全理解,也不可能用文字解说清楚。这里我只能用文字记录其中的一个侧面,以使人们获得整个建筑美好的印象……教堂的内部显得高大无比。它们还有黄金装饰的穹隆天花板,有一个柱廊侧厅是给男礼拜者使用的,另一个是给女礼拜者设计的。但是它们都一样富丽堂皇,没有任何的区别……有谁能恰当地描述女子侧厅的画廊,或者计算出环绕教堂周围有多少柱廊和柱廊构成的通道?有谁能叙述出这些圆柱和装饰教堂这些宝石的美丽?人们幻想自己似乎来到了鲜花盛开的草坪,因为那些姹紫嫣红、形态各异的美丽宝石,令人叹为观止,他们只能惊叹大自然的鬼斧神工。无论何时,进入这座教堂祈祷的人都会立刻相信这绝非凡人智慧所造,而是上帝圣意使然,一切都在瞬间化为美好幻象。为此,他的思想受到上帝的启示,精神备受鼓舞,不由得颂扬神的伟大,并确信上帝没有远离,他就在这里,一定圣临在这座宫殿里,因为他喜爱这个地方。初次看到这个教堂的人免不了会产生这种感觉,即便多次造访过这个教堂的人,每次到来总会觉得景色迥异。这绚丽的美景使人目不暇接,教堂那令人赞叹的华美让他流连忘返。没有人确切了解这所教堂的珍宝和数不清的金银器皿,还有查士丁尼皇帝奉献给这个教堂的大量宝石艺术杰作,其准确数目无人知晓。但是,我想让读者只通过一个小小的例子作出推测。人们视为神殿中最神圣的那个部分,也就是只有神甫可以进入的那部分,他们称作内殿的部分,是用4万吨白银装饰而成的……可以说,这座君士坦丁堡教堂(人们习惯上称她为大教堂)就是查士丁尼皇帝以这种方式建成的。正如我马上要说明的,皇帝不仅用金钱而且用无数人的智慧和汗水建造了这个教堂"。[1]

然而,查士丁尼一世最大的心愿是恢复罗马帝国的疆域。4世纪以后,虽

---

[1] Procopios, *History of the Wars, Secret History and Building*, trans.ed.and abridged A.Cameron, New York 1967, IX, i, 1–11.

第二章 查士丁尼时代

然罗马帝国东部和西部走上了不同的发展道路,但是,早期拜占庭帝国历代皇帝都认为自己是罗马皇帝的继承者,他们不仅自称为罗马皇帝,而且继续保持罗马帝国的称号。甚至在4世纪末和5世纪日耳曼人各部落大举侵占罗马帝国西部期间,他们仍然认为自己拥有对西部地区的宗主权。他们都承认已经接受拜占庭皇帝为宗主的西哥特和东哥特人入侵西部地区是合法的,是受拜占庭帝国皇帝委派的。尽管在查士丁尼一世以前,拜占庭帝国已经丧失了对地中海西部地区的控制,但是,当时的皇帝仍然以整个帝国的主人自居。这表明收复西部失地、恢复对西部的控制、重振昔日罗马帝国的雄风是早期拜占庭帝国统治政策的核心目标之一。查士丁尼一世统治时期,恢复昔日囊括地中海的罗马帝国光荣的愿望得到暂时的满足,他发动的多次对外战争似乎完成了光复帝国的"伟大事业"。

2. 波斯战争

查士丁尼一世的对外战争主要包括汪达尔战争、哥特战争和波斯战争,拜占庭作家普罗柯比对这些战争作过详细的记载,他作为这些战争主要指挥者贝利撒留的秘书,依据其亲身经历和掌握的大量资料为我们提供了可靠的历史记述。[①]

正是贝利撒留以其杰出的军事战略家和战争指挥者的才能帮助查士丁尼一世实现了其政治理想,他作为拜占庭帝国历史上最杰出的军事将领和查士丁尼一世最得力的军事助手,参与指挥多次重大对外战争,屡战屡胜,为拜占庭帝国恢复罗马帝国昔日疆域立下了赫赫功绩。不仅如此,贝利撒留还对拜占庭军事技术和战争艺术的发展作出了意义深远的贡献。他在担任拜占庭帝国军事总指挥期间,组建了装甲骑兵,这支部队后来成为拜占庭军队主力的重装骑兵。他还首先在骑兵装备中引进日耳曼式长矛和波斯弓箭,从而奠定了拜占庭骑兵在此后数百年发展的基础。他改变以前拜占庭军队只有少数骑兵,而且不装备铠甲,使用短兵器的不足,引进阿瓦尔人和波斯人的骑兵装备和兵器,为骑兵配备马蹬和装甲、长矛和弓箭,改善了骑兵的作战手段,大大提高了骑兵的战斗力。贝利撒留对拜占庭军队进行的技术改革使查士丁尼一世的战争计划得以顺利实施。

---

① 普罗柯比的《战记》有多种英文译本,其中详细记载了查士丁尼一世的对外战争。
Procopios, *History of the Wars, Secret History and Building*, trans.ed.and abridged A.Cameron, New York 1967.

查士丁尼一世为了全力进行征服西地中海的战争,首先发动对大举进犯拜占庭东部边界的波斯人的战争,派遣时年23岁的贝利撒留进军叙利亚。531年,贝利撒留率领边防军巡弋于帝国东部美索不达米亚北部边界,在德拉城(Dara)与波斯军队相遇。波斯人与拜占庭帝国长期为敌,早在君士坦丁王朝时期,他们就在创建于226年的萨珊王朝统治下,自恃强大,向西扩张,占领了原西亚强国帕提亚帝国的领土,并在4世纪时进抵两河流域地区,与拜占庭帝国边境部队发生冲突,开启了持续数百年的争霸战争。337—350年,两大帝国之间爆发了第一次战争,拜占庭人虽然在军事上失利,但阻止了波斯人向西扩张。359—361年,第二次拜占庭波斯战争爆发,波斯军队攻占了若干拜占庭帝国东方边境城市,但是旋即被拜占庭人夺回。皇帝尤利安(Julian, 361—363年在位)亲自统兵侵入波斯领土,夺取底格里斯河渡口,并在波斯陪都泰西封以北大败波斯军队。363年尤利安阵亡后,波斯人重新夺取战场主动权,双方缔结的30年和约规定:恢复被拜占庭人夺取的波斯西部领土,亚美尼亚王国脱离拜占庭帝国控制。此后,波斯人在拜占庭帝国东部地区不断挑起事端,成为历任皇帝最感头痛的边关威胁。贝利撒留走马上任后,全面整顿边防,首先撤换了自恃功高不服从命令的贵族军官,而后征兵充实补充边防力量,他还向当地豪门地主征集备战资金,使东部边防力量得到增强。

6世纪的拜占庭波斯战争是由波斯国王霍斯劳一世(Khosrau I,531—579年在位)挑起的(图2-9)。他亲自统领4万远征军,直扑拜占庭帝国边境城市德拉,企图一举夺取该城,突破拜占庭帝国边防线,扫清西进道路。当时,贝利撒留所辖军队仅有2万余人,但是,他力排众议,否定了后撤回避波斯军队前锋的迂回战术,力主以德拉城为核心要塞的正面迎击战术,并从战略上提出分析,认为德拉城的失守必将牵动东部边防的全线。如果该城不保,那么帝国丧失的就不仅是一个德拉城,而且可能将被迫全线后撤,两河流域地区的广大领土都会因此丢失。拜占庭军队在短时间内不可能重新布防。特别是,拜占

图2-9 霍斯劳一世

庭军队的后撤和德拉城的失陷可能会造成军心动摇，将加剧拜占庭军队士兵的心理劣势，当务之急是在与波斯人的正面冲突中取得胜利，重振军心。于是，他果断撤换了主退派军官，与谋士具体分析了波斯军队的情况，制定了以逸待劳的作战计划。他充分利用整编扩充之后拜占庭军队的骑兵优势和德拉城特有的地形优势，使波斯军队数万之众难以展开，而拜占庭军队则在局部上占据对波斯军队人数上的优势。他强调充分利用这一局部优势兵力击溃波斯军队前锋的重要性，以此可以动摇波斯人后续部队的军心，改变拜占庭军队人数上的劣势。在实际战争中，他针对波斯军队的习惯作战方法，[①]有针对性地重新布阵，一改传统的左、中、右3军阵式，于平原上摆出5军之阵，将其中冲击力强大的4个骑兵方阵约16 000人与波斯军对阵，留步兵在大营作后备军。他还别出心裁地将过去的中军一分为二，以加强其机动性。同时，他将步兵14个团精心排成中央前突的阵形，用重装长矛弓箭军团作前排中央骑兵团的后盾，而两翼万余骑兵的后部留有较大空间，使其进退自如。他首先将军队调出城郊东部狭窄的平原，在罗弗斯沼泽地南侧扎营，凭借沼泽地作为拜占庭军队北部天然屏障。战斗开始后，贝利撒留灵活指挥，命令左路骑兵后撤至罗弗斯沼泽地西南，并分兵快速绕过沼泽地，以大约9 000骑兵从三面包围波斯军队右路7 000人，重创首先发动进攻的波斯右路军，迫使其逃窜。在随后的战斗中，贝利撒留又以一小部分成楔型攻击阵形的部队引诱波斯左路军进入拜占庭右路和中路军队攻击地区，使波斯人陷入两面受敌的处境。拜占庭骑兵则乘胜全线进攻，波斯人全军狼狈逃窜，又损失万余人和大量粮草武器。这样，贝利撒留就取得了德拉战役大捷，使拜占庭军队士气大增，边防也得到了巩固。

此后，他乘波斯人残余部队南撤到美索不达米亚地区之机，亲率在德拉战役中建立功勋的万余精锐骑兵迅速追击，在佳丽尼克战役中，又以2万骑兵击溃波斯人15 000骑兵，最终挫败了霍斯劳一世夺取西亚的计划。532年，两国订立和约。545年和562年，查士丁尼一世因西部战争无暇东顾，与波斯人两度立约，答应提供大笔贡金，以此换取和平，兵力西调。

3. 汪达尔战争

此后，查士丁尼一世在其发动的西地中海战争中，对贝利撒留委以最高

[①] 即将军队分为左、中、右两排6个方阵，中军大营设在后排中部，作战时分方阵进兵，突破一个缺口后再全军掩杀，这就在作战的局部上降低了其人数上的优势，并为拜占庭军队提供了可乘之机。

军事指挥权,希望他在打击蛮族的战争中再立新功,而贝利撒留则不负厚望,在征服西地中海战争中使自己的才华得到最充分的展示。

所谓蛮族,是古希腊人对非希腊语民族的称呼,拜占庭帝国时代,蛮族泛指拜占庭帝国周边落后的野蛮民族。当时,拜占庭帝国的领土包括多瑙河以南的巴尔干半岛、从克里米亚半岛到黑海东岸的黑海地区、自高加索经两河流域上游到亚喀巴湾以西的小亚细亚和地中海东岸地区,以及今阿斯旺以北的埃及和今苏尔特湾以东的北非地区。在拜占庭帝国领土周围出现的日耳曼人各部落中,入主原罗马帝国高卢行省的法兰克人、占据北非迦太基地区的汪达尔人、控制意大利中部和北部的哥特人势力强大,成为查士丁尼一世实现其政治目标的主要障碍。

533年,查士丁尼一世发动了对西地中海世界的征服战争。查士丁尼一世在西地中海地区打击的第一个目标是以迦太基为中心的汪达尔人。533年,贝利撒留统领18 000名将士和百余条战舰渡海直取汪达尔王国。[①]汪达尔人原是日耳曼民族的一支,406年时从中欧地区跨过莱茵河进入高卢地区,与阿兰人和塞维鲁人肆虐西欧地区达3年之久,后迁移到西班牙西部和南部。429年,汪达尔人跨过直布罗陀海峡,进入北非马格里布地区,并于数年后夺取迦太基古城,建立汪达尔王国。新兴的汪达尔王国实力发展迅速,其凶残野蛮的作战方式几乎摧毁了原罗马帝国在北非的所有防务。汪达尔人利用迦太基扼守西地中海与东地中海通道的战略地位,不仅很快控制了西西里岛和撒丁岛,而且进一步掌握了西地中海的海上霸权。此后,他们多次渡海入侵意大利南部地区,危害拜占庭帝国在西地中海地区的商业利益。5世纪时,拜占庭军队曾两度远征汪达尔王国,均以失败告终,被迫承认其对北非的占领。

查士丁尼一世登基后,将汪达尔人视为眼中钉,他特别不能允许拜占庭帝国在西地中海的利益受到汪达尔人的破坏和剥夺,不能坐失富庶的北非地区。因为,北非的谷物、油料和酒在历史上曾对罗马帝国经济产生重要影响,拜占庭帝国时代,北非丰富的农牧业产品对东地中海地区仍然具有重要意义,不仅为拜占庭帝国带来大量的商业利润,而且构成拜占庭人日常生活不可缺少的物资。查士丁尼一世决心以武力征服汪达尔人,消灭汪达尔王国,迫使其或承认拜占庭皇帝的宗主权,或成为帝国的行省。查士丁尼一世作为当时地中海世界最精明的政治家,之所以迅速结束波斯战争并展开对汪达尔人的征服战争,是

---

① 贝利撒留参战的军队人数和战船数史家记载多有差异,本书取布瑞的说法。

第二章 查士丁尼时代

因为他等待时机、充分利用当时汪达尔王国的内乱。[①] 6世纪初时,汪达尔王国虽然经常与拜占庭人发生利益纠纷,但是,对于拜占庭帝国基本上保持友好关系,特别是国王希尔德里克(Hilderic)力主结好拜占庭人的政策。这一政策引起汪达尔人内讧,强硬派认为远在东方的拜占庭人没有权力也没有可能干涉西地中海事务,因此,汪达尔王国也没有理由惧怕他们。外交政策上的争论成为争夺王权斗争的导火索,终于导致希尔德里克被推翻,新国王盖利默(Gelimer)夺取王权。查士丁尼一世立即抓住这一时机,派军队武装干涉。

贝利撒留率军渡海远征,进入西地中海后没有贸然发动进攻,而是首先利用对汪达尔人充满恐惧且与之对立的东哥特人,争取后者的支持。就当时西地中海世界而言,汪达尔王国与东哥特人存在利害冲突,双方多次发生争夺西西里岛的战事。特别是东哥特人乘汪达尔王国内外交困之机夺取西西里岛后,担心汪达尔王国日后进行报复,因此支持拜占庭军队进攻汪达尔人。他们不仅允许贝利撒留远征军在西西里岛休整部队,解除远航疲劳,而且帮助拜占庭军队补充军需,使贝利撒留得以很快完成进攻前的准备。

534年,贝利撒留发动攻势,在彻底侦查清楚汪达尔人的防御情况后,命令拜占庭军队避开与西西里岛隔海相望的汪达尔人主要防御阵地,从其防务薄弱的卡布特瓦达(Kaputbada)突然登陆,夺取沿海地区,建立屯兵大营。而后,拜占庭军队迅速从南向北在沿海陆地和近海同时发起海上和陆地进攻,袭击汪达尔人的右翼。这一作战方向完全出乎汪达尔人的预料,引起其全军恐慌。贝利撒留则乘机迅速攻占卡布特瓦达以北的西科莱克特(Syklektos)、莱伯第(Lepte)、阿德拉米特(Adramitos)、格拉西(Grasse)和代基蒙(Dekimon)诸沿海城市。汪达尔国王盖利默急忙调集各地军队增援。为了汇合海陆军队,增强拜占庭军队的攻击力,贝利撒留命令部队暂时停止进军,选择代基蒙附近沿海地区扎营,在天然海港左右两侧分别建立基地,舰队则部分进入海港,等待汪达尔人的到来。双方的决战发生在代基蒙城以南阿龙沙漠以东的平原地区。贝利撒留根据拜占庭远征军人数较少,而本土作

[①] 关于查士丁尼一世西征是否必要以及征服西地中海的影响问题,学界多有争议。如查尔斯·迪尔认为:"很不幸的,我们要考察后来发生的与这辉煌相反的事情。(查士丁尼)对西部疆域的收复虽然一时取胜却并未完成,最终因帝国资源消耗殆尽而中止。"拜尼斯等主编的一本牛津教学用书汇集了当时世界一流的拜占庭学家执笔的篇章,迪尔负责历史部分的撰写,参见N.G.Baynes, *Byzantium: An Introduction to East Roman Civilization*, Oxford:The Clarendon Press, 1953, pp.8-9。

战的汪达尔人人数占优的情况，选择这个相对狭小的空间作为决战战场，从而可以达到限制敌方优势的战术策略。同时，他考虑到汪达尔人不像波斯军队那样注重作战阵形，因此，拜占庭远征军必须集中兵力，不在地域广阔的平原上作战，使汪达尔人大面积散兵作战的优势难以发挥出来。当汪达尔军队骑兵先锋突然出现在战场时，贝利撒留不等对方后援部队到达，就命令早已作好战斗准备的拜占庭骑兵发动攻击，汪达尔人措手不及，全军后撤。次日，汪达尔人集结各路军队后再次向拜占庭军队发起攻击。此番作战意义重大，贝利撒留充分认识到这将成为决定汪达尔战争胜负的关键战役，因此改变阵形，将拜占庭远征军全部集中在沿海地带排成纵队。突前骑兵前锋部队的任务是引诱敌军，挑起汪达尔军队全军的攻势，而后后撤与主力前锋部队汇合。主力前锋部队的任务是只对汪达尔军队进行简单抵抗，继续后撤，等待贝利撒留亲自统帅的主力部队发动决定性反击。汪达尔人虽然作战骁勇，但是缺乏基本的战略战术素养，他们在猛烈地进攻中过早兴奋，当与贝利撒留的主力部队正面冲突时，士兵们似乎已经有些疲劳。而贝利撒留在敌人兴奋点刚刚过去的时候，立即汇合全军掩杀，等待已久的拜占庭士兵，一举击溃汪达尔人的冲锋。经过双方暂短的激烈搏杀，汪达尔人终于顶不住拜占庭军队的反冲锋，全军溃败，兵败如山倒，自相践踏，死伤无数。汪达尔军队的有生力量遭到了毁灭性打击。此战胜利决定了拜占庭人征服汪达尔王国战争的最终胜利。

　　贝利撒留在取得代基蒙战役的胜利后，乘势北上，夺取汪达尔人在突尼斯地区东部沿海最后一个军事重镇卡尔西丹城（Karchedan），从而沉重打击了汪达尔人反扑的力量，解决了拜占庭军队向西追击汪达尔人残余部队的后顾之忧。经过短暂的休整，拜占庭军队从卡尔西丹城发动西征，进而完成对汪达尔人最后的征服。失去控制的汪达尔人残余部队和内地增援部队慌忙退守特里卡马洛（Trikamaron），企图重新组织抵抗。该城位于特里卡马洛河西侧，控制沿河向西的道路，易守难攻，拜占庭军队为了能迅速占领该城，抢先渡过特里卡马洛附近的大河，占据有利地形，并乘敌军惊魂未定之时，挥师掩杀，取得特里卡马洛战役大捷。至此，拜占庭军队基本完成了西征的战争目标，按照查士丁尼一世的原定计划，在盖利默承认拜占庭帝国宗主权后就可以结束战争。但是，贝利撒留不放过这唾手可得的最后胜利，决定灭亡汪达尔王国，消除拜占庭帝国在西地中海的潜在威胁。这样，他不等查士丁尼一世派遣的大臣到达就命令拜占庭军队继续追击向西逃窜的盖利默残部。他亲自率领精锐骑兵部队昼夜兼程,跟踪盖利默向西疾进,终于在伊彭城(Ippon)抓住最后一股敌军。此时,屡战屡败的盖利默已经走投无路,众叛亲离,前国王的支持者和国内反对派纷纷表示效忠拜占庭皇帝。汪达尔国王盖利默及其残兵败将眼看大势已去,小小伊彭城也是孤城难守,被迫出城投降。

贝利撒留将胜利后在北非重新建立拜占庭帝国地方政府的任务留给查士丁尼一世派来的大臣处理,自己则押解着盖利默、汪达尔人贵族和将领返回君士坦丁堡。被俘的汪达尔人后来被编为拜占庭军队中的汪达尔人兵团,最终在拜占庭人对外战争中消耗殆尽,这个民族也逐渐从历史中消失了。贝利撒留的胜利为他赢得了极大的荣誉和声望,拜占庭帝国周边地区的蛮族更是闻风丧胆,称之为"蛮族克星"。查士丁尼一世对于他"超额完成任务"也感到意外惊喜,因为,汪达尔王国的灭亡使他隐约看到罗马帝国昔日的辉煌即将再现,他梦寐以求的理想即将实现。他对自己爱将的赞赏是无法表达的,但是,生性多疑的查士丁尼一世也对贝利撒留在军队里的巨大声望感到担忧。为了表示对贝利撒留赫赫战功的奖赏,查士丁尼一世在其班师回朝后,为他举行了盛大的凯旋典礼。当贝利撒留身穿戎装礼服,骑乘高头大马通过君士坦丁堡的胜利凯旋门时,欢迎的贵族高官和士兵都感到无比自豪,因为,自君士坦丁大帝以后,还没有人取得过如此显赫的战功,也没有人享受到如此辉煌的荣誉,特别是数百年来没有一位军事将领获此殊荣。为了笼络贝利撒留,查士丁尼一世慷慨赏赐参加汪达尔战争的将士,并亲自授予贝利撒留执政官的荣誉称号。查士丁尼一世大肆犒赏贝利撒留及其部下并不仅仅是为表彰其已经取得的功绩,更重要的是要以此激励全军将士死心塌地为他实现重建罗马帝国的政治理想效力,在即将进行的哥特战争中继续奋战。

4. 东哥特战争

汪达尔战争的胜利增强了查士丁尼一世重建罗马帝国的信心,也激发了他迫不及待征服东哥特王国的欲望。535年,贝利撒留再次受命率军出征意大利,企图灭亡东哥特王国。

哥特人原为日耳曼民族一支,曾生活在里海北岸地区,4世纪末时,他们在匈奴人进攻的压力下加快向西迁徙的速度。当时,拜占庭军队几乎无法阻挡举族西迁、蜂拥而至的哥特人,皇帝狄奥多西一世认识到使用武力解决不了哥特人问题,因此采取接纳和利用蛮族的政策。他不仅接受哥特人为帝国的臣民,允许他们在帝国边境地区定居垦荒,交纳赋税,提供劳役和军队,而且在帝国军队中建立哥特人兵团,吸收哥特人担任军官,甚至担任高级军职。哥特人进入拜占庭帝国后在社会生活中产生了多方面的影响,这不仅表现在哥特人为拜占庭国家经济增加了新的生产生活方式,而且大批哥特人加入拜占庭军队,也以其勇敢尚武、忠诚团结,使拜占庭军队作战力得到提高。但是,哥特人进入拜占庭帝国社会也产生了新的社会问题,因为定居的哥特人对帝国官员的敲诈勒索极为反感,多次举行起义,其中亚拉里克(Alaric,西哥特国王,395—410年在位)于395年率领部下发动的民族起义直接威胁君士坦丁堡的安全。拜占庭朝野极为震惊,通过外交斡旋,说服亚拉里克继续南下希腊阿提卡和伯罗奔尼撒半岛,而后转向西方,渡海进军意大利。5世纪时,活跃在巴尔干半岛的东哥特人在其领袖狄奥多里克(Theoderic the Great,即狄奥多里克大帝,471—526年在位)带领下,前往意大利,代表拜占庭帝国皇帝平息奥多亚塞(Odoacer,意大利第一个日耳曼蛮族国王,476—493年在位)领导下的西哥特人反叛,并在皇帝弗拉维·芝诺支持下以拉韦纳为都城建立东哥特王国(图2-10)。他们控制亚平宁半岛数十年,成为查士丁尼一世重建罗马帝国的主要障碍之一。

查士丁尼一世故伎重演,借口为被杀害的亲拜占庭帝国的东哥特王后复仇,出兵干涉。贝利撒留再次率军作战,向西渡海,在他熟悉的西西里岛登陆,并以此岛为基地,沿意大利西海岸向北推进,首先夺取西南重镇那不勒斯(Naples),而后又攻占罗马古都。然而,贝利撒留这次军事进攻却遭到东哥特人的顽强抵抗。事实上,东哥特人不仅远比汪达尔人强大,更难以征服,而且意大利地域广阔,地势复杂,加之东哥特人熟悉拜占庭战法,时而采取流动作战方式,避免与拜占庭军队正面交锋,时而突击骚扰,消耗拜占庭军队的有生力量,使贝利撒留无法捕捉到决战的机会。特别是贝利撒留孤军深入,很快就陷入在人数上占绝对优势的哥特军队的包围圈。对贝利撒留获得巨大荣誉

图2-10 476年,奥多亚塞废黜西罗马皇帝罗慕路斯·奥古斯都,西罗马帝国由此灭亡

感到嫉妒和不满的其他军队将领,乘机掣肘,在战场上行动迟缓,以种种方式拒绝与其合作,令贝利撒留孤掌难鸣,被东哥特人围困在罗马城,只是由于他杰出的军事指挥才能,才免遭全军覆灭。在此期间,宦官出身的纳尔西斯(Narses,478—573年)利用其特殊地位多次向查士丁尼一世进谗言,诋毁贝利撒留作战不利,图谋不轨。此后,虽然查士丁尼一世以围魏救赵之计,增派拜占庭军队攻打东哥特人都城拉韦纳解了罗马之围,但是,贝利撒留清楚地认识到拜占庭军队在意大利遭遇的对手不同于汪达尔人,难以用武力彻底征服。因此,他审时度势,主张对东哥特人施行怀柔政策,并且千方百计拉拢东哥特贵族。拜占庭军队在意大利久战不决的局面迫使查士丁尼一世同意与东哥特人谈判。后者提出投降必须以贝利撒留为哥特人皇帝作为条件。贝利撒留假意同意,诱骗东哥特军队投降。但是,贝利撒留在意大利取得的成功并没有为他带来荣誉,相反却加深了查士丁尼一世对他的猜疑,返回君士坦丁堡后,受到了皇帝的冷落。他以智谋征服东哥特人非但没有得到查士丁尼一世的理解,反而成为他图谋不轨的证明。

这样,查士丁尼一世重新将地中海变为拜占庭帝国的内海,罗马帝国昔日的疆域似乎重新得到了恢复。但是,这个地中海大帝国的基础相当脆弱,被征服地区不时爆发新的起义,与波斯人订立的和约不断遭到破坏。当拜占庭与波斯两国战事再起时,受冷落在家的贝利撒留毫不犹豫地受命前往东方前线指挥作战。虽然,深受皇帝猜疑嫉妒的贝利撒留很难得到查士丁尼一世的全力支持,而且军队中趋炎附势的贵族军队和雇佣兵不服从指挥,贝利撒留仍然取得了多次胜利。544年,东哥特人再度发动起义,查士丁尼一世不得不请贝利撒留临危受命,率军出征,第二次赴意大利指挥对东哥特人的战争(图2-11)。如同他在东方前线一样,军中反对派的掣肘、皇帝的猜疑和军援的短缺使他无法施展军事才华。此后数年,他只能与东哥特人周旋,而不能取得决定性的胜利。纳尔西斯以此为借口,再度说服查士丁尼一世以作战不力为名罢免了贝利撒留。

559年,保加利亚人和斯洛文尼亚人因冬季格外寒冷,举族越过结冰的多瑙河,翻越巴尔干山脉和罗多彼山脉,直下马其顿和色雷斯地区,其主力骑兵近万人兵临君士坦丁堡城下,在城西60里外扎营。拜占庭帝国京畿为之震动,大批逃亡进入首都的难民带来了蛮族奸污修女和用婴儿喂养鹰犬的可怕消息,而地震造成的城墙破损尚未修复。面临迫在眉睫的危机,77岁的老迈皇帝查士丁尼一世再度邀请赋闲在家的贝利撒留担当御敌重任。贝利撒留巨大的声望鼓舞了

图2-11 贝利撒留

拜占庭军民的士气,君士坦丁堡许多年轻人立即参加守城部队,不少贵族富商也纷纷出钱招募士兵。而经验老到的贝利撒留集中财力重点装备其数百名精壮士兵。同时,他将自己的大营扎在敌人的视线范围内,严令没有实际作战经验的军民多建营帐,广树旗帜,夜晚到处燃起篝火和火把,挂起灯火,白天于营中搅起满天尘土,组织军民大声鼓噪,以此迷惑敌人。贝利撒留则亲率数百精兵猛烈攻击保加利亚前锋部队,使之损失400余骑兵,被迫退往马其顿地区。

随着查士丁尼一世征服西地中海事业的完成,拜占庭帝国的领土面积几乎扩大了一倍,他重建的帝国虽然不能与昔日罗马帝国相比,但是其疆域比他即位之初有了很大的扩展。此时,西地中海沿海地区和海上各大岛基本上被拜占庭帝国所控制,地中海似乎再次成为帝国的内海。拜占庭帝国似乎真正恢复了昔日罗马帝国的光荣,其疆域西起沟通大西洋和地中海的直布罗陀海峡,东至两河流域中上游,北自多瑙河和黑海北岸的克里米亚半岛,南抵尼罗河第二瀑布和马格里布地区,幅员广阔,地跨欧、亚、非三洲。但此时的拜占庭军队已是强弩之末,大帝国如昙花一现,再现罗马帝国的光荣也很快成为过眼烟云,化为泡影。

5. 天灾与瘟疫

东地中海地区处于地震频发的地震带,拜占庭帝国曾遭遇过多次严重地震的袭击,许多城市都受到不同程度的破坏。但是,与地震造成的破坏相比,查士丁尼一世统治时期爆发的大规模瘟疫更为严重。根据这个时期多位作家的记载,查士丁尼一世时期爆发的大瘟疫属于鼠疫,对当时的拜占庭帝国社会生活产生了深远的影响,值得我们在此加以叙述。

普罗柯比写道:"这时候发生了一场灭绝人类的大瘟疫。以往凡是上天降灾于人世时,一些睿智的人都想方设法对其进行解释,提出了许多人们根本无法理解的原因,捏造一些自然哲学的古怪理论。他们的说法都不足为信,他们只是用自己的理论欺骗他人,说服他们同意自己的观点而已。但是现在的这场灾难若想用言语表达或在头脑中构思对它的解释都是不可能的,除非把它说成是上帝的惩罚……这次瘟疫最先从生活在佩鲁希昂的埃及人开始流行,而后分两个方向传播,一个方向传入亚历山大和埃及其他地方,另一个方向传入靠埃及边境的巴勒斯坦地区。由此它迅速蔓延扩散,传遍整个世界。它肆意横行,随心所欲,但其运行似乎又有某种预定的安排。它在一段时间内在一个国家肆虐,毫不留情地到处抛下疫种。它通过两个方向传到世界的尽头,唯恐某个角落被漏掉,就连岛屿、山洞和山区中生活的居民也不放过……这种疾病通常先从海岸边爆发,进而传播到内地。第二年仲春时节,它到达拜占庭城,那时我碰巧也在拜占庭城。"根据他对瘟疫典型症状的描述,我们可以断定此次瘟疫是鼠疫大流行。"查士丁尼瘟疫"是鼠疫在地中海的首次大规模爆发,其病死率相当高,侥幸逃脱死亡的病人可能是人体对鼠疫产生的自身免疫力的结果。普罗柯比简单地谈到这一情况,"还有些幸存下来的人舌头僵硬,不再自然灵活,发音口齿不清,说话语无伦次,言语困难"。[①]就此而言,埃瓦格里乌斯记载得更为详细,"在其他一些地区,有时一座城市里的一两户全部被瘟疫感染,但是城市其余人家却安然无事;但是我们认真调查后会发现,那些没有被感染的人会成为来年瘟疫的主要受害者。但是令人更惊奇的是,如果一座城市被瘟疫波及而那里的居民在没有被感染的情况下逃往其他城市,那么他们在那座城市还是会遭遇不幸——也就是说,那些从被瘟疫波及的城市逃亡的居民会在没有被感染的城市仍然得病"。[②]

[①] Procopius, *History of the Wars*, trans.By H.B.Deving, Harvard Univ.Press 1996, II, ii, 22.
[②] Evagrius, *A History of the Church in Six Books*, trans.by E.Wlaford, London 1854, VI, 29.

这场鼠疫造成了拜占庭帝国空前严重的人力损失。普罗柯比就此记载:"这种疫病在拜占庭城肆虐有4个月,严重感染期也大约有3个月。刚开始时死亡的人数仅仅比正常情况下死亡的人数多一点点,然而死亡率却在不断上升。稍后,每天死亡的人数已达到5 000人,后来竟达到1万人以上。""当所有现有的坟墓中都已装满了尸体后,他们便在城中到处挖坑埋尸。到了后来那些挖坑的人因为死亡人数太多而无法一一埋葬,就登上锡耶(在首都北部河对面的加拉大区)要塞的塔楼,从打开的屋顶向下扔尸体,尸体横七竖八地堆满了要塞的所有塔楼,结果整个城市都弥漫着一股尸臭,城中居民痛苦不堪,特别是当风从那个城区刮过来时"。[1]埃瓦格里乌斯写道:"据说这场瘟疫来自埃塞俄比亚。之后就席卷了整个世界,除了一些感染过疾病的人,剩下所有的人都被波及。有些城市受到的危害十分严重,以至于几乎没有人存活下来。"[2]《复活节编年史(284—628年)》也记载说:"如此众多的人死于所说的这种瘟疫,致使人们只能将运尸板车套在不会说话的牲畜身上,然后把尸体扔在上面;当运尸的骡子被累死时,车子也就翻倒了,到处都像这样乱七八糟。当墓地都被占满了时,甚至连干枯的池塘也被填满了死人的尸体。"[3]根据以弗所人约翰的记述,瘟疫高峰时在公共场所中每天死亡的穷人从5 000人上升到7 000人或1万人,最多时达到16 000人。这个数字比普罗柯比的记载还大了许多。在君士坦丁堡城门记录运到城外埋葬的尸体的官员在数到23万时便停止继续统计,因为尸体数量太多,难以尽数。他惊恐地写道:在巴勒斯坦的一些城市和村庄,所有的人都死去了,无一幸存,"所有的居民都像美丽的葡萄一样被无情地榨干、碾碎",从叙利亚到色雷斯"在收获季节里居然没有人收获谷物,城市的街道上也看不到人影"。[4]《阿贝拉编年史》也说:"这次瘟疫流行了3个月,整户整户地消灭了大量当地居民。"[5]约翰·马拉拉斯的记载似乎没有太多新意,"这场瘟疫持续了很长时间,以至于没有足

---

[1] Procopius, *History of the Wars*, II, ii, 23.
[2] Evagrius, *A History of the Church in Six Books*, VI, 29.
[3] *Chronicon Paschale, 284-628 AD*, by Michael Whitby and Mary Whitb, Liverpool University Press 1989, Appendix 10.
[4] John of Ephesus, *Historiae Ecclesiasticae pars tertia*, trans.By R.Smith, Oxford 1860, II, (pp.228-232).
[5] *The Chronicle of Arbela*, http://www.tertullian.org/fathers/index.htm#Evagrius_Scholasticus (2007年5月15日星期二), IV.

第二章 查士丁尼时代

够的人来掩埋尸体。有些人将死尸搬出他们自己的房屋,扔到担架上就不再去管他们。还有的尸体暴尸多日而无人掩埋。很多人不出席其亲属的葬礼。上帝的惩罚在拜占庭城持续了两个月"。① 根据这些史料的记载,瘟疫在首都流行了4个月,其中3个月为瘟疫的高峰期。在此期间,死亡人数迅速增加。如果以90日计算,平均每天死亡5 000人,则总死亡人数为45万人,按照现代学者对拜占庭居民总数60万—100万的估计计算,死亡率当在45%—75%之间。② 有的学者根据其他史料推算,提出此次瘟疫在君士坦丁堡的死亡率为57%。③ 如果考虑到还有一定比例的居民没有感染瘟疫的话,那么病死率可能更高达80%—90%。④ 值得注意的是,"查士丁尼瘟疫"(图2-12)肆虐的主要地区是人口密度大的海港、城市和军营,因此其对帝国劳动力和兵员的破坏就更加严重。还应该注意的是,"查士丁尼瘟疫"反复爆发,每次发作的威力均未有丝毫减弱。阿加塞阿斯记录了其第二次爆发的严重情况,"那一年(558年)初春时节,瘟疫第二次大爆发,肆虐整个京城,杀死了大批居民。自从皇帝查士丁尼统治开始的第15年瘟疫第一次传遍我们这个地区以后,它事实上并未完全停止传播,而是一直从一个地方蔓延到另一个地方,只是让那些一时躲过其暴虐摧残的人获得暂时的喘息。现在,它又回到了君士坦丁堡,就好像以前受到了欺骗,在第一次大爆发时毫无理由地轻易离去似的。人们大量地死去,好像遭受到突然而凶狠的袭击。那些能抵抗住疾病的

---

① 但是他关于大瘟疫肆虐时间的记载比其他作家少了一个月,不知是文本的问题还是作者问题。John Malalas, *Chronicle*, XVIII, trans.by E.Jeffreys, M.Jeffreys & R.Scott, Australian: University of Sydney 2006, 92.
② 学者对于君士坦丁堡人口数持有不同的估计,其中估计人口数最高的达到100万,最低的25万。参见S.Runciman, *Byzantine Civilization*, London 1933, p.124.《牛津拜占庭史》估计此次瘟疫使君士坦丁堡丧失了1/3人口。C.Mango ed., *The Oxford History of Byzantine*, Oxford 2002, p.49.《黑死病》推测在4个月内君士坦丁堡人口减少了40%,也就是说死亡20万人。R.S.Gottfried, *The Black Death, Natural and Human Disaster in Medieval Europe*, N.Y.1985, p.11.
③ P.Allen依据以弗所人约翰的记载,推算总死亡人口为23万,占总人口40万的57%。P. Allen, "The 'Justinianic' Plague", p.11.布鲁宁认为瘟疫使君士坦丁堡丧失了2/5人口。见R. Browning, *Justinian and Theodora*, Thames and Hudson 1987, p.120.兰布则认为瘟疫使君士坦丁堡人口减少了一半。见H. Lamb, *Theodora and the Emperor*, N.Y.1963, p.153.
④ 前引《人类病毒性疾病》(第704页)提出,1976年埃博拉出血热首次爆发时,病死率高达50%-90%。那么,"查士丁尼瘟疫"作为地中海世界首次爆发的鼠疫,其病死率可想而知也是相当高的。

图2-12 查士丁尼瘟疫

人最多也就多活5天"。①

大瘟疫的爆发与查士丁尼一世推行的红海商业政策具有一定的联系,因为查士丁尼一世为打破波斯人在远东贸易中的垄断地位,大力拓展红海商业通道,使君士坦丁堡与埃及的联系进一步强化。②可以推断,当时频繁的海上谷物贸易与"查士丁尼瘟疫"的爆发有直接关系。"查士丁尼瘟疫"究竟对拜占庭帝国产生了何等严重而深远的影响目前还是个需要多学科交叉深入进行研究的重大历史问题,可以另文探讨,特别是需要提供更多的量化资料说明问题。根据现代学者的研究,查士丁尼一世治以前,拜占庭军队总数达到65万人,但是到了其统治末年,这一数字大幅度下降到15万人,据说其后的皇帝希拉克略能够投入其重大战事——波斯战争的兵力只有区区6 000人而

---

① Agathias, *The Histories*, V, 10.
② 陈志强:《拜占庭帝国史》,商务印书馆2003年版,第139-140页。

第二章 查士丁尼时代

已。① 当然,军队人数下降的原因是多方面的,但是地中海世界第一次鼠疫造成的人口损失大概是个关键因素。与此相关的另一个事实是拜占庭帝国自查士丁尼时代以后人力长期短缺,甚至经过一个世纪也未能恢复,帝国被迫采取移民政策,仅7世纪末年向奥普西金军区就迁徙了7万斯拉夫人,762年又再度向小亚细亚地区迁徙21万斯拉夫人,以补充劳动力和兵员。② "查士丁尼瘟疫"爆发前,拜占庭帝国进行大规模征服战争,开疆扩土,将地中海变为帝国的内海,帝国疆域之广大堪称空前绝后。但是瘟疫后,帝国大厦轰然倒塌,不但强敌入侵屡屡得手,领土日益缩小,而且强大的中央集权政治统治迅速为内战所取代。显然,拜占庭帝国局势的突然变故是与"查士丁尼瘟疫"的巨大灾害直接相关的。在拜占庭国家遭受重大的人口损失、政治经济活动陷于停顿尤其是在政治中枢、军事重地和精神文化中心的城市遭到毁灭性破坏之后,人们还有理由相信其皇帝能够继续保持帝国的强盛吗? 其次,民众对瘟疫产生的强烈的恐惧心理严重地扰乱了拜占庭帝国的正常秩序和社会生活。"死了许多人,产生了极大的恐慌"。③ "当时,拜占庭的大街上人迹稀少,那些幸运的健康人都待在家里,或者照顾病人,或者哀悼死者。如果碰巧有个人从屋里出来,那么他就是在拖一具尸体。各种各样的工作都停止了,手艺人放下了手里的活计,每个人手中的工作都停止了。实际上在城市里最严重的问题就是饥饿,城中急需足量的面包和其他食物,很多病人的死亡原因多半是因为缺少食物而并非疾病。一句话,在拜占庭,你不可能看到一个穿着斗篷的人,尤其是当皇帝也病倒之后(因为他的鼠蹊也肿胀起来),在这个统治着整个罗马帝国的城市里,每个人都穿着仅能遮羞的衣服待在家里。这就是罗马帝国的大瘟疫在拜占庭流行期间的情况,它同时也传播到了波斯和其他蛮族人那里"。④ 这里,我们可以设想当时查士丁尼帝国行政管理体系陷于瘫痪的

---

① 过去人们对此给出的解释是查士丁尼一世的对外战争导致兵力下降,目前这一解释看来需要调整。陈志强:《拜占庭学研究》,人民出版社2001年版,第59—60页。I. Καραγιαννόπουλος, *Ιστορία Βυζαντινού Κράτους*, Εκδόσεις Βάνιας, Θεσσαλονίκη 1991, τόμος Α', σ.638–639.

② Theophanis, *Chronographia*, II, p.432.

③ Theophanes Confessor, *The Chronicle*, trans.by Cyril Mango and R. Scott, Oxford: Clarendon Press 1997, X, [AM6034].

④ Procopius, *History of the Wars*, II, ii, 23. 阿加塞阿斯在这个地方与普罗柯比显然不同,他记载道:"然而,可能就在瘟疫传播到首都那年里,所有的匈奴部落都活得好好的,而且好像因为某些原因,他们正好闻名遐迩,当时他们决定南下,就在离多瑙河不远的地方驻扎下来。"Agathias, *The Histories*, V, 11.

情形，城市工商业活动完全停止，由此导致的哄抢偷盗等各种暴力活动急剧增加。再者，在突然降临的鼠疫面前，"人力"已经无计可施，在死亡恐惧威胁下的民众发生了信仰动摇的现象。当时为人们理解的价值观念，包括是非、善恶、生死等被无法理解的死亡恐惧所改变，通常流行的伦理道德也受到冲击，普通民众在混乱中悄然改变了生活习俗，一些人似乎改邪归正，而另一些邪恶歹徒则乘机作恶，社会生活一度陷入混乱，令普罗柯比感到怪异。约翰·马拉拉斯也提到，由于人口和牲畜大量死亡，在收获庄稼的季节无人下地收割，因此加剧了饥荒。"城市正常的食品供应中断了，加工谷物的磨房和面包房停止了工作。这样瘟疫灾祸又加上了饥荒……瘟疫流行对公众道德产生了灾难性的后果"。[1] 最后，我们还注意到瘟疫对当时政治生活的稳定产生了不良影响。由于王朝统治一度停顿，政治阴谋随即而起。"查士丁尼瘟疫"爆发后出现了一次宫廷政变，普罗柯比接着写道："一些军官说如果罗马人在君士坦丁堡拥立像他（查士丁尼）一样的人为皇帝，那么他们绝不承认。皇帝病情好转后，军官们互相指控，彼得将军和暴食者约翰声明他们听信了贝利撒留和布泽斯的话才发表了上述言论。"[2] 这次流产的宫廷阴谋，起源于查士丁尼一世感染鼠疫，终止于他奇迹般的康复。此后，一批文臣武将，包括战功赫赫的贝利撒留（图2-13）都因卷入其中而受到惩罚。这不能不被视为瘟疫的另一个直接恶果。

"查士丁尼瘟疫"还对地中海世界的历史产生了深刻影响。根据欧洲中古史学者的研究，埃及于541年最早出现疫情，同年鼠疫就传播到罗马，第二年即542年春季首都君士坦丁堡爆发鼠疫，随之维罗纳、马赛等城市也感染瘟疫，543年意大利全境和叙利亚等地成为疫区，此后，鼠疫随军队传播到波斯。这次鼠疫先是在沿海城市和军营，后是沿海上航路、军事大道和商路四处传播，整个地中海沿岸都成为疫区，其中君士坦丁堡、安条克、罗马和马赛是重灾区，在百年内四度流行，而西班牙东南部、高卢和北非地区三度爆发鼠疫，甚至英格兰西部和爱尔兰东部沿海地区也两度感染鼠疫。[3] 难怪爱德华·吉

---

[1] R.Browning, *Justinian and Theodora*, pp.119-121.
[2] Procopius, *The Anecdota or Secret History*, IV, 3-4.
[3] *The Cambridge Illustrated History of the Middle Ages*, ed.by R.Fossier, Cambridge University Press 2000, p.475.《黑死病》一书提到，"查士丁尼瘟疫"爆发后的200年间，鼠疫在地中海沿岸地区每隔10-24年间重复爆发，致使当地人口水平长期得不到恢复。R.S.Gottfried, *The Black Death, Natural and Human Disaster in Medieval Europe*, pp.11-12.

图 2-13　贝利撒留

本在论及"查士丁尼瘟疫"造成的巨大人口损失时还哀叹,"在地球的某些最美好的地方至今也并未完全恢复",而吉本那时已是18世纪。

6. 查士丁尼帝国的危机

应该说,查士丁尼一世生前基本上实现了他的理想,无论在内政还是在外交和军事方面,他都取得了令其后人羡慕的成就,罗马帝国似乎又重放光辉。但是,查士丁尼一世的成就未能持久。565年,查士丁尼一世去世,同年,贝利撒留和普罗柯比也相继撒手人间。他们毕生为之奋斗、苦苦追求的罗马帝国不久便告瓦解,他们历尽艰辛、千方百计重现的罗马帝国的光荣也很快烟消云散,他们重温昔日罗马帝国的旧梦很快便破灭了,成为后人的回忆。如果说君士坦丁时代的主要成就是完成了拜占庭国家初步形成的历史任务,那么查士丁尼时代则经历了早期拜占庭国家试图恢复昔日罗马帝国的最终失败,几位杰出皇帝在昔日罗马旧框架内寻找走出危机之路的努力只是获得了短暂的成功,却没能持久。

查士丁尼一世去世后,边境地区的形势急转直下。当时,拜占庭帝国东部劲敌波斯军队恢复了对拜占庭人的攻势,从东面侵入帝国的亚洲领土,先后攻占了东部重镇叙利亚、大马士革、耶路撒冷等城,兵临博斯普鲁斯海峡。新兴起的阿瓦尔人和斯拉夫人则从北面多瑙河一线大举南侵帝国腹地和希腊地区,对首都君士坦丁堡形成了直接的陆上威胁。在西班牙,西哥特人对帝国属地展开了全面进攻,拜占庭军队鞭长不及,只能听凭西哥特人为所欲为,最终丧失了其最西部的领土。在意大利,伦巴底人乘东哥特人的再度反叛之机,袭击帝国军队,迫使拜占庭帝国势力龟缩于拉韦纳城内。远在北非的柏柏尔人也频繁打击拜占庭军队,使得这支曾经横扫北非、不可一世的军队只有招架之功。当时的拜占庭帝国真可谓四面告急,战事不绝,朝野上下惶惶不可终日。

外部危机伴随着内部动乱。首先是查士丁尼一世穷兵黩武,长年发动对外战争,以及大兴土木造成了人力和物力资源的枯竭。虽然他在位期间多次增加税收,提高税额,暂时缓解了财政紧缺,但是,随着他的去世,爆发了财政危机。他在位时几乎没有停止过战争,由此而需要的庞大军费开支和重建君士坦丁堡的费用耗尽了国库的全部库存,他的外甥和皇位继承人查士丁二世(Justin II, 565—578年在位)在清理了国家财政之后,绝望地哀叹道:"国库一贫如洗,我们负债累累,到了极端贫困的地步。"[1]由于巨大的财政亏空,迫使帝国政府不得不大量削减军队人数,据现代学者估计,查士丁尼一世晚期的军队人数即大幅度下降,仅相当于4世纪帝国军队的1/6。[2]帝国各级官员为了弥补中央政府长期停发薪俸的损失,贪赃枉法,中饱私囊,查士丁尼一世在位时大力整治的各种腐败现象死灰复燃,帝国政府极端腐朽,陷入瘫痪。

最令拜占庭帝国统治者头痛的是,再度高涨的宗教斗争使拜占庭帝国社会重新陷入分裂。还在查士丁尼一世统治末期,不甘屈服的主张基督神性高于一切的一性论派信徒就再度挑起教义争论。此时,查士丁尼一世不敢采取高压手段迫害狂热的基督徒,而是被迫作出某些让步。他去世后,该派教徒公开打出分裂的旗帜,提出摆脱君士坦丁堡教会控制的要求,宣称君士坦丁堡主教无权干涉其他教区信徒的信仰。这一主张立刻得到叙利亚、巴勒斯坦和小

---

[1] A.A. Vasiliev, *History of the Byzantine Empire*, I, p.160.
[2] 4-5世纪拜占庭军队人数为65万,查士丁尼一世统治末期军队人数下降为15万人,参见 I. Καραγιαννόπουλος, *Ιστόρια Βυζαντινού Κράτους*, Εκδόσεις Βάνιας, to. 1, pp.638-639。另见 A.H.M.Jones, *The Later Roman Empire(284-602)*, Oxford 1964, pp.607-686。

第二章 查士丁尼时代

亚细亚等帝国东部地区基督徒的拥护。这些地区的人民还借宗教斗争的机会提出赶走腐败透顶的帝国官吏,结束帝国残暴统治的要求,表达了当地人民对政府横征暴敛的剥削政策的极大愤怒。这些活动奠定了拜占庭帝国日后在外族入侵下彻底解体的基础,为半个世纪以后阿拉伯人顺利征服这些地区作了准备。

历史证明查士丁尼一世企图在昔日罗马帝国体制内为早期拜占庭国家寻求出路的计划落空了,拜占庭国家的发展只能寻求新的变革。

三、查士丁尼时代的文化成就

查士丁尼时代的文化成就主要体现在历史学和建筑艺术领域。

历史学的发展是以一批杰出的历史学家及其作品为代表的,其中首推凯撒里亚的普罗柯比(Procopius of Caesarea,约500—565年)。他是一位知识广博、见解独到的学者,年轻时即以作品优美而闻名,后受聘于君士坦丁堡大学,讲授修辞学,大约27岁时担任贝利撒留的顾问和秘书。此后,他随贝利撒留东征西讨、转战南北,参与了所有重大的军事行动,这为他日后的写作积累了大量素材。42岁以后,他结束军旅生涯,回到君士坦丁堡,作为元老院成员从事历史撰写,完成多部重要史书,由于过度劳累,他晚年几乎失明。他的《战史》、《建筑》和《秘史》流传至今,是我们了解查士丁尼时代最重要的史籍。《战史》(又名《八卷历史》)完成于534—554年,全书共分8卷,主要记述拜占庭帝国对萨珊波斯帝国、汪达尔王国和哥特王国的历次战争。他作为历史学家能够亲身参加所记载的历史事件,并以大量的政府文件、官方档案作为历史写作的基础,使他的著作具有很高的历史价值。值得注意的是,《战史》不局限于单纯对各次战争活动的描述,而是广泛涉及当时所有重要的历史事件,因此现代学者认为"它是一部查士丁尼时代的通史"。[1]《建筑》一书的内容主要是对查士丁尼一世大兴土木的歌功颂德,该书描写了查士丁尼一世生前下令在帝国各地特别是在首都君士坦丁堡兴建的建筑(图2-14)。从全书使用的押韵句式和大量对查士丁尼一世肉麻的吹捧来分析,普罗柯比一定是慑于查士丁尼一世晚年的淫威,或至少是在查士丁尼一世的命令下写作此书的。这本书的价值在于它给后人留下了有关当时地理地貌、财政管理、建筑技

---

[1] A.A.Vasiliev, *History of the Byzantine Empire*, I, p.180.

图2-14 君士坦丁堡大赛场

术等丰富的物质文明史资料。普罗柯比本人对查士丁尼一世的真实记载和评价主要反映在《秘史》一书中,可能由于担心他在该书中的意见给自己带来麻烦,这本书是在作者去世后多年才问世的。《秘史》一改对查士丁尼一世及其政策的赞扬,以尖刻辛辣的语言批评查士丁尼一世及其皇后狄奥多拉,猛烈抨击查士丁尼一世推行的政策,认为查士丁尼一世的好大喜功和穷兵黩武将国家引向灾难。该书还记录了许多宫廷秘闻和官方史官不敢涉及的事件,成为《战史》和《建筑》的补充。但是由于作者的偏见,他在书中的描述和分析有失客观。普罗柯比的写作风格继承了古代希腊历史学家的传统,一方面,他使用希腊语和希腊方言写作,合理地运用古希腊修辞学和音韵学知识,具有古希腊史书的朴实流畅、思辨严谨的文学特点;另一方面,他写作的视野广阔,涉及的内容丰富,选材精练,叙事完整,线索清晰,具有修昔底德的文风,即在对主要历史事件描述中,涉及有关的自然条件、风土人情和生态物候,并且很少从神迹中寻找历史事件发生的因果关系。这使得普罗柯比的作品具有清新的世俗史书特点,也使它们成为后代拜占庭历史学家模仿的范本。

第二章 查士丁尼时代

　　小亚细亚的法学家阿亚塞阿斯（Agathias）的代表作品是涉及查士丁尼一世晚年生活的《论查士丁尼的统治》。历史学家麦南德（Menander）著有《历史》一书，主要记述摩里士皇帝统治时期以前的拜占庭帝国历史，此书大部分散失，但是，现存的内容是研究当时地理和民族问题的重要资料。埃及人塞奥菲拉克特·西蒙卡塔（Theophylact Simocatta）是普罗柯比以后的重要作家，他生活在希拉克略时代，其历史作品将普罗柯比以后的历史记载延续到7世纪，重点涉及摩里士皇帝时期的历史。他因担任皇帝的秘书，可以接触大量宫廷档案，而且撰写前代皇帝历史，所以其书比较可靠，特别值得一提的是其文风融合了普罗柯比的质朴自然和阿亚塞阿斯的散文诗式的抒情，为后代学者所称道。[1]利底亚人约翰（John of Lydian）则是由查士丁尼一世亲自任命的官方史官，由于其历史作品大多散失，仅留残篇，所以我们很难对其历史写作作出评价。但是，他的《论罗马国家的政府》具有极高的史料价值，记载了当时拜占庭帝国宫廷管理机构和官职，是继普罗柯比《秘史》之后有关这方面情况最重要的史料。上述学者只是当时历史作家的代表人物，他们及其作品成为查士丁尼时代史学发展的标志，带动了当时教会史、圣徒传记和其他文学写作的发展。例如，编年史作家安条克人约翰·马拉拉斯（John Malalas）的作品涉及远古直到查士丁尼一世以前的历史，以弗所主教约翰（John of Ephesus）的大量作品涉及自尤利安皇帝到查士丁尼一世末期所有重要的基督教圣徒，圣诗作家罗曼努斯（Romanos the Melodist）创作了大量圣诗，他和许多诗友用希腊语写作的圣诗流传至今。

　　建筑方面最杰出的代表是圣索菲亚大教堂。该教堂是在尼卡起义中被烧毁的旧教堂遗址上重新建立的。它由万余民工施工5年方才完成。该教堂雄伟壮观，气势宏大，其中心大厅上空巨大的半球形穹顶直径达31米，凌空飞架在几个小穹顶之上，距离地面51米，成为当时欧洲最高的建筑之一。该教堂占地宽广，仅中央大厅就有5 600多平方米，大厅两侧有双层精美的大理石柱廊，四周墙壁全部装饰大理石护墙板和用天然彩色石料、金片构成的镶嵌画（图2-15）。教堂使用了数千斤黄金、白银、象牙和各类宝石进行内外装修，豪华典雅。特别值得注意的是建筑该教堂应用的先进技术。巨大的穹顶以空心

---

[1] 科隆巴赫尔认为"他是（拜占庭文学）迅速起伏发展的顶峰，他们（普罗柯比和阿亚塞阿斯）与之相比都显得相当稚嫩"。见K.Krumbacher, *History of Byzantine Literary*, Athens, 1974, I, p.249。

陶罐为材料，极大地减轻了顶部的重量，而半球形的穹顶有效地将重量平均分配给下层的小穹顶。在上下穹顶之间排列的天窗不仅进一步减轻了下层的压力，而且巧妙地解决了室内的采光问题，来自中心穹顶的光芒使教堂内部巨大的空间充满了神秘感。中心大厅两侧的多层柱廊是古代希腊建筑技术和罗马拱顶建筑和支撑墙技术结合的产物，大理石柱廊进一步扩大了大厅的面积，增加了教堂的庄重色彩，还稳定地将建筑上部的重量传达到地面。中心

图 2-15 圣索菲亚大教堂内景

大厅周围的辅助建筑裙楼层层降低，使中央穹顶被烘托得更显高大，同时也增加了整个建筑的稳定感。圣索菲亚大教堂突出地反映了当时拜占庭建筑艺术的水平，对整个欧洲、地中海和近东地区的建筑发展影响极大，分布在这个广大地区的许多中世纪教堂至今被认为是它的仿造建筑，而它的特点也成为拜占庭建筑艺术的主要特点。[①]

[①] 该教堂于1934年被改作伊斯兰教清真寺，有关它的历史，特别是近现代的遭遇，瓦西列夫在其《拜占庭帝国史》中作了记述。A.A. Vasiliev, *History of the Byzantine Empire*, I, pp.189-190.

第三章 希拉克略时代

一、希拉克略王朝的统治

1. 希拉克略王朝

查士丁尼一世耗尽国家财力、苦心经营的大帝国只存在了几十年就无可挽回地分裂瓦解了,罗马大帝国的神话迅即烟消云散。查士丁尼一世去世后传位于其外甥查士丁二世(Justin II,565—578年在位),或是巧合或是精心安排,查士丁二世与其舅母的侄女索菲亚(Sophia)结婚。但是,查士丁二世在宫廷斗争方面的才能远比其治国安邦的能力突出,以致拜占庭帝国周围国家乘机入侵。他拒绝支付贡金导致波斯战事又起,572年在与波斯人对阵中遭到大败;阿瓦尔人和伦巴底人于568年攻击拜占庭帝国西部防线,打通了洗劫意大利的道路;拜占庭帝国在西班牙的领地也遭到西哥特人的袭击;拜安(Baian)领导下的另一支阿瓦尔人渡过多瑙河,对帝国首都构成直接威胁。内外交困的查士丁二世无法应付巨大的压力,宫廷内阴谋更加剧了其心理负担,终于在其晚年得了精神病。在皇后索菲亚的劝说下,他于574年任命提比略二世(Tiberius II Constantine,578—582年在位)为共治皇帝。[1]索菲亚选中提比略二世并非因为其能力超群,而是他潇洒英俊,因此,他在位数年除了在大兴土木修建皇宫上取得了重要的成绩外,没有取得任何建树。多亏当时拜占庭帝国又出现了包括查士丁尼(Justinian)和摩里士(Maurice)在内的军事将领,才使边防危机暂时得以化解。事实上,查士丁尼王朝在提比略二世登基时即断绝。而提比略二世无子,生前将其女君士坦丁娜(Constantina)嫁给

---

[1] G.Ostrogorsky, *History of the Byzantine State*, Oxford 1956, pp.72-78.

军队司令摩里士,后者于582年夏季提比略二世去世后即位。摩里士在位20年(582—602年),大胆起用菲里比科斯(Philippicus)、普里斯科斯(Priscus)和克门条罗斯(Comentiolus)等一批将领,遏止了波斯人的进攻。但是他废除查士丁尼一世中央集权化政策的做法,使贵族重臣势力又起。以弗卡斯(Phocas)为首的军事贵族在602年的叛乱中将摩里士及其家人尽数屠杀,拜占庭帝国因此陷入分裂和内战,波斯人和拜占庭帝国周边小国乘乱入侵,帝国形势一派混乱。[①]608年,北非迦太基总督起兵讨伐弗卡斯,并与埃及军队汇合,联合攻击篡位皇帝,获胜后建立新王朝。

希拉克略王朝(610—711年)是由希拉克略一世(Heraclius I,610—641年在位)创立的,统治百余年,共经6代皇帝。希拉克略(图3-1)是非洲迦太基总督老希拉克略之子,年轻时曾随其父经略非洲马格里布地区。这个地区自查士丁尼一世征服汪达尔王国并建立总督区之后,一直享有极大的权力。6世纪末、7世纪初,希拉克略的父亲利用君士坦丁堡发生的权力斗争和皇帝无暇顾及北非局势的机会,宣布独立,并派其子希拉克略率领军队远征君士坦丁堡。希拉克略遂联合埃及起义军队渡海直逼首都,在君士坦丁堡民众的支持下,推翻了篡位皇帝弗卡斯的统治,并将后者家人和部将斩首示众,以此表明其维护帝国秩序的态度。610年,当35岁的希拉克略于秋高气爽之时进入首都君士坦丁堡时,他面临的主要任务是使过渡时期的拜占庭帝国逐步军事化,并确立起适合帝国存在和发展的政治经济制度。他效仿迦太基总督区,在

图3-1 希拉克略一世

[①] 对于这段历史,吉本认为根本不值一提,在其《罗马帝国衰亡史》中只用了一句话就把查士丁二世及其以后3位皇帝一笔带过。参见Edward Gibbon, *The History of the Decline and Fall of the Roman Empire*, Vol.5, p.249。

帝国推行军区制。可以说,这一制度的形成和在全国推行是希拉克略王朝时期拜占庭国家进行的最重要的改革。[①]

军区制是在拜占庭帝国处于极其危险境地的情况下被迫推行的。当时,拜占庭帝国周围民族利用其宫廷内乱和内战的机会从四面八方发动进攻,其中,波斯人是拜占庭帝国最主要的外部威胁。611年,深入拜占庭帝国东部地区的波斯军队夺取了叙利亚首府安条克,驻军于奥伦底斯河畔,使这一拜占庭帝国东部军区司令部所在地和五大教区之一的主教驻节地失陷于波斯人之手近20年。波斯军队还乘势包围了另一重镇耶路撒冷,经过20天激战,攻破城池,6万余军民被屠杀,大部分城区被焚烧夷平,包括大教长在内的数万战俘奴隶被押送到波斯,使这个繁荣的基督教圣城遭到500年来最惨重的打击。不仅如此,波斯军队在横扫叙利亚和巴勒斯坦地区后,又向埃及和小亚细亚地区进军,所向披靡,无坚不摧,兵抵博斯普鲁斯海峡,占领马尔马拉海滨城市迦克墩,于君士坦丁堡对面的赫利堡扎营。同时,波斯军队于619年占领了埃及首府亚历山大里亚。在这里波斯军队意外地受到当地居民热烈的欢迎。亚历山大里亚和埃及的丧失使拜占庭帝国朝野震动,因为首都君士坦丁堡的粮食供应几乎全部来自埃及并经过亚历山大里亚集散运输。

在波斯人攻城掠地的同时,阿瓦尔人和斯拉夫人也大举入侵巴尔干半岛,他们虽然不如波斯军队那样装备精良、组织严密,但是仍能在其汗王的指挥下屡次取胜,多次洗劫帝国在马其顿和色雷斯地区的各省份,兵临君士坦丁堡城下,甚至一度攻破首都外城。阿瓦尔人的侵扰几乎将多瑙河以南的帝国防务体系全部摧毁,多瑙河各渡口被破坏,巴尔干半岛各战略要塞也被平毁。这使得斯拉夫人各部落得以顺利迁移到巴尔干半岛各地,进入色雷斯地区的斯拉夫人越过赫勒斯滂海峡(今达达尼尔海峡)定居小亚细亚地区,南下伯罗奔尼撒半岛的斯拉夫人则控制了爱琴海,他们经常在海上袭击帝国舰队,劫掠帝国商船,迫使帝国政府不得不承认他们是帝国的永久居民。拜占庭帝国在意大利和西班牙的领土也遭到伦巴底人和西哥特人的围攻,拜占庭军队被迫退缩在罗马、拉韦纳、那不勒斯和西西里岛,意大利大部分地区被伦巴底人所控制。而西哥特人对西班牙的占领使这个地区最终脱离了拜占庭帝国的控制。

[①] 奥斯特洛格尔斯基著,陈志强译:《拜占庭帝国》,青海人民出版社2006年版,原书页码第84-98页。

据当时的史家记载,人们以为"世界末日来临了"。[①]

希拉克略一世即位后,面对帝国内外交困的局势,毫不犹豫地进行改革,重建秩序,调整中央政府机构,整顿财政系统,加强军队建设。同时,他清楚地认识到昔日罗马帝国的光荣不过是一种梦想,查士丁尼一世时代的政策不能再继续下去,应该采取符合帝国实际情况的政策。他的这种基本思想促使他制定和推行了深刻的社会改革措施,按照他原先所在的迦太基总督区的体制,建立军区,对帝国社会实行全面的军事化。他首先在边关吃紧的东部边防地区施行军事和行政改革措施,而后对构成帝国边防威胁最为严重的波斯人发动大规模军事远征,直捣波斯陪都泰西封,彻底击败波斯军队(图3-2)。

图3-2　泰西封王宫遗址

[①] Ιωαννης, *Εκκλησιατικη Ιστορια*, trans.by E.Miller, Oxford, 1860, Vol.1, p.3.

2. 军区制改革

军区制改革是一场有关军事和行政制度的改革,由于这场改革以解决军事问题为主并且最终普遍建立军区,故被称为军区制改革,新制度则被称为军区制。

拜占庭军区制的发展大体经历了试行和推行两个阶段。7世纪中期以前,军区制还仅在拜占庭帝国个别地区试行,此后便在整个帝国境内推行。目前,已有大量历史资料证实拜占庭军区制形成于7世纪,学者对此意见也比较一致。然而关于拜占庭军区制名称的来源,学者的意见却不尽相同。有的学者认为"塞姆"(Θεμα)一词源于阿尔泰语"杜曼"(Tuman),意为"万人"。[1]这种意见是不可靠的,因为阿尔泰语对希腊语的影响,一般认为是从8世纪以后开始的,而军区制在7世纪末已经在拜占庭帝国内全面推行。更有力的证据表明,这是一个具有希腊语词源的名词,来源于希腊语(Θεδης)一词。据著名的拜占庭学者伊科诺米基斯考证,该词原意为"花名册"或"士兵名册"。[2]拜占庭皇帝君士坦丁七世(Constantine VII, 913—920, 945—959年在位)在其《论军区》一书中也明确指出"塞姆"一词来源于希腊语。

军区制是由6世纪末拜占庭总督区(Exarchate)演变而来。当时,帝国大部分地区推行省区管理,仅有迦太基和拉韦纳两城由总督统辖。这两个总督区是拜占庭中央政府控制西地中海霸权的立足点和重要的贸易港口。早在4世纪,迦太基即发展成为仅次于罗马的西地中海第二大城市。533年,拜占庭军队重新控制该城以后,它更一跃成为非洲大政区的首府和当地谷物出口的集散地。而位于意大利中部的拉韦纳在4—5世纪日耳曼各部族入侵西罗马帝国的战乱中逐步取代罗马和米兰的地位,成为意大利首府和东罗马帝国(即拜占庭帝国)在意大利的前哨站。540年,拜占庭军队重新控制此城之后,更确定了该城在西地中海的重要地位。由于两城重要的政治和经济地位以及特殊的地理位置,它们均于6世纪中期被确定为总督区。其管理上的特征是军政权力合一,由总督区首脑总督控制。这种体制有别于拜占庭地方军政权力分离的省区管理。其特征之二是两区均受到外来民族入侵的巨大威胁,拉韦纳总督区面临伦巴底人的军事压力,而迦太基的外部威胁主要来自汪达尔人。总督区采取的总督一元化领导管理形式使总督能够统一指挥,便于应付

---

[1] A. Moffatt, *Classical, Byzantine and Renaissance Studies*, Canberra 1984, pp.189-197.
[2] N. Oikonomides, *The Etymology of Theme*, in *Byzantiaca*, 1975 (16), 5-6.

战时的紧急军务。

正是在这艰难危急的背景下，皇帝希拉克略一世（Heraclius I, 610—641年在位）开始逐步建立军区。拜占庭军区制首先是在其亚洲属地上出现的。7世纪初，由于波斯人入侵，拜占庭帝国东线吃紧。随着边防部队的后撤，皇帝希拉克略在帝国小亚细亚地区首先建立了亚美尼亚和奥普西金军区，其后，其他皇帝又建立了基维莱奥冬、阿纳多利亚军区和位于巴尔干半岛的色雷斯军区。根据9世纪的资料记载，亚美尼亚军区组建于629年，它包括从幼发拉底河上游和黑海西南岸至小亚细亚中部卡帕多利亚的广大地区，辖治17个防区，统兵不足万人。[①]亚美尼亚军区以西，自阿里斯河中下游至博斯普鲁斯海峡和达达尼尔海峡地区为奥普西金军区，它可能先于亚美尼亚军区3年建立，所辖防区略少，地位也略低于亚美尼亚军区，所辖士兵约6 000人。[②]亚美尼亚军区西南至爱琴海沿岸地区为阿纳多利亚军区，由于它地处波斯人进兵之要冲，地位重要，故与亚美尼亚军区列为同一等级。该区有34个要塞，统兵15 000人。色雷斯军区的辖区位于首都君士坦丁堡西侧，其重要性在于防御斯拉夫人的侵扰，由于其作用与上述3个军区相比较略差，故史料记载不详。根据在该地区出土的拜占庭印章，学者甚至认为它不是独立的军区，或是附属于奥普西金军区，或是由奥普西金军区将军兼任该军区首脑。基维莱奥冬军区为拜占庭帝国小亚细亚沿海军区，负责防守海上入侵，管理沿海要塞和海军基地，兵力仅3 000人。由于当时阿拉伯海军势力羽翼未丰，尚未对拜占庭帝国构成威胁，故而海上军区的作用也不甚重要，其将军的年薪仅10金镑。[③]

军区虽然是从总督区演化而来，但是又与后者有区别。其一，它们的管理结构不同，总督区各级权力机构与其他省区无异，仍然保持军事系统与行政系统的相对独立性，只是由总督区的最高首脑总督总揽军政权力。而在军区内，管理机构采取战时体制，不仅军政权力由将军控制，而且军区的各级权力机构也按军事建制设立，行政权力附属于军事系统。与总督相比，军区首脑将军拥有更大的权力。其二，总督区制度下没有形成稳定的农兵阶层，军队主要是由领取军饷的职业军人组成。但是军区制下则形成了相对稳定的农兵阶

---

① Theophanes, *The Chronicle of Theophanes*, trans.by H.Turtledove, Philadelphia 1982, II, p.89.
② 亚美尼亚军区首脑官员年薪40金镑，而奥普西金军区将军年薪为30金镑。M.F.Hendy, *Studies in the Byzantine Monetary Economy*, Cambridge, 1985, pp.178—179.
③ I. Καραγιαννοπουλος, *Χαρται μεσης Βυζαντινης Περιοδου*, Thessaloniki, 1976, p.9.

第三章 希拉克略时代

层,军队主要是由领取兵役田产的业余军人组成,他们成为中期拜占庭(7—11世纪)的社会中坚力量,对于加强拜占庭帝国国力、稳定形势起了相当重要的作用。可以说,军区制度改革加速了拜占庭国家组织和社会机构的军事化。

拜占庭军区内军队序列基本上沿袭5—6世纪的旧制。早在4世纪,君士坦丁大帝就在晚期罗马帝国皇帝戴克里先改革的基础上对帝国军队进行调整,将原罗马军团按军事功能重新编制。到5世纪时,帝国军队五大主力的两支驻守多瑙河一线,一支沿幼发拉底河巡逻,两支驻扎京畿地区,作为机动部队听候皇帝调遣。查士丁尼一世统治时期因西征的需要,野战军的人数略有增加。但是,6世纪的大瘟疫和7世纪前半期的边疆危机使拜占庭军队遭到严重减员,兵源损失极为严重,战斗力下降,遭遇一连串失败,2/3的帝国西部军队被击溃,东部军事实力也损耗了1/7,军队内部的组织系统被破坏。因此,重建军区内部组织系统,理顺军事等级关系是建立军区制的关键。拜占庭军区内军队序列基本上沿袭罗马帝国旧制,但在拜占庭军队遭到重创、节节败退之际,首先必须着手重新确定军事等级编制,通过财产确定军队内各级官兵的关系。由于各军区建立的时间有先后,其人数也有不同,因此在编制上并不一样。一般情况下,军区是由2—4个师(Τουρμα)组成。师由5—7个团(Βανδον)组成,其下还设有营、队等下级单位。团级单位依据不同兵种人数又有区别,若为骑兵,则人数在50—100人,若为步兵,人数在200—400人之间。依此推算,人数最多的师级单位大约有3 000人左右。基层军事单位的军官为"十夫长"、"百夫长"等。[1]

军事序列的确立有两点重要意义。其一,自上而下地取代了地方行政管理系统,使过去行省、地区和村社的行政管理机构或是向军事序列靠拢,或是被军事机构所取代。地方行政管理的军事化和单一化为军区制提供了行政管理制度上的保证。其二,在此基础上,各级经济关系得以确定。根据7世纪阿拉伯作家的记载,军区最高长官将军的年收入最多为36—40金镑,师长的年收入为24金镑,团长、营长和百夫长分别为12、6和1金镑,一般士兵年收入为12—18索里德,相当于1/6—1/4金镑。[2]当然,各军区地位不同,其将军的年薪也有区别。最重要的亚洲各军区为一级,其将军年薪为40金镑左右,

---

[1] J.F.Haldon, *Byzantine Praetorians: an administrative, institutional and social survey of the opsikion and tagmata (580-900)*, Bonn:R.Habelt, 1984, pp.172-276.
[2] M.F.Hendy, *Studies in the Byzantine Monetary Economy*, Cambridge 1985, p.182.

二级军区将军年薪为30金镑,最低级军区将军年薪为10—20金镑,仅相当于或低于一级军区师级军官的收入。经济等级关系的确立也有助于军区制的确立。但是,拜占庭帝国军事失利、领土缩小,以及战乱导致的经济衰退,使中央政府入不敷出,无力逐年支付军饷,于是在军区成立之初,采取每隔3年或4年分批发放军饷的办法,这一点为多种资料所证明。[1]

为了解决中央政府财力不足的困难,利奥王朝和希拉克略王朝采取以田代饷,建立军役地产的办法,这一措施促进农兵阶层的形成。这是军区制最终形成的关键,因为军役土地制造就了一个农兵阶层,他们成为军区制的基础。事实上,以田代饷是拜占庭中央政府有地无钱而被迫实施的不得已之举。7世纪上半期,拜占庭帝国国土大量丧失,特别是在帝国财政收入中占极大比重的北非、西亚地区的失陷,使国库年收入减少了2/3甚至一半以上。埃及行省的收入历来占帝国财政收入的3/8,加上伊利里亚地区的收入,大约可占帝国总收入的一半。因此仅北非地区陷落阿拉伯人之手就使拜占庭帝国损失了超过1/3的收入。据粗略估算,希拉克略一世统治初年的收入仅相当于查士丁尼时代收入的1/3。[2]如果按查士丁尼时代年度总收入11万金镑计算,希拉克略时代年收入仅为36 667金镑,相当于2 639 952索里德。这笔收入远不能弥补拜占庭国家财政预算的赤字,因为仅阿纳多利亚一个军区的年度军事预算就超过了123万索里德,这几乎占了国家年收入的一半。[3]显然,拜占庭中央政府根本无力支付军区的军饷,迫于无奈,只好以田代饷,将大量闲散弃耕土地充作军饷,按照军种和级别颁发给各级官兵。

军役土地是负有军役义务的田产。不论什么兵种和军阶的士兵都把经营军役田产的收入作为他们支付军事开支的经济来源。他们定居在其部队驻守的地区,平时经营田产,军区将军以下各级官兵自给自足、自备兵器装备。在服役期(一般为15年)内,其土地不可剥夺,享有免税权。这种"士兵田产"(Στρατιωτικα κτηματα)一旦颁给士兵,即可永久占有,士兵可自由处理,可以买卖,也可以赠送他人,还可以将田产连同军役义务一同转给继承人。履行兵役土地义务可以采取两种形式:第一种是直接服役,即由经营田产的士兵亲

---

[1] Constantine VII, *Le livre des ceremonies, texte etabli et traduit*, Paris 1935-1940, I, p.493.另见M.F. Hendy, *Studies in the Byzantine Monetary Economy*, p.182。
[2] M.F. Hendy, *Studies in the Byzantine Monetary Economy*, pp.620-626.
[3] 每金镑等于72索里德。参见M.F.Hendy, *Studies in the Byzantine Monetary Economy*, p.183。

第三章　希拉克略时代

自服役，或参加边境防御战和军事远征，或修筑军事要塞，架桥修路，或营造舰船。第二种是间接服役，即由一户或几户提供足够维持一个士兵的军费开支和给养。这种形式的军役义务与前一种一样，在文献中被称为（Στρατει）。[1]经营军役田产的农兵仍然保持军队编制，随时听从军区将军的命令，随时集中行动，或从事军事工程劳役或随军作战。亚洲地区最先采取以田代饷的办法，因为该地区有大量弃耕农田。小亚细亚地区曾是罗马帝国和早期拜占庭帝国的谷仓，这里水系丰富，平原地区土地肥沃，气候适于农耕，因此农业一直比较发达。但是6世纪末、7世纪初的战乱和瘟疫使当地人口锐减，劳动力奇缺，大量土地被弃荒。这些土地就成为军区制下军役田产的主要来源。

拜占庭社会结构的军事化解决了拜占庭帝国面临的人力资源短缺和财源枯竭的困难。根据历史资料的记载，学者估计，4—5世纪的拜占庭军队总数可达65万人。但是，由于大瘟疫和连年战争，人力资源消耗严重，至6世纪查士丁尼一世统治末期，军队人数已减至15万人，以致拜占庭在对波斯人的战争中投入的总兵力不足6 400人。为了弥补军队人力资源的巨大缺口，早期拜占庭政府不得不大量招募日耳曼人雇佣兵，财政收入的大部分也被迫充作雇佣兵的军饷。[2]巨额军饷连同其他军费开支就成为拜占庭国库难以承受的沉重负担。查士丁尼一世时期，拜占庭帝国年收入约为11万金镑，其中80%用于军事开支。[3]

第一，军区制将本国公民作为军队的主要兵源，使军队建立在广泛的本国人力资源基础上。这一制度将成年公民按照军队的编制重新组织起来，屯田于边疆地区，平时垦荒种地，战时应招出征，平时以生产为主，战时以打仗为主。这样就使军队具有广泛而稳定的兵源。另外，拜占庭政府为补充人力资源的不足，长期推行移民政策，如7世纪末年，迁入奥普西金军区的斯拉夫人达7万人，仅762年迁入小亚细亚军区的斯拉夫人就多达21万之众。[4]军区制下的农兵大多屯田于边疆地区，因此其参战的目的兼具保家卫国的性质，战斗力明显提高。而且，农兵占用的军役田产可以世袭，故使拜占庭军队的兵源世代维系。另一方面，军区中除高级将领，如将军从国库领取薪俸外，其他

---

[1] A.H.M.Jones, *The Later Roman Empire (284-602)*, Oxford 1964, p.377.另见M.F Hendy, *Studies in the Byzantine Monetary Economy*, p.619。
[2] A.H.M.Jones, *The Later Roman Empire(284-602)*, pp.619-623.
[3] S.Runciman, *Byzantine Civilization*, London, 1959, p.96.
[4] Theophanes, *The Chronicle of Theophanes*, II, p.432.

各级官兵均自备所需的武器、装备和粮草,而不依靠国库供给,从而减轻了中央政府的财政负担。

第二,军区制下军事首脑的一元化领导也极大地提高了地方管理的效率和军队的应急能力。推行军区制以前,拜占庭帝国在罗马军团基础上组建的边防军、野战军和御林军几种类型的武装力量,[①]并不介入地方行政管理,军权和行政权分离,军队首脑仅负责战事。行政长官则控制政权机构,管理行政事务。这种军政权力分立曾有效地消除了罗马帝国后期军阀割据的局面。但是,到6世纪后期,由于军政权力相互竞争,拜占庭帝国地方管理陷于混乱,常常出现军队出征御敌而得不到行政长官支持的现象,至于军政内讧、互挖墙脚的事情更是屡见不鲜。军区制的推行扫除了地方管理中的扯皮现象,将权力集中于将军一身,使之能集中处理辖区内一切事务。而行政长官或作为将军的幕僚则听命于将军,或被挤出权力机构,从而使地方管理中消除了相互掣肘的因素。地方统治一元化和社会组织军事化极大地提高了地方管理的效率。另一方面,早期拜占庭皇帝旨在削弱地方势力,增强中央集权的行政改革也曾扩大了朝廷各部门的权力,形成庞大的官僚体系。但是,在外敌入侵的紧急时刻,庞大的官僚体系运作迟缓,难以对随时变化的军情作出及时反应。特别是当大规模入侵使得某一驻守边关的部队难以抵抗时,军队中枢指挥机构不能及时抽调其他部队前往增援,经常贻误战机。而军区制是依据防务区域需要建立的,军区首脑按本区实际情况统筹谋划,或调动军队或组织生产,并以其控制的军、政、财、司法等机构,相对独立地指挥,故可使下情及时上达,也可迅速执行中央命令,提高了军队的应急能力,加强了拜占庭帝国的国防力量。现代拜占庭学家高度评价了军区制,认为它是"赋予拜占庭帝国新活力的大胆改革,其意义极为深远"。[②]

3. 农兵和小农经济的发展

随着军区制的推行,农兵阶层逐步形成,小农阶层也因此得到发展,这个阶层的兴衰对于拜占庭历史的演化影响深远。拜占庭国家是农民占主体,农业为主要经济部门的农业社会,因此,尽管由于其占据特殊地理位置而使拜占庭工商业收入可观,但是,其农业生产仍然是国家收入的主要来源,农业经济

[①] 边防军(Limitanei)驻扎于特定的边疆地区,野战军(Comitatenses)为机动部队,随时奉旨调动,而御林军(Praesentales)则驻守都城,负责皇室和朝廷的安全。
[②] 奥斯特洛格尔斯基:《拜占庭国家史》,第86页。

第三章　希拉克略时代

的盛衰决定拜占庭国力的强弱。早期拜占庭帝国的土地占有形式分为国有和私有地产两大类。其中，前者成分复杂，包括皇产、教产、市产、军产，而后者则多为大地主的庄园。①在国有地产上经营的主要生产劳动者是小农，他们也是拜占庭国家的主要纳税人。6世纪后半期，由于连年战争和自然灾害，小农大量破产，纷纷逃亡，弃耕荒地日益增加，特别是在战事最频繁的小亚细亚地区，昔日盛产谷物的田地因战祸而变为荒野。这种小农大量破产的现象已被学者公认为是5—6世纪拜占庭社会的一大特点。②为了稳定小农阶层，保持国家税收来源，查士丁尼一世通过大量法令，强迫小农固着于土地，取消他们原有的迁徙自由，甚至明确规定农民之子必须继承父业，不可从事其他职业。③然而，查士丁尼一世的强制措施并未奏效，大地产主对小农土地的兼并和日益恶化的军事形势加速了小农破产的过程。

建立军区制便为小农的复兴创造了条件。军役土地制实际上造就了一个负有军役义务的小农阶层。农兵在分得土地的同时也负有从军作战的义务，他们以小农的经营方式，以家庭为单位从事农业生产。这种小生产就成为农兵经济的主要形式。农兵除了担负赋税以外，还要为从军作战作好一切准备。当农兵的长子继承其父的军役义务和军事田产后，其他的儿子便补充到负有军役义务但不从军作战的自由小农中。因此，农兵和自由小农并肩兴起，他们在经济和社会地位方面没有本质的差异，帝国法令也将两者同等看待。据此，现代拜占庭学者认为"农兵和自由小农属于同一阶层"。④自7世纪军区制推广以后，拜占庭农兵阶层逐步形成，与自由小农同步发展。小农阶层在军区制带来的相对安定的环境中，经过100年左右的发展，不断壮大。7—8世纪颁布的《农业法》反映了当时拜占庭农村小农迅速发展的真实情况。该法共有85条，其中2/3的条款涉及小农问题。⑤小农数量的增加还与拜占庭帝国长期推行的移民政策有关。移民政策的经济意义重大，因为新移民既可在边远地区开发利用大片荒地，进而为恢复国力扩大物质基础，又能充实小农阶层，扩

---

① I. Καραγιαννόπουλος, *Ιστόρια Βυζαντινού Κράτους*, Εκδόσεις Βάνιας, to. 1, pp.396-402.
② G.Ostrogorsky, *Quelques problemes d'histoire de la paysannerie byzantine*, Bruxelles, Editionsde Byzantion, 1956, chap.3.
③ John Malalas, *The Chronicle of John Malalas*, trans. by Elizabeth Jeffreys, Michael Jeffreys, Roger Scott, et al, Melbourne 1986, 417-420.
④ *Cambridge History of European Economy*, Cambridge, 1952, I, p.208.
⑤ *Farmer's Law*, trans.by W.Ashburner, Journal of Hellenic Studies, 32（1912）, 68-95.

大税收来源。由于小农经济的恢复和兴起,拜占庭国家税收大幅度增加,财政状况根本好转。9—10世纪的年收入最高时可达58.4亿金镑,相当于查士丁尼一世时期年收入的5.31倍。[①]以军区制下兴起的农兵为主体,包括自由小农在内的小土地占有经济在9—10世纪之交达到其发展的最高阶段。拜占庭帝国某些皇帝已经认识到小土地占有者对国家经济的重要性。皇帝利奥六世（Leo VI the Wise, 886—912年在位）曾在其法令中提出:"朕以为有两种职业对国家长治久安极为重要,一为农民,一为兵士。朕以为此二业当在各业之首。"[②]皇帝罗曼努斯一世（Romanos I Lekapenos, 920—944年在位）也明确指出:"此种小土地占有者予国利甚巨,因其缴纳国家税收,提供军队服役之故。倘若此类农民数量减少,其利必失。"[③]

军区制的推行对稳定拜占庭局势,缓解外敌入侵的威胁起了重要作用。这种制度使拜占庭以巴尔干半岛为中心的疆域逐步稳定,国力有所恢复,不仅在对波斯人的战争中取得了决定性胜利,而且迫使已经进入巴尔干半岛的斯拉夫人臣服,成为拜占庭帝国的臣民。同时,拜占庭帝国凭借逐步恢复的经济实力和外交活动,实现了与阿瓦尔人等其他民族之间的和平。特别是在抵抗阿拉伯人军事入侵的战争中,军区制发挥了重要作用。军区制在军事方面的影响还在于提高了军队指挥系统的效率。军区制是依据防务需要建立的,军区首脑按本区实际情况统筹谋划,或调动军队或组织生产,并以其控制的地方军、政、财、司法等机构,相对独立地指挥,防止了军政权力相互扯皮、贻误战机的现象,使下情及时上达,也使中央的命令迅速得到执行,提高了军队的应急作战能力,加强了拜占庭的国防力量。这一时期,拜占庭军队先后击败波斯人,打垮阿瓦尔人,将处于极盛时期的阿拉伯大军扩张的势头阻止在小亚细亚和东地中海一线,使岌岌可危的形势发生了根本好转。不仅如此,由于拜占庭军事力量得到了调整和加强,因而在8—9世纪对阿拉伯人的战争中获得了多次重要胜利,使阿拉伯人侵略扩张的步伐再也未能向前迈进。现代拜占庭学者高度评价这些胜利,认为:"保护欧洲免遭阿拉伯人侵略之主要屏障的荣誉无疑应归于拜占庭军队。"[④]

[①] S. Runciman, *Byzantine Civilization*, London 1933, 1959, p.96.
[②] Λεοντος, *Βασιλικα*, Αθηνα 1910, XI, 2.
[③] I.Zepos, *Ius Graeco-Romanum*, Athens, 1931, II, p.209.
[④] N.Baynes and H.Moss, *Byzantium*, Oxford, 1948, p.303. 参见拜尼斯主编,陈志强、郑玮、孙鹏译:《拜占庭:东罗马文明概论》,大象出版社2012年版,第276-277页。

第三章　希拉克略时代

可以说，军区制改革虽然存在种种问题和其自身无法克服的深刻矛盾，但是，它毕竟适应当时的形势发展，缓解了紧迫的危机，并成为此后数百年拜占庭帝国强盛的基础。

4. 波斯战争

由于拜占庭国家推行的军区制增强了军事实力，使希拉克略一世得以进行其一生中最重要的战事，即波斯战争。前此几个世纪，波斯人一直是拜占庭帝国东方边境的主要威胁，霍斯劳二世（Khosrau II，590—628年在位）统治期间（图3-3），对拜占庭人发动了大规模的入侵，几乎将拜占庭帝国在亚洲和埃及的势力完全赶出这些地区，其兵锋所向直指君士坦丁堡。希拉克略在稳定了皇权之后，开始进行

图3-3　霍斯劳二世

波斯战争的准备。他首先任命两个儿子为共治皇帝留守君士坦丁堡，并指定其亲戚尼基塔斯（Niketas）为摄政王主持朝政。而后，他向教会和贵族收税，为战争筹款，并在小亚细亚建立兵站，征召勇猛善战的小亚细亚士兵进行系统的军事训练。为了提高士气，他对士兵宣称拜占庭人对波斯人的战争是神圣的战争，是消灭异族异教的神圣行动，是解救被波斯人占领地区基督教兄弟的战争。

622年春夏之交，希拉克略从小亚细亚基地凯撒里亚城发兵，首先放弃已经被波斯人占领的叙利亚、巴勒斯坦和埃及，置这些地区的波斯占领军于不顾，而选定两河流域源头的波斯军队作为攻击目标。当时，由波斯将领萨哈尔巴拉兹（Shahrbaraz）指挥的波斯军队已经深入到卡帕多西亚地区，霍斯劳二世随后增援督战。拜占庭军队以狄奥多西乌堡（Theodosioupolis，今土耳其埃尔祖鲁姆）为前线基地，向塞拉基尼（Sirakene，今土耳其乔鲁赫河以东）的波斯军队发起攻击，而后突然回师特拉比仲德（Trabizond，今特拉布宗），扫清了小亚细亚北方的波斯残余部队。同年，希拉克略首次攻入波斯境内，将已经侵入幼发拉底河上游拜占庭领土的波斯军队主力吸引到马库（Makou，今伊

拉克马库）进行决战，并打败骄横的波斯军队，取得波斯战争第一年的重大胜利。当冬季来临时，双方停止战事，希拉克略乘船从黑海南部返回君士坦丁堡，其部下在前哨基地休整。

战争第二年的战事基本上是在波斯境内进行的。623年年初，冬季刚过春季将临，希拉克略便从君士坦丁堡赶到前线基地狄奥多西乌堡，沿高加索山脉南麓平原进军，突袭波斯玫底亚（Midia）和阿特洛巴提尼（Atropatine，今伊朗阿塞拜疆省）等里海东部地区，企图活捉霍斯劳二世。面对拜占庭军队灵活机动的突然攻击，波斯军队节节败退，霍斯劳二世仓促逃往泰西封（Ctesiphon，今巴格达附近）行宫，方躲过灾难。获胜的拜占庭军队没有进一步挺进，而是在波斯境内基罗斯河（Kyros，今库拉河）南岸的底格拉诺盖达（Tigranokerta，今阿塞拜疆境内）建立兵站，休整过冬，以待来年再战。

战争第二阶段进行得极为艰苦，拜占庭军队多次击败波斯军队，特别是在凡湖（Lake Van，今土耳其凡湖）战役中偷袭萨哈尔巴拉兹大营得手，一度取得了战争的主动权，并准备大举攻入波斯内地，夺取其都城。为此，希拉克略将前线基地推进到凡湖附近的阿尔基斯（Arces，今土耳其埃尔吉什）。但是，萨哈尔巴拉兹及时调整战略，改消极防御为主动进攻，将战场重新推进到拜占庭领土。波斯军队三渡幼发拉底河，挺进托罗斯山脉，直逼小亚细亚重镇凯撒里亚（Caesarea Mazaca，今土耳其开塞利），迫使希拉克略回撤。双方在萨罗斯河（the Saros，今土耳其塞伊河）上游凯撒里亚附近决战，波斯军队再次失利，重新撤回波斯。希拉克略没有像往年那样回君士坦丁堡过冬，而是屯兵塞瓦斯第亚（Sebasteia，今土耳其锡瓦斯），一方面防备波斯人的入侵；另一方面准备来年的春季攻势。在新战略中尝到甜头的波斯军队未等拜占庭人发动攻势，便抢先沿幼发拉底河北上，绕过拜占庭重兵把守的凯撒里亚地区，从托罗斯山脉沿地中海沿海地带直扑君士坦丁堡，占领了与君士坦丁堡隔博斯普鲁斯海峡相望的迦克墩（今于斯屈达尔）。希拉克略没有慌忙回师救援，而是坚持原定的战略，让其兄弟负责防守君士坦丁堡，他本人继续在波斯境内攻城掠地，同时，不间断地派兵攻击波斯军队后援，使长途奔袭君士坦丁堡的波斯人无功而返。在3年的战略相持阶段，希拉克略终于作好了攻击波斯首都、进而最终解决波斯人入侵问题的准备。

627年，希拉克略沿底格里斯河的支流大扎卜河（Great Zab）南下，在古战场尼尼微（Ninevi）附近与波斯主力展开决战，打败霍斯劳二世亲自指挥的波斯军队，打开了通往波斯陪都泰西封的战略要道，取得了最终击败波斯人的决定性胜利（图3-4）。同年年底，拜占庭军队攻占了泰西封郊外的王宫、王

第三章　希拉克略时代

家花园,兵临波斯陪都泰西封城下。次年年初,面临国破家亡的霍斯劳二世又遭到军事将领叛变的袭击。他们反对连年征战,要求立即与拜占庭帝国议和,于是将霍斯劳二世囚禁并处死于泰西封。其子卡瓦德二世(Kavadh II, 628—629年在位)被军队立为国王后,立即向希拉克略提议停战议和。4月3日,双方订立和约,波斯人被迫同意割让整个亚美尼亚、交换战俘、赔款并交还从耶路撒冷抢夺的基督教圣物。波斯战争最终以拜占庭军队的胜利结束,困扰拜占庭人数百年的波斯入侵问题终于得到了圆满的解决。此后,波斯国家陷入内乱和无政府状态,不久即被新兴的阿拉伯人灭亡。[①]

图3-4　希拉克略率师与波斯军队决战

　　希拉克略在取得波斯战争胜利的同时,还对阿瓦尔人和斯拉夫人的入侵进行反击。其中,阿瓦尔人造成的威胁更加严重,他们曾与波斯人结盟,进攻君士坦丁堡,配合波斯将领萨哈尔巴拉兹的部队偷袭拜占庭帝国重镇迦克墩,从而对君士坦丁堡形成东西夹击之势。只是由于守城的拜占庭部队的坚决抵抗,阿瓦尔人对君士坦丁堡的近两个月的进攻方以失败告终。在626年的反击战中,阿瓦尔人遭到惨败,其汗王势力受到沉重打击,受其控制的斯拉夫、匈奴和保加利亚各部落纷纷独立。希拉克略则乘机扶植斯拉夫人和保加利亚人,与其部落酋长克夫拉特(Kovrat)于636年结盟,同时,批准接纳属于南斯

---

① 法国拜占庭学家布莱赫尔详细记述了希拉克略进行的波斯战争,见L.Brehier, The Life and Death of Byzantium, Oxford, 1977, pp.35-37。

拉夫人的塞尔维亚和克罗地亚两部落定居在多瑙河南岸地区，以此阻挡其他斯拉夫人南下，将拜占庭帝国的西北部边界稳定在多瑙河一线。

希拉克略取得的军事胜利具有极大的现实意义，因为拜占庭帝国的胜利使波斯帝国发生内战，导致其衰败，进而彻底解决了困扰拜占庭帝国数百年的东部边患。同时，亚美尼亚和南高加索地区并入拜占庭帝国后，当地尚武好战的山民为拜占庭军队补充了大量有生力量，进而使拜占庭帝国实力增强。现代学者对希拉克略的军事才能给予很高的评价，将他说成是"自图拉真以来帝国历史上最伟大的军事家之一，堪称拜占庭的汉尼拔"。①应该看到，这一时期拜占庭帝国取得一系列军事胜利的原因除了希拉克略的军事才能外，还与拜占庭帝国军事化有直接关系。正是由于前述拜占庭帝国军区制改革的全面推行，才使拜占庭国家渡过查士丁尼时代后期的危机，逐步进入其历史上的"黄金时代"。

二、阿拉伯战争

1. 伊斯兰教的兴起和阿拉伯人的扩张

拜占庭帝国军事成就的重要内容之一是阻止了阿拉伯人的军事扩张。634年，新兴的阿拉伯国家首次与拜占庭帝国东部边防部队发生军事接触，阿拉伯骑兵攻占了拜占庭东部边防重镇帕特拉（Patra，今死海附近）。希拉克略立即决定调集美索不达米亚和小亚细亚地区军队抵抗入侵之敌。紧急信使从首都策马出城，昼夜兼程，将命令送往前线，君士坦丁堡一时间风声骤紧，人们惊慌地相互传递着阿拉伯人正在逼近的传闻。

事实上，阿拉伯人对于拜占庭人来说并不陌生，他们很早以前就知道在阿拉伯半岛上生活的这个古老的游牧民族，有时还称他们为贝都因人（图3-5）。②古代阿拉伯人以放牧骏马、绵羊、山羊和骆驼为生，其生活的阿拉伯

---

① 图拉真为罗马帝国皇帝，98—117年在位，一生武功卓著。L.Brehier, *The Life and Death of Byzantium*, Oxford, 1977, p.36.
② 著名阿拉伯史专家希提认为："贝都因人的生活方式是人类生命适应沙漠环境的最好方式……游牧人的文化模型永远是一样的。变化、进步、发展，都不在他们所愿意遵守的规律之列。他们受不到外来的观念和风俗的影响，所以他们的生活方式仍然是他们的祖先的生活方式——住在用羊毛或驼毛织成的'毛屋'里，用同样的方法，在同一牧地上放牧绵羊和山羊。养羊、养驼、养马、狩猎和劫掠构成他们主要的职业。"希提著，马坚译：《阿拉伯通史》，商务印书馆1995年版，第24—25页。

图3-5 19世纪末的贝都因人

半岛地区十分荒凉,大部分为人烟稀少的沙漠和荒芜的山区,只有南部的也门和沿红海的汉志地区比较富庶。古代东西方贸易传统的海上商路首先在也门的码头靠岸,由此经红海东岸的汉志地区继续北上,直到叙利亚首府安条克。活跃的东西方贸易和频繁的商队往来使古代汉志地区最先发展起来,成为阿拉伯半岛的政治和经济中心。阿拉伯人社会发展比较缓慢,6世纪和7世纪初,尚处在原始社会向阶级社会的转变时期。

拜占庭人最先了解的是阿拉伯半岛北部的阿拉伯人。这部分阿拉伯人随商业活动逐步向北迁移,定居在东地中海沿海地区,沿商路建立了许多商业城市,如著名的古城帕特拉。3世纪以前,这里的阿拉伯人就已经建立起一度十分强大的帕尔米拉王国(the Parmila Kingdom),该城邦国家在130—270年间"达到了灿烂时代。帕尔米拉的铭文大半是属于这个时期的。帕尔米拉的国际贸易向四方扩张,远至中国"。[1]该王国后来被罗马帝国军队灭亡。拜

---

[1] 希提著,马坚译:《阿拉伯通史》,第86页。

占庭帝国兴起后，美索不达米亚和叙利亚地区也曾经存在过两个阿拉伯人小王朝，其中加赛尼德王朝（Ghassanids）以拜占庭人为后盾，而拉赫姆王国（Lakhmids）则投靠波斯人，他们积极参与了波斯人和拜占庭人之间的争霸战争，深受战乱之苦，于7世纪初先后衰败。

阿拉伯人的巨大发展发生在7世纪穆罕默德（Muhammad）创立伊斯兰教以后。穆罕默德创立伊斯兰教有其深刻的社会背景，一般认为，当时阿拉伯半岛由于波斯和拜占庭两大帝国之间的长期战争处于动乱状态，传统商路的中断直接影响了当地的经济生活。社会各个阶层特别是下层人民生活每况愈下，普遍要求改变现状，希望寻求新的出路。事实上，这个时期气候也是个重要因素，周期性的有利气候促进了游牧业发展，并导致人口增加，而定期出现的恶劣气候加剧了争夺草场和商业资源的战争，激化了原始部落之间的矛盾，阿拉伯社会内部的部落仇杀日益升级，诚如希提所说："从政治方面说，在古代的南部阿拉比亚发展起来的有组织的国家生活，现在已全然瓦解。无政府状态，在政治领域和宗教领域中都占了上风。历史舞台已经搭好，一位伟大的宗教领袖兼民族领袖上台的时机已经成熟了。"[1]因此，穆罕默德及其新宗教受到了广泛欢迎，人们纷纷皈依伊斯兰教。新宗教的发展必然与旧贵族的利益发生冲突，麦加旧贵族开始对穆罕默德及其追随者进行威胁利诱、残酷迫害，甚至企图加害穆罕默德。622年7月2日深夜，穆罕默德带领几名忠实信徒逃离麦加（Mecca），前往北方城市叶斯里卜（Yathrib），受到当地民众的欢迎。该城后来改名为麦地那（Medina），意为"先知城"。这个事件被称作"希吉拉"（Higira，旧译"徙志"），标志着伊斯兰教的诞生，这一年也被确定为伊斯兰教纪元的开端。穆罕默德以麦地那为基地，以随同他从麦加来的"迁士"和麦地那的穆斯林"辅士"为基本力量，按照其政治和宗教设想，全面实施新的政教纲领，势力迅速发展壮大。

穆罕默德首先在麦地那将穆斯林组织起来，建立了统一的穆斯林公社，并制定了严格的规章制度，穆罕默德本人既是公社的最高首长，也是伊斯兰教最高的领袖，控制政治、军事、经济、司法和宗教权力。这个政教合一的穆斯

---

[1] 希提著，马坚译：《阿拉伯通史》，第126-127页。本书引用的这几种流行意见目前受到个别学者挑战，他们认为阿拉伯人的变革不是来自"贫穷"，而是来自"富裕"，是过境贸易使财富增加后，贫富差距增加引起了动荡。参见哈全安：《中东史》，天津人民出版社2010年版，第1章。

林公社后来就发展成为阿拉伯人的伊斯兰教神权国家。新国家清除了部落和氏族的隔阂，建立起保障私有财产和个人人身安全的新秩序，以穆斯林兄弟平等的精神团结了阿拉伯人民。同时，新国家积极发展和完善税收制度、司法体系和强大的军队，并于623年开始进行"圣战"。次年，穆罕默德亲自率领穆斯林军队以少胜多，击败麦加贵族军队。625年和627年又两度粉碎了上万人的麦加贵族军队对麦地那的进攻，保卫和巩固了新生的伊斯兰教国家政权。在大约10年间，穆罕默德首先击败麦加旧贵族，占领麦加圣地，迫使其接受伊斯兰教，并承认穆罕默德的最高权威，扫清了统一阿拉伯半岛的主要障碍，而后征服汉志地区，使半岛南部的阿曼和也门被迫归顺，从而完成了阿拉伯半岛的统一事业，奠定了阿拉伯帝国发展的基础。

阿拉伯国家的统一有助于阿拉伯半岛地区的发展，但是，人口的增加与有限的生存资源之间的矛盾仍然无法解决，荒芜的沙漠已经不能满足他们的需求，于是阿拉伯人在穆罕默德新国家组织的协调下，将内部血腥厮杀以解决人口增长与资源相对不足的方式转变为大规模对外扩张，其矛头指向发达富庶的两河流域和尼罗河三角洲地区。633年，穆斯林骑兵在阿拉伯著名将领、被誉为"真主之剑"的哈立德·伊本·瓦利德（Khalid ibn al-Walid）统率下冲出阿拉伯半岛大沙漠，挥舞着"圣战"的旗帜，开始了征服世界的远征。阿拉伯军队主要是由下层的穆斯林战士组成，他们习惯于艰苦的沙漠游牧生活，出征作战时仅带若干马匹和骆驼，供沿途宰杀充饥解渴，而无需大批粮草辎重，故而行动极为迅速，往往在敌人尚未做好抵抗准备时，即发动奇袭，常常取得成功。他们大都精于骑射，单兵作战能力极强，对于以步兵为主要战斗力的周围的农耕民族来说，是一支无坚不摧的攻击力量。特别是，穆斯林士兵在"圣战"的旗号下被许可占有被征服地区的土地和财产，因而在战斗中人人当先，个个奋勇，战斗力极强。发动"圣战"的次年，亚孜德（Yazid ibn Abi Sufyan）将军统率的数千骑兵部队首先攻入巴勒斯坦地区，击溃亲拜占庭帝国的阿拉伯人拉赫姆王国军队，攻占拜占庭帝国边境要塞巴什拉。而后，他们稍事休整，便向北方的拜占庭帝国和东方的波斯帝国同时发动进攻。

阿拉伯骑兵首先穿过沙漠攻击叙利亚，在大马士革附近与奉命紧急增援的拜占庭将军贝恩尼斯相遇。634年双方在亚德兹那丹（Adzhnadein）遭遇战中展开激烈厮杀，阿拉伯骑兵散兵线充分发挥了机动灵活、单兵作战能力强的优势，给组织严密、装备精良的拜占庭军队以沉重打击，并乘胜追击，夺取了大马士革和埃麦萨（Emesa，今叙利亚的霍姆斯）。战报立即传到君士坦丁堡，各地增援部队加紧集结,向南调集。也许是出于诱敌深入的战略考虑,也许是迫于拜占庭军队优势兵力的压力,阿拉伯军队很快即从所占的城市全线后退。636年,双方在太巴列湖(the Lake of Tiberias,今以色列境内)以南的雅穆克河畔(the Yarmuk,约旦河支流)进行雅穆克河战役。哈立德汇合增援的阿拉伯军队,以灵活的战术彻底击败数倍于己的5万敌军,重新夺取大马士革等重要城市。惊慌失措的拜占庭军队无计可施,仓皇后撤,在此后几年内,未能组织起有效的抵抗。拜占庭帝国在东地中海地区失地丧城,领土迅速缩小:637年,阿拉伯人进入叙利亚北部地区,占领叙利亚首府安条克(Antioch,今叙利亚的安塔基亚)和阿勒颇(Aleppo);638年,基督教圣城耶路撒冷失陷;639年,阿拉伯人攻入美索不达米亚地区;640年,凯撒里亚(今以色列的海法)失守,同年,阿拉伯军队征服美索不达米亚全境。在阿拉伯军队的攻击下,拜占庭军队只有招架之功,没有还手之力。而阿拉伯军队所向无敌,节节取胜,扎营于小亚细亚南部的额梅纳斯山脚下。

叙利亚地区的丧失对拜占庭帝国在亚洲的统治是巨大的打击,对波斯人更是灾难降临的预兆。当时,波斯人尚未从希拉克略一世的军事打击中恢复过来,紧接着便遭到来自阿拉伯人更猛烈的攻击。阿拉伯军队以具有战略意义的叙利亚为基地,向东进犯波斯领土,635年,攻占伊拉克。阿拉伯将领穆桑尼(Mushanna)在底格里斯河附近的布瓦依普(Buwayb,今伊拉克的舍尔加特)打败波斯将领米赫兰(Mihran)的军队。636年,在决定性的阿尔-卡迪西亚会战(Battle of al-Qādisiyyah)中,伊本·瓦卡斯(Sa'd ibn Abi Waqqas)统帅的阿拉伯军队以少胜多,再次大败波斯重臣鲁思塔姆(Rustam)的波斯大军,扫清了东进之路。在这里,阿拉伯人受到不满波斯统治的当地居民的欢迎,故而乘胜东进,夺取底格里斯河支流纳瓦斯河畔(the Nawas,今迪亚拉河)的波斯国王陪都泰西封城,并于此城50公里以北的贾鲁拉平原再度重创波斯军队。阿拉伯军队乘势深入波斯内地。642年,仍作困兽之斗的波斯萨珊王朝末代国王伊嗣俟三世(Yazdegerd III,632—651年在位)亲自统兵作战,在尼哈温德(Nehawand,今伊朗的尼哈旺德)与阿拉伯军队进行最后的决战,结果又被打得大败,全军覆灭,他本人逃亡到中亚特兰索克萨尼亚(Transokthania,今阿富汗的塔林科特),651年在中亚木鹿城遇刺身亡,持续了千余年的波斯帝国至此灭亡。

639年,阿拉伯军队开始入侵拜占庭帝国在北非和埃及的领土。同年12月,4 000名阿拉伯骑兵在阿穆尔·伊本·阿斯('Amr ibn al-'As)率领下侵入埃及。他惊奇地发现,阿拉伯军队在此没有遭到任何抵抗,一些当地居民甚至对他们表示欢迎,而为数不多的拜占庭军队只集中在几个大城市。次年,他便夺取了尼罗河三角洲东北角最重要的城市皮鲁西姆(Pelusium,今埃及的比尔阿卜德)。埃及全境特别是三角洲地带的拜占庭守军大为惊慌。但是,已经胜券在握的阿穆尔放弃了直取埃及首府亚历山大里亚的机会,在补充了兵力后转向西南,进攻伊留波利斯城(Heliopolis,今开罗)。这样阿拉伯军队便绕过水系发达、不利于骑兵作战的尼罗河三角洲地带,扫清了亚历山大里亚外围的残余拜占庭军队。641年,伊留波利斯城的拜占庭军队战败弃城,次年,巴比伦城守军也加入到逃亡大军之中。残余部队逃向亚历山大里亚,随之而来的大批惊恐万状的难民也涌入城市。为免遭生灵涂炭,亚历山大里亚教区大教长西留斯(Cyrus)于642年阿拉伯军队完成对亚历山大里亚包围后,代表全教区与阿穆尔谈判,宣布投降。胜利后的阿穆尔在写给奥马尔哈里发(Omar,634—644年在位)的信中极为得意地说:"我已经夺取了一座城市,我不描绘它。我这样说就够了,城里有4 000座别墅、4 000个浴池、4万个纳人丁税的犹太人、4 00所皇家的娱乐场所。"[1]拜占庭帝国在埃及数百年的统治从此宣告结束。

阿拉伯人并没有满足上述胜利,661年倭马亚王朝(Umayyad Caliphate)建立后,继续进行东、西、北三个方向的扩张。665年,万余阿拉伯骑兵向东挺进,迅速征服伊朗高原,占领中亚地区,兵抵我国唐朝西部边陲,因受阻于帕米尔高原等自然疆界而进入印度。西线数万阿拉伯骑兵主力风驰电掣般地横扫北非马格里布地区的拜占庭军队残余势力,占领迦太基,征服柏柏尔人,迫使他们皈依伊斯兰教。然后,他们以摩洛哥为基地,以柏柏尔人穆斯林军队为主力,越过直布罗陀海峡进犯西班牙。在此以前,驻叙利亚的阿拉伯总督穆阿威叶(Muawiyah I,即倭马亚王朝的创建者穆阿威叶一世,661—680年在位)就已经向拜占庭帝国的小亚细亚地区发动进攻。由于这里是拜占庭帝国首都赖以生存的最后的粮仓和兵源所在地,因此拜占庭人进行了拼死的抵抗。尽管如此,到倭马亚王朝建立之初,阿拉伯军队通过战争和外交手段已经控制了自两河流域源头地区至黑海的大亚美尼亚地区,并建立舰队进攻塞浦路斯岛和爱琴海沿岸地区。655年,阿拉伯舰队首次兵临君士坦丁堡城下,在里西岩(the Lician Coast)近海重创拜占庭帝国皇帝君士坦斯二世(Constans II,

---

[1] 希提著,马坚译:《阿拉伯通史》,第164页。

641—668年在位）亲自指挥的帝国舰队，切断了帝国首都与外界的水上联系。穆阿威叶的目的在于尽快清除阿拉伯帝国扩张的障碍，灭亡拜占庭帝国，使西征和北征的两路大军早日在欧洲中部会师。面对阿拉伯军队咄咄逼人的攻势和本国军队节节败退的局面，君士坦斯二世（图3-6）于660年突然离开首都前往意大利，并计划迁都。拜占庭皇帝的惊慌失措加重了帝国首都不安的气氛，贵族和官吏纷纷准备西逃，无路可逃的百姓们则天天登城远眺，君士坦丁堡的末日似乎将要来临。但是，倭马亚王朝争权夺利的内讧暂时中断了阿拉伯人对拜占庭帝国的进攻，给了拜占庭人喘息的机会。

穆阿威叶曾是先知穆罕默德的忠实弟子和秘书，指挥征服叙利亚战争，后任叙利亚和巴勒斯坦总督。661年，他击败政治对手阿里·本·阿比·塔利卜（Alī ibn Abī Ṭālib，656—661年在位），成为哈里发，建立倭马亚王朝。数年后，当哈里发穆阿威叶巩固了政权，再度组织对君士坦丁堡的陆地和海上

图3-6　君士坦斯二世

联合进攻时,拜占庭帝国的形势也发生了变化,阿拉伯的扩张计划因此遭到意想不到的挫折。在随后的战争中,阿拉伯军队遭到拜占庭人发明的新式武器的打击,这种武器就是后来令阿拉伯人闻风丧胆的"希腊火"。

2. 拜占庭阿拉伯战争

拜占庭帝国新皇帝君士坦丁四世(Constantine IV,668—685年在位)是希拉克略一世的孙子,自幼性格坚毅,处事果敢,其父君士坦斯二世离开首都西巡时,君士坦丁年仅10岁。668年,君士坦斯二世在意大利叙拉古城(Syracuse)被刺身亡时,君士坦丁已经18岁,参与和主管帝国都城军政事务多年。他不同意其父的外交政策,因为他深知朝野上下特别是宫廷文武大臣中的主战派对父皇弃都西走、逃避抵抗阿拉伯入侵责任的行为极为不满。尤其是随同父亲西巡的麦兹乔斯(Mezizios)将军早就令他不放心,这个来自帝国东部亚美尼亚军区的赳赳武夫对家乡失陷痛心疾首,多次扬言要率兵出征,对君士坦斯二世一直心存不满,最终买通内宫仆人刺杀了皇帝。[①]君士坦丁四世认为,父皇的做法只能使朝野浮动,民心不稳,军心动摇。所以,他即位后立即着手整顿朝纲。首先,他强化中央集权,整肃文武官员,清除和罢免主和派,提拔和重用主战派,对那些不忠于皇帝的将领和大臣格杀勿论。在这场斗争中,他的两个兄弟也不能幸免,被他残酷地剁去手脚。其次,他全面加强国防,调整对阿拉伯军队的作战部署。拜占庭军队经过数十年的抵抗阿拉伯入侵战争逐步积累了经验,对阿拉伯人的作战方式逐渐适应,一些军区已经能够有效地阻止敌军的前进。但是,阿拉伯人建立的近海舰队却构成了对君士坦丁堡的直接威胁。显然,阿拉伯人在陆地进攻受阻时,加强了对帝国首都的水上进攻。当时,哈里发穆阿威叶一世重新坐镇叙利亚前线,积极督战其海军向君士坦丁堡进攻,并派埃米尔法德拉为舰队司令,指挥阿拉伯水师突破拜占庭帝国达达尼尔海峡防线,攻占了马尔马拉海东南沿海的基兹科斯(Cyzicus,今土耳其的伊兹米特)。此城距离君士坦丁堡仅半日海程,自674年夏季开始,阿拉伯海军每年都以此为基地发动大规模进攻,形成了对帝国首都的海上封锁。

为了有效地反击阿拉伯海军,君士坦丁四世广泛征询退敌良策,得到了

---

① 君士坦斯二世被暗杀在浴室这一事件是拜占庭帝国的历史之谜,后代学者根据其死后当日麦兹乔斯被部下拥立为帝的事实推测后者应为主谋。参见L.Brehier, *The Life and Death of Byzantium*, Oxford, 1977, p.43。

"希腊火"的配方和使用方法。据史料记载,希腊火是由佳利尼科斯(Callinicos)发明的。此人曾在叙利亚从事建筑业,在寻找和研究建筑用防水材料时对炼丹术发生了浓厚兴趣,进行过长期的化学研究,因此逐渐掌握了火药的配制方法。阿拉伯军队侵占叙利亚后,他随逃难的人群撤往首都,在途经小亚细亚地区时发现了当地出产的一种黑色黏稠油脂可以在水面上漂浮和燃烧,这种油脂实际上就是我们今天所说的石油。佳利尼科斯定居君士坦丁堡后,亲眼目睹了阿拉伯军队每年夏季从首都东、南两面的马尔马拉海上对首都的围攻。他提出使用火烧阿拉伯战船的建议立即得到君士坦丁四世(图3-7)的重视,他指示负责军械和武器生产的官员在大皇宫内组织秘密研制和生产,由佳利尼科斯担任技术指导。同时,皇帝下令对有关的一切事情特别是这种新式火器的配方和制作过程严格保密,甚至不许用文字记载下来。正是由于当时的保密措施才使这种威力巨大的新式武器在浩繁的拜占庭帝国文献中没有留下任何记载,我们只能从阿拉伯人的史书中略知一二。[①]

图3-7　君士坦丁四世

在阿拉伯人的记载中,它被称作希腊火(Greek fire),而在拜占庭文献中则被称为液体火焰(υγρον πυρ)。据现代学者研究,希腊火是一种以石油为主体、混合了易燃树脂和硫磺等物质的黏稠油脂。它附着力强,容易点燃,但不具备爆炸力,因此便于携带和运输。其性状如油,可以在水面上漂浮和燃烧,其容易附着于物体表面的特性有利于火攻。经过配制的希腊火一般被装入木桶,运送到前方供守城将士使用。士兵们通常使用管状铜制喷射器向敌人喷洒,然后射出带火的弓箭点燃大火。根据一部古书中的插图,拜占庭海军派遣轻便小船引诱敌军大船出击,在诱敌过程中将大量希腊火洒在水面上,点燃后借助风力烧毁敌船。喷射器的结构并不复杂,大体类似于今日常见的儿童水

---

① J.R.Partington, *History of Greek Fire and Gunpowder*, Cambridge 1960, chap.2.

枪,只是体积更大,喷口更粗,便于大量喷洒黏稠的希腊火。事实上,自拜占庭帝国的高加索和亚美尼亚地区发现石油以后,就有相当数量的原油被运往君士坦丁堡,对于它的可燃性人们也早已熟悉。佳利尼科斯的新贡献在于将相当比例的易燃物质加入石油,使得它的可燃性变为易燃性,成为新式武器希腊火。[1]由于原料充足,拜占庭人在很短的时间内就可以生产出大量的希腊火。拜占庭守城部队就是依靠这种新式武器消灭了678年夏季进攻君士坦丁堡的阿拉伯海军。

在此之前,阿拉伯军事扩张几乎没有遭遇到顽强抵抗,阿拉伯军队在扩张战争中所向披靡,席卷了波斯和拜占庭帝国的大部分领土。小亚细亚的山区作战虽然极为艰难,但是,阿拉伯军队仍然在缓慢前进,像大马士革、安条克、亚历山大里亚、耶路撒冷、泰西封和伊留波利斯等西亚和埃及的大城市都无一例外地被攻占。而对君士坦丁堡,阿拉伯骑兵却难有作为,因为该城西面陆地一侧有两道坚固的城墙,特别是外墙极为高大。因此,阿拉伯人决定从防务相对薄弱的海上发起攻击。在阿拉伯军队发动进攻之前,拜占庭帝国海军一直是东地中海最强大的水上武装力量,控制海上霸权几个世纪之久,几乎没有对手,君士坦丁堡临水方面似乎有一道天然防线,所以一直没有建造坚固高大的城墙。为了夺取君士坦丁堡,阿拉伯人建立了海上舰队,积极发展海上势力,修造舰船,抢占具有重要战略意义的海岛和沿海据点,并实施从海上进攻君士坦丁堡的计划。但是,阿拉伯水师遭到异乎寻常的顽强抵抗,最初的进攻并没有得手。临近马尔马拉海的各个港口均被拜占庭人封锁,使阿拉伯船只无法停靠。而阿拉伯军队从海上封锁君士坦丁堡的措施又没有起作用,致使阿拉伯军事扩张计划连续多年受挫。

678年夏季,哈里发穆阿威叶一世调集了更多船只,营造海上攻城器械,准备发动更大规模的攻势。6月25日清晨,前线总司令法德拉(Fadalas)指挥百余只阿拉伯战船浩浩荡荡直扑君士坦丁堡城下。拜占庭海军事先布置大量小船在城下海面上喷洒希腊火,等待阿拉伯舰船驶近,便施放带火的弓箭,点燃海面上漂浮的油脂,进而使阿拉伯海军的木船被大火烧毁,阿拉伯舰队近2/3的船只被烧毁。此战使阿拉伯海军再也不能组织起强大的攻势,只能退回基兹科斯基地。为了躲避拜占庭海军的反围攻,穆阿威叶一世命令剩余的阿拉伯船只向南撤退。在退却中,阿拉伯海军又遭到暴风雨的袭击,最后仅剩十

---

[1] J.R.Partington, *History of Greek Fire and Gunpowder*, pp.56–65.

几艘伤痕累累的破船，埃米尔法德拉也下落不明。而拜占庭海军则乘机在奇里乞亚海港城市西莱夫基亚（Silevkia，今土耳其的锡利夫凯）附近借助顺风，再次使用希腊火无情地打击阿拉伯舰队，使一度相当强大的阿拉伯海军几乎全军毁灭，最终仅剩几只小船逃进西莱夫基亚海港（图3-8）。

图3-8 希腊火

阿拉伯军队遭到此次最惨痛的失败后被迫向拜占庭帝国提出和谈。678年，拜占庭人和阿拉伯人双方订立30年和约，哈里发穆阿威叶一世表示降服，愿意每年向拜占庭帝国进贡。拜占庭帝国的军事胜利在东欧产生了强烈的反响，阿瓦尔人汗王和斯拉夫人各部落首领纷纷前往君士坦丁堡请求和平和友谊，承认拜占庭帝国的宗主权。现代历史学家高度评价拜占庭军队在678年夏季取得的胜利，认为这是阿拉伯军事扩张势头正处于强劲时遭到的最严重的挫折和阻遏，阿拉伯人征服欧洲的计划因此最终破产。当代著名拜占庭学家奥斯特洛格尔斯基指出："这一胜利使欧洲免遭阿拉伯军队的蹂躏和伊斯兰教文化的征服，其重大的历史意义远远超过胜利本身，它可以被视为世界历史发展的一个重要转折点。"[1]

---

[1] G.Ostrogorsky, *History of the Byzantine State*, tr.J.Hussey, Oxford 1956, p.112.

三、希拉克略一世的后人

君士坦斯二世和君士坦丁四世在希拉克略一世的后人中尚属有所作为的皇帝,后者除了抵抗阿拉伯人的军事进攻外,还积极发动对保加利亚人的清剿,但是未能取得胜利。685年夏季,35岁的君士坦丁四世因饮食不当,突发痢疾,死于腹泻。他死后立即由其16岁的儿子查士丁尼二世(Justinian II,685—695年,705—711年在位)即位(图3-9)。按照拜占庭学专家布莱赫尔的意见:"查士丁尼二世生性活跃,喜好炫耀自己,这位希拉克略王朝末代皇帝几乎继承了其祖先的所有缺点,从希拉克略的神经衰弱到君士坦斯二世的残酷无情。他极端无能,却千方百计表现自己。"[①] 他自比查士丁尼一世,不仅取名相同,甚至将其妻子改名为狄奥多拉,以此唤起人们对查士丁尼时代的回忆。在位期间,他派遣利昂提奥斯(Leontios)主动出击亚美尼亚的阿拉伯

图3-9 查士丁尼二世

[①] L.Brehier, *The Life and Death of Byzantium*, p.45.

军队，一度迫使阿拉伯将领马里科（Abd al-Malik）求和纳贡，但是最终因拜占庭军队中雇佣的斯拉夫士兵倒戈而失败。为了补充拜占庭帝国短缺的人力，他整部落地大量引进斯拉夫人，安置新居民于东方前线军区。他还仿效查士丁尼一世积极干预基督教争端，不仅在君士坦丁堡宗教大会上否定了一性论信仰，而且以强制手段将亚美尼亚教会并入君士坦丁堡教会，引起各地基督徒的反抗，使帝国基督教争端在平息了相当长时间后再度兴起。也许正是因为他采取与查士丁尼一世相同的重税政策而导致民众不满，利昂提奥斯乘机发动叛乱，推翻了其统治，并将他处以削鼻之刑，流放克里米亚半岛的克森尼索（Chersonesus）。

此后，拜占庭帝国宫廷如同走马灯一样，皇帝轮流登基，而后在血腥残酷的刑法中下台。伊苏利亚武夫出身的利昂提奥斯（Leontios，695—698年在位）曾因在小亚细亚作战失利被查士丁尼二世囚禁而怀恨在心，后勾结君士坦丁堡反查士丁尼二世的教、俗贵族势力发动军事政变上台。其在位3年，几乎无所作为。史书记载，由于他清理港口使老鼠逃窜，导致海外鼠疫在君士坦丁堡再度爆发。698年，其部下提比略三世（Tiberios III，698—705年在位）在远征迦太基途中拥兵自立为帝，而后在教会和首都民众协助下率军推翻利昂提奥斯，并以其人之道还治其人之身，将后者削鼻，关入修道院。提比略三世在位7年，又被查士丁尼二世推翻。后者在流放地克森尼索娶当地可萨人汗王（Khazar Khagan）的妹妹为妻子，后在保加利亚人汗王帮助下，重新入主拜占庭帝国皇宫。很自然，复辟后的查士丁尼二世大举反攻倒算，将利昂提奥斯、提比略三世及其兄弟希拉克略和他们的家人一同游街示众，凌迟处死。查士丁尼二世第二次统治期仅维持了5年，又再度被其海军将领菲利皮科斯（Philippikos Bardanes，711—713年在位）的叛乱军队推翻。此次下台后，查士丁尼二世自感复辟无望，在小亚细亚逃窜途中杀死自己的孩子，强迫妻子改嫁印度厨师。菲利皮科斯的部将埃里亚斯（Elias）抓住查士丁尼二世后，亲自将其杀死，尸体被抛入大海，而将其头颅带回君士坦丁堡，分别在首都、罗马和拉韦纳各地示众。希拉克略王朝至此断绝。

血腥的宫廷斗争并没有停止，菲利皮科斯在位仅一年半左右便被奥普西金军区将领阿代缪斯（Artemios）发动的叛乱推翻，后者称帝后改名为阿纳斯塔修斯二世（Anastasios II，713—715年在位）。为防止菲利皮科斯复辟，阿纳斯塔修斯二世刺瞎其双眼，将他关入修道院，次年，菲利皮科斯病故。一年后，奥普西金军区再度兵变，拥立文官狄奥多西三世（Theodosius III，715—

717年在位)为帝。经过半年的内战,阿纳斯塔修斯二世败北,被囚禁在塞萨洛尼基的修道院,4年后被新皇帝利奥三世(Leo III the Isaurian,717—741年在位)砍头。狄奥多西三世在位也仅一年半,又被阿纳多利亚军区将军利奥(即利奥三世)推翻,利奥三世以狄奥多西三世非法推翻阿纳斯塔修斯二世为借口,声称为其旧主报仇,但念及狄奥多西三世篡位并非出于其本意,而主要是因军队胁迫,故未予加害。[①]利奥三世又考虑被废文官皇帝难以构成威胁,因此将其终身关入修道院。新皇帝利奥三世精明强干,建立了伊苏利亚王,结束了希拉克略王朝后期激烈的宫廷斗争。

[①] 时人尼基弗鲁斯曾说:"对皇位的时刻觊觎导致皇权的频繁更迭,帝国与京城事务都已被人们弃之脑后;教育被彻底荒废,军事组织则瓦解崩溃。" Nicephorus, *Short history*, translation, and commentary by Cyril Mango, Washington, D.C.: Dumbarton Oaks, Research Library and Collection, 1990, 52, 1-4.

第四章 毁坏圣像运动时代

一、伊苏利亚王朝的对外战争

1. 抵抗阿拉伯人入侵

7世纪末、8世纪初,拜占庭帝国经历了希拉克略王朝末期的政治危机和数年的内乱,最终出现了利奥三世建立的伊苏利亚王朝(the Isaurian dynasty,717—802年)。利奥三世(图4-1)于685年生于叙利亚北部的日耳曼尼基亚(Germanikeia)牧民之家,童年时随父母移居色雷斯的麦森布利亚(Mesembria)地区。他虽然出身社会下层,但是却有非凡的胆识,少年时代的生活使他对当时下层人民深受的战乱之苦有亲身体会。他20岁时,正值查士丁尼二世和提比略三世争夺皇权的战争激烈进行之际,为投靠胜利者,以谋求升迁,他将自家的500只羊奉献给在战争中已经占了上风的查士丁尼二世,得到查士丁尼二世的赏识,当即被留用在皇帝帐下做随从,并不断得到提升。[①]此后,在出使高加索(Caucasus)游说

图4-1 利奥三世

阿兰人(the Alans)与拜占庭军队联合打击投靠阿拉伯人的阿布哈西人(the Abchasians)的谈判中,他有勇有谋,取得成功,因此名声大震。在阿纳斯塔修斯二世统治时期,他被任命为重要的阿纳多利亚军区将军。在任期间,他运

[①] 据说他的同伴问及此事时,他回答说,送出这些羊自有回报,不然它们也难以在战乱中保存。可见其见识非同一般。

第四章 毁坏圣像运动时代

用灵活的外交手段,与阿拉伯人保持良好关系,并利用这种关系夺取了帝位。717年,他联合亚美尼亚军区将军阿尔塔瓦兹德(Artabasdos)推翻狄奥多西三世,建立了新王朝,由于其伊苏利亚人血统,该王朝被称为伊苏利亚王朝。

利奥三世在位时,拜占庭帝国边境形势紧张。此前,北方崛起的保加利亚人在汗王阿斯巴鲁赫(Asparukh of Bulgaria,约646—700年)的率领下举族西迁,侵入黑海和多瑙河之间的拜占庭帝国领土。阿拉伯军队则乘机撕毁30年和平协议,在小亚细亚地区发动陆地进攻,709年夺取拜占庭帝国重镇迪亚纳(Tyana),[1]亚美尼亚军区大部分丧失敌手,使拜占庭帝国东部边界向西后缩,离开了两河流域前线。在非洲战场上,一度被拜占庭军队夺回的迦太基地区再次遭到阿拉伯人猛烈进攻,帝国海军被迫撤回克里特岛(Crete)基地,阿拉伯军队最终完成了对非洲北部的占领。阿拉伯军队利用拜占庭宫廷内讧的机会,调集大军,水陆并进,直扑君士坦丁堡。717年夏季,由哈里发奥马尔二世(Umar ibn Abd al-Aziz,717—720年在位)的兄弟莫斯雷马萨(Maslamash)统率的10余万阿拉伯陆军,穿越小亚细亚地区,抵达赫勒斯滂海峡,在阿比杜斯(Abydos)率领的近2 000艘阿拉伯海军舰船的帮助下跨过海峡进入欧洲,从色雷斯方向严密封锁了君士坦丁堡与欧洲其他地区的陆地联系。同时,大量阿拉伯海军舰船团团包围了君士坦丁堡水上进出口。[2]

利奥三世面对危急局势,冷静地分析了双方情况,认为阿拉伯人有备而来,远道奔袭,意在速决,而拜占庭人内乱方休,战备不足,因此只可以逸待劳,坚守不出,利用拖延战术令敌军疲惫,而后伺机出击,打垮敌人。他还清楚地看到,阿拉伯军队虽然人数众多,船队庞大,但是存在供给困难的致命弱点。基于这些认识,利奥三世全力组织君士坦丁堡城防,充分利用希腊火的杀伤力,多次瓦解敌军攻势。在加强防守的同时,他命令各军区分头出击,切断敌军的补给线,使孤军深入的阿拉伯军队处境日益艰难。一事无成的阿拉伯军队不习惯冬季的多雨天气,军中瘟疫流行,718年,在围困君士坦丁堡整整一年后被迫撤退。而拜占庭军队则乘势全线出击,无情地打击无心恋战的敌人。阿拉伯海军在退却中再次遭到与40年前同样的惨败,数十艘行动迟缓的大船和1 800只各类战船被

---

[1] Theophanes, *Fragmenta Historicorum Greacorum*, IV, ed.C.Muller, Paris 1959, 376, 31;377, 14. Nicephorus, *Short history*, 44, 1-18.MS, II, 478.Chronology 1234, 232, 26-34, AG 1019.Agapios, 238-239.

[2] A.A.Vasiliev, *History of the Byzantine Empire*, I, pp.236-238.J.B.Bury, *History of the Later Roman Empire*, pp.404-405.

希腊火烧毁,残余舰只几乎全部毁于风暴,葬身海底。莫斯雷马萨率领的阿拉伯陆军且战且退,损失惨重,特别是当他们经阿纳多利亚军区退往叙利亚时,在底亚纳城(Diana)附近的山谷遭到拜占庭军队奇袭,死伤过半。阿拉伯军队的惨败迫使哈里发奥马尔二世不得不与拜占庭帝国再次订立和平协议。

2. 对外扩张

利奥三世的胜利使阿拉伯军队元气大伤,数年内不敢对拜占庭帝国用兵。726年,新任哈里发希沙姆(Hisham ibn Abd al-Malik,724—743年在位)重新恢复对拜占庭帝国的进攻。最初,是由莫斯雷马萨将军的部队对卡帕多利亚(Cappadoria)地区发动抢了就走的骚扰战。而后,阿拉伯军队再次孤军深入,兵抵尼西亚(Nicaea)附近,另一支阿拉伯军队向亚美尼亚军区挺进,企图加大进攻势头。对此,利奥三世开展了积极的外交活动,建立反阿拉伯同盟。他主动向控制高加索地区的喀山汗国派遣使者,积极促成了其子君士坦丁(Constantine)与汗国公主伊琳娜(Irene)的联姻。正是由于这一政治联姻,喀山汗王出兵袭击了进抵阿塞拜疆的阿拉伯军队,迫使其退出已经占领的通往高加索地区的交通枢纽德班特(Derbent)山口。同时,利奥三世与北方劲敌保加利亚人修好,减少后顾之忧,全力对付阿拉伯人。740年,拜占庭军队在阿克洛伊农(Akroinon,今土耳其的阿克萨莱)与阿拉伯军队展开战略决战。当时,阿拉伯军队近10万步骑兵,越过边界侵入拜占庭帝国小亚细亚地区。苏丹苏里曼(Suleiman)以迈利克(Melika)和瓦达尔(Wadal)率领的2万骑兵为先锋,亲自统率6万步兵为中军,又以加麦尔(Gammel)的万余步骑兵为侧翼,首先攻占了卡帕多利亚和阿纳多利亚两军区交界处的底亚纳(Tyana,今底亚纳),其前锋骑兵迅速攻取了西纳杜古城(Synatogu)。苏里曼以为这次远征的最初阶段不会遭遇到强有力的抵抗,还会像以前一样顺利进抵博斯普鲁斯海峡,真正的战斗将在君士坦丁堡城下展开。因此,在进攻小亚细亚地区时,他采取了分兵突击的战略。利奥三世针对阿拉伯军队分兵的弱点,选择其进兵要道,集中优势军队,在阿克洛伊农(Akroinon)设下埋伏。阿克洛伊农位于西纳杜古城以北的弗里吉亚(Phrygia)平原,此地多丘陵湖泊,利于步兵设埋伏。当阿拉伯骑兵被引诱进入两个高地之间的伏击地点时,遭到拜占庭步兵的火阵埋伏打击,死伤无数。残余的1/3阿拉伯骑兵损伤严重,逃回西纳杜古城,并连夜退兵,与中军主力汇合,撤出小亚细亚地区。[①]

[①] L.Brehier, *Vie ed mort de Byzance*, Paris 1946, Oxford 1977, pp.53-54.

第四章 毁坏圣像运动时代

阿克洛伊农战役的胜利揭开了拜占庭帝国大反攻的序幕,此后,他们主动出击将阿拉伯军队赶出小亚细亚地区和叙利亚北部,使阿拉伯军队在将近40年内不敢发动入侵战争。利奥三世以后的几位皇帝虽然忙于处理国内颇为棘手的宗教问题,但是仍然能够在制服保加利亚人的同时,利用阿拉伯人各派争夺哈里发权力的激烈内战,多次出击,清除小亚细亚地区的阿拉伯军队。君士坦丁五世(Constantine V, 741—775年在位)(图4-2)在位期间十分注意加强武装力量,组建新的野战军,训练部队,提高战斗力。747—750年,他乘阿拉伯阿拔斯王朝(Abbasid Caliphate, 750—1258年)取代倭马亚王朝的内战之机,在亚美尼亚、卡帕多利亚和阿纳多利亚军区边境地区发动反攻,将东部边界重新推进到两河流域上游。在对叙利亚北部的攻击中,拜占庭军队夺取日耳曼尼基亚地区。利奥四世(Leo IV the Khazar, 775—780年在位)时,拜占庭军队继续进攻叙利亚,夺取叙利亚首府安条克,并在奇里乞亚(Cilicia)战役和亚美尼亚边境遭遇战中,沉重地打击了阿拉伯军队。与此同时,拜占庭海军继续扩大战果,在东地中海展开攻势,先后夺回被阿拉伯海军占领的克里特岛和塞浦路斯岛,重新建立拜占庭海军基地。

图4-2 君士坦丁五世

8世纪末,阿拉伯军队再犯拜占庭帝国。当时,拜占庭统治者是皇后伊琳娜(Irene, 797—802年在位),她摄政17年,把持朝政,后来废黜其亲生儿子,自称女皇(图4-3)。她在位期间全面废除前任历代皇帝的内外政策,使国家陷入混乱。阿拉伯军队则乘机再度大举入侵小亚细亚,后来成为哈里发的哈伦·拉希德(Harun al-Rashid, 786—809年在位)亲自统率大军进兵达达尼尔海峡,迫使伊琳娜订立城下之约,以交纳贡赋为条件换取3年的和平。此后,阿拉伯军队

图4-3 君士坦丁六世与伊琳娜

进一步向小亚细亚地区扩张,将两国边界向西推进。对此伊琳娜不加抵抗,甚至许可他们从库拉珊(Khurasan)地区大批移民。特别严重的是,伊琳娜为了迫害宗教异己分子,竟然解散了对阿拉伯军事防务最重要的亚美尼亚军区,从而使整个小亚细亚地区完全暴露在敌人的攻击下。这样,阿拉伯军队于781年顺利抵达博斯普鲁斯海峡,攻城掠地,大肆抢劫,攻占了爱琴海沿海重要城市以弗所(Ephesus,今艾登附近),798年再次进抵博斯普鲁斯海峡。伊琳娜内战内行,外战外行,此时只知一味地求和,挖空国库,购买和平。这种政策导致阿拉伯军队的进一步入侵,塞浦路斯岛、克里特岛、罗得岛和西西里岛等地中海主要岛屿先后被阿拉伯海军攻占,拜占庭帝国不仅丧失了东地中海的海上霸权,而且丧失了对西地中海的控制。这一局面持续了30余年,直到9世纪中期,拜占庭军队才进行反击,边界线又重新推进到两河流域。838年夏季,撤往叙利亚的阿拉伯舰队再度遭到风暴袭击,损失惨重。此后百余年间,双方在地中海、爱琴海、小亚细亚地区、叙利亚和两河流域展开了长期的拉锯战,互有胜负。

二、毁坏圣像运动

1. 毁坏圣像运动的爆发

毁坏圣像运动是中期拜占庭帝国历史上发生的重大事件,这场运动是8—9世纪拜占庭教、俗统治集团发动的禁止使用和崇拜圣像的社会斗争。这场运动涉及面广,影响极大。学者多以这场运动标志当时的历史,称运动发生的100余年为毁坏圣像时代。①

这场运动起因比较复杂。从宗教角度来看,主要原因有三。其一,拜占庭统治集团为消除有碍加强基督徒与其他宗教信徒,如穆斯林或犹太教徒之间关系的宗教障碍。他们认为,由于基督徒对圣像等宗教偶像的顶礼膜拜,使得其他宗教信徒难以与基督徒接近,从而造成基督徒与其他宗教信徒的对立,也使帝国境域内外的犹太教徒和穆斯林对帝国抱有宗教敌对情绪。其二,伊苏利亚王朝的皇帝试图通过"净化"信徒对原始基督教教义的信仰来加强思想控制。拜占庭皇帝认为,由于《圣经》明确规定"不可跪拜那些偶像",②而

---

① A.A. Vasiliev, *History of the Byzantine Empire*, I, p.234.
② 《旧约全书·出埃及记》第20章,第4节。

第四章 毁坏圣像运动时代

拜占庭基督徒普遍崇拜圣像，故触犯神威，屡受惩罚。他们甚至将诸如726年大地震等自然灾变和阿拉伯人入侵等都视为上帝对基督徒违犯上帝戒律的惩罚。其三，拜占庭教俗统治集团中一部分受到拜占庭东方省区神秘宗教艺术影响的人力图将古典艺术崇尚自然形象的倾向排除出基督教艺术，在艺术领域恢复基督教的纯洁。

事实上，基督教内部关于如何对待圣像的争论由来已久。早在4世纪初，西班牙地区就举行过爱尔维拉基督教大会，明确规定，教堂中严禁设置用于顶礼膜拜的绘画和图象。但是，基督教在罗马帝国获得合法地位特别是成为国教以后，这一规定被弃之不用，使用圣像和圣物装饰教堂日益流行，圣像艺术获得了极大的发展，以致与君士坦丁大帝同时代的作家凯撒里亚的优西比乌认为，对耶稣基督、使徒彼得和保罗圣像的崇拜是基督教民族的习俗。对这一现象的出现，教会内部产生了两种相反的意见。反对者认为对圣像的崇拜有违上帝的意旨，而支持者则认为目不识丁的普通信徒唯有通过圣像才能了解基督教的信仰和基督的圣绩。当然，这个时期的争论还仅限于个别教士。例如，塞浦路斯教士伊皮法纽（Epiphanius of Salamis）（图4-4）就愤怒地撕毁过教堂中那些饰有基督和圣徒的圣像画窗帘。在拜占庭帝国重镇安条克，反对崇拜圣像的民众向圣像投掷石块。至7世纪后半期，对圣像的崇拜愈演愈烈，圣像的内容从对基督和教父的描绘发展到对所有圣人和殉道者的描绘，圣像的形式也多样化，不仅有绘画、镶嵌画，而且有使用象牙、木料、宝石和各种贵金属制作的雕像。更有甚者，一些狂热的信徒宣称，这些圣像不是普通的艺术品，而是上帝借人手创造出来的，因此会产生神迹。作为对这种倾向的对抗，拜占庭帝国亚洲各省份出现了广泛的毁坏圣像的风潮，许多教堂有组织地清除圣像，并组织学者著书立说批判对圣像的崇拜。显然，毁坏圣像运动爆发以前教会内外关于如何对待圣像的争论已经达到相当激烈的程度。

图4-4 伊皮法纽

关于圣像的争论实际上直接涉及基督教基本教义的救赎理论，它是将晦涩难懂的教义和普通信徒的日常宗教生活密切联系起来的教规之争，也是基督教神学和哲学力图摆脱犹太教和古典希腊罗马哲学并最终形成独立的神学体系的结果。基督教神学一方面以一神论取代多神论，以确立上帝至高无上、无所不在、无所不能的地位，进而奠定以上帝为最高目的的世界体系哲学的基础。另一方面以三位一体的基本信条克服犹太教绝对神秘主义的影响，用基督这一人神同形、同性、同格、同质的形象在人与神之间建立起"交流"的渠道，从而形成了救赎论的神学基础。

毁坏圣像运动还有深刻的政治原因。应该说，发动毁坏圣像运动的拜占庭皇帝不是从个人或王朝的宗教信仰出发，而是以宗教问题为契机，力图推行一场旨在抑制教权膨胀的社会改革。他们从一开始就把遏制教会和修道院政治势力的发展作为其宗教政策的出发点，力图恢复皇权对教权的控制，重新确立对皇帝的崇拜，特别是在教会势力迅速发展而直接威胁皇权对全社会统治以及外敌入侵极需统一全国力量的时期，这场运动就成为中央集权化的重要步骤，一些学者明确指出："利奥三世政策的基本目的并不依据任何宗教考虑。"[①]

这场运动可以被视为皇权极力控制和参与教会事务的斗争。最初，皇帝对教会的权力是无限的，但是，随着教会实力的增加，这种权力被侵害。因此，皇帝维护其至尊权的举措愈加严厉。皇帝对教会的控制表现在召开基督教大会、任免基督教高级教职人员和调解仲裁教会内部争端等项权力方面。皇帝总是积极参与教会事务，一方面防止教会脱离皇权的控制，保持其凌驾于教会各派之上的最高权力形象；另一方面及时制止宗教争端造成的社会分裂。与此同时，教权一直力图摆脱皇权的控制，不仅要求教俗权力平等，甚至提出教权高于皇权的理论。教会司法权最先摆脱皇权的控制。而后，皇权与教权之间的斗争愈演愈烈。当时尚由拜占庭皇帝控制的罗马主教格列高利一世（Gregory I, 590—604年在位）公开与皇帝分庭抗礼，反对禁止官员和士兵在未完成职责以前进入修道院的皇帝敕令，并利用拜占庭世俗大贵族争夺皇权的斗争，迫使皇帝承认其"基督教教规最高捍卫者"的地位。至毁坏圣像运动爆发前夕，教会的势力已经发展到足以与皇权相抗衡的地步，并在帝国政治生活中对皇权构成威胁，这就不能不引起世俗君主的极大恐惧。可以说，毁坏圣像运动是拜占庭教俗统治集团之间政治较量的结果。

---

① 乌斯本斯基：《拜占庭史纲》，转引自A.A. Vasiliev, *History of the Byzantine Empire*, I, p.253。

第四章 毁坏圣像运动时代

此外,在教俗君主权力政治较量的背后还存在实际经济利益的冲突,换言之,毁坏圣像运动还有其实际的经济原因。基督教教会在4世纪以前还是民间宗教组织,其有限的财产常常遭到罗马当局的查抄。4世纪末以后,它作为拜占庭帝国的国教,受到特殊保护,教会财产增加极为迅速。尼西亚基督教大会后,教会不仅得以收回大量被没收的地产、金钱和粮食,而且在皇帝的直接支持下,兴建了大批教堂和修道院。教会还逐步获得许多经济上的特权,其中最主要的权利包括免税权、征收教产税权和接受遗产权。这些特权使得教会产业急剧增加,教会的经济实力迅速增强。

至7世纪末、8世纪初,教会已经在拜占庭帝国各地拥有庞大的教会地产,这种地产大多为庄园,或由教会委派的庄头管理,或由教堂和修道院直接经营。以君士坦丁堡教区为例,它拥有29处大小不等的庄园。相比之下,世俗贵族的田产就逊色多了。据现代学者估计,当时拜占庭帝国有各种修道院千余所。各修道院除了直接控制的地产外,还占有其他地产。教会的地产一般都享有免税权,因此,随着教会地产的增加,国家的土地税收日益减少,从而引起世俗君主的极大担忧。教会还通过接受捐赠、遗产和经营庄园等途径,保持相当丰厚的年收入,其收入远远高于世俗封建主。6世纪时,拉韦纳教区的年收入为12 000金币,卡拉布里亚教区的年收入达到25 200金币,7世纪时,西西里教区的年收入高达47 000金币。[1]同一时期,拜占庭帝国最高等级的官吏年薪不过数百金币,如非洲和拉韦纳两大总督区的总督年薪为725—800金币,统辖数省的大区长年薪也不过如此,一般官员的年薪只在3.5—72金币之间。[2]教俗封建主经济收入的极大差距必然招致世俗君主的不满,特别是在国库入不敷出、国家财政吃紧的情况下,这种不满就显得更加强烈。教会以教堂和修道院为核心聚敛大量财富,其富有的程度是世俗君主难以攀比的。据记载,君士坦丁堡教区除拥有几十处庄园和教堂外,还拥有36个金银制成的圣像,16个镶满珠宝的珍贵十字架和圣物,29匹金银线混纺的高级织物,110匹马,15头骡,4头奶牛,47头耕牛,72头菜牛,238头奶羊,94头绵羊,52头山羊及其他浮财。[3]显然,教会是富有的大地产主,其巨大的产业对世俗君主有极大的诱惑力,他们多次试图征用教产,但是常常遭到教会的反

---

[1] M.F.Hendy, *Studies in the Byzantine Monetary Economy*, p.204.
[2] Justinian, *The Civil Law*, trans. by Scott, S.P., The Lawbook Exchange, Ltd. 2001, 28, 1-3.
[3] M. F. Hendy, *Studies in the Byzantine Monetary Economy*, p.214.

对。教会吸引大批青壮年人出家,成为教职人员或修道士,这也是当时一个突出的现象。按照教会的规定,年满18岁的成年人都可以自愿为僧。他们分布于拜占庭帝国内上千所教堂和修道院,多数充当农庄式修道院的劳役僧侣,成为教会庞大经济的支柱。他们中仅有少数人过着独居或隐居或行游式的生活。据学者保守估计,毁坏圣像运动前,拜占庭帝国有10万修道士,约占总人口2%。俄国拜占庭学者安德列夫对此极感震惊,他写道:"鉴于目前在俄国广阔领土上居住的1.2亿人口中仅有4万修士和修女,我们很容易想象,在拜占庭相对狭小的领土上分布着何等稠密的修道院网。"[①]7世纪初拜占庭人力资源的极大短缺,除了其他因素外,是与教会对青壮年人的吸引具有密切联系的。

显然,基督教教会的巨大财产引起世俗君主相当强烈的羡慕,尤其是在国家财政吃紧、世俗各阶层经济生活每况愈下的时候,这种羡慕就逐步演化为嫉妒乃至憎恨。同时,教会对大批青壮年人的吸引和收容对国家税收和兵源造成严重的侵害和瓦解,也引起拜占庭世俗统治集团强烈的不满和恐惧。在这种教俗统治集团经济利益激烈冲突的背景下,拜占庭统治者必然借助宗教问题削弱教会的经济实力。

2. 运动的发展与结束

毁坏圣像运动背景的复杂性决定其过程的曲折。这场运动以皇帝利奥三世于726年夏季颁布《禁止崇拜偶像法令》为开端,至843年幼帝米海尔三世(Michael III,842—867年在位)统治时期,摄政皇后狄奥多拉(Theodora)颁布反对毁坏圣像的《尼西亚法规》为止,持续了117年。在此期间,毁坏圣像运动经历了两个阶段。

第一阶段从726年到812年。利奥三世建立伊苏利亚王朝后,首先致力于抵抗阿拉伯人的入侵,缓解外部危机,而后平息了718年西西里的拜占庭军队兵变和719年以大贵族阿纳斯塔修斯(Anasthasius)为首的贵族叛乱,稳定了新王朝的统治。他通过继续推行军区制改革和制定法典等措施,巩固了中央集权。726年夏季,利奥三世颁布了《禁止崇拜偶像法令》,并率先将大皇宫入口处的基督雕像拆除(图4-5)。这一举动立即引发了君士坦丁堡狂热的基督徒的骚乱,受命执行拆除圣像的士兵被愤怒的妇女们杀死。拜占庭帝国腹地希腊和爱琴海地区也爆发了民众起义,君士坦丁堡大教长日耳曼努斯(Germanus,715—730年在位)则成为反对利奥三世毁坏圣像政策的代

---

① A.A. Vasiliev, *History of the Byzantine Empire*, I, pp.256-257.

第四章　毁坏圣像运动时代

图4-5　利奥三世下令捣毁所有的圣像

表。同时，有关如何对待圣像的争论也从教士的讲堂迅速扩展到社会各个角落。730年，利奥三世召开宗教大会，撤换了反对毁坏圣像的大教长日耳曼努斯，代之以拥护毁坏圣像的大教长阿纳斯塔修斯（Anasthasius，730—754年在位），后者按照利奥三世的法令制定了毁坏圣像的宗教法规。该法规的重要意义在于，它使毁坏圣像的行为成为教会的事务，而不仅仅出自世俗君主的命令，同时，它为毁坏圣像运动提供了宗教理论上的依据。

利奥三世死后，其子君士坦丁五世（Constantine V，741—775年在位）继位后，使这场运动的教义之争演化为对崇拜圣像者的残酷迫害，引起全社会的动荡，毁坏圣像运动遂进入一个新的时期。君士坦丁五世首先平息了反对毁坏圣像的贵族叛乱，而后于754年在博斯普鲁斯海峡亚洲一侧的海耳里亚宫召集宗教会议。与会代表虽然超过300人，但是诸如安条克、耶路撒冷、亚历山大里亚、罗马教区的主教都没有到会，甚至连君士坦丁堡大教长也缺席。会上选举了新的大教长，重新发布毁坏圣像法规："因圣经和所有教父的支持，

167

我们以圣三位一体的名义一致宣布，基督教教会将拒绝摆放并清除和赌咒所有邪恶艺术画家创作的任何材料的圣像。将来任何人胆敢制作圣像或崇拜圣像，或在教堂和私人宅院里摆放圣像，或秘密拥有圣像，将遭到强烈谴责，如果他是主教、教士或宣道师，他将被罢免神职，如果他是修道士或普通信徒，他必须受到世俗法律的审判，成为上帝的敌人和所有教父共同制定的教义的敌人。"[1] 法令公布后，掀起了新的毁坏圣像高潮，人人宣誓不崇拜偶像，大量圣像艺术品被砸烂焚毁，教堂内的圣像壁画被石灰水覆盖，坚持崇拜圣像的人被毒打、抄家、游街、批斗、投入监狱和没收财产，甚至被处死，崇拜圣像的高级教职人员被流放偏远的山区和荒凉的孤岛，他们所在的修道院则被关闭，财产充公，修士和修女被强迫还俗。在毁坏圣像运动的高潮中，修道院和修道士成为扫荡的主要对象，大赛场变成民众公开游斗侮辱修道士和修女的场合，他们被强迫脱去教服，穿上普通人的衣裳，修道士手牵着修女在人们的哄笑和叫骂中走过赛场。在小亚细亚，迫害活动达到了顶峰，修道院被洗劫，修道士和修女被集中在广场上，强迫他们在服从皇帝并还俗结婚与被刺瞎眼睛并流放塞浦路斯岛之间作出选择。许多人因忍受不了迫害而逃亡，仅意大利卡拉布里亚地区就接受了约5万希腊流亡者，有的人甚至流亡到阿拉伯国家。罗马主教乘机最终摆脱了拜占庭皇帝的控制，在法兰克国王矮子丕平（Peppin the Short, 752—768年在位）的支持下，建立起教皇国。

毁坏圣像运动至君士坦丁六世（Constantine VI, 780—797年在位）继位之初发生了重大转折。以摄政皇后伊琳娜为首的反对毁坏圣像派大举反攻倒算，不仅全面废除了以前历代皇帝毁坏圣像的法令和宗教法规，而且对参加毁坏圣像运动的教俗人士大肆迫害。为了消除以前的毁坏圣像立法，君士坦丁堡大教长塔拉西乌斯（Saubt Tarasius, 784—806年在位）于786年在首都召开宗教会议，罗马教皇应邀出席。但是，支持毁坏圣像的军队冲入会场，强行驱散了与会代表。伊琳娜撤换了军队将领，甚至解散了坚持毁坏圣像的小亚细亚军区。787年，基督教大会在第一次尼西亚宗教会议的旧址举行，与会主教超过300人，他们一致通过决议和法规，公开反对毁坏圣像，下令人人崇拜偶像，反对者立即被开除教籍，斥为人民公敌，所有因崇拜圣像而受到迫害的教士一律平反，发还财产。会议还规定世俗君主无权干涉教务。从此，毁坏圣像派的势力一度销声匿迹。伊琳娜的内外政策导致朝野上下和武装力

---

[1] A.A. Vasiliev, *History of the Byzantine Empire*, I, p.260.

量的反对,并被尼基弗鲁斯发动的政变推翻,她被流放爱琴海的莱斯博斯岛(Lesbos),803年病故。

皇帝利奥五世(Leo V,813—820年在位)继位标志着毁坏圣像运动进入第二阶段。利奥五世是毁坏圣像政策的坚定支持者,他以君士坦丁五世为榜样,重新推行前代毁坏圣像派皇帝颁布的法令,废除787年尼西亚基督教会议决议,并开始新一轮对崇拜圣像者的迫害。反对毁坏圣像政策的君士坦丁堡大教长尼基弗鲁斯(Nicephorus I,806—815年在位)被撤职,代之以坚定的毁坏圣像派领袖塞奥多杜斯(Theodotus I Kassiteras,815—821年在位)。815年,毁坏圣像宗教会议在君士坦丁堡圣索菲亚大教堂举行,再次重申禁止制作和崇拜任何形式的圣像,公开嘲笑对圣像的崇拜无非是对"僵死的雕像"和"无生命的图画"的崇拜。会后,一些崇拜圣像的主教和教职人员被解除教职,个别顽固分子被监禁和流放。但是,这个阶段的毁坏圣像的措施与第一阶段相比要缓和得多。此后弗里吉亚王朝的几位皇帝,包括米海尔二世(Michael II,820—829年在位)和狄奥斐卢斯(Theophilos,829—842年在位)虽然继续坚持毁坏圣像的政策,但并没有采取激烈的措施,拜占庭社会长期的动荡逐渐平息,这就为毁坏圣像运动的结束铺平了道路。[①]

842年,狄奥斐卢斯去世,其年幼之子米海尔三世(Michael III,842—867年在位)继位,由皇后狄奥多拉摄政。皇后狄奥多拉是坚定的崇拜圣像派,主持拜占庭朝政后立即推翻毁坏圣像的法令,恢复对圣像的崇拜,并通过宗教会议肯定了反对毁坏圣像的尼西亚法规,同时她再次确立皇权对教权的控制和对教会事务的干涉权。为了平息因毁坏圣像运动引起的社会动荡,她实行宗教安抚政策,为过去因这一运动而受到迫害的教俗人士平反,从而最终结束了毁坏圣像运动。

3. 深远的影响

这场旷日持久的毁坏圣像运动对拜占庭历史和文化的发展影响极大。

毁坏圣像运动最直接的影响是在政治和军事领域,因为,刚刚建立统治的伊苏利亚王朝的君主首先面对的是威胁其统治地位的国内外敌对势力。在这些势力中,教会是与皇权相抗衡的主要力量,至少成为皇帝专制统治的掣肘

[①] 瓦西列夫在其《拜占庭帝国史》中对这场教俗集团的斗争作了详细论述,特别是简述有关的学术观点对读者帮助极大,见A.A. Vasiliev, *History of the Byzantine Empire*, I, pp.251-265, 283-290。

力量,在拜占庭政治生活中对皇权构成威胁。可以说,毁坏圣像运动是拜占庭教俗统治集团之间政治较量的结果,这场运动也可以被视为皇权极力恢复对教会控制的斗争。毁坏圣像运动是自上而下的政治斗争,世俗君主对削弱教会势力更感兴趣,无论是支持还是反对毁坏圣像的皇帝,其打击反对派教士的积极性更甚于对圣像的处理。利奥三世撤换反对派大教长日耳曼努斯和任命拥护毁坏圣像政策的大教长阿纳斯塔修斯,都有力地打击了不断膨胀的教会势力。君士坦丁五世采取的暴力措施,并在君士坦丁堡游斗教会上层人士使教士的人格备受侮辱,一扫其昔日威风。支持崇拜圣像的世俗君主在反攻倒算中也不甘示弱,对毁坏圣像派教士大肆迫害。这样,在毁坏圣像运动进行的百余年期间,教会元气大伤,势力迅速下降,很难再与皇权相对抗。843年的法令确定了崇拜圣像的教义,同时再次明确皇权对教会的控制,使教会一度出现的摆脱皇权控制的趋势被遏止。在拜占庭帝国的历史上,东正教教会始终未能像罗马教会那样发展成为凌驾一切世俗君主之上的至高权力,其重要原因是毁坏圣像运动对教会势力的致命打击,这或许也可以被视为毁坏圣像运动的远期影响。

清除政治分裂势力和强化中央集权是毁坏圣像运动的另一个重要影响。在整个运动中支持毁坏圣像的皇帝大部分来自拜占庭帝国的东方省份,例如利奥三世和君士坦丁五世是叙利亚人,利奥五世是亚美尼亚人,米海尔二世是小亚细亚地区弗里吉亚(Phrygia)人。这批来自帝国东部省份的军事将领夺取皇权后,必然与以官僚为主体的西部贵族势力发生冲突。为了巩固统治地位,军事贵族集团利用毁坏圣像运动打击西部势力。利奥三世在罢免反对派教士的同时,对起兵反叛的希腊军区和爱琴海军区的贵族进行残酷镇压。君士坦丁五世也在迫害反对派高级教士的同时,处死一批反对派世俗权贵。毁坏圣像运动的政治实质是拜占庭皇帝努力恢复皇权的至高无上地位,在拜占庭教俗各界重新确立皇帝崇拜的举措,是强化中央集权的重要步骤。

毁坏圣像运动(图4-6)在军事方面的影响是与其政治影响紧密联系在一起的。当时,拜占庭帝国最主要的外部压力来自阿拉伯军队的入侵,而担负抵抗入侵的主要军事力量集中在帝国的亚洲军区。早在毁坏圣像运动爆发以前,帝国各地教会内部在如何对待圣像问题上出现了两种意见。帝国东方和西方省区在这个问题上也形成了截然不同的派别。大体而言,包括希腊在内的西方省区支持崇拜圣像,而东方各省则支持毁坏圣像。拜占庭统治者十分清楚,如果不以明确的立法和政策支持东部军区的毁坏圣像的主张,就无法稳固军心,也不能使东部广大士兵得到安抚,进而对东线防务产生不利的影响。毁坏圣像政策的出

第四章　毁坏圣像运动时代

图 4-6　毁坏圣像运动

笼确实鼓舞了东部各军区的士气，因而，8世纪中期的拜占庭军队在东部前线节节取胜，764年横扫小亚细亚，进抵叙利亚北部地区。东部边境的军事胜利还使拜占庭帝国能够从容地实现其战略防务重点的转移，一方面它进一步扩充以东部各省士兵为主的武装力量；另一方面它可以更多地抽调东方前线部队到巴尔干半岛打击长期为患的保加利亚人势力，使之数十年不敢轻举妄动。

　　毁坏圣像运动在经济方面也产生了重要影响，这在遏止教会产业急剧膨胀和防止国家人力资源流失两方面表现得十分突出。由于基督教作为拜占庭帝国的国教受到皇帝的特殊保护，教会财产增加极为迅速，教会的经济实力急剧增强，因此在运动之初，教会已经成为帝国内部最富有的利益集团。教会经济实力的急剧增长不仅成为它在政治领域与皇权分庭抗礼的基础，而且直接蚕食和损害国家人力物力资源，特别是在拜占庭帝国连年战争、瘟疫不断、人力资源消耗严重、国库入不敷出的情况下，教会侵蚀国家经济基础的作用就显得特别恶劣。拜占庭皇帝多次试图征用教产，都因为教会的反对而未果。在毁坏圣像运动中，利奥三世首先对罗马主教的辖区开刀，将原来归属罗马教区管理的西西里、卡拉布里亚和伊利里亚教区强行划归君士坦丁堡教区，他还下令将意大利南部地区缴纳给罗马教会的什一税全部收归帝国国库。君士坦丁五世更是把没收教产、关闭修道院作为其采取的主要行动之一,以致现代学者评论说:"与其称之为毁坏圣像运动,不如称之为毁坏修道院运动。"[①]尼基弗鲁斯一世则毫不留情地取消了教会的免税特权,甚至大幅度提高强加给教会的税收。为了阻止教会夺取国家直接纳税人,拜占庭皇帝多次颁布法令,禁止士兵、军官和国家官员在退休以前进入修道院当修道士,同时强迫大批教士和修女还俗。这些措施有效地实现了拜占庭皇帝从经济上打击教会的目的,大幅度增加了国家的税户,进而增加了国家的收入。

最后,我们还应提到毁坏圣像运动在拜占庭文化发展过程中所起的重要作用。在毁坏圣像运动的高潮中,确实兴起了世俗艺术的热潮,在石灰水刷掉圣像的墙壁上出现了以皇帝图象和花草动物等自然景物为主的世俗绘画,其中不乏对重大战役、皇家生活、围猎和公众活动以及赛车竞技等场面的描绘。事实上,正是由于毁坏圣像运动对教会文化的打击,才遏止了5世纪以后教会文化迅速发展的势头,并为世俗文化的复兴提供了机会。此后,拜占庭教俗文化在不同的领域共同发展,形成了拜占庭文化的一个重要特征。

三、立法活动与农村社会

1. 立法活动

以利奥三世为代表的伊苏利亚王朝君主十分重视立法工作,其中又以《法律选编》和《农业法》为典型代表作品。《法律选编》为伊苏利亚王朝皇帝颁布的法典,全书共分18章,主要包括适用于当时社会生活的前代皇帝的法律,它在离婚、战利品分配和刑法方面作出了新的规定,其对拜占庭帝国司法活动的强大影响持续了约200年。而《农业法》的影响则更为深远广泛,它成书后千余年仍然流行在东欧和土耳其地区,这些地区广大农村普遍使用该法的现象引起拜占庭学术界长期关注。德国学者扎哈里亚·冯·林根绍尔在追踪《农业法》成书年代问题上获得突破性进展,他在其著名的《希腊罗马法律手稿史》中提出,《农业法》是由14世纪的大法官根据前代立法编入当时法典中的,并根据对12世纪拜占庭帝国的《皇帝法律选编》一

[①] G.Ostrogorsky, *History of the Byzantine State*, p.89.

书的研究,[①]认为《农业法》编纂者的资料来自更早的法典,其部分条款早在8世纪就已经被编入伊苏利亚王朝的《法律选编》中。[②]大多数拜占庭学家几乎一致认为《农业法》成书于8世纪末或9世纪初,是皇帝利奥三世和君士坦丁五世时期颁布的。此后,《农业法》被长期广泛地使用,一方面说明其各项规定能够满足拜占庭帝国农村的法律需求;另一方面表明该法律比较真实地反映了拜占庭农村社会生活的一般状况,其关于农村组织、土地利用、农民权益、居民身份等方面的具体规定,可以为后人提供描述8世纪前后数百年拜占庭农村社会图景的资料。《农业法》提供的历史材料之生动具体,恰恰是其他重于法理阐述的法典所缺乏的。这里,我们从《农业法》提供的丰富信息中,择其要者,简述如下。

2.《农业法》反映的农村社会

根据《农业法》,拜占庭农村以村庄为基层组织单位,农民生活在大小不等的村庄内。村庄(χωριο)一词主要是地域概念,泛指有农民居住的特定地区。在一个村庄内以农民住区为核心分布着农民的生活区域和生产区域,前者包括住房、磨坊、谷仓、草垛、酒窖、饲料棚、车库等,后者包括份地、林地、牧场、打谷场、菜园、果园,还有羊栏、马厩等家畜区和公共用地。村庄与村庄之间以地界分开,"古老的地界"在村庄之间因土地发生争执时是最权威的判断根据。同时,在村庄内农户之间也存在各种形式的地域划分,这在该法律提及的"界沟"和"他人地界"的概念中得到了证明。

值得注意的是,拜占庭农村中的村庄组织具有的纳税单位的含义。《农业法》第18条和第19条对此都作了明确的规定。这两条法规比较清楚地表明,农民拥有因破产而迁徙的自由权利,明确地肯定了与逃亡农民同在一个村庄的其他农民具有使用弃耕农田的优先权。前者强调因农民逃亡而成为弃耕土地的使用和该土地产品的归属问题,而后者强调的是纳税义务的转移和完税的责任问题。这两条法规向人们透露了重要的信息,即当一块田地成为弃耕

[①] 《皇帝法律选编》是由无名氏法学家于1142年编辑的,其资料来源为更早的《皇帝立法》,从其注释中反映,选编者的目的是对《皇帝立法》60卷进行全文整理,但是,其主要内容只包括《皇帝立法》前10卷的内容。此外,《皇帝法律选编》对《皇帝立法》其他内容作了意译,并选了6—11世纪的一些法律,选编的方式为意译、举例和简短介绍,其中对司法程序的举例最为详细。Zacharia von Lingenthal, *Historiae juris graeco-romani delineatio*, Heidelbergae, 1839, p.32 以后部分。

[②] Leo III and Constantine V, *Ecloga: A Manuel of Later Roman Law*, trans. by E. Freshfield, Cambridge 1927.

田地后,该田地原来承担的国家税收义务并不因为原主人的消失而消失,其税收义务不是确定在农民身上,而是承负在田地之上。换言之,国家只关心土地的耕种和税收,而不关心土地经营者究竟是何人,只要能够保证完成政府税收,土地使用权的归属并不重要。而国家确保农民完成税收的组织机构是村庄,逃亡农民所在村庄的其他农民以完成该土地税收的责任和义务换取使用弃耕田地的优先权。国家通过立法杜绝土地荒芜,以强制村庄集体完税来保证财税收入。在一定的税收年度期间,政府测定的地方纳税额度是固定的,因此对村庄内的农民而言,每块荒芜农田都意味着增加了自身的税收量,解决问题最好的办法是占用弃耕土地。在这里,《农业法》提供了拜占庭帝国税收"连保制"的证据,按照这一制度,荒芜农田的税收由其所在的村庄代缴。① 同时,这一信息也有助于加深人们对拜占庭帝国皇帝多次颁布的"保护小农"立法的认识,即除了通常人们理解的限制大土地发展,进而加强中央集权的政治含义外,还具有国家保护其税收,维持财政收入的经济含义。我们在《农业法》以外发现的有关资料反过来也为我们解读这两个条款提供了帮助。

《农业法》关于村庄的管理机构未作说明,但是,从9世纪的《官职表》中可以发现,国家通过行省政府实现对地方的管理,地方政府则主要以派遣巡回法官和税收官吏控制农村居民。② 法官不定期地在某一地区各村庄之间巡回,处理农民日常生活中发生的各类纠纷。《农业法》多处提到法官,规定由他们调查和判决有关地界、借用牲畜和利息等纠纷。同时该法律确定同一村庄由多名农民作证的契约和协议具有法律效力的规定也说明,法官并非常驻一地,而是不定期巡回,在法官离开某村庄期间,农民可以按照法律订立契约。这里,法官具有行政管理的意义,其权力来自政府任命,并通过司法管理行使这一权力。国家对村庄的经济管理则是通过行省税务官员每年5月和9月的征税活动来实现的,他们每3年重新清查农村土地状况,确定税收额度,这就是《农业法》规定3年($\tau\rho\iota\alpha\ \varepsilon\tau\eta$)期限和多处涉及土地划分的原因,这种村庄土地划分问题,显然是与村庄作为国家税收基本单位的作用紧密相关的。③

---

① I.Karagiannoulos, *To Βυζαντινον Κρατος*, Θεσσαλονικη 1983, pp.90-99.
② 菲洛塞奥斯的《官职表》完成于9世纪,是研究此期数百年拜占庭帝国行政管理问题的最重要的资料,目前有多种文本行世,本文参考布瑞:《9世纪帝国管理制度》,J.B.Bury, *The Imperial Administrative System in the Ninth Century*, Oxford, 1911, pp.131-179 所附原文本。
③ 此期拜占庭帝国税收管理问题可参见 I.Karagiannoulos, *To Βυζαντινον Κρατος*, Θεσσαλονικη 1983, p.97。

第四章 毁坏圣像运动时代

《农业法》涉及土地问题的法规计有44条,占全部条款的一半以上,其中论及土地使用的行为包括农田划分、保存地界、犁耕、播种、交换份地、收获、租佃土地、田园管理、果实分成、土地租期、土地权益等。在村庄内,土地主要用于耕种,农田以份地(μεριδα)形式分配给农民。种植谷物等粮食作物的田地不在农民住区附近,采取敞开式耕作方法,农民份地之间以沟渠为界。为了避免土地纠纷,《农业法》明确规定合法耕种的农民"不得越过其邻居的界沟"。这里所谓界沟,是指村庄内农民份地之间的分界,与两个村庄之间的地界不同。第78、第79条中禁止农民将牲畜放入其已经先行收割而其他农民尚未收割的农田,说明农民份地之间的分界不足以防止牲畜进入他人农田。菜园、果园、葡萄园和种植橄榄的林地也分配给农民使用,[①]除了后者采取敞开式耕种外,园地都以栅栏和壕沟围起来,防止牲畜啃噬和不法之徒偷盗。各村庄还保存一定数量的公共土地,为村庄所有农民共同使用,它们分散在村庄核心区的农民生活住区和村庄周围地带,放牧用的草场、砍伐生活用材的树林、河流经过的河畔等均为公共土地(图4-7)。

土地划分是说明土地使用状况的重要现象。《农业法》中的规定表明,村庄内的农民经常进行土地划分。该法律多次提到农民因"无力耕种"、"无力经营"、"贫穷"和"因贫困不能经营自己的葡萄园而逃匿移居到外地"造成的弃耕土地问题,我们由此可以确知在村庄里存在着相当数量的弃耕土地。该法律还多次涉及公共土地和"尚未划分的地方"。这些弃耕的土地和尚未划分的公共土地就成为村庄土地划分的内容。从有关村庄集体缴纳税收的研究中人们了解到,村庄为保持完税的能力,必须使弃耕的土地恢复生产,而农村人口的增加又迫使村庄中的农民不断划分公共土地。这样,在村庄中进行的土地划分就不是土地重新分配,而是土地追加分配,被划分的土地不是全部而是部分。《农业法》揭示,非正式的划分平时即在进行,有能力经营的农民有权参与非正式的土地划分,并占用这种划分后的土地,这种划分具有法律效力。但是,由政府派遣的税务官吏主持进行的正式土地划分具有决定意义,因为平时进行的非正式土地划分由于多户农民的参与,必然会在划界、地点等问题上产生争执,进而在税收方面造成问题。政府每3年进行一次的农村土地清查登记,就成为村庄内

---

① 橄榄树种植多在贫瘠的山坡地,《农业法》中多处论及,其使用的词汇为当时拜占庭人习惯用语,这使个别学者产生误解,以为当时拜占庭人放弃橄榄种植。参见P.Lemerle, *The Agrarian History of Byzantium*, Galway University Press 1979, p.37。

图4-7　君士坦丁堡

土地的正式划分。在正式土地划分期间，税务官和法官将按照《农业法》审查认定农民平时进行土地划分的合法性，同时进行土地税收清查。

  划分后的土地即成为农民个人的份地，农民对自己的份地拥有完全自主的使用权和处置权，《农业法》规定的土地处理方式就包括"交换土地"、"永久交换"或"暂时交换"等任何方式的租佃、代耕和转让，租佃又包括"什一分成"租佃、代耕、"对分"租佃，等等。农民在自己的土地上具有种植决定权，并有权采取包括筑篱笆、挖壕沟和设陷阱等保护庄稼的措施，并对因此造成的牲畜死亡不负任何责任。《农业法》还进一步将农民的土地权利扩大到农业产品方面，以产品归劳动者所有的原则保护农民的权益，规定虽取得土地经营权力但未进行整枝、松理土地、筑篱挖沟等管理劳动的农民无权获得该土地上的收成，或经协商同意，在他人橄榄树林地经营的农民可以享有3年该林地的收获。该法律对偷盗或故意毁坏他人劳动果实的行为给予极为严厉的处罚，如偷割他人谷穗和豆荚者遭到鞭打，砍伐他人结果的葡萄藤或烧毁他人饲料棚者应被砍手，纵火焚毁他人谷堆被处以火刑,屡次偷盗谷物和葡萄酒者被处以瞽目。值得注意的是,《农业法》没有关于土地买卖的条款,这是否能够说明在8世纪的拜占庭帝国禁止土地买卖,这一问题还需要依据更新的资料作更深入的研究。

从《农业法》中反映,拜占庭帝国的农民成分复杂,包括什一分成租佃制和对分租佃制的承租人和租佃人、领取工钱的雇工、收取定金的代耕者、破产逃亡农民、牧牛人、园林看管人、奴隶主人、磨坊主、牧羊人等,可见这里所谓农民是指在农村生活劳动的居民,他们中既有以种植土地为生的农业劳动者,也有以经营畜牧业为生的牧民,他们贫富不同,生产劳动形式有别,但是,其地位平等,享有同等权利。

根据《农业法》,拜占庭农民均拥有独立财产,其中不仅包括住房、库房、酒窖等消费财产,而且包括份地、果园、劳动工具和牲畜等生产资料,农民对这些私人财产拥有完全的自由支配权,并受到法律的保护。除此之外,农民还享有自由迁徙移居权,当他们面临破产时,可以将自己的土地委托他人经营而远走他乡,而当他们感到在本地更有利于自身的发展时,还可以返回原来的村庄,法律仍然承认其原有的权利。另外,农民均有参与村庄公共事务的权利,他们不仅可以作为证人参加邻里之间的协议,而且可以监督村庄内共有土地和水资源的使用情况,甚至可以否决村庄中不公平的土地追加分配。在《农业法》中,所有的农民,无论是贫穷的还是富有的,无论是土地出租者还是承租者,都是经营自己土地的劳动者,至少该法律没有提供不劳而获的地主和控制依附农民的领主的资料。这种情况显然与同期西欧农村中普遍发展的庄园制和领主制有极大区别,我们是否可以据此提出,以西欧农业发展史为依据得出的理论模式不适用于拜占庭帝国历史?[①]

《农业法》提供的资料表明,虽然农民享有平等的法权,但他们的实际状况却存在较大的区别,主要反映在贫富差距比较大这一事实上。从该法律来看,村庄中最富有的农民拥有多份土地,其中除了其自家的份地外,还包括代耕暂时离开村庄的农民的土地,可以采取以犁耕换取分配收成或以代耕定金换取代耕权利。这部分农民既种植谷物,又经营葡萄园和橄榄树林,还饲养牲

[①] 苏联拜占庭史学界总是力图以西欧历史发展理论套用解释拜占庭历史,尤其是在拜占庭社会封建化问题上纠缠不休,其代表作品反映在20世纪五六十年代我国翻译的有关论著中。我国学术界深受其影响,至今反映在许多世界历史教科书中。苏联的有关学术观点比较集中表现的著作,见列夫臣柯:《拜占庭》,三联书店1962年版。

畜或拥有磨坊,甚至放贷取息,显然比较富裕。该法律对他们的财产明确作出保护。需要指出的是,这些富有的农民与晚期拜占庭历史上的大地产主有本质区别,他们不是有权有势的权贵,而是村庄中的普通成员,不是不劳而获的地主,而是经营份地的劳动者。与此同时,村庄中贫穷的农民只有少量的份地,一些外来农民则没有土地,他们依靠租佃来的土地为生,其中什一分成租佃农民可以占有土地收成的9/10,而五五对分租佃农民只占有1/2的收成,这里出现的巨大差别可能是因税收造成的,即前者的土地税收由承租人负担,而后者的税收则由土地租佃人承担。根据我们对拜占庭帝国中期历史上土地税、园地税、牲畜税、户籍税和各种非常规特殊税的考察,其税收总量大体相当于农村人均年收入总值的1/3左右。[①]这大概就是《农业法》中两种分成租佃农民占有收成不同的原因。由此,我们还可以进一步理解村庄农民逃亡的重要原因在于摆脱国家税收负担,因为逃亡农民在新的定居村庄至少可以逃避部分税收义务,尤其是对贫穷农户而言,逃亡可能是减少税收负担的主要途径。

《农业法》还提及奴隶,但是根据有关条款记载,他们主要被用于放牧牛羊,可能属于家奴。奴隶与农民的区别在于,奴隶不具有法人地位,"如果奴隶在树林里杀死牛、驴或羊,那么他的主人应给予赔偿",奴隶主负责赔偿其奴隶造成的损害。可见,拜占庭帝国时期,奴隶的实际地位远比古罗马时代高,他们是人不是工具,6世纪的立法就规定杀害奴隶的人以杀人罪论处,[②]但是奴隶本人因无法人资格而不承担法律责任,这在《农业法》中得到了证明。

斯拉夫人定居拜占庭帝国对当时的社会产生了一定影响,主要集中在大量斯拉夫移民进入拜占庭农村后改变了人口构成,缓解了劳动力短缺的困难。斯拉夫人定居在因缺乏农村劳动力而荒芜的地区,对于增加国家税收和提供粮食供给方面具有积极作用。《农业法》在拜占庭农村中的广泛应用,说明该法律所涉及的小农生产和生活方式在拜占庭帝国中期历史上比较普遍,成为当时占主导地位的农村社会关系。这一现象的出现主要是军区制改革产生的积极作用,也与斯拉夫人的迁徙有一定联系。斯拉夫人大量补充到农业生产中,使自阿拉伯人占领拜占庭帝国埃及谷物生产地以后长期存在的粮食短缺情况得到改变,充足的谷物供应使粮食价格急剧下降。斯拉夫移民在充实拜占庭农业劳动力方面发挥的作用比较明显。

---

① I.Karagiannoulos, *Το Βυζαντινον Κρατος*, σσ. 95-96.
② I.Zepos, *Ius Graeco-Romanum*, Athens 1931, I, pp.68-69.

四、弗里吉亚王朝

弗里吉亚王朝是由米海尔二世（Michael II, 820—829年在位）创立的，他出身于贫苦农民家庭，像当时许多走投无路的下层民众一样，也于青年时代从军，在阿纳多利亚军区供职，并且不断得到升迁。伊苏利亚王朝末期的皇室内讧为军事将领伺机叛乱夺权提供了机会，特别是皇后伊琳娜废子夺权，自立为帝，推行一系列错误的内外政策，导致尼基弗鲁斯一世政变成功，终止了伊苏利亚王朝的统治。此后，持续不断的军事叛乱和宫廷政变接连不断，米海尔作为阿纳多利亚军区将军巴尔达尼斯（Bardanes Tourkos）的心腹战将和女婿，也参与了前者于803年发动的军事叛乱。① 但是，精明的米海尔洞悉胜利的天平将倾向于尼基弗鲁斯一世，故倒戈投诚，在激战中撤出部队，导致巴尔达尼斯起义失败。巴尔达尼斯被刺瞎双眼关入修道院，而米海尔因此得到升迁，被尼基弗鲁斯一世赏赐豪华贵族庭院，委以重任。此后，他在尼基弗鲁斯一世、斯陶拉基奥斯、米海尔一世和利奥五世4任皇帝争夺皇权的斗争中，积极发展实力，不仅在军队中扩大势力，而且成为元老院的领袖。在伊琳娜倒台的802年至米海尔本人叛乱成功的820年期间，尼基弗鲁斯一世在巴尔干前线阵亡，斯陶拉基奥斯（Staurakios, 811年在位半年）重伤毙命，米海尔一世（Michael I, 812—813年在位）被迫退位被囚禁于修道院，利奥五世（Leo V the Armenian, 813—820年在位）则被刺杀并陈尸于赛车场。

米海尔二世目睹宫廷斗争的残酷，因此即位后，一方面大力镇压异己势力，在首都密布暗探，同时提拔和培植心腹死党，任命亲信担任重要军政职务；另一方面，缓和因毁坏圣像运动而造成的社会矛盾，停止迫害行动。为了使其篡夺皇权名正言顺，他娶伊苏利亚王朝公主优芙洛西尼（Euphrosyne），俨然以伊苏利亚王朝继承者面目出现。事实上，新王朝只是借用老王朝的名义，而无任何伊苏利亚家族的血统，因为米海尔二世去世后即位的狄奥斐卢斯（Theophilos, 829—842年在位）是他与前妻塞克勒而非伊苏利亚公主所生。狄奥斐卢斯于842年年初其子米海尔三世（Michael III, 842—867年在位）两岁生日的宴席上饮食过度，死于痢疾。两岁的米海尔三世即位后由其母狄奥

---

① 巴尔达尼斯将女儿塞克勒（Thekle）嫁给米海尔，后者因此成为其副将。米海尔二世称帝后，又娶伊苏利亚王朝皇帝君士坦丁六世的女儿为妻。

多拉（Theodora）摄政（图4-8），直到856年。但是，米海尔三世自幼年开始的宫廷生活养成骄奢淫逸的习气，平日沉迷于酒色，专注于走马放鹰和迷信杂耍，不务政事，听凭母后和一班文臣武将处理令其头痛的国事（图4-9）。16岁时，他听信巴尔达斯（Bardas）摄政王的鼓动，废除了其母后和一批老臣的官职头衔，25岁时又在巴西尔的唆使下排挤巴尔达斯，甚至密令巴西尔将其刺杀。866年，他一时高兴，任命巴西尔为其共治皇帝，因此陷入后者精心设计的圈套。按照当时拜占庭皇帝继承的惯例，所谓共治皇帝通常就是在位皇帝的继承人，一般是由皇帝生前任命皇室宗亲担任。[①]米海尔三世在确定继承人问题上极为草率，因为巴西尔不仅是外姓人，而且年纪比米海尔三世还大10岁。显然，他被城府极深的巴西尔蒙骗了，成为后者阴谋篡位的牺牲品。867年，米海尔三世便被暗杀在寝宫中，其死因成为另一个拜占庭历史之谜。而巴西尔在为米海尔三世举行隆重葬礼的同时，也在庆祝自己阴谋的得逞。新王朝就是这样在阴谋中建立的。

弗里吉亚王朝的统治延续了47年，其间值得记述的成绩除了结束毁坏圣像运动之外，还包括继续贯彻希拉克略一世开始的军区制改革政策，建立新军

图4-8　狄奥多拉与米海尔三世

① 参见陈志强：《拜占庭皇帝继承制度特点研究》，《中国社会科学》1999年第1期。

图4-9　米海尔三世热衷于赛车

区,引进新移民,并且凭借不断增强的国力加强边防建设,不仅在巴尔干半岛北部地区修筑要塞以阻击斯拉夫人的南下,在小亚细亚扩充军队以打击阿拉伯人的侵扰,多次发动对外战争并取得远征胜利,而且彻底修缮君士坦丁堡城墙,巩固了首都的城防。相对而言,狄奥斐卢斯是该王朝比较有作为的君主,主要表现在其有效的财政税收政策方面。当时,拜占庭社会军事化促进了小农经济的发展,农村生活逐渐富裕,城乡交流,特别是手工业和农副业产品交换日益频繁。针对国内商业复兴的现状,狄奥斐卢斯制定了积极的财政政策,一方面发行大量贱金属货币铜质弗利斯(Folleis),以方便不断增长的城乡贸易;另一方面在税收中增加了贱金属货币的征收,以纠正金本位货币体系给小农纳税带来的不便。积极的财政政策产生了积极的效果,国库因此迅速充盈。他以此发展武装力量,重新修建君士坦丁堡城墙,褒奖学术,支持教育。应该说,马其顿王朝时期拜占庭帝国逐步进入其黄金时代是与弗里吉亚王朝的积极财政政策有密切关系的,换言之,后者为马其顿王朝的强盛奠定了财政基础。[①]

[①] 很多历史学家对弗里吉亚王朝的情况不予重视,读者可以参考的有关记载主要在瓦西列夫的书中, A.A. Vasiliev, *History of the Byzantine Empire*, I, pp.271-190。

第五章 马其顿王朝的统治

通常人们将马其顿王朝统治时期的拜占庭帝国视为黄金时代,也就是其历史曲折发展的顶点。之所以这样说,主要依据是这个时期的内政外交方面取得的成果。如前所述,当时的拜占庭帝国政治生活基本稳定,该王朝统治时间为拜占庭帝国早期和中期各王朝之最,在位皇帝数量也最多,其中不乏杰出者,他们或军功卓越,或文采超群,多有青史留名的人物。这个时期虽然宫廷变故不少,但是帝国管理体制运转基本正常,特别是在军区制充分发挥其组织协调作用下,经济生活保持繁荣,为帝国提供了比较雄厚的物质基础,城市中的工商各业都呈现了活跃景象。因此在这个时期,文化生活非常丰富,出现了一大批传之后世的文化杰作,它们使拜占庭文明重放光彩,这一文化昌盛的现象被后世历史学家称为"马其顿王朝文化复兴"。拜占庭帝国实力的增强也必然表现在外交方面。与此前相比,这个时期的拜占庭军队胜多败少,外交政策大体上表现出扩张的趋势,各条战线不仅基本保持稳定,而且向外扩展。马其顿王朝取得的诸多成就不能完全看作是这个时期统治当局的英明,而应更多考虑此前数百年拜占庭帝国推行的军区制这一因素。正是由于250年前进行的军区制改革才使得拜占庭帝国找到了正确的发展道路,也是由于军区制的不断发展使拜占庭帝国在其特定的历史环境中合理地解决了紧迫的军事难题,其他问题便随之迎刃而解。数百年发展的积累,到马其顿王朝时期,便达到了拜占庭帝国历史发展的鼎盛阶段。如果我们从宏观的角度观察拜占庭帝国的历史发展,就不难得出这样的结论,马其顿王朝时期确实是空前绝后的繁荣时期,把这个时期称为黄金时代是合理的。[①]

[①] 奥斯特洛格尔斯基以此作为其通史第四章的题目"拜占庭帝国的黄金时代"。奥斯特洛格尔斯基:《拜占庭帝国》,第183页。

第五章 马其顿王朝的统治

一、马其顿王朝的兴起

马其顿王朝（Macedonian dynasty, 867—1056年）统治时期，拜占庭帝国进入其发展的鼎盛阶段。该王朝经历了5代18位皇帝，统治时间长达189年，其皇位继承几经曲折，颇能代表拜占庭皇权继承的普遍情况，说明拜占庭皇位继承制的原则，反映拜占庭帝国政治生活的特点。

马其顿王朝的奠基人是巴西尔一世（Basil I, 867—886年在位），马其顿地区农民之子，行伍出身，在米海尔三世时期，他因战功卓著，平步青云，又因善于专营而得到皇帝的信任，866年被任命为共治皇帝（图5-1）。867年，他阴谋暗杀了米海尔三世，成为皇帝，建立了马其顿王朝。早在其登基前，巴西尔一世就注意在军队中培植亲信，建立对其效忠的军事贵族集团。同时，他利用米海尔三世的无知和骄横，赢得皇帝的信任，并借助皇帝之手铲除了许多潜在的政治对手。而后利用其控制的武装力量左右朝廷政治，结党营私，网罗死党，迫使米海尔三世让步，任命他担任共治皇帝，为其最后夺取皇位铺平了道路。在早期和中期拜占庭历史上，包括马其顿王朝在内的8个王朝都是由军人建立的，其中通过政变建立的王朝有4个。可见，宫廷政变仍然是拜占庭帝国改朝换代的主要途径，而军队在宫廷政变中的作用依旧十分重要。军事将领在政变后成为皇帝的传统始于昔日罗马帝国，特别是晚期罗马帝国的历史

图5-1 米海尔三世任命巴西尔为其共治皇帝

充斥着军阀割据、自立为帝的事件,这对拜占庭帝国政治生活产生了重大而深远的影响。而开始于7世纪的军区制改革是以中央政府向地方下放权利为特征的,这项改革有利于拜占庭国家地方组织军事化,进而使军人和军队在国家政治生活中占有更重要的地位。

巴西尔一世死后,传位于次子利奥六世(Leo VI,886—912年在位)。其时,利奥六世20岁,已经担任16年以上的共治皇帝。他自幼接受全面系统的宫廷教育,精通多种语言,熟知古代哲学和文学,因此,经常参与教会神学的讨论。但是,利奥六世生前的3个妻子,即塞奥发诺(Theophano)、佐伊(Zoe)和尤多西亚(Eudoxia)都过早去世而没能生育男性王朝继承人,因此迫使利奥六世与军事贵族后裔"黑眼睛的"佐伊结婚,并生下君士坦丁七世(Constantine VII,913—959年在位)。但是,利奥六世的第四次婚姻却招致教会的激烈反对,君士坦丁堡大教长尼古拉斯(Nicholas I Mystikos)坚决否认这次婚姻的有效性,进而也否定了君士坦丁七世的皇位继承人的地位。此事很快演化为拜占庭教俗统治集团之间的斗争,罗马教皇也积极卷入斗争。这一事件说明,在拜占庭皇权继承问题上教会也起了不容忽视的重要作用。拜占庭皇帝虽然不断加强中央集权,但是,他必须遵守教会法规,特别是有关婚姻的规定。利奥六世(图5-2)第四次婚姻在其生前没有得到正式承认,"黑

图5-2 圣索菲亚大教堂内一幅描绘利奥六世向基督行礼的马赛克镶嵌画

第五章 马其顿王朝的统治

眼睛的"佐伊始终没能获得皇后地位,君士坦丁七世的皇帝资格也是经过数十年后才得到认可。利奥六世死后,皇位由其弟亚历山大（Alexander, 912—913年在位）继承。这里,兄终弟及的皇权继承原则作为父死子继原则的补充形式明确表现出来。

亚历山大仅仅在位不足13个月便去世了,他生前一直没有承认也没有否认其侄子君士坦丁七世的共治皇帝的地位,因此在他发行的金币上始终没有出现后者的头像。元老院和教会由于担心军事贵族控制朝政,一直排斥佐伊作为皇后的地位,在亚历山大去世后,决定由大教长尼古拉斯作为君士坦丁七世的监护人代理行使皇帝权力,并不得将佐伊接进皇宫。事实上,君士坦丁七世的皇帝继承人地位并没有遭到否认,只是由于其母亲引起官僚贵族和教会贵族的担忧,他们不愿意公开承认其地位。不甘失败的佐伊联合军事贵族海军司令罗曼努斯一世（Romanos I, 920—944年在位）,终于废除了尼古拉斯的职权,最终入主皇宫,以皇后身份担任君士坦丁七世的保护人和摄政王。为了加强政治联盟,她于919年积极促成当时已经14岁的君士坦丁七世与罗曼努斯一世的女儿海伦（Helen）结婚。野心勃勃的罗曼努斯一世利用这一关系成为皇帝的岳父,但是其目标是登上皇帝宝座,进而建立新的王朝。为此,他在中央政府和军队中安插亲戚,对其两个成年的儿子委以重任,并加封他们为共治皇帝,全面控制皇权。但是,他的计划立即引起朝野上下的强烈反对,过去支持和反对君士坦丁七世合法地位的教俗贵族集团联合起来,利用罗曼努斯一世儿子们的无能逮捕并囚禁了罗曼努斯一世,该家族对朝廷21年的控制遂告终结。罗曼努斯一世被流放,成为修道士,其儿子斯蒂芬（Stephen）和君士坦丁（Constantine）被监禁、流放,最终被处死。罗曼努斯一世的经历表明拜占庭皇位继承制度中血亲继承的原则性。昔日罗马帝国拟制血亲继承制度的影响逐渐消失,[①]中古社会宗法关系作为基本的社会关系在拜占庭皇位继承中表现得十分突出。虽然教俗贵族对君士坦丁七世的身份有所争议,但那是属于皇家内部权力分配的争论。而当罗曼努斯一世企图建立新王朝时,他就触动了皇权血亲世袭继承的基本原则,必然遭到反对。由于他缺少强大的武装力量为后盾,其失败就不可避免了。血亲继承的原则在君士坦丁七世之子罗曼努斯二世（Romanos II, 959—963年

---

① 所谓拟制血亲是指在法律上承认"义父子"关系,连带承认抚养、继承等权力。罗马帝国时期,皇帝通常将自己的部将或非宗亲确定为"义子",并由后者继承皇权。

在位）去世后的皇位继承问题上再次表现出来。当时，凭借军事政变成为皇帝的尼基弗鲁斯二世（Nikephoros II Phokas，963—969年在位），为了使其政权合法化而与罗曼努斯二世的遗孀塞奥发诺（Theophano）结婚。同样，在杀害尼基弗鲁斯二世的政变中成为皇帝的约翰一世·齐米斯基斯（John I Tzimiskes，969—976年在位）也与君士坦丁七世之女狄奥多拉（Theodora）结婚。总之，外姓人入主皇位必须寻求与皇族的血亲联系，保证其权力的合法性。

此后，马其顿王朝又有8个男女皇帝即位，他们全部是按照上述原则继承皇权。罗曼努斯二世之子巴西尔二世（Basil II，976—1025年在位）成为皇帝的过程几乎与其祖父君士坦丁七世即位的情况一样，而巴西尔二世之弟君士坦丁八世（Constantine VIII，1025—1028年在位）即位是兄终弟及原则的再次体现，后者的两个女儿佐伊（Zoe Porphyrogenita，1028—1050年在位）和狄奥多拉（Theodora，1042—1056年在位）继承皇位体现了血亲继承的原则，至于1028年到1055年在位的4个男性皇帝的即位全是凭借与佐伊的关系实现的。[①]佐伊死后，为了继续马其顿王朝的正统皇权，朝廷官僚贵族说服佐伊的妹妹狄奥多拉（Theodora，1042—1056年在位，1042年与佐伊一世共治，1042—1050年与君士坦丁九世、佐伊一世共治，1050—1055年与君士坦丁九世共治，1055—1056年单独执政）放弃修道生活，但是，她主持朝政仅一年半即病故，临终前指定老臣米海尔六世（Michael VI Bringas，1056—1057年在位）即位，她的去世标志马其顿王朝的终结（图5-3）。

皇位继承制度是拜占庭政治生活的核心制度，这一制度在几百年间逐步确立，保证了拜占庭国家中央集权制政权相对稳固，也是拜占庭国家处于鼎盛时期的标志之一。

[①] 他们包括佐伊一世的第一个丈夫罗曼努斯三世（Romanos III Argyros，1028-1034年在位），他后来被喜新厌旧的佐伊一世淹死在浴室；佐伊一世的第二个丈夫米海尔四世（Michael IV Paphlagon，1034-1041年在位），他因患有癫痫病而死在修道院；佐伊一世的第三个丈夫是造船工人米海尔五世（Michael V Kalaphates，1041-1042年在位），他因对皇朝政治一无所知，故在驱逐佐伊一世后立即被起义民众刺瞎关入修道院；佐伊一世的第四个丈夫君士坦丁九世（Constantine IX Monomachos，1042-1055年在位），登基8年后，佐伊一世去世。

第五章 马其顿王朝的统治

图 5-3 圣索菲亚大教堂马赛克镶嵌画：从左往右依次为君士坦丁九世、耶稣基督和佐伊一世

二、保加利亚战争

1. 马其顿王朝以前的保加利亚人

鼎盛时期的拜占庭帝国最终结束了阿拉伯人数百年入侵的困扰，但是，这只是其取得的对外战争的一项成果。马其顿王朝更重要的战争成果是彻底击溃保加利亚人，使称雄一时的保加利亚王国一蹶不振。

保加利亚人曾作为拜占庭帝国同盟者定居在多瑙河与黑海之间地区，7世纪末时发展成为巴尔干半岛的强国，经常与拜占庭人发生冲突，在第一次保加利亚战争中一度打败拜占庭军队，迫使拜占庭交纳年贡。但是，在第二次保加利亚战争中拜占庭军队击败了保加利亚汗王捷尔维尔（Khan Tervel,

约700—721年在位),保加利亚人的实力由此被极大地削弱。君士坦丁五世因屡败保加利亚人并残酷无情地屠杀保加利亚战俘而被冠以第一位"保加利亚屠夫"的绰号。保加利亚人的再度兴起是在克鲁姆国王(Krum the Horrible,约803—814年在位)统治时期,其军队向色雷斯地区的扩张曾直接威胁着君士坦丁堡的安全。807年,双方爆发了第三次战争,拜占庭军队在这场战争中损失惨重,拜占庭皇帝尼基弗鲁斯一世在战斗中阵亡(图5-4),克鲁姆国王用他的头骨制作成酒碗,并在庆功会上为各位大臣将军轮流把盏。克鲁姆国王乘胜追击,直扑君士坦丁堡城下,实现了"把我的矛插在君士坦丁堡黄金门上"的誓言。只是由于后来他突然死于脑出血,第三次保加利亚战争才草草结束。

图5-4 克鲁姆国王击败拜占庭军队,拜占庭皇帝尼基弗鲁斯一世阵亡,被割下头颅

2. 传教活动的成功

马其顿王朝统治之初,拜占庭帝国与保加利亚王国之间发生的重要事件是拜占庭帝国在保加利亚地区文化和宗教传播所取得巨大进展。当时,保加利亚人与其他斯拉夫人一样,社会文化发展极为落后,尚未形成本民族文字,他们在与拜占庭人的接触中,逐步开化,感受到先进文化和社会生活的优越性,因而迫切希望引进外来文化,弥补社会精神生活的不足,以适应建立大国强权的需要。

第五章 马其顿王朝的统治

9世纪中期,罗马教会和君士坦丁堡教会为了扩大各自的影响,千方百计争夺当时尚未开化的保加利亚人,而保加利亚国王鲍里斯一世（Boris I of Bulgaria, 852—889年在位）为了在斗争中击败政治对手,也极力选择大国作为靠山。拜占庭教会在竞争中取得胜利。

最先积极向拜占庭帝国寻求支持的是保加利亚的邻国摩拉维亚大公拉斯迪斯拉夫（Rastislav, 846—870年在位）。当时,法兰克王国大举东扩,兵锋所向,直指巴尔干半岛北部地区。为了保证进军顺利,法兰克国王与保加利亚汗王结成联盟,以此抗衡拜占庭帝国。862年,夹在法兰克大军与保加利亚之间的摩拉维亚大公拉斯迪斯拉夫请求皇帝米海尔三世派教士帮助他们建立独立教会,并使用斯拉夫语言传教。这一要求带有明显的政治目的,即建立与拜占庭帝国的联盟以对抗保加利亚与法兰克人之间的联盟。米海尔三世立即物色和挑选了学识渊博的西里尔和美多德兄弟前往传教。西里尔（Cyril, 826/827—869年）和美多德（Methodius, 819—885年）生于拜占庭帝国第二大城市塞萨洛尼基的高级官员之家,他们天资聪慧,记忆力超群,年轻时求学于君士坦丁堡,深得大学者数学家利奥（Leo the Mathematician）和神学家佛条斯（Φωτιος）的赏识,学业大进。学成后任神甫,供职于圣索菲亚大教堂,后担任哲学教师,其雄辩的口才和缜密的逻辑思维受到广泛赞誉,也为之赢得了巨大的名声。863年,西里尔和他的兄弟美多德应邀前往摩拉维亚传教（图5-5）。为了完成用斯拉夫语传教的任务,他们使用希腊字母为斯拉夫方言拼音,创造了一种为斯拉夫人所理解的文字,称为"西里尔文字"。此后,他们在当地君主的保护和大力支持下,专门从事《新约》等宗教经典著作的翻译。保加利亚国王鲍里斯一世曾对拜占庭帝国抱着极大的敌意,与东法兰克王国缔结同盟协议,但是,在拜占庭帝国军事压力下被迫取消协议。864（或863）年,鲍里斯一世也接受洗礼,皈依基督教,而后,他邀请西里尔的大弟子克莱蒙特（Clement）到保加利亚传授文化,积极支持他建立独立教会和发展文化的活动。鲍里斯一世因此被后人尊为保加利亚文化的奠基人。

但是,传教事业并非一帆风顺。沙皇鲍里斯一世于865年曾致信教皇尼古拉一世（Pope Nicholas I, 858—867年在位）,提出了106个关于保加利亚人接受基督教信仰后产生的问题。这封信件表现出斯拉夫人初识基督教的"迷惑",也真实地反映出拜占庭宗教文化传播的曲折历史过程,反映出9世纪中期"斯拉夫民族文明化"这一重大宗教文化和民族融和的进程。这封保存在梵蒂冈档案馆的信件涉及最多的是与宗教信仰相关的问题,例如"世界上总共存在多少真

图5-5 西里尔和美多德兄弟在摩拉维亚传教

正的教区主教？罗马主教之下谁是第二位的主教？在教堂里举行基督教圣事时使用的圣油是否只能从君士坦丁堡生产并运往各地？希腊教会圣传崇拜是否有效？哪些动物和飞禽可以允许基督教徒宰吃？在斋戒期过后的早晨何时吃饭？包括礼拜三和礼拜五是否可以洗澡？礼拜天是否可以性交房事？礼拜日和斋戒期人们是否可以工作？普通信徒在就餐以前为什么不可以在餐桌上画十字祝圣？没有带腰带是否可以领受圣餐？信徒在教堂里站立是否要把双手交叉抱在前胸？一年中的斋戒期共有几天？大斋期圣餐礼仪是否每天都可以举行？妇女是否必须带头巾方可进教堂？基督教国家如何对待基督教内部不同教派的？如何对待异教偶像崇拜？强制推行基督教信仰是否正确？与友善民族结盟的正确方式是什么？如果一个基督教国家撤消与另一个基督教国家订立的约定该怎么处理？基督教国家是否可以与非基督教国家签约？是否可以用马尾当作旗帜？战前是否可以占卜或举行唱歌舞蹈仪式？是否可以穿长裤和对刀剑起誓，或带护身符作战？士兵逃离战场或拒绝服从军令应如何对待？跨国变节背叛的士兵难道不应被判处死刑？士兵在战前没有做好武器和马匹等应做的准备该如何处罚？普通信徒为什么不能进行公共祈雨仪式？是否可以吃宦官宰杀的动物肉？是否可以接受叛乱的非基督教徒的悔罪？基督教如何对待谋杀、偷盗、通奸罪行,这些重大罪行都可以得到宽恕吗?还是只要忏悔不要惩罚?罪犯在教堂里就可以获得庇护权吗?"[1]令鲍里斯一世深感失望的是,此后教皇不仅未能解释他提出的问题,而且罗马传教士的所作所为暴露了其控制保加利亚的企图。于是,鲍里斯一世重新坚定了亲拜占庭的政治策略。

鲍里斯一世(图5-6)接受基督教信仰和强制推行基督教化的政策引起保加利亚保守派即氏族贵族的反抗,他们企图发动全国范围的起义,刺杀鲍里斯一世,以恢复保加利亚传统的古代信仰。为了打击反对势力,鲍里斯一世采取高压手段强制推行新的国教,残酷地镇压了反对派贵族,下令处死策动起义的52名反叛者及其子女。[2]据说,他后来对这次无情的判决心生悔意,并将错误归罪于其宫廷中的希腊传教士。但是,在新旧交替的社会变革中,鲍里斯一世采取的强制措施无疑强化了中央集权,扫清了此后希腊文化和宗教继续传播的障碍,并最终引导保加利亚人走上了文明发展的道路。

图5-6 鲍里斯一世受洗

3. 第四次保加利亚战争

第四次保加利亚战争是在保加利亚沙皇西美昂一世(Simeon I of Bulgaria,

---

[1] D.Obolensky, *The Byzantine Commonweath, Eastern Europe 500-1453*, London 1971, pp.87-93.
[2] 奥斯特洛格尔斯基:《拜占庭帝国》,第195页。

893—927年在位）统治时期爆发的。西美昂一世是鲍里斯一世的第三子，早年曾被其父王送往当时欧洲和地中海世界的文化之都君士坦丁堡接受教育，就学于著名的君士坦丁堡大学。他在30岁以前，一直生活在拜占庭帝国首都，对拜占庭文化有深刻的了解。893年，鲍里斯一世将他召回国，宣为太子，取代了他的哥哥弗拉基米尔（Vladimir）。893年，他任保加利亚国王。即位后，他立即全面整顿国家，强化中央集权，残酷平息了旧贵族的分裂势力，统一了保加利亚人各个派别，自封为沙皇，同时大力发展过境贸易，使保加利亚成为拜占庭帝国与欧洲以及黑海与多瑙河沿岸国家之间的商品集散地。他伺机扩张势力的活动引起拜占庭帝国皇帝利奥六世的警觉。为了遏制保加利亚人的发展，利奥六世一方面在经济上大做手脚，将保加利亚人的商业货站迁移到帝国第二大城市塞萨洛尼基，同时暗中指使地方官员处处刁难保加利亚商人；另一方面勾结新兴起的保加利亚北方强国匈牙利王国，以此牵制保加利亚沙皇西美昂一世。894年，愤怒的西美昂一世首先侵入色雷斯地区，并且大败拜占庭军队。利奥六世则命令帝国舰队将匈牙利人运过多瑙河，让野蛮凶猛的匈牙利军队大肆蹂躏保加利亚，迫使西美昂一世回军救援。最初，西美昂一世经不住匈牙利军队散兵式作战的打击，多次失利。为摆脱两面受敌的困境，他假意向拜占庭帝国求和，争取了时间，同时联合北方另一个游牧民族佩切涅格人（Pechenegs）共同打击匈牙利人，迫使后者退回多瑙河北岸并向西迁移。而后，西美昂一世（图5-7）集中兵力狠狠打击拜占庭军队，迫使拜占庭人释放所有保加利亚的战俘，并且进一步向君士坦丁堡逼近。在保加罗菲格战役（Bulgarophygon，今土耳其巴巴埃斯基）中，西美昂一世取得了决定性胜利，双方订立了有利于保加利亚人的和约，拜占庭人被迫割地赔款，向保加利亚人提供丰厚的年贡。

但是，西美昂一世不满足这些胜利，他要统一巴尔干半岛，要成为拜占庭帝国的皇帝。他不仅向色雷斯和马其顿地区频频用兵，将这两个地区和阿尔巴尼亚尽行囊括在大保加利亚王国版图内，而且决心征服君士坦丁堡。为了名正言顺地成为罗马皇帝，他

图5-7　西美昂一世

强迫当时摄政的大教长尼古拉斯同意他的女儿与小皇帝君士坦丁七世的婚约。佐伊皇后控制政权后，拒绝并废除了这个婚约，从而导致西美昂一世于924年对君士坦丁堡的再次进攻，其兵锋直达达达尼尔海峡和科林斯地峡。新任皇帝罗曼努斯一世上台后，首先瓦解了保加利亚人与埃及法蒂玛王朝（Fatimid Caliphate）的联盟计划，而后挑拨早已对西美昂一世心怀不满的塞尔维亚人（the Serbs）起义，从后方打击保加利亚军队，迫使西美昂一世放弃对君士坦丁堡的围攻，慌忙回兵平息塞尔维亚人的叛乱。此后，罗曼努斯一世与沙皇西美昂一世之间展开了长达数年的外交和军事周旋，塞尔维亚人、匈牙利人、佩切涅格人、阿拉伯人和周边其他国家都卷入了这场复杂的较量。最终，西美昂一世感到精疲力尽，他认识到凭借保加利亚人的力量不可能征服拜占庭帝国，而他本人也不可能成为拜占庭帝国的皇帝，同时，为了抵抗北方其他民族的入侵，他还需要拜占庭帝国的帮助。924年，两位皇帝在君士坦丁堡城外举行会晤，经过友好的谈判，订立和平协议，西美昂一世同意归还占领的土地，而罗曼努斯一世同意向他提供数量可观的年贡（图5-8）。第四次保加利

图5-8　西美昂一世来到君士坦丁堡

亚战争就这样结束了。

924年的和平条约为拜占庭和保加利亚两国带来了40余年的和平,但是它们之间的矛盾并没有解决,一纸协议对利益冲突的双方都没有约束力。就拜占庭帝国而言,只有最终解除保加利亚人威胁才能给帝国带来安宁,否则和平只是暂时的。这一历史任务是由被称作"保加利亚人屠夫"的巴西尔二世完成的。

4. 巴西尔二世的内政改革

巴西尔二世生性刚烈,果敢坚毅,早年便经历了皇室内争权夺利的风风雨雨,培养出残酷无情的性格。少年时代,他无心向学,而对军事问题格外感兴趣,这对他一生独身、长期从军作战,可能有某些影响。在他18岁独立掌握皇帝大权以前的13年里,母后塞奥发诺曾两度再婚,皇帝权力由继父福卡斯家族的尼基弗鲁斯二世和约翰一世·齐米斯基斯控制。在此期间,他目睹了皇室政治内讧造成国家衰弱和外敌欺侮的现实,深刻地认识到充分行使皇权和加强军事实力的重要性。因此,即位之后,他立即摆脱大贵族的控制,强化中央集权。当时,帝国朝政把持在大贵族巴西尔·利卡潘努斯(Basil Lecapenus)和大将军巴尔达斯·斯卡莱卢(Bardas Sclerus)手中,后者以抵抗俄罗斯人入侵的功臣自居。巴西尔二世长大成人后,他们不仅继续左右朝廷大事,而且力图篡夺皇权。因此,巴西尔二世首先将巴尔达斯·斯克莱卢将军调任亚洲军区大将军,剥夺了其宫中职务。巴尔达斯于是发动叛乱,自立为帝,进军小亚细亚地区,揭开了持续15年之久的内战。正是这场内战使年轻的巴西尔二世得到了锻炼,他一改过去寻欢作乐、不务正业的生活,身穿深色服装,不配戴首饰,专心于军国政务,亲自指挥军队并判决案件,甚至为此终身不娶。为了能够胜任从军作战和指挥战争的职责,他努力锻炼,成为优秀的骑兵和驾驭官兵将士的能手;为了充实国库,他不耻下问,学习财政知识,很快就成为理财的专家。法国拜占庭学家路易·布莱赫尔描写他:"有着战士的秉性,又是伟大的军事将领,而且兼有统治管理才能。"[①]此后,巴西尔二世采取了一系列强化皇权的措施,首先解除了大贵族巴西尔·利卡番努斯摄政王的职务,没收其财产,并将其囚禁于修道院,而后罢免了巴尔达斯·福卡斯(Bardas Phocas)禁卫军司令的职务,将其流放到安条克,最后,他于988年平息了巴尔达斯·福卡斯和巴尔达斯·斯科莱卢(Bardas Sclerus)发动的军事叛乱。

巴西尔二世(图5-9)还推行了一系列旨在巩固军区制、提高农兵地位和

[①] L.Brehier, *Vie ed mort de Byzance*, Paris 1946, Oxford 1977, p.147.

第五章 马其顿王朝的统治

打击削弱大地产贵族的措施。996年1月1日，他颁布了著名的保护小农立法，该法废除了农兵必须服役40年方可拥有军役土地所有权的法令，规定所有自922年以后以任何方式从农兵手中获得的军役土地必须无条件地归还土地原来的主人。他在这部立法的前言中，严厉指责诸如福卡斯等大土地贵族以非法手段大量占有小农土地的行为，列举大贵族地主非法占有土地近百年的丑闻。他亲自以严厉手段处理违法的贵族，例如，他将朝廷命官菲洛卡利斯（Philokales）贬为庶民，没收其非法聚敛的大量家产；他还在讨伐巴尔达斯的途中，将盛情款待他的大贵族尤斯塔修斯（Eustathius Maleinus）押解回君士坦丁堡，将其家产全部充公。为了使小农摆脱困境，他不顾大贵族的反对，强制推行税收改革，大幅度提高贵族纳税额度，减免无力纳税的小农的税收劳役。这些措施使拜占庭国力和军事实力大大加强，也为他进行对外军事征服和扩张提供了坚实的物质基础。

图5-9 巴西尔二世

5. 保加利亚王国的灭亡

巴西尔二世统治时期，拜占庭军队几乎同时在4条战线上作战：即保加利亚人活跃的巴尔干半岛北部、阿拉伯人盘踞的叙利亚、高加索人居住的黑海东南部，以及意大利，其中最紧急的是威胁京畿重地的保加利亚人战线。保加利亚人此时乘拜占庭帝国15年的内战，重新发展壮大起来。他们虽然也称为保加利亚人，但与此前的保加利亚人不同，分属于不同部落，他们在小亚细亚地区居住了几个世纪，为躲避当地战乱而迁移到巴尔干半岛西北部。这些斯拉夫人新移民在远离保加利亚政治经济中心德布鲁察（Dobrudja）和莫埃思亚（Moesia）地区的偏远山区定居，在尼古拉斯（Comita Nikola）的带领下迅速发展，势力远及伊庇鲁斯（Epirus）和阿尔巴尼亚，并以奥赫利德（Ohrid，今奥赫里德）为都重新建立保加利亚王国，史称"第一保加利亚王国"。尼古拉斯去世后，他的4个儿子继续扩大保加利亚王国的势力，其中最小的儿子萨穆伊尔（Samuel，997—1014年在位）统治时期进入最强盛阶段。他们首先争取神圣罗马帝国皇帝奥托一世（Otto I，东法兰克国王，936—973年在位，神圣罗马帝国皇帝，962年加冕）和罗马教皇本笃七世（Benedict VII，974—983年在位）的承认，而后于980年向希腊中部进军，夺取希腊南北交通咽喉要地拉里萨（Larisa，今同名城市），揭开了第五次保加利亚战争的序幕。

巴西尔二世充分认识到保加利亚王国对拜占庭帝国构成的最严重威胁，但是，由于国内叛乱尚未平息，无暇他顾。当萨穆伊尔直取南方经济中心科林斯城（Corinth）时，他没有正面阻击，而是于994年向塞萨洛尼基（Thessalonika）以西数百里的维尔西亚（Βερρσια，今韦里亚）和萨穆伊尔王国中央地带的特利亚狄察（Triaditza，今斯特鲁加）派出两支奇兵，摆出切断萨穆伊尔军队后路的态势，迫使保加利亚军队急速退出希腊战场，后撤进入塞萨利（Thessaly）山区。这一仗虽然没有取得显赫战绩，但是巴西尔二世的战略才能初露锋芒。萨穆伊尔不甘心偏安一域，仅守多瑙河流域，扩张的野心促使他最终将保加利亚引入巨大灾难的境地。

10世纪末，保加利亚军队已经控制了巴尔干半岛将近2/3地区，并夺取了通往意大利的海港底奥克利（Dioclea），进而准备进攻拜占庭帝国第二大城市塞萨洛尼基。对此，巴西尔二世平息内乱后立即亲临塞萨洛尼基，整顿防线，制定反击战略。994年，拜占庭军队在塞萨洛尼基西北大败萨穆伊尔并夺取这座通往西北方保加利亚王国内地的要塞后，巴西尔二世率数千轻骑昼夜兼程，人不卸甲，马不去鞍，一周内穿越小亚细亚地区，突袭叙利亚南部，推动东线战事发展。萨穆伊尔闻讯，再次进兵塞萨洛尼基，在城外会战中，击毙该城总督塔隆尼狄斯（Taronites），而后，进击科林斯地峡。但他得到巴西尔二世回兵西进的消息后，急忙撤退。在归途中，保加利亚军队遭到拜占庭西线总司令尼基弗鲁斯（Nikephorus）的沉重打击，最后远走宾都斯山区（the Bindus），才得以安全退回伊庇鲁斯根据地。这样，在战争的第一阶段，双方都没有取得重大进展，处于相持状态。

第二阶段战事开始前，巴西尔二世集中精力解决亚洲战场问题。他指挥拜占庭军队连续数年进攻叙利亚南部和巴勒斯坦北部，直到凯撒里亚城。而后，他乘高加索地区格鲁吉亚王国（Kingdom of Georgia）国王被刺身亡的机会向黑海东部高加索地区扩张，拜占庭军队到达东部边境城市麦利迪尼（Melitene，今马拉蒂亚），受到亚美尼亚附属国王公的隆重欢迎，而后强行渡过幼发拉底河和底格里斯河，进入和并吞了格鲁吉亚王国。他在当地任命拜占庭官员，强迫地方王公向他宣誓效忠，并将大批人质带回君士坦丁堡。这一胜利产生了强烈反响，法蒂玛王朝（Fatimid Caliphate，909—1171年）闻讯，派特使到拜占庭帝国首都主动结好，双方订立了和平条约。

第五章 马其顿王朝的统治

1001年，巴西尔二世开始集中力量进攻保加利亚王国，他将大本营设在爱琴海沿海地区临近奈斯多斯海湾的莫森诺堡（Μοσυνοπολις，今亚历山德鲁波利斯附近）。在此，他建立了由优秀军事将领组成的司令部，反复推敲，精心谋划所有的进攻计划，确定了最佳的战略和战术方案，即每年多雨的冬季休整部队，春季发兵，争取在旱季达到作战目标。巴西尔二世在战争中，分割敌军，各个消灭。其攻击的首要目标是保加利亚人首府，因此，他将通往巴尔干山脉以北和多瑙河南岸的山口作为攻击点，以扫清进军障碍。同年，拜占庭骑兵奇袭索菲亚平原，夺取了伊斯格河（the Hesg）上游的塞尔底卡（Σαρδικε，今索菲亚附近），从而将保加利亚国土东、西部一分为二。同时，拜占庭军队控制了进军保加利亚的要道，为实施下一步战略计划创造了条件。1002年，巴西尔二世亲率大军扫荡被分割的多瑙河下游地区，夺取了巴尔干山脉北麓的重要城市普里斯拉夫（Μεγαλη Πρεσθλαβα，今罗马尼亚的图尔恰），进而占领马尔基亚努堡（Μαρκιανουπολις，今保加利亚的舒门），封锁住保加利亚军队进入色雷斯地区的出入口。这样，拜占庭军队在彻底征服德布鲁察地区和莫埃思亚地区后，便占领了保加利亚王国的半壁河山。由于保加利亚主力军队南下，拜占庭人几乎没有遭遇抵抗。巴西尔二世在被征服领土上重新建立拜占庭地方政府，任命心腹战将加以管理。同时将大批保加利亚人押送到马利卡河（Marica，今梅里奇河）河口地区开垦农田，为大部队提供粮草。为了尽快完成战略计划，减少抵抗，巴西尔二世对投降的保加利亚王公贵族加以重新任用，封授爵位和名号。但是，被俘

虏的保加利亚人怀着强烈的民族复仇心理，经常出尔反尔，当面表示投降，背后立即倒戈，这使巴西尔二世丧失了推行"以夷治夷"政策的耐心，便制定和推行残酷的迫害战俘政策，即以酷刑使所有被俘的保加利亚人致残。

1003年，拜占庭军队经过休整，以主力部队直接进攻萨穆伊尔军队（图5-10）。此时，保加利亚士兵心理防线已经崩溃，一经交锋，便争先恐后地后撤。因此，拜占庭军队沿马其顿地区爱琴海沿海快速向西推进，扫清了塞萨洛尼基周围的敌军，而后进军阿利亚克莫河（the Aliakmon）流域各城，这里是保加利亚军队前进基地。巴西尔二世迅

图5-10 萨穆伊尔

速夺取维尔西亚、科利德罗（Κολυδρο，今科扎尼）和塞耳维亚（Σερβια，今奥林波斯山西麓）各城后，将已经进入希腊中部的保加利亚军队前锋和主力分割开来，全歼保加利亚人前锋部队。而后，拜占庭军队放过退入伊庇鲁斯山区的萨穆伊尔主力军队，回师向北直取窝狄钠（Βοδηνα，今埃泽萨附近），在此进行休整，以待来年进攻保加利亚人的西北中心区。第二年，拜占庭军队直取多瑙河畔的保加利亚王国首都维丁（Vidin，今同名城市），对该城展开为期8个月的围攻，同时扫荡木拉瓦河（the Morava，今大摩拉瓦河）流域，夷平城堡，摧毁要塞，征服了保加利亚王国全境。萨穆伊尔无力与巴西尔二世正面交锋，因此采取"围魏救赵"的战术，进攻色雷斯地区重要城市阿德里安堡（Adrianople，今埃迪尔内），以图引动拜占庭军队救援。但是巴西尔二世对此置之不理，坚信萨穆伊尔军队没有能力夺取该城。果然，萨穆伊尔不敢久留，只能退军，一路上放任部队大肆抢劫。1004年，两军相遇在西马其顿首府斯科比亚城（Skopje，今斯科普里）郊外，满载战利品的保加利亚军队被彻底击溃，被迫逃进山区。斯科比亚城总督，前保加利亚沙皇彼得之子罗曼努斯（Romanus）投降，被巴西尔二世任命为拜占庭帝国驻当地的总督和阿比杜斯（Abydus）军区"将军"。1005年，拜占庭军队占领亚得里亚海沿岸阿尔巴尼亚和伊庇鲁斯地区，控制了重要海港底拉西乌姆（Dyrrachium）。

这样，萨穆伊尔仅剩残余部队，躲进地势险恶的伊庇鲁斯山区和奥赫利德湖（the Ohrid）、普莱斯巴湖（the Prespansko，今普雷斯帕湖）地区。在此后10年左右，巴西尔二世将更多的精力投入意大利事务中，而对保加利亚人则采取清剿和防范相结合的政策，同时等待时机对他们进行致命的打击。1014年7月，巴西尔二世根据密报获悉，萨穆伊尔重整旗鼓，派主力部队在拜占庭军队每年夏季进山围剿的必经之路设下埋伏，于是决定增派军队与保加利亚人决战。7月29日，拜占庭军队前锋进入瓦拉西察山坎（Ορος Βαλλασιτζα）巴隆古山谷（Παλλογγου），沿斯特利蒙河（π. Στρυμων）西进，行至山谷狭窄处，被萨穆伊尔部队设下的层层木栅栏阻挡住去路。拜占庭军队有备而来，立即使用希腊火投掷弹发起攻击，从正面冲击保加利亚人阵地，同时策动尼基弗鲁斯·科西菲亚斯（Nicephorus Xiphias）率领的保加利亚军队侧翼倒戈，从而冲破敌军防线，致使保加利亚军队全线溃退，15 000人被俘。巴西尔二世下令将全部俘虏的眼睛剜出，每100人分为一组，其中一人仅保留一只眼睛作向导引路，放回保加利亚王国。当绵延数里、血流满面、双目尽失、哭嚎震天的保加利亚战俘回到萨穆伊尔面前时，这位身心疲惫的保加利亚国王完全被这可怕的场面惊呆了，他难以相信眼前的事实，痛

第五章 马其顿王朝的统治

心不已,难以控制,血管崩裂,昏死过去,两天后不治身亡。1014年10月6日,保加利亚王国末代国王、萨穆伊尔的儿子拉多米尔(Gabriel Radomir)继承王位。

巴西尔二世乘胜追击,继续挥军横扫罗得比山脉以西山区,彻底捣毁保加利亚残余力量的根据地,先后占领阿尔巴尼亚和伊庇鲁斯地区所有重要城市,1014年年底,占领麦尼克(Melnik)、维托拉(Bitola)、普里来普(Prilep)和依斯提普(Ishtip)。1016年,拜占庭军队进攻帕拉戈尼亚地区(the Pelagonia),夺取莫哥来那(Moglena),促使保加利亚王国发生内乱,拉多米尔被其侄子伊凡·弗拉基斯拉夫(John Władysław III,1015—1018年在位)杀害,在拜占庭军队攻占保加利亚王国首都奥赫利德城和卡斯托利亚(Castoria)之际,伊凡·弗拉基斯拉夫向巴西尔二世投降。1018年,保加利亚末代国王再度起兵,在底拉西乌姆战役中阵亡,从而拜占庭人彻底征服了保加利亚全境(图5-11)。拜占庭帝国在新占领的土地上建立了新军区,这样,第五次保加利亚战争就以第一保加利亚王国灭亡和拜占庭帝国的军事胜利而告结束。①

图5-11 巴西尔二世征服保加利亚

---

① 关于这次战争的详细进程,布莱赫尔的《拜占庭帝国兴亡》有详细叙述,L.Brehier, *Vie ed mort de Byzance*, Paris 1946, Oxford 1977, pp.157-160。

三、对外扩张

马其顿王朝除了解决保加利亚人的入侵问题外,还妥善处理了与阿拉伯人、罗斯人、佩切涅格人和西欧人的关系。

马其顿王朝统治时期,阿拉伯人已经在其征服的广大领土上建立稳固的统治,并以此为基地继续扩张,迫使拜占庭军队面临来自北非和西亚两方面的军事骚扰。当时,阿拉伯海军渡过突尼斯海峡占领了西西里岛的大部分地区,并侵入南意大利沿海地区。拜占庭皇帝巴西尔一世被迫与法兰克国王路易二世(Lewis II, 855—875年在位)结盟,联手反击入侵的阿拉伯人,最终收回了被阿拉伯人占领的马耳他岛和西西里岛。但是,在利奥六世统治时期,阿拉伯军队再次夺取了墨西拿(Messina)海峡东岸城市卡拉布里亚(Calabria),活跃的阿拉伯海盗经常洗劫伯罗奔尼撒半岛和爱琴海沿岸地区,他们与叙利亚和克里特的阿拉伯海军联合行动,获得了控制东地中海的霸权。904年,阿拉伯海军对拜占庭第二大城市塞萨洛尼基的进攻使该城损失严重。

10世纪前半期,阿拉伯帝国逐渐解体,形成许多相互厮杀的小王朝,这就缓解了其对拜占庭帝国东线边境和西部海岛造成的威胁。马其顿王朝统治中期,拜占庭军队发动全面反击,从罗曼努斯一世到巴西尔二世时期,拜占庭帝国大体上收复了亚洲失地。拜占庭历史上著名的军事将领约翰·库尔库阿斯(John Kourkouas)在小亚细亚和两河流域连续击败阿拉伯军队,将拜占庭帝国东部边界推进到幼发拉底河东岸和耶路撒冷附近。拜占庭军队还在海上发起强大反攻,收复了东地中海的主要岛屿和奇里乞亚及西亚沿海广大区域,特别是塞浦路斯岛的收复对拜占庭人重新掌握东地中海的控制权具有重要意义。拜占庭军队在东部前线取得的胜利一度改变了西亚的政治格局,对各个弱小的地方政权产生了强烈震撼,当时的阿拉伯作家安条克人亚赫雅(Yahya of Antioch)记述到:拜占庭军队的进攻"成了其战士们愉快的旅行,因为没有人袭击他们,也没有人抵抗他们。他(尼基弗鲁斯二世)可以向任何他想要去的地方进军,也可以摧毁任何他想攻击的地方,而遭遇不到任何穆斯林,或其他任何企图阻挡和遏止他实现其意愿的人。没有人能够抵抗他"。[①]拜占庭军队在征服叙利亚阿拉伯军队后与之订立的和约中,迫使阿拉伯人归还拜占庭

---

① A.A. Vasiliev, *History of the Byzantine Empire*, I, p.309.

帝国领土，同意进入阿拉伯国家的拜占庭商队正常经商，保证修复和重建被战火毁坏的基督教教堂，并取消对基督教教徒的迫害政策。法蒂玛王朝也因此极为注意与拜占庭帝国保持友好关系，两国基本上维持了长期和平局面。

拜占庭帝国在亚美尼亚地区的扩张是通过外交手段实现的。马其顿王朝建立初期，亚美尼亚各个部落联合发展成为独立王国，皇帝巴西尔一世立即派遣使节与之订立友好条约，赠送王冠一顶。他在致亚美尼亚国王的信中称该国王为"亲爱的儿子"，希望两国永远保持亲密的联盟关系。此后，拜占庭军队帮助亚美尼亚王国击败阿拉伯人的入侵，而亚美尼亚国王也多次到君士坦丁堡拜见拜占庭皇帝，直到11世纪，拜占庭皇帝巴西尔二世才正式吞并亚美尼亚，并将其国王软禁在君士坦丁堡。

拜占庭帝国和古罗斯国的关系在马其顿王朝时期非常活跃。据记载，罗斯大公奥列格（Oleg of Novgorod，879—912年在位）于907年率领船队沿黑海和博斯普鲁斯海峡到达君士坦丁堡，对沿岸地区大肆抢劫，迫使拜占庭皇帝谈判，并最终达成911年协议（图5-12）。拜占庭人同意给予罗斯商人免缴贸

图5-12 奥列格将其盾牌钉在君士坦丁堡城门旁

易税的特权，而罗斯人则同意为拜占庭帝国提供援兵。但是，拜占庭帝国和罗斯国家的关系发展并不稳定，双方于941年曾发生海战，拜占庭军队用希腊火打败俄罗斯人。数年后，双方谈判达成和平协议。957年，罗斯统治者圣奥丽加（Saint Olga）访问君士坦丁堡，受到君士坦丁七世的热烈欢迎。在巴西尔二世统治时期，为了平息巴尔达斯·福卡斯领导的小亚细亚军队叛乱和反击保加利亚人的入侵，拜占庭人与罗斯人结盟，约定王室联姻，答应将拜占庭公主安娜嫁给罗斯大公弗拉基米尔·斯维亚托斯拉维奇（Vladimir the Great，980—1015年在位），作为回报，弗拉基米尔将派遣6 000名士兵组成"瓦兰基亚罗斯兵团"援助拜占庭军队。但是，罗斯军队帮助拜占庭人取得胜利后，巴西尔二世迟迟不履行诺言，促使罗斯军队进攻拜占庭领土，夺取克里米亚重要城市克森尼索（Chersonesus，今乌克兰克里米亚半岛塞瓦斯托波尔郊区），迫使巴西尔二世让步，安娜遂与弗拉基米尔结婚。作为联姻的一个条件，弗拉基米尔还于988年接受基督教为国教，他强迫全国居民受洗信仰基督教。此后，双方之间的友好关系维持了半个多世纪。

佩切涅格人的入侵在马其顿王朝时期也是拜占庭人面临的一个重要的外部威胁。佩切涅格人原为突厥人的部落，活动于第聂伯河与多瑙河之间的南俄罗斯平原，早在9世纪中期便与拜占庭人发生贸易往来。由于他们所处的特殊的地理位置，拜占庭人将他们视为重要的邻国，注意与其保持友好关系，以阻止罗斯、匈牙利等其他北方民族的南下。拜占庭帝国征服保加利亚地区后，两个民族发生直接的接触，双方的关系逐渐紧张，特别是11世纪中期以后，佩切涅格人经常大举入侵和洗劫拜占庭帝国的色雷斯地区，成为拜占庭人的北方劲敌。

马其顿王朝时期，拜占庭帝国在意大利的势力发生较大变化。阿拉伯军队入侵西西里以前，拜占庭帝国在意大利的领地包括西西里和伊奥尼亚海（Ionian Sea）诸岛，以及巴里（Bari）、拉韦纳和威尼斯等意大利南部、东部沿海的一些城市。马其顿王朝统治初期，阿拉伯人已经占领西西里多年，并经常袭击拜占庭人控制的南意大利城市。为了收复失地，拜占庭帝国尽可能联合意大利其他势力，抵抗阿拉伯海军的扩张。巴西尔一世时期甚至承认新兴的威尼斯人摆脱拜占庭皇帝的控制，建立独立的圣马可共和国，并与之进行对等的贸易谈判，企图利用威尼斯的海军力量打击阿拉伯人。同时，巴西尔一世积极推进与路易二世结盟，以共同对付日益猖獗的阿拉伯海上袭击。德意志民族神圣罗马帝国（962—1806年）建立后，德意志皇帝积极发展其在意大利的势力,与拜占庭帝国在当地的利益发生冲突,奥托一世(Otto I,东法兰克国王,936—973年在位,神圣罗马帝国皇帝,962年加冕)对拜占庭帝国在意大利的属地发动进攻,彻底破坏了拜占庭人联合西方力量抗击阿拉伯海军入侵的计划。面对奥托一世(图5-13)的扩张,拜占庭帝国新皇帝约翰一世·齐米斯基斯采取积极主动的结好政策,开展政治联姻,将拜占庭公主塞奥发诺(Theophano)嫁给奥托一世之子奥托二世(Otto II,973—983年在位),从而结成两个帝国之间的政治联盟。10世纪末和11世纪初,拜占庭帝国在意大利的卡拉布里亚和朗荷巴底亚两个军区被合并为意大利军区,其统治范围包括亚平宁半岛东、南沿海部分城市和西西里墨西拿地区。直到马其顿王朝统治末期,拜占庭帝国借助威尼斯舰队的海军力量成功地抵抗了阿拉伯人的进攻,并在坎奈古战场附近平息了拜占庭帝国将领麦莱斯(Meleas)的叛乱。①

图5-13 奥托一世

四、"拜占庭帝国黄金时代"

1. 立法活动

马其顿王朝的国内政策是以强化立法建设为特点的。该王朝历任皇帝均十分注意制定或重修法律,以立法形式加强中央集权。

巴西尔一世即位后提出编纂大型法典的计划,他打算按编年体系重新修订包括自查士丁尼一世以来颁布的所有帝国法律,将已经过时的旧法和适应社会变化的新法按年代编入同一部法典中。新法典使用希腊语,并对查士丁尼法典的拉丁词汇进行系统诠释。为了完成这一庞大计划,巴西尔一世首先颁布了40卷的《法律草稿》,其中包括《民法大全》所有的基本概念和刑法的

---

① 罗马与迦太基之间第二次布匿战争期间,汉尼拔在此打败罗马军队,使该地闻名于世。

详细目次。《法律草稿》主要收集了查士丁尼法典和伊苏利亚王朝颁布的《六书》。巴西尔一世时期还颁布过60卷本的《法律详解》和40卷本的《法律介绍》。在这些法典中,具体规定了皇帝、大教长、各级教俗官员的权力和职责,清楚地阐明了拜占庭国家与教会之间的关系,以及社会和公共生活的结构。巴西尔一世的立法活动对马其顿王朝后代君主影响极大,其法典被翻译为斯拉夫民族多种语言,在东欧地区广泛使用。

利奥六世也积极开展立法活动,在位期间颁布了多部法典。《皇帝法律》是其中最重要的文献,它以《法律草稿》为蓝本,包括对查士丁尼时代编撰的《罗马民法大全》的所有内容进行精心解释,全书共分60卷。该法典不是前代法律的翻译,而是立足于当时拜占庭社会环境,重新完善法律体系。尼基弗鲁斯二世(图5-14)时期的《市长立法》则是君士坦丁堡社会生活的立法书,它详细规定了首都各阶

图5-14　尼基弗鲁斯二世

层的地位及其相互之间的关系,其中提到工商各业的行会规则。例如列在该法律行会名单首位的是公证人行会,以下行会依次为珠宝商、丝织匠、丝绸成衣匠、亚麻成衣匠、蜂蜡工、制皂工、皮革匠、面包师、银号商人、丝织品商人、原丝商人、香料商人、蜂蜡商人、肥皂商、零售商、屠夫、猪贩子、鱼贩子、马贩子,等等。按照该法律,各行会均享有本行业的垄断权,在生产技术、原料进货、产品价格、工作方式、营业时间、交易方法等各个环节,法律都作了严格规定,对违反法律者给予严厉的惩罚。上述立法活动对建立中央集权控制下的正常社会生活秩序提供了坚实的理论基础和法律规范。

从马其顿王朝颁布的法律来看,削弱日益发展的大土地贵族势力和保护小农及农兵利益是该王朝的重要政策。自希拉克略王朝推行军区制以来,拜占庭帝国社会逐渐形成了大土地贵族阶层,军区制的确立一方面扶持农兵和小农发展;另一方面也为新兴军事大地产贵族势力的重新发展创造了条件。军区的将军凭借其军事和行政权有效地控制军区内经济的发展,他们可以利用其掌控的

第五章　马其顿王朝的统治

颁发军役田产的权力,将辖区内的优质土地据为己有,也可以通过增加军事劳役的手段,迫使区内小农就范,以扩充自己的田产。拜占庭帝国统治的阶级基础是大地主,国家统治集团依靠的主要阶级力量是大贵族。拜占庭历代皇帝都在贵族中扶植亲信,委以重任。军区制的推行在促进小农发展的同时,也使地方贵族获得了发展的机会。9世纪中期,在拜占庭文献中开始出现大贵族家族,例如福卡斯家族、杜卡家族和科穆宁家族。他们的实力是以祖辈获得的封赐地产为基础,以大地产和军事权力的结合为特点。至10世纪时,在小亚细亚和巴尔干半岛北部地区即出现了一大批"权贵者",他们主要是由军队高级军官,如军区将军和中央高级官吏构成,其官职和爵位均由大家族的成员世袭。这个以大地产为后盾的军事贵族阶层的兴起成为马其顿王朝统治时期的重要现象,这必然在经济上侵害小农经济利益,构成对小农阶层的巨大威胁。事实上,军事贵族以土地为基础的发展也催生了官僚贵族与之相应的发展,而大土地经济具有比小农经济更优越的发展条件。因为,大土地经济比脆弱的小农经济更顽强,能够抗击各种天灾人祸的打击。而大土地主也多方面地控制着私有农民的经济,并以各种手段将农民本应上缴国家的租税截留下来,只将其中很少一部分上缴朝廷。他们常常获取某种特权,逃避国家税收,从而将私有农民的劳动成果全部侵吞据为己有。同时,大军事贵族还掌握着军区内农兵的命运。在大地产主千方百计扩大田产、增加私有农民数量,进而减少国家税收的同时,中央朝廷为维持原有的税收量,就必然加重对国有农民的剥削,导致小农经济因负担过重而难以维持,直至破产。大地产主利用小农破产之机,以提供庇护权为代价,吞并小农土地,并剥夺小农的自由权利,进而对小农人身实行控制,使小农人身部分依附于大地主。10世纪以后的资料表明,小农日益丧失独立性,逐步沦为大地主的农奴。正因为如此,马其顿王朝推行一系列保护小农的措施。

马其顿王朝的皇帝认识到保护小农对于维持统治的重要意义,因此采取立法措施限制大地主的扩张。他们在立法中保护小农,斥责大地主"像瘟疫和坏疽一样降临到不幸的村庄,吞食土地,侵入村庄的肌体,将它们逼近死亡的边缘"。[①]皇帝采取了两方面的措施:其一,保证小农使用土地的优先权。922年的法令明确规定,小农及其所在公社享有优先购买、租用田产和农舍的权利,还规定,过去30年期间以任何方式得自农兵之手的军役土地必须无条件归还其原来的主人。其二,严禁大地主以任何方式,包括遗赠、捐赠、购买

[①] I. Zepos, *Ius Graeco-Romanum*, I, pp.210–233.

和承租等,接受贫困小农的田产。996年,该王朝再次颁布类似的法令。实际上,这些法令具有瓦解地方分裂主义,加强中央集权的政治意义。

2. 宗教政策

马其顿王朝统治时期推行的宗教政策主要涉及与罗马教皇为首的天主教教会的关系问题。毁坏圣像运动以后,基督教教会的分裂日益明显。罗马教会在8世纪中期摆脱了拜占庭皇帝的控制,建立和发展独立的教皇国。为了夺取基督教教会最高领导权,罗马教会与君士坦丁堡教会之间的斗争愈演愈烈。

巴西尔一世时期,大教长佛条斯(Photios I of Constantinople,858—867年和877—886年在位)推行对罗马教会的强硬路线,与皇帝巴西尔一世结好西方教会的政策相对立,被罢免了职务。新任大教长伊格纳条斯(Patriarch Ignatius of Constantinople,867—877年在位)遵循巴西尔一世的方针,极尽所能取悦于罗马教皇,并邀请教皇访问君士坦丁堡。869年,基督教大会在罗马和君士坦丁堡举行,东西方教会在许多问题上达成一致。但是,当拜占庭帝国极力扩大其在东欧斯拉夫人地区的影响时,两大教会之间再次发生冲突。对拉丁教会态度强硬的佛条斯先是被从流放地召回,进宫担任皇太子的教师,而后重新担任大教长。从此,东西方教会之间的斗争更加激烈,最终导致基督教历史上第一次大分裂。

1054年,双方因争夺对南意大利教区的管辖权再起争端,关系极为紧张。同年,罗马教皇派遣特使宏伯特(Humbert)前往君士坦丁堡与大教长米海尔一世(Michael I Cerularius,1043—1058年在位)进行谈判,在基督教圣餐使用发面饼或死面饼问题上,两人互不相让。这一争执源起于《圣经》福音书,其中涉及圣餐时只是说,耶稣基督"又拿起饼来,祝谢了、就劈开,递给他们(门徒们)说:'这是我的身体,为你们舍的,你们也应当如此行,为的是纪念我。'"[①]这里的饼显然是指小麦制成的面粉所做,但是没有说明究竟是使用发面饼还是死面饼的问题。罗马天主教认为这里的饼当为死面饼,而君士坦丁堡东正教认为此饼应为面包。这一圣礼之争的实质在于,双方借此强调各自的正统与正确,进而占据神学理论的制高点,并最终控制基督教整个世界的领导权。这年夏季,宏伯特利用在君士坦丁堡圣索菲亚大教堂演讲的机会,指责米海尔一世及其追随者犯有多种罪行,宣布开除他们的教籍。米海尔一世则立即召开宗教会议,批驳宏伯特的指责,并宣布开除宏伯特及所有在圣餐礼中使用死面饼为圣餐者的教籍。事实上,在米海尔一世背后有拜占庭帝国君主和贵族的支持,他们不能容忍罗马教

---

① 《圣经·路加福音》22:19,参见《圣经·马太福音》26:26、《圣经·马可福音》14:22。

皇势力的迅速发展,因此基督教第一次大分裂是拉丁教会与希腊教会长期争夺最高教权的结果,也是拜占庭皇帝与罗马教皇争夺实际利益的结果。

3. 文化政策

马其顿王朝时期是拜占庭文化发展的重要阶段,其文化活动异常活跃,学术发展非常迅速,教育水平为整个欧洲地中海世界之冠,文化成果极为丰硕,出现了一大批在拜占庭文化发展史上闻名遐迩的杰出人物。现代拜占庭学家瓦西列夫认为,"这个时代经历了拜占庭文化典型特征的最清晰的展示,显现出世俗因素和神学因素紧密结合的发展,或者是古代异教智慧和基督教新思想的融合,促使普遍的、包罗万象的知识大发展,最终显得缺乏原始原创的特征"。[①]

最值得一提的是著名的学者"数学家"利奥,据说他通过深入研究修道院图书馆的藏书而获得了渊博的学问。当他在君士坦丁堡的私塾中传授哲学、数学、天文学和音乐时,其学识为公众所认可,并被皇帝任命为国家教授,享受俸禄。后来他在宫廷官学中担任校长,继续讲授哲学,而在他任命的几何学、数学、天文学和修辞学四大讲席教授中,都包括他的亲戚和资助人,也是当时非常著名的学者佛条斯(Photios)。这所皇家大学一直得到皇帝的重视,君士坦丁七世就是其积极而热心的支持者。正是由于这批著名学者的任教,马其顿王朝时期出现了一大批学识超群、能力不凡的优秀人才,而这个时期的文化水平也得到了显著提升。诚如现代拜占庭学家曼格所说:"可以肯定地说,在9—10世纪期间,希腊文学的水平大为提升,或者说变得更为精致讲究……正如我们所知道的那样,这种情况在历史写作中表现得十分突出。"[②]

另一位"大家"是两度担任过君士坦丁堡大教长的佛条斯(Photios I of Constantinople,858—867年和877—886年在位),他一生都卷入当时的帝国政治漩涡之中,身处帝国上层,却一直不懈地追求学问,完成了著名的读书笔记,涉及290部380种古代作品(图5-15)。其博闻

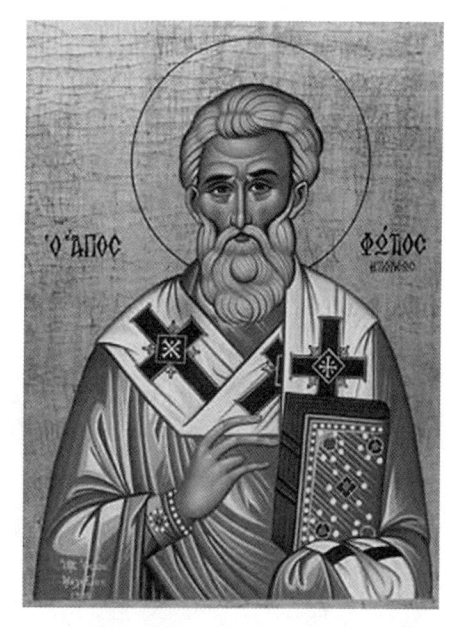

图5-15 佛条斯

---

① A.A. Vasiliev, *History of the Byzantine Empire*, I, p.361.
② C. Mango (ed.), *The Oxford History of Byzantium*, Oxford 2002, p.216.

强记和融会贯通的治学能力，使他完成了青史留名的《书目》(Bibliotheca)一书，其中不仅对他阅读过的每本书都作了多达几行至十几页的记录，而且附有读者对它们的评价。现代学者统计，该书涉及的作品包括有233种基督教古书，147种异教或世俗古书，不包括教科书、诗歌和戏剧，全部属于传世精品。正是佛条斯的学问使他赢得了广泛的声誉，并受到皇帝的赏识，一度担任皇家教师。佛条斯还是杰出的思想家、卓越的政治家和精明的外交家，凭借其学识两度担任君士坦丁堡大教长职务。任职期间，他提出了教会和皇帝"双头权力理论"，确定了世俗和教会权力之间理想的关系模式，一度成为教会正统派的思想。但是，这样的思想与皇权至上的政治实践相对立，最终在886年利奥六世即位后，他被立即罢免，从此退出君士坦丁堡的政治圈，客死于亚美尼亚流放地。①

作家普塞罗斯(Michael Psellos, 1018—1080年)也是马其顿文化复兴中的重要人物。他出生于君士坦丁堡中等的殷实之家，其父母极为重视对他的培养，送他师从当时多位学者，故而造就了他教俗知识兼通的学问，奠定了日后发展的基础。他属于当时思想活跃、学识渊博的学术新星，在首都知识界脱颖而出。36岁时，他进入奥林匹斯山修道院研修，不久重返首都政界，成为宫廷学者，在多位皇帝庇护下钻研知识，并在当时的文化建设活动中发挥了重要的政治和学术作用，曾任帝国哲学院院长，类似我国古代"翰林院大学士"。普塞罗斯（图5-16）是位多产作家，其流传后世的作品涉及历史、哲学、神学、法学、韵律诗歌、散文、札记和书信。其《编年史》主要涉及976—1078年间的政治和军事，其文风深受古希腊历史作家的影响，即在叙述中始终强调

图5-16 普塞罗斯（左）与其学生米海尔七世

① 奥斯特洛格尔斯基：《拜占庭帝国》，第215页。

第五章　马其顿王朝的统治

大自然的作用,注意从现世事物中寻找事件发生的原因,并根据自己的观察分析胜败得失的原因,这在用神学理解历史事件的拜占庭作家中并不多见。正因为如此,他笔下的人物和事物几乎都充满了矛盾,他总是力图从人性的缺陷中追寻失败的原因。普塞罗斯的作品价值还得益于他丰富的经历,许多关于皇帝和宫廷生活的描写来自其亲身近距离的观察,因而比较可靠,成为后人反复引用的资料来源。[①]他晚年失势,在贫穷和失落中去世。

马其顿王朝的几位"文人"皇帝也值得提及,他们虽不是治国理政的能手,但不仅终生致力于学问、著述高深、佳作丰硕,而且由于他们对知识和学术的由衷热爱而催生了追求高雅智慧的文化热潮。拜占庭历史上第一位亲自撰写文史书的皇帝是君士坦丁七世(Constantine VII, 905—959年),他虽然生于皇家,身为皇帝亲生儿子,但却命运多舛,其皇家继承人的身份长期得不到承认,因此被排斥在王朝权力中心长达40年。但是他的这种特殊经历为他提供了生活条件优越而又置身权力斗争之外的环境,因此也为他追求学问,实现其好学天赋创造了条件。他一生向学,热爱古代文化,大力支持学术,褒奖各种文化活动,吸引大批学者在其周围,推动了"马其顿文化复兴"。他是真正的学者,亲自参与和撰写多种文体的作品,在其多部关于拜占庭帝国军区、政府、宫廷礼仪的著作之外,他还主持编纂了《皇帝历史》这类史籍。该书共分4卷,共20多万字,涉及813—961年间的王朝政治史。他还为后人留下了《礼仪书》《帝国政府》《论军区》等极其重要的文献,都成为今人研究的主要依据。[②]他在位期间实施了一系列图书整理编纂计划,整理出珍贵的古籍文本,例如《农书》(Geoponica)涉及古代晚期的农业,《兽医学》(Hippiatrica)涉及当时的兽医科学。君士坦丁七世还下令编纂了医学百科全书和动物学百科全书,而最浩大图书整理计划是《史典集成》(Excerpta historica),它是从历史作品中广泛挑选出来的作品摘录集,涉及从希罗多德时代一直到9世纪修道士乔治(George the Monk)时期的所有作家。从该书主题标注的"皇帝的敕令"、"胜利"、"公开演讲"、"狩猎"、"婚姻"和"发明"等53个题目可以看

---

① Michael Psellos, *Fourteen Byzantine Rulers*, trans.by E.R.Sewter, N.Y.Penguin 1966.
② Constantine VII, *Vom Bauernhof auf den kaiserthron: Leben des Kaisers Basileios* Nikephoros, *Short History, Nikephoros, Patriarch of Constantinople: text, translation, and commentary*, trans.by C.Mango, Washington, D.C.1990.Constantino Porirogenito, *De thematibus*, introduzione, testo critico, commento, a cura di A.Pertusi.Città del Vaticano:Biblioteca apostolica vaticana, 1952.

出，整部书相当浩大，如此丰富的藏书编目大概只有皇帝有能力进行编纂，这不禁使我们联想到我国的《册府元龟》《古今图书集成》和《四库全书》。除此之外，我们还应该提到君士坦丁七世下令编纂的历法、众多圣徒传记（约148部）、百科全书式作品《文通》（Souda，直译"问学之道"），后者包括大约3万个词条，按照字母排列，涉及难解的词汇、历史注释、文学诠释、谚语格言等，大部分涉及古代知识。类似于君士坦丁七世（图5-17）这样的皇帝还有利奥六世，其立法活动十分突出，这里就不详细说明了。

图5-17　君士坦丁七世

这个时期的文化复兴是与尚古热潮密切联系的。例如《历史》一书的作者利奥（Leo the Deacon，950—994年）就是一位尚古作家，其作品中的主人公被比喻为古代的英雄，他笔下的皇帝尼基弗鲁斯二世被比喻成赫拉克勒斯再世，皇帝约翰则变为复生的提丢斯，基辅大公斯维亚托斯拉维奇被视为阿喀琉斯的后裔。[①]但是利奥笃信上帝的力量，确信命运是无法摆脱不能对抗的，而一切成功都体现了神意的意旨，所有的失败和灾难都是上帝对人的惩罚。其作品中渗透的浓厚的悲观主义色彩多多少少具有古典悲剧"命运"主题的

---

① 赫拉克勒斯是宙斯之子，力大无穷，做出了12件英雄业绩；提丢斯是古希腊神话中著名的战将，在远征底比斯的战争中阵亡；阿喀琉斯是特洛伊战争中的英雄，使希腊联军取得了胜利。

第五章　马其顿王朝的统治

影子,只不过上帝代替了古典的神祇。[①]像利奥这样的作家并非少数,例如编年史家"大官"西蒙(Symeon Logothete,10世纪人)、《简明编年史》作者约翰·斯基利奇斯(John Skylitzes,11世纪人)、《编年史纪》作家"忏悔者"塞奥发尼斯等都具有强烈的尚古精神。[②]正是在这个热潮中,文学艺术也出现了特色鲜明的模仿古典作品的时尚,古希腊历史学家希罗多德、修昔底德、色诺芬和波里比阿,诗人荷马和赫西俄德,哲学家柏拉图和亚里士多德,演说家德摩斯梯尼等人的作品都受到了当时作家的追捧和模仿,这个时期的一批传世佳作都映射着古典文史哲作品的影子。这样的复古方式后来在拜占庭帝国衰落时期一再出现,从此没有消失,反映了拜占庭知识分子企图在古典学问中寻求精神出路的愿望。

马其顿王朝统治时期,拜占庭社会相对稳定,其内政和外交均取得了一定的成就。但是,拜占庭历史发展的黄金时代在马其顿王朝之后并没有持续很长时间。该王朝统治末期,由于军区制瓦解,小农和农兵阶层迅速消失,帝国赖以维系的小农经济基础被瓦解,大地主贵族势力崛起,中央集权遭到地方分裂力量的破坏,拜占庭国家因此趋于衰败。

1025年冬季异常寒冷,巴西尔二世偶感风寒,一病不起,12月15日去世。他的去世标志一个时代的结束,拜占庭帝国从此走向衰落。其弟君士坦丁八世不仅无能,而且继承皇权不足3年也死于冬季流感。他的3个女儿或沉湎于修道生活,或热衷于骄奢淫逸的宫廷生活。皇权旁落,军政大贵族势力乘机左右朝政,拜占庭帝国由此进入其衰亡阶段。

[①] Leo the Deacon, *History of Leo the Deacon: Byzantine military expansion in the tenth century*, trans.by Alice-Mary Talbot, Washington, D.C.2005.
[②] Symeon Logothetes, *The Chronicle of Symeon Logothetes*, trans.by Stephanus Wahlgren, Berlin; Novi Eboraci:W.de Gruyter 2006.John Skylitzes, *Byzanz, wieder ein Weltreich:das Zeitalter der makedonischen Dynastie*, trans.by H.Thurn, Graz 1983.

第六章 拜占庭帝国的衰落和十字军运动

一、拜占庭帝国的衰败

1. 衰败的根源

拜占庭帝国的社会矛盾极为深刻,早在马其顿王朝统治末期,各种深层矛盾就开始迅速发展,诸如皇帝专制集权和地方贵族分裂、中央政府和地方军区权力分配、统治民族和被统治民族关系、大地产和小地产(包括军役土地)对立、大地主经济和小农经济相互排斥、城市和乡村关系,等等,其中一些矛盾暴露和表现为难以克服的社会弊病,例如小农经济衰败和军区制的瓦解,伴随着大贵族势力的兴起,并对中央集权政治造成破坏,一批经济势力强大并在政治上权大位高的贵族大家显赫一时,他们不仅在地方称王称霸,而且积极参与皇室内讧,左右朝政。杜卡王朝(Doukas, 1059—1081年)、科穆宁王朝(Komnenos, 1081—1185年)、安格洛斯王朝(Angelos, 1185—1204年)和末代的巴列奥略王朝(Palaiologos, 1261—1453年)均是大贵族参与宫廷政治的结果。这些问题日益严重,逐渐演化成为拜占庭帝国无法克服的社会固疾,从而导致了拜占庭国家由盛到衰的深刻转变。

拜占庭军事化社会结构的瓦解是11世纪以后拜占庭帝国发生的最深刻的变化之一,军区制的衰落和大贵族势力的迅速兴起,形成尾大不掉的局面即是明显的标志。7世纪开始推行的军区制曾加速了拜占庭帝国社会组织的军事化,使包括拜占庭军事实力和经济实力在内的拜占庭国力得到了较大程度的恢复,有力地促进了以巴尔干半岛和小亚细亚地区为中心的拜占庭帝国疆域的稳定。但是,随着军区制的发展,在以农兵为主体的小农阶层兴起的同时,以大地产主为核心的军事贵族也悄然崛起。

军区内的小农经济十分脆弱,经受不住自然灾害和战争的打击。随着占有

第六章　拜占庭帝国的衰落和十字军运动

大地产的军事贵族迅速兴起，小农经济瓦解的过程大大加速。大地产主利用小农破产之机，以提供庇护权为借口吞并小农土地，并对小农的自由权利实行控制，使小农人身部分依附于大地主。而小农则因无力抵御天灾人祸造成的经济压力，不得不以自由权利为代价换取大贵族的保护。11世纪以后，小农日益沦为大地主的农奴。马其顿王朝的皇帝，如巴西尔二世和罗曼努斯一世，认识到保护小农对于维持统治的重要意义，因此采取立法措施限制大地主的扩张。然而，拜占庭历代王朝统治者，除个别者之外，未能采取切实有效的措施打击大地主，因为皇帝在发展军区的同时必须借重大军事贵族的政治势力，维护其在地方的统治。另一方面，如果打击大军事贵族，那就意味着削弱军区制，小农经济也难保存。特别是在大地主贵族势力已经相当强大的情况下，对大贵族的真正打击就等于取消军区制，以农兵为主的小农也将同归于尽。因此，皇帝的立法并未得到贯彻，而皇帝对小农经济的瓦解也无能为力，只好听之任之，他们所能做的唯有颁布几项法令，仅此而已。这样，小农的地位并不能真正得到加强，他们仍然经受不住各种灾变和动乱的打击，而处于随时被吞并的境地，即便法令暂时为他们提供种种优先权，他们也只能自动放弃或转让给大地主。10世纪以后的资料表明，小农日益丧失独立性，迅速沦为大地主的农奴，时人称之为"普罗尼亚"。[1]到11世纪，随着军区制的瓦解，拜占庭国有小农几乎完全消失。

大贵族势力的兴起对拜占庭帝国中央集权制造成直接威胁，成为拜占庭社会政治动荡和国家分裂的主要因素。许多地方大贵族参与皇室内讧，有些军区的叛乱甚至造成王朝的倾覆。尤其是军事贵族形成的政治势力，与中央政府的官僚势力争权夺利，明争暗斗，他们之间的较量构成了晚期拜占庭帝国政治生活的主线。因此，10世纪以后的拜占庭皇帝不断采取措施，将原有的军区分划为更多更小的军区，以便加强控制。最初在全国建立的六大军区到10世纪时就分划为25个军区，到11世纪时，这一数字上升为38个，仅在原亚美尼亚军区境内就分划出10个小军区。[2]同时，中央政府重新委派行政官员分担军区将军的行政权。这种分权措施实际上将军政之权重新分离，恢复了军区制以前的军政两元化领导体制。至12世纪，军区制被完全取消，军区和将军等有关军区制的"名称从此几乎完全消失了"。[3]

---

[1] G.Ostrogorsky, *Quelques problemes d'histoire de la paysannerie byzantine*, Bruxelles 1956, chap.4.
[2] I. Καραγιαννοπουλος, *Χαρται μεσης Βυζαντινης Περιοδου*, Θεσσαλονικη 1976, p.30.
[3] 奥斯特洛格尔斯基：《拜占庭国家史》，第368页。

军区制的衰败对拜占庭武装力量也产生了直接的不利影响,以本国兵源为主体的农兵日益减少,代之而起的是罗斯人和诺曼人雇佣兵。晚期拜占庭国家的财政收入大多成为这些雇佣兵的军饷。而且,雇佣兵作战的目的与本国农兵不同,极易发生哗变,肆虐于拜占庭帝国京畿腹地。12世纪诺曼人雇佣兵的反叛就给拜占庭中心地区的巴尔干半岛造成持续数十年的兵祸。[①] 至13世纪初,拜占庭帝国几乎到了兵不能战或无兵可用的地步,只能依靠外国雇佣兵。这样一来,拜占庭国家出现了大批土耳其人、诺曼人、斯拉夫人、瓦兰吉亚人雇佣兵,他们在拜占庭内地造成兵匪横行的局面。拜占庭军队实力急剧下降的直接后果是13世纪初拜占庭人在数千十字军骑士的攻击下,城防坚固的君士坦丁堡轻易便落入敌手。从此,拜占庭帝国就沦为东地中海的一个小国,失去了昔日雄风,只能在强国之间周旋,苟延残喘。

军区制原本是早期拜占庭帝国经历长期动荡军事、政治和经济管理制度演化的结果,是拜占庭统治阶级通过种种尝试从事的成功改革。但是,军区制从推行之初自身内就孕育着深刻的矛盾。拜占庭统治者为了通过推行军区制有效地应付外敌入侵,就必须依靠和重用军事贵族,这就为军事贵族势力壮大创造了条件。但是,随着军区制的发展和军事贵族的兴起,小农土地必遭吞并,小农经济必然趋于衰败,从而瓦解了军区制存在的经济基础。拜占庭帝国统治者企图通过相对自主的地方管理有效地维护和保证中央集权统治,结果就不可避免地产生扩大地方权力,削弱中央集权和瓦解小农经济基础的后果。他们无法克服中央集权和地方分裂、大土地所有制和小地产生产、大地主和以农兵为主的小农之间的矛盾。换言之,军区制形成和发展的同时也准备了其自身毁灭的条件。正是由于这些不可调和的深层次矛盾的演化,才使军区制这种适合拜占庭帝国生存需要的国家制度归于衰败,进而造成拜占庭国力的衰落,也促成了拜占庭国家在外敌的连续打击下最终灭亡。

2. 科穆宁—杜卡王朝[②]

科穆宁王朝代表大军事贵族势力,其创立者伊萨克一世(Isaac I Komnenos,1057—1059年在位)是当时拜占庭帝国主要军事贵族科穆宁家族的代表人物。

[①] P.Aube, *Les Empires nomands d'Orient, XI-XIIIe siecle*, Paris, 1983, chap.4, 5.
[②] 一些学者将科穆宁和杜卡两王朝合二为一,有学者将两者分开,事实上,迫使伊萨克一世让位的君士坦丁十世是前者的亲戚,而从杜卡家族手中重新夺取皇位的阿历克塞一世则是君士坦丁十世堂孙女的丈夫。这个争论无伤本书体系,为了叙述方便这里将两个家族放在一个题目下。

第六章 拜占庭帝国的衰落和十字军运动

为了炫耀武功,伊萨克一世一改历代皇帝温文敬神的形象,命人为自己绘制了持刀剑而立的画像。他精于网罗尚武将士和忠勇斗士,建立效忠于科穆宁家族的军队。1057年,他联合各地军队,向朝廷提出增加军费、提高军饷的无理要求,在遭到米海尔六世拒绝后,发动军事政变,迫使米海尔六世退位。同年9月,他被加冕称帝。他在位时间虽短,但是却采取了一系列打击大官僚贵族集团的改革措施,包括收回前代皇帝赏赐给高官贵族的产业,增加官僚贵族的纳税金额,严厉惩罚拖欠国家税收的官吏,削减官吏人数,精兵简政,坚决减少官吏薪俸。对教会贵族,他也无情课以重税。这些措施有效地打击了官僚贵族的势力,使国家收入明显增多。但是,他的政策遭到贵族广泛的反对,甚至军事贵族也担心"城门失火殃及池鱼",对其政策采取抵制态度。1059年冬季,52岁的伊萨克一世在围猎中受风患病,教俗贵族乘机逼迫他退位让贤,特别是原来支持他的军事贵族的立场转变令他大感意外,最终不得不让位于他的远房亲戚君士坦丁十世。

君士坦丁十世(Constantine X Doukas,1059—1067年在位)是杜卡家族的代表人物,在小亚细亚地区势力显赫,凭借家族实力供职于阿纳多利亚军区。马其顿王朝末期因其家族参与宫廷斗争,获罪入狱,后隐居自家庄园,暗中结党营私,发展军事力量。1057年,他凭借实力积极支持伊萨克一世的军事政变。而后,他大力扩张杜卡家族势力,通过与时任大教长的米海尔一世(Michael I Cerularius)之侄女尤多西亚(Eudokia Makrernbolitissa)的婚姻,得到教会的支持,同时与反对伊萨克一世的官僚贵族势力暗中结成联盟,组成了反对伊萨克一世改革的强大联合阵线。1059年,他指使大教长出面,逼宫成功,顺利登上帝位。他在位7年半,其间推行与伊萨克一世不同的政策,不仅取消了其前任皇帝限制官僚贵族的措施,而且将许多被免职流放的贵族和高官官复原职,特别是他对教会的慷慨馈赠和恩赐的多项特权使中央政府经济实力迅速下降,当朝廷提高农民税收时,巴尔干地区爆发了农民起义。诸如当时著名作家普塞罗斯(Psellos)等有识之士就指出,他推行的政策产生了灾难性的后果,因为大贵族势力的极度发展已经不可遏止。1067年春夏之际,年过60岁的君士坦丁十世患感冒病逝,此时其子米海尔七世(Michael VII Doukas,1067—1078年在位)(图6-1)尚未

图6-1 米海尔七世

成年,由母后尤多西亚任摄政王。

但是,尤多西亚代表的大官僚和教会贵族千方百计控制皇权,立即导致军事贵族的反对,他们积极策划军事政变,其中担任多瑙河前线司令的罗曼努斯将军最为活跃,他公开勾结多瑙河北岸地区的匈牙利人。正当危险的军事叛乱再度爆发之际,控制政权仅半年的尤多西亚已经清楚地意识到杜卡家族统治面临的危机,因此宣布与罗曼努斯结婚,并承认其皇帝地位,条件是她的3个儿子应为共治皇帝。1068年1月1日,罗曼努斯四世(Romanus IV Diogenes,1068—1071年在位)与尤多西亚的儿子米海尔、安德洛尼卡和君士坦提奥斯共同加冕为帝。罗曼努斯四世在位期间,在内政方面毫无建树,但在对外战争中却身手不凡,取得了一些战绩。然而,杜卡家族不甘皇权旁落,他们暗中勾结起来,对罗曼努斯四世的军事行动处处掣肘。1071年,罗曼努斯四世率领部队在曼齐刻尔特战役中被其军事助手杜卡家族的安德洛尼卡出卖,导致罗曼努斯四世被敌军俘虏。他被释放后,又遭到杜卡家族的打击,最终被刺瞎双眼关入修道院。

杜卡家族重新控制了皇权,君士坦丁十世的长子米海尔七世(Micheal VII Doukas,1067—1078年在位)因而也得以亲理朝政,但他当时仅21岁,还没有能力控制局面,只好依靠其叔叔约翰·杜卡(John Doukas)掌握军队,依靠宰相尼基弗利齐斯(Nikephoritzes)治理内政。而他依赖的这两个文臣武将并没有取得任何成功,新兴的突厥人在小亚细亚肆意抢掠,为非作歹,尼基弗利齐斯强制推行的重税政策则导致全国反对,各地军事贵族乘机领导农民起义。他在位的6年多时间里,先后爆发了奈司脱(Nestor)、鲁塞尔(Roussel)、布林纽斯(Bryennios)和尼基弗鲁斯(Nikephoros Botaneiates)起义和叛乱,其中后者获得了成功。1078年,米海尔七世被废黜,先是出任以弗所教区主教,而后进入修道院,40岁时去世。他的妻子则嫁给比她年长50岁的新皇帝尼基弗鲁斯三世(Nikephoros III Botaneiates,1078—1081年在位)。

尼基弗鲁斯三世(图6-2)登基时年近80岁,是军界元老,与杜卡家族有血缘关系,在小亚细亚的阿纳多利亚军区经营多年,一直是左

图6-2 尼基弗鲁斯三世

右帝国政局的军事贵族。他在位3年，因老迈年高，无法亲自治理政务，所有的朝廷行政事务全部委托于其门客伯里尔（Boril）和日耳曼诺斯（Germanos），而他赏识的军队将领伊萨克（Isaac）和阿历克塞（Alexios I Komnenos）则控制帝国军队。在其短暂的统治期间，拜占庭帝国军事叛乱此起彼伏，大规模的叛乱就有4次，分别是布林纽斯（Bryennios）、尼基弗鲁斯（Nikephoros Melissenos）、瓦西里盖斯（N. Basilakes）和科穆宁（Komenios）等家族起义。他可能已经意识到自己的下场，因此退位前即在君士坦丁堡修建了修道院，当1081年阿历克塞率军进入君士坦丁堡时，他已经提前躲入修道院。同年，老迈的尼基弗鲁斯三世病逝。

阿历克塞一世（Alexios I Komnenos, 1081—1118年在位）是科穆宁王朝创立者伊萨克一世的侄子，在兄妹8人中，他最为精明，功于心计。当他与其二哥伊萨克起兵叛乱时，已经做好了当皇帝的准备。他与杜卡家族的公主伊琳娜（Irene Doukas）结婚，得到了该家族强有力的支持。他在位37年，内外政策卓有成效，其中最重要的是通过委任家族亲信强化中央集权。他对所有异己力量，包括独立于科穆宁家族的贵族均采取打击和排斥措施，而对效忠皇帝的贵族则加以严格控制和利用，但是决不委以军权。当时，小亚细亚地区外患严重，一批贵族因此丧失了家族产业，这对阿历克塞一世削弱贵族势力，加强中央集权颇为有利。他还通过调整官职和贵族爵位清除对皇权造成威胁的因素，因此在他强有力的统治下，几乎没有出现军政叛乱。他依靠其相对强大的皇权，对教会贵族也毫不留情地采取征税和限制特权的措施，这一行动遭到了迦克墩主教利奥（Leo of Chalcedon）的反对，阿历克塞一世借助君士坦丁堡大教长的力量，免除了利奥的职务，公布立法取消了教会几个世纪以来享有的免税权。与此同时，他积极发展对外贸易，重新发行足值金币，使拜占庭帝国经济危机得到缓解。在其统治期间，阿历克塞一世面临的最大问题是小亚细亚地区突厥人的兴起，为了对付这一游牧民族的入侵，他向教皇发出求援呼吁，希望西欧雇佣军帮助他打击入侵者，但是后来的事态发展证明，他的这一请求给拜占庭帝国带来了长期的灾难性后果（图6-3）。

图6-3 阿历克塞一世会见十字军将领布永的戈弗雷

1118年夏，60多岁的阿历克塞一世患病去世，其31岁的长子约翰二世（John II Komnenos，1118—1143年在位）即位，这使其母亲杜卡家族的伊琳娜和代表布林纽斯（Bryennios）的其大姐安娜（Anna Komnena）大为不满，她们已经觊觎皇权多时，并且勾结起来准备采取行动。约翰二世对此早已洞悉，并且轻而易举地瓦解了她们的阴谋，剥夺了她们的名号，同时根据他取消严酷刑法的政策，将她们软禁起来。安娜后来专心著述，成为名垂青史的历史作家。1143年，约翰二世在春季围猎中意外死亡，又在拜占庭帝国历史上留下一个待解之谜。按照惯例，约翰的儿子曼努埃尔一世（Manuel I Komnenos，1143—1180年在位）即位，其时他方年过25岁。但奇怪的是，他还有3个哥哥没有继承皇位，而由他这个幼子即位，其中的原因可能与其母匈牙利公主伊琳娜（Irene of Hungaria）具有直接关系，她最喜欢小儿子。但是，这样的安排违背了传统的皇帝继承原则，因此在曼努埃尔一世在位的37年中皇室内部问题不断，尤其是他的二哥伊萨克（Isaac）和长嫂伊琳娜（Irene Komnena），以及其堂弟安德洛尼卡（Andronikos）制造了许多麻烦。激烈的皇室内讧最终在1180年曼努埃尔一世去世后逐步演化为血腥的厮杀。他死后传位于11岁的阿历克塞二世（Alexios II Komnenos，1180—1183年在位），而这个孩子是曼努埃尔一世51岁时所生的唯一儿子，故自幼娇惯，顽皮成性，后来更发展成为无恶不作的恶少。他在宠臣、其叔叔安德洛尼卡的唆使下，滥杀无辜，例如忠实老臣康多斯代发诺斯（Andronikos Kontostephanos）、约翰（John Komnenos）等均死于非命，甚至下令将自己的亲生母亲安条克人马利亚（Maria of Antioch）处死，理由是他们无视皇帝的尊严，对他管教太多。而老谋深算的安德洛尼卡则另有所图，他一方面在首都近郊的冯杜斯建立军事基地；另一方面严密控制小皇帝，投其所好，任其挥霍国库金钱，同时借小皇帝之手铲除所有可能的敌对势力。1183年，他认为夺取皇位的时机已经成熟，便发动政变废黜了阿历克塞二世，并且借口后者民愤太大，下令把14岁的小皇帝勒死，抛尸于大海。65岁的安德洛尼卡一世（Andronikos I Komnenos，1183—1185年在位）如愿以偿地登上帝位，为了消除皇室内部的潜在威胁，他继续滥杀无辜，迫使许多皇室贵族流亡国外，他也因此引起君士坦丁堡民众的强烈仇恨。1185年，首都民众爆发起义，推翻了安德洛尼卡一世的残暴统治，他被起义民众撕成碎片，陈尸街头（图6-4）。科穆宁王朝统治因此结束。[①]

[①] A.A. Vasiliev, *History of the Byzantine Empire*, II, pp.375-379.

科穆宁王朝时期的拜占庭帝国政治混乱，国势衰微，特别是在对外战争中屡屡失利，因此不得不求救于教皇，此后十字军问题成为该王朝最重要的事务。

3. 十字军狂潮的兴起

拜占庭帝国曾是东地中海沿岸和近东地区的强大国家，对这一地区国际政治格局的影响相当深刻，它的衰落也引起该地区形势的变化。其中最主要的变化是塞尔柱突厥人的迅速崛起，他们取代阿拉伯人成为西亚和北非的强大势力。同时，意大利各沿海商业城市共和国和诺曼人国家的兴起，也逐步排挤拜占庭帝国在东地中海的势力。塞尔柱突

图6-4 安德洛尼卡一世被起义民众撕成碎片，陈尸街头

厥人原是活动在咸海附近地区的游牧民族。11世纪前半期，他们向亚洲西部迁移，在小亚细亚东部地区与拜占庭军队发生接触。当时，君士坦丁九世（Constantine IX Monomachos，1042—1055年在位）已经撤消了拜占庭帝国在这里的军区部队，所以对塞尔柱突厥人的入侵未能采取任何有效的抵抗措施。11世纪中期，塞尔柱突厥人征服了阿拉伯人，逐步控制了过去属于阿拉伯国家的领土，并在拜占庭帝国东部边境地区形成对帝国的巨大威胁。1071年夏季，15 000塞尔柱突厥人军队在亚美尼亚东部幼发拉底河畔重镇曼齐刻尔特（Mantzikert，今阿赫拉特以北）大败皇帝罗曼努斯四世（Romanos IV，1068—1071年在位）亲自统率的6万拜占庭军队，俘获皇帝本人，使拜占庭人元气大伤。虽然，拜占庭人以150万片黄金将罗曼努斯四世赎回，但是这次影响深远的失败引发拜占庭帝国统治阶层新的内讧。塞尔柱突厥人充分利用这一有利时机，占领了拜占庭帝国在小亚细亚的大部分领土，并于1081年在距离君士坦丁堡很近的尼西亚城（Nicaea，今伊孜尼科）建立都城。此后，在塞尔柱苏丹苏莱曼一世（Suleiman ibn Qutulmish，1077—1086年在位）和塞尔柱帝国梅利克沙（Malik-Shah I，1072—1092年在位）统治时期，塞尔柱突厥人准备进攻君士坦丁堡，并夺取叙利亚首府安条克城。

拜占庭人在塞尔柱突厥人的强劲攻势压力下只有招架之功，而无反攻之力，科穆宁王朝皇帝阿历克塞一世慌忙向教皇求援。1095年3月，他派遣特使

图6-5 教皇乌尔班二世在法国南部克莱芒市举行的盛大集会上号召发动十字军东征

会见教皇乌尔班二世（Urban II，1088—1099年在位），请求西方各基督教国家出兵援助，反击塞尔柱突厥人。这一请求立即得到教皇的回应，他公开敦促西欧各国封建主和广大信徒参加圣战，帮助东方的基督教兄弟反对异教徒。1095年年底，他再次号召发动圣战，解放被穆斯林占领的圣地。教皇的鼓动很快在西欧各国引起强烈反响，在法国南部克莱芒市（Clermont）举行的盛大集会上，数以万计的狂热基督徒和数千封建骑士热烈响应教皇的号召，高呼口号，当即立誓出征（图6-5）。由于他们将十字标志缝在各自的服装和旗帜上，所以被称为十字军战士（the Crusades）。①

阿历克塞一世的请求得到教皇如此大力的支持和卖力的游说并且得到西欧各国封建主的响应绝不是偶然的，是有其深刻的社会背景。11世纪时，经历了几百年社会变革和动荡的欧洲社会趋于安定，西欧社会经济生活日益繁荣，人口急剧增加，农业耕地等物质资源不足的问题越发突出，人口数量的急剧增加与物质资源开发的相对缓慢之间的矛盾日益激化。西欧各国封建世袭领地制曾产生出一批以作战为职业的骑士，在相对和平的环境里，他们失去了赖以为生的战争机会，无所事事，游手好闲，频生事端，成为社会不安定的因素。随着商品经济的发展，西欧上层封建领主对物质生活提出更高的要求，他们对农奴不断加强的剥削仍然不能满足其需求，因此迫切希望找到新的财源。同时，西欧各地的农奴和下层人民对领主的压榨和人身依附的日益加强越来越不能忍受，他们也迫切希望改变现状。而西欧的商人，特别是意大利商人早就觊觎东方贸易的丰厚利润，希望分享东地中海国际贸易的丰厚利润，打破拜占庭帝国在这一区域的商业垄断权。事实上，拥有强大舰队的威尼斯人和热那亚人早在10世纪时即开始得到对拜占庭帝国的贸易优惠权，并因此获得了巨大的商业利益。但是，仅仅建立商业据点，分享国际贸易的利润还不能满足他们的贪欲，他们要垄断东西方商业贸易。教皇的号召无疑给西欧社会各阶层提供了机会，带来了希望，贪婪的

---

① S.Runciman, *A History of the Crusader*, Cambridge, 1951, I, pp.100-110.

第六章　拜占庭帝国的衰落和十字军运动

上层封建主希望在战争中夺取新的土地和无尽的财宝，狡诈的商人计划利用战争建立自己的商业霸权，没落的骑士幻想在战争中一展身手，重新建立骑士的丰功伟业，而深受剥削的农民和下层人则希望以此摆脱农奴制的压迫，在新的土地上重建小家园。这些出发点各异的梦想迅速汇集成征服东方的狂潮，形成了延续200年的"十字军东征"运动。

十字军战争的发动者和罪魁祸首是教皇，他除了在追求财富方面具有不亚于世俗封建主的热情和积极性外，还有其扩大宗教势力范围的特殊目的。事实上，早已经摆脱拜占庭皇帝控制并迅速发展的教皇国，在1054年东西方教会相互开除教籍并导致基督教历史上第一次大分裂以后，就极力扩大其势力，教皇以基督教世界领袖自居，希望夺取最高宗教领导权。12世纪是拜占庭帝国迅速衰落的时期，教皇便积极利用各意大利城市共和国向东地中海扩张经济势力的机会，扩大罗马天主教的势力。教皇认为拜占庭皇帝的求援请求是恢复东西教会统一和控制东方教会的天赐良机，因此进行了广泛的宣传和组织工作。

十字军东侵的序幕于1096年春季拉开，法国穷修士彼得（Peter）和穷骑士瓦尔特（Walter）首先率领心存幻想、愚昧无知的贫苦农民、无家可归的流浪汉和其他走投无路的下层人民沿多瑙河向东进发（图6-6）。从此直到13世纪初，英、法、德等西欧国家各级封建主发动了3次东侵。在此过程中，被蒙蔽和愚弄的广大下层十字军战士损失惨重而收获甚微，他们既没受过军事训练，缺少作战常识，又无军事装备和充足的给养，一路上餐风露宿，忍饥挨饿，仅靠抢劫沿途居民为生，未到前线已经死伤过半。他们一旦上了战场则溃不成军，被大肆杀戮，生还者极少，大部分战争所得都被指挥十字军的封建主占有，他们仅得到少许

图6-6　彼得发起第一次十字军东征

战利品和在被占土地上重新开始农奴式生活的权利。正因为如此,十字军战争表现出罕见的残暴性。首批"穷人十字军"几乎全军被歼,仅有1/10的人生还。同样,付出极大代价的十字军战士在战争中身心扭曲,残酷无情。1098年和1099年攻占安条克和耶路撒冷后,基督徒十字军战士抛弃了"以仁爱为本"的所谓基督精神,对穆斯林居民进行了骇人听闻的大屠杀和十分彻底的大洗劫。在十字军征服的小亚细亚、叙利亚和巴勒斯坦地区,城市破败,农田荒芜,昔日繁荣的经济生活完全消失,当地文化遭到了彻底破坏。

图6-7　博希蒙德一世

在最初的交战中,由于身披重甲、精于骑术和决斗的十字军骑士对近东地区的塞尔柱突厥人来说是陌生的,他们完全不熟悉汹涌而至的西方骑兵,更不了解其战术和作战方法,因此十字军频频得手,在1096—1099年仅3年时间内就夺取了东地中海沿海地区大片土地。西欧封建主在这一地区建立了第一批西欧式的封建国家,其中包括由博希蒙德一世(Bohemond I of Antioch)(图6-7)建立的安条克公国(Principality of Antioch)和雷蒙德(Raymond)建立的耶路撒冷王国(Kingdom of Jerusalem),这些大大小小的封建国家均按照西欧的封建制度进行层层分封。十字军的暴行必然引起当地人民的反抗,于是,西欧封建骑士在1147—1149年发动了第二次东侵。埃及苏丹萨拉丁(Saladin, 1174—1193年在位)统治时期担负起反抗西方入侵的领袖责任,他成为近东地区反十字军斗争的领袖和杰出代表。他于1174年成为埃及苏丹后,迅速扩张势力,发兵反击十字军,进攻耶路撒冷王国,其后便向北占领了直到大马士革在内的巴勒斯坦和叙利亚南部地区。

1187年,萨拉丁军队在提比利亚湖附近大败十字军,攻占耶路撒冷,令西欧封建主大为震动,他们遂于1189—1192年再次组织第三次十字军东征。这次东征的主角是神圣罗马帝国皇帝腓特烈一世(Frederick I Barbarossa, 1152—1190年在位)(图6-8),他先是气

图6-8　腓特烈一世

第六章　拜占庭帝国的衰落和十字军运动

势汹汹地率兵进入拜占庭帝国的马其顿和色雷斯地区，大肆抢劫一番，而后渡过博斯普鲁斯海峡，夺取伊克尼乌姆（Iconium）。但是，两个月后，他不慎落水，淹死在萨列法河（the Selef）。而另一路从海上进攻的十字军也无功而返。

事实上，十字军东征不仅给近东地区带来极大的灾难，而且也使拜占庭帝国惨遭破坏。十字军历次进军经过的地区都被贪婪的西方骑士大肆抢劫，这是阿历克塞一世始料不及的。如果说他的这种引狼入室的行为尚属无知，那么其后的皇帝则是千方百计勾结西方势力参与拜占庭帝国内部政治角逐，从而给帝国带来更大的灾难。

4. 安格洛斯王朝内讧

拜占庭帝国长期实行皇帝专制统治制度，政治、经济、立法、行政、军事、外交、文化和宗教等各种公共权力高度集中，导致其政治生活中围绕皇权展开的斗争始终非常激烈残酷，拜占庭历史上王朝内讧从未间断。科穆宁王朝末期发生在皇室内部的自相残杀开创了拜占庭晚期历史上子杀母、侄杀叔和叔杀侄的血腥先例。统治集团内部的斗争在阿历克塞一世去世后进一步升级，首先是阿历克塞一世的长女安娜领导的推翻其弟约翰二世的宫廷政变，事发流产。而后是安德洛尼卡一世利用首都民众对其堂兄曼努埃尔一世及其子阿历克塞二世推行亲西欧政策的强烈反感发动兵变，夺取皇位。紧接着，安德洛尼卡一世的重臣伊萨克二世反叛称帝，建立了短命的安格洛斯王朝（Angelos）。而伊萨克二世（Isaac II Angelos，1185—1195年在位）之弟阿历克塞三世（Alexios III Angelos，1195—1203年在位）废兄夺权则将这个时期拜占庭帝国统治阶层的内部斗争推到了顶点。阿历克塞三世曾是其兄伊萨克二世的心腹战将，主持对斯拉夫塞尔维亚人的战事。1195年，他乘其兄亲临前线之机发动军事反叛，扣押了皇帝，以瞽目的酷刑使伊萨克二世成为残废，并将其投入监狱严加看管。在其无所作为的统治期间，阿历克塞三世一直面临伊萨克二世之子、他的侄子阿历克塞四世颠覆皇权的挑战。阿历克塞四世在其叔叔废除了其父的皇位时，侥幸逃脱，乘比萨人的商船逃离君士坦丁堡，并经意大利转路到德意志寻找其姐姐伊琳娜（Irene），她是德意志国王士瓦本人菲力浦（Philip of Swabia，1198—1208年在位）的妻子。阿历克塞四世得到他们为其父复仇的允诺后，又求助于教皇英诺森三世（Innocent III，1198—1216年在位），恳求教皇批准西欧十字军帮助他们父子恢复帝位。

拜占庭皇室内讧为觊觎君士坦丁堡已久的西欧各国君主特别是威尼斯商人提供了入侵的借口，他们早有吞并富庶的拜占庭帝国之心，此时终于获得良机。西欧封建主和商人征服拜占庭的愿望从百余年前第一次十字军东征后逐步强烈起来。十字军东征以前，西欧人对君士坦丁堡这个欧洲和地中海世界最大的城市和经济、文化中心并不十分了解，只是耳闻拜占庭人富裕舒适的生活。东征的经历使他们亲眼目睹了壮丽雄伟的古都、豪华奢侈的皇宫、安逸闲散的市井生活和珠光宝气的贵族，东征的西欧人，无论君主还是骑士，或是农夫和流浪汉，面对神话般的世界，惊讶得无以言表，当时人留下的许多记述无一不流露出这种极度羡慕和渴望占有的心情。因此，十字军战士从一开始就把拜占庭帝国列入与异教徒领土一样的抢劫对象，他们一进入拜占庭帝国就肆无忌惮地洗劫沿途的农村和城镇，毫不留情地抢走任何他们认为有价值的东西，这就必然引起拜占庭人与十字军骑士的对立。

拜占庭皇帝最初希望西方君主派遣雇佣军，在拜占庭帝国将领指挥下，协助拜占庭军队赶走外敌，保卫拜占庭帝国领土，而根本没有想到教皇会煽动起巨大的十字军运动，组织起庞大的十字军东征，更没有想到十字军竟然是一群毫无纪律约束的散兵游勇，因此他们从一开始便对十字军抱有强烈的戒备心理。阿历克塞一世的女儿安娜明确指出："但是，还有一些更老谋深算的人，特别像博希蒙德（诺曼国王罗贝尔·吉斯卡尔之子——作者）及有类似想法的人，却另有秘不示人的目的，他们就是希望在路过这里时找适当的借口以某种手段夺取首都。"[①] 拜占庭帝国普通民众对打着圣战旗号的十字军普遍反感，对以帮助他们打击异教敌人为名的西欧援军没有丝毫的感激之情和热情款待，相反在十字军进入拜占庭帝国领土后，他们立即以驱除兵匪的态度将十字军押送到小亚细亚地区。为了有效地控制源源而来的十字军骑士，拜占庭皇帝要求各路十字军领袖按照西方封建礼仪向他宣誓效忠并保证将夺回的帝国领土归还拜占庭帝国。这个要求与十字军将士的梦想不同，与他们各自的目的大相径庭，所以他们中许多人公开加以反对，甚至与拜占庭军队大动干戈，有的则出尔反尔，把誓言视同儿戏。博希蒙德就是如此，他在夺取了安条克后拒绝履行诺言，并与拜占庭人发生争执和火并。于是，他返回意大利，招募了一支由法、意、德、英、西班牙等国骑士组成的军队进攻拜占庭帝国，企图夺取君士坦丁堡，但是在亚得里亚海东岸的底拉西乌姆海港（今地拉那）遭到拜占庭人的打击，被迫订立屈辱的条约，承认自己是皇帝的封臣，不再与皇帝

[①] A.A. Vasiliev, *History of the Byzantine Empire*, II, p.404. Alfred J. Andrea, *Contemporary Sources for the Fourth Crusade*, with contributions by Brett E. Whalen, Leiden, Boston: Brill, 2000.

为敌,并归还过去属于拜占庭帝国的领土。

拜占庭人与十字军之间的对立情绪有增无减,特别是1124—1125年,威尼斯人为重新获得商业特权派舰队大肆洗劫爱琴海岛屿及沿海地区,使希腊人对昔日的盟友深恶痛绝。1147—1158年,诺曼人舰队进攻拜占庭帝国,夺取亚得里亚海和爱琴海许多岛屿,抢劫沿海地区,摧毁了拜占庭帝国在希腊科林斯的丝织业中心,掳走大批技术工匠,使已经衰落的拜占庭经济雪上加霜,再次遭到沉重打击。1147年,由德意志国王康拉德三世(Conrad III, 1138—1152年在位)领导的十字军在洗劫色雷斯地区时遭到拜占庭军队的打击,康拉德三世因此记恨拜占庭人。而受到拜占庭皇帝曼努埃尔一世盛情款待的法国国王路易七世(Louis VII of France, 1137—1180年在位)则恩将仇报,阴谋与德意志骑士联手进攻君士坦丁堡(图6-9)。当他们在阿纳多利亚地区遭到土耳其人打击无功而返时,便迁怒于拜占庭人,声称后者与土耳其人勾结出卖了十字军。1189年,德意志皇帝腓特烈一世(红胡子)领导的十字军在进军亚洲途经色雷斯地区时也无情地抢劫城市和村庄,兵临君士坦丁堡,他还写信给其子亨利六世(Henry VI, 1190—1197年在位,1191年加冕),令其率领舰队从海上进攻君士坦丁堡。同一时期的英、法十字军则毫不客气地从他们宣誓效力的"领主"伊萨克二世手中夺取了塞浦路斯岛。1170—1176年,拜占庭人因拒绝威尼斯人对拜占庭帝国商业特权无止无休、得寸进尺的要求,与威尼斯人再度爆发战争,拜占庭帝国又饱受丢城失地的痛苦。

拜占庭人民从百年来的历史中得到沉痛的教训,他们将十字军视为闯入其家园的凶恶敌人,认为西方的基督徒打着圣战旗帜,其目的只有一个,就是掠夺财富和土地。因此,他们对十字军骑士、意大利人乃至被统称为拉丁人的所有西方人充满了仇恨。这种愤怒的情绪与日俱增,终于导致了1182年君士坦丁堡人民起义。在起义中,西欧商人的商业区被愤怒的民众捣毁,商店被放火,住宅被焚烧,大批西欧人惨遭杀害,甚至连教皇亚

图6-9 德意志国王康拉德三世、法国国王路易七世和耶路撒冷国王鲍德温三世在耶路撒冷聚会

历山大三世（Pope Alexander III, 1159—1181年在位）的代表、红衣主教约翰（John）也性命难保，他的头颅被砍下后系在狗尾巴上游街示众。拜占庭人民对西欧教俗封建主及商人各种形式的入侵进行激烈反抗，这使西欧各国君主耿耿于怀，寻机报复，拜占庭帝国安格洛斯王朝的内讧恰好为西欧封建主提供了机会。

二、十字军占领君士坦丁堡

1. 第四次十字军的阴谋

第四次十字军是由教皇英诺森三世发动的。[1]1198年年初，野心勃勃梦想成为世界领袖的英诺森三世（Pope Innocent III, 1198—1216年在位）当选为教皇。上台后，他便向西欧各国君主和基督徒发出通谕，号召基督徒举起圣战旗帜，为保卫圣地而战，企图利用十字军达到控制东方教会的目的（图6-10）。他到处发表演说，向各国君主发寄信件，还派遣特使四处游说，信誓旦旦地保证所有参加十字军的人将被赦免一切罪孽。他公开威胁拜占庭帝国君主，要求他们无条件地将君士坦丁堡教会合并到罗马教廷，否则将对拜占庭人动用武力。但是，对远征东方早已失去兴趣的西欧民众对教皇的呼吁反应冷淡，而西欧各国君主正忙于国内事务，无暇他顾，对教皇的呼吁也不加理睬。只有急于报仇的个别封建主和威尼斯人表现得格外积极，到处游说，筹集资金，招兵买马，积极准备第四次十字军东征。

长期以来，许多西欧学者认为第四次十字军战争方向的转移是偶然发生

图6-10 英诺森三世发出通谕，号召十字军东征

---

[1] M.Angold, *The fourth Crusade:Event and Context*, Harlow:Longman, 2003.

第六章　拜占庭帝国的衰落和十字军运动

的，基督教信徒之间的厮杀也是教皇始料不及的。事实上，第四次十字军在准备阶段就已经将进攻君士坦丁堡作为主要议题加以讨论，事件的整个进程完全是有预谋、有组织和经过精心策划的。起初，英诺森三世的呼吁确实没有得到各国君主的反应，只有拜占庭帝国被废的皇太子阿历克塞多年不懈地往返于德、意、法三国，劝说他的姐夫德意志国王士瓦本的菲力浦、菲力浦的表兄弟法国国王腓力二世（Philip II of France，1180—1223年在位）和教皇帮助他恢复帝位。早在士瓦本的菲力浦成为德意志国王以前，他的哥哥德意志国王亨利六世（Henry VI，1190—1197年在位）就希望通过联姻获得拜占庭皇位继承人资格，并安排了菲力浦与拜占庭皇家公主伊琳娜的婚姻，幻想得到拜占庭皇位。此时，士瓦本的菲力浦并没有完全放弃这个想法，只是，德、法等国都忙于本国事务，虽然对流落他乡的阿历克塞深表同情，但又抽不出身来，于是力荐意大利蒙特菲拉特公爵伯尼法斯（Boniface I, Marquess of Montferrat）于1201年担任第四次十字军首领。这位泊尼法斯公爵出身意大利贵族家庭，29岁时即开始其骑士游侠生涯，曾经陪伴其兄康拉德访问过君士坦丁堡，对拜占庭人的典雅生活羡慕不已，对那里的金银财宝早已垂涎三尺。1201年，在其表弟法国国王腓力二世的劝说下，积极担当起第四次十字军领袖的重任。此时他已经50多岁了，阅历复杂，老谋深算。这样的安排为进攻君士坦丁堡提供了组织领导方面的保证。

为了掩人耳目，十字军的组织者一开始公开声称进攻的目标是阿尤布王朝（Ayyubid dynasty，12—13世纪）的政治中心埃及，但是，私下里却在积极策划进攻君士坦丁堡的细节。他们对当时拜占庭帝国防务和军事力量的配置了解得十分清楚，为了避开相对强大的拜占庭陆军，决定从君士坦丁堡薄弱的水上防线展开进攻。伯尼法斯谎称巴尔干半岛北部山路难行，由陆路取道拜占庭帝国进军埃及，路途遥远，不如从海上直捣亚历山大里亚。于是他在威尼斯集结部队，并与威尼斯人商讨具体进兵事宜。伯尼法斯深知威尼斯人对拜占庭人的仇恨和宿怨，也了解威尼斯商人急于夺取东地中海贸易垄断权和海上霸权的心情，因此双方一拍即合，达成了用威尼斯船只运送十字军的协议。至于把十字军运往何方以及十字军的作战目标，彼此都心照不宣了。

在第四次十字军东征阴谋策划的过程中，教皇也充当了极不光彩的角色。从理论上讲，他积极鼓噪和挑动起来的这次圣战应当以异教徒为征服对象，东正教信徒则是他们帮助和解救的兄弟。可是，他对于以武力征服拜占庭帝国的提议一直没有作公开的批评和否定，更没有发布明确的指示禁止进攻基督

227

徒兄弟。这场第四次十字军圣战从一开始就不"神圣"。[①]事实上，教皇并非不了解伯尼法斯的野心和威尼斯的计划，他也不是在十字军攻入君士坦丁堡以后才听说这个消息，许多已经昭示天下的事实就是证据。首先，阿历克塞四世多次面见教皇，提出请求十字军帮助他们父子恢复皇帝地位，狡猾的教皇没有表示拒绝，但也没有表示同意。按理说，十字军用于基督徒内战是违背神圣教义的，教皇没有必要吞吞吐吐，这表明教皇清楚地了解十字军领袖正在策划进攻基督教兄弟的行动。其次，作为第四次十字军首领的伯尼法斯直接会见过英诺森三世，极力说服教皇同意他带领十字军帮助伊萨克二世父子恢复帝位，教皇又没有明确表态。显然，英诺森三世确切了解这次十字军的进攻目标，他只是通过这种遮遮掩掩的方式暗示其默许的态度，这符合当时年届40岁的这位教皇狡诈的行为方式。再次，就在十字军即将出发之际，包括德意志国王菲力浦和阿历克塞四世（图6-11）在内的反阿历克塞三世的多种势力集聚威尼斯，这一动向明显地暴露出第四次十字军的作战方向。对此，消息灵通的教皇更不会一无所知，他不过是在玩弄手段，佯装不知。另外，英诺森三世在通过谈判促使东方教会合并到罗马教会的努力失败之际，曾给当时的拜占庭皇帝阿历克塞三世发出恐吓信，声称将以适当的方式恢复伊萨克二世的皇位。英诺森三世的意图是很清楚的，他既要保持其基督教世界领袖的清白名声，又想掩盖其利用十字军达到征服东方教会之目的的狰狞面目。他既要做圣人，又要做强盗，因此对这次十字军采取模棱两可、听之任之的态度。同时，他高举东西方教会联合、发动圣战进攻穆斯林、夺回圣地耶路撒冷的旗号，以欺骗世人。在玩弄阴谋方面，他可算经验老辣，城府极深，君不见德皇、英王、匈、捷、保、波、丹、葡、瑞、挪等国君主哪一位不是被他摆弄得服服帖帖！

图6-11　阿历克塞四世

阿历克塞四世在这场引狼入室的大阴谋中充当了最可耻的角色。他在推动第四次十字军进攻君士坦丁堡的活动中不遗余力，丑态百出，极尽摇尾乞

[①] J.Godfrey, *1204:The Unholy Crusade*, Oxford:Oxford University Press, 1980.

怜、阿谀奉承之能事。为了复辟，他在教皇和德意志国王菲力浦面前哭述阿历克塞三世对他们父子的迫害，恳求十字军帮助他不幸的父皇，他甚至让他的姐姐向菲力浦大吹枕边之风。她曾形容她的兄长，"失去祖国、无家可归，像流星一样四处流浪，他一无所有，只剩下自己的肉体了"。[①]为了赢得教皇的支持，他答应复位后，东方教会完全听命于罗马教皇，而对十字军首领伯尼法斯则大行贿赂，许以大笔钱财供十字军使用。按照他一厢情愿的计划，十字军在帮助他们父子复位后即离开君士坦丁堡，继续进军埃及。为了加强各位十字军将领的信心，他在十字军出发前从德意志请来国王菲力浦，同往威尼斯，继续策划攻打自己祖国首都的行动。

1202年初秋，十字军从威尼斯起航，首先按照威尼斯总督恩里科·丹多洛（Enrico Dandolo，1192—1205年在任）（图6-12）的意愿出其不意攻陷由匈牙利国王控制的亚得里亚海滨城市扎拉（Zara，今克罗地亚的扎达尔），平毁城墙，将城内财物洗劫一空。由于该城市属于罗马天主教的势力范围，因此教皇故作姿态，假惺惺地表示了一番谴责，而后就不了了之了。1203年5月，威尼斯和十字军最后确定了进攻君士坦丁堡的计划，旋即拔寨起航，向君士坦丁堡进发，第四次十字军的阴谋由威尼斯总督恩里科·丹多洛、伯尼法斯和阿历克塞四世付诸实施，拜占庭帝国也因此经历了巨大的灾难。

2. 西欧骑士洗劫君士坦丁堡

图6-12 恩里科·丹多洛

第四次十字军经过一个月的航行，绕过伯罗奔尼撒半岛直达君士坦丁堡城下的博斯普鲁斯海峡，首先于1203年6月在城市北部郊区加拉大（Galata）商业特区登陆。这个区在黄金角湾北岸，与君士坦丁堡隔水相望。面对君士坦丁堡，西方骑士倍感惊讶。一位参加过第四次十字军的法国骑士记下了当时的情景："此时你可以想象，那些从来没有见过君士坦丁堡的人两眼直勾勾地仰望着它，他们看着那高大的城墙、环绕着城市的那些雄伟的塔楼、华丽的宫殿和巨大的教堂，简直不能相信世界上竟有如此富有的城市。城中教堂数量之多若不是亲眼所见，没人能够相信。城市建筑

---

① A.A. Vasiliev, *History of the Byzantine Empire*, II, p.451.

之高和占地之广超过所有其他君主的都城。你也能够想象得到我们没有一个人有足够的勇气不浑身颤抖，这毫不奇怪，因为上帝创造世界以来，没有任何人从事过如此伟大的事业。"①

最初，虽然十字军猛烈攻击君士坦丁堡，但是，终因兵力不足和城防坚固而未果，直到 7 月份，才在内奸的帮助下攻占了该城。无能的阿历克塞三世弃城，携国库金银财宝而逃，不知去向。②阿历克塞四世（Alexios IV Angelos, 1203—1204 年在位）"光荣"入城，瞎眼的伊萨克二世欣喜异常，重新登上皇位，他们同时成为皇帝，共同主持朝政。心满意足的阿历克塞四世以为，帮助他们父子恢复皇位的十字军已经完成使命，应继续南下进军埃及。但出乎其预料的是，贪婪的威尼斯人和十字军早有预谋，他们正在寻找借口大开杀戒，他引入家门的西欧十字军已经举起了屠刀，准备洗劫富庶的君士坦丁堡。

威尼斯总督恩里科·丹多洛首先要求阿历克塞四世履行诺言，向十字军提供大笔金钱，以供他们继续东征。此时拜占庭帝国国库空空如也，仅剩的钱财也被阿历克塞三世尽数卷走。阿历克塞四世清楚地知道，如果向首都居民和教会临时征集新的捐税，那将导致人民起义，因为拜占庭帝国各阶层对阿历克塞四世引来十字军极为反感。因此，阿历克塞四世恳求十字军宽限时日，容他筹集金钱。这正好给了十字军继续待在君士坦丁堡提供了借口。这些武装的拉丁骑士积极准备夺取君士坦丁堡，同时他们在帝国首都和色雷斯地区为所欲为，激起当地人民的反抗，十字军骑士与拜占庭人民的矛盾日趋激化，摩擦日益增多。为了防止发生意外事件，阿历克塞四世采取措施将十字军营地迁往城外，但是仍然不能平息人民的愤怒，他们认为阿历克塞四世把帝国出卖给了拉丁人。1204 年年初，阿历克塞三世的女婿、杜卡家族的阿历克塞领导首都人民起义，推翻了阿历克塞四世和伊萨克二世的统治，将瞎子皇帝重新投入监狱，阿历克塞四世则被愤怒的民众杀死，落得一个可耻的下场。

阿历克塞五世（Alexios V Doukas, 1204 年在位）决心依靠人民的力量守住君士坦丁堡，因此上台后立刻着手巩固城市防务，同时拒绝履行阿历克塞

---

① Gunther of Pairis, *The Capture of Constantinople*, translated by A. J. Andrea, Philadelphia: University of Pennsylvania press, 1997, pp.72-73. 参见 A.A. Vasiliev, *History of the Byzantine Empire*, II, p.459.
② 阿历克塞三世流窜到小亚细亚地区，参与过突厥人的军事活动，后来被蒙特菲拉特公爵伯尼法斯软禁起来，直到 1209 年投靠伊庇鲁斯的希腊人国家，最终被尼西亚政府逮捕，当时尼西亚帝国皇帝是其女安娜的丈夫，故饶其不死，关押在修道院，老死终生。

第六章　拜占庭帝国的衰落和十字军运动

四世对十字军许下的诺言。恩里科·丹多洛清楚地意识到，夺取君士坦丁堡的时机到了。为了防止胜利后的十字军因内部分赃不均而发生内讧，他提议提前举行分赃会议，从而以"商人精神"解决了瓜分拜占庭帝国遗产的问题。1204年3月，分赃会议达成以下基本要点：占领君士坦丁堡后，十字军将在城中建立拉丁人的政府；十字军各方将依照协议瓜分君士坦丁堡的战利品；组成威尼斯人和法国人各6人参加的委员会，负责选出治理新国家的皇帝；皇帝将占有被征服的首都的1/4，包括两个皇宫；其他3/4将由威尼斯和十字军对半平分；圣索菲亚大教堂和大教长的职位将属于威尼斯人；所有十字军战士都将获得或大或小的封地，并按西欧封授土地方式向皇帝宣誓效忠；只有威尼斯总督恩里科·丹多洛可以免除效忠式。

协议达成后，十字军上下全力投入攻城的战斗，为了即将到手的财富，他们人人争先，个个奋勇。阿历克塞五世虽然有心御敌，但是无兵可用。[①]4月13日，经过3天激烈战斗，十字军攻克君士坦丁堡（图6-13）。而后，十字军纵兵3日，这座被誉为"万城之城"、"众城的女王"的城市完全经受了杀人放火、抢劫盗窃的种种暴行，任凭西欧骑士蹂躏，高举圣战旗帜的十字军骑士和道貌岸然的随军教士抛弃了伪装，展开了抢夺金银财宝的竞赛。君士坦丁堡近千年来积聚的来自地中海世界各地的珍贵艺术品和古代图书手稿，以及来自世界各国的奇石异物和各种

图6-13　十字军攻克君士坦丁堡

[①] 阿历克塞五世在十字军破城之际携带家眷逃往小亚细亚，被俘后以叛国罪处以抛掷刑，摔死于狄奥多西石柱下。

金银器物都是他们洗劫的对象,教堂、大赛车竞技场、国家图书馆、公共会议厅和私人宅院是他们抢劫的主要场所。据当时目击者的记载,这场抢劫在历史上是绝无仅有的,其抢劫之残暴、手段之凶狠、洗劫之彻底、赃物数量之多都是没有先例的,甚至穆斯林对耶路撒冷的抢劫比之也大为逊色。十字军抢劫财物,坐地分赃,所有的骑士都分到了许多财宝。那位留下有关第四次十字军暴行记载的骑士惊讶地写道:"自创世以来,在任何一个城市里都不能得到这么多战利品!"[①]许多封建主把分得的战利品运回本国,整个西欧被这些从君士坦丁堡抢来的珍宝和艺术品装饰一新,大部分西欧教堂都得到了抢来的宗教圣物,其中法国教会收获最大,因此法国至今仍是拜占庭古代文物主要的收藏地。威尼斯也因此变得雍容华贵起来,君士坦丁堡大赛车竞技场上的装饰物四匹铜马被威尼斯总督恩里科·丹多洛运回威尼斯,成为圣马可教堂正门入口的装饰物,至今仍在向世人炫耀。

3. 西欧骑士对拜占庭帝国的分赃

十字军除了瓜分赃物外,还对拜占庭帝国领土和政治权利进行分赃。威尼斯总督恩里科·丹多洛志在发展母邦威尼斯,无意争夺拉丁帝国皇位,但是他在选举皇帝的问题上再度起了主导作用。由于他的干预,最初的候选人蒙特菲拉特公爵伯尼法斯未能当选,这是因为一则伯尼法斯的领地十分接近威尼斯,有可能成为威尼斯的竞争对手;二则伯尼法斯身为第四次十字军领袖,影响太大,将来有可能把新国家重新建设成为威尼斯在东地中海的商业竞争对手。心怀不满的伯尼法斯被迫接受拜占庭帝国第二大城市塞萨洛尼基作为领地。势力和影响较小的弗兰德尔伯爵鲍德温(Baldwin of Flanders, 1204—1205年在位)被推选为拉丁帝国的皇帝,即鲍德温一世。5月3日,鲍德温一世在圣索菲亚大教堂加冕称帝(图6-14),拉丁帝国在满目疮痍的君士坦丁堡建立起来。十字军对被征服土地的瓜分基本上是按照1204年3月分赃会议的原则进行的,但是在落实的过程中充满了钩心斗角的斗争。首都君士坦丁堡由鲍德温一世和恩里科·丹多洛占有,前者分得城区的5/8,后者分得3/8。鲍德温一世作为拉丁帝国的皇帝还得到了色雷斯地区南部、连接博斯普鲁斯海峡和达达尼尔海峡的小亚细亚西北部地区,爱琴海上某些大岛,如莱斯博斯岛(Lesbos)、萨摩斯岛(Samos)和希俄斯岛(Chios),也归皇帝鲍德温一世占有。

[①] Gunther of Pairis, *The Capture of Constantinople*, p.147. 参见 A.A. Vasiliev, *History of the Byzantine Empire*, II, p.461。

第六章 拜占庭帝国的衰落和十字军运动

图6-14 鲍德温一世在圣索菲亚大教堂加冕称帝

威尼斯获利最为丰厚，除了得到富有的君士坦丁堡商业区和圣索菲亚大教堂外，还获得亚得里亚海沿岸重要的商业地区，如通往意大利的枢纽底拉西乌姆（今地拉那）和"沿海七岛"，爱琴海大部分岛屿和沿海地区，包括伯罗奔尼撒半岛沿海地区、克里特岛、色雷斯沿海重要港口和赫勒斯滂海峡（达达尼尔海峡）港口城市。与其他领主不同，他自称"专制君主"（the Despot），不隶属于鲍德温一世的拉丁帝国（Latin Empire），在历史上他的国家被称为爱琴海公国（Duchy of the Archipelago）。同时，占据了圣索菲亚大教堂的威尼斯教士选举威尼斯人托马斯·莫罗西尼（Thomas Morosini）为大教长。显然，威尼斯人控制了东地中海最重要的岛屿和口岸城市，占有了最富庶的商业区，控制了君士坦丁堡与意大利之间的航线，因而掌握了东地中海贸易的垄断权。

第四次十字军领袖伯尼法斯分得小亚细亚部分地区、塞萨利地区和马其顿地区，他以塞萨洛尼基为首府建立了塞萨洛尼基王国（Kingdom of Thessaloniki），并承认鲍德温一世的宗主权。但是，伯尼法斯不满足他得到的战利品，因此出兵攻击希腊本土，并于同年秋季在希腊建立了雅典公

233

国（Duchy of Athens），由他的封臣伯艮底骑士奥托·德·拉·罗奇（Otto de la Roche）担任雅典公爵。而后，他应法国骑士乔浮利·迪·威利哈冬（Geoffrey of Villehardouin）之邀，继续向南进军伯罗奔尼撒半岛，将占领地分封给他的另一个封臣，来自香槟伯爵家族的法国骑士威廉（William），该领地称为亚该亚侯国（Principality of Achaea）。除了第四次十字军新建立的国家外，前3次十字军骑士沿叙利亚和巴勒斯坦地区建立的安条克和耶路撒冷王国等大大小小的封建国家也死灰复燃，重新打出拉丁帝国附属国的旗号。

教皇起初由于没有得到任何好处而大为恼火，因为不仅威尼斯人和伯尼法斯这些战争的直接领导者得到了巨大的利益，而且连普通的骑士也获利不薄，而作为第四次十字军发动者的教皇竟然没有从十字军丰厚的战利品中分得一金半银，尤其是十字军领袖们在分赃中竟然丝毫没有考虑他的利益，根本没把他教皇放在眼中，这是英诺森三世无论如何也不能接受的事实。他先是给十字军发去一封措辞强硬、态度愤怒的信件，谴责他们违背上帝的也就是他的意志，竟敢攻打基督徒兄弟，宣布开除全体威尼斯人和十字军将士的教籍。[①]但是，当圆滑的鲍德温一世因立足未稳而急需教皇支持并以谦卑的口吻给教皇写信自称是教皇的臣属时，英诺森三世便一改过去的态度，在回信中对十字军的行为大加赞扬，称赞他们攻陷君士坦丁堡是"上帝的奇迹"，是东正教背叛罗马教廷应得的惩罚，说什么"我以天主之名而感到欢欣鼓舞"，称十字军的所作所为"使上帝的名得到颂扬和光耀，使教宗的宝座得到荣誉和利益……使君士坦丁堡教会恢复对教廷忠实的尊敬……使希腊帝国臣属圣座"。[②]他还向所有教士、世俗君主和基督徒呼吁支持鲍德温一世的事业，保卫拉丁帝国。显然，教皇终于达到了征服东方教会的目的，至于教皇是否从十字军的赃物中分一杯羹则是至今尚未解开的历史之谜。[③]

4. 拉丁帝国的统治

在拜占庭满目疮痍的首都君士坦丁堡建立的拉丁帝国，按照西欧分封制的原则改造拜占庭社会结构，这是继十字军无耻瓜分拜占庭帝国遗产后对拜占庭社会更严重的瓦解。拉丁帝国名为帝国，实为各自独立的西欧封建主的

[①] 这封信件是为英诺森三世辩护的西方学者使用最多的证据，他们对此后的信件闭口不提，其袒护罗马教皇并进而维护天主教尊严的倾向十分明显。
[②] 朱庭光主编：《外国历史名人传》，中国社会科学出版社1983年版，第449页。
[③] 笔者在梵蒂冈地下宝库中参观时即发现了有关的证据，可惜因防范措施严密而未能拍照。为维护教皇的声誉，西方学者三缄其口是可以理解的，但有关史事尚需挖掘。

联合体。作为首都的君士坦丁堡即被一分为二,由鲍德温一世和恩里科·丹多洛分别占有,各自管理。作为拉丁帝国皇帝的鲍德温一世只控制色雷斯和小亚细亚西北部分地区,其他地区则形成了许多独立小国。这些小国在理论上附属于帝国皇帝,各个小国的君主均以皇帝为最高封主。在爱琴海上,除了莱斯布斯岛、萨摩斯岛和希俄斯岛归鲍德温一世占有外,大部分海域由威尼斯控制,如伯罗奔尼撒半岛沿海地区、克里特岛、色雷斯沿海和赫勒斯滂海峡(达达尼尔海峡)的所有重要商业城市都脱离了拉丁帝国皇帝的管辖。在巴尔干半岛,伯尼法斯所属的塞萨洛尼基王国的势力范围包括马其顿和塞萨利地区;伯尼法斯的封臣、伯艮底骑士奥托·德·拉·罗奇统治着雅典公国,控制阿提卡半岛及其沿海岛屿;伯尼法斯的另一个封臣、法国骑士威廉为首的亚该亚侯国的势力范围在伯罗奔尼撒半岛。在亚洲的叙利亚和巴勒斯坦地区,存在着安条克王国和耶路撒冷王国。

在各小国内部,各级封建领主又结成以土地分封为基础、以封建等级义务为纽带的领主与附庸之间的主从关系。君主和各级封建主将土地分封给自己的下属,并对附庸的土地财产和人身安全提供保障,而附庸则要向领主宣誓效忠,承担军事、司法和其他若干义务。例如塞萨洛尼基王国的伯尼法斯国王封授威廉为亚该亚侯国侯爵,后者又将侯国分封给12个贵族,各个贵族依次再分封骑士。西欧大小贵族还在四分五裂的原拜占庭帝国土地上建造起西方式的城堡,例如古代斯巴达遗址附近的米斯特拉斯城堡(Mystras)便因此而闻名,克莱蒙特城堡(the Clement)也建于此期,它们的军事作用直到希腊独立战争时期仍然没有消失。这些城堡就成为拜占庭社会分裂进一步加深的标志。

第四次十字军骑士建立的拉丁帝国(1204—1261年)实际上是一个内部关系极为松散的西欧封建领主的联合体,在其7任皇帝57年统治期间,它不仅没能统一内部,也不能完全征服外部,帝国的称号虽然一直存在到14世纪,但是从一开始拉丁帝国即名存实亡。[1]在拉丁骑士的领地周围还存在着大量希腊人和斯拉夫人反抗西方入侵者的游击队,帝国各地有许多相互独立的希腊人政权,其中存在时间最长、影响最大的是尼西亚帝国(Empire of Nicaea, 1204—1261年)。它以古城尼西亚为中心,控制博斯普鲁斯海峡西岸直至卡帕多西亚地区。此外,在伊庇鲁斯山区有末代王朝远亲后裔米海尔一

---

[1] 此后,西欧封建主又发动过4次十字军东侵,即1217-1221年的第五次、1228-1229年的第六次、1248-1254年的第七次和1270年的第八次,大都以失败告终。

世（Michael I Komnenos Doukas）及其子狄奥多拉（Theodore）建立的伊庇鲁斯君主国（Despotate of Epirus），在黑海东南岸有末代皇室血亲建立的特拉比仲德帝国（Empire of Trebizond）。

显而易见，第四次十字军东征彻底摧毁了拜占庭统一帝国的物质基础和社会基础。一方面，它把统一的拜占庭帝国撕成大小不等的碎片，在帝国版图内分立起各自独立的帝国、王国、公国、专制君主国、骑士领地和自由城市共和国，它们相互攻击，矛盾错综复杂，很难重新统一起来。另一方面，它把西方封建制度引进拜占庭社会，瓦解了拜占庭国家统一的社会基本结构，使晚期拜占庭帝国长期陷入类似于西欧中世纪社会的无政府状态，再也没有能力重新发展成为统一的中央集权制的强国。

1204年5月16日，鲍德温一世在君士坦丁堡的圣索菲亚大教堂加冕称帝，但是他对帝国大部分地区没有直接控制权，因为他的附庸的附庸并不是他的附庸，他与其封臣的封臣之间的间接关系使他的权力仅限于君士坦丁堡和爱琴海上个别的岛屿（图6-15）。其直接的敌人就是与之隔博斯普鲁斯海峡相望的以尼西亚为中心的拜占庭流亡政府。

图6-15　鲍德温一世的葬礼

第七章 尼西亚流亡政府

一、拉斯卡里斯王朝

1. 在流亡中崛起的政府

第四次十字军攻陷君士坦丁堡以及拉丁人对拜占庭居民的剥削压迫引起了希腊人的极大反感和仇恨,广大的东正教信徒对由威尼斯人组成的君士坦丁堡教会十分憎恶,他们以各种形式展开斗争。在原拜占庭帝国领土各地形成的希腊人政权中,尼西亚城成为最大的拜占庭人流亡中心,并逐步发展成为推翻拉丁帝国、夺取君士坦丁堡、恢复拜占庭人统治的斗争中心。

君士坦丁堡陷落时,许多拜占庭贵族高官纷纷携带家眷和金银细软逃离危在旦夕的首都,来到海峡对面的小亚细亚地区(图7-1)。科穆宁王朝皇帝阿历克塞三世的女婿、拉斯卡里斯家族的狄奥多尔一世(Theodore I Laskaris,1204—1222年在位)于城破之际,在圣索菲亚大教堂被人们推举为皇帝。而后,新王朝便仓皇向东撤出君士坦丁堡,先在布鲁萨城(Brusa)暂避风头,后得到担心拉丁人势力东扩的突厥苏丹的

图7-1 君士坦丁堡陷落

支持,在尼西亚定居下来。由于拉斯卡里斯王朝的势力发展迅速,并公开宣布继承拜占庭帝国传统,该政权有时被称为尼西亚帝国。

拉斯卡里斯王朝的实力范围在小亚细亚西部沿海地带,以萨卡里亚河(the Thakaria)和大门德雷斯河(the Mendries)为其东界,西临爱琴海。该王朝按照所控制的领土的自然地理状况,将版图大体分为两大地区,即以大教长驻地尼西亚为首府的北部地区和以南菲宏(Nymphaion,今图尔古特附近)皇宫为首都的西南部地区。随着尼西亚帝国实力的增强,其疆界向东推进到安卡拉以西,向西控制了博斯普鲁斯海峡和达达尼尔海峡及爱琴海东部沿海岛屿,并将势力扩张到色雷斯地区。该王朝的金库设在马格尼西亚(Magnesia,今马尼萨),皇室和朝廷住在南菲宏,海军基地设在士麦拿(Smyrna,今伊兹密尔)。

拉斯卡里斯王朝统治57年,4位皇帝先后在位。据史料记载,该王朝有波斯血统,原为小亚细亚军事贵族,狄奥多尔一世(图7-2)娶科穆宁王朝公主后,以皇室成员身份参与帝国政治斗争,被拥立为皇帝。他死后由女婿即位,长女伊琳娜的丈夫约翰三世(John III Doukas Vatatzes,1222—1254年在位)时期最大限度地扩张了王朝的疆域。其子狄奥多尔二世(Theodore II Laskaris,1254—1258年在位)(图7-3)统治时间虽短,但已经完成了推翻拉丁帝国的准备工作,可惜英年早逝。王朝统治在其子约翰四世(John IV Laskaris,1258—1261年在位)时期中断(图7-4)。

图7-2 狄奥多尔一世   图7-3 狄奥多尔二世   图7-4 约翰四世

第七章 尼西亚流亡政府

尼西亚流亡政府建立之初面临拉丁帝国的追剿攻击。当时,在小亚细亚地区已经存在几个拜占庭人残余势力建立的独立政权。1204年,拉丁帝国皇帝鲍德温一世的兄弟亨利(Henry)和根据第四次十字军分赃协议分得尼西亚地区的路易斯伯爵(Lewis)率领拉丁骑士出兵小亚细亚,并在今巴勒克埃西尔(Palikesir)附近打败狄奥多尔一世的拜占庭军队。此后,拉丁帝国军队横扫马尔马拉海沿海地区,攻占了比塞尼亚地区(Bithynian)的全部城镇。但是,在尼西亚王朝生死存亡之际,色雷斯希腊人和保加利亚人发动起义,迫使拉丁帝国军队回师西向,从而使尼西亚政府获得了喘息的机会。1205年4月,希腊—保加利亚联军在阿德里安堡(Adrianople)战役中全歼拉丁帝国军队,皇帝鲍德温一世被俘,路易斯伯爵阵亡,拉丁帝国受到了致命打击。尼西亚政府从此摆脱了拉丁骑士的威胁。

拉斯卡里斯王朝首先统一小亚细亚地区各个希腊人小政权,其中包括盘踞在菲拉德菲亚地区的塞奥多利·曼卡法斯(Theodore Mankafas)、米莱图斯城(Miletus,今穆拉附近)周围地区的萨巴斯·阿塞德努斯(Sabas Athedenus)、今大门德雷斯河的曼努埃尔(Manuel)和地中海沿海的大卫·科穆宁(David Comnenos)等,他们先后接受了尼西亚政府的统一领导。而后,拉斯卡里斯王朝致力于恢复拜占庭政治制度,建立中央和地方的统治机构,按照拜占庭帝国旧制全面整顿政府各部、教会、军队和法庭。博学的米海尔·奥托利亚努斯(Michael Ottolianus)被任命为大教长。1208年,他为狄奥多尔一世正式加冕为帝,宣称拉斯卡里斯王朝为拜占庭帝国合法继承人。这样,尼西亚政府就成为拜占庭反抗拉丁帝国的政治和宗教中心。

1206年,拉丁帝国新任皇帝亨利(Henry of Flanders,1206—1216年在位)(图7-5)再次入侵小亚细亚,但因保加利亚人进攻色雷斯地区而被迫撤军,并于1207年与尼西亚政府订立和约。为了清除拉斯卡里斯王朝势力,1209年,亨利与尼西亚帝国东部的鲁姆苏丹国凯霍斯鲁一世(Kaykhusraw I)签订秘密同盟。1211年,鲁姆苏丹国军队对拉斯卡里斯

图7-5 拉丁帝国新任皇帝亨利

王朝发动进攻，在这支突厥人军队中，有800名拉丁骑士为中军前锋，前拜占庭皇帝阿历克塞三世也充当突厥军队的指挥官。双方在敏德尔河流域的安条克（Antioch）附近进行决战，狄奥多尔一世大获全胜，击毙苏丹凯霍斯鲁一世，活捉其岳父阿历克塞三世。这次胜利彻底解除了尼西亚帝国的东部威胁，极大地提高了拉斯卡里斯王朝的地位。1214年，尼西亚帝国与拉丁帝国在南菲宏订立边界条约，划定以萨卡里亚河上游和苏苏尔卢河为两国分界线。从此，尼西亚帝国的疆域基本稳定，拉斯卡里斯王朝遂着手进行富国强兵的内政改革。

2. 改革和重建军区

拉斯卡里斯王朝统治者充分地认识到自强图存的唯一出路在于推行改革，去除时弊。狄奥多尔一世和约翰三世统治时期大力实行各项改革措施。首先，政府全面实施旨在休养生息、恢复生产的轻徭薄赋政策，减轻农牧工商各业的税收，免除过去因天灾人祸而拖欠的税款。同时，朝廷采取一系列促进农业生产的措施，一方面改善农业和畜牧业的生产条件，实行优惠政策，调动农牧民的积极性；另一方面，皇帝亲自下田耕作，建立皇帝示范农庄，并亲自经营农、牧、渔和园艺业，希望以自己的模范行为为臣民树立榜样。狄奥多尔一世明确表示，他要以成功经营皇帝示范农庄的行为告诉自己的臣民，只要全身心投入经营，那么无论是在农田、牧场，还是在果园、作坊，都会获得好收成，取得好效益。他亲自养鸡，并用其出售鸡蛋的钱制作了一顶皇冠，作为礼物赠送给皇后。这个"鸡蛋皇冠"的故事传遍全国，极大地鼓舞了尼西亚帝国的农牧业生产者，他们积极投身于农业生产，使尼西亚社会经济迅速繁荣，物质充足丰富，成为东地中海和小亚细亚地区最富裕的国家。当时的历史学家欣喜地记述道：在很短的时间里，尼西亚帝国的所有仓库都装满了粮食和水果，公路、牧场和围栏里都挤满了各种牲畜，周围国家的居民纷纷到尼西亚帝国的城市来换取生活物资，因此尼西亚人家中都堆满了突厥人和阿拉伯人的金银宝石。

其次，拉斯卡里斯王朝根据其特殊的处境，借鉴以往拜占庭帝国经济发展的经验教训，坚持自力更生和自给自足的原则，积极发展国内贸易，削减进口，建立关税壁垒，减少意大利商业势力的渗透，终止前朝皇帝授予意大利各航海共和国的商业特权。同时，皇帝下令臣民停止购买外国奢侈品，特别要求各级官吏和大小教俗贵族"应该满足于罗马人（指尼西亚帝国臣民）在自己土地上所产之物和罗马人亲手制作的商品"。[1]为了促进生产，政府鼓励出

---

[1] A.A. Vasiliev, *History of the Byzantine Empire*, II, p.394.

口,特别是对贫穷的突厥人的农副产品贸易十分活跃,从中获得了巨大利润。

再次,拉斯卡里斯王朝推行社会公平化政策,以缓和由于社会贫富不均而产生的矛盾,降低社会内部分裂的可能。限制贵族和官僚的发展与赈济贫民、扶助农工是这一政策的两项主要措施。约翰三世(图7-6)统治时期不仅规定了贵族拥有土地的最高限额,而且没收了许多违法贵族官吏的地产和浮财。同时,他利用经济发展带来的钱财建立了许多救济院、医院,甚至分配土地帮助农民进行生产,因此,现代学者有理由称之为"农民和市民的保护人"。这一政策必然引起贵族的不满,招致高级官僚的反对。因为,皇帝在限制大贵族的同时,毫不吝啬地将土地赏赐给中下级官员和将士,以此培植新的政治势力,削弱大贵族的力量。事实上,拉斯卡里斯王朝的社会公平化政策带有明显的中央集权化目的。

图7-6 约翰三世

在尼西亚帝国的各项改革措施中,重建军区和恢复军区制是最重要的一项工作。拜占庭军区制早在12世纪时便废弃不用了,拜占庭国家实力因此大为衰落。尼西亚帝国吸取前朝的教训,在稳定了王朝统治后,立即着手恢复军区制。在重建军区的工作中,中央政府坚持希拉克略时代的原则,实行军政权力合一的一元化管理体制,军区中最高首脑将军由皇帝亲自任命。各级军事官员和士兵在重新占领控制的地区按照原军事编制驻扎下来,并以皇帝的名义根据兵种和级别重新分配土地。在色雷斯、马其顿和小亚细亚地区,中央政府先后建立起大小不等的军区。军区的农兵以终身服役换取经营小块军役地产的权利,平时携家带口耕种农田,遇有战事则随军作战。农兵除负担有限的军事劳役,如修桥铺路外,还要通过经营土地满足军事方面的各种需求,例如,兵器和装备、粮草和马匹都由农兵自备。中央政府还仿照10世纪安置斯拉夫移民的方法,将受到蒙古人入侵打击而大批进入尼西亚帝国的库曼人(Cuman people)编成拜占庭军队,驻扎在边境地带。军区制的恢复解决了尼西亚帝国军队的兵源问题,减轻了长期战争造成的财政负担,特别是建立起边境地区的防务体系,对稳定形势起了重要作用。对于拉斯卡里斯王朝重建军区的措施,当时和后来的作家均给予高度的评价,认为这是尼西亚帝国不断发展强盛,并最终夺回君士坦丁堡的根本原因。布莱赫尔称赞:尼西亚的拜占庭人"日益加强了其政治和军事活动,一系列出色的法令鼓励农耕,提倡纺织业,建立军区制以确保边境防御,组织对突厥人的贸易,这样就使其帝国兴旺富有,拥有强大的财力……因此,尼西亚的皇帝试图组织夺取君士坦丁堡的反攻就毫不奇怪了"。[1] 瓦西列夫认为狄奥多尔一世是功绩最大的君主,"他已经在小亚细亚建立了一个希腊文化中心,一个统一的国家,并将欧洲希腊人的注意力都吸引到这里。他奠定了其后人得以建筑大帝国的基础"。[2]

3. 文化救亡运动

尼西亚帝国的经济昌盛为其文化繁荣提供了雄厚的物质基础,拉斯卡里斯王朝发展文化事业的活动使尼西亚成为13世纪东欧和东地中海新的文化中心。

拉斯卡里斯王朝统治者大多是接受过良好教育的饱学之士,他们在发展国家经济、进行军事与外交活动的同时,积极支持文化活动。狄奥多尔一世把发展文化作为稳固新政权的措施之一。他邀请分散在原拜占庭帝国各地的学者,特别是被拉丁骑士占领地区的希腊学者到尼西亚帝国,例如雅典主教米海尔(Michael)在第四次十字军征服之际流亡到克斯岛(Cos),当狄奥多尔一世听到这位学者的消息后立即派人将他和他的兄弟请到尼西亚。后者虽然被狄奥多尔一世委任为新国家的官员,但却在皇帝的支持下以更多的时间和精力从事写作和教育。东地中海地区的希腊学者闻讯后纷纷前来投靠拉斯卡里斯王朝,各类知识分子一时云集尼西亚皇宫,他们成为直接促进尼西亚帝国文化复兴运动的主角,在发展拜占庭文化事业中发挥了重要作用。

尼西亚帝国皇帝推进文化发展政策的另一个重要措施是为文化和教育发展提供优越的条件,为学者创造良好的环境。狄奥多尔一世的继承人约翰三世在亲自主持大量紧迫的军事和外交工作之余,仍然亲自过问建立国立学校的计划,他还下令在各大小城市建立公共图书馆,特别是艺术博物馆和科学技术图书馆。他和其子狄奥多尔二世(Theodore II Laskaris,1254—1258年在位)(图7-7)派遣学者到各地收集古代书籍,能够购买的不惜以重金加以收购,不能买到的则指派博闻强记的人前往阅读,记录笔记或写下摘要。当时,不仅在尼西亚帝国,而且在拉丁骑士和各希腊人独立政权或保加利亚人控制

---

[1] L.Brehier, *Vie ed mort de Byzance*, Oxford 1977, p.265.
[2] A.A. Vasiliev, *History of the Byzantine Empire*, II, p.517.

第七章　尼西亚流亡政府

地区都有尼西亚派出的文化"特使"。皇帝将广泛收集到的书籍分发给各个国家图书馆，作为图书馆的馆藏图书，为学者提供学习和研究的条件。狄奥多尔一世在一封写给君士坦丁堡国立图书馆馆长的信中，要求图书馆为读者提供方便，并允许读者将图书带回家去阅读，这大概是西方图书馆借阅制度的滥觞。

拉斯卡里斯王朝皇帝发展文化的政策极大地促进了尼西亚帝国的文化繁荣。一大批希腊文化的著名学者和作家集聚在皇宫，有的著书立说，有的担任皇家宫廷教师。著名历史学家尼西塔斯（Nicethas）流亡到尼西亚后被任命为宫廷史官，创作了许多文学作品，其中《东正教的宝藏》影响极大，流传后世，为我们提供了有关当时社会生活和宗教活动的珍贵资料。在众多知名学者中，布雷米狄斯（Nikephoros Blemmydes，1197—1272年）是最突出的代表人物。他生于君士坦丁堡，第四次十字军征服帝国都城后，随父母流亡到小亚细亚。在尼西亚帝国浓厚的学术气氛中，他师从许多著名学者，接受多方面系统教育，精通诗歌、韵律文的写作，熟悉哲学、逻辑学、医学、几何学、算术、天文学、物理学，成为当时最博学的作家。后来，他进入修道院，潜心钻研圣经和早期基督教教父的神学著作，对神学理论极为精通，并成为皇帝与罗马教廷谈判的顾问。布雷米狄斯还在皇帝的支持下建立学校和修道院，一方面培养年轻学者；另一方面撰写了大量科学和神学教材。他曾接受约翰三世的派遣，游历色雷斯、马其顿、伯罗奔尼撒和小亚细亚各地，收集古代手稿和民间流传的图书。在其大量作品中被认为最有价值的是两部自传，它们为后人提供了丰富的资料，使我们得以了解13世纪拜占庭社会生活的真实情况，至今仍被认为是研究尼西亚帝国历史最重要的资料。他为东正教教会宗教仪式写作的赞美诗广泛流传，其优美清新的风格使它成为东正教晚祷礼仪的常用诗歌，至今仍然是希腊、前南斯拉夫和俄罗斯教会的晚祷词。

这一时期，拜占庭文化成就主要集中在文学方面。首先，由于君士坦丁

图7-7　狄奥多尔二世

堡的沦陷，云集在尼西亚帝国的希腊学者对政治问题给予极大的关注，最有代表性的作品是布雷米狄斯的《皇帝的形象》。这部著作是他写给他的学生、皇太子狄奥多尔的论文，描述了一位理想的开明君主的形象。他把君主的政治素质摆在首位，提出皇帝"是上帝派往人间的最高官员"，首先应关心臣民的利益，照顾百姓的冷暖，并以身作则，为臣民树立榜样，引导百姓达到尽善尽美的境地。作为一邦之主，君主应成为人民的后盾和支柱，应特别注意军队建设，和平时期应居安思危，随时备战，因为对臣民最有力的保护就是国家的武装力量。皇帝还应特别关注国家的组织建设，关心宗教问题，完善司法制度，以法治国。布雷米狄斯的主张反映出尼西亚帝国知识界希望通过开明君主的领导，实现驱逐拉丁统治者、光复拜占庭帝国的思想。

其次，历史作品也成为这一时期重要的文学成就。例如，布雷米狄斯的学生和狄奥多尔的另一位老师阿克罗颇立塔（George Akropolites）曾撰写了尼西亚帝国的断代史，记述了十字军征服君士坦丁堡及其后的历史事件。由于作者作为所记述事件的直接参与者，且因为其特殊身份可以接触大量宫廷文献，其作品的可靠性和记述的合理性大大提高了它的历史价值。

再次，各种形式的文学作品纷纷涌现，极大地丰富了这一时期的拜占庭文学的内容。除了大量优美的宗教诗歌和葬礼词外，出现了浪漫叙事诗，它冲破了只歌颂上帝的宗教文学的限制，描写爱情，讴歌人的真实情感。在匿名作者的《伯裔德罗斯和赫里尚查》中，作者描写了年轻王子伯裔德罗斯在浪迹天涯时误入"爱之堡"仙境，知道他未来的爱人是赫里尚查。于是，当他在安条克王国见到公主赫里尚查时，一见钟情，与公主双双坠入情网。不幸的是，国王反对他们的婚事，并在他们约会的时候将伯裔德罗斯抓住，于是，他们以智慧和勇气克服种种困难，逃离国王的追捕，最终回到祖国，这对恋人终成眷属，并继承了王位。

这里值得一提的是，尼西亚帝国文化发展过程中表现了明显的恢复古典文化的特点。当时的学者特别崇尚古典的希腊文化，他们不仅在国家的支持下收集和整理古典作家的作品，而且在文学创作和教育活动中研究和使用古代作品。布雷米狄斯进行哲学研究的主要对象是亚里士多德，他的《简明物理学》和《简明逻辑学》即是以亚里士多德的作品为蓝本。阿克罗颇立塔的历史作品则模仿了修昔底德的《伯罗奔尼撒战争史》。尼西亚帝国的复古之风对巴尔干半岛地区的知识界产生了深刻的影响，伊庇鲁斯的著名学者奥博考库斯（John Apocaucus）就是古典文化的热情崇拜者，他对荷马、阿里斯多芬、修昔底德、亚里士多德等古希腊作家的作品极为熟悉，并模仿他们的作品进行创作。①

尼西亚帝国的文化繁荣增强了民族复兴的凝聚力，提高了它作为拜占庭人驱逐和抵抗拉丁人统治、复兴拜占庭国家的中心地位，极大地增强了拜占庭希腊民族的自信心，并有力地促进了以尼西亚帝国为主力的推翻拉丁帝国的政治斗争。

二、推翻拉丁帝国的斗争

推翻拉丁帝国统治的斗争主要是由尼西亚的拉斯卡里斯王朝和伊庇鲁斯的安格洛斯家族领导的，这两股力量虽然没有统一指挥，但是却从东西两个方向打击原本就十分虚弱的拉丁帝国政权。

拉斯卡里斯王朝首先致力于建立小亚细亚根据地，尼西亚军队主要开展了肃清小亚细亚的拉丁骑士的攻势，并利用各种机会争取首先占领君士坦丁堡。第一次机会出现在1216年6月拉丁帝国皇帝亨利去世之际。当时，拉丁帝国的皇位由亨利的妹夫彼得二世（Peter II of Courtenay，1216—1217年在位）继承，罗马教皇也为之加冕。但是，他在前往君士坦丁堡赴任途中被伊庇鲁斯专制君主的军队俘获，不久病逝于监狱。皇帝狄奥多尔一世乘机与彼得二世遗孀尤兰德（Yolanda of Flanders，1217—1219年在位）谈判（图7-8），并娶了彼得二世之女马利亚（Marie de Courtenay），企图通过政治联姻重新入主君士坦丁堡。同时，他派遣以弗所市长尼古拉斯（Nicholas）与教皇的代表谈判东西方教会消除分歧、联合统一问题，为名正言顺地恢复对君士坦丁堡的控制铺平道路。此后，狄奥多尔一世又

图7-8 尤兰德

---

① A.A. Vasiliev, *History of the Byzantine Empire*, II, pp.548-563.该书比较详细地记述了尼西亚帝国时期的文化活动。

将女儿嫁给拉丁帝国皇帝。但是，正当这一系列活动紧张进行之际，狄奥多尔一世不幸去世，从而中断了希腊人"和平演变"的努力。

在约翰三世统治时期，他迫使拉丁帝国签署了1225年协议，承认尼西亚帝国对小亚细亚的占领。约翰三世在加强内部调整和建设的同时，频繁出击，先后攻占了爱琴海的主要岛屿，如莱斯博斯岛、希俄斯岛、罗得岛、萨摩斯岛和伊卡利亚岛（Icaria）。在此基础上，尼西亚军队攻入色雷斯，受到希腊居民的热烈欢迎，几乎未遇抵抗就占领了色雷斯全境。与此同时，伊庇鲁斯专制君主国的军队从西向东进攻，夺取塞萨洛尼基城，灭亡了塞萨洛尼基王国。此时，如果两支希腊军队联合作战，全力进军君士坦丁堡，则有可能完成重新夺取君士坦丁堡的共同事业。为此，约翰三世也曾作过努力，可惜的是，伊庇鲁斯专制君主狄奥多尔（Theodore Komnenos Doukas）担心胜利后皇权可能落入拉斯卡里斯家族之手，因此挑起争夺反拉丁统治联盟最高领导权的内讧，并向尼西亚军队进攻，迫使约翰三世退出巴尔干半岛，进而使拉丁帝国皇帝得以联合保加利亚沙皇阿森二世（Ivan Asen II of Bulgaria, 1218—1241年在位）（图7-9）对希腊人进行反击，断送了重新夺取君士坦丁堡的大好时机。形势的变化迫

图7-9　保加利亚沙皇阿森二世

使尼西亚帝国必须暂时搁置恢复拜占庭帝国的计划，而首先进行统一希腊各派力量的工作。在此过程中，尼西亚国家采取静观其变、坐山观虎斗的策略，即在拜占庭人各派斗争中采取消极防御的方针，在巴尔干半岛各种力量的角逐中"退避三舍"，等待其他派别自相削弱力量，而后坐收渔人之利。

伊庇鲁斯专制君主国是由科穆宁王朝远亲后裔米海尔一世（Michael I Komnenos Doukas, 1205—1215年在位）于1205年建立的。起初，他利用巴尔干半岛混乱局面控制了希腊西北部临近亚得里亚海的伊庇鲁斯地区，而后逐渐向马其顿地区扩张。1216年，第二任专制君主狄奥多尔（Theodore Komnenos Doukas, 1215—1230年在位）派军队占领了拉丁骑士伯尼法斯控制下的塞萨洛尼基，并侵入色雷斯西部地区，与尼西亚军队发生冲突。狄奥多

尔为扩张自己的势力,与保加利亚沙皇阿森二世结盟,企图称霸巴尔干半岛,控制各派拜占庭希腊人反拉丁统治力量。然而,阿森二世的野心是建立包括原拜占庭帝国领地和多瑙河南岸地区的大保加利亚王国,他出尔反尔,背信弃义地与拉丁帝国皇帝结盟,并将女儿许配给拉丁帝国小皇帝鲍德温二世(Baldwin II of Constantinople,1237—1261年在位)(图7-10),企图不动干戈,坐享皇权。于是,伊庇鲁斯军队便与保加利亚军队反目成仇,1230年,双方在马利卡河流域的科洛克尼察战役(Battle of Klokotnitsa)中进行血腥厮杀,伊庇鲁斯全军覆灭,狄奥多尔被俘。为了报200多年前拜占庭皇帝巴西尔二世残害保加利亚人之仇,阿森二世将狄奥多尔双眼刺瞎释放。保加利亚军队则乘胜进军,夺取色雷斯、马其顿和伊庇鲁斯大部分地区(图7-11)。伊庇鲁斯专制君主国从此急剧衰落,不久便被迫加入巴尔干半岛反保加利亚人大同盟,并承认尼西亚帝国的盟主地位。1237年即位的狄奥多尔之子约翰(John Komnenos Doukas,塞萨洛尼基的统治者,1237—1244年在位)放弃对皇帝权力的要求,承认尼西亚帝国的宗主权。1246年和1252年,尼西亚军队两度平息伊庇鲁斯复辟势力的反叛,占领了巴尔干半岛大部分地区。

保加利亚人也是巴尔干半岛势力强大的王国,它控制着拉丁帝国与西欧母邦联系的陆上通道。为了实现建立大保加利亚王国的梦想,沙皇阿森二世先与伊庇鲁斯专制君主国结盟,而后弃友投敌又与拉丁帝国结盟,企图通过政

图7-10 鲍德温二世

图7-11 科洛克尼察战役

治联姻吞并虚弱的拉丁帝国。当拉丁帝国皇帝鲍德温二世意识到保加利亚人的阴谋时，立即中断盟约，采取了敌视保加利亚的政策，并积极促成巴尔干各国反保大同盟，承认尼西亚帝国的盟主地位。尼西亚帝国约翰三世则极力挑起巴尔干地区各派势力的相互斗争，因此他与保加利亚和新兴起的塞尔维亚人结盟，策动他们向拉丁帝国进攻。最终，反复无常的保加利亚人再度中断与尼西亚帝国的友好关系，准备向色雷斯进攻。这时，西征的蒙古人（the Mongol）侵入东欧和巴尔干半岛，其强大的骑兵所向披靡，所过之处一片焦土，俄罗斯、波兰、波斯尼亚、摩拉维亚、匈牙利以及多瑙河下游地区全部沦陷，保加利亚人也被迫纳贡求和。尼西亚帝国皇帝约翰三世立即主动结好蒙古人，利用保加利亚人势力衰落的机会，稳固其在巴尔干半岛的权力，对拉丁帝国构成南北夹攻之势。这样，尼西亚帝国的军队已经具备了夺取君士坦丁堡的一切必要条件。

拉斯卡里斯王朝末代皇帝约翰四世（John IV Laskaris，1258—1261年在位）统治时期，大权旁落。他即位时年仅7岁多，朝政由时任摄政王的科穆宁王朝后裔、巴列奥略家族的米海尔（即米海尔八世，Michael VIII Palaiologos，1259—1282年在位）（图7-12）掌握。[①] 米海尔出身贵族，其祖母为科穆宁和杜卡王朝后裔，而其母亲是安格洛斯王朝公主，他集中前代3个王朝血统，天生精明，在5兄妹中最有心计，

图7-12　米海尔八世

---

① 拉斯卡里斯王朝的末代皇帝约翰四世自幼丧父，在即位后的3年里，受到米海尔的严密控制。1261年，米海尔八世重新入主君士坦丁堡建立新王朝后，担心皇位不稳，因此将约翰四世刺瞎并关押在首都附近马尔马拉海南岸达基柏左（Dakibyze）要塞，还霸占了小皇帝的未婚妻。这导致了一场政治危机。约翰四世此后长期生活在黑暗中，直到1305年去世，享年55岁。拉斯卡里斯家族长期控制小亚细亚，1284年巴列奥略王朝皇帝安德洛尼卡二世巡视小亚细亚时，专程拜访了约翰四世，并对其父亲米海尔八世的行为向心灰意冷的约翰四世道歉。约翰四世死后葬于君士坦丁堡的圣底米特里（St. Dimitrios）教堂，供后人参拜。

第七章 尼西亚流亡政府

不仅涉猎广泛,而且对拜占庭帝国兴败得失有深刻了解。为了重振王朝大业,他自青年时代即投身于军界,广交朋友,建立贵族私党和效忠于他个人的军队。他表面上温文尔雅,平易近人,但内心狠毒无情。1258年,他利用幼主约翰四世无知,联合贵族发动军事政变杀死摄政王乔治·木扎伦(George Mouzalon),取而代之,并任专制君主之职,次年成为共治皇帝,为建立新王朝做好了准备。1259年,他在帕拉戈尼亚平原打败支持拉斯卡里斯王朝的贵族叛乱,确定了其不可动摇的强权地位。此后,米海尔八世致力于夺回君士坦丁堡的最后准备,并依靠热那亚舰队的帮助,将其心腹战将阿历克塞(Alexios Strategopoulos)将军率领的800人巡逻部队派往色雷斯前线地区,冒险侦察保加利亚人的动静。他们完成任务返回尼西亚的途中,在希腊居民的帮助下混进城内,兵不血刃地占领了君士坦丁堡。拉丁帝国末代皇帝鲍德温二世闻讯慌忙乘小船逃走。1261年8月15日,米海尔八世举行光荣的入城典礼。失陷了半个多世纪的君士坦丁堡重新回到拜占庭希腊人手中,拜占庭帝国似乎重新站立起来。

但是,这个重新建立的拜占庭国家比刚刚被它推翻的拉丁帝国政权强大不了多少,足智多谋、心狠手辣的米海尔八世虽然使出浑身解数,企图恢复帝国的实力,重建帝国的威严,但终因问题成堆、积重难返而未能有所建树。在巴列奥略王朝(Palaiologos,1261—1453年)近200年的统治期间,拜占庭帝国已经名不副实,国家政治混乱,经济衰退,社会动荡,军队瓦解,列强任意欺凌,外敌肆意蹂躏,只能在周围的强国之间苟延残喘。

第八章 拜占庭末代王朝统治及帝国灭亡

一、巴列奥略王朝的统治

1. 末代王朝

巴列奥略王朝是拜占庭历史上最后一个王朝。王朝创立者为米海尔八世,他代表新兴的军事贵族势力,利用手中的军权,发动宫廷政变,首先夺取了对当时年幼的约翰四世的摄政权。而后,他于1261年重新入主君士坦丁堡,入城后他废黜了约翰四世,建立了巴列奥略王朝(图8-1)。该王朝统治长达192年,经历了10代君主。它是拜占庭帝国历史上统治时间最长的王朝,同时也是最衰弱的王朝。

巴列奥略王朝控制下的拜占庭帝国领土仅包括君士坦丁堡及其郊区、塞萨洛尼基(Thessaloniki)、莫利亚(the Moria)、塞萨利(the Thessaly)和靠近色雷斯海岸的利姆诺斯岛(Lemnos);远在黑海南岸的特拉比仲德(今特拉布宗)名义上是拜占庭帝国的领土,但实际上独立于中央政府;而伊庇鲁斯地区一直与中央政府对抗,直到被新兴的塞尔维亚人征服也没有承认巴列奥略王朝的宗主地位。在这些零散的领土之间,散布着保加利亚、塞尔维亚、突厥等外族敌对势力。作为拜占庭帝国政治中心的君士坦丁

图8-1 米海尔八世

第八章 拜占庭末代王朝统治及帝国灭亡

堡已经完全破败。据当时慕名而来的西班牙旅行家佩德罗·塔富尔(Pedro Tafur)记载,君士坦丁堡城内完全不像城市,到处是已经种了庄稼的农田和菜地,人们只能从坍塌的房屋和许多巨大的宫殿、教堂和修道院的废墟上想象它昔日的繁荣,"被人称为'天堂'的教堂如此破败不堪,已经无法修复。破烂的码头一定曾十分繁忙,因为即使在今天还能停泊大量船只。皇宫也一定曾宏伟辉煌,但如今它和整个城市都败落了,成了人们遭受罪恶和放纵罪恶的场所"。在空旷的城区里,为数不多的居民衣衫褴褛,面露菜色,好像在痛苦的炼狱中挣扎,反映了君士坦丁堡极度的贫困。①

政治上的分裂和中央集权的瓦解是巴列奥略王朝统治时期最明显的特征。昔日组织严密的中央政府和地方管理体制完全瓦解,中央各部几乎无事可做,机构形同虚设,人员急剧减少,而朝廷的政令几乎不出京城。分散在巴尔干半岛和小亚细亚的省份也几乎成了独立国家,它们除了承认君士坦丁堡的宗主地位外,与中央政府没有其他联系,既不纳税也不提供士兵。到巴列奥略王朝统治中期,皇室成员分封土地的习俗更加剧了拜占庭国家的政治分裂,塞萨洛尼基和莫利亚都成为皇帝兄弟们的领地,而且不对中央政府承担任何义务。它们拥兵自重,各自为政,有时相互还大打出手,血腥厮杀。

政治混乱使整个国家经济崩溃,特别是农业经济在内乱和外敌入侵的双重打击下几乎被完全摧毁,其结果,一方面国家传统的农业税收因此全部丧失;另一方面,传统的以谷物和农副产品为主要商品的国内贸易完全消失。尼西亚帝国时期一度恢复的军区制再度瓦解,不仅由于外敌侵蚀,土地资源急剧减少,使国家无地可以用来屯田,而且由于居民逃亡,人口大量流失,使国家无人可以用作农兵。"可世袭的'普罗尼亚'土地还继续是一种承担某些义务的不可转手的地产,但是这类土地世袭转手的情况日益增多本身就意味着最初的制度已经发生了极大的变化,表明中央集权越来越衰弱,以及中央政府对大封建贵族的要求不断让步"。②过去作为拜占庭帝国谷仓的富庶农业地区,如小亚细亚和色雷斯地区大多沦陷于保加利亚和突厥人,拜占庭帝国能够控制的地区则因内战和外敌入侵以及外国雇佣军的破坏,迅速成为无人耕种的荒凉地区。由国家直接控制的纳税小农纷纷托庇于新兴的大地主和地方贵族。拜占庭国家几乎没有收入,致使货币持续贬值,国库空虚,宫廷开支无以为继,靠变卖皇家财产土

---

① A.A. Vasiliev, *History of the Byzantine Empire*, II, p.679.
② 奥斯特洛夫斯基:《拜占庭帝国》,第429页。

地和借款度日。约翰五世（John V Palaiologos, 1341—1376年在位）就把达达尼尔海峡入口处的泰尼多斯岛（Tenedos）以35 000杜卡特（威尼斯金币）卖给威尼斯人，他还以25 000杜卡特和几条战船为代价将皇冠抵押给威尼斯人。皇太后安娜（Anna of Savoy）（图8-2）也下令将宫中金银器皿熔化铸造为货币，以应付财政危机。皇宫礼仪庆典虽然还继续维持，但其"金玉其外败絮其中"的可悲情景被当时的史官记载下来。像皇帝约翰五世的婚礼这样的重大庆典也不得不简单操办，场面十分寒酸，整个王宫"连金银杯盘都没有，一些杯盘是锡制的，其余的用陶土制成"，"婚礼上皇帝穿戴的衣帽礼服装饰也仅有黄金宝石的样子，其实都是染上金色的皮革，或饰以彩色玻璃……到处可见类似具有天然魅力的宝石和绚丽多彩的珍珠一样的东西，但是，这些都骗不过众人的眼睛"。①

图8-2 安娜

朝廷为维持税收总量，通过增加税收量和新税种等手段加重对税户的剥削，但仍然于事无补。14世纪时，拜占庭帝国年收入不足12 700金币，仅相当于中期拜占庭年收入的2.18%。②拜占庭曾经具有极大优势且获利巨大的国际贸易在巴列奥略王朝时期也几乎完全终止，商业贸易的权利几乎全被热那亚和威尼斯等意大利商人夺取。位于君士坦丁堡北部郊区的加拉大（Galata, 或佩拉, Pera）商业特区成为热那亚和威尼斯控制拜占庭商业贸易的殖民区。拜占庭帝国曾获利最多的黄金角的港湾里，来自意大利、西班牙、法国、英国和东方的商人大多与热那亚和威尼斯商人做生意。热那亚共和国早在巴列奥略王朝统治初期就获得了贸易特权，包括进出口免税权，在加拉大设立商业殖民区权，在爱琴海诸岛开办工厂和设立商站权，以及垄断黑海贸易权等。威尼斯共和国后来也步热那亚人后尘得到了同样的特权。拜占庭金币在此期间不断贬值，其国际货币的地位逐渐被意大利城市共和国的金币所取代。"金币进一步贬值，结果其稳定的

---

① A.A. Vasiliev, *History of the Byzantine Empire*, II, p.680.
② S. Runciman, *Byzantine Civilization*, London 1959, p.96.

第八章 拜占庭末代王朝统治及帝国灭亡

国际信誉最终被摧毁。自13世纪中期以后,一度在国际贸易中享有毫无争议影响巨大的拜占庭金币逐渐被新的金币即意大利城市共和国的'货币'所取代"。①

土地资源的减少和人口的流失直接造成兵源枯竭,军队士兵无以为继。拜占庭帝国政府被迫在内、外战争中大量使用雇佣兵。当时在拜占庭帝国领土上为金钱而战的外国雇佣兵来自欧洲各地,包括西班牙卡塔兰人、突厥人、热那亚人、威尼斯人、保加利亚人、塞尔维亚人、盎格鲁-撒克逊人、瓦兰吉亚人等。他们名为士兵,实为匪徒,在拜占庭帝国城市和农村恣意妄为,稍有不满即大动干戈,无情洗劫当地居民。特别是在拜占庭政府无力支付其高额军饷时,他们的洗劫就更为彻底,抢劫的范围更大。拜占庭海军和陆军同时衰落,中央政府无钱建造战舰,只能依靠热那亚和威尼斯人的舰队,其代价是拜占庭帝国彻底丧失了在爱琴海、黑海和地中海的全部利益,意大利城市共和国控制了上述海区。

内外交困的拜占庭末代王朝还面临剧烈的社会动荡。大地主贵族的兴起和农民的破产使拜占庭社会贫富差距迅速扩大,形势的恶化首先将贫苦农民推入绝境,他们被迫沦为大地主的农奴,其处境极为悲惨,在社会的最底层挣扎。在城市里,两极分化的现象也进一步加剧,中等的业主经受不住大商人和高利贷者的盘剥,迅速下降为干体力活的工匠,手工业工匠和雇佣工人则因失业沦为贫民,各个城市都充满了流浪汉和乞丐。拜占庭城乡各地人民起义此起彼伏,愈演愈烈。在广泛的人民起义中,富人与穷人、贵族与平民、官吏与百姓之间的矛盾冲突极为剧烈。1328年,君士坦丁堡的人民起义迅速蔓延全国,下层民众将贵族作为攻击的目标,富人的宅院大多遭到起义者的洗劫。1341年,全国性的人民起义再次爆发,其中塞萨洛尼基的人民运动最具代表性。当时的塞萨洛尼基是拜占庭最活跃的商业中心,其繁荣程度超过了君士坦丁堡。但是,巨大的商业利益几乎完全被一小部分富有的贵族所吞食,包括小业主、零售商、小农、工匠、雇工和流浪者在内的中下层人民生活状况不断恶化,不能从城市商业利益中获得任何好处。因此,下层民众的不满与日俱增,任何事件都可能引发大规模的骚乱。1341年,塞萨洛尼基爆发人民起义,并迅速引发全国性的骚乱。起义民众洗劫了贵族和大商人,杀死积怨最大的城市官员。次年,起义民众在"狂热派"领袖阿历克塞(Alexios)和米海尔(Michael)领导下将贵族和富人赶出城市,建立了"塞萨洛尼基共和国"独立政权,多次击退皇帝军队的进攻。尽管这次起义与当时皇族内部争夺皇权的

---
① 奥斯特洛夫斯基:《拜占庭帝国》,第430页。

内战有密切关系,但是人民群众在起义中对城市上层阶级的打击非常沉重,特别是1346年起义民众对城中贵族残余势力的再度屠杀,很清楚地表明当时拜占庭社会阶级矛盾达到了不可调和的程度。这次起义一直延续了9年多,是拜占庭历史上规模最大、持续时间最长、影响最深远的人民起义。①

巴列奥略王朝时期的拜占庭国内外危机严重,统治阶级腐败无能,而皇室成员为争夺最高权力进行的长期内战则成为加速拜占庭国家衰败的最主要因素,对拜占庭帝国最终灭亡起了推波助澜的作用。

2. 皇族内战

巴列奥略王朝统治时期,拜占庭帝国政治生活的主要特点是皇室内部斗争异常激烈且长期不断,包括先后爆发的"两安德洛尼卡之战"、"两约翰之战"和"约翰祖孙之战"。

两安德洛尼卡之战是老皇帝安德洛尼卡二世（Andronikos II Palaiologos,1282—1328年在位）（图8-3）与其孙子安德洛尼卡三世（Andronikos III Palaiologos,1328—1341年在位）之间长达8年的内战。战争的起因纯粹属于偶然发生的皇室矛盾。当时,儿孙满堂的安德洛尼卡二世特别宠爱其长孙小安德洛尼卡,但是,由于老皇帝对他自幼娇宠放纵,使这个聪明过人、精力充沛的皇太子养成游手好闲、为所欲为的恶习。他青年时代就是在走马放鹰、纸醉金迷的宫廷生活中度过的。老皇帝曾多次对他进行规劝,但他恶习难改,背着皇帝与拜占庭帝国的商业竞争对手热那亚人合伙做起投机买卖,并私结党羽要挟皇帝封赐土地。这使安德洛尼卡二世极为恼火,虽然他们经过激烈的争吵,但对他还是奈何不得。皇帝尚且如此,各级官员更不敢过问,从而进一步助长了他为所欲为的气焰。1320年,小安德洛尼卡发现其

图8-3 安德洛尼卡二世

---

① 近年来,一些学者就这次起义的性质提出了新的理论,认为它是当时拜占庭皇室政治斗争的一部分,是"两约翰内战"的另一个战场。这种新意见引起学术界较大争论。A.A. Vasiliev, *History of the Byzantine Empire*, II, pp.659-662.

第八章 拜占庭末代王朝统治及帝国灭亡

弟曼努埃尔（Manuel）与自己的情妇有染，怒火中烧，暗中雇佣杀手将亲兄弟杀害。此事传出后，他的父亲、当时的同朝共治皇帝米海尔九世（Michael IX Palaiologos，1294/1295—1320年在位）悲痛欲绝，一命呜呼。老皇帝大为震怒，下令将其孙子投入监狱，并且当即废除了小安德洛尼卡的太子资格，另立皇帝继承人。小安德洛尼卡三世获释后立即与私交甚深的大贵族约翰·坎塔库震努斯（John Kantakouzenos）密谋反叛，从而揭开了内战的序幕。

叛军首先集结在君士坦丁堡西部重镇阿德里安堡，而后向首都挺进。老皇帝惊慌失措，提出议和，答应孙子的要求，甚至提议自己退位，隐居为僧。但是，在交战双方签署了划分地界、东西分治的协议后，安德洛尼卡二世单方面撕毁协议，发兵进攻安德洛尼卡三世占领的城市，使安德洛尼卡三世一度陷入绝境。在此危难之时，大贵族约翰·坎塔库震努斯对安德洛尼卡三世出以援手，出钱帮助他重整旗鼓，招兵买马，向君士坦丁堡进军。为了赢得民心，叛军提出轻徭薄赋，减免税收，因此受到人民普遍欢迎，塞萨洛尼基人开城迎接，并将老皇帝拟议中封为太子的君士坦丁（Constantine）抓起来交给安德洛尼卡三世。① 在人民的支持下，安德洛尼卡三世击败了安德洛尼卡二世派来的土耳其人雇佣兵，迫使老皇帝订立城下之盟。协议规定安德洛尼卡二世继续承认安德洛尼卡三世为皇太子和皇帝继承人，而后者则承认前者的皇权。老皇帝亲自为其孙加冕，战争似乎有了圆满的结果。事实上，这是老皇帝采取的缓兵之计，他暗中准备发起新的进攻。在进攻准备完成后，安德洛尼卡二世便开始迫害安德洛尼卡三世的亲信，并禁止后者返回首都。安德洛尼卡三世在好友约翰的资助下，立即在马其顿地区发动进攻，大败其祖父，而后未经战斗便占领了首都，迫使老皇帝退位。这场内战不仅使本来就极为衰弱的中央集权遭到彻底削弱，而且更为危险的是内战双方都投靠或借助某个强大的外国势力，安德洛尼卡二世与土耳其人和塞尔维亚人关系密切，而安德洛尼卡三世（图8-4）则与保加利亚人结盟，

图8-4 安德洛尼卡三世

---
① 君士坦丁是安德洛尼卡三世的叔叔，后加封为"专制君主"。

从而为外敌侵入拜占庭提供了充足的借口。

在引狼入室方面，紧接着第一次内战之后发生的"两约翰之战"更是有过之而无不及。这场内战是由大贵族约翰·坎塔库震努斯发动的。他被后代学者评价为"巴列奥略王朝统治时期最杰出的政治家"，[①]在安德洛尼卡三世统治时期，曾任宰相和军队总司令，其军事素养和政治家及外交家的才能得到了充分发挥，在内政和外交方面都取得了重要成就，以致安德洛尼卡三世临终前在"托孤"时希望他登基称帝。但坎塔库震努斯坚决不受，发誓全力扶助9岁的小皇帝约翰五世（John V Palaiologos, 1341—1391年在位）。但是，安德洛尼卡三世死后仅4个月，皇后安娜和大教长约翰（John Kalekas）等人设计陷害坎塔库震努斯，迫使他起兵反叛。这样，以皇后安娜为一方，以约翰·坎塔库震努斯为另一方的内战便爆发了。战争一开始，交战双方都积极勾结外国势力。安娜依靠保加利亚军队，击败约翰·坎塔库震努斯对阿德里安堡的进攻，而后者则凭借雄厚的家资雇佣塞尔维亚人和土耳其人军队在色雷斯和马其顿地区与皇家军队展开拉锯战。随着战事的激化，安娜向其母邦意大利萨伏依王国（the Savoy Kingdom）请求派遣十字军骑士，并勾结塞尔维亚国王从背后打击坎塔库震努斯。后者被迫勾结奥斯曼土耳其人（the Ottoman Turks），最终赢得了战争第一阶段的胜利。1347年，他将女儿海伦娜（Helena）嫁给约翰五世后，在承认小皇帝约翰五世的前提下，被立为共治皇帝，称约翰六世（John VI Kantakouzenos, 1347—1354年在位）。

但是，内战并没有结束，各地贵族纷纷效仿两个约翰皇帝的做法，勾结强大的外国势力作为靠山，塞萨洛尼基人甚至准备开城迎接塞尔维亚国王斯特凡·乌罗什四世（Stephen Uroš IV Dušan of Serbia, 1331—1355年在位）。皇帝约翰六世由于没有足够的兵力，也不得不大量雇佣奥斯曼土耳其人军队。1351年，已经成年的约翰五世起兵进攻其岳父约翰六世，意在恢复巴列奥略王朝的正统地位，由此揭开了内战的第二阶段。他首先与当时巴尔干半岛最强大的势力塞尔维亚人结盟，而后出兵迫使约翰六世议和割地。约翰六世一面假意谈判，一面暗中雇佣2万名奥斯曼土耳其士兵，大败塞尔维亚人，约翰五世只好逃到泰尼多斯岛（Tenedos）暂避一时。此后，约翰五世多次试图反攻均未能得手，辗转流窜于各地，争取地方势力的支持。约翰六世（图8-5）似乎在内战中占了上风，但是他与奥斯曼土耳其人的亲密关系却导致了他的

[①] L.Brehier, *Vie ed mort de Byzance*, p.306.

第八章 拜占庭末代王朝统治及帝国灭亡

倒台,一方面,新兴的奥斯曼土耳其人乘机侵入欧洲,不断扩大领土,势力坐大,构成对拜占庭帝国最严重的威胁;另一方面他的亲土耳其人政策引起朝野上下一片反对,宫廷内外怨声四起,各种阴谋层出不穷。约翰五世乘机于1355年年底乘坐两艘热那亚人平底船,经马尔马拉海在君士坦丁堡登陆,心怀不满的首都人民迅速起义,配合约翰五世推翻了约翰六世(图8-5)的统治。这次内战的后果比"两安德洛尼卡之战"严重得多,因为奥斯曼土耳其军队乘机顺利进入欧洲,并在巴尔干半岛建立了桥头堡和军事基地,他们将成为此后数百年欧洲人的劲敌和拜占庭帝国的掘墓人。①

图8-5 约翰六世

巴列奥略王朝统治时期发生的第三次内战并不是真正意义上的内战,而是外国列强打着皇室旗号进行的瓜分拜占庭帝国利益的斗争。约翰五世共有5子1女,原定继承皇位的皇太子为长子安德洛尼卡(Andronikos),但是由于父子关系一直不好,特别是当约翰五世在次子曼努埃尔(Manuel)陪同下因债务问题被扣押在威尼斯期间,安德洛尼卡坐视不救,引起皇帝的极大反感。而次子曼努埃尔善于察言观色,见风使舵,颇受皇帝喜爱,约翰五世因此决定废长立幼,遂引发皇室内战。安德洛尼卡两度策划反叛未成。1373年,安德洛尼卡勾结奥斯曼土耳其苏丹之子韶德兹(Savci Bey)起兵反叛当时关系极为亲密的两位父王,但事泄流产。韶德兹被奥斯曼土耳其苏丹投入监狱并刺瞎双眼,安德洛尼卡及其子约翰(John)也受到同样的惩罚,但安德洛尼卡侥幸留下一只眼。1376年,威尼斯人和热那亚人为取得在拜占庭帝国的商业特权发生激烈斗争。当热那亚人察觉约翰五世偏袒威尼斯人时,便帮助安德洛尼卡从监狱逃走,并且突然出兵推翻约翰五世的统治,代之以安德洛尼卡四世(Andronikos IV Palaiologos,1376—1379年在位)。安德洛尼卡四世

---

① 约翰六世后来成为修道士,留下自传体历史,其中多是自我辩解和吹嘘,但是也为后人提供了珍贵史料。

257

图8-6 安德洛尼卡四世

（图8-6）上台后立即将原来割让给威尼斯人的泰尼多斯岛转让给热那亚人作为报酬，并按照热那亚人的意旨迫害君士坦丁堡的威尼斯人。不甘失败的威尼斯人经过认真准备，于1379年出兵救出约翰五世和曼努埃尔二世（Manuel II Palaiologos, 1391—1425年在位），将他们重新扶植上台。

巴列奥略王朝的内战对晚期拜占庭历史发展造成了严重后果，而该王朝的外交政策则加速了拜占庭帝国的最终灭亡。

3. "二等小国"

巴列奥略王朝统治下的拜占庭帝国已经不是"帝国"，"它已经下降到二等小国的地位，是个处于守势的国家"。[①] 而巴列奥略王朝的内外政策和国事活动本质上是小国的作为。

巴列奥略王朝在米海尔八世、安德洛尼卡二世和安德洛尼卡三世时期尚能保持自主外交的特点。在这一阶段，其外交政策首先表现出自主性和独立性，没有明显的倾向性。米海尔八世重新夺回首都君士坦丁堡后，拜占庭国家面临西方和北方强敌的威胁，特别是刚刚被推翻的拉丁帝国残余势力的复辟活动如同悬挂在拜占庭人头上的"达摩克利斯利剑"，使立足未稳的拜占庭统治阶级感到恐惧。可以说，复辟与反复辟是新建王朝面临的第一个生死攸关的斗争。当时，复辟势力以西西里国王安茹的查理（Charles of Anjou, 1266—1285年在位）（图8-7）和被废的原拉丁帝国皇帝鲍德温二世（Baldwin II of Constantinople, 1237—1261年在位）为领袖，他们联合反拜占庭帝国的巴尔干国家，如塞尔维亚、保加利亚、残留在希腊半岛的拉丁人势力和伊庇鲁斯专制君主国，结成反

图8-7 安茹的查理

[①] L.Brehier, *Vie ed mort de Byzance*, p.287.

第八章 拜占庭末代王朝统治及帝国灭亡

拜占庭帝国同盟,进而发动了第一次旨在复辟拉丁帝国的十字军。对此,米海尔八世展开积极的外交活动,一方面主动向教廷派遣使节,提出重新开始关于东西方教会统一问题的谈判,表示愿意领导东正教教会服从教皇,以此分化教皇与安茹的查理的关系;另一方面紧紧抓住安茹的查理之兄、法国国王路易九世(Lewis IX,1226—1270年在位)(图8-8),主动遣使结好,并投其所好,馈赠许多希腊古代手稿和文物,同时以谦卑的姿态请路易九世仲裁东西方教会之间的争论,从而赢得路易九世的好感,促使路易九世出面阻止了其弟安茹的查理的东侵计划。最后,米海尔八世与埃及苏丹和西班牙阿拉贡国王进行秘密谈判,推动阿拉贡国王彼得三世(Peter III of Aragon,1276—1285年在位)

图8-8 路易九世

远征西西里,利用1282年3月31日爆发的"西西里晚祷"事件击败查理,①彻底粉碎了西欧拉丁骑士的复辟阴谋。这个时期拜占庭帝国外交活动还具有某些灵活性。米海尔八世除了巧妙地周旋在西欧各种政治和宗教势力之间,利用他们之间的矛盾和利害冲突,达到巩固新王朝统治的目的。他还摆脱宗教信仰的束缚,大胆地开展对东方各国的灵活外交活动,遣使于蒙古军队统帅旭烈兀,主动结好,并与马木留克王朝和金帐汗国结成同盟,为维护拜占庭帝国在亚洲和东地中海地区的势力创造有利条件。

但是自1341年以后,巴列奥略王朝外交政策转变为忽而亲土耳其忽而亲西欧,摇摆不定,失去外交政策的稳定性和独立性。由于"两约翰之战"的进行,交战双方为了各自的利益,向周围强大的保加利亚军队和土耳其军队求援。当时,尚在迅速发展初期的奥斯曼土耳其人完全控制了小亚细亚地区,

---

① 西西里人民不堪忍受安茹的查理的残暴统治,1282年复活节后的星期一在巴勒莫城郊教堂举行晚祷时,当地人民杀死侮辱他们的法国士兵,从而导致西西里全境大规模人民起义。阿拉贡国王彼得三世以恢复被查理推翻的霍亨斯陶芬王朝在西西里的统治为借口,乘机进军该岛,从而引发了长达13年的战争。见A.A. Vasiliev, *History of the Byzantine Empire*, II, pp.597–599。

259

正在寻找进入欧洲的机会,这一外交政策恰恰为之提供了正当理由。1345—1356年间,土耳其人先后5次对巴尔干半岛大规模增兵。为了巩固其傀儡皇帝的地位,约翰六世还于1346年将亲生女儿狄奥多拉(Theodora)许配给奥斯曼土耳其奥尔汗一世(Orhan I,1326—1359年在位)。约翰五世则在西欧人的帮助下击败约翰六世,因此在其恢复帝位的初期,他对西方国家充满幻想。1366年和1369年,约翰五世先后前往匈牙利和罗马,企图说服西方君主再次发动援助东方基督徒的十字军,但结果使他大为失望。他们不仅没有响应他的求救呼吁,反而大敲其竹扛。威尼斯人甚至以其赖账为借口将他扣押在威尼斯。1371年以后,他步约翰六世的后尘,投靠土耳其苏丹,缴钱纳贡,送交人质,甘心情愿地成为奥斯曼土耳其帝国的附属国。

自曼努埃尔二世(图8-9)成为皇帝后,巴列奥略王朝再度推行亲西方的外交政策,拜占庭皇帝以各种形式乞求西欧国家的救援,直到最终灭亡为止。当时奥斯曼土耳其帝国已经扫清了占领君士坦丁堡的一切障碍,完成了灭亡拜占庭帝国的准备工作。苏丹巴耶济德一世(Bayezid I,1389—1402年在位)通过一系列战争,征服了整个小亚细亚和巴尔干半岛地区,并组建庞大的舰队控制了爱琴海,使拜占庭人龟缩在君士坦丁堡城内。在此背景下,曼努埃尔二世只能将得救的希望寄托于西欧国家。他先是请求威尼斯人向被封锁的首都运送粮食,以缓解城中发生的饥荒,而后向包括教皇、法、英、阿拉贡、威尼斯在内的西方国家和俄国求援,但得到的只是各国君主的口头响应,俄国人的金钱支援和法国人派来的1 200人骑兵根本不足以挽救拜占庭帝国。于是,曼努埃尔二世在法国将军布锡考特(Boucicaut)的陪同下前往西欧进行了为期3年半的游说活动,但是得到的几乎全部是空洞的许诺。

皇帝约翰八世(John VIII Palaiologos,1425—1448年在位)也先后访问了威尼斯、匈牙利和米兰,费时一年。1438年,他率领

图8-9 曼努埃尔二世

第八章　拜占庭末代王朝统治及帝国灭亡

包括东正教大教长约瑟芬二世在内的希腊教会代表团再赴西欧，参加教皇主持召开的佛罗伦萨宗教会议，签署"佛罗伦萨东、西教会统一协议"（the Union of Florence），以推动教皇尤金四世（Pope Eugene IV，1431—1447年）发动反土耳其人的十字军。1444年，由匈牙利、波兰和罗马尼亚等国军队组成的十字军在匈牙利国王瓦迪斯瓦夫三世（Władysław III，1440—1444年在位）统率下于瓦尔纳战役中遭到重创，全军覆灭，瓦迪斯瓦夫三世阵亡。这是东欧人抵抗奥斯曼土耳其扩张、挽救拜占庭帝国的最后尝试。此后，约翰八世（图8-10）停止了外交努力，听凭命运之神的摆布，消极等待最终的末日。拜占庭帝国末代皇帝君士坦丁十一世（Constantine XI Palaiologos，1449—1453年在位）在位4年中，尽其所能，进行最后抵抗，并向西欧各国发出绝望的求救，直到战死沙场。

图8-10　约翰八世

巴列奥略王朝外交政策是随着当时西亚和欧洲特别是小亚细亚和巴尔干半岛形势的变化而变化的，它是当时国际形势发展的一个结果。但是，巴列奥略王朝历代皇帝外交政策指导思想的错误对整个形势的恶化也起了重要作用。其外交活动没有成为强化内部改革的补充，也没有为加强国力提供外部条件，而只是成为他们寻求援助和救护的渠道。在该王朝统治的近200年期间，人们几乎找不到任何旨在富国强兵的措施，甚至连在尼西亚流亡政府期间成功推行的军事和土地改革也被废止了，从而错过了从内部救亡的时机，堵塞了从内部解决边防问题的可能性。特别是该王朝多位皇帝引狼入室的行为对衰弱的拜占庭帝国是最后的致命打击。

4. 王朝内战的后果

首先，巴列奥略王朝推行的错误外交政策使新兴的土耳其人势力顺利发展。

早在13世纪时，拜占庭人完全有能力清除土耳其人这个未来的隐患，但他们或是未能预见其潜在的威胁，或是忙于内战，而任其发展。而后拜占庭帝国朝野贵族更将凶猛剽悍的土耳其人作为内战和对斯拉夫人作战的主力，使之发展更为迅速。正是由于巴列奥略王朝的支持和保护，奥斯曼土耳其势力才没有被扼杀在发展的初期阶段,也没有像巴尔干半岛各小国那样相互牵制,难以发展。也是由于巴列奥略王朝的亲土耳其政策,使土耳其人获得充足的理由和借口大肆扩张,在很短的时间里便完成了对小亚细亚和巴尔干半岛地区的征服。还是由于巴列奥略王朝的屈服,奥斯曼土耳其帝国的征服扩张活动被合法化。丧失军事力量的拜占庭帝国最初只是利用奥斯曼土耳其人的武装力量,但是令他们没有想到的是,随着土耳其军力的增强,其政治野心也极度膨胀。土耳其人势力强大后,拜占庭人只能唯土耳其人马首是瞻,甚至成为后者转战巴尔干半岛的帮凶。约翰五世时期,作为苟延残喘的弱小国家的皇帝,他完全听从奥斯曼土耳其帝国的命令,不仅于1355年与奥斯曼土耳其奥尔汗一世订立割让色雷斯地区的条约,使他们对色雷斯地区的占领合法化,而且还不得不接受土耳其人将其首都从小亚细亚地区的尼西亚迁入欧洲巴尔干地区的阿德里安堡的事实,继而他曲意迎合奥斯曼土耳其帝国在巴尔干半岛的扩张,在谈判中处处让步。1374年,约翰五世与其他巴尔干国家一样正式承认苏丹的宗主地位,并将次子曼努埃尔送入苏丹宫中作为人质。也是在苏丹的命令下,他将长子安德洛尼卡和孙子约翰的眼睛刺瞎。

其次,巴列奥略王朝推行的亲西方政策延误了解除边防危机和自救的时机。巴列奥略王朝君主对西欧国家的游说和对教皇的说服工作几乎没有产生任何实际的成果,但是却付出了大量的时间和精力,约翰五世、曼努埃尔二世和约翰八世先后访问西欧国家,短则数月,长则数年。正是在这个时期,塞尔维亚人一度控制了巴尔干半岛,兵临君士坦丁堡城下。也是在这个关键的时期,土耳其人发展起来,建立了奥斯曼土耳其帝国。拜占庭帝国白白浪费了宝贵的岁月,一再丧失自救图强的机会。王朝气数已尽,日薄西山之势不可逆转。

巴列奥略王朝的对外政策还加剧了国家财政经济危机。王朝在外交活动中动辄割让土地,使国土资源急剧萎缩,如1298年安德洛尼卡二世被塞尔维亚人击败后,割让大片被占领土给塞尔维亚国王斯特凡·乌罗什二世(Stephen Uroš II Milutin of Serbia, 1282—1321年在位)(图8-11)。1302年、1308年、1331年

图8-11　塞尔维亚国王斯特凡·乌罗什二世

第八章 拜占庭末代王朝统治及帝国灭亡

和1355年,拜占庭人多次割让土地,以换取与土耳其人的暂时和平。特别是拜占庭人割让色雷斯、加拉大等对国家生死攸关的重要地区,导致拜占庭帝国丧失了最后的自救资源,以致到1423年巴列奥略王朝将第二大城市塞萨洛尼基卖给威尼斯后,已经无地可割,无税可收,仅靠首都城内少许工商税收勉强度日。该王朝不仅由于割地减少了资源,还通过出让经济权利断绝了最后一点经济来源。早在11世纪末,拜占庭人即用君士坦丁堡的商业特权换取威尼斯舰队援助,以抗衡诺曼人的海上攻击,这对占据天然地理优势的拜占庭国际贸易是沉重的冲击。1267年,米海尔八世许可热那亚人在首都近郊的加拉大建立商业特区,次年又出让该区全部商业特权,使拜占庭国际贸易的最后一点优势丧失殆尽。1402年,土耳其军队在安卡拉战役(Battle of Ankara)中遭到帖木尔(Timur)统帅的蒙古军队致命打击,奥斯曼土耳其苏丹巴耶济德一世及其子被杀,[①]奥斯曼帝国解体。这一事件曾给拜占庭帝国提供了难得的自救机会,但苟且偷生的拜占庭人没有抓住这一机遇,却在同年将整个东方贸易的交通权拱手让给威尼斯,以换取其外交上的支持。

巴列奥略王朝在外交活动中的巨额开支也加重了国家的经济负担。例如,安德洛尼卡二世原打算在热那亚和威尼斯之间的战争中坐收渔人之利,计划落空后,不得不倾其国库所有向双方支付大笔赔偿。约翰五世和曼努埃尔二世在游说西欧国家援助的旅途中开销巨大,他们与威尼斯人订立的协议几乎是用钱买下的,而这笔巨额钱款完全超出了王朝的经济能力,最终因无力支付而使协议没有生效。雇佣兵的军费也是拜占庭国家巨大的财政负担。1351年,约翰六世因使用土耳其雇佣军作战而耗尽国库最后的金钱,不得不以没收教产的方法支付军饷。从约翰五世到约翰八世统治的百余年期间,拜占庭帝国与土耳其人签署的协议大多包括纳贡的内容,从而使土耳其人榨干了拜占庭人最后一点点油水。

晚期拜占庭帝国王朝政治腐败,内外局势动荡,朝野人心涣散,几次大规模内战几乎都伴随着外交政策上的争论。可以说巴列奥略王朝忽而亲西欧忽而亲土耳其的外交实践是加剧其政治分裂的重要原因。米海尔八世时,为取得朝野贵族对其外交政策的支持,推行政治高压措施,监禁和流放反对派贵族,没

[①] 帖木尔曾因巴耶济德一世作战骁勇而生招降的念头,但骄横的巴耶济德一世骂不绝口,终被斩首。当时,奥斯曼帝国正处于兴起阶段,因而并未因巴耶济德一世之死而衰落,20年后再度强盛。

收他们的财产,开启了该王朝皇室内部政治斗争的序幕。其子安德洛尼卡二世对"统一派"分子则大开杀戒,[①]甚至连其兄弟君士坦丁也不放过,只是由于朝臣说情,才改处没收家产,流放边疆。中央政府外交政策的摇摆不定直接造成朝野上下的分裂,安德洛尼卡二世和米海尔九世在使用西班牙雇佣兵政策上的分歧直接导致雇佣兵哗变,造成希腊地区巨大的灾难。[②]"塞萨洛尼基共和国"于1342年宣布独立和起义的重要原因是对当时的外交政策不满。1383—1387年,土耳其军队利用拜占庭帝国外交失误夺取了第二大城市塞萨洛尼基。此后,土耳其人的每一步扩张几乎都是有合法的理由和外交上的借口,直到他们完成对整个拜占庭帝国陆海领地的征服和占领,包围和封锁了君士坦丁堡。

晚期拜占庭帝国政治上的分裂是以其社会全面解体为背景的,其明显的表现在于巴列奥略王朝统治时期教会内部的激烈斗争和社会形势的动荡。以罗马为中心的天主教和以君士坦丁堡为中心的东正教于1054年互相开除教籍,标志着东西方两大教会的正式分裂。这一分裂在拜占庭帝国有着深厚的社会基础,社会各阶层支持东正教教会的立场,特别是在罗马教会支持的拉丁帝国统治被推翻后,东西方教会的对立进一步加深。巴列奥略王朝统治初期,皇帝出于纯粹政治目的进行的"统一教会"活动从一开始就引起社会的剧烈反应。1273年,"里昂教会和解令"一经公布,立即在君士坦丁堡掀起轩然大波,大教长约瑟芬愤然辞职,以示抗议,而支持"统一"的拜库斯(John Beccus)取而代之,由此形成了教会上层两派之间的对立。随之而来的政治迫害进一步将教会上层的分裂扩展到教会基层,进而又扩展到整个社会。宗教问题本身就是非常复杂、敏感和微妙的问题,如今与帝国复杂的政治和外交问题纠缠在一起,更成为晚期拜占庭帝国社会解不开的死结。加之中央政府政策摇摆不定,社会分裂更趋严重。1312—1323年,由于"统一教会"问题造成的分裂使教会五易大教长,其中还有两年空缺。1369年和1433年约翰五世和约翰八世亲赴意大利订立和签署"教会统一法令",都引发了教会更深刻的分裂和更大规模的社会骚乱,皇帝的镇压措施也没能解决问题。当土耳其军队兵临城下,团团包围君士坦丁堡准备发动最后攻击时,拜占庭帝国

[①] 拜占庭帝国晚期历史上,围绕是否与罗马教会统一问题展开激烈争论,支持东正教与罗马天主教联合的派别被称为"统一派",反之是"分裂派"。

[②] 1307年受到安德洛尼卡青睐的西班牙雇佣兵首领罗吉尔(Roger)被曼努埃尔刺杀,导致雇佣兵在拜占庭帝国色雷斯、马其顿、希腊等地区的洗劫,直到1311年方告结束。但是,此后他们自封的"雅典公爵"称号保持了80年之久。

第八章　拜占庭末代王朝统治及帝国灭亡

的教士们还在圣索菲亚大教堂里喋喋不休地争论"统一或分裂"问题，甚至公开宣扬宁可欢迎伊斯兰教也不要天主教。大教长卢卡斯·诺塔拉斯（Roukas Notalas）公开宣称："宁可在都城内看到头裹方巾的土耳其人统治，也不愿意看到顶着三重教冠的拉丁人的统治。"[①]社会解体的程度由此可见一斑。

在巴列奥略王朝，几乎没有出现"一言以兴邦"的卓越政治家，无论是皇帝亲王，还是高官显贵，或是将军武士，或是文人墨客，都对东地中海和欧洲形势缺乏必要的理解，对国家的前途缺少应有的洞察力，以致在外交活动中采取了许多短视行为，外交政策忽左忽右。他们不是将政策的重心放在整顿朝纲和内政改革方面，不是把外交活动定位于为富国强兵和加强国力服务。另外，由于他们不能清醒地认识此时本国国情和周围世界的形势，因此做了不少"不可为之事"，采取了许多愚蠢的外交措施。他们不能正确估计本国民众对罗马天主教反感的情绪和西欧各国内部动荡、无心东顾的局势，因此在争取西方援助的外交活动中付出的代价太大，损失的精力太多，浪费的时间太长，而没有取得任何成果。同样，由于他们不能正确判断土耳其人迅速崛起的趋势与其称霸地中海和黑海世界的野心，因此采取了许多有利于奥斯曼土耳其人发展和扩张的政策。他们在对外事务中认敌为友，认贼作父，引狼入室，相互厮杀，只能自掘坟墓，最终灭亡。

二、拜占庭帝国的灭亡

1. 奥斯曼土耳其人的兴起

拜占庭帝国的掘墓人是土耳其人，他们是在13世纪小亚细亚原鲁姆苏丹国衰落以后，开始建立奥斯曼土耳其国家和奥斯曼王朝统治的。14世纪前半期，奥斯曼土耳其国家发展迅速，基本完成了对小亚细亚最重要的核心地区的征服。奥斯曼土耳其人之所以迅猛崛起，主要原因有两个，其一，新兴的奥斯曼土耳其国家接受了伊斯兰教统治方式，重视军队建设，建立政教合一的军事封建专制制度。高度的中央集权和彻底的全民军事化使这个新兴的国家生机勃勃，

[①] 当时的作家米海尔·杜卡斯记载了这一可悲的争论，参见A.A. Vasiliev, *History of the Byzantine Empire*, II, pp.660-667。许多贵族则在城破之后，将自己不愿支持皇帝而隐藏的金钱献给穆罕默德二世，反映了社会分裂的程度相当深。*Nicolo Barbaro's Diary of the Siege of Constantinople, 1453*, by J.B. Jones, New York 1969, p.78.

具有强大的生命力。其二，奥斯曼土耳其人生逢其时，拥有良好的发展环境。当时，西亚地区特别是小亚细亚地区没有强大的敌对势力，鲁姆苏丹国已经瓦解，阿拔斯王朝也灭亡了，拜占庭帝国早已贫弱无力，内外交困，无暇东顾。

在有利的国际环境中，土耳其人大举扩张，到14世纪中期，已经控制黑海、马尔马拉海和爱琴海沿海的小亚细亚西北地区，奠定了奥斯曼土耳其帝国发展的基础。1345年以后的半个多世纪，奥斯曼土耳其人将势力范围扩大到东欧，并完成了对整个小亚细亚地区和巴尔干半岛部分地区的占领，控制了这一地区周围各个海域，成为名副其实的奥斯曼土耳其帝国。

奥斯曼土耳其帝国占据了原拜占庭帝国广袤的疆域。在这广大的领土上，苏丹巴耶济德一世迫使所有民族臣服，包括拜占庭帝国在内的各国君主都必须向他称臣纳贡，送子献女，或作为人质，或作为妻妾，而他则以宗主身份对各国君主发号施令，左右各国朝政，决定君主兴废，如有不从和反叛则无情镇压。1390年，俯首称臣的约翰五世试图加固君士坦丁堡沿海自马尔马拉海到黄金角湾的一段城墙，刚刚开始动工就接到巴耶济德一世的停工命令。次年，约翰五世去世，曼努埃尔二世逃回君士坦丁堡即位，巴耶济德一世大为震怒，下令海军封锁君士坦丁堡达7个月之久，并要求曼努埃尔二世割让首都部分城区给土耳其人，允许土耳其人在那里建立清真寺，同时要求增加年贡，开放加拉大商业特区作为奥斯曼土耳其帝国的军营。对于具有反叛倾向的波斯尼亚人、瓦兰吉亚人、罗马尼亚人和保加利亚人，他多次进行镇压，甚至将他们迁离故土，安置在小亚细亚地区。为了在政治上造成既成事实，他以最高宗主的名义召集巴尔干半岛各国君主会议，强令其臣属国的君主，即拜占庭帝国皇帝、米斯特拉专制君主、法兰克的阿塞亚侯爵和塞尔维亚君主到会。到15世纪初，他已经为最后攻占君士坦丁堡做好了准备。

2. 君士坦丁堡的陷落

征服拜占庭帝国的事业是由穆罕默德二世（Mehmed II, 1451—1481年在位）（图8-12）完成的。当时的形势对土耳其人极为有利：巴尔干半岛各国已经臣服，色雷斯、马其顿、保加利亚和希腊处于奥斯曼土耳其帝国的直接统治下；拜占

图8-12 穆罕默德二世

第八章 拜占庭末代王朝统治及帝国灭亡

庭、塞尔维亚、波斯尼亚、瓦兰吉亚和莫利亚也承认苏丹的宗主权,缴纳贡赋,提供军队。奥斯曼土耳其帝国的实力空前强大。而敌视土耳其人的西欧各国君主正处于专制王权形成的关键时刻,无力顾及东方事务。一度凌驾于西欧各国君主之上的教皇也早已从基督教世界领袖的地位上跌落下来,无法组织起十字军。经济实力强大的意大利人特别是威尼斯和热那亚两国,正在为商业霸权激烈交锋,打得难解难分。当时的欧洲和西亚没有与奥斯曼土耳其帝国相抗衡的力量,也不存在能够阻止奥斯曼土耳其帝国夺取君士坦丁堡的势力。

形势虽然十分有利,穆罕默德二世仍然为攻城作最后的准备,表现了政治家的精明和军事家的战略洞察力。他首先孤立拜占庭人,与所有有可能援助君士坦丁堡的势力进行谈判。1451年9月,他与威尼斯人订立协议,以不介入威尼斯和热那亚战争为代价换取了威尼斯人的中立。同年11月,他又与匈牙利国王订立和平条约,以不在多瑙河上建立新要塞的承诺换取了匈牙利人的中立。同时,他进行攻城的军事准备,组建莫利亚军团和阿尔巴尼亚军团,前者用于在希腊方向上作战略牵制,防止土耳其军队在攻击君士坦丁堡时遭到两面夹击,而后者则用于阻止马其顿西部可能出现的西欧援军。他还组织大规模军火生产,特别是用于攻城作战的军事机械,专门高薪聘请匈牙利火炮制作工匠乌尔班(Urban)指导生产了当时世界上最大的巨型火炮,其口径达99厘米,可发射1 200磅(相当于448公斤)重的石弹,是攻击君士坦丁堡高大坚固的城墙最有效的武器。他还在博斯普鲁斯海峡最窄处建立鲁米利·希萨尔城堡和炮台,配置强大的火炮,它与海峡对面的阿纳多利·希萨尔城堡隔水相望,有效地封锁海峡,以阻止从海上可能对君士坦丁堡的援助。

面对穆罕默德二世有条不紊的备战,守城的拜占庭皇帝君士坦丁十一世(Constantine XI Palaiologos,1449—1453年在位)(图8-13)也在作出最后的努力。他一方面向几乎所有的欧洲国家和罗马教廷派出使节,请求援救;另一方面与莫利亚地区的希腊专制君主、他的兄弟联系,希望他们停止内战,增援危急中的首都。但

图8-13 君士坦丁十一世

是,所有的欧洲国家君主除了表示同情和开具出兵援助的空头支票外,没有采取任何具有实际意义的行动,个别君主派出的小股部队对抵抗即将到来的土耳其人大规模攻击是杯水车薪,无济于事。莫利亚地区的拜占庭皇室成员内争正酣,彼此势同水火,对君士坦丁十一世的呼吁根本不予理睬。这样,君士坦丁十一世就处于既无内助又无外援的可悲境地。他可以用来抵抗土耳其人的防御力量只有不足5 000人,另外还有两三千名外国自愿军斗士,其中热那亚贵族乔万尼·贵斯亭尼安尼(Johwani Giustiniani)率领的队伍最有战斗力。而在海上,拜占庭人仅有的26艘船只大部分一字排开,防守在黄金角湾入口处的铁链之后。

拜占庭帝国皇帝最后的搏杀十分悲壮,值得我们稍作详细叙述。[①]1453年年初,穆罕默德二世开始部署围攻君士坦丁堡的部队。据不同史料记载,参加这次战役的攻城部队有10万—20万人,其中包括奥斯曼土耳其帝国精锐的禁卫军加尼沙里兵团上万人和阿纳多利亚军团数万人。穆罕默德二世还将50多门大炮,分成14个炮群,其中最大的巨炮费时两个月才从铸造地阿德里安堡运到君士坦丁堡城外(图8-14)。此外,土耳其军队集中了120艘战船于

图8-14 穆罕默德二世将巨炮从铸造地阿德里安堡运到君士坦丁堡城外

① 有关细节可参看S.Runciman, *The Fall of Constaninople*, Cambridge, 1965。

第八章 拜占庭末代王朝统治及帝国灭亡

马尔马拉海和南北两条海峡水面,其中15艘是大型军舰。外围战役于4月以前完成,奥斯曼土耳其军队攻占了所有通往君士坦丁堡的道路,在距离城墙1200米的地方扎下军营。

4月6日,攻城战正式开始,50多门重炮一起开火,一时间石弹横飞,轰鸣声震天动地,一枚周长近两米的巨型石弹击中主城门圣罗曼努斯门,摧毁一座城楼。守城将士在兵力相差极为悬殊的情况下,以大无畏的英雄气概奋起反击,君士坦丁十一世亲临城头指挥作战,将有限的兵力分为14个防区,并留有后备队随时增援薄弱部分。当土耳其军队准备从炮火轰开的城墙缺口进攻时,却受阻于护城河,于是,苏丹下令使用大量灌木填平河道,而守军则利用这个机会迅速修复缺口。经过十几天试探性进攻,奥斯曼土耳其军队于18日对几处缺口同时发起陆地进攻。吼声震天的土耳其军队将士挥舞弯刀,越过护城河,在高大的活动塔楼上施放的弓弩流石的掩护下,蜂拥直冲到城下,顺着云梯或塔楼天桥向城墙进攻。希腊人则使用陈旧的武器,不断地向敌军投掷希腊火,飞箭流石如暴雨般倾泻而下,土耳其军队死伤惨重,不得不停止进攻。

海上进攻从19日开始,奥斯曼土耳其军队先攻占了君士坦丁堡的滩头阵地,而后强攻黄金角湾,企图冲破湾口的粗大铁链,从城墙薄弱点攻城。但是,集中在此的希腊—热那亚—威尼斯联合舰队在卢卡斯大公(Roukas)指挥下,以猛烈的炮火和希腊火击退土军舰船的多次进攻。当时,奥斯曼土耳其海军军事技术比意大利人略逊一筹,因此,第二天,竟然有3只热那亚大帆船满载士兵和军援,冲破土耳其人严密的封锁线,成功驶入君士坦丁堡海湾。愤怒的穆罕默德二世因此用权杖将其海军司令打倒在地,并立即撤换新人。他亲自视察了前线,观测地形,提出大胆的进攻计划,企图攻入黄金角湾。22日夜晚,土耳其军队士兵人推牛拉将17艘20米长的战船从陆地拖进黄金角湾,他们用木板铺地,上涂黄油,把船拉上41米高的佩拉山丘,而后顺坡滑入黄金角湾深处,陆上拖拉距离大约1330米(图8-15)。次日,土军舰队进入海湾的消息对守城将士产生了极大的心理影响,因为,这意味着守城舰队处于腹背受敌的危险境地,还意味着城防的薄弱点暴露在敌人面前,极为有限的守军必须抽调相当一部分力量防守海湾一侧,从而影响防务的整体布局。23日,君士坦丁十一世派出代表请求和谈,穆罕默德二世加以拒绝,他斩钉截铁地回答:"我要与这个城市决一死战,或是我战胜它,或是它战胜我。"所幸的是,进入海湾的土耳其舰队没有发挥重要作用,一则守城舰队船小灵活,不断袭击笨重的土军大船,使之难有作为;二则由于守城舰队的骚扰,原来就不善于水上作

图8-15　土耳其军队士兵人推牛拉将17艘20米长的战船从陆地拖进黄金角湾

战的土耳其水兵在攻城战中屡屡受挫。海上进攻的唯一意义在于牵制了君士坦丁堡守军的兵力和注意力，并造成其心理压力。

5月7日和12日，穆罕默德二世命令精锐军团向城墙缺口发起冲锋，都一一被希腊人抛掷的火弹击退。君士坦丁堡守城军民不分男女老幼、僧侣尼姑，轮番上阵，皇帝君士坦丁十一世始终站在城头指挥，他们冒着土军的炮弹和飞箭，修复破损的城墙，以最快的速度填补每个缺口。14日，土军集中所有的重炮轰击圣罗曼努斯城门，企图由此打开进城的道路，由于乔万尼·贵斯亭尼安尼部队的殊死抵抗而未能成功。18日，经过精心的计划，土军将高大的活动塔楼运过护城河，由于它高于城墙，可以用来掩护攻城部队，也可以用来直接攻上城头。在一昼夜的激战中，不足千人的守军打退无数次敌军进攻，城墙下堆积着土耳其人的尸体，庞大的攻城塔楼被希腊火点燃，成了巨大的火把，土军死伤惨重，被迫停止进攻。

穆罕默德二世见地面、"空中"、水上的进攻均未能奏效，遂下令挖掘地道，从地下攻入城内，但是不能保守秘密的地道战很难起到出其不意的作战效果,守军向地道内投掷希腊火,烧毁支撑地道的木头柱子,使土军的地下作战计划也最终归于失败。守军为此精神大振,他们已经从最初对奥斯曼土耳其大军兵临城下的恐惧中摆脱出来,并且已经顶住了敌人各种方式的进攻,在数十倍敌军轮番攻击下坚守了40多天。他们收集了城中可以用来加固城墙的所有东西修补坍塌的城墙,砖石瓦砾、土袋棉被都被派上了用场。他们同仇敌忾,誓与城市共存亡,21—25日间,守军又击退了土军14次进攻。但是,抵抗似乎到了尽头,修补城墙缺口的速度放慢了,特别是口粮不足使守军各部之间口角频生,威尼斯人和热那亚人的争吵几乎到了兵戎相见的地步,幸亏君士坦丁十一世出面调解,将他们分配在不同防区。

5月28日夜晚,土军准备发动总攻。为了统一思想,鼓舞士气,穆罕默德二世举行战前首脑会议,下令全军休整,准备最后的攻城战。他亲自视察各军团,对将士发表鼓舞士气的讲话,宣布攻占城市后许可全军将士抢劫3日,除了城市本身,城中一切财产,包括居民人身和金银财宝都属于胜利的将士们。这一系列战前动员使土军士气大振,当夜幕降临时,君士坦丁堡城外无数营地的篝火映红了夜空,海面上土军舰船都点燃了火把,全军高唱土耳其歌曲,敲响土耳其响板,鼓噪之声,震天动地,使城中居民惊恐万分。守城军民已经清楚地意识到最后的时刻来到了。君士坦丁十一世命令举行全城祈祷仪式,最受民众爱戴的圣母子像也从圣索菲亚大教堂抬出来,在神圣的歌声和"上帝啊,赐福于我们"的祈求声中被抬上城头和巨大的缺口中央。环城巡游后,皇帝和文武大臣为首的长长的祈祷行列返回圣索菲亚大教堂。君士坦丁十一世悲壮的声音回荡在圣索菲亚大教堂高大的穹顶下:"我们的敌人是用大炮、骑兵和步兵武装起来的,占尽了优势,但是,我们依靠我主上帝,以救世主耶稣基督之名,依靠我们的双手和上帝全能之力赋予我们的力量……我要求和恳求你们每一个人,无论等级、军阶和职务如何,都要爱惜你们光荣的名誉并服从你们的长官。要知道,如果你们忠实地执行了我给你们的命令,那么,我相信在上帝的帮助下,我们将避开上帝正义的惩罚。"[1]

5月29日礼拜四,凌晨子时,奥斯曼土耳其军队开始了征服君士坦丁堡的总攻。穆罕默德二世下令水陆并进、三面同时发起攻势,进攻的重点是主城门圣罗曼努斯城门,他要求各部队要不间断地连续攻击,直至破城。第一攻击波

---

[1] G.Sphrantzes, *The Fall of the Byzantine Empire*, trans. by M. Philippides, The University of Massachustts Press, 1980, III, 8-9.参见A.A. Vasiliev, *History of the Byzantine Empire*, II, p.651。

持续了两个时辰,由外籍兵团和非主力部队担任,但是被守军抛掷的火弹和弓箭击退,伤亡严重,而守军弹药弓箭几乎耗尽。为阻止退却,土军采取后退者格杀勿论的军规。紧接着,土军发动第二攻击波,由纪律严明的阿纳多利亚重装精锐军团担任主力,他们攀上城墙,冲入缺口,双方展开激烈的肉搏战。圣罗曼努斯城门守军主将乔万尼·贵斯亭尼安尼与部下英勇无比,将敌人杀退,赶出缺口。狂怒的苏丹命令密集炮火猛轰缺口,而后再次猛攻,因伤亡过大,仍未能成功。但是,乔万尼·贵斯亭尼安尼胸部负重伤,奄奄一息,撤出战斗,使君士坦丁十一世失去了重要的助手。天将破晓,穆罕默德二世动用全军最后的预备队、精锐的加尼沙里禁卫军团发起第三攻击波,土军士兵发出恐怖的吼叫,挥舞军刀,涌入缺口,君士坦丁十一世带领筋疲力尽的少数战士和亲兵仍然顽强地杀退敌人(图8-16)。这时,一面土耳其战旗在城中升起,城市陷落的丧钟响彻全城,土军已从其他方向攻入城市,拜占庭帝国末代皇帝仍然阻挡在穆罕默德二世进城的道路上,直到敌人将他团团围住,最终战死,君士坦丁堡陷落了。①

图8-16　君士坦丁十一世(骑白马者)带领筋疲力尽的少数战士和亲兵仍然顽强地杀退敌人

①关于君士坦丁十一世的最后时光和下落,有多种猜测,流传着不同的说法,这也成为拜占庭的历史之谜。

第八章 拜占庭末代王朝统治及帝国灭亡

　　胜利的土耳其将士从各个方向杀入城市,他们逢人便杀,不分性别年龄,发泄愤怒和狂喜的情绪,而后便开始了无情的抢劫。惊慌失措的居民争先恐后地躲进巨大的圣索菲亚大教堂,紧闭大门,祈求上帝在最后时刻显灵,拯救他们。但是,奇迹没有发生,门外传来的却是利斧劈门的可怕声音。幸存的居民大多被俘为奴,城中仅剩的金银财物被抢劫一空。事实上,抢劫仅进行了一天,在抵抗完全停止后,精明的穆罕默德二世即进城,宣布提前停止抢劫,因为他要的不是一个被摧毁的城市废墟,而是一个完整的首都。君士坦丁堡的陷落标志着拜占庭帝国这个具有千余年历史的国家寿终正寝。

　　为了防止拜占庭国家死灰复燃,穆罕默德二世在此后14年中继续剿灭巴列奥略王朝的后裔,1460年吞并了该王朝最后一块属地,王朝最后的男性继承人迪米特里(Dimitres)和托马斯(Thomas),一个被关押在君士坦丁堡,另一个客死科浮岛。1461年,穆罕默德二世灭亡了最后一个希腊人国家,即由科穆宁王朝统治的特拉比仲德帝国,将皇帝大卫一世(David of Trebizond,1459—1461年在位)及其7个儿子扣押在君士坦丁堡,几年后,将他们全部杀害。

　　当代拜占庭学者在分析拜占庭帝国衰落灭亡的原因时提出过种种假说,发表了许多颇有说服力的意见,学者从宗教束缚、经济停滞、政治腐败、社会分裂、精神颓废、生产水平低下、外交失误等各个方面提出根据,得出见仁见智的结论,有些甚至完全对立。这里,我们不准备对此详加评述,读者自会从拜占庭帝国千余年历史发展中找到答案。然而,几乎所有的学者都一致认为,拜占庭文化在中古时代起了相当重要的作用,是人类文化宝库中重要的组成部分。著名的拜占庭学家奥斯特洛格尔斯基写道:"1453年拜占庭灭亡了,但是其精神永存。其信仰、文化和政治生活的概念仍然发挥作用。其影响不仅在曾经是拜占庭领土的那些国家,而且在拜占庭帝国旧疆界以外的国家中仍然存在。""拜占庭文化在东欧和西欧甚至具有更深远和强大的影响"。[①] 另一位当代拜占庭学家仁西曼也不无惋惜地写道:"1453年5月29日,一种文化被无情地消灭了。它曾在学术和艺术中留下了光辉的遗产;它使所有国家摆脱了野蛮,并给予其他国家文化精华;它的力量和智慧几个世纪中一直为基督教世界提供保护。君士坦丁堡在11个世纪中始终是文明世界的中心。"[②]

[①] 奥斯特洛格尔斯基:《拜占庭国家史》,第508-509页。
[②] S. Runciman, *Byzantine Civilization*, p.299.

第九章 拜占庭文化

一、拜占庭文化的曲折发展

拜占庭文化大体经历了产生、发展、繁荣和衰落中的复兴几个阶段。

拜占庭文化来源于古代的希腊罗马文化。早在330年东罗马帝国出现以前，地中海东部就形成了有别于西部帝国的文化发展趋向，在那里无论是文化的载体和传播工具，还是文化的思想倾向和价值标准都与西部帝国有区别，因此也为拜占庭文化的独立发展奠定了基础。

拜占庭文化的发展是其历史发展的重要部分，或者说拜占庭文化随着其历史的演化经历了曲折的发展道路。从4世纪上半叶到6世纪末的250余年，是拜占庭国家通过一系列行政和经济改革修复3世纪大危机造成的巨大破坏的过渡时期。这次危机使帝国社会生活水平全面下降，文化倒退，作为文化主体的居民普遍贫困化，文化活动的中心城市衰败，政治动乱和外敌入侵使文化活动无法进行。君士坦丁大帝重新统一帝国后，全面恢复文化活动，支持和发展文化事业。但是，这个时期的皇帝对发展何种文化和如何发展文化尚未找到答案，还没有确定拜占庭文化的发展方向。君士坦丁大帝虽然制定了宽容基督教的政策，并赋予基督教实质上的国教地位，但是他同时大力支持世俗文化的发展，他本人直到临终时才正式皈依基督教。皇帝尤利安（Julian the Apostate, 361—363年在位）（图9-1）推

图9-1 尤利安

第九章 拜占庭文化

行多神教政策,全面复兴古典希腊罗马文化。在这个长期的过渡时期,拜占庭文化处于选择和试验的阶段,如同拜占庭统治阶级在改革中寻求适合新形势的政治经济制度一样,拜占庭文化也在寻求发展的道路,确定发展的方向。查士丁尼时代是拜占庭文化最终形成的时期,是拜占庭文化确定以古典希腊罗马文化为基础并在基督教思想原则指导下确立发展方向的关键阶段。从本质上讲,基督教信仰原则与古典的世俗文化相对立,基督教信仰以无知愚昧、盲目崇拜为前提,而古典文明则强调人性和理性。但是,拜占庭帝国特殊的历史背景和教俗统治阶层的关系决定了在这种特殊环境中这两种对立事物的统一,即在皇帝的控制下使古典文化和基督教信仰有机地结合在一起。

6世纪以后,拜占庭文化进入迅速发展的阶段,在早期拜占庭历史阶段积累的教俗文化内容为这一阶段的发展准备了丰富的素材,晚期罗马帝国统治时期,特别是3世纪帝国大危机造成的破坏得到恢复后,拜占庭文化以教俗文化相结合的形式不断发展。在语言方面,希腊语逐步取代拉丁语的统治地位,使拜占庭文化赢得当地希腊化各族民众更广泛的认同。在文学和史学领域出现了具有拜占庭文风的作品,一批博学的基督教作家构成了拜占庭文史哲创作群体。拜占庭艺术也在古代东西方文化影响下形成了具有强烈抽象色彩的特点。希拉克略时代推行的军区制改革不仅缓解了周边外敌入侵的危机,为此后拜占庭国家的强盛提供了保证,而且也为拜占庭文化的发展提供了有利的环境。这一时期拜占庭文化发展的主要特点是基督教精神对社会生活的全面渗透,基督教在社会公共活动和思想观念方面占据主导地位,教会通过教堂、修道院和慈善机构扩大影响,通过吸引有文化传统的知识界向社会传播和灌输基督教的价值观和行为准则,因此新的文化形式不断变革,颂歌、赞美诗、韵律诗、教会史和圣徒传记大量涌现,同时也出现了艺术和建筑的新风格。以庞大的中央集权官僚体制和核心家庭为主要因素的社会生活决定着人们生活习俗的形成,在拜占庭帝国中期历史上有官僚贵族而没有骑士贵族,有发达的城市文化而没有西欧流行的庄园文化。这一阶段大体又经历了250年。

拜占庭文化的黄金时代是在马其顿王朝统治时期前后出现的,大约历时250年。马其顿王朝统治时期是拜占庭历史上最强盛的时期,国家政治局势稳定,经济比较繁荣,对外战争屡屡获胜,社会物质生活昌盛,为拜占庭文化进入发展的鼎盛阶段提供了有利条件。拜占庭文化黄金时代的主要特征是社会生活有序发展进行,在中央和地方管理制度中完善协调各级官员的等级身份制度,在税收体制中采用中央监控的税收法,在军事建设方面推行军事立法和战略战术研究，在农业中推行以发展小农为目的的农业立法，在商业贸易和城市中实行行会组织化管理。这个时期在各个文化领域涌现出许多名垂青史的作家，其中首推皇帝君士坦丁七世，他的作品涉及帝国发展的政治理想、皇家生活的模式礼仪、文史和立法等方面。正是在皇帝的支持和倡导下，拜占庭学者对知识和学术的各个领域展开了系统的研究和整理，不仅古典文化的整理注释出现了前所未有的进展，而且宗教学术的探讨在宽松的气氛中取得了丰硕的成果。长期以来，现代拜占庭学界将马其顿王朝时期的文化繁荣现象称作"马其顿文艺复兴"，近年来又改称为"马其顿文化繁荣"，这是对当时情况的正确称呼。

11世纪末以后的370余年是拜占庭国势逐渐衰落的阶段，处在动荡不安环境中的拜占庭知识界一方面从历史中回忆昔日帝国的光荣，寻求力扶帝国大厦不倒的救国良策；另一方面在回忆过去辉煌历史中从各个领域复兴文化，抵抗凭借强权和武力侵入拜占庭帝国的敌对文明，文化救国是这个时代知识分子的共同追求。无论是在科穆宁王朝和尼西亚帝国时期，还是在巴列奥略王朝时期，文化复兴的现象表现得都十分明显，以佛条斯和普塞留斯为代表的一批知识界精英在哲学、文学、法学、史学和艺术等各个领域展开全面的复古活动，力图用古代文化唤起民族自信心。在创作中，古典文化中自然主义的风格在表现人和物上反映得更明显。以布雷米狄斯为首的尼西亚帝国知识界在复兴古代文化中表现了更大的勇气和耐心，他们以极大努力收集和复制古代手稿，弥补了拉丁骑士攻占君士坦丁堡对拜占庭文化造成的巨大破坏。巴列奥略时期的文化复兴伴随着强烈的民族主义思想，中央集权的削弱似乎也有利于学术的自由发展，知识分子结成各类文化团体，各自有计划地从事收集整理古代书稿的工作，开展对古典文学、哲学、天文学和医学的研究，其中最有影响的代表人物是格弥斯托士·卜列东。虽然拜占庭知识界在挽救持续衰落的帝国过程中所起的作用并不显著，但是他们的文化复兴运动却有效地防止古典作品在战乱环境中遭到更多破坏，对意大利文艺复兴意义重大。

拜占庭文化经历了千余年的发展，内容极为丰富，尤其是在教育、文学、史学、造型艺术、法学、哲学、神学等方面的成就十分突出。

二、拜占庭文化

1. 教育

拜占庭人的教育方式主要沿袭古典希腊罗马和基督教的传统，强调对基

第九章 拜占庭文化

本语言的掌握，以便对经典文本的准确记忆，并在此基础上以基督教思想原则对古代文明遗产进行深刻理解。这种对两个似乎对立文化因素的结合是7世纪以前拜占庭教育的特点，它导致相应的拜占庭教育方法和内容的产生。7世纪以后，拜占庭教育方式发生了较大的变化，教会一度垄断了教育事业，世俗教育大都由私人教师和父母在家庭中进行。直到毁坏圣像运动以后，教俗教育才重新获得了同步发展的机会。就拜占庭教育中心的分布情况来看，巴尔干半岛南部的伯罗奔尼撒和阿提卡地区、意大利南部地区以古典文化教育为特点，君士坦丁堡和拜占庭帝国在西亚的安条克和巴勒斯坦地区以基督教教育为特点，而埃及和北非地区则以综合这两种教育为特点。9世纪中期以后，拜占庭帝国摄政王巴尔达斯（Bardas，？—866年）建立国立学府再度使教俗教育分别进入快速发展的阶段。此后，首都君士坦丁堡一直是拜占庭帝国最大的教育中心，其教育水平在欧洲和地中海世界首屈一指。13世纪前半期，拉丁帝国的统治对拜占庭教育是沉重的打击，迫使其中心一度转移到流亡政府所在地尼西亚。拜占庭人重新恢复对君士坦丁堡的控制以后，拜占庭教育迅速发展，特别是在末代王朝巴列奥略王朝兴起的文化救亡活动中，教育发挥了重要作用，其影响与拜占庭国家衰亡形成反比，此后，其中心逐渐转移到意大利，为意大利文艺复兴培养了大批人才。[①]

拜占庭人继承古代希腊罗马文化，也继承古希腊人重视教育的传统。拜占庭文化的高度发展与其完善的教育制度具有直接联系。在拜占庭帝国，接受良好的教育是每个人的愿望，而缺乏教养则被普遍地认为是一种不幸和缺点，几乎每个家庭的父母都认为不对子女进行适当的教育是愚蠢的行为，被视为犯罪，只要家庭条件许可，每个孩子都会被送去读书。公众舆论对没有受过系统教育的人进行辛辣的嘲讽，甚至有些行伍出身未受到良好教育的皇帝和高级官吏也会因为缺乏教养而遭到奚落。

拜占庭帝国社会各阶层均有受教育的机会，王公贵族的子弟几乎都有师从名家的经历，4—5世纪最著名的拜占庭学者阿森尼乌斯（Arsenius，约354—445年）（图9-2）受皇帝狄奥多西一世之聘进宫教授两位皇子，9世纪

[①] 拜占庭教育史是目前拜占庭学研究中的薄弱环节，尚无专题著作，但是不乏优秀论文，参见G. Buckler, Byzantine Education, in N.H. Bayness ed., *Byzantium: An Introduction to East Roman Civilization*, Oxford 1961, chap.7. 参见拜尼斯：《拜占庭：东罗马文明概述》，陈志强等译，大象出版社2012年版，第179—202页。

的大学者和君士坦丁堡大教长佛条斯（Photios, 810—893年）曾任皇帝巴西尔一世子女的宫廷教习，11世纪拜占庭学界顶尖人物普塞罗斯（Psellos, 1018—1081年）是皇帝米海尔七世的教师，皇帝利奥一世甚至为其女单独聘请宫廷教师。社会中下层人家的子弟虽然不能像上层社会子弟那样在家中受教育，但也有在学校学习的机会，我们所知道的许多学者作家都是出身于社会下层，其中一些没有进过学堂而靠自学成名，例如4世纪最重要的修辞学家利班尼奥斯（Libanios, 314—393年）即自学成才。①

儿童教育从6—8岁开始，孩子们先进入当地的初级学校学习语言。语言课首先包括希腊语音学习，以掌握古代语言的发音和拼写方法为主。10—12岁时，学生们开始学习语法，语法课的目的是使学生的希腊语知识进一步规范化，使之能够使用标准的希腊语进行演讲，能准确地用希腊语读书和写作，特别是学会用古希腊语思维，以便日后正确解读古代文献。语言课包括阅读、写作、分析词法和句法，以及翻译和注释古典文学的技巧。早期拜占庭教育和学术界尚古之风极盛，普遍存在抵制民间语言，恢复古代语言的倾向，因此语言课的教材主要是古典作家的经典作品，如《荷马史诗》等。

图9-2 阿森尼乌斯

此外，语言教材还包括基督教经典作品和圣徒传记。语言课除了读书，还包括演讲术、初级语言逻辑、修辞和韵律学，但这种语言课一般要在14岁左右才开始进行。修辞和逻辑课被认为是更高级的课程，安排在语言课之后，使用的教材是亚里士多德和其他古代作家的作品，《圣经·新约》也是必不可少的教材。逻辑学教育通常与哲学教育同时进行，属于中级教育的内容。

中级教育之后，学生分流，一部分进入修道院寻求"神圣的灵感"，而另一部分则进入大学继续深造。值得注意的是拜占庭人对拉丁语和"蛮族"知识

---

① 一般的说法认为，他是靠自学成才，但是，最近有学者提出他曾在安条克和雅典接受过教育，354年返回家乡安条克，著书立说，教书育人，直至去世。参见 J.H.W.C.Liebeschuetz, *Antioch: City and Imperial Administration in the Later Roman Empire*, Oxford, 1972。

第九章 拜占庭文化

的排斥，利班尼奥斯即声称不学"野蛮的"拉丁语，在狄奥多西二世任命的君士坦丁堡大学教授中，希腊语教授远远多于拉丁语教授。总之，4世纪以后，拜占庭帝国教育界使用的语言是希腊语，拉丁语则保留在法律文献和实用技术领域中，在拜占庭帝国众多教育和学术中心的名单里，贝利图斯法律学校是唯一的拉丁语言中心。[①]

在初级语言、逻辑和哲学教育的基础之上，学生们要在大学里接受高级修辞学和哲学以及"四艺"教育，即算术、几何、音乐、天文的学习。高等修辞课主要通过阅读古代作品来完成，学生们被要求背诵古希腊文史作品，并按照古代写作规范和文风撰写论文或进行演讲练习。读书是学习的主要方式，例如在哲学课程中，学生必须通读亚里士多德和柏拉图以及新柏拉图哲学家的全部著作，[②]他们还被要求背诵希腊文本。[③]基础教育的目的是培养完善的人格，造就举止优雅、能说会写的人，而高等教育的目的是培养探索真理和传播真理的人。拜占庭帝国大学教授认为，探索和传播真理的人首先必须是了解和掌握所有知识的人，因此在大学里，学习必须是全面的，无所不包的，普塞罗斯曾自豪地说他已经掌握了哲学、修辞学、几何学、音乐、天文学和神学，总之"所有知识，不仅包括希腊罗马哲学，而且包括迦勒底人、埃及人和犹太人的哲学"。[④]这种教育应囊括知识所有分支的思想体现在教育的全过程之中，基础教育更重视百科式的教育，我们今天使用的"百科全书"一词来源于拜占庭人基础教育的概念。[⑤]法律、物理和医药学虽然属于职业教育的内容，但是学生们在大学中可以自由学习。据记载，佛条斯、普塞罗斯等大学者都对医学有相当研究，能够准确诊断出疑难病。无论主张教育分为"百科式基础教育"、"语法教育"和"高级学问"三阶段的普塞罗斯，还是主张各级教育都应包罗万象的马克西姆（Maximos the Confessor，580—662年）

[①] P.Collinet, *L'ecole de droit de Beyrouth*, Paris, 1925, chap.2.
[②] 柏拉图为古希腊三大哲学家之一，与苏格拉底和亚里士多德共同奠定了西方文化的哲学基础。其理念学说和灵魂论对中世纪欧洲精神生活影响深刻。新柏拉图主义形成于3-6世纪，它将柏拉图哲学发展成为以"一"为最高层次的世界等级体系理论，因而为基督教神学所接受。参见柏拉图著，郭斌和等译：《理想国》，商务印书馆1997年版。另见吕大吉：《西方宗教学说史》，中国社会科学出版社1994年版。
[③] 指《圣经·新约》前4篇，即马可、马太、路加、约翰福音书。
[④] 转引自柏尼斯：《拜占庭，东罗马文明概述》，第205页。
[⑤] Encyclopaedia一词来源于希腊语 Εγκυκλοπαιδεια，为Εγκυκλο、παιδεια两词的合成词，前者意为"包含各学科"，后者意为"教育"，反映了拜占庭人的教育思想。

（图9-3）都认为探索真理必须首先了解所有知识，因此大学生应学习文学、历史、算学、几何学、地理学、天文学、修辞学和哲学，而神学学习应贯穿教育过程的始终。

一般而言，立志读书做官的人必须受过系统的教育，他们首先要接受基础教育，而后在贝利图斯等地的法律学校通过拉丁语言和法律课程，毕业后最优秀的学生将继续在君士坦丁堡大学学习，这些学历是普通人仕途升迁必不可少的条件。而希望在法律界发展的学生则必须受过良好的基础教育和贝利图斯法律学校的专门教育，他可以不像其他学生那样从事体育锻炼，也不必取得戏剧课程的成绩。神学课是所有学生的必修课，但是，专门的神学研究不在学校而是在教会和修道院里进行，对神学问题感兴趣的学生将在修道院里继续深造。

拜占庭基础教育和大学教育的内容相互交叉，只是深浅程度不同而已。有些学者既是大学教授，也是普通学校教师。例如，4世纪的学者巴西尔（Basil the Great，约329—379年）（图9-4）在雅典大学教授语法、政治学和历史，同时在当地的职业学校担任算学和医学教师，他还是某些贵族的家庭教师。[①]

拜占庭教育机构大体分为国立和私立两种，前者包括大学和普通学校，后者只包括普通学校和私人家教。国立学校早在君士坦丁大帝统治时期已经出现，正式的大学则是出现在狄奥多西二世时期。国立学校教师由政府支付其薪俸，而私人教师则以学生缴纳的学费为生。

图9-3　马克西姆

图9-4　巴西尔

---

① 参见 M.M.Fox, *The Life and Times of Basil the Great as Revealed in His Works*, Washington D.C., 1939。

第九章　拜占庭文化

11—12世纪的拜占庭作家安娜·科穆宁在其《阿历克塞传》中描写农村人为送子读书而出卖家中牲畜的事例,反映了拜占庭普通民众重视教育的情况。中央政府在国立君士坦丁堡大学,任命10名希腊语言教授、10名拉丁语言教授、10名希腊语演说术教师和多名法学家及哲学家任教。这些学者使该大学成为中古时期地中海和欧洲地区最好的学府。除了首都的国立大学外,在安条克、亚历山大里亚等地也建立了国立高等学府,其中雅典学院以其高深的哲学成就闻名,加沙学院以修辞学见长,贝利图斯学校则以法学著称于世。

拜占庭各类学校普遍采取古希腊人的教学方法,以提问讨论为主,讲授为辅。学生一般围坐在教师周围,或席地而坐,或坐于板凳上,使用的教材放在膝盖上。教师主要是就教材的内容提出问题,请学生回答或集体讨论,阅读和背诵是基础教育的主要方式,而讨论是高等教育的主要学习方式。在中小学,教师经常使用鞭打等形式的体罚督促学生用功学习,最严厉的惩罚是停止上课和开除学籍。在学生中不乏专事玩耍、声色犬马的贵族子弟,国立学校教师对他们严格管教,而私人教师顾及自己的衣食问题大多不加过问。教师的水平、声望、讲授艺术决定听课学生人数的多寡,好教师能够吸引众多学生,像普塞罗斯教授的班上就有来自英格兰、阿拉伯、埃塞俄比亚、波斯和两河流域的学生。教学效果是衡量教授水平的唯一标准,而所谓的效果则是看是否培养出杰出的学生。在课堂上,教师要求学生精力集中,不许迟到早退,不许打瞌睡,学习态度要认真,禁止随便提出愚蠢的问题。教师负责组织课堂活动,或要求学生大声朗读和背诵,或要求学生写作和讨论,教师经常提问,但是更多情况下是回答学生的问题。在保存至今的一份11世纪的教学材料上,有关于希腊语语法课、修辞学课、物理课、柏拉图和新柏拉图哲学课的思考题和答案。

学生的作息时间各学校有各自的安排,例如,贝利图斯法律学校的课程大多安排在下午,上午的时间留给学生读书预习,准备下午课上讨论的发言提纲。学生中午在学校吃饭,自备饭菜,富有的家庭可以安排家仆送饭。在教育子女成才方面,拜占庭父母付出的心血绝不比今天的父母少,我们在8—9世纪的圣徒传记中经常读到母亲每天早上送子上学的记载。有些名牌学校还为远离家乡的学生提供住宿条件,他们又依据各自家庭的经济实力决定由几个同学合住。一般情况下,学生同时学习三四门课程,学习和练习都在课堂上完成,几乎没有家庭作业,但是学生读书的任务量很大,他们可以在大学、普通学校、修道院、教堂、公共图书馆和私人藏书处借阅图书。

学校既是教育场所,也是研究学问的地方,教学相长,师生共进。最著名的教育中心同时也是学术中心。在拜占庭帝国各地兴起许多集教育和学术研究为一体的机构。据考古和文献资料提供的证明，后人了解到，除了君士坦丁堡外，雅典是古希腊哲学和语言文学的教育中心，埃及亚历山大里亚是"所有科学和各类教育"的中心，贝利图斯是拉丁语和法学教育的中心，塞萨洛尼基是古代文学和基督教神学的教育中心，加沙和安条克是古代东方文学和神学的教育中心，以弗所和尼西亚是基督教神学教育中心。查士丁尼法典记载，当时拜占庭帝国"三大法学中心"，包括君士坦丁堡、罗马和贝利图斯，规定所有政府官员和法官律师必须获得有关的学历才能任职。据记载，在贝利图斯法律学校中，教师使用拉丁语法学教材，但是完全用希腊语讲授，主要是介绍各派理论和观点，并在对比中作出评价，然后引导学生展开讨论。各个学校均设有图书馆，例如君士坦丁堡大学图书馆藏书12万册，藏书数量仅次于亚历山大里亚图书馆（图9-5）。

图9-5　亚历山大里亚图书馆

拜占庭帝国的国立、私立和教会三类学校在拜占庭教育事业中均占有重要地位。教会学校由教会和修道院主办，办学的主要目的是培养教会神职人员的后备力量。拜占庭修道院学校办学方式完全不同于西欧修道院，是专门为立志终生为僧的人开办的，因此，在教会学校中只学习语言、圣经和圣徒传记。国立大学和普通学校是拜占庭教育的主要机构，对所有人开放，其教授由国家任命并发放薪俸。国立大学的课程在7世纪以前不受任何限制，非基督教的知识也可以传播，其拉丁语教授多来自罗马和北非，医学和自然科学教授多来自亚历山大里亚，哲学教授来自雅典。查士丁尼一世时期，政府加强教育控制，对全国学校进行整顿，取消除君士坦丁堡、罗马和贝利图斯以外的法律学校，关闭雅典学院，停发许多国立学校教师的薪俸。基础教育的责任大多由私塾和普通学校承担。7世纪以后的许多著名学者都是在私塾中完成基础教育，然后进入修道院接受高等教育。很多学者出师以后，自办私人学校。

拜占庭教育事业发展比较曲折，出现过高潮和低潮，其中查士丁尼一世废黜百家、独尊基督教的政策对拜占庭教育的破坏最为严重。查士丁尼一世以后的历代皇帝大多支持教育,例如,君士坦丁九世鉴于司法水平的低下,于1045年建立新的法律学校,并要求所有律师在正式开业前必须进入该校接受培训,通过考试。他还任命大法官约翰为该校首席法学教授,任命著名学者普塞罗斯为该校哲学教授。科穆宁王朝创立者阿历克塞一世除了大力支持国立大学和普通学校外,还专门开办孤儿学校,帮助无人照料的孤儿接受教育。许多皇帝通过经常提出一些测试性的问题,亲自监督国立大学和学校的工作,检查教学质量,任免教授和教师,对教学效果好的教师增加薪俸。在拜占庭皇帝的亲自过问和参与下,学术活动非常活跃。

由于拜占庭帝国大多数皇帝接受过系统教育,因此,他们中很多人成为学者和作家,经常参加神学辩论、撰写论文、著书立说、制定法律,这里仅就其中有史可查且学问突出者列举一二。皇帝狄奥斐卢斯(Theophilos,829—842年在位)(图9-6)自幼接受系统教育,精通希腊语和拉丁语,熟悉天文、自然史、绘画,发明过油灯等生活用品,整理和注释古代作品,他还慧眼识金,重金挽留数学家利奥在首都任教。[①]查士丁尼一世、利奥三世和巴西尔一世

图9-6 狄奥斐卢斯

---

① A.A. Vasiliev, *History of the Byzantine Empire*, I, p.298.

均精通法学，亲自参与多部拜占庭法典的制定。马其顿王朝皇帝君士坦丁七世更是一位著名学者，在其统治时期，皇宫成为学术研究的中心，他本人撰写过许多文史著作和百科全书式的作品。[①]米海尔七世甚至视著书立说重于皇帝的职责，完成过多部著作。为了丰富知识，他亲自参加普塞罗斯讲授哲学的课程，在拜占庭古代绘画中至今还保留着"皇帝听课图"。阿历克塞一世和皇后热衷于神学问题，写过多部神学书籍和论文，他还通过立法大力提倡学习圣经，其子女均是名噪一时的作家和学者。曼努埃尔一世撰写的神学论文至今仍用作东正教的教材。末代王朝皇帝米海尔八世亲自撰写自传。约翰六世和曼努埃尔二世则给后人留下了丰富的历史、神学著作和书信。

拜占庭政府高度重视图书馆建设，以此作为学术研究的重要条件。建立国家的初期，政府即拨专款用于收集和整理古代图书，在各大中城市建立国家图书馆，古希腊时代的许多作品即是在这一时期得到系统整理。查士丁尼时代推行的思想专制政策摧毁了很多图书馆，其中亚历山大里亚和雅典图书馆的藏书破坏最为严重。但是，民间藏书仍然十分丰富，著名的贫民诗人普鲁德罗穆斯（Θεοδορες Προδρομος，1100—1170年）就广泛借阅民间图书，自学掌握古代语法和修辞，并通过研究亚里士多德和柏拉图的大部分著作，成为知识渊博的诗人。教会图书馆发展迅速，几乎所有教堂和修道院均设有图书馆，这些图书馆后来成为培养大学者的温床，它们至今仍是取之不尽的古代图书的宝藏。拉丁帝国统治时期是拜占庭教育和学术发展停滞的时期，文化上相对落后的西欧骑士在争夺封建领地的战争中，自觉或不自觉地破坏了拜占庭学校和图书馆，他们焚烧古书以取暖，其情形类似于4—5世纪时汪达尔人在罗马焚烧刻写罗马法条文的木板取暖。在民族复兴的政治运动中，拜占庭知识界掀起了复兴希腊文化的热潮。分散在各地的拜占庭文人学者纷纷集中到反对拉丁人统治的政治中心尼西亚帝国，在拉斯卡里斯王朝的支持下，开展抢救古代图书文物的活动，或游访巴尔干半岛和小亚细亚地区的文化中心，收集和抄写古代手抄本，或整理和注释古代名著，或建立私塾传授古典知识，组织学术讨论。这些活动奠定了巴列奥略王朝统治时期文化复兴的基础。著名的学者布雷米狄斯（Nikephoros Blemmydes，1197—1272年）是尼西亚帝国时期拜占庭文化的旗手，他培养出包括皇帝狄奥多尔在内的许多知识渊博的学

[①] 君士坦丁七世留下了大量著作，涉及法律、宫廷礼仪、典章制度、哲学和军事等各个方面，参见A. Toynbee, *Constantine Porphyrogenitus and His World*, London, 1973。

者,受到广泛尊敬。一次,皇后伊琳娜对一位天文学者提出的日环食现象是由于月亮处于地球和太阳一条线的说法表示异议,并指责他说蠢话,皇帝因此批评她"用这样的话去说任何一个探讨科学理论的人都是不对的",[①]后来,她在学习了有关的天文知识后,公开向这位天文学家表示道歉。

巴列奥略时代的拜占庭文化教育活动是民族复兴自救运动的一部分。当时的拜占庭国家已经衰落,国内政治动荡,外敌欺辱,一步步走向灭亡的深渊。拜占庭知识界为挽救民族危亡,在尼西亚帝国文化事业的基础上,开展文化复兴运动,使拜占庭文化教育发展进入又一个辉煌时期,出现了前所未有的学者群体。他们积极参与政治和宗教事务,同时研究古希腊文史哲作品,从事教育,对古典哲学和文学的广博知识令其意大利留学生极为惊讶,这些学者及其弟子中的许多人后来成为意大利文艺复兴运动的直接推动者。直到拜占庭帝国即将灭亡之际,君士坦丁堡和塞萨洛尼基仍然活跃着许多民间读书团体和学术沙龙,它们经常组织讨论最著名的古希腊文史哲作品,在为数不多的学校里,仍然保持较高水平的教育活动,欧洲各地的学生仍然继续到这里求学。

2. 文学

拜占庭人继承古希腊人热爱文史哲研究的传统,重视文史哲创作活动。虽然他们在文学创作和历史写作方面缺乏古希腊人那样的灵感和气魄,但是,其庞大的作者群体在长期连贯的创作中逐渐形成了拜占庭风格。我们之所以将拜占庭人文史哲创作统归于"文学",是因为当时的文史哲各学科之间并不像今天这样区分明确,历史学家可能同时就是文学家和哲学家,而哲学家不仅撰写哲学和神学书籍,而且也创作文史作品,因此文学在这里是指通过文字进行创作的学术活动。

拜占庭作家的创作大多使用希腊语,从4世纪建国初期起,用于写作的希腊语就与居民日常使用的口语具有明显区别,前者称为"书面语",是知识界和有教养阶层的语言,而后者称为"民间语",它并不遵循严格的语法和词法,是一种用词混乱、语法简单的语言。直到12世纪前后,拜占庭社会才逐步流行标准的希腊语,与古希腊语更加接近,即严格按照语法规则为元音和双元音标注复杂的重音。拜占庭希腊语是古希腊语和现代希腊语之间的桥梁,它也为现代希腊语的语法简化和单重音体系改革奠定了基础。拉丁语在4—5世纪开始逐渐被淘汰,至查士丁尼时代,尽管在官方文件中仍然使用拉丁语,但

[①] A.A. Vasiliev, *History of the Byzantine Empire*, II, pp. 554-555.

是希腊语已取代拉丁语的地位,君士坦丁堡几乎没有人讲拉丁语,只有学者和教士在书斋里使用拉丁语阅读古代文献。

拜占庭文学大体经历了4个阶段的发展。4—7世纪初是拜占庭文学发展的第一个阶段,主要是由古代文学向拜占庭文学的转变阶段。这个时期,古代文学逐渐衰落,新的文学形式和标准逐渐形成,奠定了拜占庭文学的基础。古代文学的审美倾向、古代文学取材的价值取向、古代文学的主题和素材等逐渐被忽视,代之而起的是基督教思想观念、宗教抽象的审美标准,甚至写作形式也发生了变化。在这一转变过程中,虽然基督教作家反对和排斥古代作家的"异教"思想理论,但是由于他们和世俗作家接受的是同一种基础教育,故不自觉地继承了古代文学家的精神遗产。特别是在最初拜占庭政府支持所有文化活动的政策下,努力发展教俗友好关系的基督教领袖并没有刻意排斥世俗文化,而是逐渐将教会文学与世俗古代文学结合起来。其中突出的代表凯撒里亚的优西比乌(Eusebius of Caesarea)(图9-7)在撰写教会历史和君士坦丁大帝传记中充分展示出其深厚的古典文学基础和基督教文风,创造了新的写作风格。他的代表作是《教会史》《编年史》和《君士坦丁大帝传》。优西比乌出生在巴勒斯坦北部的凯撒里亚城,师从当地著名基督教学者潘菲罗斯,后因躲避宗教迫害而流亡各地。313年,罗马帝国当局颁布宗教宽容法律后,他当选该城主教,并受到君士坦丁大帝的重用,成为御用史官,积极参与皇帝主持下的重大教会事务决策。他一生著述不断,传世作品很多。优西比乌仿效在其出生以前20年去世的晚期罗马帝国作家阿非利加努斯的作品,完成10卷本《编年史》一书,该书提供了有关古代近东和北非地区统治王朝的详细谱牒,以及其所在时代世俗和教会的大事年表,其关注的重点是基督教的发展。[①]特别是他在书中提出的观点对后世影响很深,

图9-7 凯撒里亚的优西比乌

---

① Eusebius of Caesarea, *The ecclesiastical history*, with an English translation by Kirsopp Lake and J.E.I Oulton, Loeb Classical Library, Cambridge, Mass., 1926-1932, 2 Vols.

值得在此提及。他认为,基督教并非其所在时代的产物,而是植根于过去的历史;治史的目的不是记述,而是劝说读者向善。优西比乌的另一部涉及世俗生活的著作是《君士坦丁大帝传》,该书的主要内容涉及其恩主君士坦丁大帝于306年7月称帝以后30年左右的统治,比较详细地记载了这位皇帝在罗马帝国晚期政治动乱、军阀割据的形势中,完成统一帝国大业的过程,虽然他在这部庆祝君士坦丁大帝登基30年的书中对这位皇帝充满崇敬,大加赞誉,影响了作者对历史事实的客观评价,但是他留下的记载可靠真实,不仅为当时其他作品所证实,而且被后代作家传抄,史料价值极高,是研究君士坦丁大帝和拜占庭帝国开国史的最重要资料。[①]这部传记记载较多的内容是关于君士坦丁大帝的宗教事务,因此在4世纪末时即被教会作家翻译为拉丁语,并将原书续写到395年。凯撒里亚的优西比乌的《教会史》也是拜占庭帝国早期历史最重要史料之一。在这部书中,优西比乌继续其劝人向善的说教,他坚持认为,人类得到耶稣基督的拯救是历史的重要内容,跟从上帝的选民是历史的主角,其中忠实于上帝意旨的皇帝是神在人世的代表。因此,他在记述中特别重视政治和思想历史的记述,并在记述中对君士坦丁大帝赞不绝口,而对其种种劣迹和暴行只字不提,将其他皇帝颁布的宗教宽容法律贴金于君士坦丁大帝,这些都影响了优西比乌《教会史》的准确性。

5世纪的左西莫斯(Ζωσιμος,5世纪人)和6世纪的普罗柯比也在各自的作品中表现出新旧两种文学创作的结合。他们在历史编纂中保持古希腊历史学家的文风,同时开创教会史和传记文学的形式。[②]埃及亚历山大里亚主教阿塔纳西乌斯(Athanasios,295—373年)则在神学论文、颂诗和其他宗教文

[①] Eusebius, *Church History, Life of Constantine, Oration in Praise of Constantine*, edit. By Schaff, P., New York: Christian Literature Publishing Co., 1890.

[②] F. Paschoud, *Cinq etudes sur Zosime*, Paris, 1975, p.28. 左西莫斯的作品目前经法、德学者的整理流传于世,其中法国学者F. 帕舒注释的版本较新(*Zosime, Histoire nouvelle*, Paris 1971),而德国学者整理的版本为1887年的,但后来重印(*Zosimi comitis et exadvocati fisci historia nova*, Leipzig 1887),名为《国库伯爵和法官左西莫斯的新历史》。Zosimos, *The History of Count Zosimus, Sometime Advocate and Chancellor of the Roman Empire*, trans.By J.Buchanan and H.Davies, San Antonio TX 1967;trans.by R.Ridley, Canberra 1982. 普罗柯比传世之作颇多,代表作主要有涉及拜占庭帝国对波斯人、汪达尔人和哥特人战争的《战记》《秘史》和《建筑》,其现代权威文本为莱比锡1963年版本和慕尼黑1971年版本的《战记》,莱比锡1963年版的《秘史》和伦敦1964年版的《建筑》,目前均有英文译本。

图9-8 罗曼努斯

图9-9 大马士革的圣约翰

学写作中大放异彩,为其后基督教作家的创作提供了基本样式和蓝本。基督教传记文学则是在埃及修道隐居运动中兴起的。基督教赞美诗歌的发展在罗曼努斯(Romanos the Melode,?—555年)(图9-8)创作的上千首诗歌中达到顶点,他在创作中大量运用古代诗歌的韵律知识和格式。总之,拜占庭文学发展的第一阶段奠定了其后发展的基础。

7世纪中期至9世纪中期是拜占庭文学发展的中断阶段,与第一阶段相比,这一时期的200多年间,既没有名贯青史的作家,也缺少不朽的作品。当时,拜占庭帝国面临阿拉伯人、斯拉夫人入侵,帝国丧失其在亚、非、欧等地的大片领土,战争需要武器而忽视文学,拜占庭文学在此背景下难以发展。8世纪开始的毁坏圣像运动也在一定程度上阻碍了拜占庭文学的发展,因为知识界的注意力和作家关注的热点都被最紧迫和现实的斗争所吸引。马克西姆(Maximus the Confessor,580—662年)和大马士革的圣约翰(Saint John of Damascus,约675—749年)(图9-9)代表这一时期拜占庭文学创作的最高水平,前者在反对正统宗教理论的斗争中写出了大量基督教文学作品,而后者则在云游东地中海各地时运用丰富的古典哲学知识全面阐述了基督教哲学理论。[①]

9世纪至1204年是拜占庭文学发展的第三阶段,以佛条斯(Photios I of Constantinople,810—893年)为代表的拜占庭知识界以极大的热情发动了文学复兴运动。佛条斯出生在权势贵族之家,自幼饱读古书,青年时代即为朝廷重臣,多次出使阿拉伯帝国,48岁时以非神职人员身份被皇帝任命为君士坦丁堡大教长。他一生辛勤笔耕,著作等身,特别致力于古

---

① Ιωαννης Δαμασκηνος, Λογοι, τρεις ομιλιαι κατα των εικονομαχων, by Andrew Louth, New York: St. Vladimir's Seminary Press, 2003.

典文学教育活动,在其担任君士坦丁堡大学教授期间,积极从事古希腊文史作品的教学,为了便于学生学习,他编纂古代文献常用词汇《词典》,在他写给国内外各方人士的信件里,明确地反映出其传播古代知识的热情,以及融合教俗知识的努力,在其《圣灵解密》等一批神学作品中全面批驳当时出现的各种异端学说。作为普通信徒出身的基督教领袖,他的作品推动了已衰落多年的拜占庭文学重新崛起。[①]马其顿王朝统治时期的拜占庭帝国,国势强盛,安定的社会生活为文学的发展提供了良好的外部条件。学者型皇帝君士坦丁七世在位期间,拜占庭文学发展进入另一个辉煌时期,文史作品和作家不断涌现,直接造就了"马其顿文化复兴运动"。普塞罗斯(1018—1078年)是11世纪拜占庭文学发展的代表人物,他虽出身中等家庭,但是学识超群,其撰写的历史、哲学、神学、诗歌和法律草案等都代表当时文学写作的最高水平。[②]当时学术界对新柏拉图哲学的再研究为在亚里士多德学说束缚下的思想界带来了新鲜空气,揭开了怀疑亚里士多德理论的长期思想运动,其深远的影响甚至反映在意大利文艺复兴运动之中。[③]

1204年以后是拜占庭文学发展的最后阶段,文学在民族复兴的强烈欲望中显示其最后的活力,尼西亚的拜占庭作家学者和巴列奥略王朝的思想家通过文学创作表达重振国威的急切心情。其中,尼西亚学者布雷米狄斯(Nikephoros Blemmydes,1197—1272年)的政论散文《皇帝的形象》反映出知识界普遍存在的通过理想皇帝重整河山再创辉煌的愿望。[④]但是,拜占庭帝国已经无可挽回地衰落了,文学不可能找回失落的世界,于是,拜占庭文学家将其再现古代文化的满腔热情和对古代光荣的无限留恋转移到意大利,直接促进了那里复兴古代文化艺术思潮的兴起。

拜占庭文学最突出的特点是诗歌和散文创作的快速发展,散文作品又可

---

① 佛条斯传世代表作主要有《书信集》《演讲录》和《书目》,目前已被翻译为多种文本,权威版本为雅典1957年版的《书信集》,雅典1964年版的《演讲录》和巴黎1971年版的《书目》。参见Δ. Ζακυθηνος, Βυζαντινη κειμενα, Athens, 1954。
② Michel Psellos, *Chronographie*, Paris, 1967.Michael Psellos, *The History of Psellus*, ed.J.B. Bury, London 1899.Michael Psellos, *Fourteen Byzantine Rulers*, trans.by E.R.Sewter, N.Y.Penguin 1966.
③ 亚里士多德为公元前4世纪古希腊哲学家,师承柏拉图,并多有发展,被认为是古希腊哲学集大成者,其"世界体系"学说和"灵魂"理论对中世纪影响深刻,在数百年间被欧洲人奉为"真理"。参见赵敦华:《基督教哲学1500年》,第289-310页。
④ 布雷米狄斯作品大都传世,其中《自传》《皇帝的形象》和《书信》最为重要。

图9-10 普罗克洛斯

以分为神学、断代史和编年史、自传和圣徒传、书信和悼词、小说及讽刺小品,诗歌则可以分为赞美诗、叙事诗、戏剧、浪漫诗及各种讽刺诗、打油诗,等等。这里,我们就其中成就最突出者作一简单介绍。哲学和神学作品在拜占庭文学中占有相当重要的部分,这两个学科既有联系又相互独立。拜占庭思想家认为哲学是有关存在的知识,即是神和人以及他们相互关系的知识,可以帮助人接近神,因此哲学是万般艺术的艺术,是各种科学的科学。拜占庭哲学思想主要来源于古希腊哲学,其研究和讨论的概念和命题多与希腊化时代的内容相似,其中对拜占庭思想家影响最大的是新柏拉图主义和新亚里士多德主义。最初,新柏拉图主义哲学在以普罗克洛斯(Proklos,412—485年)(图9-10)教授为学术代表的雅典学院及其学生的推动下,获得了广泛传播。他们认为宇宙具有由高而低多种层次,人类可以感知的世界只是宇宙的最低层次,它存在于时间和空间中;每个层次的存在都是其上一级存在的影像,来自其上一级,并以其上一级为自身存在的目的;"一"是最高级的存在,而最高的存在既无法认识也无法表述。新亚里士多德主义则在菲罗朴诺斯(John Philoponos,490—574年)及其弟子中受到推崇。他们认为所有的理论和原则都应受到怀疑和批判分析,使用演绎法和三段论形式去推理论证,即使用自然手段和可以被理性说明的方式去认识,而认识的过程应是从个别的偶然的现象导致普遍的必然的概念,具体个别的事物永远是第一位的,同时万物有灵,灵魂不朽,宇宙是由原动力推动的。对"原动力"的争论成为拜占庭哲学界的第一次思想较量,激发了许多哲学家和神学家的灵感,他们的成就集中反映在6世纪假托狄奥尼西奥斯之名所作的《狄奥尼西奥斯文集》中,其主要特点是将新柏拉图主义哲学与基督教教义相结合,使基督教思想在哲学的深层次上获得长足发展。

拜占庭神学作品的发展主要是在325年的尼西亚宗教会议前后出现了高潮,由于这次会议以皇帝干预的形式确定了以"三位一体"、"原祖原罪"、"基督救赎"、"千年王国"等信条为主要内容的基督教教义,因此围绕着对基督教教义的解释出现了多种思想派别。直到6世纪末以前,拜占庭教会内部围绕

第九章 拜占庭文化

重大神学争论出现了一批神学家,产生了一大批神学作品,神学论战极大地刺激了神学家的写作热情。由巴西尔(Basil the Great, 329—379年)、尼撒的格列高利(Gregory of Nyssa, 335—394年)和纳占佐的格列高利(Gregory of Nazianzos, 329—390年)组成的"卡帕多西亚三杰"是当时影响最大的神学作家,他们留下大量涉及基督教多种神学理论的著述,其中巴西尔的神学作品文风严肃,论说平直,毫无学究气和自我卖弄;其弟尼撒的格列高利文风华丽,论述雄辩,气势宏大;而他的好友格列高利的作品思想深刻,用词考究,后者自传体长诗被比作奥古斯丁的《忏悔录》,他们的作品受到了广泛欢迎。[①]安条克著名教会作家埃瓦格留斯(Ευαγριος Σχηολαστικος, 536—594年)撰写了大量关于神秘主义和修道禁欲生活的理论著作,他的6卷本《教会史》对其后教会史作家影响较大。马克西姆和大马士革的圣约翰代表了7—8世纪拜占庭神学创作的最高水平,作品涉及基督教神学的所有领域和命题,其百科全书式的写作风格在其后700年间无与伦比。拜占庭哲学和神学的合流在著名的哲学家和神学家约翰的作品中表现得最明显。他是阿拉伯血统的拜占庭思想家,撰写过《知识的源泉》一书,在该书"哲学篇"中详细陈述古代主要哲学流派及其观点,分析包括古典希腊罗马、伊斯兰教和东方基督教的神学思想,重点讨论正统基督教神学观点。他的作品以及许多争论性文章和书信对同时代和后代思想家影响很大。毁坏圣像运动期间,拜占庭教会势力遭到沉重打击,拜占庭神学创作销声匿迹百余年。8—9世纪,著名的修道士塞奥多利(Θεοδορες, 759—826年)在从事修道制度改革过程中,写出许多神学作品,继承了早期拜占庭神学创作的传统。直到9世纪下半期,以数学家和哲学家利奥(790—869年)为代表的新哲学派在君士坦丁堡大学教授圈内形成,其中,著名教授和后来的大教长佛条斯编辑整理出亚里士多德的多部名著,批判在上帝神学之外的柏拉图理念论哲学。10世纪以后,杰出的拜占庭神学家围绕反对伯格米派异端斗争著书立说,其中尤西米乌斯(Ευθυμιος Ζυγαβενος, 11—12世纪)在皇帝阿历克塞一世邀请下写出大量神学散文。12世纪著名的神学作家中以塞萨洛尼基的尤斯塔修斯(Ευσταθιος του Θεσσαλονικας, 1115—1195/1196年)表现最为突出,他文史哲兼通,不仅整理注释阿里斯托芬、荷马等古希腊作家的作品,而且撰写了大量神学作品。巴列奥略王朝时期出现的静默派和狂热派异端,以及围绕罗马

[①] A.A. Vasiliev, *History of the Byzantine Empire*, I, pp.117-118.

天主教和东正教联合问题展开的神学论战再度激发了拜占庭神学家的热情,因此涌现出许多具有写作天赋的神学作家,例如以弗所的马克(Mark of Ephesus,13世纪)、艮纳底乌斯(Γενναδιος Σχολαριος,1400—1472年)、贝萨里翁(Basilios Bessarion,约1403—1472年)(图9-11)、帕拉马斯(Gregory Palamas,1296—1359年)和尼古拉斯(Nicholas Prphanos,14世纪)。总之,晚期拜占庭神学缺乏新的创造,主要围绕国内外政治问题展开,神学本身没有新发展。哲学也和神学一样,思想家只是按照基督教信仰重弹古代希腊哲学家的旧曲,而没能提出任何新思想。特别值得注意的是,晚期拜占庭哲学与神学合流的趋势更加强烈,教会上层和修道院学者既熟悉神学,也精通古代和中古哲学,尤其是对古希腊哲学的研究非常精深。当时,几乎没有纯粹的哲学家,也没有不懂哲学的神学家。从某种意义上讲,拜占庭神学与哲学的相结合有利于神学的发展,但限制了哲学的发展,这种结合只是为古代哲学提供了基督教的外衣。[①]

图9-11 贝萨里翁

史学创作是拜占庭作家的长项,历史作品是拜占庭文学的重要组成部分。拜占庭历史学家继承了古希腊历史学家希罗多德以来的创作传统,重视编撰史书。君士坦丁修建罗马帝国东都后,第一位伟大的史家即是凯撒里亚的优西比乌,他开拜占庭宫廷史和教会史之先河,对君士坦丁大帝的记载真实生动,为后人留下了大量有关当时社会生活的宝贵资料。凯撒里亚的优西比乌的史书后来被许多不知名的历史作家模仿,他们续写此后的断代史,直到查士丁尼时代出现了另一位重要的拜占庭史家普罗柯比(6世纪)。他的《战史》《建筑》和《秘史》资料丰富,史料来源可靠,叙述生动,判断准确,线索清晰,是研究查士丁尼时代拜占庭历史的最重要的书籍。这个时代出现多位史家,其中特别应提到约翰·马拉拉斯,他是拜占庭最先写作编年史的史家,这部书从亚当夏娃开始写起,一直写到作者所在的时代。该书的资料比较杂乱,叙述也缺乏准确性,使用的语言既有民间语也有书面语,其意义在于开启

[①] 柏尼斯等:《拜占庭:东罗马文明概论》,第221-251页。

第九章　拜占庭文化

拜占庭编年史的写作,而编年史更受普通读者的欢迎。[①]6—7世纪拜占庭历史学家的代表人物是麦南德(Menander Protector),他继承普罗柯比恢复的古希腊历史写作风格,撰写断代史。修道士塞奥发尼斯(Θεοφανες,760—817年)则用流行的希腊语撰写了多卷本编年史,时间跨度从285年至813年,他继承约翰·马拉拉斯的创作风格,并以修道士的观点写作历史,其独立的分析问题方法使其作品具有一定的价值。马其顿王朝最杰出的历史作家是皇帝君士坦丁七世,他不仅任命学者编辑整理前代史家的史书,还亲自参加编辑工作。在他的支持下,一大批作家致力于史书的撰写。这个时期的历史学家中,"助祭"利奥(Leo the Deacon,950—994年)表现得最出色,他的作品充满机智、生动的古典文风,不仅记述准确,而且文笔优美,被后代学者视为拜占庭断代史的范例。11世纪中期的著名学者普塞罗斯的史书诙谐有趣,语言规范,风格优雅。其同代史学家米海尔·阿塔利亚迪斯(Μιχαηλ Ατταλειατες,11世纪)的作品虽然文笔不很优美,但记述可靠,朴实无华。科穆宁王朝最著名的历史作家是安娜公主,她对其父阿历克塞一世的记载极为详细,涉及当时帝国皇室和社会各方面的情况,且文笔优美,因此她一直被列为拜占庭的一流历史学家。[②]与她同时代的历史作家还有西纳穆斯(John Kinnamos,1143—1185年)、赛德雷努斯(George Cedrenos,12世纪)、佐纳拉斯(John Zonaras,?—1159年)和格雷卡斯(Michael Glykas,12世纪),他们的作品大多为编年史,其中格雷卡斯的作品近似于自然史。尼西亚帝国时期的文化复兴活动推动了历史撰写工作的进行,阿克罗颇立塔(George Acropolites,1217—1282年)及其历史作品是当时历史文学的主要代表,他的著作记述收复君士坦丁堡以前的拉斯卡里斯王朝史。教会作家乔治·帕西枚尔(George Pachymeres,1242—1310年)和尼基弗鲁斯·格力高拉斯(Nikephoros Gregoras,1290—1358/1361年)的作品涉及13—14世纪的历史。巴列奥略王朝时期最重要的历史作品是约翰六世的自传体史书,书中虽然充满了自我辩解和美化的语句,但是对拜占庭国家衰落的历史却有真实可靠的描写,该书被认为是当时最优

---

① 该书共18卷,自1831年起译注工作不断,并有英文本问世。John Malalas, *The Chronicle of John Malalas*, trans. by Elizabeth Jeffreys, Michael Jeffreys, Roger Scott, et al., Melbourne 1986.
② 该书被著名的拜占庭文献丛书"巴黎大全"和"波恩大全"列为主要作品,再版多次,参见该书Anna Komnene, *The Alexiad*, trans.by E.Dawes, London 1928;trans.by E.Sewter, N.Y.Penguin 1969。

293

秀的史书之一。①拜占庭帝国灭亡时期的史家主要有豪孔迪拉斯（Laonikos Chalkokondyles，1423—1490年）（图9-12）、杜卡斯（Doukas，1400—1462年）和克里多布鲁斯（Michael Kritoboulos，?—1470年），他们续写了约翰六世以后的历史。据我们初步统计，有史可查的拜占庭历史作家有数百人之多，他们为后人留下千余年历史的连贯完整的记载，这在欧洲中古时期是绝无仅有的，甚至在世界范围内也是屈指可数的。现代学者认为，拜占庭人记述历史的传统和其丰富的历史资料在世界上仅次于我国。②

图9-12 豪孔迪拉斯

拜占庭传记文学值得我们重视，因为拜占庭帝国既有丰富的官修或私人史书，还有大量的传记文学，它们成为断代史、编年史、教会史的重要补充。传记文学包括皇帝传记、圣徒传记和自传等多种类型。4世纪的凯撒里亚的优西比乌撰写的《君士坦丁大帝传》和阿纳斯塔修斯（Anastasios，4世纪）撰写的《安东尼传》开创了拜占庭传记文学的写作方式，激发了众多教士的写作热情，一时间出现了许多风格各异的人物传。到6—7世纪，希利尔（Κυριλ，525—559年）的《东方圣徒传》和利奥条斯（7世纪）的亚历山大里亚主教传将传记写作推向最高水平。他们关于巴勒斯坦和埃及地区基督徒的记载注重人物的内心活动，从记述对象扶贫助困的事迹中着重挖掘他们仁慈善良的品格，读来生动感人，催人泪下，受到普遍的热烈欢迎。③除了内容感人外，传记文学还面向广大百姓，使用民间流行语言写作，故进一步扩大其读者面。西蒙（Συμεον Μεταφραστες，?—1000年）的传记主要依据历史资料，而非直接取材于同时

---

① 这部史书的权威版本为"波恩大全"的原文和译文对照本，J.Kantakouzenos, *Historiarum*, ed.L. Schopen, Bonn 1828-1832; *Geschichte, Johannes Kantakouzenos ubersetzt und erlautert*, trans.by G. Fatouros and T.Krischer, Stuttgart 1982-1986。

② 本节资料大多来自柏尼斯和瓦西列夫的作品，他们特别关注拜占庭文学发展，故作为本节主要参见书，如无特别需要，恕不一一注明。

③ Cyril, *Kyrillos von Skythopolis*, von Eduard Schwartz, Leipzig:J.C.Hinrichs, 1939.C.Mango, A Byzantine Hagiographer:Leontios of Neapolis, in *Byzantium and the West*, Amsterdam: Verlag Adolf M.Hakkert, 1988.

代人物,开创了新的写作方式,其文笔和内容虽然并不引人入胜,但是他所使用的材料大多是前代佚失的文献,因此其价值在于保护古代史料。尼孔(Νικον Μετανοειτες,930—1000年)撰写的人物传记不限于人物本身,而涉及许多异教或异端事务,记载了大量正史难以涉及的社会生活习俗,且写作风格清新,读来朗朗上口。著名修士塞奥多利在其母亲葬礼上的悼词是短篇传记的代表作,其中表达的深厚母子之情具有极大的人格力量,而大学者普塞罗斯在君士坦丁堡大教长葬礼上的悼词中为公众树立良好道德的榜样,成为极有教育意义的道德说教篇。约翰(John Kaminiates,10世纪)的《塞萨洛尼基陷落记》(图9-13)虽然不是纯粹的人物传记,而是事件记述,却以其细腻的笔触刻画904年阿拉伯人洗劫塞萨洛尼基城时各阶层居民的众生图,其使用的写实手法在拜占庭文学中比较少见。安娜《阿历克塞传》和约翰六世《自传》是皇帝传记的代表作。拜占庭传记文学中大部分作品是圣徒传记,因为几乎所有德高望重的修士或隐士都有其传记,或是自传,或是由他人撰写。由于传记写作的要求不高,因此文化水平较高的教士在写作中毫不费力,游刃有余,故作品数量甚多,涉及的内容极为广泛,甚至连丈夫殴打妻子的家庭琐事也成为记述的题材,这些细枝末节的记载对拜占庭社会史研究具有十分重要的意义。

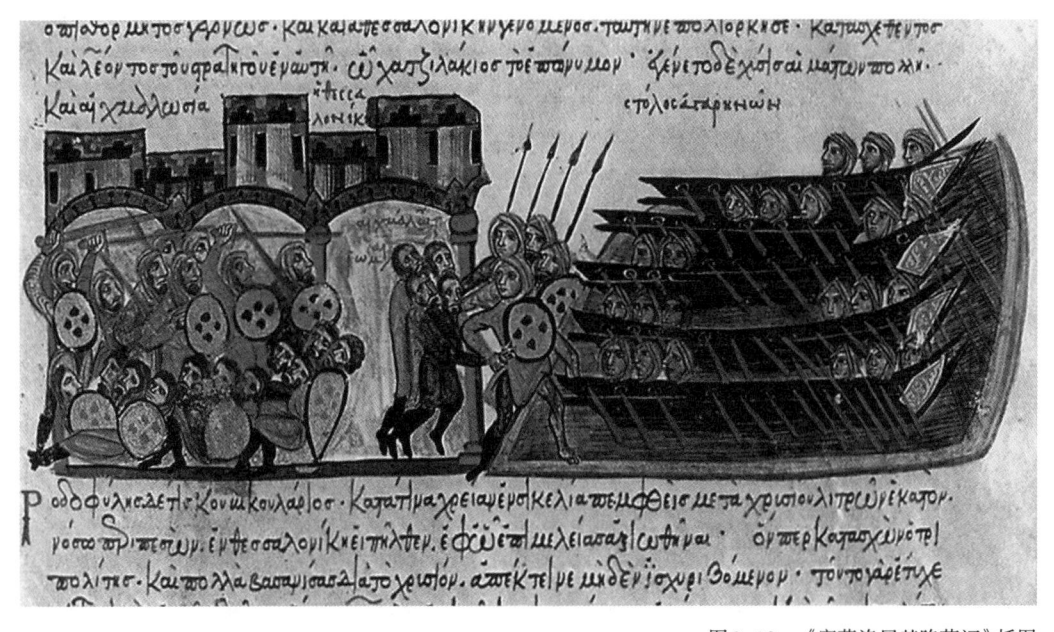

图9-13 《塞萨洛尼基陷落记》插图

拜占庭文学中的小说兴起较晚，其成果只有一两部，据现代学者考证，它们是从叙利亚语翻译成希腊语的印度故事。但是，讽刺散文和杂记是不可忽视的拜占庭文学形式，其寓严肃主题于诙谐幽默的叙述风格来自古希腊文学。拜占庭讽刺散文有3部代表作品，即10世纪的《祖国之友》，12—13世纪的《马扎利斯》和《庄主》，都是对时政和社会腐败表示不满，但是在讨论重大社会问题时，均采用轻松的笔调，对当时的文学创作产生了一定影响，同时代的某些医学、哲学作品也模仿他们的风格。杂记文学的代表作品是6世纪拜占庭商人科斯马斯的《基督教国家风土记》，他早年经商，后出家为修士。他以其游历红海、印度洋各地经商的见闻证明大地是扁平的，其中记述各东方民族的风土人情，地理物产，因此具有很高的资料价值。[①]

拜占庭诗歌创作从4世纪开始就进入其长盛不衰的发展过程，当时，"卡帕多西亚三杰"之一的格列高利在众多诗人中名声最为显赫，其作品富有哲理，思想性强。5世纪的代表性诗人是皇后尤多西亚（Ευδοκια），她的赞美诗虽然缺乏灵感和激情，但其纯朴幼稚的风格给拜占庭诗坛带来了清新之风，更由于她的特殊地位，写诗作赋竟成了一时风气。罗曼努斯（Romanos the Melode）是6世纪韵律诗歌的代表人物，他以重音体系结合语句的抑阴顿挫，写出上千首对话式的诗歌，读起来朗朗上口，在民间非常流行。由于他的诗歌可以应答对唱，并附有副歌，因此常常被采用在教堂的仪式活动中。克里特主教安德鲁（Andrew of Crete，660—740年）也创造出将多种韵律诗歌串连在一起的抒情诗体裁，为各个层次的诗人开辟出创作的新领域。9世纪才高貌美的修女卡西亚（Kassia，约800—867年）曾经因拒绝皇帝狄奥斐卢斯的求婚而闻名，后献身于与世隔绝的修道生活，专心诗歌创作，创造出一种充满虔诚情感的诗歌形式，在拜占庭诗歌发展中占有一席之地（图9-14）。晚期拜占庭出色的诗人中应提到约

图9-14　卡西亚

[①] 该书涉及印度洋商业活动的记载提供了关于东西方文化交流的珍贵资料，不仅为拜占庭学界所重视，而且为商业史和文化交流史家所重视。其英译本影响较大，见Cosmas, *The Christian Topography of Cosmas Indicopleustes*, Cambridge 1909。

翰·茂罗普斯（John Mauropous,1000—1081年）和塞奥多利·麦多西迪斯（Theodore Metochites,1270—1332年），他们的诗歌表现出浓厚的学术韵味，适应当时复兴古代文化运动的形势。拜占庭诗歌的素材多样，既有歌颂上帝和圣徒的宗教内容，也有颂扬人类美德的内容，而抨击时弊的讽刺诗大多模仿古代希腊作品，讽刺的对象涉及政客的虚伪、战争的残酷以及道德的堕落，特别值得一提的是抒情浪漫诗歌，表现传奇的爱情故事。与诗歌多样化的发展相比，戏剧创作几乎处于停滞状态，反映出拜占庭时代公共娱乐活动的消沉。

诗歌的发展直接促进了拜占庭音乐的进步。从应答对唱的诗歌形式中发展出两重唱的音乐形式，而韵律诗歌对12音阶和15音阶的形成起了促进作用，重音、和声、对位等音乐形式迅速形成。拜占庭教会流行的无伴奏合唱至今保持不变，对欧洲近代音乐的发展起了奠基作用。[①]

3. 艺术

拜占庭艺术是拜占庭文化的精华部分，包括镶嵌画、壁画、纺织艺术、金属加工艺术、建筑、音乐和舞蹈等几个主要分支。君士坦丁堡被现代学者誉为"欧洲的明珠"和"中古时代的巴黎"，那里集中了各种艺术的杰作，也可以说君士坦丁堡是用拜占庭艺术精心装饰美化的。

镶嵌画是最具拜占庭特点的艺术形式，由于这种绘画采用天然彩色石料，所以其绚丽多彩的色泽可以永久保持，使我们得以在许多拜占庭遗迹中欣赏到这种给人留下深刻印象的艺术品。镶嵌画早在古希腊代即已出现，镶嵌画装饰的地板在许多古希腊遗址中均可见到。罗马帝国时代，镶嵌画被广泛应用在公众聚会的广场和集市的地面上。拜占庭艺术家继承古代艺术传统，不仅继续在水平的地面上装饰镶嵌画，而且在垂直的墙壁上使用镶嵌画，其在悬空的天花板上完成的镶嵌画达到了顶峰。镶嵌画的基本材料是天然彩色石料，被切割成大小基本相等的各种形状的小石块，约1平方厘米，有时彩色玻璃碎块也可以代替罕见的石料。艺术家首先在平整的石膏画底上勾画出描绘对象的轮廓和画面线条，然后根据色彩的需要将五颜六色的石块和玻璃块黏贴上去，最后，使用金片填充背景空白处。镶嵌画经最后抛光完成，在灯光的照耀下，光彩夺目，即使在昏暗的烛光中也不时闪出奇光异彩。意大利拉韦纳城圣维塔教堂保存着世界上最完好的拜占庭镶嵌画，圣维塔教堂中心大厅两侧墙壁装饰的大幅镶嵌画是皇帝查士丁尼一世（图9-15）和皇后狄奥多拉朝

---

① E.Wellesz, *A History of Byzantine Music and Hymnography*, Oxford, 1961.

图9-15　拉韦纳圣维塔教堂著名镶嵌画：查士丁尼一世及其部属

臣和宫女的肖像，在灯光的照耀下，五颜六色，大放异彩。在希腊塞萨洛尼基的许多教堂中也保存着比较完好的镶嵌画，画中的基督、圣母和圣子在镶嵌画美丽的光色中平添了神秘色彩。镶嵌画的题材比较广泛，既有宗教内容，也有世俗形象，还有花草鸟兽等自然景物。[1]

　　拜占庭绘画主要是壁画和插图，这种艺术形式虽然不像镶嵌画那样富于拜占庭特色，但是，由于绘画使用的材料比镶嵌画更廉价，绘画技术的要求相对简单，因此，使用也更加广泛。拜占庭艺术品中保留最多的是圣像画，在南欧、西亚地区的基督教教堂中可以发现拜占庭各个时代的壁画，大到数十平方米小到几平方厘米不等。除了装饰教堂墙壁的壁画外，还有大量画在画板上的各类板画和书中的插图。绘画的主题和素材大多涉及宗教故事，圣像画的内容主要描绘圣母和圣子的神圣，反映圣经故事和圣徒事迹。绘画的方法比

---

[1] P.J.Nordhagen, *Mosaics from Antiquity to the Middle Ages*, London, 1966.

较简单，通过线条和色彩表现主题，强调传神而不重视具象，注重寓意而不要求真实。艺术家大量使用线条表达某种神学含义，并集中使用金黄、深蓝、大红和少量的过度颜色表示不同的神学意义。例如，为了表现圣母悲哀心情，使用眉间三线条，其神学含义是三位一体。值得注意的是，拜占庭绘画具有抽象的现实性，即在狭小的画面上集中作者所描绘的事件或人物事迹涉及的全部内容，反映出拜占庭人将同一事件在不同时间不同地点发生的各个场面作为同一时空单位的艺术概念，因此，其画面过于拥挤、杂乱，缺乏美感。拜占庭绘画对意大利艺术影

图9-16 10世纪拜占庭陶瓷圣像画

响很深，特别是对早期文艺复兴时代的艺术具有直接的影响，在世界美术史上占有重要地位（图9-16）。[1]

拜占庭建筑艺术对世界其他地区影响极大，在欧、亚地区广泛分布着拜占庭式建筑，其中现存伊斯坦布尔（原拜占庭帝国首都君士坦丁堡）的圣索菲亚大教堂是拜占庭建筑的典型代表作。该教堂位于城市东部山丘上，占地近万平方米，其中心主体建筑巨大的半球形穹顶直径达31米，凌空飞架在几个三角穹顶之上，距离地面51米，是当时欧洲最高的建筑之一。它占地宽广，仅中央大厅就有5 600多平方米，可容纳数万人同时做礼拜。大厅两侧有双层大理石柱廊，四周墙壁全部装饰大理石护墙板和用天然彩色石料、金片构成的镶嵌画。这座教堂堪称中古世界的一大奇观，也是其他民族刻意模仿的榜样，[2]在巴尔干半岛、意大利、俄罗斯、中欧甚至在英法等西欧国家均保留多座拜占庭式教堂。拜占庭建筑的特点，一方面体现在设计布局和建筑材料的使用上；另一方面体现在对建筑物的内外装修上。拜占庭建筑师在罗马式建筑传统的长方形大殿基础上，进行横向扩展和分割，形成以中心大厅为核心的多厅建筑，平面图呈十字形。建筑内主厅和回廊之间以希腊式柱廊分割，各部空间似通非通，内部景物若隐若现。在建筑材料方面，拜占庭人几乎不使用古代建筑经常使

---

[1] D.T.Rice, *Art of the Byzantine Era*, London, 1963.
[2] S.B.Fletcher, *A History of Architecture*, London, 1975, chap.13.

用的巨大石料，而以砖和小石块为主，跨度极大的穹顶则使用特制的首尾可以衔接的空心陶管，通过半球形的整体设计，将穹顶和天花板的重量均匀分布到下面的立柱之上。为解决采光问题，拜占庭建筑师在穹顶侧面开设系列天窗，例如圣索菲亚大教堂半球形穹顶下部开设一圈小天窗，既解决采光问题也减轻穹顶的重量。教堂外部鲜有装饰，仅用矿物染料涂抹，而内部或用镶嵌画或用圣像壁画装饰。另一种有特色的装饰反映在柱头雕刻中，拜占庭人在古希腊科林斯式叶片柱头的基础上发展出花篮式柱头，并以动植物和基督教抽象符号深浅浮雕作装饰。总之，拜占庭建筑的精巧特点与古典建筑的质朴宏大形成鲜明的对比，而其重内部装饰轻外部装饰的特点与意大利文艺复兴时代建筑重外轻内的装饰风格迥然有别，形成其独具特色的拜占庭建筑风格。除了教堂外，人们还可以从少数拜占庭世俗建筑遗址中发现，拜占庭人注意建筑物内部空间多层次的利用，例如大皇宫的主殿被分成前殿、后殿、侧廊、门廊等部分。在皇宫遗址建筑群中，还有淋浴室、武器库、图书馆、博物馆等，建筑的形式依据不同的用途而设计，或分或合，一些建筑群中还有多层楼房。

拜占庭人注重微观艺术，表现为高水平的艺术纺织和金银宝石加工技术，作为手工业部门的工艺品加工也是拜占庭艺术的重要组成部分。流散于世界各大博物馆的拜占庭工艺品包括精美的金银杯盘、镶嵌珠宝的大教长教冠及法衣、编金线织银缕的巨型挂毯、细腻精致的象牙和紫檀木雕刻、典雅的大理石花雕柱头、形象鲜活的青铜雕像和五颜六色的珐琅饰品等，鬼斧神工，巧夺天工，至今光辉依旧，以其绚丽多彩、丰韵多姿使人们感受到拜占庭艺术的魅力，也给后人留下一笔美好的遗产。这里应该提到拜占庭雕刻艺术在古代现实主义和崇尚自然美的雕刻艺术基础上发生的重要转变，即抛弃雕刻的立体感，代之以平面的两维设计，并向浮雕方向发展。雕刻的形象也忽视古代自然主义的曲线，而注重使用几何图形。人物形象的面部呆板而缺乏生气，却增加了严厉和威严的气势。雕像的细部也变得更加粗糙，其外观几乎丧失了古典的艺术美，给人以一种沉重的扭曲的感觉。浮雕艺术，特别是浅浮雕在装饰建筑物内外空间中得到充分发展，从各式柱头到隔板家具的饰物，从门板到石棺都使用两维的浮雕技术（图9-17）。拜占庭贵金属加工业的发展使微型雕刻艺术有了充分发挥特长的天地，艺术工匠使用金银、象牙和各种贵重石料雕刻出精美的珠宝首饰盒、圣徒尸骨盒、精装图书的封皮、教堂常用的圣器、两折和三折板等工艺品。

拜占庭艺术特点表现为抽象性和扭曲性，这是基督教宗教观念和东方神

第九章　拜占庭文化

图9-17　拜占庭室内装饰

秘主义思想长期影响的结果。古代希腊罗马艺术重视从自然中得到创作的灵感，把宇宙万物的自然状态视为美的源泉，真实、和谐、合乎自然美的比例、人的天赋情感都作为美的标准。但是，拜占庭艺术却认为外在的形象是次要的，真实自然的形体是第二位的，艺术的核心在于表现某种抽象的精神和反映神圣的情感，艺术的目的是激发人的宗教灵感，因此写实艺术遭到拜占庭艺术家的蔑视，而质朴简单的线条和色彩表现出来的抽象意义更受重视。比例可以失调，因为比例应该让位于线条，色彩可以不丰富，因为单调的色彩能够更明确地表现抽象的含义。艺术品不是用来进行直观欣赏，而是用来启发思想，通过"不重要的"艺术品进行思索，使人们寻找有形的艺术品深层隐藏的无形思维。基督教对拜占庭艺术的影响渗透到艺术构思中，使拜占庭艺术的价值取向发生扭曲,在上帝至高无上至善至美的思想指导下,现实世界成为罪恶的场所,人类背负着原罪和本罪的十字架,应该受到痛苦的惩罚,因此自然美变成现世丑,艺术美不是光明而是灰暗,不是微笑而是哭涕,不是和谐而是扭曲,不是平衡而是失衡,不是生动而是呆板,痛苦才是幸福和欢乐。在这样的艺术原则指导下,拜占庭艺术品都笼罩在阴郁的基督教气氛和朦胧的神秘色彩中。①拜占庭艺术的这些特点背离了古典艺术的原则,但是,由于它是在古典艺术的基础上发展而来,因此还是继承了某些古典艺术的传统,例如注意营造庄严神圣的氛围,利用古代艺术的表现手法和技术等。

4. 自然科学

拜占庭人在自然科学领域的成就远不如其在人文和社会学科领域取得的成就。在数学和天文学方面,拜占庭人基本上继承古希腊学者的成果,沿用古人的结论。拜占庭人使用字母和简单的符号表示所有的数字,并采用10进位制。他们对欧几里得《几何学》原理的理解超过了同时代的西欧人和阿拉伯人,哈里发马蒙(Al-Ma'mun,813—833年在位)盛情邀请拜占庭学者赴巴格达讲学,并对他们丰富的几何学知识感到惊讶。但是,拜占庭学者并没有发展欧几里得几何学。在天文学领域,拜占庭人仍视2世纪的亚历山大里亚天文学家托勒密为最高权威,其"地心说"仍然在拜占庭学术界流行,即认为太阳比大地小,是围绕大地旋转的星球中最明亮的一个。如同在古希腊也出现过"日心说"一样,拜占庭学者也对托勒密理论提出挑战,但是没能动摇托勒密的地位。对于日环食现象拜占庭天文学家给予了正确的说明,并基本正确地解释了闪电雷鸣与暴风雨的关系,但是异常天象和自然灾害常常被解释为来自上天的警告和对人类罪孽的惩罚。普罗柯比关于"查士丁尼瘟疫"这样写道:"现在的这场灾难若想用言语表达或在头脑中构思对它的解释都是不可能的,除非把它说成是上帝的惩罚。"②

拜占庭地理学的发展也没有摆脱托勒密的影响,托勒密地理学仍具有最高的指导作用。拜占庭人认为人类居住的大地是一块四周被洪水包围的扁平地面,其东端是作为印度一部分的秦尼扎(或称秦奈、赛里斯等),他们对印度以西亚欧大陆的地形地貌有比较准确的描绘。在至今保存完好的拜占庭世界地图上,清楚地描绘出世界上主要海区及其海流和季风。拜占庭商

---

① 参见孙津:《基督教与美学》,重庆出版社1997年版,第236—273页。
② Procopius, *History of the Wars*, trans. By H.B.Deving, Harvard Univ.Press 1996, II, ii, 22.

第九章 拜占庭文化

人科斯马斯撰写的经商回忆录详细而准确地记载从拜占庭帝国到印度的路程和沿途经过的城市、山川、河流，他还参照托勒密的地理指南计算出具体里程（图9-18）。这部书成为中古东西方贸易的指南和旅行家的必备参考书。

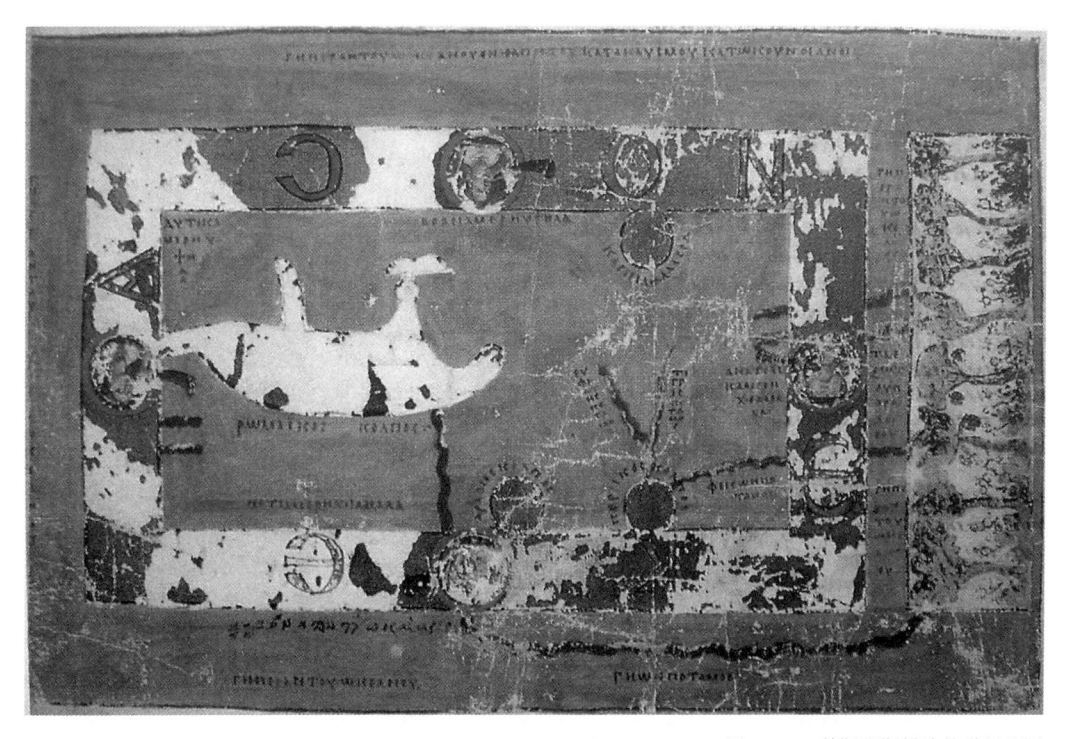

图9-18 科斯马斯描绘的世界地图

拜占庭医学是在古典希腊医学基础上发展起来的，是一门在民众中普及的科学，医学知识并不仅仅为专业医生所掌握，而且被所有拜占庭知识分子和大多数普通民众所了解。拜占庭人遵循古希腊医生希波克拉底和盖伦的理论，认为血液、黏液、黄胆汁和黑胆汁是人类体质病理分类的基础，所有疾病均出自干、湿、热、冷四气失调，而健康则有赖于这四种体液的适当比例和四气状态的平衡。拜占庭医学著作，如皇帝尤利安的私人医生欧利巴修斯（Oribasius，约325—395/396年）（图9-19）的《诊断学》、保罗（Paul of Aegina，约625—690年）的《妇科学》《毒物学》和西蒙（11世纪）的《食谱》《保健手册》等都是以希波克拉底和盖伦的理论为指导，欧利巴修斯还曾编纂了盖伦全集。拜占庭人注重养生和预防，广为流传的"饮食历书"将一年四季分成干、湿、热、冷4个阶段，详细地罗列宜食和忌食的食物名单。他们认

303

为，疾病是人体各种因素和状态失调的结果，因此治病的关键在于调理，治病的最好办法是休息保温和发汗，养生应重于治病，甚至认为医生的职业完全是一种靠疾病赚钱的行当。因此，民间的土方很受欢迎，例如，用胡椒调理肝脾，用青草去除口臭，一年春夏秋季3次放血，使用按摩和推拿治疗扭伤，用烧灼方法止住大出血，用艾蒿清洁空气，等等。我国古代史书中还记载拜占庭外科医生"善医眼及痢，或未病先见，或开脑出虫"。[①] 尽管如此，拜占庭国家仍然重视医院的组织建设，不仅在军队中设立军事医护团，而且大的慈善机构和修道院也附设医院或高级医生团。1112年，皇帝约翰二世在建立潘多克拉多修道院时，就建立附属该修道院的小医院，内设10名男医生、1名女医生、12名男助理医生、4名女助理医生、10名男女高级助手、10名男女杂工负责病房，另有5名外科医生和内科医生负责门诊。医院中没有护士，护理工作通常是由住院的病人分担，各科病人混住在一起，病情较轻的病友照顾不能自理的病友。医生不分科室，只分男女，医生似乎是精通医治各方面疾病的全科专家。

图9-19 欧利巴修斯做手术

5. 天文历法

拜占庭帝国是中古欧洲文明程度最高的国家，其历法是在古代希腊罗马天文历法基础上，结合基督教神学思想，形成具有某些重要特点的独立历法体系。概括而言，拜占庭人将每年分为4季，将每季分为3个月，每月天数不一，将每月分为4周，将每周分为7日，将每天分为12时辰。每周以周日为头一天，称周一为"第二日"，以此类推。在拜占庭历法中，纪年法是最为复杂的部分。由于纪年法涉及对长期历史事件的时间定位，因此它在后人对拜占庭历法研究中占有重要地位，引起学者的极大关注。德国拜占庭学家德尔格最先研究7—8世纪以前的拜占庭帝国凯撒纪年法。其后，法国学者格鲁梅尔在其

---

① 《通典》卷一九三《边防》卷九《西戎》五。

第 九 章　拜 占 庭 文 化

《年代学》一书中涉及拜占庭纪年法，一些东欧斯拉夫学者则探讨了埃及等拜占庭帝国行省使用的纪年法。[1]可惜，这些研究均缺乏比较全面的归纳和概括，至今还没有一部专著比较全面地介绍拜占庭帝国千余年历史期间的历法体系。本书简要地介绍有关的内容，同时初步探讨拜占庭历法的主要特点，以便为读者在阅读和使用拜占庭古代文献时提供一些方便。

拜占庭历法最重要的特点是其继承性，换言之，它不是由拜占庭人创制的，而是在古代希腊罗马历法基础上发展而来的。为了更好地理解拜占庭历法这一特点的形成，我们必须考虑到拜占庭帝国早期历史上政治、经济、军事、外交、文化和宗教等社会生活各个方面发生的变化。由于拜占庭帝国是欧洲中古时期历史最为悠久、经济非常富有、政治文化影响极为广泛的君主专制国家，因此在欧洲历史上占有重要地位。拜占庭帝国早期历史变迁深刻地影响了其历法体系的形成，一方面因其国势强弱而变动不定的疆域为其与地中海周边其他民族进行历法知识的交流提供了方便；另一方面多种文化融合也造成了拜占庭历法复杂性的特点。作为古代希腊文化和晚期罗马帝国政治传统的直接继承者，拜占庭人特别注意吸收接受先人的历法。首先，他们十分重视古代希腊罗马的天文知识，注重学习古典天文学理论。自4世纪以后300年期间，拜占庭人翻译和注释了许多古代天文学作品，其中影响最大的是晚期罗马帝国数学家和天文学家帕普斯（Pappus of Alexandria，约290—350年）的《天文学大全注释》，该书依据托勒密（Ptolemy，约90—168年）天文学理论分析天体运行，准确地预测了发生在320年10月18日的日环食。[2]4世纪下半期的拜占庭天文学家塞奥（Theon of Alexandria，约335—405年）注释了托勒密的《天文学大全》，并对这部古典天文学的集大成著作的后半部进行补充。他还在仔细研究托勒密理论的基础上，准确计算出364年两度发生的日食和月食。为了计算天体运动，他整理注释了公元前4世纪古希腊数学家欧几里得的《几何原本》等著作，使后者的许多作品得以保存，后来成为伊斯兰学者把这些作品转译为阿拉伯文的古典几何学珍贵文本的主要依据。

其次，拜占庭人在实际生活和历史写作中采用古代历法，承袭多种古代纪年方法。拜占庭帝国知识界始终十分重视历史记述，留下了大量珍贵的历

---

[1] F.Dolger, *Das Kaiserjahr der Byzantiner*, Munchen:Verlag der Bayerischen Akademie der Wissenschaften, 1949.V.Grumel, *La Chronologie*, Paris, 1958.
[2] *Book 7 of the Collection*, ed.A.Jomes, New York, 1986.

史资料。可是，当后人翻阅这些古代文献时经常陷入难以判断历史事件绝对年代的困境，因为早期拜占庭作家似乎并不采用全国通用的纪年法，在不同时代不同地区的拜占庭史料中纪年方法各异。例如，4世纪的埃及土地契约中使用"第二个税收年的第某年"表明年代，而查士丁尼一世的《法学总论》序言落款年代则记为"查士丁尼皇帝第三执政官期间"，等等。显然，在拜占庭帝国早期历史上缺乏为大多数作家共同认可和使用的、相对统一的纪年法，类似于我国古代史书中通用的干支纪年和皇帝年号纪年法是在9—10世纪才出现的。

拜占庭帝国早期的历法主要是以罗马历法为依据，例如4世纪最先在埃及地区出现并为帝国其他大部分行省所采用的"税收年纪年方法"就是以罗马历法作为计时基础的。[①]罗马历法形成于罗马共和国时期，据现代学者考证，它与罗马城初创者罗慕路斯（Romulus，公元前8世纪）结合古希腊人的历法制定而成的罗马古历法有别（图9-20）。后者是以月亮运动为天文依据的

图9-20 罗慕路斯为罗马人制定法律

---

① A.H.M.Jones, *The Later Roman Empire, 284-602*, Oxford 1964, pp.451-456.

第九章 拜占庭文化

太阴历,每年比实际回归年少10余天,至公元前1世纪时,罗马古历法已经变得十分混乱,无法规范罗马人的社会生活。恺撒(Julius Caesar,公元前100—公元44年)遂邀请亚历山大里亚天文学家索西琴尼(Sosigenes of Alexandria)主持历法修订,以太阳运动为依据制定太阳历,并取消罗马古历。新历法以恺撒姓氏命名为儒略历,分1年365天为12个月,并采取闰年增时措施,以克服计时的微小误差。早期拜占庭人以儒略历为计时依据,实行"税收年纪年法"。

所谓"税收年"是指国家向民众征收捐税的时间,最初是由罗马帝国皇帝戴克里先(Diocletian,284—305年在位)确定的。他为了保持国家税收数量的相对稳定,立法规定每5年调整一次税收量,以收获季节的9月为岁首。后来,拜占庭帝国(即东罗马帝国)第一位皇帝君士坦丁大帝(Constantine the Great,324—337年在位)又将5年一度的调整期改为15年。由于税收年计时体系符合儒略历,虽然后来其财政意义逐渐废弃,但是它仍然继续被用作历法名称。在拜占庭帝国早期,无论是在正式的官方文件还是人们的日常生活中,"税收年"被用来纪年。由于每个税收年周期为15年,因此在计算某个税收年的具体年份相当于绝对年代时,应采用"税收年周×15+税收年+312"的公式,反之在计算某一绝对年份相对应的税收年时,应使用"(绝对年份-312+3)÷15"的公式,能够除尽的为税收年周的首年,不能除尽的,其余数即为具体税收年份。[1]

同时被使用的还有"执政官"、"皇帝年号"、"名祖"等多种纪年方法。前两者大多为真实的历史人物担任皇帝或执政官的年份,而后者大多为拜占庭帝国古代作家为了记述方便,虚构出来的先祖或神的名字,用以标志年份。按照罗马共和国时代的古老传统,罗马人每年应选举执政官,任期一年。虽然至晚期罗马帝国和拜占庭帝国时期,执政官已经失去其实际权力,仅保留其荣誉头衔意义,并且由民众选举变为皇帝任命,但是其每年变更的特点使它具有标志年代的功能。许多拜占庭帝国早期历史作家便以某位执政官注明其描写事件的年份。皇帝的年号在拜占庭历法纪年体系中的作用和执政官纪年大体相似。在采用这类纪年法计算绝对年代时,特别应该注意参照有关的史料确定文献中提到的执政官被任命或皇帝在位的准确年份。在6世纪查士丁尼一世

---

[1] J.Karayannopulos, *Das Finanzwesen des fruhbyzantinischen Staates*, Munich, 1958, pp.138–141.

(Justinian I,527—565年在位)在位前后,由于执政官成为花销巨大的公共娱乐活动的主要资助者,所以没有人乐于出任这个"徒有虚名而必定倾家荡产的光荣头衔","执政官名表的最后一段时间所以常有缺漏"。[①]这种情况使我们确定所谓"查士丁尼皇帝第三任执政官"的绝对年代,不是指527年查士丁尼一世即位以后第三年(530年),而是其登基后第六年的533年。皇帝年号纪年法似乎比执政官纪年法更可靠,因为在注重政治事件记载的拜占庭帝国史料中,可资借鉴的旁证更多。例如"戴克里先纪年"始于这位皇帝登基的284年,通过有关戴克里先事迹的史料,我们可以准确推算出该纪年法提示的任何年代。执政官纪年法仅使用到7世纪初,而戴克里先纪年法持续使用到13世纪,后者的可靠性是其长期存在的重要原因。

这一时期,拜占庭帝国某些地区特别是在重要的文化中心和地方政治中心还存在一些地方性纪年法,例如除了埃及地区流行的税收年纪年法外,在西亚的叙利亚地区还流行"安条克纪年法"。该法于公元前49年10月1日算起,可能是为了纪念恺撒视察该城市,于公元前47年正式被采用。直到5世纪中期,安条克纪年的岁首改为9月1日,以便与中央政府颁布的历法保持一致。该历法年代与绝对年代的换算方法如下:某安条克年若处于9月1日(或10月1日)—12月31日时,减去49,得数为绝对年,而处于1月1日—8月31日(或9月30日)时,则减去48,得数为相应的绝对年。[②]该纪年法至7世纪中期阿拉伯军队占领叙利亚以后逐渐停止使用。除了上述主要地方性历法外,还存在以大区长官或朝廷重臣命名的纪年,它们大多在某官员任职或出生地区使用,没有普遍性。但是,我们在涉及这类史料提及的年代时,还不能忽视地区这一重要因素。

显然,拜占庭帝国历法的继承性,如同其文化在其他方面表现出的特征,[③]是其早期历史发展的结果。由于古典希腊罗马天文历法的强大影响,早期拜占庭历法还体现出明显的世俗色彩。然而,随着基督教思想在拜占庭帝国的传播,拜占庭历法逐渐表现出愈来愈明显的宗教性。拜占庭历法最重要的演变表现在其日益明显的宗教性方面,这是拜占庭帝国时期基督教神学思想与古

---

① 爱德华·吉本著,黄宜思等译:《罗马帝国衰亡史》下册,商务印书馆1997年版,第213页。
② Glanville Downey, *A History of Antioch in Syria: from Seleucus to the Arab conquest*, Princeton University Press, 1961, p.157.
③ 参见陈志强:《拜占庭文化特征初探》,《世界历史资料》1988年第8期。

典天文历法相结合的产物。基督教自1世纪产生后,在地中海东岸和小亚细亚地区广泛传播,势力日益发展。至拜占庭帝国时代,基督教正统神学和教义逐步形成,通过7次基督教世界大公会议发展成为拜占庭基督教的基本信条。从325年第一次尼西亚大公会议开始,直到787年第七次尼西亚大公会议,基督教教会在拜占庭皇帝的直接参与主持下,完善了其思想体系,成为在拜占庭社会占统治地位的意识形态。此后,其思想内核没有发生重大变动。在这期间,拜占庭人的神学争论主要围绕"三位一体"的核心教义而展开,其实质是在基督教的思维框架内继续探讨古希腊哲学涉及的基本问题,并最终摆脱古典哲学和犹太教神学的控制,形成独立的一神教理论。迅速兴起的基督教思想对早期拜占庭历法产生了深刻影响。人们开始用基督教神学理论解释天文历法问题,用古典天文历法知识为基督教服务,特别注意利用历法计算宗教节日。

"复活节纪年法"是其中的一个例证,该法源自教会天文学家编制每年一度的复活节表。[①]按照拜占庭教会传统,每年春分节日当天或节后一周遇有满月,则其后的第一个礼拜日为纪念耶稣基督死后复活的节日,如果满月恰好出现在周日,则复活节顺延一周,也就是说复活节可能确定在3月22日—4月25日之间的某天。为了推算出复活节的准确日期,拜占庭人恢复古代天文学,加强天象观测,绘制星图。他们注意整理翻译和注释古希腊罗马天文学著作,制作用于观测天体的星盘,并计算赤道和黄道的夹角,确定月亮运行的轨道,在发展拜占庭星占学的同时,[②]为基督教历法发展提供了天文学依据。

以基督教基本教义解释计时含义是拜占庭历法的基本特征。拜占庭人认为所谓"时间"是指发生某些事件的时段。他们的计时体系是以昼夜和四季这类自然变化的现象为主要依据,同时以对天体运动的观测为参考。但是,拜占庭人在如何解释计时单位时,特别强调基督教思想。他们虽然按照自然和天文变化确定了天、月、季节和年等时间单位,但是在纪年方法上给予上帝创世和基督降生的解释。他们还特别注意以圣经中关于上帝创世的故事为依据,完善了每7日为安息日的礼拜计时方法。在9世纪以前拜占庭帝国流行的

---

① G.Bertoniere, *The Historical Development of the Easter Vigil*, Roma, 1972, 有关部分。
② 拜占庭星占学起源于古典时代的占星术,即通过星体之间位置预测未来和解释过去的活动,其中包括以行星与黄道十二宫预测人生的星命术、选择良辰吉日的择时占星术、以异常天象为依据的决疑占星术和预测社会灾难的总体占星术。

多种纪年方法中,基督教历法发展较快,逐渐取代了古典历法的正统地位。这一时期,出现了"亚历山大纪年法"、"创世纪年法"、"基督降生纪年法",等等,最终形成了"拜占庭纪年法"。

亚历山大纪年法始创于5世纪,由埃及教士和作家潘诺多罗斯(Panodorus of Alexandria,5世纪人)编制。他在纠正4世纪著名教会史家凯撒里亚的优西比乌将圣经中提到的日期与古代文献相结合引起的混乱时,提出世界历史的计时开端应严格按照圣经的记载,即从上帝创世时开始,认为基督降生在上帝创世以后5494年。这一纪年法被称为"大亚历山大纪年法"。另一位埃及教士阿尼亚诺斯(Annianus of Alexandria,5世纪人)按照同一思路提出"小亚历山大纪年法",两者的区别在于后者认为基督降生在创世后5501年。亚历山大纪年法被教会作家广泛使用,直到9世纪才逐渐被"拜占庭纪年法"所取代。亚历山大纪年换算为公历绝对年的方法是:某亚历山大年若处于3月25日—12月31日时,年份数减去5 492,得数为绝对年,而处于1月1日—3月24日时,则减去5 493,得数为相应的绝对年。如果文献使用的亚历山大纪年法以9月1日为岁首,那么上述换算则作相应调整,即9月1日—12月31日的年份减去5 491,而1月1日—8月31日的年份减去5 492,得数为公历绝对年。例如,亚历山大年5 996年4月,按上述方法计算,5 996减去5 492,得数504即为公元504年,月份4加3为7月。

亚历山大纪年法确定了"创世纪年法"和"基督纪年法"的基本思路,即以圣经中记载的创世年为元年,或以基督降生年为元年,只是不同的作家在按照圣经记载计算年份时略有区别。例如6世纪作家马拉拉斯(John Malalas,491—578年)认为基督降生于创世后5967年。[①]而9世纪的作家乔治(George Syncellus,?—810年)坚持认为基督降生于创世后5501年,[②]他们在各自的历史作品中均按照各自的纪年法记述。我们在使用这类历史作品时均应首先确定作家的纪年方法,避免断定年代的错误。

9世纪以前拜占庭帝国多种纪年法混用的情况使当时的历史作家在使用古代文献时遇到了极大的困难,他们常常为准确判断某个历史事件的年代而翻

[①] John Malalas, *The Chronicle of John Malalas*, trans. by Elizabeth Jeffreys, Michael Jeffreys, Roger Scott, et al., Melbourne 1986, chap.1.
[②] 转引自其同时代作家Theophanes, *The Chronicle of Theophanes*, trans.by H. Turtledove, Philadelphia 1982,该书记述了乔治已佚失著作中的观点。

第九章 拜占庭文化

阅大量资料,即便如此,错误仍然不能避免,就连当时最博学的作家塞奥发尼(Theophanis,752—818年)在使用7—8世纪的文献时也因纪年法混杂而出现了确定年代的错误。[①]可见,制定统一的历法纪年体系是中期拜占庭帝国知识界的迫切需要,"拜占庭纪年法"因此应运而生,并成为此后占主导地位的历法。

拜占庭纪年法是严格按照《旧约·创世纪》的内容计算出来的,确定上帝于公元前5508年3月21日创造世界,因此这一天为拜占庭纪年的开端。10世纪时,该历法岁首改为9月1日。换算拜占庭纪年为公历绝对年的方法是:某拜占庭纪年若处于1月1日—3月20日时,则减去5 507,得数为相应的绝对年,而处于3月21日—12月31日时,年份数减去5 508,得数为绝对年。10世纪以后的文献以9月1日为岁首,则上述换算作相应调整,即1月1日—8月31日的年份减去5 508,而9月1日—12月31日的年份减去5 509,得数为公历绝对年。拜占庭纪年法还以复活节周期为主要参考,以校正可能出现的误差。拜占庭天文学家根据观测,确定以月亮运行为依据的太阴年周期为19年235个月,其中设置7个闰月,分布在第3、第6、第8、第11、第14、第17和第19年;又确定以太阳运行为依据的太阳年周期为28年(即4年置闰乘以构成礼拜周的7天)。而后将太阴、太阳两周期相乘,得出532年的复活节大周期。事实上,设置这一大周期的目的在于,通过改变其岁首月龄(增加或减少该月天数)达到调整拜占庭历法在数百年间使用中出现的误差。拜占庭纪年法从9世纪以后成为拜占庭帝国通用的历法,直到15世纪中期拜占庭帝国灭亡以后,仅为东正教教会采用。

拜占庭历法明显的宗教性还与当时的形势具有密切联系。拜占庭帝国早期和中期历史上面临的外敌入侵造成的巨大压力,引发了社会精神生活的危机。在拜占庭统治阶层为缓解压力而推行社会改革,通过施行军区制加速帝国社会组织的军事化,稳定局势,一度增强国力后,基督教关于"基督救赎"和"千年王国"的说教获得了更广泛的社会基础。而当拜占庭帝国势力达到鼎盛,并且旋即急剧衰落时,更多人对现实生活悲观失望,企图从基督教思想中寻求解脱。作为基督教思想文化极为发展的国度,其历法必不可免地受到基督教神学日益强化的影响,并最终导致其彻底的基督教化。拜占庭人不仅放弃了罗马帝国时代传统的所谓"异教"历法,用基督教概念取代古典历法中的名称,而且采用多种宗教计时法,按照圣经的记载设置7日为一周的计时单

---

① Theophanes, *The Chronicle*, chap.2.

位,并制定了多种基督教纪年方法。

　　总之,拜占庭历法经历了从世俗向宗教倾向的转变,从古典向基督教的方向发展,在这一转变过程中,基督教思想影响日益加强,而古代希腊罗马的历法传统日益减弱,最终形成了两种因素相结合的拜占庭历法。拜占庭历法既设置了纯属宗教意义的礼拜周,制定了以基督教世界体系理论为基础的纪年方法,使用基督教神学概念取代古代历法称呼,又继续吸收古代希腊罗马人已经取得的天文历法知识,采用古代天文观测方法,并以此作为其历法演算的基本工具。显然,历法作为拜占庭人使用的计时体系与拜占庭文化的其他部分一样受到拜占庭帝国社会整体局势的影响。其明显的宗教性一方面说明基督教的强大影响;另一方面也反映出拜占庭人对待天文历法的实用主义态度。

　　拜占庭历法的实用性是与拜占庭人实用主义生活态度密切相关的。所谓拜占庭人的实用主义倾向是指他们并不在乎使用对象属于何种宗教,也不太关心使用对象来自哪个民族,只要他们认为可以利用,就会采取各种办法加以利用,并给予改头换面的改造。拜占庭历法的实用性是一个突出的例子。

　　古代罗马历法以每年的1月1日为岁首,根据天文观测确定回归年为365.25天。但是,拜占庭人将岁首改为9月1日。这一改动的目的旨在方便税收,因为拜占庭政府规定的每年税收期从9月1日开始。拜占庭帝国税收制度是在罗马帝国税制基础上发展起来的,比欧洲其他国家的税收制度历史更久远,更完善。在拜占庭历史的初期,税收的基本核算单位是"土地人头税",包括耕地、劳动者(自由的、依附的或雇佣的)、劳动工具(牲畜等)3种要素,每个核算单位承担固定的纳税额度。凡是达到这个纳税单位标准的就按照固定额度纳税,政府则根据各大区和省拥有的纳税单位确定纳税总量。这种计算方法似乎提供了一个"同质同量"的统一标准,但是实际核算中由于农田的肥沃程度不一,土地的条件有别,测量和计算起来非常复杂,因此中央政府统一规定,税收的实物部分(即实物税)交到各地国库库房,分3次交齐,而货币税每年一次性直接缴纳到中央国库。由于农业税收是以农为本的拜占庭帝国的主要税收,所以,每年9月开始的税收年岁首就显得格外重要。为了税收的方便,拜占庭人对传统的罗马历法进行改造,并以法律的形式规定新历法岁首为9月1日。

　　实用主义的天文学是实用主义的拜占庭历法的基础。拜占庭天文学是从对包括托勒密在内的古代天文家著作进行翻译和注释开始的。值得注意的是,拜占庭人在翻译古代天文学作品时特别关注方法而不重视理论,特别注意研究星图和观测工具,而缺乏对天象生成道理的探讨。托勒密的地心说宇宙

第九章 拜占庭文化

体系理论和以所谓均轮及本轮圆周运动解释天体运动的理论对拜占庭人来说既显得艰深晦涩,[1]难以理解,又没有实用价值,因此遭到他们的轻视。而托勒密所绘制的星图却受到拜占庭人格外的青睐,拜占庭天文学家塞奥在翻译托勒密著作时专门为该星图撰写大、小《注释》两部书。许多拜占庭天文学家也乐此不疲,完成多部星图,以致今天拜占庭学家仍然为拜占庭时代保留的大量星图感到惊异。除了星图外,太阳运行图、星辰目录等也十分抢手,它们的作者既有古代希腊罗马时代的人物,也有古代波斯或两河流域的居民。这些天体运行图和星图的主要用途一是计算复活节等宗教节日的准确日期,二是确定日常生活的计时标准,从而使拜占庭历法体系得到完善。例如拜占庭人根据太阳运行图和月亮周期表,制定了太阴历与太阳历相结合的532年大历法周期。又如拜占庭人根据日晷记录分割白昼,根据星表记录分割夜晚,将每昼夜划分为12个时辰,其"第一时辰"(πρωτη ωρα)设在太阳升起时,以此类推。为了计算更小的时间单位,拜占庭人使用日晷和滴漏设置,将每个时辰划分为5分,又将每分划分为4秒,再分每秒为12瞬间。通常,他们按罗马人的传统,将每昼夜1/3的时间作为夜晚,其他2/3作为白天。

  拜占庭天文历法的实用性还表现在拜占庭人重视实践观测,使得拜占庭帝国时代天文观测工具发展迅速,诸如子午环、回归线仪、浑天仪、地座仪、星位仪等古代天文书籍中记载的工具均得到复制。星盘是用来测量天体高度的仪器,公元前3世纪即由古希腊人发明,拜占庭人进一步完善了这种工具,现存的拜占庭星盘是由带有精细刻度的圆盘和可以旋转的观测管两部分组成,观测管与圆盘中心相连,类似于近代出现的六分仪。[2]这些天文观测工具帮助拜占庭人绘制出许多星图,并且比较准确地计算出数百年间的多种基督教节日。

  占星术的发展是拜占庭人将天文历法用于实际生活的典型事例。早在古希腊罗马时代,人们就通过观测星体之间的位置预测未来或解释过去。拜占庭人继承了古典时代的占星术,并完善了星占学体系。他们通过大量实际观测,补充古代遗留下来的星图,使黄道十二宫的星位更加准确,更易于理解。拜占庭人在古代星命术、择时占星术和决疑占星术的继承上,发展出总体占星

---

[1] 托勒密理论认为,太阳沿着本轮的圆周运行,而本轮的中心又均匀地沿着均轮运行,其中心点为地心,其运行周期为一年。其他天体运行的均轮圆周心则与此不同。参见O.Neugebauer, *A History of Ancient Mathematical Astronomy*, New York, 1975, I, pp.210-260。

[2] *A History of Technology*, ed.C.Singer, Oxford, 1957, pp.582-619.

术(或称政治占星术),一方面使这4种占星术在细节上更加完善;另一方面将它们构成一个体系,涉及人类社会生活的各个层次。当人们对个人的前途和命运感到不解时,可以通过其出生年月日时和某行星所在黄道十二宫的位置作出预测,即所谓星命术;当人们在采取诸如作战、手术等重要行动之前感到疑惑而犹豫不决时,可以根据天文观测确定最佳时间,即确定黄道吉日,这称为择时占星术;决疑占星术则是根据求签算卦者的提问,对比天文观测和占星天宫图作出解答;而那些涉及社稷民生和国家大计,或预测人类未来的占星术在拜占庭帝国受到特别的重视,其占星过程和手段更加复杂。拜占庭历法也根据占星术的结论设定许多忌日和吉日。而基督教教会天文学家也从圣经中为占星术找到了理论根据,使古典时代产生的这一古老预言方法在笃信基督教的拜占庭社会获得广泛的社会基础。

拜占庭历法的实用性在其融合其他民族天文历法因素的过程中也反映得十分明显。拜占庭人为了完善其历法体系,不仅吸收古典希腊罗马的"异教"知识,而且不坚持他们与其他民族的文化区别,忽视宗教争议,大胆利用萨珊波斯和阿拉伯伊斯兰教天文历法。9世纪拜占庭天文学家和哲学家斯蒂芬(Stephen the Philosopher)从叙利亚引进的伊斯兰星图在拜占庭帝国首都引起了学者的极大兴趣,他们展开热烈的讨论,将其中许多被他们视为新内容的部分用于拜占庭人历法中。11世纪以后,拜占庭人将大量伊斯兰天文学作品翻译成希腊语,许多学者成为伊斯兰教天文学的爱好者,以致逐渐形成了与拜占庭天文历法派别并存的伊斯兰教学派。而当时更多拜占庭学者则同时接受两派观点,教会天文学家塞奥多利(Theodore Meliteniotes,约1320—1393年)于1361年完成的天文学著作即包括托勒密、伊斯兰教和波斯天文学的内容,而其同时代天文学家约翰(John Abramios, ?—1390年)及其弟子们公开将托勒密和伊斯兰教天文学融合在一起。

总之,拜占庭历法的继承性、宗教性和实用性是拜占庭帝国特殊历史演化的产物,反映了拜占庭社会多种文化汇集的情况,也决定了拜占庭历法多种文化因素融合的实质。该历法因拜占庭文化在中古地中海和欧洲文化进程中的重要地位曾长期发挥重要作用,它对周边各民族,特别是对东欧斯拉夫各民族和东正教世界产生了不可忽视的影响。由于拜占庭人在中古欧洲长期占据的文化优势,他们给后人留下了大量的文化遗产和极为丰富的历史记载,在这一方面,欧洲其他民族难以望其项背。正因为如此,我们更应重视对拜占庭历法的研究,以利于正确利用拜占庭历史资料。

三、拜占庭文化的特征

拜占庭文化是拜占庭人精神和物质财富的总合,以其丰富的内容、鲜明的特点和完整的体系独步欧洲和地中海世界,在该地区文化发展过程中发挥了极为重要的作用。[1]国际拜占庭学界对拜占庭文化的研究成果极为丰硕,所作结论也令人信服。但是,综观这些研究,采取微观方法的多,宏观分析的少。而我国世界史学界对此更是了解甚少,以致许多专题著作和全国通用的世界历史教材在涉及拜占庭文化时,或避而不谈,或吝啬笔墨。许多从事世界史其他领域研究的人员因缺乏有关知识,在涉及拜占庭文化时说了外行话。显然,在微观研究的基础上对拜占庭文化作概括性考察是必要的。

1. 拜占庭文化的传统特征

拜占庭文化具有鲜明的传统特征,它直接继承了古典时代希腊罗马文化遗产,在拜占庭帝国特殊的环境中,兼收并蓄早期基督教和古代东方诸文化,形成了独特的文化体系。

拜占庭文化在其发展的整个过程中,均表现出强烈的尚古倾向。早在君士坦丁大帝下令在古城拜占庭兴建新罗马,并从希腊和亚平宁半岛收集大量古代艺术杰作装饰首都时,拜占庭人即表现出对古典文化的爱好。该城无论从整体规划、具体建筑样式,还是内外装修、建筑材料都模仿古代建筑。古典建筑中流行的大理石屋面、阳台和柱廊使整个城市建筑群显得格外典雅庄重,使人很容易联想起古代名城雅典和罗马。最豪华的建筑大皇宫是由几个比邻的独立宫院、各种大殿、宫室、花园和柱廊组成的,它几乎就是古罗马城的翻版。根据史家统计,在城区内集中了大量优美的古典建筑,除了大皇宫外,还有元老院议事大厦、公共学堂、大赛场、剧场、多座豪华公共浴池、百余个私人浴池、数十条沿街柱廊、囤粮谷仓、引水渠道、蓄水池、用于集会和法院公审的大厅以及贵族官邸,无不以古典建筑为蓝本。[2]可容纳数万人的大赛场也完全仿照罗马斗兽场的式样建造,但比罗马的大赛场规模更大,场内均匀地分布

---

[1] 关于拜占庭文化的历史地位问题,笔者与徐家玲合作进行过探讨,见《试论拜占庭文化在中世纪欧洲和东地中海文化发展中的地位和作用》,《历史教学》1986年第8期,第28—34页。
[2] 参见425年前后成书的《职官录》*Notitiae dignitatum*, ed.O.Seeck, Berlin 1876,它记载了此前近百年拜占庭帝国军政官职和君士坦丁堡的情况。

着许多来自埃及和希腊的立柱和方尖碑,立柱上则装饰各种雕像,例如从古希腊宗教中心德尔斐神庙运来的三蛇铜柱(图9-21)。① 圆形的君士坦丁广场周围矗立着一大片公共建筑群,是公众从事商业和政治活动的第一大中心,其中有10余级大理石台阶的帝国议会和元老院是按古希腊建筑设计的。广场中心耸立着的巨型花岗石圆柱,坐落在6.1米高的白色大理石基座上,圆柱直径约3.2米,顶端是从雅典运来的巨大的阿波罗铜像。② 向西南伸展的麦西大道是举世闻名的大理石柱廊大道,两侧有巍峨的市政厅、森严的将军府和国库、文雅的国家图书馆和优雅的贵族宅区。在这里,风格各异的罗马贵族庭院

图9-21　君士坦丁堡大赛场,中间为三蛇铜柱和方尖碑

---

① 它至今仍然保存在伊斯坦布尔大清真寺前广场上,是游客关注最多的旅游景点之一。
② 这个铜像被认为是君士坦丁大帝的象征,它和石柱在12世纪时被推倒,由于多种资料推算的区别,具体数字不一。Edward Gibbon, *The History of the Decline and Fall of the Roman Empire*, London 1905-1906, II, p.189.

第九章 拜占庭文化

也按罗马城式样建筑,以便吸引各地名门显贵。全城主要街道、广场和建筑物前都布满了精彩绝伦的古典艺术品,"一言以蔽之,一切凡能有助于显示一座伟大都城的宏伟、壮丽的东西,一切有助于为它的居民提供便利和娱乐的东西,在君士坦丁堡这座城市的四墙之内无不应有尽有"。①

此后,君士坦丁堡迅速崛起,成为繁荣的政治、经济和文化中心,吸引着整个地中海世界的知识分子。他们携带大量古典文献和古代文物前往首都,这就为推动拜占庭文化的发展提供了丰富的文化物质条件。发展图书馆,建立学府,学习古代希腊语和拉丁语,收集注释古典文史作品,研究古典哲学和文学,这些成为早期拜占庭文化发展的主要现象。除了君士坦丁堡外,亚历山大里亚、安条克、雅典均成为当时研究古典之学的重镇。所谓"新亚历山大运动"实际上是将古典哲学遗产纳入基督教神学的学术活动。前述著名拜占庭学者佛条斯在其《书目》中,概括介绍了直到他那个时代以前所有著名的自然科学和社会科学家的主要著作,包括大量古典作家的经典作品。这份书目显然是用于他任教的君士坦丁堡学府的课程,是为就学的学生提供的参考资料。②这种尚古之风一直保持到拜占庭历史的末期,只是其热烈的程度有所不同。11世纪拜占庭历史作家普塞罗斯曾自豪地写道,他在少年时代即可背诵《荷马史诗》。③科穆宁王朝公主安娜撰写的《阿历克塞传》带有明显的希罗多德的写作风格,代表当时拜占庭历史写作的倾向。而拜占庭社会中上层人士和知识分子,包括国家官吏和法官都要接受系统的教育,特别是希腊语言教育,以便使他们的口音"希腊化"。直到拜占庭帝国灭亡前夕,许多胸怀复兴文化以救国的著名学者仍然致力于古典文化的传播,其丰富的古典学问和广博的古希腊哲学和文学知识,使他们在意大利学校中指导的学生深感心悦诚服,大为敬佩。

从拜占庭人继承古典文化的内容来看,拜占庭学者特别重视古希腊的哲学、文学和史学,重视罗马的法律和工程技术。在拜占庭帝国,《荷马史诗》脍炙人口,妇孺皆知,能够大段背诵的人不在少数,因此许多作家在引用时不加说明而不致产生误解。君士坦丁堡修辞学家科米达斯(Κομητας,9世纪人)对照此前多种版本对《荷马史诗》进行重校,使之成为以后几个世纪最权威的

---

① 吉本:《罗马帝国衰亡史》第1卷,商务印书馆1997年版,第382页。这个缩编本由黄宜思父女翻译,译文基本上能够反映出吉本作品的语言风格,但是其中错译、漏译颇多,可能是所选用的英文文本有问题。

② A.A. Vasiliev, *History of the Byzantine Empire*, I, pp.361-362.

③ Michael Psellos, *The History of Psellus*, ed.J.B.Bury, London 1899, V, p.55.

版本，①而该史诗的第一个拉丁文译本也是拜占庭学者完成的。像希罗多德这样伟大的古希腊历史学家，更是拜占庭作家学习效仿的榜样，佛条斯在其案头必读书中就始终包括希罗多德的作品。②据现代学者研究，拜占庭帝国教俗学术界一直热衷于古典希腊哲学，柏拉图、亚里士多德等著名学者的作品是当时的热门书籍，不断传抄，在众多的哲学流派中，新柏拉图主义和斯多葛学派受到特别青睐。

拜占庭人常以正宗继承人的身份继承古罗马文化，他们不仅自称"罗马人"，而且在政治制度、基督教神学、法律和大型工程技术方面忠实模仿继承，并且有所发展创造。他们清除了古罗马帝国中央集权制度中民主制的残余和普通公民参与政治的因素，发展出拜占庭帝国皇帝专制官僚制度，其中皇帝制度成为其政治生活的核心。基督教是古罗马帝国的文化遗产，拜占庭人对之加以改造，使之在神学上摆脱了古代哲学和犹太宗教的双重影响，并始终将它置于皇帝最高权力的控制之下，利用东正教强化皇权统治和扩大拜占庭帝国的影响，形成了保持至今的东正教世界。在法律方面，拜占庭人直接继承古罗马传统，查士丁尼一世的立法活动是其中最有典型意义的代表，他下令编纂的《罗马民法大全》是欧洲第一部完整的法律汇编，该法典成为此后数百年拜占庭法律的基础蓝本，如《法律汇编》、《六书》、《皇帝法典》等无不效仿民法大全，该法典也为近代欧洲法律提供了基本的理论依据。③查士丁尼一世认识到建立完整的法律对于巩固皇权的重要性，他在《法理概要》中指出：一个好皇帝"应该不仅以其武力而获尊荣，还必须用法律来武装，以便在战时和平时都有法可依，得到正确的指导；他必须是法律的有力捍卫者，也应是征服敌人的胜利者"。④这种法律至高无上的思想来源于古罗马法律。

至于在建筑工程技术方面，拜占庭人继承古罗马遗产就更为多样。拜占庭建筑样式最突出的风格是在平面十字形建筑物上方建造半球形穹顶，此种风格就是在罗马半圆拱顶墙壁基础上发展而来的，而十字形平面建筑则是罗马长方形大会堂建筑的演化建筑形式。君士坦丁堡的圣索菲亚大教堂是拜占庭建筑的代表作，人们可以清楚地看到拜占庭人在墙体、门窗和内外柱廊方面

---

① K.Krumbacher, Ιστορια της Βυζαντηνης Λογοτεχνιας, Athens 1974, II, p.644.
② K.Krumbacher, Ιστορια της Βυζαντηνης Λογοτεχνιας, II, pp.216-220.
③ *The Cambridge Medieval History*, ed.by J.M.Hussey, Cambridge 1978, IV, ii, pp.55-79.
④ Justinian, *The Institutes of Justinian*, trans.by A.Thomas, Amsterdam 1975, introduction.

是如何继承罗马建筑艺术的。此外，君士坦丁堡、塞萨洛尼基等拜占庭帝国名城完善的引水渠道、地下排污管道、蓄水池等都直接借鉴了罗马城建筑的成功经验，而皇宫中半自动升降的皇帝宝座和宫殿中各种机械动物，如金狮和小鸟，都是拜占庭工匠学习和继承罗马人实用工程和机械技术的成就。

拜占庭文化对古代希腊罗马文化的继承表现出两方面的特点，其一，拜占庭人在比较全面系统地接受古代文化过程中，不是全盘照搬，简单模仿，而是注意选择对拜占庭社会生活有用的东西。他们在整理古典作品时，着重学习和掌握古典杰作的技能和手段，在模仿中采取为我所用的态度，从而在将古典文化价值观运用到中世纪生活的同时，形成了始终贯穿其整个历史的尚古倾向，不仅为拜占庭文化打上了古典文化的烙印，而且使古典文化在拜占庭文化的特殊形式中得到保护。其二，拜占庭人在积极主动吸收古典文化精华的基础上，注意发展创造，形成自身的特点。他们在古典文化的基础上，在模仿古代作家杰作的过程中，将多种不同文化因素融合在自己的创作中，从而使古典文化成为其基本素质之一，逐渐发展出具有独立的、比较完备的、内容丰富的文化体系。拜占庭文化不仅在文史哲和神学方面见长，而且在医学、建筑工程技术和造型艺术方面独具特色。

拜占庭文化的传统特征有其深刻的历史背景。一方面，拜占庭帝国所在的地区曾是古代历史上希腊文化昌盛的中心地区，亚历山大大帝东征使东地中海沿岸和西亚广大区域内的各个民族经历了希腊化的历史，因此古典希腊文化深深地植根于当地各民族之中，获得了这些民族的认同。在拜占庭帝国，居民大多使用希腊民间语，几乎所有的知识分子均能熟练地使用古希腊语，这使古典文化通过希腊语这一媒介比较容易地传播，大量的古典文献得以世代相传。可以说，拜占庭文化基础古典文化具有广泛的社会基础和良好的学术条件。另一方面，从4世纪以后兴起的拜占庭帝国虽然取代了罗马帝国的地位，但是它与后者有着千丝万缕的联系，在相当长时间里，拉丁语仍然是拜占庭帝国的官方语言，拜占庭皇帝始终缅怀昔日罗马帝国的光荣，特别是在拜占庭帝国早期，拜占庭皇帝无不以恢复和重振罗马帝国昔日辉煌为己任。这样，拜占庭人对古罗马文化的继承就具有天然的责任感。可见，拜占庭文化的传统特征是拜占庭历史演化的必然结果。

2. 拜占庭文化的开放性

拜占庭文化的另一个特征是其开放性，表现在两个方面，即对其他民族文化的宽容和对发展相对后进民族的开化启蒙。

拜占庭文化在吸收古典希腊罗马文化的同时,还兼收并蓄古代西亚和远东民族文化的营养。首先,拜占庭文化通过文史哲作品接受了东方神秘主义文化思想和审美原则。众所周知,古典希腊罗马文化具有理性化的自然主义特点,而包括古代犹太、波斯和亚美尼亚等民族文化具有非理性化的神秘主义特点,拜占庭帝国处于两者的交汇之地,其文化虽然以古典文化为基础,但是并不排斥西亚地区各种文化影响。6世纪以弗所主教约翰(John of Ephesus,约507—586年)出生在美索不达米亚北部地区,对西亚地区古代文化和波斯文化具有深刻了解,他的《东方圣徒传》对在拜占庭帝国传播东方神秘主义起了重要作用,[1]对拜占庭学者了解东方思想具有很大帮助。特别值得提出的是起源于基督教早期历史上禁欲苦修思想的修道生活对拜占庭人的影响,其中3世纪上半叶的亚历山大里亚教区教士奥立金和被称为"隐居修道之父"的圣安东尼(Antony the Great,251—356年)影响最大,他们都主张通过远离人群和冥思苦想达到与神的沟通,将"启示"视为与上帝交往的最佳途径(图9-22)。这种生活方式后来在埃及各地流行,并通过西亚地区逐步向拜占庭帝国中心地区传播,最终在君士坦丁堡出现大批修道士。东方神秘主义的影响一直持续到拜占庭帝国末期,其重要原因在于这种思想能够满足拜占庭帝国普通居民在动荡环境中的精神生活需求,使早期拜占庭文化与基督教思想相结合。

其次,古代西亚和波斯艺术对拜占庭艺术产生了深刻影响。古代西亚和波斯艺术均带有该地区神秘主义思想,无论是艺术形式和内容,还是艺术题材和表现手法都贯穿着神秘主义倾向,与古希腊罗马艺术自然主义的风格形成鲜明对照。圣像造型艺术在拜占庭帝国的长足发展反映了神秘主义艺术的强

图9-22 圣安东尼

---

[1] 他的传世作品有两部,除了John of Ephesus, *Lives of the Eastern Saints*, edited and translated by Brooks, *Patrologia Orientalis* 17-19, Paris 1923-1925. John of Ephesus, *The Third Part of the Ecclesiastical History of John, bishop of Ephesus*, trans., R.Payne Smith, Oxford 1860。

第九章 拜占庭文化

大影响,拜占庭人从关注自然景物向追求"通神"艺术转化,他们摒弃绘画和雕刻中的真实感和构图造型和谐的平衡感,主张"通神而忘形"。例如,在拜占庭圣像画中常见的圣母子像中,人们几乎看不到现实主义的妇女和婴儿的形象,也感受不到自然主义的人类感情,画面本身缺乏合理的布局和比例,古典艺术的和谐与真实感消失了。拜占庭艺术家认为,外在的形体并不重要,重要的是画面体现出的神秘感,他们以简洁的线条和对比强烈的色彩突出圣母子庄重的形象,通过带有特殊含义的线条和色彩表达重要的神学思想。他们尤其重视对眼睛的描绘,平白中透露着圣母子的纯洁和仁慈,以传达上帝的圣恩。他们企图使人忽视对圣像人物的欣赏,而追求画面背后的神学含义。同样,在雕刻艺术中,古典艺术的人物和自然动植物的生动逼真的造型不见了,代之而起的是各种具有象征意义的符号。这一变化主要来自波斯和西亚地区非人格化抽象艺术的影响。

拜占庭帝国与包括古代中国和印度在内的远东民族的联系虽然较少,但是在文化交往中却有几笔珍贵的记载,其中广为流传的事例是,6世纪拜占庭皇帝查士丁尼一世为了打破波斯人对东方生丝贸易的垄断,支持两名教士到中国学习养蚕技术,并将蚕卵和桑树苗带回拜占庭帝国,从此拜占庭人在巴尔干南部建立起丝织业中心。拜占庭文化中还保留了印度文化的因素,据瓦西列夫的研究,8世纪拜占庭作家大马士革的圣约翰(Saint John of Damascus)写作的浪漫传奇小说《巴拉姆和约色芬》,是使用了佛教故事的题材,认为该书是佛祖释迦牟尼本人生活素材为基督教所利用的典型事例。[1]

拜占庭文化对其他民族文化的积极影响是其开放性特点的重要表现。拜占庭文化在吸收其他民族文化的过程中,表现出极大的灵活性,它将不同民族文化适用的部分融合在自身之中,以满足新的需求和弥补自身的不足。这种灵活性使拜占庭文化得以在古代欧洲和地中海世界普遍的衰败形势中迅速摆脱危机,并获得发展,达到较高的水平。就欧洲和西亚北非地区而言,拜占庭文化发展的历史最为悠久,在4世纪到15世纪的千余年期间,拜占庭文化一直是该地区发展水平较高的文化之一,君士坦丁堡成为该地区最重要的政治、经济、宗教和文化中心。拜占庭文化相对迅速的发展为其向文化后进地区的传播创造了条件,而7世纪以前拜占庭帝国周边地区的斯拉夫人、阿拉伯人和在西罗马帝国废墟上新兴起的日耳曼人发展相对落后,普遍的野蛮和蒙昧状

---

[1] A.A. Vasiliev, *History of the Byzantine Empire*, I, p.294.

态为拜占庭文化的广泛传播提供了天地。

受拜占庭文化影响最大的民族是斯拉夫人，其中最先接受拜占庭基督教文化的是斯拉夫人中的摩拉维亚人和保加利亚人。他们自6世纪即开始迁徙巴尔干半岛，与拜占庭人发生接触，在商业贸易活动和军事冲突中，斯拉夫人感受到先进文化和生产生活方式的优越性，逐步接受拜占庭文化。9世纪，两国主动向拜占庭皇帝提出皈依基督教的请求，并为拜占庭传教士和学者进入其国提供保护，为传教活动提供物质条件，这就为拜占庭文化向斯拉夫人居住地区传播创造了良好的环境。正是由于拜占庭传教士的努力，斯拉夫人不仅接受了东正教信仰，而且接受了由拜占庭人创造的文字，从此奠定了斯拉夫文化发展的基础，开始了斯拉夫人文明化的进程。此后数百年，拜占庭文化在东欧地区迅速传播，塞尔维亚人和俄罗斯人先后接受东正教，并在拜占庭人创造的斯拉夫文字基础上发展出各自的文字体系。拜占庭文化在东欧的传播具有深远的意义，不仅使斯拉夫人世界得到文化启蒙，加速了斯拉夫人各民族国家的形成和发展，而且逐步形成了以君士坦丁堡为中心的东正教世界，奠定了近现代东欧文化区域的基本格局。

拜占庭文化对西欧和阿拉伯人的影响也强烈而持久。中世纪西欧地区由于受到日耳曼民族大迁徙的冲击，原有的罗马文化遭到比较严重的破坏，当地原有的生产生活方式被迫发生改变。在恢复战争造成的破坏过程中，西欧地区出现了普遍的文明程度下降的现象，致使欧洲大部分中古国家和地区在文化上长期落后于拜占庭文化。14世纪以前，目不识丁的文盲君主在西欧绝非少数，例如被西欧学者津津乐道的所谓"加洛林文艺复兴"的倡导者查理大帝就是一位不谙书牍的国王，他仅能用拉丁文描画自己的名字，其他文字工作悉数交给宫廷中的基督教教士。这个"半文盲"君主在文化上远远不及受过良好教育的拜占庭皇帝和贵族。最初，拜占庭文化是通过其在意大利南部的辖区进行传播，并以这些省区为据点不断向其他日耳曼人国家渗透。意大利南部许多地区的居民，长期使用希腊语，有的人甚至只懂希腊语而不会拉丁语。8世纪在拜占庭帝国中心地区发生的毁坏圣像运动和迫害教士活动，使大批饱学之人流亡意大利，促进了该地区文化的发展，并为此后阿拉伯人在西西里建立文化中心作了准备。11世纪以后西欧出现的十字军东征客观上是向东地中海的移民运动，它打着宗教战争的旗号，客观上使空前广泛的西欧居民亲身了解到拜占庭文化的丰富多彩，直接感受到拜占庭人生活方式的优雅舒适，对西欧各阶层居民产生了强烈的文化震撼，对此后西欧文化的变革和社会生活

第九章 拜占庭文化

的改变起了积极的推动作用。同时,学者之间的往来、图书文献的交流也有助于拜占庭文化的西传。在拜占庭首都的皇家学府中,始终有来自西欧(主要是意大利)的学生,他们在传播拜占庭文化中发挥了重要作用。拜占庭文化对西欧其他国家和地区的影响不及意大利地区,但是我们仍有许多例证说明此种影响的存在。如10世纪通过王室联姻成为德意志国王奥托二世妻子的拜占庭皇家公主塞奥发诺及其子奥托三世(Otto III, 983—1002年在位)(图9-23)热爱拜占庭文化,极力推崇德意志人学习希腊语,促成了日耳曼民族接受拜占庭文化的高潮。[1]拜占庭文化对西欧的影响一直持续到文艺复兴

图9-23 奥托三世

运动兴起,薄伽丘、彼特拉克等著名人文主义文学大师均曾拜拜占庭学者为师,许多因土耳其人进攻拜占庭帝国战乱而流亡到意大利的拜占庭学者不仅带去大量希腊文献,而且从事古代名著的翻译工作,例如15世纪的拜占庭希腊语言学家庇拉多斯重新翻译整理《荷马史诗》,对薄伽丘的写作给予了极大帮助。又如彼特拉克师从拜占庭大学者巴拉姆,学习希腊语,获益极大,因此对巴拉姆大加褒奖称赞。[2]正是由于拜占庭文化对西欧的长期影响,因此在基督教东西方教会分裂以后,甚至在拜占庭帝国灭亡以后,拜占庭学术仍然能够得到西欧学者的青睐,拜占庭文化仍然能够成为欧洲文艺复兴运动的主要文化来源之一。

拜占庭帝国与阿拉伯军队曾长期冲突,并最终被奥斯曼土耳其人灭亡,但是拜占庭文化对西亚地区各民族的影响却比较强烈。7世纪中期兴起于西亚的阿拉伯人在文化上一度模仿先进的拜占庭文化,哈里发国家的许多君主并不因国家之间的战争而忽视接受拜占庭文化,他们聘请拜占庭学者前往阿拉伯国家讲学,或支持拜占庭学者翻译古典希腊罗马文史哲和自然科学著作。在阿拉伯人兴起后的一二百年间,拜占庭文化与伊斯兰教文化之间的频繁交

---

[1] S. Runciman, *Byzantine Civilization*, London 1933, 1959, p.296.
[2] Gibbon, *The History of the Decline and Fall of the Roman Empire*, VII, pp.317-320.

流和阿拉伯人渴求先进文化的积极活动在世界历史上留下了光彩的篇章。[①]就此而言,笔者不同意国内部分学者将拜占庭文化与伊斯兰教文化对立起来的观点,对此将在后文中加以阐述。

拜占庭文化之所以具有明显的开放性,首先反映出拜占庭人对本国文化具有强烈的自信心,这种自信是建立在对本民族文化的深刻理解和对本民族历史文化的优越感基础之上的。他们清醒地认识到本国文化的优越性,确信在当时的世界上,本国文化所占据的优势地位是不可动摇的,不可能受到其他文化的挑战,经得住任何冲击。其次,拜占庭帝国所在的特殊的地理位置,使它不仅在经济上独享东西南北商业贸易的便利,而且使它能够比较容易地进行多种文化之间的交流活动,至少频繁的贸易往来为拜占庭文化对外开放提供了必要的条件。最后,活跃的商业和频繁的军事活动也成为拜占庭文化与其他文化交流的媒介。拜占庭帝国历史上军事外交和商业贸易活动始终十分活跃,而在商旅、军营和外交使团中,经常有拜占庭学者或传教士,拜占庭帝国商业贸易和军事外交活动扩展到何处,其文化影响便传播到何处。应该说,拜占庭文化的开放性也是其历史演化的必然结果。

3. 教俗文化并存共荣

拜占庭文化还有一个突出的特征是其宗教性和世俗性的结合,也就是说在拜占庭帝国历史上,既没有出现中古西欧地区出现的那种基督教文化专制的情况,也没有出现类似于我国中古时代儒学一统天下或宋明理学称霸的局面。

拜占庭帝国的教会文化和世俗文化作为两大主流文化经历了最初的兴起阶段,中期的曲折发展阶段,走上了共同发展的道路。如前所述,拜占庭帝国初期曾出现了接受古典希腊罗马文化的高潮,这个时期也是世俗文化迅速发展的阶段。古典文化从本质上来说是一种重视自然的世俗文化,例如,以讲授哲学、法律、语言、算术、天文等课程为主的学校就属于世俗教育,学校中使用的教材也多来自古代希腊罗马的作品。世俗教育的发展推动了普及世俗知识的热潮,诸如培养建筑人才的各种实用技术专门学校在拜占庭帝国各地大量涌现,当时为数不少的建筑师、法学家、世俗文学家都是从这类学校中毕业的。世俗教育的发展促进了世俗知识的推广和学术水平的提高,国家因此设立了各种类型、规模不等的图书馆,并出资收集民间古典藏书,挽救了大量濒

[①] 史料证明,阿拉伯帝国在兴起后的百余年间,一直使用拜占庭人希腊名字称呼其各级官职。

第九章　拜占庭文化

于佚失毁坏的古典文献。①在此基础上，国家还集中一批著名学者从事古籍整理和翻译注释，这些学者中不乏世俗文学的高手，例如罗曼努斯（Romanus，8世纪人）即熟练地运用古代希腊诗歌的优美韵律写作了大量赞美诗歌，被后人誉为"伟大的天才"。②5世纪初亚历山大里亚著名的世俗女学者希帕提娅（Hypatia）曾协助其父修订注释托勒密《地理学》和《天文学大全》，出版数学专著，并因高水平的数学教学和以通俗易懂的语言向民众宣讲柏拉图、亚里士多德等人的古典哲学而闻名于拜占庭帝国（图9-24）。正是由于她在世俗文化方面所作出的巨大贡献，后来引起基督教狂徒的憎恨，以乱石将她击毙。③拜占庭历史早期世俗文化的长足发展为其长期存在和几度兴盛奠定了坚实的基础，此后无论环境如何艰难，世俗文化始终没有销声匿迹，因为它已经深深植根于拜占庭帝国的土壤之中，在拜占庭人中有广阔的社会基础。

图9-24　希帕提娅

　　拜占庭基督教文化是从5世纪初以后迅速发展的，它随着基督教教会经济政治实力增强、势力扩张而兴起。其最明显的现象是出现了大量基督教文史著作和圣徒传记，神学论文和传教演讲作品也在宗教争论和斗争中成批涌现，充斥拜占庭大小图书馆，各教堂和修道院的藏书迅猛增加，借阅的信众趋之若鹜，大有取代国家图书馆之势。此期最有代表性的基督教学者是凯撒里

---

① "阿莱莎斯有时就记载下他花费在这些方面的支出金额，使我们了解到，他的欧几里得抄本（现在收藏在牛津）花费了14个金币（nomismata），他的柏拉图（对开471页）抄写花了13个金币，使用的羊皮纸花了8个金币，他的基督教使徒文集（现存巴黎）抄写花了20个金币，6个金币用来购买羊皮纸。这是一笔相当大的花销，超过了最富有的个人能够承担的极限。我们对比一下就清楚了，一个中级朝廷大臣的年薪俸总额为72个金币。按照今天的物价水平换算（在可比的范围内），阿莱莎斯的柏拉图文集大约花费了5 000英镑"。C.Mango（ed.），*The Oxford History of Byzantium*，Oxford 2002，p.223.

② K. Krumbacher，Ιστορια της Βυζαντηνης Λογοτεχνιας，II，pp.517.

③ A.A. Vasiliev，*History of the Byzantine Empire*，I，pp.716-718.

亚人巴西尔，他和小亚细亚地区的基督教同仁共同推动了所谓"教父文学"的发展，其作品一时为人争相传阅，成了热门书籍。自4世纪凯撒里亚的优西比乌撰写了第一部《教会史》以后，一种新的历史写作文体便成了作家模仿的蓝本，据对现存史料的分析，仅撰写325—439年间基督教历史的作者就有5人之多，而同期世俗编年史既不连贯，数量又少。[1]教会对教育的控制是这一时期教会文化发展的又一标志，教会不仅设立专门培养神职人员的学校，而且将世俗学校置于其掌握之中。皇帝弗卡斯（Phocas，602—610年在位）即下令关闭了君士坦丁堡大学，同时将许多传授世俗知识的学校交由教会管理，其后的希拉克略皇帝虽然恢复了君士坦丁堡大学，但是任命君士坦丁堡大教长为校长。[2]教会对教育的垄断显然有助于教会文化的发展，同时阻碍了世俗文化的发展。

毁坏圣像运动是拜占庭帝国世俗统治集团打击教会势力的斗争。这场运动的目标直指教会，以民众暴力斗争的方式，捣毁圣像，游斗教士，没收教产，焚烧宗教书籍和艺术品，使基督教文化遭到了巨大破坏，教会庞大的经济基础从此瓦解，教会文化也因此陷入相当长时间的消沉。与此同时，世俗文化得到恢复。此后，教俗文化在拜占庭帝国专制皇权控制下进入了共同发展的阶段。

拜占庭教俗文化两大主流文化在不同的领域中发挥各自的优势，并存共荣。在各类学校中，基督教神学和世俗知识均是不可缺少的教育内容，学生既要学习《圣经》，也要背诵《荷马史诗》，哲学、算术、天文、法律、物理和神学课程均是高等教育的组成部分。国家政府官员和教会高级僧侣均被要求具有教俗两方面的文化修养，例如君士坦丁堡大教长尼基弗鲁斯一世（Nicephorus I，806—815年在位）即先从师于世俗学者后就读于教会学院。[3]而在重新建立的国立大学中，集中了许多名噪一时的优秀学者，其中包括以哲学家为其绰号的利奥、杰出的编年史家约翰和百科全书式学者普塞罗斯，他们均具有博大精深的世俗学问和全面的基督教知识。普塞罗斯撰写的多卷本《编年史》既是研究拜占庭帝国历史的珍贵资料，也是了解同期教会历史的第一手资料。直到拜占庭帝国末期，名垂青史的大学者几乎都是精通教俗文化的人物，只知神学的教士或对宗教问题无知的作家都难登大雅之堂，甚至许多高官显贵和

---

[1] G.Ostrogorsky, *History of the Byzantine State*, p.24.
[2] S.Runciman, *Byzantine Civilization*, p.225.
[3] K.Krumbacher, *Ιστορια της Βυζαντηνης Λογοτεχνιας*, II, p.709.

第九章　拜占庭文化

政治家也是教俗知识兼通的学者。由此可见,教俗文化两大主流文化在拜占庭帝国不是作为对立物存在的,而是互相补充,相得益彰。基督教文化在思想和艺术领域比较活跃,通过宗教活动和神学争论影响拜占庭社会心理、伦理道德和风俗习惯,而世俗文化则在传统的文史哲、语言和自然科学领域占主导地位。两者作为拜占庭社会文化和意识形态的重要组成部分,随着社会结构的变化而变化,满足拜占庭社会精神生活的需要。

拜占庭教俗文化共同发展这一特点是拜占庭帝国特殊社会结构和政治制度决定的。自拜占庭帝国兴起之初,即形成了较为强大的中央集权,以皇帝为中心的庞大官僚机构层层控制包括教士在内的社会各个阶层。325年召开的尼西亚基督教大会明确规定,皇帝是基督教教会的最高首脑,拥有对教会的最高领导权。皇权高于教权的思想和制度虽然在拜占庭历史上多次受到教会的挑战,但是总体而言,教会权力始终服从皇权。直到1389年,大教长安东尼四世(Antony IV,1389—1390年在位)还致信莫斯科大公,"圣洁的皇上占据教会的最高地位,他不像其他地方的君主王公。皇上从开始即为全世界确立并肯定了真正的信仰,皇帝召集宗教大会,还以法律使人们服从神圣教会法确定的真正信条和教会正宗生活的东西,基督教不可能有教会而没有皇帝"。[①]教会在拜占庭帝国只是作为国家的一个部门而存在,它不能无限制地扩大权力,当教会势力可能对皇权构成威胁时,世俗君主就必然采取限制措施。同样,教会文化也不可能主宰世俗文化。事实上,教会文化不可能涉及知识的所以领域,包揽所有的学术分支,单靠教会文化难以满足拜占庭社会多方面的需求。例如,拜占庭帝国各级官吏都被要求接受相应的专业培训和比较系统的教育,所有法官必须修满规定的法律课程,通过考试合格者方能获准从事法律工作。同时,教会对神职人员资格的严格要求也决定了教会文化长期发展的外在需求。较高的社会文化要求使拜占庭帝国教俗文化得以并存发展。

当我们在分析拜占庭教俗文化共同发展这一特征时,还应注意拜占庭帝国政府采取的文化政策,或者说,拜占庭国家推行的文化政策也发挥了决定性的作用。在拜占庭历史上既有像尤利安(Julian,361—363年在位)这样的皇帝公开支持世俗文化和多神教,也有像查士丁尼一世这样的皇帝为强化皇帝专制而大力推行基督教化政策。前者为发展古典文化建立的图书馆藏书达到12万册,而后者不仅关闭了传播世俗文化的中心雅典学院和许多法律学校,

---

[①] J.S.Kortes, *Church and State in Russia*, New York, 1940, p.8.

而且下令烧毁了著名的亚历山大里亚图书馆。伊苏利亚王朝对教会势力的打击使皇权得以控制帝国物质和精神生活。皇帝根据统治需要制定其文化政策,使拜占庭文化不能不带有明显的专制君主统治的政治烙印。总之,无论是宗教文化还是世俗文化都不可能摆脱皇权控制而独立发展,这一点是拜占庭帝国中央集权皇帝专制统治造成的。

四、拜占庭文化的历史地位

1. 对斯拉夫世界的影响

拜占庭文化对斯拉夫文化的影响最为深远。斯拉夫人于6世纪进入巴尔干半岛时尚处于由原始氏族公社向阶级社会转变的阶段,文化发展水平十分低下,直到9世纪初,斯拉夫人国家中相对发达的保加利亚人尚无本民族文字,没有形成独立的文化特色。他们在入侵拜占庭帝国领土的同时接触到先进的文化,并极力模仿拜占庭政治和法律制度,将拜占庭皇帝和宫廷礼仪作为学习的榜样,拜占庭金银珠宝首饰和各种奢侈品则对斯拉夫贵族起了潜移默化的作用。

9世纪中期,拜占庭文化对斯拉夫人居住区的传播进入高潮。当时,迫于法兰克国王查理曼入侵威胁的摩拉维亚大公拉斯迪斯拉夫(Rastislav, 846—870年在位)与拜占庭帝国结盟(图9-25),寻求军事和文化支持,希望米海尔三世派遣传教士到摩拉维亚。不久,保加利亚国王鲍里斯一世(Tsar Boris of Bulgaria, 852—889年在位)也向拜占庭皇帝米海尔三世请求传教。862年,西里尔(Cyril, 826—869年)和其兄弟美多德(Methodius)应邀前往传教,[①]帮助斯拉夫人建立独立教会,使用希腊字母为斯拉夫方言拼音,创造出西里尔文字,并用西里尔文字进行《新约》和古希腊著作的翻译,从而奠定斯拉夫文学的基础,西里尔

图9-25 拉斯迪斯拉夫

---

① Conxtantine the Philosopher,生于塞萨洛尼基的贵族之家,进入修道院后取名为西里尔,Francis Dvornik, *Byzantine Missions among the Slavs:SS.Constantine-Cyril and Methodius*, Rutgers University Press, 1970, pp.53-145.

第九章　拜占庭文化

文字也成为斯拉夫各民族文字的来源。这一事件在斯拉夫文化发展史上具有重要意义,它标志着斯拉夫民族文明化的开端。从此以后,斯拉夫文化迅速发展,逐步形成具有鲜明特征和丰富内容的独立文化体系,拉斯迪斯拉夫和鲍里斯一世因此被后人尊为斯拉夫文化的奠基人,他们倡导的独立教会也得到君士坦丁堡大教长的承认,获得合法地位。在教会的积极组织下,斯拉夫各地建立起许多修道院、学校和教堂,斯拉夫各国还派遣大批留学生到君士坦丁堡的教俗学校学习。[①]塞尔维亚人后来取代摩拉维亚人控制巴尔干半岛西北部,并接受西里尔文字和东方基督教,而克罗地亚、达尔马提亚则接受西方基督教。鲍里斯一世之子西美昂一世(Simeon I of Bulgaria,893—927年在位)统治时期,保加利亚成为传播拜占庭文化的中心。西美昂一世(图9-26)本人

图9-26　西美昂一世与拜占庭皇帝罗曼努斯一世会谈

[①] 参见乐峰:《东正教史》,中国社会科学出版社1999年版。该书重点介绍俄国东正教的历史和现状。

在君士坦丁堡接受过全面教育,回国后大力支持文化事业,保护精通拜占庭艺术的艺术家。他还派遣学生专程去君士坦丁堡学习拜占庭建筑,重新建造本国首都,大量拜占庭和古希腊的书籍被翻译成为斯拉夫文字,斯拉夫人古代的口传历史第一次得到系统整理。此外,他以拜占庭为榜样,建立中央集权的官僚体制,重新建立政府机构,并确立起拜占庭式的税收制度。[1]

拜占庭文化对古罗斯人的影响非常大,9世纪末前后,诺夫哥罗德和基辅的留里克王朝就与拜占庭人发生联系,并接触到先进的文化,而拜占庭传教士开始对基辅进行访问,西里尔文字也在古罗斯流传,在罗斯人正式接受基督教以前,拜占庭基督教已经在悄然改变着罗斯人多神教信奉。954年,大公伊戈尔之妻奥丽加(Olga of Kiev)皈依东正教,[2]45年后,大公弗拉基米尔·斯维亚托斯拉维(Vladimir the Great, 978—1015年在位)强迫臣民全体受洗,接受基督教为国教。弗拉基米尔皈依基督教是俄国古代历史上的重要事件,从此以后,他们采取拜占庭式政府制度,广泛接受拜占庭文化。俄罗斯的绘画艺术和建筑风格在拜占庭文化的基础上逐步形成自己的特点,拜占庭教会的思想观念逐步渗透到俄国人民的日常生活中,俄罗斯民族语言文学则以西里尔文字为工具发展起来。

拜占庭文化在斯拉夫民族中得到认同,君士坦丁堡被东欧斯拉夫人看作是他们共同宗教和文化起源的中心。他们以拜占庭文化为基础,发展出更加粗犷、简洁的文化特点。在拜占庭帝国衰落过程中,拜占庭知识界继续发展与斯拉夫各民族的文化关系,逐步形成具有共同信仰并有别于西欧的东欧世界。

2. 对阿拉伯文化的影响

拜占庭文化对阿拉伯文化的影响早于伊斯兰教的兴起,但是两种文化的频繁交往是在7世纪中期伊斯兰教兴起以后。伊斯兰文化随着阿拉伯军队大规模的军事扩张而形成和发展,它与被征服地区和交战民族进行广泛的接触,并吸收其他文化因素,拜占庭文化是早期伊斯兰教文化学习的对象。在阿拉伯军队占领的原拜占庭帝国领土上存在许多拜占庭文化中心,例如叙利亚的安条克、巴勒斯坦的凯撒里亚和加沙等,其中埃及亚历山大里亚最为重要。在这些

---

[1] 关于西美昂一世的研究成果大多为论文,仅有希腊学者出版过专著,A. Σταυριδου-Ζαφρακα, *Η Συναντηση Συμεον και Νικοαου Μυστικου*, Thessaloniki, 1972。
[2] 奥丽加出访君士坦丁堡,受洗接受基督教的时间目前尚有争论,差异在3年左右,乐峰的《东正教史》对此避而不谈,本书采用多数拜占庭学家的意见。

第九章 拜占庭文化

中心,学者云集,图书馆和博物馆收藏丰富,文化气氛浓厚,为其他城市所缺少。作为这些文化中心的新主人,阿拉伯人自然拥有接受拜占庭文化的优越条件,他们从这些文化中心开始了解到古典文化和拜占庭学术与艺术。可以说,伊斯兰教文化是在波斯、小亚细亚、拜占庭和印度诸种文化的直接影响下形成的。

8世纪前半期,阿拉伯人军事扩张受阻后,开始重视文化交往,军事对抗造成的民族和宗教对立在和平时期的文化交往中得到缓和。当时拜占庭皇帝利奥甚至允许在君士坦丁堡建立清真寺,君士坦丁堡大教长还致信驻克里特的埃米尔,提出尽管两个民族习俗、生活方式和宗教信仰不同,但应该像兄弟一样共同生活。事实上,阿拉伯人在西亚、北非地区的扩张也迫使拜占庭人认真调整其对阿拉伯人的政策,而文化渗透对拜占庭统治者来说是重要的外交工具,因此多数皇帝重视文化交往。哈里发的使节受到拜占庭王公最高规格的接待,在拜占庭朝廷外宾名册上,来自巴格达和开罗的使节排位在西欧使节之前,而拜占庭皇帝的使节也受到阿拉伯哈里发的盛情款待。在和平时期,哈里发将邀请拜占庭学者到巴格达讲学作为其文化活动的重大事件。正是这种人员往来促进了两种文化的交流。917年,拜占庭特使在巴格达受到盛大的欢迎。947年,皇帝君士坦丁七世将精美的古希腊医学名著和罗马帝国史书的拉丁语手稿赠送给西班牙的哈里发。君士坦丁堡对伊斯兰教文化中心巴格达和科尔多瓦的文化影响持续到11世纪,在科尔多瓦70所图书馆中保存着大量来自拜占庭帝国的古代手稿。遵循"信仰知识"教义的哈里发积极支持整理和翻译古希腊罗马书籍,亚里士多德的哲学作品和希波克拉底及盖伦的医书很受欢迎。在阿拔斯王朝宫廷中,有许多学者从事翻译工作,他们将古代哲学、数学和医学著作从希腊语翻译为阿拉伯语,著名的拜占庭学者大马士革的圣约翰在哈里发宫廷中生活多年,他反对毁坏圣像运动的多篇论文在此写成。哈里发公开承认拜占庭文化的辉煌,推行接受拜占庭文化的政策,哈里发瓦利德一世(Walid I, 705—715年在位)曾向拜占庭皇帝提出派遣艺术家到大马士革、麦地那和耶路撒冷为清真寺和哈里发宫殿装修镶嵌画,西班牙科尔多瓦的后倭马亚王朝哈里发哈卡姆二世(Al-Hakam II, 961—976年在位)也向拜占庭皇帝提出相同的请求,希望装修水平比大马士革更高,为此还派专人到拜占庭帝国学习制作镶嵌画的技术(图9-27)。此后,拜占庭皇帝将一批镶嵌画赠送给这位哈里发,君士坦丁七世一次赠送给哈里发的镶嵌画就有140幅之多。哈里发马蒙曾派多名留学生去君士坦丁堡学习自然科学,他们在著名的拜占庭数学家利奥指导下学习,回国后对发展阿拉伯科技起了重要作用。

马蒙对利奥极为尊重,多次派特使前往君士坦丁堡邀请,皇帝狄奥斐卢斯闻讯,立即任命利奥为国家教授,由皇室发放特殊薪俸。马蒙则致函狄奥斐卢斯,愿以长期和平和2 000金镑换取利奥在巴格达的短期讲学,上演了两国争夺人才的精彩片断。[①]

图9-27 哈里发哈卡姆二世的宫廷生活

现代学者对拜占庭和阿拉伯文学进行对比研究后,认为两国语言文学相互影响非常深刻,例如,阿拉伯史诗中歌颂的英雄阿布达莱,其原型可能是拜占庭史诗中的狄格尼斯·阿克利达斯,因为他们的经历和英勇无畏的英雄品质,以及史诗的表现手法都十分相像。这个形象后来又被奥斯曼土耳其文学所接受,只是英雄的名称改为赛义德·瓦塔尔·加茨。在语言方面,阿拉伯语中至今保留着许多拜占庭时代的用语。

十字军战争和西欧十字军骑士对巴尔干半岛和中东地区的破坏彻底改变了拜占庭文化和伊斯兰教文化的关系,同时,由于阿拉伯帝国和拜占庭国家的持续衰落改变了西亚政局,遂使两种文化交往进入低潮。

3. 对中古西欧的影响

中古时期拜占庭文化主要通过拜占庭帝国在南意大利的属地对西欧产生影响。中古早期,意大利南部和东部长期处于拜占庭帝国的势力范围。6世纪,拜占庭军队征服东哥特王国后,希腊居民大量涌入南意大利,希腊语和拜占庭文化的各种因素也随之进入该地区。由于拜占庭文化保留了古典希腊罗马文化的主要内容,因此很容易获得当地人民的认同,伦巴底人在此后征服和统治意大利期间也接受拜占庭文化影响。巴尔干半岛的动荡局势使更多希腊人移居南意大利和西西里岛,特别是在毁坏圣像运动期间,大批有教养的教士和修士逃亡到南意大利,他们对拜占庭文化在西欧的传播起了重要作用。9—

[①] A.A.Vasiliev, Byzantium and Islam, 载柏尼斯:《拜占庭:东罗马文明概论》,第11章。

第九章 拜占庭文化

10世纪,阿拉伯人对西西里的征服和统治使希腊移民集中到卡拉布里亚、拉韦纳等希腊人集聚地区,形成了有共同民族语言、同样宗教信仰、相同文化传统和生活习俗、人口密集的拜占庭文化传播中心。9世纪以后,在上述地区出现拜占庭文化传播的高潮,与西西里出现的阿拉伯人学习古典文化的热潮相呼应,促进西欧人对古代光辉文化的了解。

拜占庭文化西传的历史早在5世纪已经开始,当时"新亚历山大学派"的作家以对古典文学深刻的理解,用通俗的语言阐述古典文学创作的原则,他们的作品在西地中海流传,具有广泛影响。历史学家凯撒里亚的优西比乌在其模仿希罗多德文风的《教会史》和《编年史》中大量引用古代作家的作品,他的书被翻译为拉丁语和亚美尼亚语,流传于整个地中海世界和西亚地区。君士坦丁堡大学语言学教授写于526年前后的《文法》,成为中古欧洲最权威的语言教材之一。6—7世纪,拜占庭内科学、病理学专著和医疗教科书均对中古西欧医学产生了重要影响。

拜占庭文化的西传出现过多次高潮,例如在毁坏圣像运动期间,大批流亡西欧的教士成为文化的传播者。13世纪初,第四次十字军东征前后,拜占庭文化再次出现西传的高潮。虽然这次战争对拜占庭帝国和中东地区造成了极大破坏,但是在客观上也使西欧各阶层民众亲身了解和接触到拜占庭文化。亲身参加过君士坦丁堡攻城战的法国骑士记载:集聚在城下的西欧骑士"不能相信整个世界上竟然有如此富有的城市……如果不是亲眼所见,真是难以相信"。这个时期,从君士坦丁堡抢夺的大批珍宝文物、图书和艺术品在西欧各国广泛传播,"拉丁人的住宅、官邸和教堂都用抢夺来的珍宝装饰起来"。[①] 诸如玻璃制造、地图绘制等科学技术,也于同期从拜占庭帝国传入西欧。拜占庭文化西传的最后的高潮出现在14世纪以后,这次高潮出现的原因是土耳其人在巴尔干半岛的军事扩张引起地区性局势动荡,使大批拜占庭学者和工匠移居西欧,直接促进了拜占庭文化在西欧地区的传播和意大利崇尚古典文化热潮的形成。拜占庭文化对意大利文艺复兴的这种直接和间接的影响意义极为深远。当西欧早期资产阶级发动新文化运动时,拜占庭国家正遭到奥斯曼土耳其人进攻而走向灭亡,大批报国无望的知识分子不堪忍受异教的压迫和动乱形势的骚扰,纷纷逃亡到意大利,他们以深厚的古典文化功底和情趣影响着意大利人文主义者,推动文艺复兴运动的展开。这段历史值得后人认真研究。

[①] 列夫臣柯:《拜占庭》,三联书店1962年版,第182页。

图9-28 巴尔拉姆

图9-29 薄伽丘

对意大利文艺复兴产生重要影响的第一位拜占庭学者是巴尔拉姆(Barlaam of Seminara, 1290—1348年)(图9-28),他曾在君士坦丁堡、塞萨洛尼基和东正教圣地阿索斯修学多年,后来在意大利南部卡拉布里亚修道,皇帝安德洛尼卡三世统治时期,他作为东西方教会谈判特使被派往西欧,争取西欧君主的同情和支持,以共同反击土耳其人的入侵。他在阿维农教廷和意大利各地讲授希腊语,传播古希腊知识。早期意大利"文学三杰"之一的彼特拉克(Petrarca, 1304—1374年)怀着崇敬的心情谈到巴尔拉姆,称之为"激起我无限希望"和"使我加深理解希腊文化……的老师",将他描写成"杰出的希腊演说者",认为他思想丰富、思维敏捷。另一位对文艺复兴运动有重要影响的拜占庭学者是巴尔拉姆的学生皮拉杜斯(Leontius Pilatus, 15世纪人)。他青年时往来于希腊和意大利各地求学,学成后回到意大利教授希腊语言和文学,彼特拉克和薄伽丘(Boccaccio, 1313—1375年)都曾是他的学生,薄伽丘(图9-29)在《异教诸神谱系》中将他说成"最伟大的希腊文学活权威和希腊传说故事的取之不尽的档案"。[1]在佛罗伦萨逗留期间,皮拉杜斯将《荷马史诗》从希腊语翻译为拉丁语,这是荷马史诗的拉丁语新译本,对该史诗在意大利和西欧的传播起了重要作用。可以说,巴尔拉姆和皮拉杜斯是早期意大利文艺复兴运动中的拜占庭文化先驱。

对意大利文艺复兴影响最大的拜占庭学者曼努埃尔·赫里索洛拉斯、格弥斯托士·卜列东和贝萨里翁等人,被后人誉为"拜占庭人文

---

[1] A.A. Vasiliev, *History of the Byzantine Empire*, II, pp.714-716.

主义者"。赫里索洛拉斯（Manuel Chrysoloras，约1355—1415年）为君士坦丁堡人，自幼饱学古书，后在君士坦丁堡任哲学、修辞学教授，由于其门下的许多意大利留学生回国后积极投身于文艺复兴运动，使他在意大利名声远扬。后来，他受聘前往意大利，在佛罗伦萨、威尼斯和米兰等文艺复兴中心城市讲学，其学生中有许多人文主义者。由于他精通古希腊语和古希腊文学，故深受意大利人文主义者高度评价和极大尊重，他的神学论文、希腊语法教材以及对柏拉图作品的译作在人文主义者中传阅，他们盛誉他是深陷在文化黑暗中的意大利升起的太阳，是"希腊语和哲学的王子"（图9-30）。格弥斯托士·卜列东（Gemistus Pletho，约1360—1452年）和贝萨里翁是晚期拜占庭文化复兴热潮的领导人物，对意大利文艺复兴也有巨大影响。前者在佛罗伦萨积极参与创建著名的柏拉图学院，并在该院讲授柏拉图哲学，对西欧学者复兴柏拉图哲学起了很大推动作用。贝萨里翁（Basilios Bessarion，约1403—1472年）出生在特拉比仲德，在君士坦丁堡接受过系统的教育，对古希腊诗人、演说家和哲学家进行过研究，并在伯罗奔尼撒半岛的米斯特拉修道院研究古希腊学术，后来担任尼西亚大主教。由于他具有精深的古希腊学问，受到意大利各界的广泛欢迎，定居罗马后，其驻地便成为人文主义者聚会的沙龙。特别值得提到的是，贝萨里翁精心收集了大量早期教父作品、神学论文和古代书稿，并将这些书捐献给威尼斯图书馆，它们构成了该图书馆最珍贵的收藏。他本人的大量著作、神学论文和对古典作品的翻译对复兴古典学术起了积极的推动作用，他对色诺芬、德摩斯梯尼和亚里士多德作品所作的翻译是文艺复兴时代最好的拉丁文译本。现代学者对他高度评价，认为"贝萨里翁生活在两个时代的分界，他是拉丁化的希腊人……是保护学者的红衣主教，是捍卫柏拉图学说的学者型神学家，一位对开启近现代文化作出无与伦比贡献的尚古的学者"。[①]

图9-30　赫里索洛拉斯

---

① H.Vast, *Lecardinal Bessarion (1404-1472)*, 转移自A.A. Vasiliev, *History of the Byzantine Empire*, II, pp.718-721.

拜占庭文化对意大利文艺复兴所作出的另一个贡献是为当时的人文主义者提供大量的古代手稿文物和书籍。一方面，流亡的拜占庭学者将包括古希腊和拜占庭时代的许多手稿书籍带往意大利；另一方面许多意大利学者前往君士坦丁堡收集古代书稿和文物，其中最突出的是乔万尼（Giovanni Aurispa，1376—1459年）。他在君士坦丁堡、伯罗奔尼撒地区和爱琴海诸岛收集了许多古希腊文物书籍（图9-31）。这些图书文物对当时具有新文化观念的知识分子震动极大，正如恩格斯所说："拜占庭灭亡时抢救出来的手抄本，罗马废墟中发掘出来的古代雕像，在惊讶的西方面前展示了一个新世界——希腊的古代；在它的光辉的形象面前，中世纪的幽灵消逝了；意大利出现了前所未见的艺术繁荣，这种艺术繁荣好像是古典时代的反照，以后就再也不曾达到了。"①

图9-31 乔万尼

总之，拜占庭文化是欧洲中古文化的明珠，是人类文化宝库的重要组成部分，它在西方文化发展史上起了承上启下、继往开来的作用。拜占庭文化在世界范围内游牧民族普遍冲击农耕民族的时代，保护古典希腊罗马文化遗产免遭灭亡，使古典文化能够传于后世。同时，拜占庭人使古典文化适合于中古社会生活，形成了古典文化的特殊形式。拜占庭文化内容丰富，体系完备，发展水平较高，因此在文化发展缓慢的中古欧洲发挥了积极作用，直接促进了斯拉夫世界的文明化，加速了斯拉夫各民族国家的发展，并且形成了以东正教为核心的东欧世界。拜占庭文化还对周围其他民族文化产生了积极的影响，推动了中古时期不同文化之间的交流。拜占庭文化为中古晚期的西欧提供了有利于未来发展的进步因素，在学术和艺术领域留下的宝贵遗产通过各种渠道传遍世界。

4. 对忽视拜占庭文化意见的一点分析

拜占庭文化在欧洲和地中海文化发展史上占有重要地位，是世界中古史的重要组成部分。但是，相当长一段时间，我国学术界对其重视不够，为数不少的学者存在忽视拜占庭文化的倾向。他们或者避而不谈拜占庭文化的重要性，或者贬低拜占庭文化的影响，在许多涉及拜占庭文化的论文和专著中，拜占庭文

---

① 《自然辩证法导言》，《马克思恩格斯选集》第3卷，第444-445页。

第九章 拜占庭文化

化被置于无足轻重的地位。因此,本节对这一现象作适当分析是必要的。

忽视拜占庭文化的倾向主要表现在两个方面。其一,部分学者在文化传播史的考察中,忽视拜占庭文化传播的持久性和阶段性,没能注意拜占庭文化在千余年间不间断的对外交流,更不了解拜占庭文化在传播中出现的多次高潮,而只是片面地就某一时期或某一领域进行考察,得出以偏概全的结论。事实上,如前文所述,拜占庭文化从拜占庭帝国崛起之时即开始了对外交流的过程,拜占庭人从4世纪中期以后就以古典文化的继承者自居,而拜占庭作家的作品通过多种渠道向周边地区流传。例如,拜占庭帝国第一位教会史作家凯撒里亚的优西比乌的作品在4—5世纪时即在西欧流传。在梵蒂冈图书馆中有据可查的拜占庭文史著作很多,其中影响较大的有著名的拜占庭史家塞奥发尼斯撰写的《编年史》,它早在873—875年间即被译为拉丁语。[1]君士坦丁堡作为当时欧洲最大的文化中心,吸引了许多来自欧洲和西亚各地的外国学生,有关的记载最早可上溯到5—6世纪。当然,由于拜占庭帝国与欧洲其他地区联系更为密切,它们的价值取向和宗教信仰更趋一致,因此拜占庭文化对欧洲地区的影响更为强烈。伊斯兰教兴起以后,阿拉伯帝国迅速崛起,其军事征服的范围囊括了西亚、北非大部分地区。在被征服的原拜占庭帝国属地上,许多传统的文化中心继续发挥着其重要作用,例如埃及的亚历山大里亚、小亚细亚的迦克墩和埃德萨、叙利亚的安条克、巴勒斯坦的耶路撒冷,等等,在阿拉伯人统治时期仍然是文化和宗教重镇。

由于拜占庭文化建立在古典文化的基础上,其发展的起点较高,因此,在相当长时期内,保持着对周边其他民族文化的优势地位。但是,文化传播需要一定的条件,当战乱和宗教冲突破坏了安定的局势时,文化传播的渠道即可能被堵塞,文化传播的载体甚至遭到摧毁。拜占庭文化传播因局势的变化而出现过低潮和高潮。以西欧为例,在日耳曼民族大迁徙运动后数百年,大部分地区处于民族国家重新组合的过程之中,长期的战争打乱了文化发展的正常秩序,随之而来社会对文化的需求也大大降低。拜占庭文化在最初西传的过程中,主要集中在意大利中部和南部,而对阿尔卑斯山以北地区的影响十分有限。8世纪以后出现的第一次西传高潮也是由于拜占庭帝国内部爆发了毁坏圣像运动造成的,因躲避迫害而流亡西欧的教士不自觉地成为拜占庭文化的传播者。据史料分析,意大利卡拉布里亚城在8—9世纪就接受了5万流亡

---

[1] A.A. Vasiliev, *History of the Byzantine Empire*, I, pp.120、291-292.

图9-32 意大利拉韦纳克拉塞的圣阿波利纳雷教堂美丽的镶嵌画

教士。① 大批的流亡教士中不乏学贯教俗文化的学者,他们客观上促进了拜占庭文化西传的高潮(图9-32)。十字军东征和奥斯曼土耳其人西侵战争也在客观上促进了拜占庭文化的传播,前者形成了拜占庭文化西传的第二次高潮,后者导致第三次高潮。我们在考察这一问题时必须具体问题具体分析,依据具体的史实,将考察的对象置于各个时期不同的历史背景中,得出比较接近历史事实的结论。

忽视拜占庭文化的另一个表现也缺乏实事求是的态度。一些学者简单地认为,中古欧洲完全陷入文化衰落,是阿拉伯人担负起继承和传递古典希腊罗马文化的历史责任。这一观点反映了部分阿拉伯学者的文化自豪感,但与历史事实相去较远。事实上,无论是古典文化传入西欧还是西欧了解古代文化遗产,主要是在拜占庭帝国衰亡前后半个世纪,因为14世纪以前的中古西欧虽然不乏接受古代文化的良机和外部条件,但是,由于其封建农本社会物质生活和精神生活需求的低下,西欧社会内部缺少接受古代文化的动机。在相当长的时期内,西欧地区特别是罗马教会只是被动地、零散地接受少量的外来文化,包括阿拉伯人在西西里和西班牙向西欧介绍的个别学科或个别作家的成果。只是当西欧资本主义商品社会逐步取代封建的农本社会时,早期资产阶级才在其物质财富大量积累的基础上,提出更高的文化需求,以提高生活质量。他们借助古代文化冲击旧社会的精神桎梏,掀起了新文化运动的高潮。于是,一个积极主动全面接受古代文化的时代才真正到来。恰在此时,拜占庭帝国的衰亡和大批拜占庭学者的西迁为西欧复兴古代希腊罗马文化提供了机会。

即便出现了拜占庭文化大规模西传的机会,我们仍然要具体问题具体分析。根据对拜占庭文化传播的初步考察,笔者认为拜占庭文化主要在人文学科各个领域对西欧产生了重要影响,这是阿拉伯文化无法比拟的。首先,拜占庭造型艺术和音乐对西欧影响非常强烈,特别是在意大利影响最明显,"从

---

① 怀特:《诺曼时期西西里的拉丁修道生活》,剑桥1938年版,第15-17页。

第九章 拜占庭文化

6—13世纪，意大利就是拜占庭帝国的一个艺术方面的省区，这样说毫不夸张"。^①据笔者对南欧各地保存的拜占庭时代镶嵌画的实地考察，现存意大利拉韦纳圣维塔教堂的查士丁尼一世的镶嵌画是最完美、最具代表性的作品。而意大利威尼斯的圣马可教堂、法国比利古的圣弗朗教堂、德国亚琛的查理曼教堂均为拜占庭帝国首都君士坦丁堡教堂和拉韦纳圣维塔教堂（图9-33）的复制品，均可列入拜占庭建筑艺术杰作的名单。^②拜占庭工艺品也在西欧享有很高的声誉，至今是许多国家的艺术珍藏，如法国圣迪尼修道院收藏了8—

图9-33 意大利拉韦纳圣维塔教堂

9世纪流传到西欧的拜占庭艺术挂毯，英国坎特伯雷教堂也保存了7世纪从拜占庭帝国收集的艺术品，西欧所有重要教堂和修道院几乎无不以所藏拜占庭文献和艺术品为镇宅之宝。这方面的例证很多，仁西曼的《拜占庭文明》中有详细说明。^③拜占庭音乐以古希腊丰富的乐理知识为基础，在东正教多样的礼仪中发展起来，并对西欧音乐发展产生了不可低估的影响，学者认为西欧音乐中的和声、重声、混声、对位技巧多来自拜占庭音乐，这对近代欧洲交响乐的影响至今犹存。今天，当我们在东正教教堂聆听多声部无伴奏合唱时，仍然可以感受到古代拜占庭音乐对欧洲音乐的深远影响。

其次，拜占庭文史哲各学科对西欧也产生了极大影响，除了13世纪以前

---

① D.A.Geanacopulos, *Byzantine East and Latin West*, New York, 1966, p.46.
② 世界建筑界权威的教材牛津《建筑史》以专门章节对上述建筑作了比较系统地分析，并附有它们的精确平面图和立体剖面图。S.B.Fletcher, *A History of Architecture*, London 1975, pp.383-402.
③ S.Runciman, *Byzantine Civilization*, p.238.

传入西欧的教会史、编年史、辞书、语法教材和诗歌集等,意大利文艺复兴时代传入西欧的古典作品对当时的人文主义作家帮助极大。由于拜占庭人将古典作品视为完美无缺的文化结晶,认为无需对它们进行任何修改,他们应该做的仅仅在于模仿,所以拜占庭学者重视翻译和注释,而不像阿拉伯人和罗马教士重视修改和意译。保存至今比较权威的古典文史哲杰作大都为拜占庭文本和柯普特文本,[①]阿拉伯文本则由于从叙利亚语、柯普特语等多种语言转译而缺乏准确性。客观地说,拜占庭人在继承古典文化中并无大的建树,也很少创新,他们始终有意无意地固守古代的文化传统,这也是16世纪以前的西欧人不加区别地看待古希腊和拜占庭作家,将他们一律称作"希腊作家"的原因之一。

总之,拜占庭文化对外传播长期不断,并在不同时期、不同领域对其他民族文化产生了深刻影响,我们在考察这一问题时应本着实事求是的原则,全面客观地作出具体分析,以便正确认识拜占庭文化在世界文化特别是欧洲和地中海文化发展中的地位。

---

① 柯普特语是指拜占庭帝国时代埃及行省流行的语言,亚历山大里亚作为当时重要的文化中心,在整理和注释古代文献中发挥了主要作用。

第十章 拜占庭帝国的对外关系[①]

一、拜占庭帝国在亚洲西部地区

1. 拜占庭帝国与波斯人

拜占庭帝国与波斯帝国之间的关系承自晚期罗马帝国时代的东方战争（The Oriental War），这一战争深刻地影响了罗马时代的政治和经济发展，也继续影响着早期拜占庭帝国的对外政策。

拜占庭与波斯两国之间的争霸战争大体分为君士坦丁王朝、查士丁尼王朝和希拉克略王朝3个时期。君士坦丁王朝统治期间，着重推行稳定的东方政策。对于一直困扰晚期罗马帝国的"东方问题"（即波斯问题），帝国政府曾作为最重要的外交问题，当时，重新崛起于224年的萨珊波斯帝国（the Persian Empire of the Sassanians）向西扩张，占领了原帕提亚帝国（the Parthian Kingdom）的西亚领土，[②] 4世纪时，在两河流域地区与拜占庭帝国发生冲突，从此开启了持续数百年的争霸战争。为了巩固君士坦丁王朝的统治和帝国在东方的地位，君士坦丁大帝在位于博斯普鲁斯海峡西侧的古城拜占庭兴建东都，将帝国统治中心东移（图10-1）。337—350年，双方之间爆发了第一次战争，拜占庭人虽然在军事上失利，但阻止了波斯人向西扩张。359—361年，第二次拜占庭波斯战争爆发，波斯军队攻占若干拜占庭东方边境城市，但是旋即被拜占庭人夺回。皇帝尤利安（Julian，361—363年在位）亲自统兵侵入波

[①] 本章资料大多参考Louis Brehier, *The Life and Death of Byzantium*, Oxford 1977, I. E. Καραγιαννοπουλος, *Ιστορια του Βυζαντινου κρατους*, Θεσσαλονικι 1991, A.A. Vasiliev, *The history of the Byzantine Empire*, London 1970, 恕不一一详注。

[②] 我国古籍中称之为安息，见《史记》《汉书》。

图10-1　君士坦丁堡

斯领土,夺取底格里斯河渡口,并在波斯陪都泰西封(Ctesiphon)以北大败波斯军队。363年尤利安死后,波斯人重新夺取战场主动权,双方缔结的30年和约规定:恢复被拜占庭人夺取的波斯西部领土;亚美尼亚王国(the Armenian Kingdom)脱离拜占庭帝国控制。此后,双方互有攻守,摩擦不断。

　　拜占庭和波斯两国之间的战争在查士丁尼时代进入第二时期。一心建立统一的罗马大帝国的查士丁尼一世首先处理与波斯的摩擦。6世纪时,波斯和拜占庭加强了对两国有争议的高加索地区的争夺,527年,两国为获得对高加索人的保护权再度爆发战争。拜占庭帝国著名军事将领贝利撒留(Belisarius)在达拉战役(Battle of Dara)中以少胜多,击败数倍之敌,扭转了战场形势,使拜占庭军队由守转攻。531年,拜占庭东方军区在贝利撒留的指挥下于幼发拉底河畔的卡林尼克(Battle of Callinicum)打败波斯军队,不仅阻止了波斯人对叙利亚地区的威胁,而且摆出进攻波斯腹地的态势。531年,波斯新王霍斯劳一世(Khosrau I,531—579年在位)即位,立即与拜占庭帝国订立永久和约,规定两国保持502年的既定边界,互不侵犯,互相保护对方的商人,并尊重各自的宗教信仰。但是,波斯人履行和约仅仅8年便在哥特(the Goths)使节的游说下再次发动战争。540年,霍斯劳一世侵入美索不达米亚,夺取叙利亚的安条克,并向小亚细亚的拉兹坦(Lazistan)进犯。查士丁尼一世被迫从意大利调回贝利撒留阻击波斯入侵,双方因此再度订立和约,545年因大瘟疫和其他原因订立的休战协议维持到560年,这一年双方再度订立50年和约。

　　两国冲突的最后解决是在希拉克略王朝。希拉克略一世统治时期,拜占庭

第十章　拜占庭帝国的对外关系

帝国主动发起对波斯人的战争，因为波斯人一直是拜占庭帝国东方边境的主要威胁。霍斯劳二世（Khosrau II，590—628年在位）时期，对拜占庭帝国再度发动大规模入侵，拜占庭人在亚洲和埃及的势力几乎被完全驱逐，波斯军队一度直接威胁君士坦丁堡。希拉克略即位后，新皇帝必欲去之而后快，发动了大规模的波斯战争。他首先进行战争筹款，在小亚细亚建立兵站，征召小亚细亚士兵进行系统的军事训练。622年春夏之交，希拉克略从小亚细亚基地进攻两河流域源头的波斯军队，重创波斯军队，而后突然回师特拉比仲德（今特拉布宗），扫清了北方的波斯残余部队。同年，又在今伊拉克马库击败波斯军队主力。623年冬季，希拉克略率军从塞奥西乌堡出发，沿高加索山脉南麓平原进军，突袭波斯玫底亚和阿特洛巴提尼地区，迫使霍斯劳二世迅速撤退，逃往泰西封。此后，双方在两河流域进行了3年艰苦的拉锯战，互有胜负。627年，希拉克略沿底格里斯河的支流大扎卜河南下，在古战场尼尼微附近与波斯主力展开决战，打败霍斯劳二世亲自指挥的波斯军队，取得了最终击败波斯人的决定性胜利。同年年底，拜占庭军队攻占了波斯陪都泰西封郊外的王宫、王家花园，兵临城下，促使霍斯劳二世（图10-2）的将

图10-2　霍斯劳二世

领反叛,处死霍斯劳二世。628年4月3日,双方订立和约,波斯人被迫同意割让整个亚美尼亚,支付战争赔款,并交还从耶路撒冷抢夺的基督教圣物。波斯战争终以拜占庭军队的胜利结束,但是这场战争也极大地消耗了拜占庭国家的实力。

2. 拜占庭帝国与阿拉伯人

拜占庭帝国与阿拉伯人的关系始于4世纪。古阿拉伯人原为阿拉伯半岛的闪米特游牧民族,在其兴起以前,拜占庭人即通过商业贸易与古代阿拉伯人发生接触。4世纪时,拜占庭帝国驻防红海和幼发拉底河的边防部队就与阿拉伯人的塔努基德斯小王朝发生摩擦。5世纪,波斯人控制下的拉赫姆王国(Lakhmids)经常发动对拜占庭帝国边境城乡的洗劫。6世纪,阿拉伯人加沙尼德斯小王朝(Ghassanids)与拜占庭人关系友好,其王公贵族在帝国军队和政府中任职。632年,穆罕默德创立政教合一的伊斯兰国家,统一了阿拉伯半岛,其继承者哈里发对外发动大规模侵略扩张战争,遂与拜占庭帝国发生严重的军事冲突。636年,阿拉伯军队在雅穆克河战役(Battle of Yarmouk)击败拜占庭军队,取得了决定性胜利。此后,阿拉伯军队以不可阻挡之势,横扫西亚、小亚细亚和北非的拜占庭领土。其北路军在数十年内清除了巴勒斯坦、叙利亚和小亚细亚大部分地区的拜占庭势力,其西路军夺取拜占庭帝国在埃及和马格里布的全部领地,而后渡过直布罗陀海峡占领了西班牙大部。其海军则逐渐控制了东地中海和爱琴海航路,兵临君士坦丁堡城下。649年,阿拉伯海军侵入克里特,5年后夺取罗得岛,封锁了拜占庭帝国对外联系的海上通道。670年,阿拉伯人在君士坦丁堡南面马尔马拉海建立基兹科斯(Cyzicus)海军基地,开始对拜占庭首都发动围攻。

当时,阿拉伯帝国在军事扩张中取得了巨大胜利,占领了亚洲和非洲广大土地,几乎将拜占庭人驱逐出其亚洲和非洲领地。673—677年,阿拉伯海军以马尔马拉海东部的基兹科斯港为海军基地,对君士坦丁堡发动了连续多年的进攻。678年的夏季,哈里发穆阿威叶调集大批船只,发动了更大规模的攻势,以数百艘战舰对君士坦丁堡猛攻。拜占庭海军则利用"希腊火",将阿拉伯海军的木船烧毁。在退却中,阿拉伯海军又遭到暴风雨的袭击,拜占庭舰队则乘机反攻,将剩余的阿拉伯船只消灭在奇里乞亚海港城市西莱夫基亚附近,使阿拉伯海军几乎全军毁灭。这次失败迫使阿拉伯要求和谈。同年,拜占庭和阿拉伯双方订立30年和约,哈里发穆阿威叶表示降服,愿意每年向拜占庭帝国进贡;两国都承诺在30年内互不侵犯,维持目前的边界。该和约在东

第十章 拜占庭帝国的对外关系

欧产生了强烈的反响,阿瓦尔人汗王和斯拉夫人各部落首领纷纷前往君士坦丁堡请求和平和友谊,承认拜占庭帝国的宗主权。该和约还标志阿拉伯军事扩张的势头被最终阻遏,阿拉伯人征服欧洲的计划也因此最终破产。阿拉伯人曾于669年、674—680年和717年三度包围拜占庭首都,但是都遭到了失败。718年,拜占庭皇帝利奥与阿拉伯帝国倭马亚王朝哈里发奥马尔(Omar)订立7年和约,规定在此期间互不侵犯,允许各自的商人从事贸易,并保证信徒信仰自由;阿拉伯人允诺许可基督徒前往耶路撒冷圣地朝圣。这一和约得到双方认真的履行,两国间维持了14年的和平。750年,阿拔斯王朝取代倭马亚王朝统治后,拜占庭和阿拉伯两国关系进入新时期。

8世纪末,阿拉伯人再度挑起两国争端。780年,拜占庭皇帝利奥四世去世,由10岁的君士坦丁六世即位,皇后伊琳娜摄政。782年,阿拉伯军队乘拜占庭军队主力西调西西里平息叛乱之机起兵入侵,兵临君士坦丁堡城下。伊琳娜鉴于后方空虚,立即提议无条件和谈,订立3年和约,承认双方既定领土,缴纳重金年贡。这一和约虽然暂时阻止了阿拉伯军队的进攻,但是拜占庭帝国因此丧失了前代历任皇帝取得的胜利成果。797年,伊琳娜勾结禁卫军发动宫廷政变,废黜了其子君士坦丁六世。次年,阿拉伯军队又乘拜占庭皇室内乱之机入侵,袭击君士坦丁堡郊区和博斯普鲁斯海峡地区,迫使伊琳娜女皇于781年再次主动提议媾和,派遣使节与哈里发和谈,订立了和约,保证继续向哈里发缴纳年贡,并再次承认阿拉伯人对小亚细亚的占领和对该地区的移民。伊琳娜女皇的乞和行为对拜占庭帝国在亚洲地区的权益产生了极为深远的恶劣影响。

9世纪前半期,阿拉伯人对拜占庭帝国的进攻没能取得实质进展,因此,两国除了在小亚细亚边境地区时有小规模冲突外,没有发生大规模战争。而两国的文化、经济和商业往来迅速增加。10世纪以后,随着阿拔斯王朝中央集权的衰落,拜占庭帝国与阿拉伯人各地政权的关系更为密切。在西地中海,以突尼斯为中心的阿弗拉比王朝进攻并占领了西西里,以叙利亚阿勒颇(Aleppo)为中心的阿拉伯军队与拜占庭人争夺小亚细亚东部地区,马其顿王朝的皇帝将拜占庭帝国东部疆界推进到幼发拉底河和巴勒斯坦地区。十字军战争期间,拜占庭和阿拉伯两国没有发生直接冲突,而是分别坐视西欧骑士与突厥人交战。

10世纪中期,随着阿拉伯帝国的解体,拜占庭帝国注意发展与各地穆斯林政权的关系。当时,马其顿王朝统治下的拜占庭帝国国势鼎盛,计划发动对东地中海阿拉伯海盗的清剿,故首先派出夺取克里特岛的远征军。在进行大规模军事行动之前,拜占庭人开展积极的外交活动,争取地中海各阿拉伯伊斯兰教政权的中立,特别注意与西班牙阿拉伯人建立友好关系。947年和949年,拜占庭皇帝君士坦丁七世两度遣使科尔多瓦(Cordoba),向哈里发阿卜杜-拉赫曼三世(Abd-ar-Rahman III)进献礼物,其中包括哈里发特别喜好的古代希腊手稿和精美的拜占庭宝石项链、念珠。拜占庭帝国积极的外交姿态促使哈里发决心与拜占庭人订立友好条约,在条约中,哈里发保证在即将发生的战争中保持中立。该条约孤立了克里特的阿拉伯海盗,保证了拜占庭帝国在海战中的有利地位。

与此同时,拜占庭帝国积极发展与法蒂玛王朝的友好关系。法蒂玛王朝是以伊斯兰教先知穆罕默德的女儿法蒂玛(Fatima)之名命名的,它于909—1171年统治埃及和北非。该王朝建立后,积极进行军事扩张,911年,在西西里与拜占庭军队发生第一次冲突。为了阻止法蒂玛王朝军队的进攻,拜占庭帝国驻西西里总督于914—918年同意向法蒂玛王朝提供22 000金币的年贡,但是这笔年贡到罗曼努斯一世时被减少了一半。946—958年间,两国经过和平谈判达成3次停战协议,967—975年间,双方订立过两项和解条约。上述外交协议大多限于西西里地区的双边关系,而在叙利亚地区法蒂玛王朝则进行大规模扩张。10世纪,拜占庭海军击败法蒂玛王朝舰队,夺取克里特岛。987年,哈里发阿齐兹在谈判中说服拜占庭人取消对法蒂玛王朝商人的贸易限制,允许法蒂玛人在君士坦丁堡的清真寺内为哈里发祈祷。当时的法蒂玛王朝以伊斯兰教世界的主宰和保护人自居,哈里发阿齐兹临终前已经计划远征拜占庭人,以保护小亚细亚的罕达尼埃米尔国(Hamdanid dynasty)。998年,法蒂玛王朝舰队终于击败拜占庭海军,迫使后者于1001年订立屈辱的10年和约。1015—1032年,控制了整个西亚地区的法蒂玛王朝迫害基督教徒,两国的商业关系因此受到严重影响。拜占庭帝国马其顿王朝皇帝因此发动对阿拉伯人的远征,收复了小亚细亚和叙利亚的一些失地。1038年,双方订立10年和约,法蒂玛王朝被迫允许拜占庭人修复其在耶路撒冷等城市的教堂,允诺停止迫害基督教徒。1048年,和约到期后,双方重新续订和约。此后,由于塞尔柱人的兴起和扩张,法蒂玛王朝和拜占庭帝国两国关系得到改善。塞尔柱人对西亚地区的占领,以及由此引发的西欧十字军东征使拜占庭人与法蒂玛王朝的领土联系中断,但是两国的外交往来一直保持到1171年法蒂玛王朝灭亡。

11世纪以后,随着阿拉伯世界的分裂和拜占庭帝国的衰落,地中海政治版图和国际关系格局发生了根本变化,两国基本上停止了往来,而伊斯兰教化的土耳其人取代了阿拉伯人的地位。

第十章 拜占庭帝国的对外关系

3. 拜占庭帝国与土耳其人

拜占庭帝国与土耳其(突厥)的关系是在拜占庭帝国日益衰落和土耳其人不断兴起的形势中演化的。土耳其人长期活动在里海西岸和阿尔泰山脉的广大地区,又被称为突厥人,11世纪以后土耳其一名专指相当于今天土耳其国家范围居住的居民。中古时期,土耳其人的不同部落曾西迁,进入欧洲,或作为游牧部落定居在东欧,或作为雇佣兵参加拜占庭帝国内外战争,例如,匈奴、阿瓦尔、保加利亚和可萨人均属于突厥人的不同部落。568年,突厥部落汗王曾向君士坦丁堡派遣使节,希望与查士丁二世建立反波斯同盟,得到了拜占庭人的积极响应,次年拜占庭使节泽马尔豪斯(Zemarchos)回访突厥人,双方达成协议。此后多瑙河下游成为两个民族交往的主要地区。960年,中亚卡什加尔地区的突厥人最先伊斯兰教化,此后向西迁徙,其中一支便是佩切涅格人(the Pechenegs),他们在多瑙河下游地区与拜占庭人接触频繁。1055年,占领巴格达(Baghdad)的塞尔柱突厥(Seljuk Turks)苏丹土格鲁尔·贝哥(Tughril Beg,1055—1063年在位)指派一个部落进攻基督教国家,其继承人阿尔伯·阿斯兰(Alp Arslan,1063—1072年在位)则发动大规模侵略,曾取得曼齐刻尔特战役(Battle of Manzikert)的重大胜利(图10-3)。

阿斯兰去世后,其子梅利科·沙罕(Malik-Shah I)任塞尔柱苏丹,他于1072—1092年在位期间,控制西亚和中亚地区,其势力范围包括伊朗、伊拉克、叙利亚北部和小亚细亚东部。1085年,梅利科·沙罕在阿勒颇附近的遭遇战中杀死叙利亚的阿拉伯埃米尔,使各个阿拉伯小国纷纷依附。为了巩固地位,梅利科·沙罕主动寻求与拜占庭帝国的盟友关系,首先向君士坦丁堡派遣使节。而拜占庭皇帝对梅利科·沙罕的扩张也深感不安,加之当时拜占庭帝国军队主力全部投入多瑙河前线战事,因此乐于接受苏丹的建议,两国遂建立盟约。皇帝阿历克塞还通过贿赂使节的方式,得到了重要的西诺比港口。1086—1087年,突厥小国在小亚细亚与梅利科·沙罕发生冲突,拜占庭帝国没有履行盟约支援其盟友,反而与其

图10-3 曼齐刻尔特战役

他突厥人和解以保持东部前线的和平。1092年,梅利科·沙罕征服突厥小国后,势力范围抵达拜占庭帝国边境,促使两国重新修好,同盟关系重新得到加强。苏丹之子与皇帝之女订婚后,拜占庭帝国恢复了其阿纳多利亚军区的领地,双方约定共同反对其他突厥人国家。此后,拜占庭帝国在苏丹的军事行动中给予支援。但是,1092年11月苏丹的突然去世中断了两国业已加强的同盟关系。

12世纪,突厥人占领小亚细亚,建立了许多小国,其中比较强大的达尼什曼德王朝(Danishmends)于1176年击败拜占庭军队,迫使拜占庭皇帝曼努埃尔一世承认其占领的合法性。达尼什曼德王朝此时已经控制小亚细亚卡帕多利亚地区(Cappadoria),其势力鼎盛时期势力范围扩大到整个艾利斯河流域,以其创立者达尼什曼德埃米尔之名字命名。1085年,随着阿拉伯大帝国的解体,小亚细亚陷入混乱,达尼什曼德在反对西欧十字军和拜占庭军队的进攻斗争中逐渐兴起。1100年,该王朝军队在麦莱迪尼(Melitene)附近击败十字军,俘虏著名的十字军领袖博希蒙德(Bohemond),并将之囚禁在新凯撒里亚。这一胜利极大地提高了该王朝的地位,使他本人成为突厥英雄史诗中的主角。此后,达尼什曼德王朝控制小亚细亚,并干涉其他塞尔柱人国家内政。1134年,拜占庭帝国向卡帕多利亚地区扩张,与达尼什曼德王朝进行了多年拉锯战,最终占领了卡斯塔盟(Castamon)等重要城市。12世纪中期,该王朝内乱,其领土四分五裂,拜占庭人乘机占领其大部分。12世纪下半叶,拜占庭皇帝曼努埃尔一世利用重新统一的达尼什曼德王朝反对塞尔柱人扩张,与其埃米尔订立同盟。但是,联军仍未能阻止塞尔柱军队的进攻,1176年,拜占庭军队在米留克发隆(Miliokpharum)被击败。两年后,达尼什曼德王朝也被灭亡。

13世纪后,由于蒙古西侵,土耳其人大量涌入小亚细亚,不断侵蚀拜占庭帝国在小亚细亚的领土。当时,拜占庭国家已经衰落,只能委曲求全,寻求与土耳其人的友好关系,而无力抵抗入侵。在小亚细亚众多土耳其小国中后来兴起了强大的奥斯曼土耳其人。他们先以小亚细亚的布鲁萨(Brusa)为都城,迅速征服小亚细亚全境,而后利用拜占庭人内战进入巴尔干半岛,并以阿德里安堡为新都,开始了其征服巴尔干各国和拜占庭帝国的战争。1354年发生的"佳里伯利要塞事件"(Incidence of Gallipoli)是土耳其军队进入欧洲的重要事件。佳里伯利位于博斯普鲁斯海峡西岸,战略地位十分重要,它既是亚洲进入欧洲的桥头堡,也扼守进出黑海的海峡航道。迅速兴起并积极扩张的土耳其人早已觊觎这一重要的要塞,为其入侵欧洲作准备。1354年3月2日,地震将该要塞城墙震塌,奥斯曼土耳其军队乘机占领要塞。拜占庭皇帝对土耳其人这一行动十

第十章 拜占庭帝国的对外关系

分震惊,但是,慑于土耳其军队的力量,提出以重金换取佳里伯利要塞。皇帝约翰六世派遣使节会见当时已经是其女婿的奥尔汗一世(Orhan I),后者同意了约翰的要求。但是,他收取了赎金后却拒绝归还佳里伯利要塞,宣称他不能交出安拉赐予的任何东西。他还拒绝会见他的岳父,使后者蒙受极大耻辱。拜占庭帝国丧失佳里伯利要塞使土耳其人获得了入侵欧洲的重要前哨阵地,为其在欧洲的扩张提供了方便。此后,奥斯曼帝国先后征服保加利亚、塞尔维亚、匈牙利等国,并做好了征服拜占庭帝国、夺取君士坦丁堡的准备。

1453年,奥斯曼土耳其帝国发动灭亡拜占庭帝国的重大战役。当时,奥斯曼土耳其帝国已经控制了巴尔干半岛,苏丹巴耶济德一世(Bayezid I)迫使该地区所有民族国家臣服,包括拜占庭帝国皇帝在内的各国君主都向他称臣纳贡,他则以宗主身份对各国君主发号施令,左右各国朝政,决定君主兴废,对于具有反叛倾向的波斯尼亚人、瓦兰吉亚人、罗马尼亚人和保加利亚人,实现无情镇压。征服拜占庭帝国的任务是由穆罕默德二世(Mehmed the Conqueror)完成的。他首先与所有有可能援助君士坦丁堡的国家进行谈判,于1451年与威尼斯订立协议,以不介入威尼斯和热那亚战争为代价换取了威尼斯人的中立;同年,又与匈牙利国王订立和平条约,以不在多瑙河上建立新要塞的承诺换取了匈牙利人的中立。同时,穆罕默德进行攻城的军事准备,组建新军团,组织大规模军火生产,高薪聘请匈牙利火炮制作工匠乌尔班(Urban)指导生产了当时世界上最大的巨型火炮,用来攻城。他还在博斯普鲁斯海峡最窄处建立炮台,配置强大的火炮,封锁海峡。与此同时,守城的拜占庭皇帝君士坦丁十一世则缺兵少钱,一方面向所有欧洲国家派出使节,请求援救;另一方面向各地拜占庭帝国部队发出增援危急中的首都的命令。但是,欧洲大部分国家只是表示同情和开具出兵援助的空头支票,而没有采取任何具有实际意义的行动。1453年4月6日,穆罕默德二世以约10万—20万军队正式开始攻击君士坦丁堡。经过53天的激烈战斗,奥斯曼土耳其帝国军队最终占领君士坦丁堡,拜占庭末代皇帝战死,这标志着拜占庭帝国的灭亡。

4. 拜占庭帝国与其他西亚民族

拜占庭帝国的半壁江山在小亚细亚,因此与西亚其他民族联系密切。这里,我们按照时间顺序选择其中重要者略作介绍。

拜占庭帝国与亚美尼亚(the Armenia)的关系始于4世纪。亚美尼亚位于小亚细亚东部山区,其居民有古老的历史和文化传统。4世纪末时,在阿尔萨基德王朝统治下的大亚美尼亚王国(the Armenian Kingdom)包括幼发拉底河源地区到美索不达米亚北部地区。5世纪以后,随着拜占庭和波斯两国争夺西亚霸权斗争的激化,亚美尼亚西部地区成为拜占庭帝国的亚美尼亚省,波斯帝国则在其南部建立统治。536年,拜占庭皇帝查士丁尼一世在小亚美尼亚设立亚美尼亚军区,负责该地区4个省份的边防警戒任务。此后,由于拜占庭军队不断向东扩张,拜占庭人与亚美尼亚人的关系极为紧张,591年两国签订的和约使拜占庭帝国边界向东推进到凡湖（Lake Van）一线。拜占庭帝国依靠其军事力量强迫亚美尼亚王国接受拜占庭法律,要求当地人民接受基督教信仰,并改变其生活习俗,因而引起激烈反抗,其中一部分亚美尼亚人退入山区。伊斯兰教军队在亚美尼亚地区的扩张受到当地人民的欢迎,他们参加阿拉伯军队,守卫着高加索各个山口,防止可萨人南下。自治的亚美尼亚人以阿塞拜疆为中心,联合阿拉伯人打击拜占庭军队,因此其西部地区成为反拜占庭帝国的军事地带。8世纪初以后,阿拉伯人强制推行伊斯兰教,在亚美尼亚地区进行多次战争和屠杀,该地区出现了许多信奉伊斯兰教的埃米尔国家。9世纪,拜占庭帝国向东扩张,击败衰落中的阿拔斯王朝（the Abbasids）军队,使亚美尼亚人再度兴起,884年,阿左特大王（Ashort the Bagratid）统一亚美尼亚后宣布独立。至908年,加基克大王（Gagik I）统治时期,亚美尼亚成为与拜占庭和阿拉伯等国家并立的强国。10世纪后半期,拜占庭帝国扩张到亚美尼亚境内,皇帝约翰一世于974年与阿左特三世（Ashort III）结盟,企图通过合法手段吞并亚美尼亚。11世纪时,马其顿王朝皇帝巴西尔二世占领了亚美尼亚西部领土,1045年,加基克二世（Gagik II）被迫退位,拜占庭军队夺取了整个亚美尼亚,并将其地分划为4个军区。1071年,拜占庭军队在曼齐刻尔特战役中惨败于穆斯林军队,亚美尼亚被塞尔柱人控制。此后,亚美尼亚轮流被外来的塞尔柱人、蒙古人、土耳其人所统治,拜占庭势力逐渐退出该地区,两国之间关系遂中断。

拜占庭帝国与伊苏利亚人（the Isaurians）的关系始于4世纪。伊苏利亚为小亚细亚南部山区,该地社会发展落后,长期以部落为单位对外抢劫。在拜占庭文化的影响下,伊苏利亚人组成部落联盟,文化也有较大进步,并逐渐融入拜占庭社会。最初,伊苏利亚人是作为拜占庭帝国建筑业的主力,成群结队前往叙利亚首府安条克和君士坦丁堡等拜占庭大城市参加许多著名建筑物的修建。拜占庭政府为了有效地控制伊苏利亚人,于370年将该地区的西部划分给利高尼亚省,并派遣军队常驻伊苏利亚地区。4—5世纪,伊苏利亚人经常发动起义,以摆脱拜占庭人的统治,在此期间,伊苏利亚人从山区向整个小亚细亚地区迁徙。由于伊苏利亚人勇猛剽悍,拜占庭政府招募他们充军,组成

第十章 拜占庭帝国的对外关系

拜占庭军队的骨干力量。一些伊苏利亚的上层人物逐渐进入拜占庭帝国中央机构。473年,其首领弗拉维·芝诺(Zeno)成为拜占庭皇帝。伊苏利亚山区沿海地带在拜占庭帝国对外贸易中也起了重要作用,因此,7世纪以后拜占庭帝国推行军区制过程中,该地区被并入阿纳多利亚军区,以后被分立为沿海和内地两个军区,驻扎约5 000人军队。

拜占庭与格鲁吉亚的关系始于6世纪。格鲁吉亚人(the Georgians)生活在高加索南部,主要活动区域向西到达黑海南岸,其历史悠久。拜占庭帝国初期,其国王米利安(Milian)即皈依基督教。505—506年,格鲁吉亚人和亚美尼亚人明确拒绝信奉迦克墩宗教会议批准的信条。拜占庭军队在6世纪控制格鲁吉亚西部地区,其东部地区成为拜占庭和波斯两国交战区域。阿拉伯人征服后,格鲁吉亚丧失独立200余年,直到888年,阿达尔纳石(Adarnarse)再度称格鲁吉亚王。作为拜占庭帝国东部边界邻国,格鲁吉亚与拜占庭人一直关系密切,拜占庭帝国企图以保护国身份长期控制格鲁吉亚。1000年,拜占庭帝国乘格鲁吉亚王大卫(David I)去世之机再度吞并格鲁吉亚西部,遭到后者顽强抵抗。当时,拜占庭人假借"约翰·斯姆巴特遗赠"(Smbat's Testament)吞并亚美尼亚国家。约翰·斯姆巴特(John Smbat)是拜占庭帝国东部邻国亚美尼亚王国的国王,1017年前后即位。由于王公贵族争夺王位的斗争,亚美尼亚在其统治时期分裂为两个部分,由其兄弟和他分治。1022年,拜占庭皇帝巴西尔二世进军小亚细亚东部地区,征服了一些地方小国,斯姆巴特立即投靠拜占庭军队,以维持其统治。同年,斯姆巴特派遣特使赴君士坦丁堡,允诺在他死后亚美尼亚国家由拜占庭皇帝继承,巴西尔二世则任命他为地方总督。但是,这一任命尚未落实,斯姆巴特便去世了。1032年巴革拉特四世(Bagrat IV)娶拜占庭皇帝罗曼努斯三世侄女为妻。1041年斯姆巴特去世后,拜占庭人以斯姆巴特遗赠为法律依据,要求新国王加基克二世(Gagik II)履行斯姆巴特遗嘱,由拜占庭帝国继承亚美尼亚领土,遭到拒绝。拜占庭皇帝君士坦丁九世派往亚美尼亚的军队被击溃,于是,勾结突厥人进攻亚美尼亚。此后,君士坦丁九世将加基克诱骗到君士坦丁堡,并将其软禁在爱琴海岛屿上,迫使他同意履行遗嘱。直到1045年,拜占庭帝国终于凭借强大的军事进攻为后盾,以斯姆巴特遗赠为合法依据,正式吞并了亚美尼亚。

然而,格鲁吉亚人争取独立的斗争在拜占庭帝国衰落后取得了成功,直到11世纪中期,格鲁吉亚仍保持独立。1071年曼齐刻尔特战役后,拜占庭帝国在东亚美尼亚的势力被瓦解,格鲁吉亚人在大卫二世(David II)领导下乘机向西扩张,恢复原领地。此后,格鲁吉亚王国向周边扩张,并于1122年在第比利斯(Tbilisi)建立都城。1204年以后,格鲁吉亚与拜占庭两国的关系几乎中断,巴列奥略王朝统治下的拜占庭帝国已经四分五裂,格鲁吉亚仅与拜占庭帝国附属国特拉比仲德保持联系,14世纪下半期的格鲁吉亚王巴革拉特五世(Bagrat V)娶拜占庭公主安娜(Anna)为妻,而特拉比仲德的拜占庭君主约翰四世与格鲁吉亚公主结婚,直到拜占庭帝国灭亡前夕,两国还在协商末代皇帝君士坦丁十一世与格鲁吉亚公主的婚事。

拜占庭与可萨人(the Khazars)的关系开始于7世纪。可萨人兴起于高加索地区,属于突厥人部落,6世纪曾作为阿瓦尔人(the Avars)控制下的山地部落参加对小亚细亚东部的亚美尼亚和格鲁吉亚人的征服战争。625年,拜占庭皇帝希拉克略一世在对波斯战争中,第一次与可萨人结盟。当时,他们以伏尔加河下游及附近的山区为中心,主要城市有西梅德尔(Semender)和巴兰扎尔(Balanjar)。由于可萨人控制部分丝绸之路,因此他们在东西方贸易中起了重要作用,也与拜占庭人发生比较密切的往来,在可萨人居住地区逐渐形成了希腊人商业区。7世纪,希拉克略将女儿马尔狄娜(Martina)嫁给可萨人首领,此后,查士丁尼二世与可萨人首领的妹妹狄奥多拉(Theodora)结婚。9世纪时,拜占庭政府派遣西里尔(Saints Cyril)前往可萨人区域传教,但遭到他们的拒绝和抵制。但是,西里尔在汗王组织的宫廷大辩论中,"舌战群儒",为东正教赢得了广泛赞誉,成为史上一段佳话。[①]可萨人一直与拜占庭人保持友好关系,在反对波斯人和阿拉伯人的战争中,两国始终作为盟友联合作战。10世纪时,可萨人占领克里米亚半岛(Crimea),拜占庭人派遣工匠帮助他们建立要塞,因此在拜占庭与保加利亚战争中可萨人提供援助作为报答。后来,两国关系恶化,965年,基辅罗斯(Kiev Ros)大举南下入侵可萨人地区,拜占庭人慑于罗斯人的威胁,与罗斯结盟,985年,罗斯大公弗拉基米尔(Vladimir)灭亡了可萨人国家(图10-4)。

图10-4　弗拉基米尔

[①] 参见米洛拉德·帕维奇:《哈扎尔词典》,南山译,上海译文出版社1998年版。

第十章 拜占庭帝国的对外关系

拜占庭帝国与阿兰人（the Alans,《史记·大宛列传》称为奄蔡）的关系始于10世纪。阿兰人起源于中亚，后迁徙到高加索地区，散居在山区和平原，并因此分为山地阿兰人和平原阿兰人。该民族社会发展较慢，尚武好战，在拜占庭帝国历史早期，他们即成为可萨人和拜占庭政府的雇佣军。查士丁尼二世曾遣使劝说阿兰人与拜占庭帝国结成反阿拉伯同盟，后来成为拜占庭皇帝的利奥三世即是该特使团团长。914—916年间，君士坦丁堡大教长多次派教士前往阿兰人国家传教。在拜占庭帝国从事其东方战争中，两国保持密切接触，阿兰人主要充当拜占庭帝国雇佣军。14世纪初，拜占庭皇帝安德洛尼卡二世在小亚细亚东部边境驻扎了万余名阿兰雇佣军，并允许他们携带家眷屯田，以此阻挡土耳其军队的进攻。1305年，参加拜占庭军队平息卡塔兰兵变的阿兰雇佣兵遭到惨败，此后，阿兰人不见于拜占庭史籍。

拜占庭与哈姆丹王朝（Hamdanid dynasty）的关系始于10世纪初。哈姆丹王朝是美索不达米亚地区的穆斯林王朝，10世纪中期以摩苏尔（Mosul）和阿勒颇（Aleppo）为中心逐渐兴起。纳绥尔·道莱埃米尔（Nasir al-Dawla）统治时期，该王朝势力控制美索不达米亚大部分。944年，赛弗·道莱埃米尔（Sayf al-Dawla）统治时期，拜占庭帝国大兵压境，哈姆丹王朝许多贵族逃离阿勒颇，埃米尔则利用法蒂玛王朝与拜占庭帝国的矛盾，避免了被灭亡的威胁。此后，该王朝与拜占庭帝国关系因此极为对立，972年，阿布·塔夫利比埃米尔（Abu Taghlib）抵抗拜占庭军队入侵，俘虏其统帅麦利亚斯（Melias），后者后死于囚禁中。976年，塔夫利比支持拜占庭帝国叛将巴尔达斯（Bardas）反对中央政府的兵变，导致马其顿王朝皇帝因此举兵远征。985年，拜占庭军队再度远征西亚，赛弗·道莱之子沙德·道莱（Sa'd al-Dawla）以屠杀基督教徒作为报复。此后，拜占庭帝国支持该王朝对抗法蒂玛王朝。1001年，法蒂玛王朝势力向北扩张，拜占庭皇帝巴西尔二世为集中兵力解决巴尔干地区保加利亚人的问题，与法蒂玛王朝订立条约，哈姆丹王朝因此迅速衰落，几乎被法蒂玛人灭亡。此后，该王朝末代王室贵族纷纷流亡到拜占庭帝国，其中一些皈依了基督教。1030年，该王朝的残余势力成为拜占庭帝国东方边防军的雇佣军官。

拜占庭与库曼人（Cuman people）的关系始于13世纪。库曼人为斯基泰人（the Scythians）一支，属于欧亚游牧民族。11世纪时，该民族进入原佩切涅格人在黑海北岸的活动区域，但是在1222—1237年间被蒙古人征服。11世纪末，库曼人的一部分向西迁徙，进入多瑙河下游地区，与拜占庭军队发生冲突。1087年,他们与佩切涅格人结盟,入侵洗劫拜占庭帝国腹地色雷斯地区。1091年,拜占庭皇帝阿历克塞一世收买库曼人打击佩切涅格人,但是,此后库曼人并没有因此而减少对拜占庭帝国的入侵,同时,他们在拜占庭帝国东北部境内定居下来。13世纪,蒙古西侵使大批库曼人涌入拜占庭流亡政府控制的尼西亚帝国,皇帝约翰三世曾于1241年安置了万余名库曼人定居在色雷斯和小亚细亚地区。1259年库曼人在拜占庭人与反尼西亚帝国的帕拉戈尼亚(Palagonia)战役中发挥了关键作用,他们在拜占庭军队中构成长矛兵主力。库曼人从13世纪以后即逐渐与保加利亚人和拜占庭人融合。

拜占庭帝国与阿尤布王朝(Ayyubid dynasty)的关系自12世纪开始。阿尤布王朝属于库尔德人(the Kurds)政权,起源于小亚细亚亚美尼亚地区古老的库尔德人,自12世纪末到13世纪中期控制埃及、叙利亚、巴勒斯坦、上美索不达米亚和也门地区,曾与拜占庭帝国发生密切联系。1169年,库尔德人领袖谢尔库赫(Shirkuh)占领埃及大部,自立为王,称维齐尔。其死后由其侄子萨拉丁(Saladin)即位,以其父阿尤布之名为王朝定名。1187年,萨拉丁击败西欧十字军骑士,收复耶路撒冷,重建伊斯兰教清真寺。在与十字军的斗争中,萨拉丁十分注意保持与拜占庭帝国的友好关系,多次派遣使节和使团赴君士坦丁堡,与皇帝安德洛尼卡一世和伊萨克二世谈判。萨拉丁死后,阿尤布领土分解,内战不断。十字军乘机重新攻占了西亚许多地区,1218—1219年间,包围了大马士革,1227年,神圣罗马帝国皇帝腓特烈二世(Frederick II,1220—1250年在位)率领新的十字军在东地中海阿克列登陆,迫使维齐尔卡米尔(El-Kamil)于1229年订立条约,承认腓特烈二世控制耶路撒冷,条件是该城市不设防,实行宗教自由(图10-5)。同时,阿尤布王朝由于与小亚细亚的塞尔柱人关系紧张,因此积极主动发展与尼西亚的拜占庭流亡政府的友好关系。1233年,阿尤布军队进攻小亚细

图10-5 腓特烈二世率领新的十字军在东地中海阿克列登陆,迫使维齐尔卡米尔于1229年订立条约,承认腓特烈二世控制耶路撒冷

第十章 拜占庭帝国的对外关系

亚东部遭到失败。1241年,塞尔柱军队南下侵入叙利亚,拜占庭帝国乘机在其后方空虚的小亚细亚西部发展势力。此后,土耳其人和蒙古人的入侵使西亚政局更加复杂,这些新的因素和法王路易九世(Louis IX of France)领导的新的十字军都直接削弱了阿尤布王朝的力量。1250年,马木留克王朝在埃及正式创立,结束了阿尤布王朝在埃及的统治。此后,新兴的马木留克王朝征服了巴格达和大马士革,灭亡了阿尤布王朝的残余势力,拜占庭帝国与阿尤布王朝的关系因此中断。

蒙古入侵一时改变了西亚政治格局。13世纪中期,位于黑海北部和多瑙河下游地区的蒙古人国家吉普察克汗王皈依了伊斯兰教,希望建立与埃及马木留克王朝的密切联系,因此首先向拜占庭帝国提出结盟要求,以便通过拜占庭帝国领海与埃及通航。起初,拜占庭皇帝米海尔八世担心会因此引起基督教国家的攻击,而未给予答复。后来在马木留克王朝的积极推动下,拜占庭帝国接受了建立三角同盟的建议。1261—1272年,拜占庭政府先后8次遣使开罗,拜占庭皇帝也多次致信苏丹,同意蒙古国家和马木留克王朝通过拜占庭领土和领海来往运输商品并进行奴隶贸易。1263年以后,蒙古汗王和埃及苏丹也经常派遣使节访问君士坦丁堡。米海尔八世还将亲生女儿嫁给蒙古汗王以巩固同盟关系。1275年,阿拉贡王国也加入同盟,扩大了同盟的力量,三角同盟遂成为多边同盟。

拜占庭帝国与蒙古人(the Mongols)的关系始于蒙古人西侵。蒙古人最初兴起于东亚,13世纪发动征服世界的西征战争,1258年,其西路军攻占巴格达,此后入侵小亚细亚,盘踞特拉比仲德的拜占庭人首先向蒙古人纳贡求和。流亡在尼西亚的拜占庭政府开始支持小亚细亚的鲁姆苏丹国抵抗蒙古入侵,但是,1243年鲁姆苏丹国失败后,拜占庭帝国立即调整外交政策,积极主动寻求与交战各方建立和平友好关系。这种两面友好的外交政策保持了几十年,1265年,拜占庭皇帝米海尔八世将亲生女儿马利亚(Maria)嫁给成吉思汗之孙、伊儿汗国创立者旭烈兀(Hulagu Khan)为妻,后因旭烈兀早亡,又将马利亚嫁给其子阿八哈(Abaqa Khan)。另一位拜占庭皇帝安德洛尼卡二世的女儿也下嫁统治俄罗斯的金帐汗国的脱克台。直到14世纪,拜占庭政府小心谨慎地保持与蒙古汗国的友好关系,安德洛尼卡三世的女儿成为金帐汗国的王后。蒙古统治者对拜占庭人则采取极为宽容的政策,在金帐汗国首都萨莱,汗王许可君士坦丁堡管辖下的东正教建立教会和教堂。帖木尔统一各个汗国并大举西侵之际,正是奥斯曼土耳其帝国苏丹巴耶济德一世准备灭亡拜

355

占庭帝国的关键时刻,1402年的安卡拉战役(Battle of Ankara)使奥斯曼土耳其帝国土崩瓦解,拜占庭国家因此又存在了半个世纪。

二、拜占庭帝国在东欧

1. 拜占庭帝国与保加利亚人

拜占庭帝国与保加利亚王国之间爆发过多次重大战争。保加利亚人(the Bulgarians)原属突厥人部落,7世纪时西迁,曾作为拜占庭帝国同盟者定居多瑙河与黑海之间地区,7世纪末时与斯拉夫人结合,发展成为巴尔干半岛的强国,经常与拜占庭人发生冲突。681年,拜占庭皇帝君士坦丁四世亲自率领军队与阿斯巴鲁赫大王(Asparukh of Bulgaria)领导的保加利亚军队交战,遭到惨败,被迫停战交纳年贡。但是,在第二次拜占庭与保加利亚的战争中,拜占庭军队击败了保加利亚汗王捷尔维尔(Tervel),保加利亚人的实力由此被极大地削弱。763年,拜占庭皇帝君士坦丁五世在安息亚罗斯击败保加利亚军队,残酷无情地屠杀了全部保加利亚战俘。773年,拜占庭和保加利亚双方签订停战和平协议,保加利亚人承认拜占庭帝国的宗主地位,保证不再反叛,同时,拜占庭政府同意为保加利亚人提供金钱。为保证该协议的执行,拜占庭沿边界建立了要塞系统,增派边界部队。该和约使拜占庭与保加利亚之间保持了20年左右的和平。

807年,再度崛起的保加利亚人在克鲁姆(Krum)国王统帅下向色雷斯地区扩张,直接威胁着拜占庭首都君士坦丁堡的安全,双方爆发了第三次战争。拜占庭军队在这场战争中损失惨重,皇帝尼基弗鲁斯一世在战斗中阵亡,克鲁姆国王用他的头骨制作酒碗,在庆功会上为各位大臣将军轮流把盏(图10-6)。克鲁姆国王曾兵临君士坦丁堡城下,但因他突然死于脑出血,战争草草结束。813年,拜占庭帝国新皇帝利奥五世即位后积极整顿军队,修建边界要塞,准备再战。814年4月克鲁姆国王去世,其子奥莫尔塔格(Omurtag

图10-6 克鲁姆国王用拜占庭皇帝尼基弗鲁斯一世的头骨制作酒碗,在庆功会上为各位大臣将军轮流把盏

of Bulgaria)即位,随即陷入争夺王位的内乱,因此被迫与拜占庭人订立30年和约,同意撤回到索菲亚平原,归还克鲁姆占领的拜占庭帝国领土,互相保持和平,互不侵犯。该和约得到认真的执行,两国在此后80年间未发生战争。

9世纪,两国关系的重大事件是拜占庭传教士西里尔(Cyril)对保加利亚等斯拉夫国家的传教活动。当时,保加利亚人与其他斯拉夫人一样,社会文化发展极为落后,尚未形成本民族文字,因而迫切希望引进外来文化,发展本民族精神文化生活,以适应建立大国和强权的需要。9世纪中期,罗马教会和君士坦丁堡教会为了扩大各自的影响,千方百计争夺斯拉夫人。862年,保加利亚的邻国摩拉维亚大公拉斯迪斯拉夫请求拜占庭皇帝米海尔三世派教士帮助他们建立独立教会,使用斯拉夫语言传教。米海尔三世立即物色和挑选了学识渊博的西里尔和美多德兄弟前往传教。西里尔和美多德生于塞萨洛尼基的高级官员之家,前者曾求学于君士坦丁堡大学,后任神甫,供职于圣索菲亚大教堂,担任哲学教师。863年,西里尔和美多德兄弟前往摩拉维亚传教,并使用希腊字母为斯拉夫方言拼音,创造了一种为斯拉夫人所理解的西里尔文字。此后,他们从事《新约》等宗教经典著作的翻译。后来,保加利亚国王鲍里斯一世(Boris I of Bulgaria)也于864(或863年)年接受洗礼,皈依基督教。而后,他邀请西里尔的大弟子克莱蒙特到保加利亚传授文化,积极支持他建立独立教会和发展文化的活动(图10-7)。西里尔的传教和文化传播使命揭开了斯拉夫文明化的历史。

9世纪末和10世纪初,拜占庭帝国与保加利亚王国之间爆发第四次战争。当时保加利亚沙皇西美昂一世(Simeon I of Bulgaria)大力发展过境贸易,使保加利亚成为拜占庭帝国和欧洲以及黑海和多瑙河沿岸国家之间的商品集散地。拜占庭帝国皇帝利奥六世为了遏制保加利亚人的发展,在商业贸易中暗自作梗,指使地方官员刁难保加利亚

图10-7 鲍里斯一世邀请西里尔的大弟子克莱蒙特到保加利亚传授文化,积极支持他建立独立教会和发展文化的活动

商人，并勾结新兴起的匈牙利人从北方侵扰保加利亚，以牵制保加利亚人南下进攻拜占庭帝国。894年，西美昂一世首先侵入色雷斯地区，大败拜占庭军队。利奥六世则命令帝国舰队将匈牙利人运过多瑙河大肆蹂躏保加利亚地区，使保加利亚两面受敌。为了避免两面作战，西美昂一世假意求和，争取时间，联合佩切涅格人击败匈牙利人，而后集中兵力打击拜占庭军队，在保加罗菲格战役取得了决定性胜利，双方订立了有利于保加利亚人的和约，拜占庭人被迫割地赔款，向保加利亚人提供丰厚的年贡。此后，保加利亚向色雷斯和马其顿地区用兵，将这两个地区和阿尔巴尼亚囊括在大保加利亚王国版图之内。西美昂一世还强迫拜占庭人同意两国间的联姻。拜占庭帝国佐伊皇后控制政权后，废除了这个婚约，从而导致西美昂一世对君士坦丁堡的再次进攻，兵抵达达尼尔海峡和科林斯地峡。此后，拜占庭皇帝罗曼努斯一世与沙皇西美昂一世之间展开了长达数年的外交和军事周旋，塞尔维亚人、匈牙利人、佩切涅格人、阿拉伯人和其他国家都卷入了这场复杂的较量。924年，两国订立和平协议，西美昂一世同意归还占领的土地，而罗曼努斯一世则同意向他提供数量可观的年贡。

927年5月，敌视拜占庭帝国的保加利亚王西美昂一世去世，新国王彼得一世（Peter I of Bulgaria）（图10-8）和摄政王舍苏布尔面临对内稳固王权和对外抵御入侵的双重任务，为此他们改变了敌视拜占庭人的政策，千方百计实现与拜占庭帝国的睦邻友好关系。拜占庭帝国当时也急于从巴尔干事务中摆脱出来，以便集中对付阿拉伯人的进攻，因此立即接受了保加利亚人和亲的要求。927年10月，彼得一世前往君士坦丁堡迎娶拜占庭公主马利亚（Maria），并建立两国之间的同盟关系。舍苏布尔还多次赴君士坦丁堡商谈建立两国同盟的具体事务，将保加利亚占领的原属拜占庭人的布尔加斯湾沿海地区归还拜占庭帝国，而拜占庭帝国则修改两国在马其顿的边界作为补偿。为了加强同盟关系，罗曼努斯一世还将保加利亚沙皇的称号授予彼得一世，并给予保加利亚使节在各国使节中的首席地位。该同盟使两国保持了40年的和平，使他们得以集中力量解决罗斯、阿拉伯等民族的入侵问题，直到967年，两国战事又起，同盟关系中断。

图10-8 彼得一世

第十章 拜占庭帝国的对外关系

924年的和平条约为拜占庭和保加利亚两国带来40余年的和平,但是,它们之间的矛盾并没有解决。11世纪时,双方爆发了第五次战争。1014年,"保加利亚人屠夫"巴西尔二世在斯特里蒙战役(The Battle of the Strymon)进行战略决战。此前,双方已经进行了10余年的军事较量。1003年,拜占庭军队在与保加利亚人的战争中取得优势,并以主力部队直接进攻保加利亚国王萨穆伊尔(Samuel)的军队,他们沿马其顿地区爱琴海沿海快速向西推进,扫清了塞萨洛尼基周围的敌军,夺取维尔西亚等城市。而后,拜占庭军队放过退入伊庇鲁斯山区的保加利亚军队,回师向北直取窝狄钠城,从而占据了战争主动权。1004年,拜占庭军队攻占多瑙河畔的保加利亚王国首都维丁,同时扫荡木拉瓦河流域,夷平城堡,摧毁要塞,征服了保加利亚王国全境。1004年,两军相遇在西马其顿首府斯科比亚城(今斯科普里)郊外,保加利亚军队再次被击溃,被迫逃进山区。在此后10年左右,拜占庭对保加利亚人采取清剿和防范相结合的政策,同时等待时机对他们进行致命打击。1014年7月,两国军队进行战略决战,于斯特里蒙河附近的瓦拉西察山坎巴隆古山谷展开战斗,最终使保加利亚军队全线覆灭,15 000人被俘。巴西尔二世下令将全部俘虏的眼睛剜出,每百人分为一组,其中一人仅保留一只眼睛作向导引路,放回保加利亚王国。萨穆伊尔因此受到巨大震动,脑血管崩裂,两天后不治身亡。这次战役彻底摧毁了保加利亚残余主力,而后拜占庭军队先后占领阿尔巴尼亚和伊庇鲁斯地区所有重要城市。几年后,保加利亚王国末代国王伊凡·弗拉基斯拉夫(Ivan Vladislav of Bulgaria)向巴西尔二世投降,保加利亚王国灭亡。

12世纪末,保加利亚人重新崛起,联合乌拉赫斯人进攻拜占庭帝国色雷斯地区,1188年重新入主索菲亚平原,迫使拜占庭人订立协议,承认多瑙河以南到巴尔干罗多彼山脉为保加利亚国家领地,从而恢复了11世纪初丧失的国土。与此同时,塞尔维亚人在斯蒂芬领导下也南下进攻。拜占庭皇帝伊萨克被迫与处于保加利亚和塞尔维亚北方的匈牙利王国结盟,以牵制和打击南侵的斯拉夫人国家。1185年,伊萨克二世与匈牙利国王贝拉(Bela)订立反保加利亚和塞尔维亚人同盟,约定在战争中相互支援,不单独与敌人媾和。为强化同盟关系,伊萨克二世与贝拉之女玛格利特(Margaret of Hungary)结婚。该同盟维持了相当长的时间。

尼西亚帝国时期的拜占庭人积极发展与保加利亚王国的友好关系,一度结成同盟。1204年,第四次十字军攻陷君士坦丁堡,拜占庭皇室成员纷纷逃亡，其中狄奥多尔一世与大批安格洛斯王朝的官员和贵族逃避到小亚细亚的尼西亚城，建立了流亡政府。为了稳固新生政权，扩大拜占庭人反拉丁帝国统治的阵营，拉斯卡里斯王朝特别注意发展与巴尔干和小亚细亚各国的友好关系，建立各种形式的同盟。1207年2月，狄奥多尔一世与保加利亚沙皇卡洛扬（Kaloyan of Bulgaria）订立友好同盟，相约在战争中相互支援。同年，在保加利亚和意大利海盗的支援下，拜占庭人夺取了马尔马拉海滨军事基地基兹科斯（Cyzicus），并进攻色雷斯地区首府阿德里安堡，迫使拉丁帝国皇帝亨利承认拜占庭人对该城市的占领。1211年，拜占庭帝国再度修订与保加利亚人的盟约，该同盟对巩固拜占庭流亡政权起了重要作用。1222年拜占庭皇帝约翰三世即位后，继承了狄奥多尔一世的外交政策，与保加利亚沙皇续订同盟，并建立了两国的政治联姻，皇帝之子狄奥多尔二世与沙皇之女海伦娜（Helena）结婚。1235年夏季，两国联军进攻并收复了爱琴海北部沿岸地区，控制了色雷斯北部，兵临君士坦丁堡城下，准备攻城，终因时机尚为成熟而失败。此后，两国关系时好时坏，特别是在1261年巴列奥略王朝建立以后，两国相继衰落，成为任人宰割的一对落难兄弟，直至被奥斯曼帝国灭亡。

2. 拜占庭帝国与俄罗斯人

拜占庭帝国与俄罗斯人的关系始于8世纪。古代罗斯人（the Rus）属于东斯拉夫人，其国家起源于瓦兰吉亚人（Varangians）的征服，9世纪后半期以基辅（Kiev）为中心建立古代罗斯国家。留里克王朝（Rurik Dynasty）时期的罗斯国家积极开展内外贸易，他们将在战争中掠夺的商品和奴隶运到黑海沿岸的市场上出卖，并购买金银、丝绸和香料等奢侈品。860年，罗斯人即随同瓦兰吉亚人侵入拜占庭帝国，907年，罗斯大公率领数万军队进攻君士坦丁堡，迫使拜占庭于911年订立商约。当时，新兴起于俄罗斯平原上的罗斯人通过黑海与拜占庭商人发生贸易往来，为了获得更多的商业利益，907年，罗斯大公奥丽加（Olga of Kiev）（图10-9）率领8万余众水陆并进，通过黑海商路入侵拜占庭帝国京畿重地，洗劫了君士坦丁堡郊区。拜占庭人无力抵抗，被迫求和，双方于911年订立商

图10-9 奥丽加

约,拜占庭帝国承认罗斯人在君士坦丁堡郊区建立的商业区,并给予罗斯商人各项有利的贸易权利,罗斯商人获得进出口贸易免税权;罗斯人则允诺为拜占庭帝国提供军事援助。根据这一约定,由900人组成的罗斯兵团参加了拜占庭帝国的军事远征。941年,罗斯大公伊戈尔·留里科维奇(Igor of Kiev)再犯拜占庭帝国领土,率领舰队蹂躏君士坦丁堡郊区,后遭到拜占庭军队反击,退回黑海,但是洗劫了小亚细亚沿海地区,迫使拜占庭人和谈,双方再次订立商约,重新认可了911年商约的内容。944年,罗斯大公伊戈尔·留里科维奇再度袭击拜占庭帝国腹地,洗劫君士坦丁堡城郊,虽然遭到拜占庭舰队的重创,但是在小亚细亚沿海地区继续洗劫,迫使拜占庭人续订商约。罗斯商人不仅可以继续保持其在君士坦丁堡建立的商业区,而且获得了免除贸易进口税收的权利。966—971年,罗斯人利用拜占庭与保加利亚两国战争的机会,派军队进入多瑙河下游地区,企图占据保加利亚人地区。968年,弗拉基米尔·斯维亚托斯拉维奇·伊戈列维奇(Sviatoslav I of Kiev)率兵进犯巴尔干半岛,乘保加利亚衰落之机占领索菲亚平原,并表示将定居于此。当时,拜占庭帝国已经控制了保加利亚地区,巴尔干北部地区基本处于和平,罗斯入侵使当地再度陷入战争。969年,罗斯军队占领大普里斯拉夫(Preslav),970年,夺取菲利普堡(Philippolis),洗劫拜占庭帝国腹地的色雷斯地区。971年,拜占庭皇帝约翰一世派遣300艘战舰从黑海逆多瑙河而上,夺取大普里斯拉夫,4月,两国军队在索菲亚平原展开决战。拜占庭军队经过13次冲锋,击溃罗斯军队阵营,迫使弗拉基米尔·斯维亚托斯拉维奇·伊戈列维奇退回多利斯托隆(Doristoroum)。拜占庭军队围攻多利斯托隆3个月,罗斯被迫接受和谈条件,保证退出巴尔干半岛和多瑙河以北地区,撤退回国,并保证不进攻拜占庭帝国在黑海北岸的领地,同意拜占庭人提出的要求,在战时出兵帮助拜占庭帝国(图10-10)。和约使

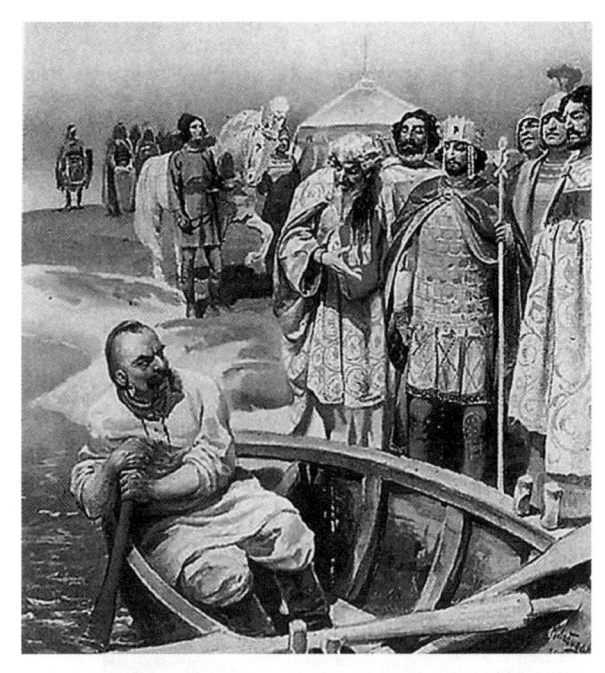

图10-10 斯维亚托斯拉夫·伊戈列维奇(左)与拜占庭皇帝约翰一世会面

拜占庭帝国北部疆界再次推进到多瑙河一线。

978年，罗斯大公弗拉基米尔·斯维亚托斯拉维奇（Vladimir the Great）即位，强化中央集权和思想控制。当时，拜占庭帝国内乱严重，为了平息福卡斯（Phocas）叛乱，皇帝巴西尔二世请求基辅罗斯大公出兵援助。作为出兵的条件，弗拉基米尔要求与拜占庭公主巴西尔二世的妹妹安娜（Anna）结婚。这一政治联姻符合10世纪后半期基辅罗斯公国积极推行的南下扩张政策。987年，基辅大公弗拉基米尔应拜占庭的邀请，派兵帮助镇压贵族叛乱。暴乱平定后，拜占庭人却迟迟不履行诺言，致使弗拉基米尔于989年出兵占领了拜占庭帝国在克里米亚（Crimea）的领地。同年秋季，安娜公主在贵族和教士的陪同下出发去克里米亚，随同带去赠给弗拉基米尔的王冠和基督教圣物。安娜与弗拉基米尔结婚后，基辅公国将其占领的克里米亚地区归还给拜占庭帝国，并协助拜占庭人清剿卡扎尔匪徒，两国继续保持同盟关系。此后，弗拉基米尔积极推行基督教化政策，聘请拜占庭建筑师建立多所教堂，并按照拜占庭帝国的行政税收制度改造基辅公国。这一政治联姻不仅解除了两国对立和战争状态，而且为拜占庭宗教文化在古代罗斯国家的传播提供了保证。988年，弗拉基米尔宣布基督教为国教，强迫全体居民与他一起皈依基督教。此后，两国一直保持持续的商业、文化和宗教往来，基辅罗斯公国的主教在此后200年间均由拜占庭教士担任（图10-11）。

11世纪中期，基辅罗斯公国希望利用重新修订与拜占庭帝国的商业军事条约的机会扩大其在巴尔干半岛和黑海的权利，遭到拜占庭帝国的冷遇，于是利用"诺夫哥罗德商人事件"（the Incident of Novgrod Merchant）发动罗斯拜占庭战争。1043年，一名诺夫哥罗德富有商人在拜占庭圣母城的基辅罗斯商业区被害，基辅大公智者雅罗斯拉夫（Yaroslav the Wise）以此为借口，要求拜占庭政府给予财政赔偿，又遭到拒绝。于是，智者雅罗斯拉夫派遣军队在其子弗拉基米尔·雅罗斯拉维奇（Vladimir of Novgorod）的统率下水陆并进，挑起战争。

图10-11　弗拉基米尔·斯维亚托斯拉维奇受洗

第十章 拜占庭帝国的对外关系

罗斯军队在黑海进入博斯普鲁斯海峡海面上封锁航道,洗劫附近沿海城乡,威胁将进军君士坦丁堡,迫使拜占庭人提议和谈。和谈失败后,拜占庭皇帝君士坦丁九世亲自指挥拜占庭舰队重创罗斯海军,使其残余部分逃回黑海北部地区。1046年,双方订立和约,战争结束。

此后,拜占庭帝国利用两国之间的佩切涅格人和库曼人阻止罗斯人南下。11世纪中期,罗斯国家发生分裂,各个小国相互争战,至12世纪中期,罗斯托夫—苏兹达尔公国(Rostov-Suzdal)、诺夫哥罗德(Novgorod)和斯摩棱斯克(Smolensk)等地区纷纷摆脱罗斯公国控制。拜占庭帝国曾与苏兹达尔等罗斯小国接触,一些流亡的罗斯贵族也受到拜占庭帝国君主的接待。例如,1130年,拜占庭皇帝安德洛尼卡二世就接待了罗斯贵族伯洛克(Polock),1162年,罗斯贵族安德列(Andrej of Bogoljubovo)甚至得到拜占庭政府赠予的庄园。两国皇室之间的联系也比较密切,弗拉基米尔·斯维雅托斯拉夫(Vladimir I Svjatoslavic)和其孙子维塞沃罗德(Vsevolod)都娶拜占庭公主为妻。13世纪上半叶,蒙古军队征服罗斯人,建立金帐汗国,拜占庭帝国与罗斯人的关系遂告暂时中断。15世纪,莫斯科公国领导俄罗斯驱逐蒙古统治后,强化中央集权沙皇专制统治,于是乘拜占庭帝国亡国之机,娶拜占庭皇室公主为妻,并宣称继承罗马帝国和东正教传统,自称为"第三罗马帝国"。

3. 拜占庭帝国与其他东欧民族

斯拉夫人是对拜占庭帝国历史发展影响最深远的外来民族,某些西方学者甚至认为,斯拉夫人彻底改变了拜占庭人的民族成分,以致现代希腊人的血管中没有一滴古希腊人的血液。斯拉夫人的祖先可能属于斯基泰人(the Scythians)(图10-12),拜占庭帝国最早接触的斯拉夫人是来自维斯杜拉河(Vistula)和多瑙河之间的斯克拉文尼人(the Sklavenoi)和来自德涅斯特河(Dniester)的安特人(Antes people)。斯拉夫人于6世纪大批迁徙

图10-12 萨尔马提亚人、达吉亚人和斯基太人

进入巴尔干半岛和小亚细亚地区,史书记载,他们于551年、558年和580年渡过多瑙河,与拜占庭帝国边境部队发生冲突。其中一些部落逐渐定居在拜占庭帝国境内,成为拜占庭皇帝的边民,许多人补充到拜占庭边防军中。594年,拜占庭皇帝摩里士(Maurice)率兵进犯多瑙河北岸的阿瓦尔人(the Avars),这里的斯拉夫部落也参加了抵抗拜占庭军队的战争,在此期间,斯拉夫人建立了较为强大的舰队。600年,斯拉夫舰队第一次进犯爱琴海,623年,其舰队进犯克里特,洗劫爱琴海上岛屿和沿海地区拜占庭帝国城市和农村,他们甚至与阿瓦尔人和波斯人组成联合舰队围攻君士坦丁堡。对于定居马其顿和色雷斯地区的斯拉夫人,拜占庭帝国政府长期推行移民政策,以解决帝国人力资源不足的问题。7世纪末年,皇帝查士丁尼二世将8万斯拉夫人迁入奥普西金军区(Opsikin),762年迁入小亚细亚军区的斯拉夫人就多达21万之众。

7—8世纪,定居在巴尔干北部山区的斯拉夫部落逐步过渡成为王国,形成了保加利亚、克罗地亚和塞尔维亚等小国,他们与拜占庭帝国时战时和,构成此后巴尔干地区复杂形势的重要因素。

拜占庭帝国与克罗地亚人(the Croatia)的关系始于7世纪。克罗地亚人属于巴尔干半岛西北部的斯拉夫人部落。7世纪时,克罗地亚人与其他斯拉夫人部落一起进入巴尔干地区。当时,他们分为定居在潘诺尼亚地区(Pannonia)的白克罗地亚人(White Croatia)和达尔马提亚地区(Dalmatia)的克罗地亚人,拜占庭帝国首先接触的是后者,皇帝希拉克略一世允许他们定居达尔马提亚。9世纪初,法兰克国王查理曼(Charlemagne)东征白克罗地亚,一度将其纳入加洛林帝国的版图,但是查理曼死后,白克罗地亚人于814年举行起义,后被镇压。达尔马提亚的克罗地亚人一直保持独立,879年,他们在布兰尼米尔(Branimir of Croatia)君主领导下争取到教皇的正式承认。910—914年,托密斯拉夫(Tomislav of Croatia)君主统一了两部分克罗地亚人后,其国家实力迅速壮大。923年,拜占庭皇帝罗曼努斯一世遣使克罗地亚和塞尔维亚,联合两国与拜占庭帝国结成反保加利亚同盟。在战争中,克罗地亚人重创入侵的保加利亚军队。但是,克罗地亚国家很快解除了盟约,寻求教皇的支持,925年,教皇承认克罗地亚为独立王国,其原因至今仍是不解之谜。11世纪,威尼斯人开始扩张势力,向克罗地亚地区渗透,迫使国王克莱斯米尔(Peter Krešimir IV of Croatia)再度转向拜占庭帝国求援。正当两国友好关系顺利发展之际,东正教和克罗地亚当地教会于1060年和1074年发生争执,严重影响了双边关系。国王兹沃尼米尔(Demetrius Zvonimir of Croatia,1076—1089年在位)公开支持本国教会,两国关系因而恶化。12世纪以后,匈牙利崛起,克罗地亚遂成为其附属国,保持独立与自治,其与拜占庭帝国之间的关系因此中断。

拜占庭帝国与塞尔维亚人(the Serbs)的关系自9世纪开始。塞尔维亚是巴尔干半岛北部的斯拉夫人国家,838年,日益强大的塞尔维亚人在其首领弗拉斯提米尔(Vlastimir)领导下与保加利亚人发生冲突。867—874年,塞尔维亚人接受了东正教信仰,遂与拜占庭人加强了经济文化联系。10世纪,保加利亚国王西美昂一世一度征服了塞尔维亚人,但西美昂一世死后,塞尔维亚再度成为独立王国。11世纪,拜占庭帝国马其顿王朝皇帝巴西尔二世为了击败保加利亚沙皇萨穆伊尔(Samuel)与塞尔维亚王国建立同盟关系。1018年,保加利亚灭亡后,塞尔维亚成为拜占庭帝国的邻国。为了加强抵抗拜占庭帝国扩张的阵营,塞尔维亚与波斯尼亚(Bosnia)、扎塔(Zeta)等小国结盟。12世纪,塞尔维亚与匈牙利、威尼斯和基辅罗斯结成反拜占庭帝国同盟。拜占庭皇帝曼努埃尔一世曾一度将塞尔维亚变为拜占庭帝国的附属国。1204年,第四次十字军东征夺取君士坦丁堡后,摆脱拜占庭帝国控制的塞尔维亚迅速发展成为强大的王国。1217年,斯特凡·尼曼雅二世(Stefan the First-Crowned)成为塞尔维亚第一位由教皇加冕的国王。两年后,其兄萨瓦(Saint Sava)则由拜占庭帝国大教长加冕称王。尼西亚拜占庭流亡政府承认其独立地位。同时,塞尔维亚人在巴尔干半岛复杂的局势中,联合盘踞在伊庇鲁斯地区的拜占庭专制君主,对抗再度兴起的保加利亚人。13世纪以后,塞尔维亚与保加利亚两国结成反拜占庭帝国同盟,而后又与西西里王国结盟,但是该同盟被拜占庭皇帝米海尔八世瓦解,塞尔维亚王国被迫将其占领的斯科普里(Skopje)等领土归还给拜占庭帝国。此后,塞尔维亚王国发现银矿,国家财政迅速好转,在国王斯特凡·乌罗什二世(Stephen Uroš II Milutin of Serbia)统治时期,其军队南下攻占马其顿大部分地区(图10-13)。1330年,塞尔维亚军队击败

图10-13 斯特凡·乌罗什二世

拜占庭保加利亚联军。此后，国王斯特凡·乌罗什四世（Stefan Uros IV Dusan，即斯特凡·杜尚）连续取得军事胜利，将马其顿地区尽行囊括在塞尔维亚王国的版图之中，但是其建立塞尔维亚拜占庭联合帝国的计划最终未能实现。

1346年4月，塞尔维亚国王斯特凡·乌罗什四世被加冕为"塞尔维亚和罗马人沙皇"，表明了塞尔维亚人企图吞并拜占庭帝国的野心（图10-14）。而后，塞尔维亚人大肆扩张，控制了色雷斯和马其顿的大部分地区。拜占庭帝国皇帝约翰六世（John VI Kantakouzenos）无力抵抗入侵，遂于1348年两度遣使谈判，遭到拒绝，故寻求土耳其的援助。同年，拜占庭和土耳其两国订立同盟，共同反对塞尔维亚人。土耳其派遣万余军队协助拜占庭帝国作战。1349年，在土耳其军队的帮助下，拜占庭人发动全面反攻，连续击败塞尔维亚军

图10-14　塞尔维亚国王斯特凡·乌罗什四世被加冕为塞尔维亚和罗马人沙皇

队，夺回维洛伊亚(Vloyea)、斯科普里等马其顿重镇。1350年，斯特凡·乌罗什四世被迫向拜占庭帝国投降，双方订立和约，拜占庭人收复了色雷斯、马其顿和塞萨利的大部分地区。这一同盟虽然暂时缓解了拜占庭帝国的北方边境危机，但是却因为使用了大批有组织的土耳其军队而使拜占庭帝国陷入更大的威胁之中。14—15世纪，奥斯曼土耳其军队在巴尔干半岛扩张势力，塞尔维亚和拜占庭一同沦为土耳其帝国的附属国。

拜占庭帝国与匈奴人(the Huns)的关系始于4世纪。入侵欧洲的匈奴人原为我国北方的游牧民族的一支，公元1—2世纪以后，因遭到汉朝军队的打击，举族西迁。375年，匈奴人渡过顿河(the Don)，征服阿兰人(the Alans)，迫使哥特人(the Goths)从黑海北部草原西迁。此后，匈奴人和西哥特人一同入侵拜占庭帝国，但不久便北返多瑙河左岸。395年，匈奴人的一部分翻越高加索山脉，入侵拜占庭帝国东方行省，在幼发拉底河上游遭到沉重打击。阿提拉(Attila)于434年成为匈奴王以后，匈奴势力迅速发展，他以多瑙河下游地区为中心，征服了哥特人和阿兰人，建立了强大的帝国。435年，阿提拉大举入侵巴尔干半岛北部，威胁拜占庭帝国的马其顿和色雷斯地区，迫使拜占庭人与之订立和约，规定拜占庭帝国每年缴纳350（或700）金镑作为年贡。442年，和约到期后，阿提拉（图10-15）再度进犯，兵抵色雷斯，迫使拜占庭政府提高年贡。447年，匈奴人的入侵迫使拜占庭人将年贡提高到6 000金镑。这一时期，拜占庭政府采取以金钱换取和平的政策。450年，拜占庭皇帝马尔西安(Marcian)拒绝继续支付年贡，引发双方的战争，但是阿提拉兵临君士坦丁堡城下后，未及交战，便率

图10-15　阿提拉（右）

部向西侵入西罗马帝国,洗劫了意大利。匈奴人对拜占庭的威胁至此结束。

拜占庭帝国与匈牙利人（the Hungary）的关系始于9世纪。在拜占庭历史文献中,匈牙利人也被作为"突厥人"。9世纪中叶,他们活动在顿河流域,从事贩卖战争奴隶的贸易。837年,匈牙利人与拜占庭军队发生第一次直接的军事冲突。当时,保加利亚人联合匈牙利人进攻拜占庭军队,但遭到拜占庭舰队的沉重打击。在9世纪末爆发的拜占庭与保加利亚的战争中,拜占庭帝国收买匈牙利人进攻保加利亚王国,迫使后者一度停战求和。9世纪,拜占庭帝国与匈牙利人等结成反保加利亚人的同盟。9世纪下半期,保加利亚王国在西美昂一世统治下迅速兴起,积极推行扩张政策。894年,西美昂一世借口拜占庭政府刁难保加利亚商人发动对拜占庭帝国的战争,兴兵入侵色雷斯和马其顿地区,并乘拜占庭军队主力投入对阿拉伯人作战之机,进军君士坦丁堡。面对西美昂一世咄咄逼人的攻势,皇帝利奥四世立即派遣使节赴保加利亚北部近邻匈牙利,劝说当地各部落首领在阿尔帕德大公（Árpád）领导下与拜占庭人结盟。双方约定共同打击保加利亚人,从南北两个方向发动进攻,拜占庭人将为匈牙利人提供渡过多瑙河的船只。此后,按照协议,匈牙利人乘坐拜占庭将领尤斯塔西乌斯（Eusthasios）统率的水师舰船大举过河,侵入保加利亚腹地,洗劫索菲亚平原,同时拜占庭帝国在亚洲的军队迅速西撤,调集到保加利亚前线。西美昂一世迫于反保加利亚同盟的攻势,假意和谈,拖延时间,利用拜占庭帝国将帅不和,首先击败匈牙利人,迫使他们撤回多瑙河北岸。而后,他挥师进军拜占庭帝国,围攻君士坦丁堡,迫使拜占庭人订立屈辱性和约,拜占庭和匈牙利两国反保加利亚同盟因此瓦解。至10世纪,匈牙利人势力迅速发展,多次入侵拜占庭帝国,甚至兵临城下,围攻君士坦丁堡。此后,两国关系缓和。948年,两位匈牙利王子前往君士坦丁堡接受基督教洗礼,而后不久,拜占庭政府派遣传教士,在匈牙利东部和南部地区的传教活动取得了极大进展,东正教在这些地区迅速传播。但是,信奉罗马教会的伊什特万一世（Stephen I of Hungary）担任匈牙利国王后,发展罗马教会的势力,限制东正教的影响,使匈牙利成为东欧罗马教会的重要国家（图10-16）。

图10-16　伊什特万一世

拜占庭帝国与阿尔帕德王朝（Árpád dynasty）的关系始于9世纪。阿尔帕德王朝兴起于多瑙河

第十章 拜占庭帝国的对外关系

北部地区，9世纪后半叶成为当地各小民族部落联盟，11世纪初与匈牙利人结合，成为匈牙利王国的王朝。9世纪末，应拜占庭皇帝利奥六世的邀请，阿尔帕德王朝组织当地各部落与拜占庭人建立反保加利亚人同盟，894年渡过多瑙河参加拜占庭与保加利亚的战争。此后，该朝征服潘诺尼亚（Pannonia）和附近匈牙利人定居的地区。948年，匈牙利君主受洗信仰基督教。11世纪后，阿尔帕德王朝与拜占庭帝国关系密切，1020年，国王伊什特万一世（Stephen I of Hungary）之子与拜占庭皇帝罗曼努斯三世的女儿狄奥多拉（Theodora）结亲。1075年，拜占庭帝国皇帝亲戚西纳德尼（Synadene）公主与阿尔帕德王子结婚。两国上层间的交往有时与政治斗争相联系，例如，阿尔帕德王朝阿尔莫斯亲王（Almos）因受其兄卡尔曼（Coloman, King of Hungary）国王迫害流亡到拜占庭帝国，受到礼遇，不仅被赐予君士坦丁（Constantine）的教名，而且受封赐马其顿城镇为其领地。1104年，拉斯洛一世（Ladislaus I of Hungary）国王的女儿伊琳娜（Irene of Hungary）嫁给拜占庭皇帝约翰二世（John II）为妻（图10-17）。1161年，曼努埃尔一世皇帝的侄女马利亚（Maria）嫁给伊什

图10-17　匈牙利阿尔帕德王朝君主，左一为伊什特万一世；左二为拉斯洛一世；右一为阿尔帕德大公；右二为盖佐大公

特万亲王。直到13世纪20年代，两国的关系才发生转变，此时阿尔帕德人完全与匈牙利人融合。

11—12世纪，拜占庭和匈牙利两国贸易关系发展迅速，物产交往丰富。但是，随着匈牙利人南下进入克罗地亚和达尔马提亚，两国之间发生利益冲突，引发多次战争。在此期间，匈牙利人与塞尔维亚、罗斯和诺曼人结盟。12世纪时，两国之间的战争不断。12世纪后半期，拜占庭帝国插手匈牙利王位继承问题。1162年，拜占庭帝国利用匈牙利国王盖佐二世（Géza II of Hungary）去世的机会干涉其王位继承事务。按照匈牙利法律，国王的兄弟和儿子都有继承王位的权利。拜占庭人最初支持盖佐二世之弟伊什特万四世（Stephen IV of Hungary）即位，企图以此换取舍米乌木（Sermium）和达尔马提亚地区。但是，他在内战中被其侄子伊什特万三世（Stephen III of Hungary）击败，被迫流亡君士坦丁堡。拜占庭人转而与伊什特万三世结盟，并答应皇帝的女儿马利亚（Maria）与伊什特万的弟弟订婚。然而，伊什特万三世并没有履行割让上述两地的协议，于是拜占庭帝国派兵入侵匈牙利，占领了舍米乌木和达尔马提亚。1163年双方为此再立协议，又因伊什特万三世拒绝执行而流产。1165年，曼努埃尔一世出兵，意在拥立伊什特万四世，并夺取森林要塞，迫使伊什特万三世再订协议，并占有了达尔马提亚和克罗地亚。

13世纪中叶以后，土耳其人势力迅速发展，拜占庭和匈牙利两国之间的矛盾退居次要地位，拜占庭帝国还请求匈牙利人给予援助。1366年，拜占庭皇帝约翰五世（John V）为此访问匈牙利国王拉约什一世（Louis I of Hungary）。1423年，拜占庭帝国皇帝约翰八世（John VIII）与匈牙利国王西吉斯蒙德（Sigismund）会晤，两国结成反土同盟。匈牙利王国在15世纪一度成为巴尔干半岛国家联合抵抗土耳其征服入侵的领袖，1444年，匈牙利国王乌拉斯洛一世（I. Ulászló，即波兰国王瓦迪斯瓦夫三世）（图10-18）成功击退土耳其北上部队，但在解救君士坦丁堡的瓦尔纳战役（Battle of Varna）中遭到失败，在战斗中阵亡。

图10-18　匈牙利国王乌拉斯洛一世

拜占庭帝国与阿瓦尔人（the Avars）的关

系最早见于6世纪中期的拜占庭史料。阿瓦尔人的祖先来自黑海北部平原，后西迁至巴尔干半岛北部，与拜占庭人发生接触。558年，阿瓦尔人遣使拜访君士坦丁堡，与拜占庭皇帝查士丁尼一世订立条约。拜占庭帝国允许阿瓦尔人定居巴尔干半岛北部，而阿瓦尔人则有义务帮助拜占庭人抵抗来自黑海地区其他民族的入侵。阿瓦尔人凶猛剽悍，一度控制巴尔干地区的斯拉夫人，并占领小亚细亚的黑海沿岸地区。由于阿瓦尔人势力的扩张，引发了其与拜占庭帝国之间的冲突。582年，阿瓦尔人首领柏安（Baian）与斯拉夫人结盟，征服了巴尔干半岛北部各个民族，拜占庭皇帝摩里士曾率领军队抵抗，遭到败绩。626年，阿瓦尔和斯拉夫联军对拜占庭帝国的入侵达到高潮，并在波斯人的帮助下围攻君士坦丁堡。拜占庭皇帝希拉克略联合克罗地亚人和塞尔维亚人进攻阿瓦尔人。635年，在拜占庭帝国的支持下，阿瓦尔人控制下的保加利亚人获得独立，使阿瓦尔人的势力受到打击，阿瓦尔人国势从此衰落。8世纪末，阿瓦尔人被其他新兴民族挤出巴尔干半岛，向西迁徙，在法兰克边境遭到查理曼大帝的打击。805年，残余的阿瓦尔人被保加利亚王克鲁姆（Krum）征服，此后，阿瓦尔人在历史上逐渐消失。

拜占庭帝国与乌拉赫斯人（the Vlachs）的关系不早于10世纪。乌拉赫斯人为巴尔干半岛北部地区少数民族，10世纪时受日耳曼人和阿瓦尔斯拉夫人进攻而避居山区，长期以放牧和耕种山地为生。11世纪以后作为雇佣军参与拜占庭社会生活。1025—1027年，乌拉赫斯人雇佣兵参加了拜占庭帝国对意大利的远征。11世纪末，乌拉赫斯人的山区经济获得较大发展，几乎控制了巴尔干半岛山区农副产品贸易。12世纪，拜占庭皇帝阿历克塞迫害乌拉赫斯人，没收其土地，将他们驱逐进荒芜山区，使之与拜占庭人对立。12世纪末，保加利亚人重新崛起，联合乌拉赫斯人进攻拜占庭帝国，使巴尔干地区陷入诸强国争霸的混战。此后，乌拉赫斯人成为反拜占庭帝国的军事力量之一。

拜占庭帝国与佩切涅格人的关系（the Pechenegs）始于9世纪。佩切涅格人起源于中亚，属于突厥人的游牧部落，9世纪后期出现在伏尔加河（the Volga）流域平原，因受东部其他突厥人的进攻，向西迁徙到顿河（the Don）和多瑙河下游地区。该民族与拜占庭商人有频繁的贸易联系，在东欧和巴尔干半岛陆路贸易中起了重要作用。拜占庭帝国政府最初十分注意发展与佩切涅格人的关系，以此牵制其他斯拉夫民族的入侵，特别是利用该民族勇武好战的习俗在拜占庭帝国北方边境阻止保加利亚人和罗斯人的侵犯。在894年爆发的拜占庭与保加利亚的战争中，保加利亚沙皇西美昂一世联合佩切涅格人击败拜占庭帝国的盟国匈牙利人。917年，拜占庭人与佩切涅格人订立同盟，共同进攻保加利亚人，但是佩切涅格人担心战后自己的前途，故单方面解除盟约，转而与保加利亚结盟，并达成两国的政治联姻关系。在拜占庭人与罗斯人的战争中，佩切涅格人最初支持罗斯人，帮助基辅罗斯大公伊戈尔（Igor）进攻拜占庭帝国。但是，拜占庭人用重金收买佩切涅格人，使之倒戈进攻罗斯军队。11世纪中期，佩切涅格人对拜占庭帝国北方边境造成严重威胁。1045年，拜占庭人征服保加利亚人并将其地变为拜占庭帝国行省后，佩切涅格人在其首领克艮（Kegen）的带领下进入保加利亚平原，迫使拜占庭帝国承认他们为帝国合法的雇佣军（图10-19）。但是，他们很快就起兵反叛，1050年，被拜占庭军队驱逐出去。1059年，拜占庭皇帝伊萨克一世全歼入侵的佩切涅格人。此后，佩切涅格人对拜占庭帝国的威胁进一步增加。1087年，他们洗劫了色雷斯地区，其前锋部队甚至抵达马尔马拉海。1091年和1122年，拜占庭皇帝阿历克塞一世和约翰二世对佩切涅格人的最后打击使他们元气大伤，此后，该民族再也没能重新崛起。

图10-19 拜占庭帝国军队中的雇佣兵——佩切涅格骑兵

　　拜占庭帝国与乌寨斯人（the Uzes）的关系始于11世纪。乌寨斯人是中亚突厥人的一个部落联盟，与塞尔柱人有亲缘关系，在库曼人（the Cuman）压力下从中亚西迁，渡过伏尔加河，10世纪时，与佩切涅格人同时进入黑海北部和多瑙河中下游地区。1064年，乌寨斯人渡过多瑙河侵入拜占庭帝国领土，兵临塞萨洛尼基（Thessaloniki）城下，据记载，其人数达60万。但是，落后的乌寨斯人由于疾病流行，缺少食物，加之拜占庭、保加利亚和佩切涅格等民族的袭击，无力攻城，在撤退中自相践踏，死伤无数。此后，乌寨斯人或加入拜占庭和基辅罗斯等国军队，或融合在佩切涅格人中，或在荒山野岭垦荒。在拜占庭军队中服役的乌寨斯人直到11世纪才逐渐消失。

　　拜占庭帝国与阿尔巴尼亚人（the Albanians）的关系始于11世纪。阿尔巴尼亚人起源不详，很可能是伊利里亚（Illyria）地区的土著山民，11世纪始见于拜占庭史料记载。当时，他们占领了斯库台河（the Shkumbi）附近的阿尔巴农（Arbanon）山谷，因此被称为阿尔巴尼亚人。13世纪时，阿尔巴尼亚人广泛散布于伊庇鲁斯地区，并在14世纪建立阿尔巴尼亚公国。在巴尔干半岛国家反对土耳其军事侵略的战争中，阿尔巴尼亚人主要充当拜占庭帝国军队的雇佣兵。1350年，拜占庭帝国的伊庇鲁斯专制君主曼努埃尔·坎塔库震努斯（Manuel Kantakouzenos）将大批阿尔巴尼亚人移居到莫利亚地区，以解决拜占庭社会劳力和兵源枯竭的问题。1392年，威尼斯人占领第拉纳（Morea）。退入山区的阿尔巴尼亚人在抵抗奥斯曼土耳其人征服巴尔干半岛的战争中起了重要作用，成为最后一个反土耳其斗争中心。

三、拜占庭帝国在西欧

1. 拜占庭帝国与日耳曼人

拜占庭帝国自4世纪即与日耳曼人西迁的各部落发生接触，其中皇帝君士坦丁大帝的侄子尤利安（Julian）是比较早领导抵抗日耳曼人入侵的军事将领。4世纪，日耳曼各部落越过罗马帝国自然疆界莱茵河和多瑙河侵入帝国的高卢行省（Gaul）。355年，尤利安受命抵抗日耳曼人入侵。尤利安是帝国皇帝君士坦丁大帝同父异母兄弟朱利乌斯（Julius Constantius）之子，5岁时，其父涉嫌卷入宫廷斗争，遭到家族抄斩的迫害，他幸免于难。青少年时在帝国东方学术中心尼科米底亚（Nicomedia）和雅典（Athens）接受教育。25岁时，他被堂兄君士坦提乌斯皇帝召进宫，任命为副皇帝，受命前往高卢作战。当时，入侵高卢的法兰克人（the Franks）和阿拉曼人（the Alemanni）属于日耳曼民族，他们多次击败罗马军队，洗劫城市和农村，屠杀罗马居民，抢劫他们认为有用的财物和牲畜。尤利安成功地组织帝国军队反击日耳曼人入侵，在今斯特拉斯堡（Strasberg）附近大败法兰克人（the Franks），恢复了高卢地区的和平。尤利安将其驻扎地设置在今巴黎塞纳河（the Seine）岛屿上，有效地指挥军队抵抗住3次法兰克人大规模的进犯，其中最成功的战役捕获2万日耳曼人。在尤利安担任高卢军队指挥的6年期间，罗马帝国暂时阻止了日耳曼人的入侵。

拜占庭帝国与哥特人（the Goths）的关系从4世纪开始。哥特人属于日耳曼民族，起源于斯堪的纳维亚半岛南部，2世纪南下迁徙到黑海北部地区。

拜占庭帝国初期，哥特人移居小亚细亚和巴尔干半岛，成为拜占庭统治者面临的最主要的外交问题。4世纪末，拜占庭人面对哥特人的迁徙浪潮，采取接纳和利用"蛮族"的政策，即不仅接受哥特人为帝国的臣民，允许他们在帝国边境地区定居垦荒，交纳赋税，提供劳役和军队，而且建立哥特人兵团，吸收哥特人担任各级军官。拜占庭政府还允许定居在巴尔干半岛和小亚细亚地区的哥特人保持其原有的农村公社生活制度。这一政策的经济意义在于巩固了处于社会转型中的拜占庭帝国农业经济基础。但是，定居在拜占庭帝国领土上的哥特人对拜占庭官员的敲诈勒索和种族歧视极为反感，多次举行起义。395年，哥特人领袖亚拉里克（Alaric，395—410年）发动民族起义，从巴尔干半岛北部向南进攻，侵入色雷斯和马其顿地区，直接威胁拜占庭帝国首都君士坦丁堡。这迫使拜占庭皇帝展开外交斡旋，以重金收买亚拉里克（图10-20）改变进攻计划，使之继续南下希腊阿提卡（Attica）和伯罗奔尼撒半岛，而后转向西方，渡海进攻意大利。哥特人进入拜占庭帝国上层社会引起希腊贵族的不满，400年7月11（或12）日，君士坦丁堡大教长约翰·赫利索斯陀莫斯（John Chrisostomos，389—404年）以"勤王"为口号，在首都君士坦丁堡发动起义，将残留在拜占庭帝国首都的哥特人全部杀死。从此，哥特人在早期拜占

图10-20　亚拉里克

庭国家的势力开始逐渐被清除，哥特人对拜占庭帝国上层政治生活的影响从此逐步消失。5世纪时，活跃在巴尔干半岛的哥特人和来自小亚细亚的伊苏利亚人（the Isaurians）再次成为拜占庭帝国新的威胁。拜占庭皇帝弗拉维·芝诺（Zeno）说服东哥特人领袖狄奥多里克（Theodoric，471—493年）带领哥特人前往意大利，代表帝国皇帝平息西哥特人的反叛。当时西哥特人在奥多亚塞（Odoacer，476—493年）领导下灭亡了西罗马帝国，自立为帝。488年，狄奥多里克率东哥特人横渡亚得里亚海击败西哥特人。早期拜占庭帝国的哥特人政策保证其摆脱危机获得进一步发展。

拜占庭征服东哥特王国（Ostrogothic Kingdom）起义的战争发生在6世纪。当时，托提拉（Totila）为东哥特国王。他于511年生在东哥特贵族家庭，541年称王后，在意大利北部发动起义，将大批破产隶农和奴隶吸收到起义军中，并将起义军没收的罗马贵族和大庄园主的土地分给哥特士兵。当时，拜占庭帝国皇帝查士丁尼一世在其发动的东哥特战争中陷入僵局，前线指挥贝利撒留（Belisarius）也被召回君士坦丁堡。托提拉起义军因此在两年间占领了包括那不勒斯（Naples）在内的意大利许多城市，546年12月17日和550年1月16日两度围攻罗马，同年5月又占领了西西里。托提拉的胜利迫使拜占庭帝国再次出兵平息起义。552年，查士丁尼一世派遣纳尔西斯（Narses）统率22 000人军队在拉韦纳（Ravenna）登陆，进攻托提拉起义军，在挺进罗马的路途中与托提拉主力展开决战，击溃后者，占领罗马。托提拉（图10-21）自知难以取胜，遂派使节赴拜占庭帝国在希腊和撒丁岛的领地策动起义，但是遭到拒绝。552年，纳尔西斯的军队在塔基那战役（Battle of Taginae）中彻底击败起义军，托提拉受重伤阵亡。此后，拜占庭军队在维苏威火山下，经过两天血腥战斗，全歼托提拉残余部队。拜占庭帝国从此重新建立其在意大利的地方统治。

拜占庭帝国在消灭日耳曼人国家的行动中比较成功的一次是汪达尔战争。当时，拜占庭皇帝查士丁尼一世为了扩大其在地中海西部的势力，发动了灭亡汪达尔王国

图10-21 托提拉

的战争。汪达尔人（the Vandals）原为日耳曼民族的一支，406年从中欧进入高卢地区，后迁移到西班牙西部和南部。429年，汪达尔人跨过直布罗陀海峡，入主北非马格里布地区，数年后夺取迦太基（Carthage），建立汪达尔王国。新兴的汪达尔王国实力发展迅速，控制西西里岛和撒丁岛，掌握西地中海海上霸权，与拜占庭帝国在西地中海的利益发生冲突。5世纪期间，拜占庭军队两度远征汪达尔王国，均以失败告终，被迫承认其对北非的占领。但是，拜占庭帝国不甘心丧失富庶的北非地区和西地中海商业霸权，特别是北非的谷物、油料和酒对帝国经济生活具有重要意义。查士丁尼一世即位后即精心计划用武力征服汪达尔王国。533年，他派遣贝利撒留统领15 000人和百余条战舰渡海进攻汪达尔王国。贝利撒留利用汪达尔王国与东哥特人的矛盾，首先在东哥特人控制下的西西里岛休整部队。次年，拜占庭军队避开汪达尔人主要防御阵地，于防务薄弱的卡布特瓦达（Kaputbada）突然登陆，从陆地和海上同时发起进攻，此后，在代基蒙战役（Dekimon）中重创汪达尔主力军，并乘势夺取卡尔西丹城（Karchedan），从而彻底击溃汪达尔人的有生力量。汪达尔王国残余部队退守特里卡马洛（Trikamaron），重新组织抵抗。贝利撒留则抢先渡过特里卡马洛附近的大河，占据有利地形，乘敌军惊魂未定之际发动奇袭，又取得了特里卡马洛战役大捷。最后，拜占庭军队在伊彭城（Ippon）生擒汪达尔国王盖利默（Gelimer）。被俘的汪达尔人大多被押往君士坦丁堡，后编入汪达尔人兵团，从此，这个民族从历史中逐渐消失（图10-22）。这场战争恢复了拜占庭在西地中海的霸主地位。

2. 拜占庭帝国与意大利

拜占庭帝国与西欧关系最密切的国家是意大利，而中古时代的意大利又是四分五裂的政治格局，因此我们只能对其中最主要的关系作简略介绍。

罗马帝国在3世纪大危机以后，政治中心东移。4—5世纪期间，

图10-22　汪达尔人

第十章 拜占庭帝国的对外关系

日耳曼民族入侵后压缩了西部帝国的空间，意大利遂成为西罗马帝国的主要部分，其皇帝大多是东罗马（即拜占庭）帝国皇帝的副手或兄弟。早在君士坦丁王朝时代，控制西罗马帝国的君士坦丁二世就发动了进攻东罗马帝国的战争。君士坦丁二世（Constantine II）为君士坦丁大帝之子，其父死后，根据君士坦丁大帝生前的安排，控制了不列颠、高卢和西班牙等地区，同时被指定为东、西方帝国的最高皇帝。当时，意大利归属统治东方拜占庭帝国的君士坦斯一世（Constans）。为了巩固其最高皇权，君士坦丁二世于340年起兵讨伐拒绝承认其地位的君士坦斯一世，进军意大利。他亲自统兵翻越阿尔卑斯山，进攻意大利北部地区。为了抢占具有战略意义的巴库（Baku），君士坦丁二世首先攻击阿奎莱亚（Aquileia），遭到了意想不到的激烈抵抗，他在战斗中负伤阵亡。君士坦丁二世对意大利的入侵揭开了东、西罗马帝国的军事对抗，也开启了君士坦丁王朝的长期内战。

476年，西罗马帝国皇帝被废后不久，东哥特人从拜占庭帝国在巴尔干半岛的属地大举入侵意大利。493年，自称是拜占庭帝国臣属国的东哥特人在拉韦纳（Ravenna）建立了王国，并逐渐摆脱了拜占庭人的控制。查士丁尼一世统治期间发动对东哥特王国的长期战争，但是不久，伦巴底人从北部入侵意大利，建立了伦巴底王国，迫使拜占庭人的势力退缩在拉韦纳和意大利南部领地内。在此期间，西西里成为拜占庭人的重要中心，拜占庭帝国政府将分散在意大利的小块领地合并成立了拉韦纳总督区。751年，伦巴底人占领了拉韦纳，拜占庭人被迫加强其南意大利领地的防务，特别是加强了对西西里岛的控制，将该岛教区划归君士坦丁堡直接管辖，并剥夺了罗马主教对西西里的征税权。此后，法兰克人（the Franks）侵入意大利北部，成为继罗马教会之后在意大利出现的又一支反拜占庭帝国势力。正是在法兰克人的支持下，教皇国于8世纪中期形成。为了对付始于7世纪的阿拉伯人对意大利的入侵，8—9世纪期间，拜占庭人联合教皇、法兰克人、伦巴底人、威尼斯人和那不勒斯人组成反穆斯林联盟。"反阿拉伯人同盟"（the Alliance against the Arabs）包括亚平宁半岛各派势力，旨在抵抗10世纪初阿拉伯人的入侵。当时，阿拉伯海军和海盗从北非向意大利扩张，在亚平宁半岛南端建立据点，不断进攻周围地区，甚至在罗马附近驻兵，直接威胁意大利各派的利益，拜占庭帝国在南意大利的领地首先受到攻击。914年，新当选的教皇约翰十世（John X）上任后立即着手与各方谈判，积极推动反阿拉伯同盟的建立。拜占庭帝国驻巴里（Bari）地区的总督迫于阿拉伯人的威胁，暂时调整敌视罗马的政策，支持同

377

盟的建立。该同盟以教皇为首,主要成员有拜占庭帝国、伦巴底各部落、斯伯莱托侯国、那不勒斯王国、托斯坎尼地区等派。915年,拜占庭军队根据同盟协议派舰队参加对阿拉伯人进攻的军事行动。同盟军在教皇的亲自指挥下击败阿拉伯人,将其包围了3个月,并在阿拉伯人突围的过程中重创敌军,穆斯林将士大多被杀死。反阿拉伯同盟解除了阿拉伯人的威胁后,内部矛盾立即发生冲突,同盟旋即解体。

但是,拜占庭帝国寻求在意大利扩张的行为引起各派不满,他们因此更希望与阿拉伯人取得和解。10世纪初,西西里被阿拉伯人控制,拜占庭人则继续控制卡拉布里亚(Calabria)等意大利南部沿海地区。969年,拜占庭人在意大利建立卡特潘纳特(Katepano)军区。1040年,拜占庭帝国又设置意大利大公,但是其辖区不包括西西里和卡拉布里亚。11世纪,诺曼人兴起,取代了拜占庭人和阿拉伯人在意大利的地位,他们抢占了西西里和南意大利,逐步掌握了西地中海霸权。

11世纪,意大利爆发反对拜占庭帝国统治的巴里起义(Revolts of Bari)。巴里位于意大利东部,临亚得里亚海。11世纪初,巴里人民不堪忍受拜占庭帝国政府的沉重赋税,在当地贵族梅罗(Meiro)领导下发动起义,旋即被拜占庭军队平息,梅罗的家眷作为人质被迫送往君士坦丁堡。1029年,梅罗之子阿基罗斯(Agiros)返回巴里,继续其父的斗争事业。1042年,阿基罗斯在诺曼人的帮助下再次起义,自立为意大利、卡拉布里亚、西西里和帕弗拉格尼亚(Paphulagenia)大公。此后,他利用拜占庭帝国皇室内部斗争,与皇帝和解。1045年,他前往君士坦丁堡,协助拜占庭帝国平息内乱。1051年,他被任命为拜占庭帝国驻伦巴底的总督,为了有效地抵抗诺曼人的入侵,他与教皇利奥九世(Leo IX)结盟,但是同盟很快被诺曼人的军事胜利所粉碎,巴里人从此丧失了独立。

与此同时,威尼斯、热那亚、比萨等意大利航海共和国开始崛起,逐渐控制了东地中海贸易,对拜占庭帝国在该地区的权益造成了巨大损害。12世纪,拜占庭企图重新恢复其在意大利的势力,因诺曼人、教皇和德意志人的坚决反对而失败。1204年,威尼斯人勾结第四次十字军攻陷君士坦丁堡(图10-23),彻底结束了拜占庭帝国作为国际强国的地位,也结束了其在意大利的统治。此后,意大利各航海城市共和国不断瓜分和掠夺拜占庭人在东地中海的商业利益,直到拜占庭帝国灭亡。

拜占庭帝国与伦巴底人的关系始于6世纪。伦巴底人原为日耳曼人的一支,6世纪初定居多瑙河中部潘诺尼亚地区。540年,拜占庭人在战争中联合伦

第十章 拜占庭帝国的对外关系

图10-23 十字军攻陷君士坦丁堡

巴底人打击哥特人，查士丁尼一世与之订立盟约，552年，伦巴底派遣5 500人参加拜占庭军队在巴尔干半岛的军事行动。568年，由于阿瓦尔人侵袭，伦巴底人进入意大利北部。拜占庭帝国驻扎在意大利的军队未能阻止伦巴底人的进攻，到6世纪末，伦巴底人在阿基鲁厄夫（Agilulf）领导下建立了强大的王国。605年，在伦巴底王国的压力下，拜占庭帝国拉韦纳总督区与伦巴底国王订立停战协定。680年，拜占庭人再度远征伦巴底人失败后，双方订立新的条约。此后，拜占庭帝国加强文化和宗教渗透，而伦巴底人则进一步向南进攻。751年，伦巴底国王埃斯杜弗（Aistulf）夺取拉韦纳等城市，但是他对罗马的进攻招致法兰克王国的干涉，774年，查理曼出兵征服伦巴底人。在共同反击法兰克人的斗争中，拜占庭帝国与伦巴底人再度合作，结为同盟。876年，伦巴底人请求拜占庭军队援助，以抵抗阿拉伯军队的入侵，拜占庭人乘机于891年重新控制了伦巴底第人。此后,拜占庭帝国在伦巴底人地区的政治、经济、文化影响迅速增加。直到诺曼人征服伦巴底地区后,拜占庭人与伦巴底人之间的关系中断。

拜占庭帝国与比萨(Pisa)航海共和国的关系自11世纪开始。比萨位于亚平宁半岛西侧的利古里亚(Mare Ligure)海滨,11世纪末开始参与对东方贸易的竞争,并因此与拜占庭帝国发生联系。1111年,拜占庭皇帝阿历克塞一世与比萨订立防御同盟,并授予比萨人在拜占庭帝国的商业特权,即承认比萨共和国获得4%的拜占庭帝国进口关税,条件是比萨缴纳给拜占庭帝国一定数额的年贡,并提供舰队保卫君士坦丁堡,君士坦丁堡将开辟比萨商业区。1163年,君士坦丁堡的比萨舰队在支持德意志皇帝腓特烈一世(红胡子)的十字军行动中失败,其商业区被取消,但是,1170年得到重新建立。1182年,君士坦丁堡反拉丁人起义将比萨商业区彻底破坏,为此,比萨进行了残酷的报复,迫使拜占庭皇帝伊萨克二世于1192年续订两国盟约,并扩大了比萨商业区的面积和权利,以此抵消威尼斯人的力量。1204年第四次十字军夺取君士坦丁堡后,比萨人在拜占庭帝国的利益被彻底剥夺,威尼斯人取代了比萨人的地位。1261年,与比萨人关系密切的米海尔八世重新入主君士坦丁堡,并恢复了比萨人在拜占庭帝国的所有特权,但是比萨的衰落使其在拜占庭帝国的地位下降,1439年,比萨人的特权全部转归佛罗伦萨共和国,只在君士坦丁堡北部沿黄金角海湾保留一块商业区。

图10-24 威尼斯总督彼得·特里布诺

拜占庭帝国与威尼斯的关系比较曲折。威尼斯位于意大利北部亚得里亚沿海,始建于421年,6世纪伦巴底人入侵意大利时,威尼斯成为难民集散地。当时的威尼斯属于拜占庭帝国在意大利的拉韦纳总督管辖。751年,拉韦纳失陷后,威尼斯由君士坦丁堡直辖。810年,法兰克军队进犯威尼斯遭到失败,两国君主订立亚琛条约(the Treaty of Aachen),确定威尼斯为拜占庭帝国领地。此后,威尼斯由地方贵族进行统治,承认拜占庭皇帝的宗主权,并由拜占庭政府派员实行监督。9世纪,威尼斯总督彼得·特里布诺(Doge Peter Tribuno)依靠不断增长的经济实力,逐渐摆脱了拜占庭帝国的控制(图10-24)。独立后,威尼斯航海

第十章 拜占庭帝国的对外关系

业迅速发展,首先控制了亚得里亚海制海权,垄断了海上贸易,并在反对阿拉伯人的海战中发挥了重要作用。在此期间,威尼斯向拜占庭帝国进行经济扩张,通过航海运输逐渐控制了拜占庭帝国的谷物市场,并进行奴隶贸易。992年,拜占庭皇帝巴西尔二世给予威尼斯商人贸易特权,以换取威尼斯人的海上援助。威尼斯人在拜占庭帝国获得的贸易特权是以自10世纪末即开始迅速发展的威尼斯海军力量为后盾的,此时,其海上实力已经控制了亚得里亚海。拜占庭帝国在对保加利亚的战争中,急需从海上牵制保加利亚人,因此拜占庭皇帝巴西尔二世积极推动对威尼斯的外交联系,希望得到威尼斯的海军支援。992年,他批准威尼斯商人在对拜占庭人贸易活动中享有免税特权,保证威尼斯商人将受到拜占庭政府的保护,并严禁帝国官员对威尼斯人敲诈勒索。同时,作为交换条件,威尼斯在拜占庭帝国需要的时候提供舰队援助,并在拜占庭皇帝的指挥下帮助帝国军队渡海到意大利。1001年,威尼斯参与拜占庭帝国对达尔马提亚地区的战事,1004年,他们再次根据协议派遣舰队帮助拜占庭军队渡海支援在巴里的驻军抵抗阿拉伯人入侵。次年,巴西尔二世将威尼斯总督之子请到君士坦丁堡,盛情款待,并为他娶了拜占庭贵族小姐,从而加强了两国的同盟关系。威尼斯获得在拜占庭帝国的贸易特权有助于其海上势力的发展,使其在东方贸易中处于优势地位。威尼斯的贸易特权对拜占庭商业经济产生了深远的恶劣影响,不仅破坏了拜占庭传统的国际贸易体系,瓦解了拜占庭帝国重要的经济基础,而且也开启了西欧商业大国瓜分拜占庭帝国商业权益的先例。此后,热那亚、比萨等城市共和国先后获得了与威尼斯同等的商业特权。

1082年,拜占庭皇帝阿历克塞一世为了同样的目的授予威尼斯人更多的商业特权,使他们从此获得了在君士坦丁堡建立威尼斯商业区、征收部分关税以及在科林斯(Corinth)等拜占庭帝国重要海港自由进出的权利,这些特权对拜占庭国际贸易产生了极为严重的消极影响。威尼斯人在东地中海的兴起引发了其与拜占庭帝国之间的冲突,1171年,拜占庭皇帝曼努埃尔一世将威尼斯人驱逐出君士坦丁堡,没收了他们的财产,限制威尼斯人的特权,缩小其在拜占庭帝国内的经济影响,从而引发了两国关系的紧张状态。威尼斯人立即中断了与拜占庭帝国的所有商业联系,并将威尼斯商人及其财产转移出君士坦丁堡,使拜占庭首都市场剧烈波动,特别是谷物短缺造成一时恐慌,迫使曼努埃尔一世重新宣布保证威尼斯商人的权益和安全,动员他们重返君士坦丁堡,并强调将继续保证威尼斯人的商业垄断权。2万名威尼斯商人因此回到君士坦丁堡。1171年3月，曼努埃尔一世借口威尼斯商人违法，采取突然行动，大批逮捕威尼斯人，查抄其店铺，没收其财产。威尼斯人则立即派遣舰队进攻拜占庭帝国，但是，由于瘟疫流行，威尼斯人被迫撤退。1175年，双方重新订立商约，拜占庭帝国重新给予威尼斯人各项贸易特权。同时，拜占庭帝国也向热那亚和比萨等其他意大利航海共和国提供同样的商业竞争的机会，以平衡大国势力。威尼斯怀恨在心，利用第四次十字军对拜占庭帝国进行彻底的报复。在拉丁帝国统治期间，威尼斯获得了拜占庭人的全部商业利益，控制了整个爱琴海和东地中海航道以及进入黑海的水路通道，并在君士坦丁堡建立了繁华的商业特区。此后，威尼斯在东地中海贸易中的势力和权益达到最高点。拜占庭帝国末代巴列奥略王朝在热那亚人帮助下重新夺取君士坦丁堡后，威尼斯与拜占庭帝国关系变得极为复杂和不稳定。衰落中的拜占庭帝国力图在威尼斯、热那亚和比萨等强大势力中寻求平衡，在大国之间的战争中保持中立。因此，拜占庭人既与威尼斯订立过多次盟约，也与热那亚结为盟友，企图在大国的对抗中捞取一些好处。

13世纪末，威尼斯和热那亚为争夺东地中海商业霸权爆发战争，双方都希望大力发展东地中海贸易，力图独占商业霸权。1293年，得到拜占庭政府支持的热那亚人在控制了拜占庭帝国大部分商业据点并获得大量贸易特权以后，处处排斥威尼斯商人，引起两国商船经常发生争执和冲突。特别是热那亚在君士坦丁堡郊区的配拉商业特区成为威尼斯商人的眼中钉，1296年7月，威尼斯舰队在此登陆，放火烧毁了热那亚商业区。热那亚人则在君士坦丁堡城内屠杀威尼斯人。在两国的冲突中，拜占庭帝国政府最初偏袒热那亚人，但是名义上保持中立。此后，威尼斯和热那亚两国在黑海、爱琴海展开激烈厮杀，直到1299年5月25日，双方无力继续再战，订立和约，确定双方的战争损失全部由拜占庭帝国赔偿。当拜占庭人拒绝对威尼斯提供赔偿时，威尼斯于1320年出兵封锁博斯普鲁斯海峡，迫使拜占庭帝国出让更多权益。

直到14世纪奥斯曼土耳其人开始其征服巴尔干半岛的军事入侵以后，拜占庭帝国才全力推行与威尼斯人的结盟政策，但是其努力大多失败。当时，拜占庭人与威尼斯等西欧国家建立反土耳其人的"海上同盟"。这一同盟是西欧国家对土耳其人迅速崛起感到恐惧而促成的，特别是意大利各航海共和国担心各自的利益受到侵犯，因此与拜占庭帝国建立同盟关系。1332年，拜占庭皇帝安德洛尼卡三世参加威尼斯在罗得岛举行的海上同盟成立会议，并与塞浦路斯、威尼斯和医院骑士团订立同盟关系。此后，教皇和热那亚也曾计划加

第十章 拜占庭帝国的对外关系

入同盟,终因与威尼斯人矛盾冲突而作罢。这个同盟没能发挥其应有作用,拜占庭帝国企图利用同盟力量抵抗土耳其人扩张的计划也落空了。1423年,威尼斯人在拜占庭人无力维持的情况下,购买了塞萨洛尼基,但是7年后被土耳其人攻占。根据尼克洛日记记载,威尼斯人在1453年君士坦丁堡保卫战中发挥了重要的军事作用。

拜占庭帝国与热那亚的关系也十分复杂。热那亚位于意大利西北部热那亚湾海滨,4—5世纪开始发展,在7世纪以前是拜占庭帝国属地。642年,伦巴底人占领热那亚,拆除城墙,但在10世纪,该城再度兴起。11世纪时,热那亚舰队击败阿拉伯人,控制了撒丁岛,自此逐渐掌握了西地中海制海权。热那亚人曾参加十字军东征,但其13艘战舰组成的舰队主要用于攻击叙利亚和巴勒斯坦沿海地区。1155年,拜占庭皇帝曼努埃尔一世担心威尼斯人势力过分强大,故授予热那亚人在君士坦丁堡建立商业特区等项贸易特权。此后,热那亚人与威尼斯和比萨人为争夺拜占庭商业权益展开了激烈的斗争,曼努埃尔对热那亚人的信任使后者在斗争中占据优势地位。1201年,热那亚特使奥托伯尼(Ottobone della Croce)再次代表热那亚获得新的特权,但是由于1204年第四次十字军占领君士坦丁堡而化为乌有。拉丁帝国统治时期,热那亚与尼西亚拜占庭流亡政府关系密切。1261年,两国再订南菲宏条约(Treaty of Nymphaion)。当时,拜占庭流亡政府经过苦心经营,已经发展成为小亚细亚的强大势力,重新夺取君士坦丁堡已经指日可待。为了强化与热那亚的友好关系,以得到其舰队的海上支持,拜占庭政府于1261年3月13日在临时首都南菲宏与热那亚外交特使签署了反威尼斯人条约,规定两国结成长期盟友,并允诺绝不单独与威尼斯媾和;热那亚人提供由50艘战舰组成的舰队供拜占庭皇帝指挥,舰队的费用则由拜占庭人支付;热那亚享有过去拥有的所有商业特权,并增加在以弗所(Ephesus)、士麦拿(Smirna)和阿特拉米森(Atramison)等城市的热那亚商业区;热那亚人的财产将受到拜占庭政府的保护,包括在拜占庭水域失事船只的财产赔偿;如果双方发生争执,热那亚政府将参与裁决。该协议直接反对威尼斯人,支持热那亚人在东地中海发展商业势力并参与对威尼斯的贸易竞争,使热那亚在此后半个世纪迅速成为东方贸易的强国,其商业势力范围远及黑海沿岸,进而引起东地中海商业格局的变动。同年,拜占庭人收复君士坦丁堡后,热那亚便取代了威尼斯在东地中海的地位。1284年,热那亚舰队击溃比萨海军,使热那亚成为东地中海东方贸易中最强大的势力。热那亚在君士坦丁堡郊区、多瑙河中下游流域、黑海和爱琴海都建立了商业殖民地。1292年,威尼斯人掀起多国卷入的争霸战争。

14世纪中期,两国之间爆发了"加拉大战争"(the War of Galata)。战争的起因比较复杂。热那亚人在13世纪中期巴列奥略王朝统治之初,一度保持东地中海霸主地位,但是14世纪后其地位逐渐被威尼斯所取代。拜占庭皇帝约翰六世统治期间,企图利用热那亚衰落的机会,收回拜占庭帝国的某些商业特权,甚至提议缩小热那亚的加拉大商业特区,引起热那亚人的强烈抗议,威胁动用武力。1348年8月,热那亚海军突然向拜占庭帝国发出最后通谍,而后发动袭击,击沉拜占庭海军舰只,封锁君士坦丁堡的海上出口,造成拜占庭帝国首都严重饥荒。次年3月,约翰六世组织舰队反击热那亚人,但很快即被击溃。正当拜占庭帝国战败准备议和之际,热那亚共和国议会却强迫其舰队与拜占庭帝国缔结和约,以便集中精力投入对威尼斯的战争。热那亚人因此在和约中对拜占庭人作了较大的让步,但是加拉大战争对拜占庭帝国造成了巨大破坏。1352年,皇帝约翰六世与热那亚订立新条约,扩大了其在拜占庭帝国和东方贸易中的商业特权。此后,随着土耳其人势力的发展,热那亚人逐渐衰落。而威尼斯也加强了与热那亚的经济和军事竞争。1453年,由于君士坦丁堡被土耳其人占领,他们在配拉的商业特区被土耳其人夺取。据说,在君士坦丁堡保卫战中也有热那亚人参加。

3. 拜占庭帝国与教皇

拜占庭帝国与教皇关系密切的原因在于双方不仅有政治和经济利益的冲突,而且在宗教方面存在相互斗争和相互利用的较量。8世纪中期以前,罗马教会隶属于拜占庭帝国皇帝管辖,举凡教会高层神职人员的任免、基督教教义的解释、教会内部神学争端的仲裁和宗教大会的召集等均由皇帝控制。直到罗马教会在法兰克王国支持下建立教皇国以后,教皇才摆脱拜占庭皇帝的控制,并与后者平起平坐,积极参与拜占庭帝国事务。例如,拜占庭帝国毁坏圣像运动期间,教皇多次表态反对,但是拜占庭皇帝不予理睬。此后,教皇千方百计参与拜占庭帝国的教俗斗争。

859年3月,拜占庭帝国东正教教会内部爆发了争夺大教长职务的斗争,以伊格纳条斯(Ignatios)为首的派别在圣伊琳娜教堂(St. Irene)开会选举伊格纳条斯为大教长,而另一派的170名主教则在圣使徒教堂(St. Apostle)集会选举佛条斯(Photios)为大教长。罗马教皇利用这一事件,派特使赴君士坦丁堡,一方面指责东正教的选举没有经过教皇的同意,属于非法;另一方面提出对伊利里亚教区的主权要求。教皇的要求遭到拒绝后,拜占庭东正教教会

第十章　拜占庭帝国的对外关系

千方百计说服教皇特使，接受了圣使徒教堂会议决议。消息传到教廷后，教皇大为震怒，取消了未能完成使命的教廷特使的回国权，并在拉特兰召集宗教会议，决议谴责佛条斯派，废黜其大教长职务，重新任命伊格纳条斯为东正教大教长。这次会议使拜占庭帝国与教廷关系迅速恶化。此后，双方在争夺保加利亚王国等皈依基督教的斯拉夫人地区的斗争中矛盾激化，以致相互开除教籍。

1054年以罗马为中心的天主教和以君士坦丁堡为中心的东正教正式分裂，这一事件有深刻的背景。11世纪时，罗马教皇极力发展其教权，企图成为名副其实的基督教世界的领袖，故与拜占庭帝国东正教教会发生冲突。君士坦丁堡大教长此时已经控制了罗斯、保加利亚、亚美尼亚、格鲁吉亚、巴尔干地区，以及意大利南部的拜占庭人居住区，因此希望与教皇平起平坐，改变处于罗马之下的地位。1054年，大教长米海尔（Michael）致信教皇利奥九世，指责教皇干涉拜占庭帝国在南意大利教区的事务，批评教廷与巴里起义领袖阿基罗斯（Agiros）订立同盟的行为。他提出东正教享有的自主权应该得到教皇的尊重，认为大教长和教皇地位平等。此前，他还支持东正教各地主教写信攻击教皇，谴责天主教使用死面饼行圣餐礼和教士独身制度，公开挑起关于圣子地位的争论。此后，教皇和大教长之间信件往来极为频繁，相互指责，甚至谩骂。同年，教皇利奥派遣特使宏伯特（Humbert）赴君士坦丁堡，企图劝说皇帝对大教长施加压力。7月15日，宏伯特利用在圣索菲亚大教堂参加礼拜仪式的机会，宣布开除大教长及其追随者的教籍。米海尔大教长立即组织了反击，宣布开除宏伯特及其支持者的教籍，并召开宗教会议，列举了罗马教会的罪状，7月20日在大教长法庭上颁布了反对教皇敕令、革除其教籍的法令。这一事件是东西方教会争夺最高宗教权力长期斗争的结果，标志基督教历史上第一次大分裂。

拜占庭帝国于12世纪初逐步衰落，在皇帝曼努埃尔一世统治期间，帝国政府推行亲西方政策，积极发展对西欧各国君主的友好关系，曼努埃尔一世的首任皇后即是德意志公主贝尔莎（Bertha of Sulzbach）。1180年曼努埃尔一世去世，皇后成为幼帝阿历克塞二世的摄政王，总揽大权，重用西欧贵族，引起普遍不满。当时，意大利航海共和国，如威尼斯、热那亚和比萨已经从帝国中央政府获得许多商业特权，占有了相当大的拜占庭帝国国际贸易权益，造成君士坦丁堡工商业人士的嫉妒和仇视。1182年春，拜占庭帝国反对派军事领袖、叛将安德洛尼卡（Andronikos）起兵进攻首都，君士坦丁堡居民起而响应，爆发了反拉丁人起义。当起义军兵临城下时，帝国守城部队纷纷投顺，并打开城

385

门，使安德洛尼卡兵不血刃地占领了首都。起义民众冲进拉丁人商业区，开始进行疯狂的大屠杀，将没有及时逃走的拉丁人全部杀死。他们还捣毁拉丁商人的店铺，抢劫拉丁人的所有财物，其中罗马天主教教士遭到可怕的虐待，罗马教皇派驻君士坦丁堡的红衣主教约翰（John）被砍头，他的头颅被系在狗尾巴上示众。起义群众长期被压抑的反拉丁人怒火得到彻底发泄，但是也引起拜占庭帝国与西欧关系的恶化，威尼斯、热那亚和比萨等国舰队立即在达达尼尔海峡和爱琴海沿岸地区进行袭击和屠杀，双方中断了所有的外交关系。这个事件对拜占庭帝国与西欧的关系产生了深远影响，并在1204年第四次十字军夺取君士坦丁堡事件中再次表现出来。在第四次十字军攻占拜占庭帝国首都后，教皇对西欧骑士表示支持。

　　1261年，拜占庭帝国巴列奥略王朝重新控制君士坦丁堡，在随后进行的稳固政权、反对拉丁帝国复辟阴谋的斗争中，皇帝米海尔八世主动向教皇提议东西方教会和解，东正教服从罗马教皇，以此分化西欧反拜占庭帝国联盟。当时，急于扩大教皇势力范围、进而控制东正教的罗马教皇格列高利十世（Pope Gregory X）（图10-25）非常欢迎米海尔八世的建议，先后3次接待了拜占庭皇帝的特使。按照皇帝的吩咐，特使一再表示接受罗马天主教的信条和礼仪，承认罗马教皇的至尊权。1274年5月7日，教皇在法国南部城市里昂（Lyon）举行宗教大会，西欧各大教区和教廷官员到会，拜占庭帝国代表团则由前大教长日耳曼努斯（Germanus）和尼西亚主教塞奥发尼斯（Theophanis）率领参加了会议。代表团在会上宣读了皇帝的亲笔信，表示无条件全部接受罗马天主教的信条并承认教皇的最高权威，希望东西方教会和解。同年7月6日，会议通过了统一宣言，郑重宣布天主教和东正教的统一。但是，里昂和解会议及其决议遭到拜占庭东正教教会和普通信徒的强烈反对，引发了拜占庭帝国国内又一次激烈斗争。东西方教会和解统一的计划也被搁置。

　　14世纪时，拜占庭帝国国势衰弱，面临土耳其军队的进攻，急于得到西欧各基督教国家的军事援助，因此多次向教皇发出呼吁，拜占庭皇帝也亲自游说欧洲各国君主，

图10-25　教皇格列高利十世

但收效甚微。1438年1月8日，教皇召开宗教大会，专门审议东西方教会统一问题，会议最初在菲拉拉城（Ferranra）举行。会议前，拜占庭皇帝使节向教皇提出在会议中双方地位平等和统一后东方教会自主的条件，遭到教皇的坚决反对，因为教皇非常清楚拜占庭国家面临的危险局面，教廷完全可能乘机压服东正教会。会议名为宗教会议，但始终是在政治外交的气氛下进行。以皇帝约翰八世（John VIII）和东正教大教长约瑟芬二世为首的拜占庭帝国代表团2月8日到达意大利，他们希望通过会议得到西欧的援助，而教皇则力图迫使东正教服从教皇的权威。会议的第一阶段在对圣子的地位、圣礼的面饼、炼狱和教皇的至尊权等问题的激烈争论中无限期延长了，而问题没有得到解决。参加会议的还有刚刚结束的巴塞尔（Basel）宗教会议的代表，他们于12月4日到会。会议第二阶段于次年1月转移到佛罗伦萨举行，迫于紧急形势的巨大压力，拜占庭代表勉强接受了教皇的主张，而教皇则同意东西方教会统一，并组织新的十字军援助拜占庭人。7月6日会议最终通过了《教会统一令》，并正式宣布东西方教会统一。统一令没有对会议期间争论的圣子与圣父关系、圣礼仪式使用发面或死面饼以及炼狱的作用等神学问题作出明确结论，而是回避了双方神学观点的分歧，集中阐述了东西方教会统一的论点，论证了东正教和罗马天主教在教义信条方面的一致，并对炼狱、面饼和礼拜时间等问题作了模棱两可的说明。文件对此次宗教会议中心议题，即教皇至尊权问题作了折衷的解释，承认教皇在涉及东方教会各项权利和特权以外所有事务中的最高权力。1439年7月6日，教皇和拜占庭皇帝约翰八世正式签署文件，并在著名的佛罗伦萨大教堂（the Duomo Church）庄严宣布东西方教会统一。该统一令为拜占庭帝国争取教皇组织十字军援救铺平了道路，但是它在君士坦丁堡激起了强烈反对，最终未能落实。教皇于1440年开始组织波兰、匈牙利、塞尔维亚等国军队十字军，但是在1444年瓦尔纳战役（the Battle of Varna）中被土耳其军队击溃，这标志着拜占庭人依赖欧洲援军希望的落空。数年后，拜占庭帝国灭亡。

4. 拜占庭帝国与十字军

拜占庭帝国自马其顿王朝以后迅速衰落，而十字军东征加速了拜占庭帝国的瓦解，其中第四次十字军造成的破坏最为严重。

十字军运动兴起的直接原因是拜占庭皇帝向罗马教皇发出求援的外交呼吁。11世纪，塞尔柱人向西亚大举入侵，拜占庭军队在其压力下节节败退，科穆宁王朝皇帝阿历克塞一世（Alexios I）慌忙向教皇求援，1095年3月，拜占庭皇帝特使拜见教皇乌尔班二世（Urban II），请求西方各基督教国家出兵援助，反击塞尔柱突厥人。这一请求立即得到教皇的回应，他在各种场合敦促西欧各国封建主和广大信徒参加圣战，帮助东方的基督教兄弟反对异教徒，解放被穆斯林占领的基督教圣地耶路撒冷（图10-26）。教皇的鼓动在西欧各国引起强烈反响，同年年底在法国南部克莱芒市（Clermont）举行的盛大集会上，数以万计的狂热基督徒和数千封建骑士热烈响应教皇的号召，高呼口号，立誓出征。教皇和西欧各国封建主

图10-26　教皇乌尔班二世在法国南部克莱芒市举行的盛大集会上号召发动十字军东征

积极组织十字军的深刻的社会原因在于，11世纪的西欧，在经历了几百年社会变革与动荡后，社会趋于安定，经济生活日益繁荣，人口急剧增加，农业耕地等物质资源不足的问题极为严重。以作战为职业的骑士在相对和平的环境里失去了赖以为生的战争机会，无所事事，频生事端，使社会更加不安定。特别是随着商品经济的发展，西欧上层封建领主迫切希望找到新的财源。同时，西欧农奴越来越不能忍受日益强化的压榨，迫切希望改变现状。而西欧的商人早就觊觎东方贸易的丰厚利润，希望夺取东地中海商业垄断权。至于十字军的发动者教皇除了追求财富外，还有其扩大宗教势力范围、独霸基督教世界最高领导权的目的，而新任教皇乌尔班二世与拜占庭皇帝阿历克塞关系友好，故而特别积极发动十字军。这些目的不同的因素汇集成十字军东征的巨大动力，并以拜占庭帝国的求援为契机，形成了延续两个世纪的十字军东征运动。

十字军东征的序幕于1096年春季拉开，其进军路线大体有两条，均通过拜占庭帝国领土：一条从多瑙河直下索菲亚，再经君士坦丁堡过海峡进入亚

洲;另一条从第拉纳(Tirana)上岸,经塞萨洛尼基过达达尼尔海峡进入亚洲。拜占庭政府在十字军经过的地方设立了许多贸易市场和兵站,一方面希望十字军骑士购买所需粮草军需;另一方面企图约束西欧骑士对沿途城镇的抢劫。十字军将士除少数贵族有备而来外,大多数下层十字军战士既没受过军事训练,缺少作战常识,又无军事装备和充足的给养,一路上餐风露宿,忍饥挨饿,仅靠抢劫沿途居民为生,因此与拜占庭帝国普通居民产生极大矛盾,经常发生冲突。1096年,彼得(Peter)领导的"穷人十字军"到达君士坦丁堡后立即被拜占庭军队押送过海峡,结果其大部分被塞尔柱人杀死,为此,拜占庭皇帝遭到了西欧君主的普遍谴责。同年年末,"贵族十字军"到达拜占庭帝国首都,在他们准备进攻西亚前,拜占庭皇帝阿历克塞一世要求所有十字军领袖对他宣誓效忠,将新征服的土地归还给拜占庭帝国。这一要求遭到部分骑士的反对,他们甚至与拜占庭军队发生冲突,进攻君士坦丁堡,但被阿历克塞一世平息。

1097年,拜占庭人与十字军联合进攻塞尔柱人,十字军击败基力克·阿尔斯兰(Kilij Arslan)所部,占领尼西亚(Nicaea),而拜占庭军队则收复了小亚细亚沿海地区。在围攻尼西亚和进攻安条克(Antioch)以前,皇帝与十字军订立协议,就被占领地区的归属达成谅解,确定凡是过去属于拜占庭帝国的领土将归还给拜占庭人,或由承认拜占庭皇帝宗主权的十字军管辖;皇帝应保证十字军的安全,帮助十字军通过拜占庭帝国领土;同意皇帝担任进攻耶路撒冷的总指挥;拜占庭人承诺派遣优秀将领率军参加十字军行动。这一协议并没有得到来自西欧不同国家的十字军将领的同意,因此许多十字军将领在征服战争中拒绝执行协议。

1097年10月,在围攻安条克的战役中,十字军将领博希蒙德(Bohemond)甩开拜占庭人私自行动(图10-27),次

图10-27 十字军将领,右二为博希蒙德

年6月占领该城后违背协议,拒不归还安条克,并指挥十字军进攻耶路撒冷,从而引起争执和国际争端,但是,最终该城市投降后仍被拜占庭军队控制,引起双方的火拼。特别是安条克被攻克后向拜占庭人投降,使博希蒙德极为愤怒。他立即返回西欧,组织军队,并于1107年10月在阿夫罗纳登陆,进攻拜占庭帝国。拜占庭皇帝阿历克塞一世则在精心准备后展开消耗战,骚扰洗劫十字军,烧毁其攻城机械,封锁其营地,使十字军陷入饥荒。最终,博希蒙德被迫投降,于1108年12月订立《代布利什条约》(Treaty of Deabolis),承认拜占庭皇帝阿历克塞一世为其封主,同意按照西欧封建主效忠仪式从皇帝手中接受封土安条克和附近地区,并向皇帝行效忠宣誓,同时接受拜占庭主教担任安条克主教。条约对博希蒙德是极为屈辱的,因此他在返回意大利后不久便去世了,条约也没有得到真正的落实。

此后,拜占庭帝国与十字军矛盾不断,逐步升级。1100年,由伦巴底和法国贵族组成的十字军在博斯普鲁斯海峡受阻,他们与拜占庭军队发生冲突。次年,十字军在小亚细亚遭到失败,西欧骑士又迁怒于拜占庭人,指责阿历克塞一世将他们出卖给土耳其人。1108年,当拜占庭帝国宣称拥有对安条克的主权时,双方的矛盾进一步升级,法国贵族联合教皇对拜占庭开战,但被击溃。第二次十字军由德、法两国骑士组成,1147年,德意志国王康拉德三世(Conrad III)在色雷斯与拜占庭军队发生摩擦,皇帝曼努埃尔一世(Manuel I)及时将他们遣送过海峡。法国骑士在国王路易七世(Louis VII of France)带领下虽然保持了与拜占庭人的良好关系,但是一部分骑士却策划夺取君士坦丁堡的阴谋。十字军遭到惨败后,骑士大多迁怒于拜占庭帝国,他们把失败的原因归罪于拜占庭人的背叛。萨拉丁(Saladin)建立的阿尤布王朝(Ayyubid dynasty)的兴起曾使拜占庭帝国与耶路撒冷(Jerusalem)的十字军王国关系接近起来,1169年,双方进行联合军事行动,但是,由于双方的分歧和相互猜疑,致使远征失败。1187年,萨拉丁收复了大部分被十字军占领的土地,拜占庭政府及时调整对阿尤布王朝政策,寻求友好关系,为此将腓特烈一世(红胡子)(Frederick I Barbarossaa)领导的十字军引入色雷斯地区,延缓了其进军计划。腓特烈对此大为恼火,写信给其子亨利六世(Henry VI),命令后者立即率领舰队进攻君士坦丁堡。1190年,腓特烈一世在奇里乞亚(Cilicia)落水身亡(图10-28),其部队解散,其子亨利六世在5年后率德意志十字军企图报仇,也因早逝而未果。

十字军与拜占庭帝国的"蜜月"出现在12世纪。当时,强盛一时的法蒂

第十章　拜占庭帝国的对外关系

图10-28　腓特烈一世落水身亡

玛王朝（Fatimid Caliphate）已经衰落，埃及地区陷入争夺权力的内战。由十字军建立的耶路撒冷王国觊觎埃及已久，多次进攻没有得手，此时立即利用埃及地区的混乱局面向埃及用兵。1163年，耶路撒冷国王应埃及内战一方的请求出兵埃及，击溃了增援反绍瓦尔派的大马士革（Damascus）军队。但是，耶路撒冷国王深感难以独立维持局面，故转而向拜占庭帝国请求缔结联盟。此前多年，拜占庭帝国为控制十字军国家费尽心机，但收效甚微，耶路撒冷国王阿马尔里克一世（Amalric I of Jerusalem）的请求自然得到拜占庭皇帝的欢迎。1167年8月，耶路撒冷国王阿马尔里克一世与拜占庭皇帝曼努埃尔一世侄孙女马利亚·科穆宁（Maria Komnene, Queen of Jerusalem）结婚，1168年派遣特使赴君士坦丁堡，与拜占庭人订立了反穆斯林同盟（The Alliance against the Moslem）。条约确定：耶路撒冷王国承认拜占庭帝国皇帝的宗主权，相互以盟友身份支援作战。双方还规定了瓜分埃及的份额，约定共

图10-29　上图：特使向耶路撒冷国王阿马尔里克一世递交拜占庭皇帝曼努埃尔一世的信；下图：十字军围攻埃及比勒拜斯城

同进攻埃及（图10-29）。1174年，反穆斯林同盟解体。

1189—1192年第三次十字军的失利使拜占庭帝国与西欧十字军的对立关系更加严重，他们之间的矛盾在第四次十字军于1204年攻占君士坦丁堡过程中达到顶点。拜占庭人在这次十字军战争的爆发问题上也起了极为恶劣的作用。1198年年初，梦想成为世界领袖的教皇英诺森三世（Innocent III）发动第四次十字军，他向西欧各国君主和基督徒发出通谕，到处发表演说，发寄信件，并且派遣特使四处游说。正当教皇积极组织十字军时，拜占庭皇室被废皇太子阿历克塞（Alexios IV Angelos，即阿历克塞四世）于1201年夏秋之际逃亡到意大利，请求西欧君主帮助其父子恢复地位。他首先赴德意志劝说其姐夫、德意志士瓦本的菲力浦（Philip），而后去意大利向教皇呼吁，又往法国动员士瓦本菲力浦的表兄法国国王腓力二世（Philip II of France，1180—1223年在位）。他的活动得到德、法和教皇的同情，但由于他们都忙于本国的事务而无暇他顾。同年，德、法、教皇力荐意大利蒙特菲拉特公爵伯尼法斯（Boniface of Montferret）担任第四次十字军首领，阿历克塞四世出席了各方谈判会议。他还在教皇和菲力浦面前痛哭流涕，陈述他们父子遭受的迫害，恳求十字军的帮助，甚至动员其姐伊琳娜向菲力浦说情。作为第四次十字军首领的伯尼法斯在阿历克塞四世的鼓动下直接会见过英诺森三世，企图说服教皇批准十字军进攻拜占庭帝国。1202年十字军即将出发之际，包括德意志国王菲力浦和阿历克塞四世在内的反拜占庭政府势力集聚威尼斯，密谋十字军行军路线。当时，威尼斯人对拜占庭人积怨甚深，同时威尼斯商人急于夺取东地中海贸易垄断权和海上霸权，因此，双方一拍即合，达成了用威尼斯船只运送十字军的协议。为了赢得教皇的支持，阿历克塞四世允诺复位后东方教会完全听命于罗马教皇，同时对十字军首领伯尼法斯大行贿赂，许以大笔钱财供十字军使用。

第十章 拜占庭帝国的对外关系

1202年初秋,十字军从威尼斯起航,按照威尼斯总督恩里科·丹多洛（Enrico Dandolo）的意愿首先攻陷匈牙利国王控制的亚得里亚海滨城市扎拉,平毁城墙,城内财物被洗劫一空。1203年1月,阿历克塞四世和德皇菲力浦的特使赴扎拉,确定了十字军向君士坦丁堡进军的计划。同年5月,第四次十字军起航向君士坦丁堡进发,绕过伯罗奔尼撒半岛,直达博斯普鲁斯海峡,首先于1203年6月在城市北部郊区加拉大（Galata）商业特区登陆。7月,该城沦陷,阿历克塞四世和其父伊萨克二世（Isaac II）复位。但是,威尼斯总督恩里科·丹多洛和十字军领袖借口阿历克塞四世未履行诺言,在帝国首都和色雷斯地区大肆抢劫,激起当地人民的反抗。1204年年初,阿历克塞三世的女婿、杜卡（Doukas）家族的阿历克塞（Alexios V Doukas,即阿历克塞五世）领导首都人民起义,推翻阿历克塞四世和伊萨克二世的统治,阿历克塞四世被民众杀死。4月13日,十字军攻克君士坦丁堡（图10-30）,而后纵兵3日,君士坦丁堡遭到彻底破坏。按照十字军事前制定的"分赃协议"（Treaty of Sharing the Booty）,第四次十字军参战各方瓜分了拜占庭帝国。十字军贵族首先建立拉丁帝国,组成威尼斯人和法国人各6名参加的"皇帝选举"委员会,拉丁帝国皇帝由弗兰德尔伯爵鲍德温（Baldwin of Flanders,1204—1205年在位）担任,占有君士坦

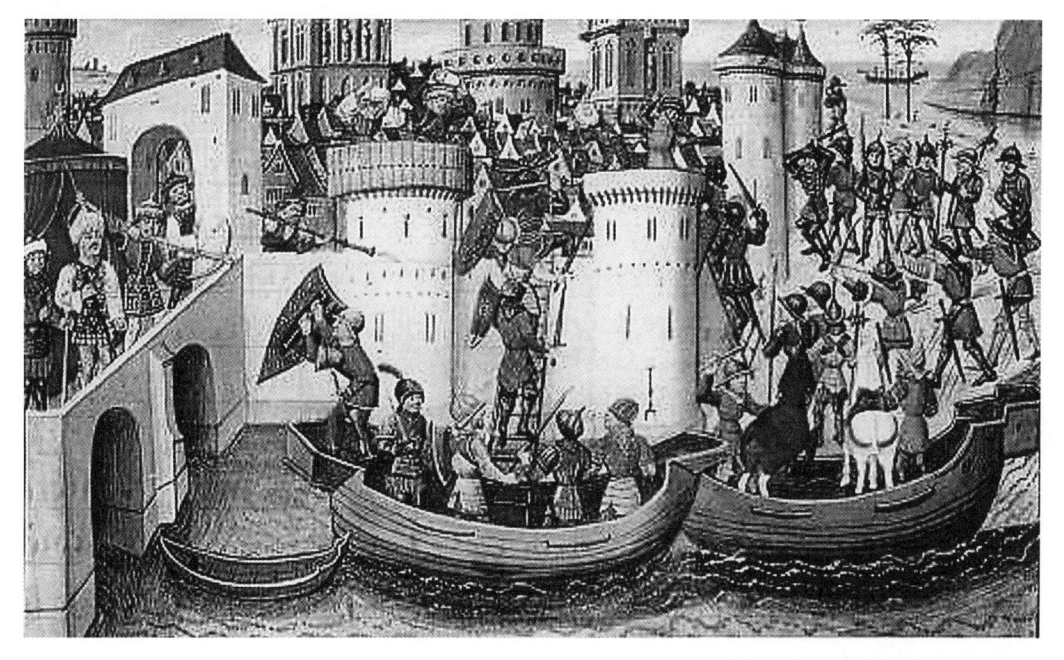

图10-30 十字军攻克君士坦丁堡

丁堡的1/4，包括两个皇宫，威尼斯和其他十字军贵族对半平分其他3/4，圣索菲亚大教堂和大教长的职位由威尼斯人托马斯·莫罗西尼担任，所有十字军战士均按西欧封授土地方式向鲍德温皇帝宣誓效忠，只有威尼斯总督恩里科·丹多洛免除效忠誓言。第四次十字军领袖伯尼法斯得到塞萨洛尼基领地，皇帝鲍德温一世还得到了色雷斯、小亚细亚部分地区和爱琴海上某些大岛。威尼斯则得到了君士坦丁堡商业特区、圣索菲亚大教堂、亚得里亚海沿岸重要的商业地区，以及爱琴海大部分岛屿和沿海地区，并自称"专制君主"，独立于鲍德温一世的拉丁帝国。其他十字军骑士也都根据分赃协议得到了大小不等的领地。

1204年以后半个多世纪，拜占庭人被迫流亡尼西亚，拜占庭帝国因此遭到致命打击，此后即衰落成为巴尔干半岛小国，它与渐入尾声的最后4次十字军之间的关系也变得无足轻重了。1261年，拜占庭皇帝米海尔八世重新夺回首都君士坦丁堡，当时，末代王朝面临的主要威胁是刚刚被推翻的拉丁帝国的复辟活动。以西西里国王安茹的查理（Charles of Anjou）和被废的原拉丁帝国皇帝鲍德温二世（Baldwin II of Constantinople）为领袖的复辟势力联合对拜占庭人抱敌对态度的巴尔干国家，如塞尔维亚、保加利亚、残留在希腊的拉丁人势力和伊庇鲁斯专制君主国，结成反拜占庭帝国同盟。1270年，安茹的查理发动复辟拉丁帝国的十字军，攻占了巴尔干半岛西部近海的科孚岛（Corfu），准备继续进军君士坦丁堡。米海尔八世展开灵活的外交活动，一方面积极主动向教廷派遣使节，提出重新开始关于东西方教会统一问题的谈判，表示愿意领导东正教教会服从教皇，以此分化教皇与查理的关系；另一方面主动遣使结好查理之兄、法国国王路易九世（Louis IX of France），投其所好，馈赠许多希腊古代手稿和文物，并以谦卑的姿态请求法王仲裁争论，从而赢得路易九世的好感，促使他出面阻止了安茹的查理的东侵计划。1270年法王路易九世客死突尼斯，安茹的查理和鲍德温二世进一步扩大其反米海尔八世同盟，将被后者废黜的尼西亚皇帝约翰四世（John IV Laskaris）和威尼斯人拉入同盟。查理和鲍德温二世（图10-31）还结成政治联姻巩固同盟的基础。1276年年初，全力支持东西方教会和解并与米海尔八世关系密切的教皇格列高利十世（Gregory X）突然去世。此后当选的教皇尼古拉三世（Nicholas III）和马丁四世（Martin IV）支持安茹的查理，撕毁了1274年在法国里昂达成的东西方教会和解协议，并积极参加反米海尔八世同盟。为了抵抗西欧联军的进攻，米海尔八世与埃及苏丹和西班牙阿拉贡国王进行秘密谈判，策动阿拉贡国王彼得三世（Petero III）远征西西里，击败安茹的查理，彻底粉碎了西欧同盟复辟拉丁帝国的阴谋。

图 10-31 鲍德温二世

5. 拜占庭帝国与西欧其他民族

拜占庭帝国与诺曼人(the Normans)的关系始于11世纪初。诺曼人原为斯堪的纳维亚半岛(the Scandina)的海盗,于999—1016年入侵地中海,占领南意大利沿海岛屿。最初在"维京时代",他们从诺曼底(Normandy)来到意大利,成为拜占庭帝国和伦巴底人的雇佣兵,并逐渐形成诺曼人小国。11世纪时,罗杰一世(Roger I of Sicily)统一各个小国,建立了诺曼人国家。1040—1071年间,诺曼人占领了拜占庭帝国在意大利南部的军区。1060—1072年,诺曼人占领了西西里,并利用拜占庭、德意志、阿拉伯、教皇和伦巴底等国势力激烈斗争的复杂局面在意大利南部站稳脚跟。此后,诺曼人与拜占庭人联系密切,他们或受雇于拜占庭军队,或担任拜占庭帝国军官,经常以独立雇佣军团的形式服务于拜占庭政府。11世纪后期,拜占庭帝国境内的诺曼雇佣军发动叛乱,他们在匪首卢塞尔(Roussel de Bailleul)带领下打家劫舍。此人生于诺曼底的柏利乌尔(Bailleul),1063年随诺曼海盗入侵西西里,协助罗杰一世建立诺曼人国家,而后受雇佣于拜占庭帝国,参加过曼齐刻尔特战役(Battle of Manzikert)。1073年,拜占庭皇帝在突厥人入侵的压力下,

395

任命卢塞尔为东方军队司令,抵抗突厥人的骚扰。同年,他占据拜占庭帝国亚美尼亚军区的凯撒里亚,发动反叛,洗劫亚美尼亚(Armenia)和卡帕多利亚(Cappadoria)地区,同时又向拜占庭帝国和突厥人开战,掠夺人口,敲诈赎金。1074年,拜占庭军队总司令伊萨克(Isaac)亲自率军平叛,被俘,支付赎金退兵。而后,拜占庭帝国副皇帝约翰(John)再度领兵镇压,又被卢塞尔俘获。诺曼人军队因此更加嚣张,继续进兵,抵达博斯普鲁斯海峡,洗劫尼科米底亚(Nicomidia),并拥立约翰为帝。皇帝米海尔七世被迫与突厥人首领协商共同打击卢塞尔。1074年,拜占庭军队在尼科米底亚击溃诺曼军队,卢塞尔落入突厥人的埋伏,被俘后被引渡给拜占庭帝国。由于对他的处理涉及与诺曼王公的关系,故拜占庭帝国政府不敢处死他,同年年底让其妻子以重金将他赎出。1075年,他返回亚美尼亚后建立独立国家,脱离拜占庭帝国控制,迫使拜占庭皇帝委派东部司令阿历克塞联合阿兰人进攻卢塞尔,并以重金拆散卢塞尔和突厥人的联盟,将其再次擒获,最终平息了叛乱。卢塞尔叛乱一度演化成为外交事件,对当时的国际关系产生了影响。1081—1085年,受雇于拜占庭帝国的诺曼人再次企图在巴尔干半岛建立独立国家,遭到拜占庭皇帝阿历克塞一世的沉重打击。1107年,诺曼人首领博希蒙德再度兴兵被击败后,被迫与拜占庭人订立盟友关系。

12世纪期间,诺曼人贵族与拜占庭帝国皇室和贵族成员联姻,他们构成拜占庭帝国政府中西欧人的大多数。但是,随着诺曼人实力的增加,他们以西西里为根据地,多次派舰队进攻君士坦丁堡,1147年,罗杰二世(Roger II of Sicily)(图10-32)的舰队洗劫希腊中部和伯罗奔尼撒半岛地区,将拜占庭帝国在莫利亚(Moria)和科林斯的丝织业中心全部摧毁,将大批工匠掠夺到西西里,拜占庭帝国丝织业由此一蹶不振,欧洲丝织业中心也因此转移到意大利。为了反击诺曼人,拜占庭皇帝曼努埃尔一世在1147—1158年间积极促进建立反诺曼人同盟。1147年10月和1148年3月,他两度给予威尼斯人商业特权,以此加强同盟关系。1149年12月,曼努埃尔一世又重新修订和续签约翰—康拉德协议,巩固了两国反诺曼人的同盟。在反诺曼

图10-32 罗杰二世

第十章 拜占庭帝国的对外关系

同盟支持下,拜占庭军队于1148—1149年间夺回科孚岛(Corfu),并于1151年进兵恩克莫(Ancomo),掀起了意大利境内的反诺曼人战争。在此期间,曼努埃尔一世与许多不满诺曼统治的意大利小封建主结盟,扩大了反诺曼同盟的范围。1152年康拉德三世去世和1154年罗杰二世去世改变了斗争的形势,西西里王国诺曼王朝新王威廉一世(William I of Sicily)提议和谈。但是,曼努埃尔一世坚持战争,导致失利,被迫接受和谈。1157年,双方订立和约,诺曼人归还其征服的希腊领土,拜占庭军队则退回其在意大利南部的领地。1185年,诺曼人再次肆虐爱琴海并夺取了拜占庭帝国第二大城市塞萨洛尼基,但旋即被拜占庭军队击溃。此后双方在反对德意志皇帝亨利六世(Henry VI)的斗争中结盟。1194年,亨利六世作为西西里王国诺曼王朝罗杰二世的女婿继承西西里王位,从而结束了诺曼人的统治,拜占庭帝国与诺曼王朝的关系也到此结束。

拜占庭与德意志的关系是在法兰克加洛林帝国分裂后开始的。当时,由日耳曼路易控制的东法兰克王国独立发展,他们被拜占庭人称为阿拉曼人。962年,德意志国王奥托一世(Otto I)加冕成为神圣罗马帝国皇帝。对此,以罗马帝国继承人自居的拜占庭皇帝坚决予以否认,始终称之为"法兰克国王"。为了抵御德意志对拜占庭帝国在巴尔干半岛和意大利领土的进攻,拜占庭人与阿拉伯人结盟,反击德意志军队于966年对意大利的入侵。967年,奥托一世遣使君士坦丁堡,请求拜占庭帝国将皇室公主塞奥发诺(Theophano)嫁给其子奥托二世,企图通过合法途径获得拜占庭皇位继承权。拜占庭皇帝尼基弗鲁斯二世对此未予答复,使奥托一世极为恼怒,进兵意大利巴里(Bari),以示威胁。968年6月4日,奥托一世派遣特使留特布兰德(Liutpland)主教赴君士坦丁堡,继续向拜占庭皇帝提出结亲要求,强迫尼基弗鲁斯二世应允。对此,尼基弗鲁斯二世安排了极为复杂的宫廷礼仪,增加大量的晋见程序,一方面侮辱留特布兰德的人格以泄对德意志皇帝的仇恨;另一方面使德意志特使没有机会见到拜占庭皇帝。最后,尼基弗鲁斯二世明确答复德意志结亲的要求,条件是奥托放弃皇帝称号,将其在意大利占领的罗马和拉韦纳等城市归还拜占庭帝国,并解散德意志和伦巴底人的同盟。同年10月,留特布兰德结束出使拜占庭帝国返回意大利。留特布兰德使命的失败促使奥托一世大举进攻拜占庭帝国在意大利的领地。两国的战争状态持续到969年。

此后,奥托一世继续向意大利扩张势力,严重威胁拜占庭帝国在亚平宁半岛的利益,因此,拜占庭皇帝尼基弗鲁斯二世(Nikephoros II Phokas)立即支持伦巴底君主抵抗德意志军队。972年,新皇帝约翰一世·齐米斯基斯

(John I Tzimiskes)为了牵制保加利亚人而与奥托一世订立短期盟约,他还积极促成了奥托二世与拜占庭公主的联姻。此后,在半希腊血统的奥托三世(Otto III)统治期间,两国友好关系进一步发展,文化和经济往来非常频繁,双方的政治联盟得到巩固。两国于11世纪中期建立反诺曼人的约翰—康拉德同盟。当时,诺曼人在意大利南部兴起,向拜占庭帝国在意大利的领地进攻,同时威胁教皇和德意志霍亨斯陶芬王朝(the Hohenstaufen)皇帝康拉德三世的权益。1138年,教皇英诺森二世虽然革除了诺曼领袖罗杰的教籍,并组织军队征讨诺曼人,但均遭到失败。同年,约翰一世与康拉德三世建立同盟关系,协议共同打击诺曼人。为了加强同盟,康拉德三世的妻妹贝尔莎(Bertha)与约翰的四子、未来皇位继承人曼努埃尔订婚。1143年,罗杰二世迫于意大利两个强国联盟的压力,主动向新任皇帝曼努埃尔一世提出和解,遭到拒绝。此后,拜占庭和德意志两国保持同盟关系,并多次策划对诺曼发动战争,均未成功,该同盟没有取得实质成果。1152年2月,康拉德三世去世,其子腓特烈一世(红胡子)即位,改变了对拜占庭帝国的政策,两国同盟关系中断。而曼努埃尔一世对极力扩大德意志势力范围的腓特烈一世(红胡子)(Friderick I Barbarossa)则采取抵制政策,他在干涉意大利失败后,积极支持伦巴底人抵抗德意志入侵,为意大利反德斗争提供财政资助。

十字军东征期间,拜占庭人为了加强与萨拉丁的关系,千方百计阻止和延缓德意志骑士的进军计划,腓特烈一世(红胡子)因此与拜占庭人发生冲突。1187年,萨拉丁占领耶路撒冷后,欧洲君主发动了第三次十字军东征,德意志皇帝腓特烈一世(红胡子)经拜占庭帝国向西亚进军。1189年,德皇特使被拜占庭人软禁在君士坦丁堡,使德意志十字军滞留在巴尔干半岛。同年8月,德意志和拜占庭两国军队发生摩擦,两国君主相互指责,进而爆发战争。11月,两国进行血战后,德意志军队抵达色雷斯重镇阿德里安堡,大肆洗劫色雷斯东部,并进兵君士坦丁堡。1190年2月,伊萨克二世被迫订立和约,交还扣押的人质,同意十字军从海峡最狭窄处进入亚洲,允诺在小亚细亚为德意志十字军提供过境便利。不久,腓特烈一世意外落水身亡。

腓特烈一世之子亨利六世(Henry VI)即位后策划颠覆拜占庭帝国的阴谋,强迫拜占庭帝国征收"阿拉曼尼孔贡赋"(Alamanikon,意为德意志贡赋),迫使拜占庭皇帝阿历克塞三世(Alexios III)同意以金钱换取和平,缴纳贡赋5 000金镑,其目的是制造拜占庭帝国内乱。阿历克塞三世见有利可图,遂宣布增加新税。1197年,阿历克塞三世召集元老、高级教士和工商业代表开会,宣布在

第十章　拜占庭帝国的对外关系

首都和各省征收新税，立即遭到反对，几乎爆发首都民众起义。愤怒的民众指责阿历克塞三世政府腐败无能，任人唯亲，浪费公众金钱，迫使阿历克塞三世放弃税收计划。为了解燃眉之急，阿历克塞三世（图10-33）只好强行征收教会多余的金银器具。当他的计划再次搁浅时，阿历克塞三世被迫掘取前代皇帝陵墓中随葬的贵金属，并因此得到7 000金镑。正当他准备按约支付给德意志贡赋时，亨利六世去世，阿历克塞三世得以不执行协议，阿拉曼尼孔贡赋也自动取消。第四次十字军占领君士坦丁堡后，拜占庭帝国迅速衰落，德意志也更加分裂，两国关系遂告中断。

图10-33　阿历克塞三世

拜占庭帝国与瓦兰吉亚人（the Varangians）的关系是以雇佣后者为士兵的方式实现的。在拜占庭帝国，瓦兰吉亚人被泛指所有北欧人。10世纪初，斯堪的纳维亚半岛的北欧人经古代罗斯平原南下巴尔干半岛，受雇佣于拜占庭军队，当时他们经常被称为"携带战斧者"，并与罗斯人相混淆。988年，应拜占庭人邀请，基辅大公弗拉基米尔（Vladimir）派遣6 000人支援拜占庭帝国中央政府平息福卡斯（Phocas）叛乱，皇帝巴西尔二世将他们编制为团级军事单位。11世纪，来自不列颠的盎格鲁—撒克逊人逐渐增多，他们也被当作瓦兰吉亚人的一部分。此后数百年，瓦兰吉亚人一直在拜占庭军队中占有重要地位。由于他们体魄健壮、勇武坚强、忠诚尽职、遵守纪律，因此成为拜占庭皇帝禁卫军的主力，守卫大皇宫紫禁城（图10-34）。

拜占庭帝国与加泰罗尼亚人（Catalan people）的关

图10-34　拜占庭帝国军队中的瓦兰吉亚雇佣兵

系从12世纪开始。当时拜占庭帝国皇帝曼努埃尔一世积极推行扩张政策，发展与欧洲各国王室的关系。1180年3月，他促成了皇位继承人阿历克塞二世（Alexios II Komnenos）与法国国王路易七世的女儿阿格尼斯（Agnes of France）的婚姻。而后，他又安排了其侄女尤多西亚（Eudocia）与阿拉贡国王的兄弟、普罗旺斯（Provence）公爵拉蒙（Ramon Berengar）的婚事。直到13世纪末，两国间的外交关系出现紧张状况。1282年，西西里晚祷事件爆发后，①阿拉贡和加泰罗尼亚联邦（the Aragon-Catalonia）控制了西西里。1315年，加泰罗尼亚贵族菲兰多（Ferrando of Majorca）进犯希腊，在拜占庭帝国的伯罗奔尼撒地区登陆，并驻扎在被占领地莫利亚（Morea）一年有余。此后，其统治西西里的表兄腓特烈（Friderich）与那不勒斯开战，菲兰多也卷入战争，并被法国勃艮第伯爵路易（Lewis）击败砍头，拜占庭帝国因此暂时摆脱了加泰罗尼亚人的骚扰。14世纪，土耳其人在小亚细亚的军事扩张迫使拜占庭皇帝安德洛尼卡二世（Andronikos II）雇佣加泰罗尼亚士兵。1304年，由8 000士兵和7艘战船组成的加泰罗尼亚雇佣军团在罗杰（Roger）率领下赴小亚细亚，击败土耳其人，部分地恢复了被占领的城乡。为此，安德洛尼卡二世对其褒奖备至，授予其大公和凯撒的称号，以及阿纳多利亚地区的"皇家将军"职权。他的这一系列升迁直接威胁拜占庭皇位法定继承人米海尔九世（Michael IX）的地位，因此，后者利用拜占庭民众对肆意抢劫的雇佣兵的仇恨和敌视罗杰的阿兰人雇佣兵，策划了刺杀罗杰的计划。1305年，罗杰应安德洛尼卡二世之命赴君士坦丁堡，在返回加泰罗尼亚雇佣军团的路上顺访

---

① 西西里晚祷（Sicilian Vespers）事件是指1282年西西里人民不堪忍受安茹的查理的残暴统治而爆发的起义，以起义的导火索事件为名。安茹的查理统治自1266年开始，为了协助被废拉丁帝国皇帝鲍德温复辟、实现查理个人统治东方的野心，他长期推行横征暴敛政策，以便积累战争经费，引起人民的普遍不满。1281年，查理率领西欧反拜占庭人联军进攻拜占庭帝国。处于危险境地的拜占庭皇帝米海尔八世立即开展外交攻势进行反击，他首先与前西西里国王曼弗雷迪（Manfred）的女婿、阿拉贡国王彼得三世联系，出钱助其建立舰队。彼得三世则多次以其妻子康斯坦丝（Constance）的名义提出对西西里的主权要求，在米海尔八世的资助下积极准备战争。1282年复活节后的礼拜一在巴勒莫城郊教堂举行晚祷时，当地人民杀死侮辱他们的法国士兵，导致西西里全境大规模人民起义。彼得三世乘机以恢复被查理推翻的霍亨斯陶芬王朝统治为借口进军该岛，支持同样受到米海尔八世资助的起义军，推翻了安茹的查理在西西里的统治。西西里晚祷事件引发了长达13年的战争，它既是当地人民反对查理残暴统治的阶级斗争，也是拜占庭帝国外交活动的胜利，使查理被迫结束对拜占庭人的进攻。

米海尔九世，在宴会上被刺杀。加泰罗尼亚雇佣兵立即起义袭击拜占庭帝国腹地，并控制了雅典和底比斯岛（Thebes）。拜占庭帝国与加泰罗尼亚人的关系因此恶化。加泰罗尼亚雇佣军团以海峡西侧的卡利波里（Karepolis）要塞为基地，大肆抢劫周围地区，给拜占庭帝国造成了巨大破坏。1307年，他们向西洗劫了色雷斯、马其顿和塞萨利（Thessaly）等地，并灭亡了法国勃艮第公爵的雅典和底比斯公国。加泰罗尼亚雇佣军团对拜占庭帝国的占领和破坏持续到1388年，对拜占庭帝国的迅速衰败起了重要作用（图10-35）。

1351年，拜占庭帝国参加阿拉贡、加泰罗尼亚和威尼斯等国反热那亚联盟，次年，该联盟舰队在博斯普鲁斯海峡击败热那亚海军。此后，加泰罗尼亚人逐渐退出东地中海的角逐，其与拜占庭人的关系遂中断。

图10-35　拜占庭军队中塞尔柱和意大利—诺曼雇佣兵

四、拜占庭帝国与古代中国

拜占庭帝国与古代中国的交往持续不断。现代考古学在原拜占庭帝国境内发掘的大量我国古代文物和在我国发现的大量拜占庭文物都证明两国之间曾存在长期的联系。

在我国古籍中，罗马帝国和东罗马帝国（即拜占庭帝国）被称为"大秦"、"拂菻"等。在拜占庭文献中，我国则被称作"赛林达"、"秦尼扎"、"桃花石"和"塞纳"等。据文物和文献提供的证据表明，4世纪拜占庭帝国建国之初，中、印两国即派遣使节前往祝贺。此后，双方官方和民间的往来不断，直到6世纪末，出现了两国商业和文化交流的第一次高潮。我国的养蚕丝织技术由两名查士丁尼一世派遣的僧侣传入拜占庭帝国，使之成为西方第一个建立丝织业的国家，对其经济发展和物质生活产生了重要影响（图10-36）。同

图10-36　拜占庭宫廷皇后和宫女的丝绸服饰

时,拜占庭帝国的玻璃制造技术也通过印度北部小国传入我国。我国隋唐时期与拜占庭帝国之间的联系通过传统的陆、海丝绸之路进一步加强,双方相互的了解进一步加深。[1]当时的拜占庭作家科斯马斯在其《基督教世界风情记》中对我国的政治、经济和文化生活有生动的记述:"如果有人为了从事可怜的贸易而获得丝绸,那是不惜前往大地的尽头旅行的。他们怎会犹豫前往能享受看到天堂本身的地方呢?这一丝绸之国位于印度最偏僻的地方,地处那些进入印度洋的人们的左侧……这一被称为秦尼扎的丝绸之国左边由海洋所环绕……印度大陆的其他部分由发运丝绸的秦尼斯坦所占据,在此之外就再没有其他地区了,因为东部由大洋所环抱。"[2]另一位拜占庭帝国希拉克略

---

[1] 张绪山:《从中国到拜占庭》,雅典1998年版。
[2] 科斯马斯长年经商,到过印度,所记中国多依据道听途说和斯特拉波等地理学家的作品。戈岱司著,耿昇译:《希腊拉丁作家远东古文献辑录》,中华书局1987年版,第99—100页。

时代的作家塞奥非拉克特(Θεοφυλακτες)也写道:"桃花石是一座著名的城市,距被称为突厥的人的地区有 1 500 英里,此地位于印度之边陲。居住在桃花石附近的居民形成了一个非常勇敢而又人烟旺盛的民族,其身材高大的程度是地上任何民族均不能与之相媲美的……桃花石人的首领被称为'泰山'(Taisan),它在希腊文中的字面是'天子'。在桃花石人中,权力并不受派系之苦,因为对于他们来说,君主是天生的。这一民族崇拜偶像,其法律是公正的,生活中充满着智慧。他们有一种具有法律力量的习惯,即禁止男子佩戴金首饰,尽管他们从事贸易方面具有极大的规模和便利,使他们掌握了大量的金银。桃花石以一条大江为界。从前,这条江将隔岸遥遥相望的两大民族分隔开了。其中一个民族穿有黑装,另一个民族穿着鲜红色的服装。到了我们这个时代,相当摩里士皇帝的统治时期,那些穿黑衣者越过了大江,向那些穿红衣者发动了战争,他们成为胜利者并建立了自己的霸业。"[1]唐代作家杜环在其《经行记》中对拜占庭风土人情记载更加翔实准确,"拂菻国有苦国,西隔山数千里,亦曰大秦。其人颜色红白,男子悉着素衣,妇人皆服珠锦。好饮酒,尚干饼,多淫巧,善织络,或有俘在诸国,受死不改乡风。琉璃(唐时指宝石——作者)妙者,天下莫比。王城方八十里,四面境土各数千里,胜兵约有百万。常与大食(指阿拉伯国家——作者)相御,西枕西海,南枕南海,北接可萨突厥。西海中有市,客主同和,我往则彼去,彼来则我归,卖者陈之于前,买者酬之于后,皆以其直置诸物旁,待领直,然后收物,名曰鬼市……其俗,每七日一假,不买卖,不出纳,唯饮酒谑浪终日。其大秦善医眼及痢,或未病先见,或开脑出虫"。[2](图10-37)"拂菻国一名大秦,在西海之上,东南与波斯接。地方万余里,列城四百,邑居连属。其宫宇柱栊多以水晶琉璃为之。有贵臣十二人,共治国政。常使一人将囊随王车,百姓有事者即以书投囊中,王还宫省发,理其枉直。其王无常人,简贤者而立之,国中灾异及风雨不时,辄废而更立。其王冠形如鸟举翼,冠及缨络皆缀以珠宝。着锦绸衣,前不开襟,坐金花床。有一鸟似鹅,其毛绿色,常在王边,倚枕上坐。每进食,有毒,其鸟辄

---

[1] 塞奥非拉克特生长在埃及,希拉克略一世统治时到首都进宫任书记官,传世作品为《历史》,涉及 582—602 年的历史事件,其书中提到的皇帝摩里士(Maurice,582—602 年在位)统治时期相当于我国隋文帝灭陈后主战争时期,所记载历史事实比较准确,但中文本译自法文,似有不准确的地方,故本书引用中略作修改。戈岱司著,耿昇译:《希腊拉丁作家远东古文献辑录》,中华书局1987年版,第104—105页。

[2]《通典》卷一九三《边防》九《西戎》五。

图10-37　9—10世纪的拜占庭人

鸣。其都城叠石为之，尤绝高峻。凡有十余户，南临大海。城东面有大门，其高二十余丈。自上及下饰以黄金，光辉灿烂，连曜数里。自外至王室，凡有大门三重，列异宝雕饰。第二门之楼中悬一大金秤，以金丸十二枚，属于衡端，以候日十二时，焉为一金人，其大如人，立于侧。每至一时，其金丸辄落，铿然发声引唱，以纪时日，毫厘无失。其殿以瑟瑟为柱，黄金为地，象牙为门，扇香木为栋梁。其俗无瓦，石为末，罗之屋上，其坚密光润还如玉石。至于盛夏之节，人厌嚣热，乃引潜流，上偏于屋宇，机制巧密，人莫之知。观者惟闻屋上泉鸣，俄见四檐飞溜，悬波如瀑，激气成凉风，其巧妙如此。风俗，男子剪发披帔而右袒。妇人不开襟，锦为头巾，家资满亿，封以上位……隋炀帝常将通拂菻，竟不能至。贞观十七年，拂菻王波多力遣使献赤玻璃、绿金精等物。太宗降玺书答慰，赐以绫绮焉"。[①]

仅举几例文献足以证明两国之间的交往出现了第二次高潮，这次高潮堪

[①]《旧唐书》卷一九八《西戎传》一四八。

为两国交往史之最。此期,基督教聂斯脱里派教徒(我国古籍称景教)在中国的传教活动进一步推动两国文化交往的发展(图10-38)。13世纪回教徒扫马受元朝派遣从北京出访西亚各国,在君士坦丁堡受到拜占庭巴列奥略王朝皇帝安德洛尼卡二世的热情款待,使两国之间的交往再现高潮。拜占庭帝国与古代中国的交往是古代东西方文化交流的重要内容,也是古代国际关系的重要组成部分。

图10-38　棕枝主日景教三博士,新疆柏孜克里克洞窟壁画

附录一 基本参考史料

拜占庭史料极为丰富,有学者称:中国史料第一,拜占庭史料第二。在文献史料中既包括历史著作、宫廷档案、商业文书、旅行杂记、外交报告、公私书信,也包括诗歌词赋、传道散文、各类讲演、小说戏剧、读书随笔等,类似于我国经、史、子、集各部。究其原因在于拜占庭学术和文化传承源于古典时代的希腊罗马,拜占庭文化在千余年间始终以古典文明为其发展的基础,拜占庭知识分子自觉或不自觉地将灿烂的地中海古典文明作为继承发扬的主体,将基督教精神与传统文明结合起来,使拜占庭文化成为中世纪地中海和欧洲世界最耀眼的明珠。深厚的文化底蕴使拜占庭人给后人留下了极为丰富的史料,其中文献资料是最重要的研究依据。很多历史学家乐于进行史料的归类,分列出"历史著作"或"文学作品"等。这种分类存在明显的缺陷,因为古代作家在很多情况下的写作是不作这类区分的。例如,6世纪拜占庭作家普罗柯比被后人当作"史家",其实他本人和当时人称之为"修辞家",类似于我们今天通称的"作家"或"文学家"。此外,随着现代考古学和人类学的发展,大量的拜占庭文物和音像资料也进入历史研究的史料范围。例如拜占庭铸币特别是金币已成为拜占庭经济史研究的重要史料,系统的拜占庭金币研究成果已经奠定了拜占庭经济史最可靠的史料基础。又如无伴奏的东正教唱诗音乐保存了完整的拜占庭音乐史发展的史料。

一、主要文献资料

拜占庭人十分注意历史记载,这可能是受古典时期希腊作家的影响。拜占庭帝国的许多年代纪史家、编年史家、传记作家等为后人留下大量珍贵的文字。其撰写史书的方式不同于中国古人,而是继承了古希腊历史写作的风格,即在写作中围绕历史事件展开的叙述体例和注重民俗风气的社会文化视角。综观拜占庭历史作品,其共同点在于普遍关注王朝政治斗争和教俗重大事件。正是这些年代相继不绝的历史作品,使后人能够追寻到拜占庭帝国上千年历史的主要线索,得以了解这个千年帝国上演的一幕幕悲喜剧,使我们可以窥见当时人的生活和思想。拜占庭历史文献非常丰富,保留至今的数量极多,在世界范围内是仅次于我国的文献资料"大户"。这些文献资料在拜占庭历史和文化的研究和学习中起着极为重要的作用,因此,在进行拜占庭历史研究中,有必要首先对最主要的拜占庭历史作家及其作品作简要介绍。这里所谓最主要的历史作品是指那些经文献学研究证明记述可靠、涉及年代相互衔接连贯并能够为我国大多数读者所直接阅读的拜占庭史书。事实上,拜占庭历史作品中最重要的文献大多被翻译为西方主要文字,其中英文版本可以为我国更多读者所接受。①

1. 教会史

最早的拜占庭历史文献出自凯撒里亚的优西比乌之手。他大约于260年生在巴勒斯坦地区的凯撒里亚城,少年时即师从当地著名的教会学者潘非罗斯(Pamphilos),深受其影响,甚至在后者入狱的两年间继续帮助其师著书立说,直到潘非罗斯被处死,他被迫流亡。他经历了拜占庭帝国初期剧烈的政治宗教动荡,53岁得到平反,当选为家乡的主教,并与皇帝君士坦丁成为好友。他一生著述不断,身后留下大量作品,其中有3部最重要,即《教会史》《编年史》和《君士坦丁传》。凯撒里亚的优西比乌在其多卷本作品中大量使用前代文献,结合他所经历的各种事件,阐明了这样的道理:只要遵循上帝意旨办事才能获得最终胜利,而获得最后胜利的人都是在上帝指引下的,君士坦丁皇帝是杰出的代表。现存10.2万余字的《教会史》的内容涉及早期基督教的历史,直到324年,而总字数24万余字的《编年史》则从圣经传说的亚当一直到3世纪末。这些作品目前均有英文译本,其中比较权威的版本有"劳埃布古典丛书"、"企鹅丛书"、克鲁塞、威廉姆斯、迈克基夫特等译本,其中迈克基夫特译本全文可在"互联网中世纪资料书籍"(http://www.fordham.edu/halsall/sbook.

---

① 目前,我国引进的希腊文古籍数据库建立在南开大学东欧拜占庭研究中心,其中包括现已整理出来的所有拜占庭文献。本文介绍的拜占庭学原始资料原文均可在该数据库中查询到。

html）找到。① 《教会史》已有中文本。

苏克拉底（Sokrates Scholastikos，379—440年）与奥林匹多罗斯和左西莫斯为同时代人，其作品也主要涉及4—5世纪的历史。他生于拜占庭帝国首都君士坦丁堡，自幼接受系统的教育，后师从著名的非基督教学者，当时从亚历山大里亚流亡到京城的阿莫尼欧斯和海拉迪欧斯，成为小有名气的文法家和律师。其代表作品为7卷本的《教会史》，该书第一次问世后曾受到一些当代作家的质疑，认为其原始资料存在诸多可疑点。为此，苏克拉底重新修改，多年后完成了第二个版本，后者即是流传至今的版本。《教会史》的内容不局限于基督教事务，而是广泛涉及305—439年间的重要历史事件，特别注重那些对君士坦丁堡政治影响较大的地方性事件，视野比同时的教会史作品更开阔。该书每卷以一位皇帝在位时间为范围，自戴克里先开始，依次谈及君士坦丁大帝、君士坦提乌斯二世、尤利安、瓦伦斯、狄奥多西一世和狄奥多西二世等皇帝统治时期的历史。全书现存10.4万字，其权威的英文本为米格奈本。②

与苏克拉底同时的作家索卓门诺斯（Sozomenos，约400—450年）也是一位教会史家，他出生在加沙附近的贝塞利亚，后在君士坦丁堡学习法律。他深受早期拜占庭作家凯撒里亚的优西比乌的影响，因此写作了《教会史》作为后者作品的续篇。该书从凯撒里亚的优西比乌《教会史》中断的324年写起，直到443年，内容涉及124年间的历史。索卓门诺斯是皇帝狄奥多西二世的好友，在他写作之初，皇帝就其写作内容提出了要求，以纠正和补充奥林匹多罗斯《历史》中有关其统治期间的历史。据说，后来狄奥多西二世仔细阅读了该书，并认可了其内容。全书共9卷，但涉及425—443年的最后一卷散失，原书最后叙述的443年狄奥多西二世巡视贝撒尼亚地区一事仅保留在后来其他史家的作品中。《教会史》对苏克拉底作品中关于教义和神迹的批判，以及对基督教在波斯、亚美尼亚、阿拉伯和哥特人中间传播的叙述凸显了该书重要的史料价值。《教会史》权威的英译本为沃尔富特译本。③

---

① Eunapios of Sardis, *The Fragmentary Classicising Historians of the Later Roman Empire: Eunapius, Olympiosorus, Priscus, and Malchus*, ed.by R.Blockley Liverpool 1981-1983.

② Socrates, *The Ecclesiastical History of Socrates, surnamed Scholasticus, or the Advocate*, ed. by Migne, London 1853.

③ Sozomenos, *A History of the Church in Nine Books, from AD 324 to AD 440*, trans.by E.Walford, London 1846.

2. 年代记

撒尔迪斯的尤纳比欧斯（Eunapios of Sardis，约345—420年）的《历史》与凯撒里亚的优西比乌的作品相衔接。尤纳比欧斯生在撒尔迪斯，但是在古典文化传统极为强大的雅典接受教育，深受非基督教学术的影响，笃信新柏拉图哲学，并因此成为皇帝背教者尤利安的好友。在14卷的《历史》中，他记述了270—414年间大量人物和历史事件，但是全书缺乏连贯性，似乎是人物和事件纪实的汇编。该书散失较严重，404年以后部分缺损，现存1.6万余字。因其重要的史料价值，被翻译成多种文字。其英译本中比较权威的有布罗克雷和瑞特的译本。①

阿米安努斯·马赛林努斯（Ammianus Marcellinus，约330—392年）出生在安条克的贵族家庭，年轻时即从军，参与多次战争，随皇帝尤利安出征波斯。退役后，他对东地中海沿岸文化重镇如希腊、埃及、罗马等地方进行学术访问，为日后的写作积累资料。其《史绩》涉及96—378年间的历史事件，全书共31卷，包括257年的前13卷目前已经散失，后18卷的叙述更详细，以阿德里安堡战役作为全书结尾。该书基本上保持罗马史家的写作风格，尤以塔西佗为榜样，其明显的古代史学倾向表现在对"蛮族"的蔑视和爱国情绪、指责民众暴乱和抨击腐败堕落等方面。在宗教问题上，他作为非基督教作家，特别推崇尤利安皇帝，将其当作英雄和主人公来描写。该作品还涉及大量基督教兴起的资料。②

底比斯的奥林匹多罗斯（Olympidoros of Thebes，约4—5世纪）的生卒确切时间不详，但是根据其作品，人们知道他出生在埃及的底比斯，后来携带能歌善舞的鹦鹉云游地中海各地达20年之久。大约在412年，他随一个使团出访匈牙利，后被怀疑暗算匈牙利王，致使后者突然死亡。此后，他在雅典供职10年，并以希腊语写作了22卷的《历史》一书。该书涉及407年以后20年的拜占庭帝国历史，特别是狄奥多西二世统治时期的重大事件。与当时渐成气候的基督教作家有所不同的是，奥林匹多罗斯崇尚古典希腊文明，不仅拒绝使用拉丁语写作，而且行文模仿古代作家，在历史叙述中使用诗歌和富有哲理的

---

① 前引书，*Eunapius, Olympiosorus, Priscus, and Malchus*。
② Ammianus Maecellinus, *The Roman History of Ammianus Maecellinus, During the Reigns of Emperor's Constantius, Julian, Jovianus, Valentinianm and Valens*, trans.by C.Young, London 1862.

语言。其权威的英译本为布罗克雷译本。①

左西莫斯（Zosimos，5世纪）的《新历史》与奥林匹多罗斯的作品相印证，主要涉及410年以前的历史。他的生平至今尚无确切说法，一些学者认为，他与历史上有名的雄辩家加沙人佐西莫斯为同一人。他早年的活动不为人知，但是后来官至圣库伯爵和国库法官。其6卷本《新历史》现存6.2万余字，其第一卷为全书的引言，在介绍了自古希腊到奥古斯都期间的历史后，其他几卷重点分析罗马帝国，特别是4—5世纪拜占庭帝国历史的重大事件，预言君士坦丁堡将成为繁荣的城市。他与其他作家的重要区别在于，不仅客观叙述各个事件，而且点评它们对帝国国势的影响。他被后代拜占庭学家称为"最后的非基督教史家"。他的作品有多种英译本，其中布查南译本和瑞德雷译本比较权威。②

塞奥多利特（Theodoret of Cyrrhus，393—466年）大概也可以算是上述几位作家的同时代人，生于文化重镇叙利亚的安条克，自幼遵从父母之命献身教会事业，进入当地的修道院。但是，如同当时大多数知识分子，他同时也接受了系统的古典文化教育，对古希腊罗马文史作品十分精通。由于他坚持聂斯脱里派教义，与亚历山大里亚教区的西里尔派尖锐对立，名声大噪，423年当选为塞鲁斯教区主教。431年以弗所宗教会议宣布聂斯脱里派为异端教派，他因此被罢免，449年被流放。几经沉浮，他最终回到家乡叙利亚，并在此度过了最后的15年。他在激烈的宗教争论中写下的大量神学论文多成为正统教会的禁书，而其《教会史》是最有史料价值的。该书共分5卷，现存7万余字，涉及323—428年间正统基督教对阿里乌派异端斗争的细节，因此为后人提供了大量叙利亚地区宗教和政治史的信息。他留下的数百封书信则广泛地反映了当时拜占庭帝国的社会生活。塞奥多利特作品权威的英译本为杰克森译本和法拉尔译本。③

---

① Eunapios of Sardis, *The Fragmentary Classicising Historians of the Later Roman Empire: Eunapius, Olympiosorus, Priscus, and Malchus*, ed.by R.Blockley Liverpool 1981-1983. C.Gordon, *The Age of Attila:Fifth Century Byzantium and the Barbarians*, University of Michigan Press 1960.

② Zosimos, *The History of Count Zosimus, Sometime Advocate and Chancellor of the Roman Empire*, trans.By J.Buchanan and H.Davies, San Antonio TX 1967;trans.by R.Ridley, Canberra 1982.

③ Theodoret, *Ecclesiastical History, Dialogues, Letters of Theodoret*, NPNF2-03, pp3-523, general editor Philip Schaff, New York 1892.

附录一 基本参考史料

普里斯哥（Priscus，410—472年）出生于色雷斯的潘农，早年生平不详，后入仕为官，曾随外交使团出访匈奴王阿提拉，并出使罗马，访问埃及，入朝做官后，官至马尔西安皇帝首相秘书。他的8卷本《拜占庭史》（此名称为近代编辑者所加）仅保留下残部，现存近1.9万字，涉及433—468年间的历史。其作品最重要的价值表现在关于阿提拉的叙述，为后代史家反复引用。但是，他刻意追求语言的华丽和韵律，特别是将其个人好恶加入历史叙述，影响了记述的可靠性。他对匈奴人的看法基本上沿袭了古代的传统，蔑称其他民族为"蛮族"。普里斯哥作品的权威英译本保留在布罗克雷译本和格登的专题著作中。[1]

普罗柯比是6世纪拜占庭帝国最重要的历史作家。他生于巴勒斯坦地区凯撒里亚的贵族家庭，接受过系统的教育，后来赴京城寻求发展，结识了青年军官贝利撒留。当后者因突出的军事才能而跃升为拜占庭帝国东部前线司令时，普罗柯比受聘为他的秘书和法律顾问。自527年以后，普罗柯比随军南北转战，东征西讨，亲身参加了查士丁尼一世发动的各次战争。这些经历对于他后来的写作帮助极大。542年，他受贝利撒留的牵连，被迫回到京城，处于皇帝的直接监督下，此后就没有离开君士坦丁堡，直到去世。他的主要作品有记载3次重大战争的《战史》，歌颂查士丁尼一世修建京都功德的《建筑》和抨击时政并对皇帝皇后进行猛烈人身攻击的《秘史》。8卷《战史》详细描述了拜占庭帝国对波斯人、汪达尔人和东哥特人的战争，不仅对影响战争进程的各次战役进行评述，而且还涉及相关民族和地区的历史。他对战事胜负原因的分析基本摆脱了神学的影响，但是对于拜占庭军队战胜"蛮族"抱着明显的颂扬的态度。《建筑》中充满了对查士丁尼一世肉麻的吹捧，有学者认为，作者是在"软禁"期间和查士丁尼一世淫威下被迫完成的，其价值在于提供了当时君士坦丁堡公共建筑和社会生活的宝贵信息。最有争议的作品是《秘史》，因为作者在书中一反常态，全面否定了查士丁尼时代的各项政策，并对皇帝皇后的人格人品大肆诋毁，语言刻毒粗俗，以致后代人怀疑普罗柯比不是《秘史》的作者。从书中描写的宫廷秘史和写作风格来看，这种怀疑并不成立。唯一的解释是作者后半生遭受的冤屈改变了他原有的思想观点。无论如何，普罗柯比的作品为我们展现了查士丁尼时代广阔的历史画卷，是这一时期最重要的史料，它们涉及查士丁尼一世开始主政直到552年的历史。其作品被整理问

---

[1] Eunapios of Sardis, *The Fragmentary Classicising Historians of the Later Roman Empire: Eunapius, Olympiosorus, Priscus, and Malchus*, ed.by R.Blockley Liverpool 1981-1983.

世后，先后被翻译成世界各主要文字，其中数十万字的《战史》篇幅最长，《建筑》现存23万余字，《秘史》现存3.3万余字，其权威的英文译本包括劳埃布古典丛书中的译本、卡迈隆删节本、威廉森译本和阿特沃特译本。[①]《秘史》已有中文本，《战史》中文本即将问世。

阿嘎塞阿斯（Agathias, 532—580年）是普罗柯比同时代人，比后者年轻。他是小亚细亚地区米利纳地方人，早年经历不详，曾是士麦拿地方负责公共建筑的官员，后来成为君士坦丁堡有名的法学家和诗人，写过一些六步韵律诗和情诗，以及散文和法学作品，还编辑过一本小有名气的时事讽刺诗集，其中包括他自己的上百首诗歌。该书最抢眼之处是他致查士丁尼皇帝的前言，反映当时崇尚古希腊文化的知识阶层的心声。但是，使阿嘎塞阿斯青史留名的作品是其《历史》一书，因为他明确指出其写作目的是续写普罗柯比未完成的历史记叙。在5卷本的《历史》中，他从普罗柯比中断的552年写起，详细描述了此后37年的政治和军事事件，刻意追求普罗柯比的写作风格，注重发生在帝国东部和西部的各次战争，查士丁尼皇帝晚年的神经质，以及当时拜占庭社会政治和文化生活，而教会的事务被有意或无意地省略或简化了。总字数为6万余字的《历史》最初被收入柏林出版的《拜占庭史籍大全》中，其权威英文译本为富伦多所译，另有卡迈隆删节本可供参考。[②]

埃瓦格留斯（Evagrios Scholastikos, 536—595年）可以算作阿嘎塞阿斯的同代人，他生于叙利亚的埃比发尼亚，曾是拜占庭帝国文化重镇安条克的法学家，可能还担任过地方行政官员。其6卷本《教会史》涉及431—594年的历史事件，时间范围超过阿嘎塞阿斯的《历史》。该书名为教会史，但无论取材还是描述都不局限于教会事务，资料来源广泛，描写生动，语言比较华丽。他是一位持正统教义的作家，但是对其他教派采取宽容态度。他对拜占庭王朝事务的叙述不受信仰的束缚，特别推崇马尔西安、提比略二世和摩里士等皇帝的功绩和能力。可能是对安条克更熟悉的原因，他的《教会史》对这个城市倾注了比对君士坦丁堡更多的笔墨。值得注意的是，他作为教会史家并不完全采用传统的教会史写作方法，而是交替使用教会和古典文史写作风格。总

---

① Procopius, *History of the Wars, Secret History and Building*, trans.ed.and abridged A.Cameron, New York 1967.

② Agathias, *The Histories*, trans.by J.D.Frendo, in Corpus Fontium Historiae Byzantinae 2A, Berlin 1975; A.Cameron, "Agethias on the Sassanians", in *Dumbarton Oaks Papers*, 23-24（1969）, 67-183.

字数达到5.6万余字的《教会史》的重要价值还表现在他记载了许多其在安条克亲身经历的事件,以及详细列出的参考书目。该书权威的英文译本为沃尔富特译本。[1]埃瓦格留斯有一位表弟值得一提,他叫约翰(John of Epiphaneia,6—7世纪),是安条克地方的名人,不仅活跃于知识界,而且担任安条克教区大主教乔治的顾问。约翰著有《历史》一部,目的在于续写埃瓦格留斯的《教会史》,但是其破损严重,现存1.5万余字。根据目前保留下来的前言等残部,人们了解《历史》的重点在描写拜占庭帝国与波斯帝国之间长期的战争,特别是波斯国王与拜占庭皇帝摩里士对西亚地区的反复争夺。可惜这部书仅有少量篇章传于后代,目前尚无英文译本。

马赛林努斯·戈麦斯(Marcellinus Comes,6世纪)出生在伊利里亚的斯科普杰,属于拉丁人,但却前往君士坦丁堡寻求发展。他在查士丁尼一世任凯撒时就成为这位未来皇帝的亲随,后来被授予公爵名号,位列贵族。他的《编年纪事》涉及379—534年间的历史,重点在帝国东方事务,提供了许多细节。该书的价值是它为拜占庭帝国史书提供了拉丁作家的旁证,其英文和原文对照本在悉尼问世。[2]

塞奥发尼斯(Theophanes of Byzantium,6世纪)与同时代人麦南德(Menander Protector,6世纪)的事情令后人不解,因为两人的作品不仅同名,而且内容几乎相同,前者10卷本《历史》涉及566—581年的历史,而后者的作品涉及558—582年的事件,时间范围和叙述对象雷同。至今人们难以确定谁是原创者,谁是抄袭者。塞奥发尼斯在该书前言中追溯历史到562年,其内容重于外交关系和对外战争,对拜占庭帝国东部地区相邻民族,如波斯人、亚美尼亚人和高加索地区各民族的社会风俗都有记述。该书资料来源独特,为同时代其他历史书籍所未见。例如有关突厥人的资料就极为珍贵,以提比利斯为都的埃伯利安人的资料也是其他同时代作品中缺少的。他对有关中亚僧侣从中国贩运养蚕育桑技术到拜占庭帝国的叙述是关于这一问题史料的原始出处,后经普罗柯比引用,广为流传,至今成为中国古代文化西传的一段佳话。该书残卷不足千字,但其续编近10万字。麦南德生于君士坦丁堡贵族家

---

[1] Evagrius Scholasticus, *Ecclesiastical History of Evagrius with the Scholia*, ed.by J.Bidez and L.Parmentier, London 1898;rep.Amsterdam 1964.

[2] Marcellinus, *The Chronicle of Marcellinus:a translation and commentary (with a reproduction of Mommsen's edition of the text)*, Sydney 1995.

庭,据他自己说,早年遵从父命,在京都学习法律,因为这是为官的必要条件。后来,他与其他寻求仕途生涯的贵族子弟一样,进入宫廷侍卫队,曾任御林军军官,一度卷入当时流行在君士坦丁堡等大都市的"竞技党"活动。摩里士皇帝掌权后,他受命写作历史,并负责接待各路学者。由于他随和的性格和写作才能,他一直与当朝皇帝保持良好的关系,不仅为查士丁二世和提比略二世所赏识,而且是摩里士的好友。这些特殊的经历有助于他了解拜占庭帝国高层事务,接触宫廷文件。他对多次拜占庭帝国皇帝与波斯国王和其他君主谈判细节的描写说明了这一点。值得一提的是,这两位作家特别注重对不同民族风俗习惯的描述,观察独到细微,记载翔实具体,并注意对叙述对象所在的地理地貌进行准确的描写。他们的作品为后代作家广泛引用。目前该书有两个古代版本,但是两个本子并不完全一致。最好的英文译本为布罗克雷译本。①

塞奥非拉克特(Theophylaktos of Simokattes,580—641年)的生平不详,后人只知道他出生在埃及,曾任迦克墩主教的助手。其主要著作为8卷本《历史》,涉及摩里士皇帝统治时期的拜占庭历史。这部书与曼南德尔的《历史》相衔接,重点叙述摩里士时期君士坦丁堡的重要事件。正是由于他观察的重点在首都,特别在朝廷,所以书中有大量关于京城庆典和宫廷仪式的细节描写,这是同时代其他作品中缺乏的内容。他对拜占庭帝国东部地理的记载一直伸延到古代中国,表现出作者对古代地理学家斯特拉波的推崇和熟悉。特别有意思的是,他在《历史》的前言中采用了拟人式的对话,让历史与哲学各自阐述观点,以突出历史写作的独特风格。全书充满了他对这位皇帝的颂扬,语言夸张,有许多历史年代错误,并且很少涉及邻国或其他民族的事务。另外,他在写作中带有强烈的基督教信仰色彩,特别注意描述所谓的神迹和上帝的奇迹。塞奥非拉克特作品现存6.5万余字,其英文译本以怀特比译本为最好。②

尼基弗鲁斯(Nikephoros I Patriarch,750—828年)出生在君士坦丁堡的教会贵族家庭,当时毁坏圣像运动正处于高潮,其父因坚持崇拜圣像而被皇帝君士坦丁五世驱逐流放,他随父亲流亡。伊琳娜皇后摄政期间重申崇拜圣像,他才得以返回京城,并得到平反重用,官拜皇帝的秘书。退休后,他周游帝国

---

① Menander, *The History of Menander the Guardsman*, trans.by R.Blockley, Liverpool 1985; Theophanes, *Fragmenta Historicorum Greacorum*, IV, ed.C.Muller, Paris 1959.
② Theophylact, *The History of Theophylact of Simocatta:An English Translation with Introduction and Notes*, trans.by Michael.Whitby and Mary Whitby, Oxford 1986.

各地，在小亚细亚建立多所修道院。802后，他重新回到京城，被任命主管首都最大的救济中心，4年后担任君士坦丁堡大教长达9年之久。在此期间，他不遗余力地以温和手段平抚毁坏圣像派残余势力，积极维护皇帝权威，但是未能成功。当朝廷以强制手段镇压反对派时，他拒绝签署迫害决定，愤然辞职。尼基弗鲁斯一生著述颇丰，留下了多部批驳毁坏圣像派主张的著作和长篇论文。他写作《简史》的目的在于批判毁坏圣像派作家"错误"引用和解释前代历史。该书现存1.7万余字，涉及602—769年拜占庭帝国的历史，从崇拜圣像派的立场叙述当时的重大历史事件。他不是按照年代顺序，而是遵循事件发展写作，对涉及的地理地貌有更准确的描写。他还完成了一部《编年史》和一部《教会史》，但前者更像是一部年表，包括自上帝创造万物以后直到828年间"世界"的统治者年表。《编年史》在当时的影响似乎更大些，被翻译成拉丁语和斯拉夫语，流行于地中海世界。尼基弗鲁斯作品的英文译本由曼戈完成。[①]

尼基弗鲁斯之后，拜占庭年代纪似乎沉寂了相当长一段时间，作品少的原因是历史学家普遍青睐编年史的写作。而接续尼基弗鲁斯《简史》的作家是在他之后近一个世纪才出现的，这位作家就是约瑟夫（Joseph Genesios, 912—?）。约瑟夫出生在君士坦丁堡高级官宦之家，自幼接收系统的贵族式教育，学识渊博，与皇帝君士坦丁七世关系密切，是聚集在后者皇宫中的文人学者圈子里的重要成员，也是"马其顿文艺复兴"热潮的积极推动者和参与者。他的《列皇纪》就是根据他在宫廷中接触到的大量文档和书信写成的，涉及813—886年间的多位皇帝，包括利奥五世、米海尔二世、狄奥斐卢斯、米海尔三世和巴西尔一世。该书的资料来源主要是前代和当代作家完成的编年史和基督教圣徒传记，例如修道士乔治的作品。《列皇纪》的近代版本早在近200年以前就被德、法学者整理出来，共2.3万余字，最新的权威原文版出现在1973年，其最新原文与德文对照版本出现在1989年。[②]

拜占庭历史上第一位亲自撰写文史书的皇帝是君士坦丁七世（Constantine VII, 905—959年），他虽然是皇帝利奥六世和贵族出身之宫女佐

---

① Nicephorus, *Short history*, translation, and commentary by Cyril Mango, Washington, D.C.: Dumbarton Oaks, Research Library and Collection, 1990.

② Joseph Genesios, *Basileiai*, ed.C.Lachmon, Corpus Scriptorum Historiae Byzantinae, Bonn 1828.

伊的亲生儿子,但是命运坎坷。其父生前多次结婚,一直希望有男性皇位继承人。君士坦丁七世是利奥六世第四次婚姻的结果。由于这次婚姻违反了基督教婚姻法规而导致严重的政治危机,佐伊的皇后地位未能得到教会的承认,君士坦丁七世也因此被排斥在王朝权力中心之外长达40年。可能是他的这种特殊经历为他提供了生活条件优越而又置身权力斗争之外的环境,还可能是他继承了其父学者的天赋,君士坦丁七世一生向学,热爱古代文化,大力支持学术,褒奖各种文化活动,吸引大批学者在其周围,推动"马其顿文艺复兴"。客观而言,他算不上杰出的拜占庭皇帝,但却是真正的学者。在其多部关于拜占庭帝国军区、政府、宫廷礼仪的著作之外,他主持编纂的《皇帝历史》属于史籍类。该书共分4卷,共20万余字,涉及813—961年间的王朝政治史。第一卷的内容以813—867年间利奥五世、米海尔二世、狄奥斐卢斯、米海尔三世等皇帝统治事件为主,可能是作为著名编年史家塞奥发尼斯(Theophanes the Confessor)作品的续写,因此《皇帝历史》有时又被冠以《塞奥发尼斯作品的续篇》的名字。第二卷单独记载君士坦丁七世的祖父、马其顿王朝的创建人巴西尔一世的生平,极力歌颂这位皇帝的文治武功,肯定军事将领的作用,贬低商贾。第三卷涉及886—948年间6位皇帝在位时期的历史事件。可能直到君士坦丁七世去世时,该书的编辑工作仍在进行,因此最后一卷是在他死后两年完成的。全书充满了对皇族和福卡斯家族、布林加斯家族、库尔库阿斯等军事贵族的欣赏和崇敬,其视野因而受到限制。目前,该书有德文和原文对照本。[①]该书英文本也已问世。

与《皇帝历史》相衔接的作品是利奥的《历史》。利奥(Leo the Deacon, 950—994年),小亚细亚人,早年受教育于君士坦丁堡,后任宫廷执事,随巴西尔二世出征。利奥的《历史》涉及959—976年间的历史事件,重点叙述王朝政治和对外战争,特别是对保加利亚人的多次战事,包括成功和失败的战斗经历。他使用的资料可能来自目前尚未发现的福卡斯家族史,因此他在写作中表现出对出自福卡斯家族的皇帝尼基弗鲁斯二世的敬佩。利奥笃信上帝的

[①] Constantine VII, *Vom Bauernhof auf den kaiserthron:Leben des Kaisers Basileios* Nikephoros, *Short History, Nikephoros, Patriarch of Constantinople:text, translation, and commentary*, trans.by C.Mango, Washington, D.C.1990.Constantino Porirogenito, *De thematibus*, introduzione, testo critico, commento, a cura di A.Pertusi.Città del Vaticano:Biblioteca apostolica vaticana, 1952.

力量,确信命运是无法摆脱不能对抗的,而一切成功都体现了神意的肯定,而所有的失败和灾难都是上帝对人的惩罚。这使他的作品具有浓厚的悲观主义色彩。利奥是位尚古作家,他将歌颂的对象比喻为古代的英雄,他们不仅具有古代英雄的人格品行,而且简直就是古代英雄下凡,战无不胜,他笔下的皇帝尼基弗鲁斯二世成为再世的赫拉克勒斯,皇帝约翰一世则变为复生的提丢斯,基辅大公弗拉基米尔·斯维亚托斯拉维奇被视为阿喀琉斯的后裔。[1]总之,现存约3.5万字的《历史》的文学色彩浓厚,影响了其作品的可靠性。该书的英文译本为塔尔伯特译本。[2]

  普塞罗斯(Michael Psellos,1018—1080年)是拜占庭历史上著名的学者和作家,他的《编年史》实为年代纪,是为续写利奥的《历史》而作。他出生于君士坦丁堡中等的殷实之家,其父母极为重视对他的系统教育,师从当时多位学者,教俗知识兼通,奠定了日后发展的基础。他属于当时思想活跃、学识渊博的学术新星,在首都知识界脱颖而出。他在36岁时因其庇护人退出政坛而被迫进入奥林匹斯山修道院。不久,他重返首都政界,成为宫廷学者,在君士坦丁九世、罗曼努斯四世和米海尔七世统治期间发挥了重要的政治和学术作用,曾任帝国哲学院院长(类似我国古代"翰林院大学士")。他晚年失势,在贫穷和失落中去世。普塞罗斯是一位多产作家,其大量作品涉及历史、哲学、神学和法学,还写作了大量韵律诗歌、散文、札记和书信。其《编年史》按照当时流行的传统,首先根据圣经的记载对上帝创世以后的历史进行简介,而后进入正文,主要涉及976—1078年间的政治和军事大事。古希腊历史作家对他的写作产生了深刻影响,他在叙述中始终强调大自然的作用,注意从现世事物中寻找事件发生的原因,而很少描写神迹。他根据自己的观察和分析,而不是从神学的角度理解历史事件,因此在他的书中没有正义与邪恶、光明与黑暗、善与恶的鲜明对立,他笔下的人物和事物几乎都是矛盾的,因为他力图从人性的缺陷中追寻失败的原因。普塞罗斯的作品得益于他丰富的经历,许多关于皇帝和宫廷生活的描写来自其亲身近距离的观察,因而比较可靠,成为后人反复引用的资料来源。《编年史》现存7.8万余字,被翻译为多种文字,其中

---

[1] 赫拉克勒斯是宙斯之子,力大无穷,做出了12件英雄业绩;提丢斯是古希腊神话中著名的战将,在远征底比斯的战争中阵亡;阿喀琉斯是特洛伊战争中的英雄,使希腊联军取得胜利。

[2] Leo the Deacon, *History of Leo the Deacon: Byzantine military expansion in the tenth century*, trans.by Alice-Mary Talbot, Washington, D.C.2005.

权威英文版本为邵特尔译本。①

小亚细亚阿塔利亚人米海尔（Michael Attaliates，约1020—1085年）是普塞罗斯的同代人，他的《历史》可以与后者《编年史》相互印证。米海尔出生在阿塔利亚的中等家庭，但是自幼聪明，在君士坦丁堡受到的系统教育使他在仕途上发展顺利，曾任法官和元老，主管京都供水工作。这些职位不仅使他跻身拜占庭帝国上层社会，而且为他带来可观的财富。他的作品涉及多方面的知识，包括他根据自己的了解完成的历史作品、个人传记、为他建立的修道院制定的法规制度，以及从罗马共和国到马其顿王朝的法学发展的法书，等等。其中《历史》是其主要的代表作。该书涉及1034—1080年间拜占庭帝国重大历史事件，与普塞罗斯的作品相比，更为客观，没有个人对事件的评论和价值判断，而主要是从第三者角度记述事件的原委，即使在不得不涉及其本人参与的过程时，也绝少自我吹嘘，这在拜占庭历史作家中是不多见的。然而，他还是不自觉地表现出对皇帝尼基弗鲁斯三世的青睐，将后者描写成具有帝王的天赋和美德，勇猛果敢，极有军事天才和卓越的组织能力。他的关注点主要集中在君士坦丁堡等城市生活，其笔下的人物大多与城市民众活动相联系。由于尼基弗鲁斯三世以80岁高龄退位时，《历史》尚未完成，后代学者认为，本书对他的肯定反映了作者的政治倾向，而不掺杂阿谀奉承的成分。应该说，《历史》的资料是可靠的。可贵的是作者对大自然产生的浓厚兴趣使他对诸如大象和长颈鹿作了细致的描写。该书现存约6.2万字，目前有权威的德文和法文本，部分内容的英文译本由邓尼斯完成。②

安娜公主的第二个丈夫也是位作家，他的名字叫小尼基弗鲁斯（Nikephoros the Younger Bryennios，1064—1137年）。根据他的自传《历史素材》记载，他同名的父亲是米海尔七世时期著名的军事将领，曾任保加利亚地区军队司令和多瑙河下游地区总督，后发动政变推翻了米海尔七世的统治。尼基弗鲁斯三世登基后，不接受凯撒称号，继续军事反叛，终被阿历克塞一世击败受刑，后得到皇帝的赦免，晚年以失明之身成功指挥对库曼人作战而闻名。小尼基弗鲁斯娶安娜为妻后，成为军事将领，一直希望夺取皇权，并参与了安娜的宫廷政变。他失败后，继续参与指挥帝国军队，曾随约翰二世远征安条克。他的《历史素材》是部未完成的作品，涉及1057—1080年间拜占庭

---

① Michael Psellos, *Fourteen Byzantine Rulers*, trans.by E.R.Sewter, N.Y.Penguin 1966.
② Michael Attaliates, *Historia*, trans.by John D.Polemes, Athens:Ekdoseis Kanake 1997.

帝国的军事和外交活动。与安娜不同的是，他特别注重当时几个势力极大的家族为争夺皇权而进行的斗争，包括科穆宁、杜卡和布雷恩努斯等军事贵族势力集团的政治活动。他在表面上歌颂阿历克塞一世，但在字里行间却含蓄地批评和否定这位皇帝的人格，而对其父亲加以肯定。他认为其父具有贵族的一切优秀品行和条件，即高贵的血统、万贯家财、为理想献身的勇气和军事天赋。该书现存3.1万余字，目前只有原文与德文和法文对照本。[①]

在以年代纪和编年史为主要历史编纂体裁的拜占庭帝国，塞萨洛尼基的尤斯塔修斯（Eustathios of Thessalonika，1115—1196年）的《塞萨洛尼基陷落记》可谓独树一帜，是记述单一事件的史籍。他生在塞萨洛尼基的贵族家庭，在首都接受系统教育，后进入教会任职，当过大教长米海尔三世的秘书，并升任副执事和教区常务总管，1178年担任塞萨洛尼基大主教。他崇尚古希腊文化，对荷马史诗极为精通，曾对这部古典名著作过详细注释。此外，他组织收集和整理古希腊文史作品，使一大批古籍得以保存下来。作为一位具有原发性思维的思想家和作家，他在《塞萨洛尼基陷落记》中对皇帝曼努埃尔一世的政策作出诸多评估，基本上肯定了这位皇帝的所作所为，但同时也大胆指出他试图调和基督教与伊斯兰教教义等政策上的失误，敢于褒贬时政，公开指责官僚作风和腐败堕落的修道士，公开否定役使奴隶的现象，认为这是邪恶和反自然的制度。他认为人类社会经历着从低级向文明的高级社会的进步过程，人们之间的关系将日益紧密，其重要性必然超越包括宗教仪式在内的各种外在的公共活动。1185年，作为当时拜占庭帝国第二大商业贸易中心的塞萨洛尼基一度被来自意大利的诺曼人占领。尤斯塔修斯身临其境，对这一事件进行了详细描写，特别是对各种类型的居民在突发灾难面前的表现作了生动的刻画，该作品被后人称作拜占庭人"百态图"。该书近3万字，其英文译本由迈尔维勒—詹尼斯完成。[②]

侯尼雅迪斯（Niketas Choniates，1155—1217年）的《记事》也是接续安娜公主的作品。他出生在小亚细亚西部地区，在君士坦丁堡接受教育，受其在雅典任主教的兄长影响曾赴黑海地区任地方官员。任满回都后，一度成为宫廷高官。1204年，第四次十字军攻陷君士坦丁堡后，他随大批贵族官吏逃亡

---

① Nikephoros the Younger, *Materials for a History*, trans.by Paul Gautier, Brussels 1975.
② Eustathios of Thessalonika, *The Capture of Thessaloniki*, trans.by J.Melville-Jones, Canberra 1988.

尼西亚。他的《记事》真实记录了这一重大历史事件,涉及1118—1207年的历史,是有关该时期最重要的史料。他以散文的风格,近距离地观察当时拜占庭帝国各阶层民众,他们是善恶混杂的矛盾体,是历史的主题和最活跃的因素,而上帝则提供了最完美的道德准则。他将皇帝安德洛尼卡的统治视为残暴、堕落的灾难时期,并歌颂处于困苦环境中的人类尊严、财富和人生乐趣。但是,这次灾难性事件给他带来的心理震撼远远超过了肉体痛苦,反映出当时拜占庭知识阶层中普遍存在的自信心的瓦解。宿命论体现在其作品的字里行间,全书充满了灾难降临的预兆,突如其来的风暴、损失严重的海难、无法控制的火灾、野兽血腥的扑食场面、流行病和瘟疫等都被他赋予神启的含义,冷嘲热讽,脏话满篇,甚至不时开些残酷的玩笑,而在夸大的心理观察中突出了性的描写。这些使《记事》成为拜占庭文史作品中不多见的"颓废"之作。该书现存16.3万余字,其英文译本为马古里亚斯译本。①

乔治·阿克罗包利迪斯(George Akropolites,1217—1282年)是拜占庭人在尼西亚流亡期间最著名的历史学家。他出生在被第四次十字军占领下的君士坦丁堡。其父母为原拜占庭贵族,对他施以严格的家教,并在其16岁时将他送往尼西亚宫廷,使他在当时最著名的大学者布莱米迪斯等人门下全面学习古代教俗知识,学业大长。1240年,年仅23岁的阿克罗包利迪斯成为皇子的老师,并以大学士身份主持皇家法庭,以皇帝特使身份从事外交活动。皇子狄奥多尔二世即位后,他出任军政要职,监察驻扎在马其顿地区的拜占庭军队。由于他是皇帝米海尔八世的亲戚,君士坦丁堡重新被拜占庭人控制后,立即被委以重任,负责全面恢复拜占庭皇家教育和学术。作为皇家大学的哲学、几何学、修辞学教授,他培养出许多出色的弟子,有些成为后来的拜占庭文化名人。他的《当代编年史》全面记载了拜占庭人在尼西亚励精图治、艰难奋斗、积聚力量、东山再起的过程,特别对米海尔八世充满敬佩甚至吹嘘。该书还广泛涉及当时占领君士坦丁堡的拉丁帝国的历史,其时间范围大约为1203—1261年。这部作品现存近4万字,其英文译本由马格达林诺完成。②

涉及拜占庭帝国末代王朝的史家有多位,首先应该提到乔治·帕西迈利

---

① Niketas Choniates, *City of Byzantium, Annals of Niketas Choniates*, trans.by H.Magoulias, Detroit 1984.
② George Akropolites, *Chonike Syngraphe*, trans.by R.Macrides, Oxford;New York:Oxford University Press, 2007.

斯（George Pachymeres，1242—1310年）。帕西迈利斯生于尼西亚，其少年时代是在拜占庭帝国流亡政府卧薪尝胆、努力收复京都的氛围中度过的，接受了具有强烈爱国主义情绪的系统教育，19岁时随老师阿克罗包利迪斯到君士坦丁堡，后进入教会阶层，其教职不断升迁，成为教俗高级官吏。他的代表作品名为《巴列奥略王朝的米海尔和安德洛尼卡》，涉及这两位皇帝在位的1260—1308年间的拜占庭帝国历史。由于该书记述的事件大多为其本人的亲身经历或亲眼所见，来自他的观察和体验，所以内容比较可靠。他注重当时引起拜占庭社会分裂的宗教冲突和教义争论，虽然力图比较客观地叙述历史，但是对米海尔八世的人品和政策仍提出批评，认为这位皇帝脾气暴躁，虚伪做作，对教会人士粗鲁敌视，这种倾向显然受到其教会立场的影响。他在写作中的尚古倾向得益于其渊博的古典知识和坚实的古希腊学识，大量典故随笔而出，甚至使用古代的名称记载年代和月份，但是这也使他的作品比较难读。他敏锐地感到末代王朝统治下的拜占庭帝国已经是明日黄花，衰败之象处处显露，因此他对国家和人民的前途充满忧虑，其悲观主义的历史观体现在上帝决定一切的宿命论叙述中。正因为如此，他十分注意在追寻人物动机和事件原因中表现神意。该书目前只有德文和法文译本。①

哥里高拉斯（Nikephoras Gregoras，1290—1361年）撰写的37卷本《罗马史》在涉及的时间跨度上远远超过帕西迈利斯的作品，其内容包括1204年第四次十字军占领君士坦丁堡直到1359年一个半世纪的历史事件。他幼年丧失双亲，由时任希拉克略城主教的叔叔约翰养育成人，接受良好的教育，后被送到君士坦丁堡师从大学者格雷基斯学逻辑与修辞，跟塞奥多利学习天文和哲学。在王朝内战期间，他支持老皇帝，但是并未因此而得罪与老皇帝作战的小皇帝，后来因学识超群而得到后者的重用。在安德洛尼卡三世统治时期，他成为皇帝心腹重臣坎塔库震努斯（即后来的约翰六世）的死党，并在后来的王朝战争中支持约翰六世。这对他晚年的失势有极大影响，他不仅遭到宗教大会的谴责，而且被当局拘禁在家中，其作品被列入禁书，死后被焚尸，骨灰遍撒京城，让万人践踏。哥里高拉斯多才多艺，完成多种文学、哲学、艺术、史学作品，其中《罗马史》具有最重要的史料价值。他在写作中采用了严格的资料考证方法，对前代史书中记载的事件进行认真考核，特别是将主要的笔墨

---

① George Pachymeres, *De Michaele et Andronico Paleologus*, ed.I.Bekker, Bonn 1835; *Relationes historicas*, Corpus Fontium Historiae Byzantinae, trans.by V.Lautent, Paris 1984.

用于其亲身经历的历史。作为教会领袖,他对教会内的争议和斗争极为关注。值得注意的是,他不相信宿命论,更反对以神意解释历史事件,强调人世的邪恶不能归于上帝。《罗马史》是研究14世纪上半期拜占庭历史最重要的古籍,该书现存35.3万余字,目前只有原文和德文对照本。[1]

接续哥里高拉斯历史写作的是著名的约翰六世(John VI Kantakouzenos, 1292—1383年)。他出身于古老世家坎塔库震努斯家族,其父为巴尔干半岛南部伯罗奔尼撒地区总督,故与皇家关系密切。他与后来成为皇帝的安德洛尼卡三世年龄相仿,结为终身挚友。当安德洛尼卡三世反叛其祖父时,约翰六世坚定站在好友一边,甚至当后者战场失利时也不惜家财,倾力支持。后来,他成为安德洛尼卡三世的宰相和大将军。安德洛尼卡三世死后,约翰受先帝托孤,成为9岁的约翰五世的监护人,摄政帝国军政。后因遭到外戚贵族集团的排挤,发动内战,并于1347年击败对手,自立为共治皇帝,同时将女儿嫁给约翰五世。他凭借其万贯家财和大地主的支持,以及塞尔维亚和土耳其人的支持,巩固了统治地位,在位7年,直到被约翰五世推翻,被迫进入修道院。在修道院度过的近30年的后半生成为他潜心写作的时期,其间完成了大量作品。他的代表性作品是4卷本《历史》,该书涉及1320—1357年的历史事件,几乎都是他本人亲身经历的事件,资料来源主要是他的私人日记。他熟练地驾驭历史材料,举凡这个时期的大小事件都在其关注中,无一遗漏。但是,他在写作中将自己放在事件的中心,吹嘘其在位期间政策的英明,自我标榜为运筹帷幄的战略家。尽管如此,由于他身处拜占庭政治生活的核心,其总字数达31.6万的《历史》具有极高的资料价值,是后人了解14世纪上半期拜占庭政治、军事和宗教等历史的最重要依据。作为接受过良好系统教育的贵族,他崇尚古希腊文史作家的风格,特别推崇修昔底德,《历史》便深受《伯罗奔尼撒战争史》的影响。但是,他与古典作家最主要的区别在于,他笃信上帝决定人的命运,认为他的最后失败不是人为的,而是天意。该书最权威的对照本为德文和原文对照本,而英文译本大多是部分内容的翻译。[2]

拜占庭帝国衰亡时期的历史记载是由杜卡(Doukas,约1400—1470年)

---

[1] Nikephoras Gregoras, *Historia Byzantine*, ed.L.Schopen and I.Bekker, Bonn 1829–1830; *Historia Rhomaike Nikephoros Gregoras*, trans.by J.van Dieten, Stuttgart 1973.

[2] J.Kantakouzenos, *Historiarum*, ed.L.Schopen, Bonn 1828–1832; *Geschichte, Johannes Kantakuzenos ubersetzt und erlautert*, trans.by G.Fatouros and T.Krischer, Stuttgart 1982–1986.

完成的。他的生平一直不为后人所知,至今也没有发现有关的资料。但是,人们从其作品中了解到,其祖父是约翰六世的拥护者,内战期间流亡小亚细亚重镇以弗所,托庇于当地土耳其埃米尔。杜卡年轻时曾任拜占庭地方高官的秘书,后服务于莱斯博斯岛大贵族加提鲁修家族,由于他通晓意大利语和土耳其语,故以代表身份多次造访土耳其苏丹国和意大利。杜卡的《历史》涉及1341—1462年间拜占庭帝国衰亡史,许多事件为其亲身经历见闻,记述虽然可靠准确,但带有政治倾向。该书不仅使用希腊文资料,而且使用意大利热那亚和土耳其方面资料,因此比一般拜占庭作家的史书资料更加丰富。特别值得注意的是,他描写了1416年发生在小亚细亚西部地区的农民起义,这在拜占庭史书中是绝无仅有的,他注意到这次农民起义实行"人人平等"的制度,公开宣称穆斯林和基督徒是平等的兄弟。与大多数同时代作家赞扬苏丹穆罕默德二世不同,他严厉批评这位拜占庭帝国的"终结者"道德败坏、荒淫无耻、残酷无情,公开主张东正教应与罗马天主教联合,以争取西欧君主的援助,挽救拜占庭帝国。他认为土耳其军队攻占君士坦丁堡是上帝对拜占庭人违背神意和罪孽的惩罚,是人力无法改变的惩罚。《历史》现存7万余字,其英文译文由马古里亚斯完成。①

拜占庭帝国衰亡阶段的历史文献还包括大量记载各地地方性事件的史籍。塞萨洛尼基大主教西蒙(Symeon, ?—1429年)的作品就记载了当时发生在这座拜占庭第二大城市的历史事件,叙述了15世纪20年代塞萨洛尼基城面临来自土耳其和威尼斯人两方面的巨大压力,最终向威尼斯人投降的过程。他的长篇《谈话录》真实地反映了当时人的心态和宗教情绪,其关于宗教生活的细节描写也具有较高的史料价值。他提到东正教教士的等级制度、洗礼的过程、圣餐的内容、忏悔的方式、涂油礼和葬礼的要求,等等,甚至具体列举了复活节庆典需要的物品、教堂中家具和圣器摆放的位置、各类参加者出场的顺序的清单。在宗教生活描写细腻方面,大概只有君士坦丁七世的作品可以与之比美。其作品目前只要原文和德文对照本。②类似的作品还有利奥条斯·马克海罗斯(Leontios Makhairos, 15世纪人)编纂的专门记载当时塞浦

---

① Doukas, *Decline and Fall of Byzantium to the Ottoman Turks*, trans. by H. Magoulias, Detroit 1975.
② Symeon, *Politico-historical Works of Symeon, Archbishop of Thessaloniki*, by D. Balfour, Vienna 1979.

路斯历史的《塞浦路斯乐园叙事》（涉及1359—1432年间的事件），约翰·卡诺那斯（John Kanonas，15世纪人）的作品重点叙述1422年土耳其苏丹穆拉德二世进攻君士坦丁堡的《编年纪》，约翰·阿纳哥斯迪斯（John Anagostes，15世纪人）记载1430年穆拉德二世击败威尼斯人夺取塞萨洛尼基事件的作品。这些反映拜占庭帝国各地情况的历史作品极大地丰富了拜占庭历史研究的基本史料。①

劳尼哥斯·查克孔迪利斯（Laonikos Chalkokondyles，1423—1490年）的10卷本史书以大量有关拜占庭帝国和土耳其苏丹国的外交资料补充这个时期的历史文献。劳尼哥斯为雅典人，青少年时代随父亲流亡希腊，师从隐居米斯特拉的大学者普莱松，后在爱琴海地区从事文化活动。他的《精粹历史》涉及1298—1463年间的历史事件，特别是关于拜占庭帝国和土耳其等周边民族交往的历史，除了土耳其人，还包括阿拉伯穆斯林、俄罗斯人、德意志人、南斯拉夫人、西班牙人等，其中来自土耳其文的资料极为重要。劳尼哥斯宣称自己的写作目的就是记载"伟大的希腊帝国的衰亡"和奥斯曼土耳其帝国的兴起，这在自傲的拜占庭历史学家中是十分少见的。可能是他早年受到的古代希腊文化的深刻影响，《精粹历史》带有浓厚的古典风格，例如其中关于其他民族的描写就充分体现出希罗多德的写作风格，而其中大段引用演讲词又有修昔底德的文风，甚至不时使用古代雅典人常用的阿提卡方言。作为历史著作，该书最主要的不足是缺乏年代记载。该书现存10.7万字，其权威版本是德文与原文对照本。②

乔治·斯弗兰齐斯（George Sphrantzes，1401—1478年）是末代王朝的宫廷史家，他还在青年时代就进入上流社会，成为曼努埃尔二世的朝臣，后来又是君士坦丁十一世的心腹大臣，特别是作为特使出访土耳其、热那亚、特拉比仲德和爱琴海诸多岛屿。1430年，他被任命为希腊南部帕特拉地方总督，1446年转任米斯特拉总督，1453年土耳其占领君士坦丁堡时，他被俘入狱。获释后，他出家修道，游历各地，浪迹天涯，足迹遍及意大利、巴尔干半岛和地中海各岛屿，后老死于科孚岛。他的《简明编年史》涉及1413—1477年间的

---

① Leontios Makhairos, *Recital Concerning the Sweet Land of Cyprus*, trans.by R.Dawkins, Oxford 1932.John Kanonas, *Chronikon*, in Corpus Scriptorium Historiae Byzantinae, by I.Bekker, Bonn 1838. John Anagostes, *Sphrantzes*, in Corpus Scriptorium Historiae Byzantinae, by I.Bekker, Bonn 1838.

② Laonikos Chalkokondyles, *Europa in XV Jahrhundert von Byzantinern gesehen*, Graz 1954.

历史,主要依据他本人的日记,其中既有当时重大事件的年代记事,又有其子女生卒日期记录,属于私人回忆录。他在写作中放弃了拜占庭历史作品传统的文言体语言,而使用民间口语,其中夹杂了许多土耳其和意大利方言和词汇,这在拜占庭文史作品中也是极少有的。该书现存近2.5万字,其准确的年代记录提高了其使用价值,被后人翻译为多种语言,其中权威的英文和原文对照本为菲力匹底斯本。[①]

塞尔维斯特(Sylvester Syropoulos,约1440—1453年)是拜占庭帝国灭亡前夕的著名学者,他的《回忆录》真实记载了发生在1438年前后的宗教和政治事件。他是东正教高级教士,任君士坦丁堡教区总管和大教长的助手。当时拜占庭帝国面临土耳其人的巨大军事压力,灭亡在即。1438年,他作为东正教代表团重要成员,前往意大利参加著名的费拉拉—佛罗伦萨宗教和解大会,并在《东西教会合并法令》上签字。据他本人说,他是在被关押胁迫中不得不签字的。而这一法令在拜占庭帝国民众中产生了强烈的反响,大部分教士和信徒都反对两个教会的联合,认为这是罗马教会乘人之危迫使东正教屈服的阴谋。他回国后改变立场,公开支持反对合并派,斥责《东西教会合并法令》。尽管他本人并非朝廷命官,也非宫中常客,但是《回忆录》还是涉及许多宫廷秘史和逸闻趣事,特别是皇帝身边的大量阴谋诡计,是后人了解这一时期拜占庭政治生活的重要史料。该书只有意大利文和原文对照本。除了记载某一重要事件的文献外,还有专门记载某位皇帝的传记,例如米海尔·克利多布鲁斯的《穆罕默德二世传》。[②]

3. 人物传记

《尤利安皇帝传》是专门记载这位有着传奇生涯的皇帝生平的作品,据现代学者研究,该书是由索卓门诺斯(Sozomenos,约400—450年)收集整理各种传说,由约翰·马拉拉斯(John Malalas,490—574年)丰富内容完成全书。尤利安约于332年生于君士坦丁堡,是拜占庭帝国首位皇帝君士坦丁大帝的侄子。他5岁时君士坦丁大帝去世,皇家从此陷入血腥的争夺皇权的斗争,其父和其他男性亲属均成为斗争的牺牲品,他则因年幼而免遭劫难。他是在恐惧中长大成人,先后在皇宫和雅典接受系统教育。幼年的经历使他对基督教

---

① George Sphrantzes, *The Fall of the Byzantine Empire*, trans. by M. Philippides, Amherst 1980.
② Sylvester Syropoulos, *Les "Memoires" du Grand Ecclesiarche de l'Eglise de Constantinople Sylvestre Syropoulos sur le concile de Florence (1438-1439)*, trans. by V. Laurent, Rome 1971.

心存反感，秘密接受了多神教信仰。当君士坦丁王朝只剩下他一个男性继承人时，他便继承了皇位。他在位仅3年，其间全面恢复了多神教，公开参加崇拜阿波罗的宗教仪式，引起基督徒的反对，最终在远征波斯的进攻战中，被狂热的基督徒暗害，其时年仅31岁。尤利安一直是信奉正统基督教的拜占庭作家笔下的反面人物，被冠以"背教者"的绰号，因此也没有人愿意冠名为之作传。这部书直到9世纪才被其他史书提及。目前该书被编入劳埃布古典丛书。①

科穆宁王朝公主安娜（Anna Komnene，1083—1154年）为其父皇阿历克塞一世写作的传记《阿历克塞传》恰好衔接了米海尔的《历史》。她是皇帝阿历克塞一世的长女，生长在皇宫中，接受全面的皇家教育，后嫁给前朝皇帝米海尔七世的儿子君士坦丁。这次婚姻实际上是阿历克塞一世加强统治地位的举措，但是她误以为这是自己成为皇后的机会。1118年其父去世其弟即位时，她在母后杜凯纳的支持下阴谋发动宫廷政变，被其弟约翰二世挫败，被迫成为修女。其后半生30余年被软禁在修道院里，这使她有可能撰写《阿历克塞传》。该书不仅仅记载了阿历克塞一世的业绩，而且广泛涉及1069—1118年间的拜占庭帝国发生的重大事件，特别是有关军事和外交方面的细节。全书充满了她对父亲的歌颂，开篇就描写了阿历克塞一世的胜利，并从后者的活动中解释这个时期拜占庭人对外战争胜利的原因。作为古典文化的爱好者，安娜不仅在写作中随时引用古希腊诗人的名句，而且对当代基督教狂热思潮持批判和否定态度。她对古希腊作家的作品和前代拜占庭人取得的成就深感自豪，特别对阿历克塞一世治下的社会生活推崇备至，因此对约翰二世及其后继者曼努埃尔一世的统治持批评态度。由于该作品大部分是其亲身经历事件的记录，因此资料价值极高。她文笔细腻，对一些场面的描写生动感人，这在拜占庭作家中是不多见的。该书属于拜占庭历史作品中的上乘之作，总字数约15.2万字，被现代学者翻译为欧洲多种文字，其中英译本有大维斯和索特尔两种版本。②

约翰·金纳莫斯（John Kinnamos，约1143—1203年）的《约翰和曼努埃尔功德纪》在时间上接续了安娜公主的作品，其涉及的历史从1118年到1176年。金纳莫斯的生平不详，从其他同时代作家得知，他曾任皇帝曼努埃尔一世

---

① Julian, *The Works of the Emperor Julian*, trans. by W.C.Wright, Harvard Univ.Press 1996.
② Anna Komnene, *The Alexiad*, trans. by E.Dawes, London 1928; trans. by E.Sewter, N.Y.Penguin 1969.

的秘书,参加过多次对外战争,在皇帝阿历克塞二世短暂统治期间,卷入神学争论。其作品原始文本多有破损,书名为后人所加,内容重点叙述科穆宁王朝两位皇帝的事迹。他对曼努埃尔一世的文治武功极为推崇,特别是对其具有的英雄气质十分欣赏。根据现代学者的观点,曼努埃尔一世是拜占庭帝国第一位"西欧化"的皇帝,曾长期生活在意大利西西里。因此,金纳莫斯对这位皇帝的肯定表明了作者在思想上倾向于东、西欧联合的"世界帝国"的政治主张。这种政治倾向也决定了他对十字军战争的看法,他认为这场战争有助于基督教世界的联合。金纳莫斯的历史观是上帝决定论,命运和神意决定历史的发展和事件的过程。他还高度评价了曼努埃尔一世的军事组织改革和对改造军事技术的支持。该文献现存6.3万字,英文译本由布兰德完成。[①]

还有两部涉及拜占庭帝国末代王朝的匿名年代纪值得提出,其一是完成于16世纪的《君士坦丁堡的皇帝、大教长和苏丹》,叙述1391—1543年间君士坦丁堡发生的历史事件,其中包括多位拜占庭帝国末代皇帝和东正教大教长,以及占领并统治君士坦丁堡的土耳其苏丹。另一部书名为《1373—1513年的拜占庭城、欧洲和奥斯曼帝国初期的苏丹》,完成于17世纪,涉及1373—1513年间的历史。这两部书提供的珍贵资料使人们得以了解拜占庭帝国何以未能再次恢复,从此退出历史舞台。这两部书目前都已被翻译为英文,它们的权威版本均由菲力匹底斯完成。[②]

4. 编年史

与上述年代纪相比,编年史在拜占庭文献中的重要性显然差得多,因为大多数编年史是从《圣经》中选取写作资料,并且采取几乎相同的叙述风格。但是,编年史作者在涉及其所在时代历史事件时常常给予更多关注,这就使拜占庭编年史成为年代纪的补充和旁证。因此,我们对拜占庭编年史家及其作品也应加以注意。

约翰·马拉拉斯生于叙利亚,在当地文化重镇安条克接受系统教育,后成为当地官员,530年以后移居君士坦丁堡。其代表作品为18卷《编年史》,从上帝创造万物和亚当开始写起,前14卷大量引用前人作品,并具体注明原作者的姓名,使许多遗失的古代文献得以保存。该书后3卷则仿效修昔底德

---

① J.Kinnamos, *Deeds of John and Manuel Comnenus*, trans.by C.Brand, New York 1976.
② *Emperors, Patriarchs and Sultans of Constantinople*, trans.by M.Philippides, Brookline 1990.
George Sphrantzes, *The Fall of the Byzantine Empire*, trans.by M.Philippides, Amherst 1980.

的文风大量引用演讲词和布道词，并且涉及许多其本人经历的重大历史事件。最后一卷涉及作者所在的查士丁尼一世统治时期，特别对当时的宗教政策提出委婉的批评，表达了作者对受到迫害的一性论派的同情。《编年史》一直写到查士丁尼一世统治结束，后经他人续写到574年。值得注意的是，该作品是以通俗希腊民间语写作的，在以阿提卡方言为主要语言的拜占庭文史作家圈内带来了清新的变化。马拉拉斯的作品对其他民族的巨大影响是在它被翻译为其他语言后逐渐显现出来的，特别是对斯拉夫人和格鲁吉亚人的历史写作产生了深刻影响。《编年史》约10万字，其英文译本和原文对照本由杰夫里斯完成。[①]

埃及尼基乌地方主教约翰（John of Nikiu，7世纪人）的生平不详，人们仅知他被任命为主教后，主管埃及教区的修道院和对修道士的管理，但是由于他的严厉和近乎残酷的训练导致修道士的死亡，他也因此被停职。其《编年史》完全承袭拜占庭编年史写作传统，即从上帝造人写起，亚当以后数千年的历史则完全依赖《圣经》的资料，一直写到阿拉伯军队攻占埃及。该书使用希腊语和在埃及流行的柯普特语写作，但是原书已经散佚，目前使用的古代版本为埃塞俄比亚本，该文本是17世纪初从阿拉伯文本转译整理而成。据现代学者研究，这个文本与原始文本有一些区别，因为其中有个别脱漏，有的章节标题与内容不符，但是人们仍然不能确定区别在哪里。《编年史》最重要的价值在于，它是第一部涉及阿拉伯军事扩张，特别是对埃及征服的记述，比阿拉伯人的相关记载早大约200年。[②]

《编年史纪》的作者"忏悔者"塞奥发尼斯（Theophanes the Confessor，752—818年）是7世纪后半期和8世纪前半期最重要的作家之一。他出生在君士坦丁堡，其父为掌控爱琴海军区的"将军"，军事贵族家庭背景使他青年时代即成为利奥四世宫中的官员，他不仅结交了一批上层人士，而且与贵族之女结婚。不知什么原因，可能是对过去生活的忏悔，新婚后他和新娘即进入修道院，他还在巴尔干北部西格兰山上建立了迈卡格罗修道院。当时拜占庭帝国正处于毁坏圣像运动的高潮时期，皇帝更迭导致政策多变。塞奥发尼斯支持主张调和两派的大教长塔拉修斯，反对支持迫害崇拜圣像派的新大教长塞

[①] John Malalas, *The Chronicle of John Malalas*, trans. by Elizabeth Jeffreys, Michael Jeffreys, Roger Scott, et al, Melbourne 1986.

[②] John of Nikiu, *The Chronicle of John, Bishop of Nikiou*, trans. by R.Charles, London and Oxford 1916.

奥多利。他对皇帝毁坏圣像政策的反对使他受到迫害,并客死流放地。塞奥发尼斯的《编年史纪》共13.5万多字,是以其前代学者乔治的作品为榜样,后者的《编年史》从亚当写到285年,《编年史纪》则从284年写到813年。该书取材广泛,引用了前代许多年代纪作品,例如普罗柯比、马拉拉斯、塞奥非拉克特等人的作品。一些现代学者批评他不加考证地大量引用前人作品,这从保存史料的角度来看并非缺点,可以为我们提供许多未加改动的珍贵的旁证材料。他在作品中一再申明,他记载的都是客观事件,其中许多内容虽然与他本人的观点不同,但是他忠实历史,不进行任何改动。由于他的作品是按照严格的年代顺序编写,因此成为后代作家的工具书。《编年史纪》的英文和原文对照本是由图特雷多夫完成的。[①] 续写《编年史纪》的是位匿名作家,他在4卷本的《编年史纪续编》第一卷中说明自己只是塞奥发尼斯的继承者,但是在写作体例上不是编年大事记,而是按照一系列皇家人物的传记编排813—963年间的历史事件。第一卷涉及利奥五世、米海尔二世、狄奥斐卢斯和米海尔三世,第二卷仅涉及马其顿王朝创立者巴西尔一世,第三卷涉及利奥六世、亚历山大和君士坦丁七世,最后一卷涉及罗曼努斯一世及其两个儿子、罗曼努斯二世等4位皇帝。全书可能是多位作者的共同作品,其中各卷政治倾向不完全相同,但是,从其自始至终贯穿的对马其顿王朝皇帝的赞誉态度来看,它应该是宫廷组织的编史活动的成果。据现代学者的研究,君士坦丁七世就组织过这样的工作。该书仅有德文和原文对照本。[②]

拜占庭历史上有许多位教士作家,其中又有修道士作家,修道士乔治(George Hamartolos, 9世纪人)就是其中的佼佼者。他的生平不详,但是其作品《编年史》非常有名。该书从亚当写起,按编年顺序记述了直到842年的历史事件。其中古代历史的内容主要来自《圣经》,当涉及罗马帝国历史时,则关注教会事务,例如有关恺撒的内容只有20行,而关于背教者尤利安的内容仅10行,他对恺撒的叙述还主要与基督诞生相联系。该书大量引用教会文件,特别是主教大会决议和早期教父作品。而涉及拜占庭帝国历史的内容多来自马拉拉斯和塞奥发尼斯的作品。属于他使用的独立资料大多是其经历的事件,然而他在这部分叙述中过多地加入了先入为主的看法,例如他以激烈刻薄的语言公开表达了对毁坏圣像派、伊斯兰教、摩尼教和偶像崇拜行为的憎

---

① Theophanes, *The Chronicle of Theophanes*, trans.by H.Turtledove, Philadelphia 1982.
② *Scriptores post Theophanem*, ed.I.Bekker, Corpus Scriptores Historiae Byzantinae, Berlin 1838.

恨。值得注意的是，他毫不隐讳自己对柏拉图学说的推崇，声称在阐述其哲学时绝无不懂装懂，宁可"磕磕巴巴地复述，也不弄虚作假"。乔治的作品被后人翻译为斯拉夫语和格鲁吉亚语，对相关民族的历史写作产生了深刻影响。该书现存12.2万余字，目前只有德文和原文对照本。①

10世纪最著名的编年史家是"大官"西蒙（Symeon Logothete，10世纪人），其生平不详，从其绰号看，曾任高级官吏。西蒙的《编年史》首先以绪言开篇，遵从拜占庭编年史的传统写法，从《圣经》故事中的亚当开始，简略叙述到查士丁尼二世。该书第一部分，大体与乔治的《编年史》相似，按编年顺序叙述7世纪末至842年间的历史事件。第二部分涉及的时间范围从842年到948年，是由几个不同写作风格的部分组成，包括米海尔三世和巴西尔一世的故事，以君士坦丁堡纪年录为基础的利奥六世和亚历山大的故事，只有913—948年间的内容是以作者亲身的经历和亲自观察为基础。西蒙的《编年史》原文数十万字，现存3.5万多字，有多种版本，有的附有续写到963年的续编。该书后来被翻译为其他民族语言，目前的英文和原文对照本就是从古代斯拉夫语转译出来的。②

约翰·斯基利奇斯（John Skylitzes，11世纪人）的《简明编年史》与"忏悔者"塞奥发尼斯的《编年史纪》具有同等重要的价值。他的生平也不为后人所知，人们只是推测其主要活动年代在11世纪后半期，从其名称上还可以推测他曾担任高级官职。其《简明编年史》的主要内容涉及811—1057年间的大事，被认为是"忏悔者"塞奥发尼斯的《编年史纪》的续编。约翰·斯基利奇斯在对比了前代历史学家的作品后，赞扬塞奥发尼斯是最值得信赖的历史学家。《简明编年史》的资料来源广泛，由于各家观点不一，其结论也多有相互矛盾之处。该书的写作风格多变，前后不统一。有关米海尔四世统治时期的内容是按照塞奥发尼斯的写法处理的，即以年代顺序记述一系列相互并无关联的零散事件，而对君士坦丁九世时期的处理则无任何年代标记，只有大段的叙事，有时是不同年代事件的大汇编。该书最后一部分是作者对自己的亲身经历和观察的记录，其中对军事将领褒奖有加。作者对当时拜占庭军队的著名将领卡塔喀隆特别青睐，视其为心目中的英雄。卡塔喀隆是约翰同时代人，贫困家庭出身，从军后因战功卓著而不断升迁，曾胜利完成西西里远

---

① George Hamartolos, *Chronicle*, ed.C.Boor, Leipzig 1905.
② Symeon Logothetes, *The Chronicle of Symeon Logothetes*, trans.by Stephanus Wahlgren, Berlin; Novi Eboraci:W.de Gruyter 2006.

征，平息君士坦丁堡暴动，担任多瑙河前线总司令和包括安条克在内的东部几个地区总督，成功击溃罗斯军队对君士坦丁堡的围困，因此被人称为"斯基泰人和匈牙利人的克星"。约翰·斯基利奇斯的作品保持了拜占庭编年史的传统，故被后人续写，《简明编年史续编》（又称《斯基利奇斯编年史续编》）即是匿名作家完成的简明《编年史》，涉及1057—1079年间的事件。这两部作品总字数达到15万字，已经被现代学者整理出版。[①]

约翰·仲纳拉斯（John Zonaras，12世纪人）的《精粹编年史》是12世纪拜占庭编年史中的代表作品。他的生卒年月和生平不详，但从其作品来看，他曾担任阿历克塞一世朝廷高官，后因反对皇帝任人唯亲而被免职，1118年进入圣格雷克利亚修道院，在其后40年的修道士生涯中，他完成了《精粹编年史》。该书的前部与其他编年史一样，以《圣经》为依据，从亚当写起，按照编年体例一直写到1118年。书中大量使用了普塞罗斯的《编年史》和约翰·斯基利奇斯的《简明编年史》的材料，以充实811年以后的内容。关于阿历克塞一世统治期间的历史则主要取材于其本人的经历和见闻，带有明显的批判性，显然是针对安娜公主颂扬其父的《阿历克塞传》。他公开批评阿历克塞一世将公共的钱财分给皇亲国戚，他们有的因此发了大财，富可敌国，有的竟然拥有几个城市。他还指责这位皇帝过分放纵士兵，造成军纪散乱，将士专横跋扈，特别指责阿历克塞一世的几次远征是对国家物力和人力毫无意义的浪费。该书在150年前就被整理出来，共24万字左右，其英文译本出现在1977年。[②]

与仲纳拉斯同为12世纪编年史作家的还有君士坦丁·曼纳萨斯（Constantine Manassas，1130—1187年）和米海尔·格雷卡斯（Michael Glykas，12世纪人）。曼纳萨斯生于君士坦丁堡的贵族之家，成年后任宫廷高官，是科穆宁王朝的宫廷史家和作家，写过多种颂扬皇帝和大贵族的散文，以及浪漫题材的史诗，其中《简明编年史》对当时人影响深刻。该书的前部以《圣经》历史故事为主线，从亚当写到罗曼努斯四世登基的1081年。他以仲纳拉斯为榜样，以《精粹编年史》为蓝本。就其资料价值而言并无新奇之处，但是，其优美的文笔表现出文学价值，他刻意模仿荷马史诗，遣词造句注意对仗和韵律，

---

① John Skylitzes, *Byzanz, wieder ein Weltreich: das Zeitalter der makedonischen Dynastie*, trans. by H.Thurn, Graz 1983.
② John Zonaras, *Epitome Historiarum*, ed.M.Pindar, Corpus Scriptores Historiae Byzantinae, Berlin 1841; English trans.by M.Dimaio, Missouri-Columbia 1977.

使作品读起来朗朗上口，颇受民间欢迎。可能是他的贵族出身决定了他的政治倾向，他尖锐批评尼基弗鲁斯三世的平民政策，认为其宽容金属匠、木匠、商人和其他手工工匠而克扣贵族的措施是导致其短命统治的重要原因。格雷卡斯生于希腊西部沿海的科孚岛，曾任宫廷大学士，因卷入推翻皇帝曼努埃尔一世的阴谋活动而被捕入狱，受到瞽目惩罚。其12.2万余字的《编年纪事》也是仿效仲纳拉斯的风格，其内容从亚当直到1118年。在这部作品中，他宣泄其反对科穆宁王朝的政治倾向，特别是对该王朝创立者阿历克塞一世进行强烈抨击，如同曼纳萨斯指责皇帝是色情狂一样，他攻击曼努埃尔一世是星相狂。值得注意的是，他明确反对神意决定论，并且因此否定除亚里士多德以外的所有崇尚命运的古典文史作家。曼纳萨斯和格雷卡斯的作品可以作为仲纳拉斯的《精粹编年史》的补充和旁证，目前均被整理出版。①

  13世纪的3部重要编年史各有特点。《编年史精要》是由卓埃尔（Joel，13世纪人）完成的，前半部是《圣经》年表，后半部主要由一系列君主年表组成，涉及犹太君王、东方君主、罗马君主和拜占庭皇帝，他们在位的年代和死因。作者认为，自曼努埃尔一世以后20余年间的6个皇帝统治短暂，并且不得善终，完全是上帝对拜占庭人罪恶的正义惩罚。这部书的价值在于，它提供了拜占庭帝国和相关国家君主的准确年表。《编年史》是由塞奥多利·斯库塔留迪斯（Theodore Skoutariotes，约1230—1300年）完成的。该书内容的时间范围从上帝创造世界到1261年，其资料价值有限，因为它的第一部分来自《圣经》，涉及拜占庭帝国早期历史的第二部分资料几乎完全与仲纳拉斯作品相同，而最后部分的资料则来自侯尼雅迪斯和阿克罗包利迪斯的作品。唯一有价值的部分是全书的附录，其中包括某些经济研究的资料。《莫利亚编年史》是匿名作家完成的作品。所谓莫利亚是指伯罗奔尼撒半岛。该书按照年代顺序记载自第一次十字军东征至1292年间发生在该地区的重大事件，但是对伯罗奔尼撒地区以外的事件或者涉及很少，或者错误百出。从该书混用希腊语和拉丁语，以及敌视拜占庭人和东正教的情况分析，作者可能是西欧化的希腊人或是在希腊生长的西欧人。这3部作品也早有现代版本。②

---

① Constantine Manassas, *Breviarun historiae metricum*, ed.I.Bekker, Corpus Scriptores Historiae Byzantinae, Bonn 1837.Michael Glykas *Annals*, ed.I.Bekker, Corpus Scriptores Historiae Byzantinae, Bonn 1836.

② Joel, *Chronogrphia Compendia*, ed.I.Bekker, Corpus Scriptores Historiae Byzantinae, Bonn 1836. Theodore Skoutariotes, *Chronicle*, ed.K.Sathas, Paris 1894.

14、15世纪经历了拜占庭帝国苟延残喘和最后灭亡的悲惨过程,动荡的局势使学术和文化陷入迷乱的境地,一些学者为躲避战乱移居意大利,不愿意背井离乡的学者无可奈何地等待最后时刻的到来,历史创作也反映了这种普遍的颓废心理。这一时期,除了个别地方编年史家外,还出现了许多匿名作品。首先要提到的是来自色雷斯埃诺斯地区的埃弗莱姆(Ephraim Ainios, 13世纪初—14世纪初),其生平不详。他的《编年史》采用12音节诗歌形式写作,涉及罗马帝国和拜占庭帝国君主帝王编年史,直到1261年巴列奥略王朝重新占领君士坦丁堡。该编年史还附有基督教自使徒安德列建立教会到1323年大教长伊赛亚即位期间所有教会的主教名单。现代学者推测,伊赛亚可能是作者的同时代人。该书的资料来源主要是仲纳拉斯、侯尼雅迪斯和阿克罗包利迪斯的作品,其中叙述最详细的部分是西欧十字军占领君士坦丁堡的历史。该作品现存5.4万余字。米海尔·潘纳雷多斯(Michael Panaretos, 1320—1390年)是埃弗莱姆的同时人,出生在黑海南部地区,后来成为特拉比仲德的大科穆宁家族的高官和编年史家。从作品可知,他曾在该家族阿历克塞三世军中服役,担任过御林军队长一类的军职,参加过多次战争,并且两度到访君士坦丁堡。潘纳雷多斯的《编年史》现存10万余字,是拜占庭古籍中唯一关于特拉比仲德(帝国)历史的文献,涉及1204—1390年的事件。该书前半部记述不详,后半部涉及1340年以后历史部分比较详细,因为其大部分出自作者亲身的经历和见闻。全书重点在描写宫廷生活重大事件,例如婚丧嫁娶和军事远征。他以讲述故事的方式,按照编年体例进行写作,不时以第一人称和事件参加者的角度来叙述,语言通俗易懂。由于该书的年代体系不同于其他拜占庭编年史,所以判断其内容的正确年代是很困难的事情。他们两人的作品均由兰普西迪斯整理出版。[①]这个时期出现的许多匿名作家的编年史大多简洁精练,篇幅短小,涉及的年代短暂,成为年代纪的补充。[②]

5. 其他文献史料

除了史学著作外,在拜占庭文献中还有大量政治类和法学类作品,它们可以为拜占庭历史研究提供资料。

有关拜占庭官僚制度和官职的文献分散在多种史书中,集中记载的书有几

[①] Ephraim Ainios, *Ephraen Aenii Historia chronica*, ed.O.Lampsides, Athens 1990.Michael Panaretos, *Chronicle*, ed.O.Lampsides, Athens 1958.
[②] *Brachea Chronika*, ed.S.Lampros & K.Amantos, Athens 1932.

部,《职官录》《教会职官录》和《君士坦丁堡职官录》是其中有代表性的文献。《职官录》是拜占庭帝国早期的作品,主要是由当时帝国东、西部文臣武将的官职清单组成的。该表的目的可能是为参加重大庆典的各级各类官员确定各自出场的顺序和位置,这种官职表很可能是在旧表基础上根据当时对个别官吏所作的调整修改而成。由于各个王朝甚至许多皇帝对文臣武将官职的调整不同,不同时期的《官职录》也不尽相同。目前相关研究中最出色的成果当属英国学者布瑞的《9世纪帝国政府制度》一书,其后附有原始文献的译文。《教会职官录》的数量比《职官录》多,它主要是由东正教教阶官职清单组成的,主要用途也是为宗教仪式服务的。根据目前保存的大量教会职官表,君士坦丁堡大教长的地位最高,其次是各大教区和大城市的教长,而后是大主教,主教排在最后。其他教会神职人员则分列在上层教会官职之下。目前发现最早的《教会职官录》是6世纪初完成的,此后陆续问世的教会职官表大约有20部。《君士坦丁堡职官录》主要反映首都各级文武官员的情况。这类职官表的价值在于,它们不仅提供了宫廷和教会活动的许多细节,而且提供了反映拜占庭政治状况和经济形势的信息。[1]

专门讨论拜占庭官职和宫廷活动的作品首推君士坦丁七世的《帝国政府》,该书十分详细地叙述了拜占庭官僚机构,包括中央和地方各级官吏的职责,以及他们的历史沿革。这本书是君士坦丁七世为其后人管理帝国朝廷和各级官员而专门写作的,其中保留了大量前代文献,具有极高的史料价值。其次应该提到约翰·莱多斯(John Lydos,490—565年)的《论罗马人民的官员》。莱多斯出生在里底亚,20岁以前接受系统教育,后到京城寻求发展,入宫为官40年,对6世纪以前拜占庭帝国官制极为精通,曾受到查士丁尼一世的重用。他的作品涉及晚期罗马帝国政府结构和官职的变化,并广泛叙述了查士丁尼时代的政治生活,反映了当时知识分子的一般状况。它重点讨论从晚期罗马帝国到拜占庭帝国政府的变化,资料价值极高。[2]类似的史料还有一些,但都不如这两部书。

拜占庭帝国继承罗马帝国的法律传统,历任皇帝均注重法律建设,为后人留下大量法律文献,其中除了近百位皇帝发布的法令外,比较重要的是一系列法典。法典中最著名且最有价值的当属在查士丁尼一世主持下完成的《罗

---

[1] J.B.Bury, *The Imperial Administrative System in the Nine Century, The Notitia Dignitatem. Notitiae dignitatum.Corpus notitiarum*, N.Y.1911.

[2] Constantine VII, *De Administrando Imperio*, trans.by J.Jenkins, Washington D.C., 1967.John Lydos, *On the Magistracies of the Roman People*, trans.by T.Carney, Lawrence 1971.

马民法大全》。查士丁尼一世即位之初,首先着手调整帝国社会关系,针对当时成文法律极为混乱的情况,下令组成法律编纂委员会,该委员会汇集了当时最著名的法学家特里波尼安、法律教授狄奥菲鲁斯等10多名法学专家。经过10多名法学家一年多努力编成的10卷本《查士丁尼法典》于529年4月正式颁布,其收编范围自罗马帝国皇帝哈德良(117—138年在位)到查士丁尼一世时期历代皇帝颁布的法律。该法典包括前言、法理1卷、私法7卷和刑法1卷,534年修订后又增加公法3卷。该法律颁布后立即取代其他与此矛盾的旧法,成为拜占庭帝国唯一具有权威性的法典。530年,特里波尼再次指导扩大为16人的法学编辑委员会编辑《法学汇编》,并于3年后编成颁布。该书汇集古代法学家的论著,共分50卷,是学者们阅读参考约2 000部古书编撰而成的巨著,共300万行。由于编撰工作十分繁重,时间又相对仓促,这部法律汇编内容比较粗糙,一些古代法律相互矛盾,某些法律条文的注释概念模糊不清,还由于专家们在搜集和审阅此前所有公认的法学家的著作过程中,对古代文献进行摘录、节选、分类和评介,人多手杂,使个别总结性的评语存在明显错误。为了普及法律知识,培养法律人才,查士丁尼一世要求特里波尼安、狄奥菲鲁斯和法律教授多罗塞乌斯完成《法理概要》,并于533年发表,全书分为5卷,以通俗易懂的语言和明确的法学概念简明系统地总结《法学汇编》的全部内容。在查士丁尼一世统治末期,他又将自己在534年以后30年期间颁布并且没能收入法典的法令编辑成《查士丁尼新律》作为补充,该书是用希腊语完成的。除了这部法典外,比较著名的还有438年颁布的《狄奥多西法典》、739年完成的《法律选编》、870年以后颁布的《法律指南》、880年前后修订的《法律手册》、利奥六世颁布的《皇帝法规》、1345年编成的《六书》,以及《农业法》《士兵法》和《海洋法》等,它们都为历史研究提供了可靠的参考资料。[①]

[①] Justinian, *The Digest of Justinian*, trans.by Th.Mommsen and P.Krueger, Philadelphia 1985. Justinian, *The Institutes of Justinian*, trans.by A.Thomas, Amsterdam 1975.Justinian, *Corpus Jurus Civilis, Codes Justinianus*, ed.P.Krueger, Berlin 1895.Justinian, *The Civil Law*, trans. by Scott, S.P., The Lawbook Exchange, Ltd.2001.Leo III and Constantine V, *Ecloga: A Manuel of Later Roman Law*, trans.by E.Freshfield, Cambridge 1927.I.Zepos, *Ius Graeco-Romanum*, Athens 1931.Leo VI, *Basilicorum libri LX*, ed.H.Scheltrma and N.van Wal, Groningen 1988.*Farmer's Law*, trans.by W.Ashburner, Journal of Hellenic Studies, 32(1912), 87-95.*Rhodian Sea Law*, trans.by E. Freshfield, Cambridge 1927.Leo VI, *The Book of the Eparch*, trans.by E.Freshfield, Cambridge 1938.

此外还有大量拜占庭帝国财政档案、纸草文书、合同契约、税收记录、军事论文、圣人传记、旅行札记、神学文章、教会文件、会议决议、布道演讲词、悼词、诗歌集、小说、教会法、战争纪事、修道院制度、书信、请示报告,等等,这些文献都为学习和研究拜占庭历史和文化提供了珍贵信息。据学者的初步统计,目前已经入选史料总目的文献达到54 000种,其中整理完成并正式出版的拜占庭历史文献总计达到22 000余种,它们成为研究拜占庭历史的巨大宝藏。这里要提醒读者的是,上述拜占庭史料原文大部分可以在TLG数据库中找到。

二、文物资料

研究拜占庭历史和文化的文物资料数量很多,可以按照文物性质分门别类,其中最为专家学者关注的涉及拜占庭建筑、拜占庭圣像、拜占庭珠宝、拜占庭铸币、拜占庭印章等。这些文物资料散布在世界各地,由全世界各国专家整理出版。我们不可能全面介绍有关信息,读者可以通过互联网搜索引擎,比较方便地找到各自需要的信息。这里,我们只是给出拜占庭铸币和拜占庭印章的信息,作为例证。

1. 拜占庭铸币

目前,国际拜占庭古币研究权威和最新研究的成果主要反映在大量专门著作和工具书中,现择其要者加以介绍。

2002年由哈佛大学顿巴登橡树园研究中心出版的3卷本《拜占庭经济史》包括拜占庭货币经济的历史发展,其中关于拜占庭货币经济和古币发展沿革的4章均由法国古币学家莫里森撰写。但是其关于拜占庭古币的代表性专著是《法国国家图书馆拜占庭货币目录(491—1204)》。[①]该馆因以拜占庭古币收藏丰富和研究精细而著称。莫里森是其前辈法国学者塞巴提耶(J. Sabatier)和施伦伯格(G. Schumberger)的接班人,后两者均有拜占庭古币大全问世。

格里森和梅耶斯的《顿巴登橡树园和怀特莫尔古物收藏中的晚期罗马帝

[①] Cecile Morrisson, *Catalogue des monnaies byzantine de la Bibliotheque Nationale (491-1204)*, Paris 1970.A.Laiou, *The Economic History of Byzantium:From the Severth through the Fifteenth Century*, 3 Vols.Washington D.C.2002.

国古币目录》是在其前辈贝林杰（A.R.Bellinger）的同名拜占庭古币目录基础上按照新的鉴定标准完成的，代表了美国学术界在这一领域的最高水平。[1]

罗思的《大英博物馆拜占庭帝国古币目录》出版于1908年，是20世纪60年代以前该领域的主要参考书，夏鼐先生的研究大多参阅此书。该书虽然已经过时，但是它是最早建立拜占庭古币鉴定原则的书籍，其确定的标准至今大部分有效。[2]

古德克雷的《拜占庭帝国铸币手册》是以大英博物馆的拜占庭古币收藏为主，参考法、美等国收藏而完成的，该书以更新罗思的《大英博物馆拜占庭帝国古币目录》过时内容而受到重视。[3]

希尔的《拜占庭货币及其价值》与古德克雷的《拜占庭帝国铸币手册》具有相同的写作目的，它与后者可以共同代表英国当代拜占庭古币研究的最高水平。[4]

哈恩的3卷本《拜占庭帝国货币》涉及的拜占庭古币数量最多，该书以维也纳博物馆的收藏为基础，以严谨细致的分类为特点，书后所附图版极为清晰，为国际拜占庭古币学家所推崇。[5]

亨迪的《300—1453年拜占庭货币经济研究》也涉及拜占庭货币制度的发展，由于该书从制度发展的层面考察拜占庭古币的变化，因此为拜占庭古币学家所重视。[6]但是，该书并非拜占庭古币学专著。

怀丁的《拜占庭货币》出版于1973年，作者在其前言中，声称当时是"拜占庭货币研究的革命时代"，为了说明这一点，他以较多笔墨分析了第二次世界大战后近20年拜占庭古币鉴定原则的变化和该领域新标准的形成。[7]

瓦吉的《罗马帝国货币与历史》分上下两卷，前者为历史叙述，后者为古币研究。它补充了上述拜占庭古币研究书籍大多从5世纪阿纳斯塔修斯一世

---

[1] P.Grierson and M.Mays, *Catalogue of the late Roman Coins in Dumbarton Oaks Collection and in the Whittemore Collection*, Washingtonm D.C., 1992.

[2] W.Wroth, *Catalogue of the Imperial Byzantine Coins in the British Museum*, London 1908.

[3] N.Goodacre, *Handbook of the Coinage of the Byzantine Empire*, London, Spink and Son Ltd., 1957.

[4] D. R. Sear, *Byzantine Coins and Their Values*, London: Seaby Audley House, 1974.

[5] W.Hahn, *Moneta Imperii Byzantini, Rekonstruktion des Prageaufbaues auf Synoptisch-tabellarischer Grundlage*, Wien:Verlag der Osterreichischen Akademie der Wissenschaften, 1973.

[6] M.F.Hendy, *Studies in the Byzantine Monetary Economy*, Cambridge 1985.

[7] P.D.Whitting, *Byzantine Coins*, New York:G.P.Putnam's Sons, 1973.

谈起的不足,使我们得以观察到4世纪君士坦丁大帝以后百余年拜占庭古币变化的情况。[1]

还有一本值得注意的拜占庭古币参考书是法格利耶的《瑞典和丹麦发现的晚期罗马和拜占庭索里得》,它是以这两国集中发现的近千枚窖藏拜占庭金币为研究对象,成为上述权威著作的补充性参考书。[2]

此外还有一些拜占庭货币专著,如胡梅尔的《拜占庭货币目录》和哈肯斯的《拜占庭货币》等,前者以瑞士国家博物馆收藏为基础,后者以巴黎卢浮宫博物馆收藏为基础,但其内容和涉及的拜占庭古币种类均没有超过上述著作。[3]目前,顿巴登橡树园和怀特莫尔拜占庭货币网站、牛津大学古币网站和拜占庭金币拍卖网站为相关网站中水平最高者。

2. 拜占庭印章

拜占庭印章大体有两种用途:其一加盖于公私文件;其二用于文件的封口,即所谓封印。最初,拜占庭印章是文物收藏家的心爱,后来逐渐被用于学术研究。在各国整理出版相关的拜占庭印章图谱的基础上,国际拜占庭学会印章学分会于20世纪80年代末组织召开世界范围相关学者开会,及时通报和交流各自的最新发现和研究成果。国际拜占庭印章学会议每年都要召开,并出版会议论文集,目前已经正式出版了9期论文集。而每一届会议的论文集就是当时最具代表性的重要成果。试举一例以作说明。

2002年10月9—10日,俄罗斯圣彼得堡埃尔米塔什国家博物馆举行拜占庭印章学国际会议,以纪念著名俄罗斯拜占庭印章学家瓦伦提娜·萨诺伊洛夫娜·商德罗夫斯卡娅80岁寿辰,她自30岁起就在埃尔米塔什国家博物馆从事相关研究,成为这一领域的资深专家。"正是由于她的长期不懈努力,使这项研究工作在俄罗斯得到复兴,并为国际拜占庭学界所认可。国际拜占庭印章学家们借此机会表达了对她终生致力于此项研究的崇高敬意。会议期间,各国拜占庭印章学家还交流了各自的最新研究成果,会议提交的论文涉及广泛的主题,它们表明,拜占庭印章学能够为拜占庭历史和文化研究提供大量宝贵的信息,相当多的信息是其他史料无法替代的"。会议主席尤吉尼娅·斯

---

[1] D. L. Vagi, *Coinage and History of the Roman Empire, c. 82 B.C.–A.D. 480*, Chicago: Fitzroy Dearborn Publishers, 1999.

[2] J.M.Fagerlie, *Later Roman and Byzantine Solidi Found in Sweden and Denmark*, New York: the American Numismatic Society, 1967.

[3] W.Hummel, *Katalog der byzantinischen*, Munich 1982.

蒂芬诺娃在埃尔米塔什国家博物馆出版的会议论文集中作了这样的总结。

让我们看看论文集反映的相关研究成果。《印章所见的中期拜占庭姓氏问题》(Werner Seibt)、《圣徒与礼拜中心：拜占庭铅封的地理学和管理学考察》(John Cotsonis)、《雅典钱币博物馆收藏中拜占庭铅封上的圣母图案》(Ioanna Koltsida-Makre)、《一枚匿名俄罗斯印章（12—13世纪）：拜占庭和俄罗斯印章学中的圣乔治骑马像》(Valerij Stepanenko)、《拜占庭印章所反映出的官制史考察》(John W. Nesbitt)、《印章学资料所见帕拉顿纳夫的长官》(Ivan Jordanov)、《车绳与拜占庭关系研究：以车绳拜占庭印章为例》(Nikolay Alekseenko)、《隆德雷发现的拜占庭印章》(Jean-Claude Cheynet)、《未面世的马尼亚克家族印章》(Christos Stavrakos)、《爱琴海东部发现的拜占庭封印》(Alexandra-Kyriaki Wassiliou)、《苏达克新发现的拜占庭印章》(Elena Stepanova)、《阿富杨（土耳其）博物馆的拜占庭印章收藏》(Vera Bulgurlu)等。[1]总之，我们仔细阅读这类论文集就会发现，拜占庭印章学国际会议提供了一个及时交流最新研究成果的平台。

三、原始资料

1. 教会史

教会史是拜占庭史学家的创造。这种始于凯撒里亚的优西比乌的历史写作形式一直受到拜占庭教会作家的重视。保存至今大量的教会史为后人提供了丰富的历史信息，历来受到学者的关注。

Creeds, Councils and Controversies: Documents illustrative of the History of the Church AD.337–461, ed. by J.Stevenson, New York 1966.

Cyril of Alexandria, *Five Tomes Against Nestorius*, Introduction by P.E & E.B. Pusey, Oxford 1881.

Cyril of Alexandria, *Cyril of Alexandria*, trans. by Russel, New York 2000.

Eusebius of Caesarea, *Ecclesiastical History*, trans. by K. Lake and J. Oulton, Loeb Classical Library, 2 Vols, London 1997.

Eusebius, *Church History, Life of Constantine, Oration in Praise of*

---

[1] Jean-Claude Cheynet and Claudia Sode edited, *Studies in Byzantine Sigillography 8*, München: K.G.Saur, 2003.

Constantine, edit. By Schaff, P., New York: Christian Literature Publishing Co., 1890.

Eusebius of Caesarea, *An Ecclesiastical History to the Twentieth Year of the Reign of Constantine*, trans. by C. Cruse, London 1847.

Eusebius of Caesarea, *The History of the Church from Christ to Constantine*, trans. by G. Williamson, New York, Penguin 1965.

Eusebius of Caesarea, *The ecclesiastical history*, with an English translation by Kirsopp Lake and J.E.I Oulton, Loeb Classical Library, Cambridge, Mass., 1926–1932, 2 Vols.

Eusebius Pamphilus, *Church History; Life of Constantine the Great; Oration in Praise of Constantine*, *NPNF2-01*, general editor Philip Schaff, New York 1890.

Evagrios Scholastikos, *A History of the Church in Six Books, from A.D.431 to A.D. 594,A New Translation from the Greek: with an Account of the Author and his Writings*, trans. by E. Wlaford, London 1854.

Evagrius Scholasticus, *Ecclesiastical History of Evagrius with the Scholia*, ed. by J. Bidez and L. Parmentier, London 1898; rep. Amsterdam 1964.

Gregory of Nyssa, *Dogmatic Treatises; Select Writings and Letters*, *NPNF2-05*, general editor Philip Schaff, New York 1892.

John Chrysostom, *On the Priesthood, Ascetic Treatises, Select Homilies and Letters, Homilies on the Statutes*, *NPNF1-09*, general editor Philip Schaff, New York 1886.

Ιωαννης Δαμασκηνος, *Λογοι, τρεις ομιλιαι κατα των εικονομαχων*,by Andrew Louth, New York: St. Vladimir's Seminary Press, 2003.

John of Ephesus, *The Third Part of the Ecclesiastical History of John, bishop of Ephesus*, trans., R.Payne Smith, Oxford 1860.

The Seven Ecumenical Councils, ed.by Philip Schaff, Edinburgh: T&T Clark, in http://www.ccel.org/ccel/schaff/npnf214.html

Roman State and Christian Church: A Collection of Legal Documents to AD.535, ed., by P.R.Coleman-Norton, London 1966.

The Seven Ecumenical Councils, *NPNF2-14*, ed. by Henry R. Percival, Edinburgh rep. 1988.

Socrates, *The Ecclesiastical History of Socrates, surnamed Scholasticus, or the Advocate*, ed. by Migne, London 1853.

Scorates, *Scorates and Sozomenus Ecclesiastical Histories*, edit. By Schaff, P., New York: Christian Literature Publishing Co., 1886. In: http://www.ccel.org/ccel/schaff/npnf202.html.

Sozomenos, *A History of the Church in Nine Books, from AD 324 to AD 440*, trans. by E. Walford, London 1846.

Sozomen, *The Ecclesiastical History*, translated by Chester D. Hartranft, New York: Christian Literature Publishing Co., 1890, in http://www.ccel.org/ccel/schaff/npnf202.html

Sylvester Syropoulos, *Les "Memoires" du Grand Ecclesiarche de l'Eglise de Constantinople Sylvestre Syropoulos sur le concile de Florence (1438–1439)*, trans. by V. Laurent, Rome 1971.

"The Ecclesiastical History, Dialogues and Letters of Theodoret", *Nicene and Post Nicene Fathers*, New York 1893.

Theodoret of Cyrrhus, *A History of the Church, in Five Books from AD 322 to the Death of Theodore of Mopsuestia, AD 427*, London 1843.

Theodoret, *Ecclesiastical History, Dialogues, Letters of Theodoret*, NPNF2-03, pp.3–523, general editor Philip Schaff, New York 1892.

2. 当代史

当代史是指以主要精力投入作者亲历或所在时代历史事件写作的作品。这类作品因涉及面广、信息可靠而受到后世研究者的注意,成为历史研究的主要依据。拜占庭作家非常重视这类作品的创作。

Agathias, *The Histories*, trans. by J. D. Frendo, in Corpus Fontium Historiae Byzantinae 2A, Berlin 1975; A. Cameron, "Agethias on the Sassanians", *Dumbarton Oaks Papers*, 23–24(1969), 67–183.

J.H. Brested, *Ancient Records of Egypt*, (5 Vols), New York 1962.

Constantine Manassas, *Breviarun historiae metricum*, ed. I. Bekker, Corpus Scriptores Historiae Byzantinae, Bonn 1837.

Emperors, Patriarchs and Sultans of Constantinople, trans. by M. Philippides, Brookline 1990.

Eunapios of Sardis, *The Fragmentary Classicising Historians of the Later Roman Empire: Eunapius, Olympiosorus, Priscus, and Malchus*,ed. by R. Blockley Liverpool 1981–1983.

Fragmenta Historicorum Graecorum, Vol.4, ed. by C.Müller, Paris 1851–1870.

Relationes historicas, Corpus Fontium Historiae Byzantinae, trans. by V. Lautent, Paris 1984.

Ioannis Scylizes Continuatus, ed. E. Tsolakes, Thessaloniki 1968.

John Anagostes, *Sphrantzes*, in Corpus Scriptorium Historiae Byzantinae, by I. Bekker, Bonn 1838.

John Skylitzes, *Byzanz, wieder ein Weltreich: das Zeitalter der makedonischen Dynastie*, trans. by H. Thurn, Graz 1983.

John Zonaras, *Epitome Historiarum*, ed. M. Pindar, Corpus Scriptores Historiae Byzantinae, Berlin 1841; English trans. by M. Dimaio, Missouri-Columbia 1977.

Joseph Genesios, *Byzanz am Vorabend neuer Grosse: Uberwindung des Bilderstreites und der innenpolitischen Schwache (813–886)*…Vienna 1989.

J. Kantakouzenos, *Historiarum*, ed. L. Schopen, Bonn 1828–1832; *Geschichte, Johannes Kantakuzenos ubersetzt und erlautert*, trans. by G. Fatouros and T. Krischer, Stuttgart 1982–1986.

Laonikos Chalkokondyles, *Europa in XV Jahrhundert von Byzantinern gesehen*, Graz 1954.

Leo the Deacon, *History of Leo the Deacon: Byzantine military expansion in the tenth century*, trans. by Alice-Mary Talbot, Washington, D.C. 2005.

Ammianus Marcellinus, *Res Gestae*, ed. and English translation, J.C. Rolfe, Loeb Classical Library, Cambridge, Mass., 1935–1939, 3 Vols.

Ammianus Maecellinus, *The Roman History of Ammianus Maecellinus, During the Reigns of Emperor's Constantius, Julian ,Jovianus, Valentinianm and Valens*, trans. by C. Young, London 1862.

Menander, *The History of Menander the Guardsman*, trans. by R. Blockley, Liverpool 1985.

Michael Attaliates, *Historia*, trans. by John D. Polemes, Athens: Ekdoseis Kanake 1997.

Michael Psellos, *The History of Psellus*, ed. J.B. Bury, London 1899.

Nicephorus, *Short history*, translation, and commentary by Cyril Mango, Washington, D.C.: Dumbarton Oaks, Research Library and Collection, 1990.

Niketas Choniates, *City of Byzantium, Annals of Niketas Choniates*, trans. by H. Magoulias, Detroit 1984.

Nikephoros the Younger, *Materials for a History*, trans. by Paul Gautier, Brussels 1975.

Nikephoras Gregoras, *Historia Byzantine*, ed. L. Schopen and I. Bekker, Bonn 1829–1830; *Historia Rhomaike Nikephoros Gregoras*, trans. by J. van Dieten, Stuttgart 1973.

Olympiosorus, *The Fragmentary Classicising Historians of the Later Roman Empire: Eunapius, Olympiosorus, Priscus, and Malchus*, by R.C. Blockley, Liverpool, Great Britain: F. Cairns, 1981–1983.

Patrologiae cursus completus, Series graeca, ed J.P. Migne, Paris 1857–1866.

Priscus, *The Fragmentary Classicising Historians of the Later Roman Empire: Eunapius, Olympiosorus, Priscus, and Malchus*; C. Gordon, *The Age of Attila: Fifth Century Byzantium and the Barbarians*, University of Michigan Press 1960.

Procopius, *The Wars, the Buildings, the Secret History*, trans. by H. Dewing, London, Loeb Classical Library 1914–1935.

Procopius, *History of the Wars, Secret History and Building*, trans. ed. and abridged A. Cameron, New York 1967.

Procopius, *The Secret History*, trans. by G. Williamson, Harmondsworth 1981.

Procopius, *The Secret History*, trans. by R. Atwater, N.Y. 1927.

Roman State and Christian Church: A Collection of Legal Documents to AD.535, ed., by P.R.Coleman-Norton, London 1966.

Symeon, *Politico-historical Works of Symeon, Archbishop of Thessaloniki*, by D. Balfour, Vienna 1979.

Theophanes, *Fragmenta Historicorum Greacorum*, IV, ed. C. Muller, Paris 1959.

Theophylact, *The History of Theophylact of Simocatta: An English*

Translation with Introduction and Notes, trans. by Michael. Whitby and Mary Whitby, Oxford 1986.

Geoffrey of Villehardouin, "The Conquest of Constantinople", *Chronicles of the Crusades*, by Joinville and Villehardouin; translated with an Introduction by M. R. B. Shaw. Dorset Press, 1985.

Zosimos, *The History of Count Zosimus, Sometime Advocate and Chancellor of the Roman Empire*, trans. By J. Buchanan and H. Davies, San Antonio TX 1967; trans. by R. Ridley, Canberra 1982.

Zosimus, *New History*, trans. and commentary by Ronald T. Ridley, Canberra 1982.

3. 编年史

拜占庭编年史是拜占庭历史作品的重要组成部分。虽然这类作品具有大体相似的写作格式和风格，但是一些作者还是在规范的写作中，突出了对各自所在时代历史的描写，因此，这类作品包含了大量有用的历史信息。

Brachea Chronika, ed. S. Lampros & K. Amantos, Athens 1932.

Anon, "The Chronicle of Edessa", trans. by Harris Cowper, *The Journal of Sacred Literature*, Series 4, Vol. 5 (1864), pp. 28–45.

Anon, *Chronicon Paschale 284–628 AD*, translated with notes and introduction by Michael Whitby and Mary Whitby, Liverpool 1989.

Crusaders as Conquerors: The Chronicle of Morea, trans. by H. Lurier, New York 1964.

Ephraim Ainios, *Ephraen Aenii Historia chronica*, ed. O. Lampsides, Athens 1990.

George Akropolites, *Chonike Syngraphe*, trans. by R. Macrides, Oxford ; New York : Oxford University Press, 2007.

Georgii Syncelli Ecloga Chronographica, ed. A. Mosshammer, Leipzig 1984.

George Hamartolos, *Chronicle*, ed. C. Boor, Leipzig 1905.

Joel, *Chronogrphia Compendia*, ed. I. Bekker, Corpus Scriptores Historiae Byzantinae, Bonn 1836.

John Kanonas, *Chronikon*, in Corpus Scriptorium Historiae Byzantinae, by I. Bekker, Bonn 1838.

附录一　基本参考史料

John Malalas, *The Chronicle of John Malalas*, trans. by Elizabeth Jeffreys, Michael Jeffreys, Roger Scott, et al, Melbourne 1986.

John of Nikiu, *The Chronicle of John, Bishop of Nikiou*, trans. by R. Charles, London and Oxford 1916.

Joshua the Stylite, *The Chronicle of Joshua the Stylite*, English trans. W. Wright, Cambridge 1882.

Marcellinus, *The Chronicle of Marcellinus:* a translation and commentary (with a reproduction of Mommsen's edition of the text), Sydney 1995.

Marcellinus Comes, *The Chronicle of Marcellinus*, a translation and commentary by Brian Croke, Sydney 1995.

Michael Glykas, *Annals*, ed. I. Bekker, Corpus Scriptores Historiae Byzantinae, Bonn 1836.

Michael Panaretos, *Chronicle*, ed. O. Lampsides, Athens 1958.

Michael the Syrian, *Chronique de Michel le Syrien, Patriarche Jacobite d'Antiche (1166–1199)*, trans. by Jean-Baptiste Chabot, Paris 1960 Reprint, 5 Vols.

Symeon Logothetes, *The Chronicle of Symeon Logothetes*, trans. by Stephanus Wahlgren, Berlin; Novi Eboraci: W. de Gruyter 2006.

"The Short Chronicle of Lesbos 1355–1428", *Lesbiaca* 5 (1966), 123–144.

Theodore Skoutariotes, *Chronicle*, ed. K. Sathas, Paris 1894.

Theophanes, *The Chronicle of Theophanes*, trans. by H. Turtledove, Philadelphia 1982.

Theophanes Confessor, *The Chronicle of Theophanes Confessor, Byzantine and Near Eastern History AD284–813*, Translated with Introduction and Commentary by Cyril Mango and Roger Scott, Oxford 1997.

Zachariah Scholasticus, *Vie de Severe*, edited and translated by Kugener, *Patrologia Orientalis*, Vol.II, Paris 1904, pp.5–115.

Zachariah Rhetor, *The Syriac Chronicke Known as that of Zachariah of Mitylene*, trans F.J. Hamilton and E. W. Brooks, London 1899.

4. 典章制度

拜占庭帝国是欧洲地中海历史上少有的专制皇权国家,因此其完善而庞大的官僚系统十分著名,而与之相符的各种法律、官制、规章、制度也非常完善。这些典章制度也承载着大量历史信息，成为后世研究者从事历史研究的依据。

Basil I, *The Procheiros Nomos*, trans. by E. Freshfield, Cambridge 1928.

J. B. Bury, *The Imperial Administrative System in the Nine Century*, London 1911.

Constantin VII Porphyrogenete, *Le livre des ceremonies*, texte etabli et traduit, Paris 1935–1940.

Constantino Porirogenito, *De thematibus*, introduzione, testo critico, commento, a cura di A. Pertusi.Città del Vaticano: Biblioteca apostolica vaticana, 1952.

Constantine VII, *Vom Bauernhof auf den kaiserthron: Leben des Kaisers Basileios Nikephoros,Short History, Nikephoros, Patriarch of Constantinople: text, translation, and commentary*, trans. by C. Mango, Washington, D.C. 1990.

Constantine VII, *Vom Bauernhof auf den Kaiserthron:* Leben des Kaisers Basileios I., übersetzt. eingeleitet und erklärt von Porphyrogennetos; Leopold Breyer. Graz: Styria, c1981.

Constantine VII, *De Administrando Imperio*, trans. by J. Jenkins, Washington D.C. 1967.

Corpus notitiarum episcopatuum Ecclesiae Orientalis Graecae, ed. E. Gerland, Istanbul 1931.

Farmer's Law, trans. by W. Ashburner, Journal of Hellenic Studies, 32 (1912), 87–95.

John Lydos, *On the Magistracies of the Roman People*, trans. by T. Carney, Lawrence 1971.

Joseph Genesios, *Basileiai*,ed. C. Lachmon, Corpus Scriptorum Historiae Byzantinae, Bonn 1828.

Justinian, *The Digest of Justinian*, trans. by Th. Mommsen and P. Krueger, Philadelphia 1985.

Justinian, *The Institutes of Justinian*, trans. by A. Thomas, Amsterdam 1975.

Justinian, *Corpus Jurus Civilis, Codes Justinianus*, ed. P. Krueger, Berlin 1895.

Justinian, *Corpus iuris civilis*, The Civil Law, including the Enactments of

Justinian and the Constitutions of Leo, trans. by S. Scott, Cincinnati 1932.

Justinian, *The Civil Law*, trans. by Scott, S.P., The Lawbook Exchange, Ltd.2001.

Leo III and Constantine V, *Ecloga: A Manuel of Later Roman Law*, trans. by E. Freshfield, Cambridge 1927.

Leo VI, *Basilicorum libri LX*, ed. H. Scheltrma and N. van Wal, Groningen 1988.

Leo VI, *The Book of the Eparch*, trans. by E. Freshfield, Cambridge 1938.

Λεοντος, *Βασιλικα*, Αθηνα 1910.

Notitiae dignitatum, ed. O. Seeck, Berlin 1876.

Rhodian Sea Law, trans. by E. Freshfield, Bambridge 1927.

The Notitia Dignitatem or Register of Dignites, trans. by W. Fairley, Philadelphia 1899.

Theodosios, *Codex Theodosianus: The Theodosian Code and Novels, and the Sirmondian Constitutions*, trans. by C. Pharr and T. Davdson, Princeton 1952.

I. Zepos, *Ius Graeco-Romanum*, Athens 1931.

5. 人物传记

拜占庭史料中包含了许多人物传记，从皇帝贵族到圣徒修士，各种传记浩如烟海，特别是近年来基督教教堂或修道院不断发现的修士和隐士传记受到重视。这类作品能够从具体的细节方面提供拜占庭社会史研究的史料。

Athanasius, *The Life of Antony and the Letter to Marcellinus*, trans. by Gregg, New York 1980.

Besa, *Life of Shenoute*, trans. by Bell, Kalamazoo: Cistercian Publications 1983.

The fragmentary classicising historians of the later Roman Empire: Eunapius, Olympiodorus, Priscus, and Malchus, ed., R.C.Blockley, Liverpool 1981–1983, 2 Vols.

Bohairic, *Life of Pachomius*, trans. by Veilleux, Kalamazoo: Cistercian Publications 1980.

Anon, *Byzantium, Europe and the Early Ottoman Sultans, 1373-1513: an anonymous Greek chronicle of the seventeenth century*. trans. by M. Philippides,

New Rochelle, New York 1990.

George Pachymeres, *De Michaele et Andronico Paleologus*, ed. I. Bekker, Bonn 1835;

Holy Women of Byzantium, Ten Saints' Lives in English Translation, ed. by Alice-Mary Talbot, Washington, D.C. 1996.

John of Ephesus, *Lives of the Eastern Saints*, edited and translated by Brooks, *Patrologia Orientalis* 17–19, Paris 1923–1925.

J.Kinnamos, *Deeds of John and Manuel Comnenus*, trans. by C. Brand, New York 1976.

Anna Komnene, *The Alexiad*, trans. by E. Dawes, London 1928; trans. by E. Sewter, N.Y. Penguin 1969.

The Lives of Simeon Stylites, trans. with introduction with Robert Doran, Kalamazoo 1992.

Michael Psellos, *Fourteen Byzantine Rulers*, trans. by E.R. Sewter, N.Y. Penguin 1966.

Philostratus and Eunapius, *The Lives of the Sophists*, trans. by W. Wright, Loeb Classical Library, London 1922.

P. Scaff, *A Select Library of Fathers of the Christian Church*, in http://www.ccel.org/ccel/schaff/npnf202.html.

Sozomenos,*The World of the Emperor Julian*, trans. by W. Wright, London 1913–1923.

Three Byzantine Saints: Contemporary Biographies translated from the Greek, trans., Elizabeth Dawes and Norman H. Baynes, Crestwood 1977.

Three Byzantine Saints, trans. by Dawes and Baynes, Stvladimir's Seminary Press 1977.

6. 书信札记

拜占庭社会具有良好的文化传统,其知识分子大多受过良好的系统的贵族教育,因此通信频繁,乐于札记,留下了大量书信,以及各种文体的札记。这类作品的史料价值一直受到后世研究者的重视,因为其承载的历史信息比较可靠。

Ambrose, *Selected Works and Letters*, *NPNF2–10*, general editor Philip

Schaff, Edinburgh rep. 1988.

Ambrose, *The Letters of S. Ambrose, Bishop of Milan*, Translated with notes and indices by James Parker and Co., Oxford 1881.

Athanasius, *Select Works and Letters*, *NPNF2-08*, edit by Philip Schaff, New York 1892.

"An Important Short Chronicle of the Fourteenth Century", Byzantine, 13 (1938), 335–362.

Basil the Great, *Letters and Select Works*, *NPNF2-10*, general editor Philip Schaff, Edinburgh 1895.

F.C. Conybeare, "Anecdota monophysitarum: the Correspondence of Peter Mongus, Patriarch of Alexandria, and Acacius, Patriach of Constantinople, Together with the Henoticon of the Emperor Zeno and the Rescript of the Emperor Anastasius, Now First Translated from the Old Armenian Texts", American Journal of Theology 9 (1905), pp.719–740.

Cosmas, *The Christian Topography of Cosmas Indicopleustes*, Cambridge 1909.

Doukas, *Decline and Fall of Byzantium to the Ottoman Turks*, trans. by H. Magoulias, Detroit 1975.

Eustathios of Thessalonika, *The Capture of Thessaloniki*, trans. by J. Melville-Jones, Canberra 1988.

R. O. Faulkner, *The Ancient Egyptian Coffin Texts*, Warminster 1973.

R. O. Faulkner, *Book of the Dead*, New York 1972.

I. Gallo, *Greek and Latin Papyrology*, trans. by Falivence and March, University of London 1986.

George Sphrantzes, *The Fall of the Byzantine Empire*, trans. by M. Philippides, Amherst 1980.

Gregory of Nazianzen, *Select Orations, Sermons, Letters; Dogmatic Treatises*, *NPNF2-07*, pp.299–709, general editor Philip Schaff, New York 1893.

Gunther of Pairis, *The Capture of Constantinople: the Hystoria Constantinopolitana of Gunther of Pairis*, ed. and trans. Alfred J. Andrea. University of Pennsylvania Press, 1997.

Julian, *The Works of the Emperor Julian*, trans.by W.C. Wright, Harvard Univ.

Press 1996.

Leo the Great, *Letters and Sermons of Leo the Great*, *NPNF2-12*, pp.2-337, general editor Philip Schaff, Edinburgh rep. 1988.

Leontios Makhairos, *Recital Concerning the Sweet Land of Cyprus*, trans. by R. Dawkins, Oxford 1932.

M. Lichtheim, *Ancient Egyptian Literature* (3 Vols), California 1974.

Nestorius, *The bazaar of Heracleides*, translated from the Syriac and edited with an introduction, notes & appendices by G. R. Driver and Leonard Hodgson, Oxford 1925.

Nestorius, *2nd and 3rd letters to Pope Celestine*, http://www.tertullian.org/fathers/

Scriptores post Theophanem, ed. I. Bekker, Corpus Scriptores Historiae Byzantinae, Berlin 1838.

Select Papyri, ed. by Hunt and Edgar, The Loeb Classical Library. Harvard University Press 1988-1995.

Severus of Antioch, *A collection of letters from numerous Syriac manuscripts*, Edited and translated by E.W. Brooks, London 1915.

Theodoret, Jerome, Gennadius,& Rufinus: *Historical Writings*, edit. by Schaff, P., New York: Christian Literature Publishing Co., 1892. In: http://www.ccel.org/ccel/schaff/npnf203.html.

附录二 重要参考书目

按照如下方式排列参考书目并非常见,但有利于初学者阅读查考方便。参考者在使用中需要注意的是,按类划分书目带有排列者对书籍性质的主观判断,不一定贴切,因此仅供参考而已。

1. 通史、断代史

H. Ahrweiler, *Byzance et la mer: La marine de guerre, la politique et les institutions maritimes de Byzance aux VIIe–Xve*, Paris 1966.

Κονσταντινε Αμαντος, *Ιστορια του Βυζαντινου Κρατους*, Αθημα 1939–1947.

M. Angold, *The Byzantine Empire, 1025–1204: A Political History*, London 1997.

N. H. Baynes and H. Moss (eds.), *Byzantium. An Introduction to East Roman Civilization*, Oxford 1948.

H. G. Beck, *Geschichte der byzantinischen Volksliteratur*, Munich 1971.

S. Borsari, *Venezia e Bisanzio nel XII secolo*, Venice 1988.

L. Brehier, *Vie ed mort de Byzance*, Paris 1946, Oxford 1977.

L. Brehier, *Les institutions de l'Empire byzantin*, Paris 1946.

R. Browning, *The Byzantine Empire*, London 1980.

R. Byron,*The Byzantine Achievement: An Historical Perspective*, London 1929.

J. B. Bury, *History of the Later Roman Empire*, London 1923.

J. B. Bury, *History of the Later Roman Empire*, Amsterdam: Adolf M. Hakkert 1966.

J. B. Bury, *The Constitution of the Later Roman Empire*, Cambridge 1910.

The Cambridge Medieval History, ed. by J. M. Hussey, Cambridge 1978.

A. Cameron, *The Later Roman Empire*, London 1993.

A. Cameron, *The Mediterranean World in Late Antiquity AD 395–600*, London and New York: Routledge, 1993.

A. Cameron, *The Byzantines*, Malden, MA: Blackwell Pub. 2006.

G. Cavallo, *The Byzantines*, Chicago Univ. Press, 1997.

A. Christophilopoulou, *Byzantine History*, trans. by W. W. Phelps, Amsterdam: Adolf Hakkert Publisher, 1986.

P. Collinet, *L'ecole de droit de Beyrouth*, Paris 1925.

R. Collins, *Early Medieval Europe*, London 1991.

Pierre Daru, *Histore de la République de Venise*, 1st ed. 1819; 4th ed. Paris, 1853.

Ch. Diehl, *Byzantine. Grandeur et decadence*, Paris 1920, translated from the French by Naomi Walford, New Jersey: Rutgers University Press, 1957.

Ch. Diehl, *Histoire de l'empire byzantin*, Paris 1930.

G. Downey, *A History of Antioch in Syria*, Princeton 1961.

J. Fine, *The Early Medieval Balkans: A Critical Survey from the Late Sixth to the Late Twelfth Century*, Ann Arbor 1983.

S. Franklin and J. Shepard, *The Emergence of Rus, 750–1200*, London 1996.

D. J. Geanakoplos, *Byzantium. Church, Society and Civilization Seen through Contemporary Eyes*, Chicago-London 1984.

Edward Gibbon, *The History of the Decline and Fall of the Roman Empire*, London 1905–1906.

C. Gordon, *The Age of Attila: Fifth Century Byzantium and the Barbarians*, University of Michigan Press 1960.

V. Grumel, *La Chronologie*, Paris 1958.

George Finlay, *A History of Greece from the Conquest to the Present Time*, London 1877.

W. Hahn, *Moneta Imperii Byzantini, Rekonstruktion des Prageaufbaues auf Synoptisch-tabellarischer Grundlage*, Wien: Verlag der Osterreichischen Akademie der Wissenschaften, 1973.

J.F. Haldon, *Byzantium in the Seventh Century*, Cambridge 1990.

Carlton Hayes and Frederick Clark, *Medieval and Early Modern Times*, N. Y. 1966.

G. F. Hertzberg, *Geschichte der Byzantiner und des Osmanischen reiches bis gegen ende des 16. Jahrhunderts*, Berlin 1883.

Karl Hopf, *Geschichte Griechenlands vom Beginne des Mittelalters bis auf die neuere Zeit*, Leipizig 1867.

C. Imber, *The Ottoman Empire, 1300–1481*, Istanbul 1990.

N. Iorga, *Histoire de la vie byzantine, empire et civilisation*, Bucarest, Édition de l'auteur, 1934.

A.H.M. Jones, *The Later Roman Empire (284–602)*, Oxford 1964.

A.H.M. Jones, *The Later Roman Empire 284–602: A Social, Economic, and Administrative Survey*, Oxford: Basil Blackwell, 1964.

I. Karagiannoulos, *Το Βυζαντινον Κρατος*, Θεσσαλονικη 1983.

I. Karagiannoulos, *Ιστορια Βυζαντινου Κρατους*, Θεσσαλονικη 1992.

A. P. Kazdan, *The History of the Byzantines*, N. Y. 1985.

A. P. Kazdan, *People and Power in Byzantium: an introduction to the Modern Byzantine Studies*, Washington D.C.: Dumbarton Oaks 1991.

Heinrich Kretschmayr, *Geschichte von Venedig*, Gotha: Neudruck, 1905.

S. Lampros, *Ιστορια της Ελλαδος μετ εικονων απο των αρχαιοτατωνχρονων μεχρι της Κωνσταντινουπολεως*, Athens 1886, 1908.

A. Lanb, *L'Empire grec au dixième siècle*, Paris 1870.

Mas Latrie, *Histoire de l'île de Chypre sous le règne des princes de la maison de Lusignan*, 3 Vols. Paris, 1852–1861.

P. Lemerle, *Histoire du Byzance*, Paris 1948.

P. Lemerle, *Cinq etudes sur le XIe siècle byzantin*. Paris, 1977.

R. J. Lilie, *Handel und Polotok zwischen dem byzantinischen Reich und den italienischen Kommunen Venedig Pisa und Genua in der Epoche der Komnenen und der Angeloi*, Amsterdam 1984.

Jack Lindsay, *Byzantium into Europe*, p. 11. White, Jr. Lynn, "The Byzantinization of Sicily", *The American Historical Review*, Vol. 42, No. 1, 1936.

Zacharia von Lingenthal, *Geschichte des griechish-romischen Rechts*, Berlin 1892.

F. Malngkoudhs, *Οι Σλαβοι στην Μεσαιωνικη Ελλαδα*, Αθηνα 1988.

B. Mango, *Byzantium: The Empire of New Rome*, London 1980.

B. N. Neranth-Barmazh, *Το Βυζαντιο και η Δυση (1354–1369)*, Θεσσαλονικη 1982.

B. M. Nicol, *The Last Centuries of Byzantium, 1261–1453*, London 1972, Cambridge 1993.

B. M. Nicol, *Studies in Later Byzantine History and Prosopography*, Cambridge 1985.

John Julius Norwich, *A History of Venice.* Vintage Books, 1989.

C. W. Oman, *The Byzantine Empire*, London 1892.

G. Ostrogorsky, *History of the Byzantine State*, tr. J. Hussey, Oxford 1956, 1968.

Παπαρριγοπουλος, *Ιστορια του Ελληνικου εθνους απο των αρχαιοτατων χρονων μεχρι των νεωτερων*, Αθηνα 1860–1877.

Paparrigopoulos, *Histoire de la civilisation hellenique*, Paris 1878.

Robert of Clari, *The Conquest of Constantinople*, translated from the old French by Edgar Holmes McNeal. New York: Columbia University Press, 1936.

David Rohrbacher, *The Historians of Late Antiquity*, London; New York: Routledge, 2002.

B. Roth, *Geschichte des Byzantinischen Reiches*, Leipzig 1904.

S. Runciman, *The Fall of Constantinople*, Cambridge 1965.

G. Schlumberger, *Epopee byzantine*, Paris 1911.

P. Schreiner, *Byanz*, Munich 1986.

L. S. Stavrianos, *A Global History: The World to 1500*, London 1970.

A. Stein, *Preliminary Report on a Journey of Archaeological and Topographical Exploration in Chinese Turkestan*, London: Eyre and Spottiswoode, 1901.

E. Stein, *Geschichte des spatromischen Reiches*, Vienna 1928.

E. Stein, *Der Beginn des byzantinischen Bilderstreites und seine Entwicklung*, Munchen 1980.

E. Stein, *Histoire du Bas-Empire*, Paris 1949.

A. Stratos, *Byzantium in the Seventh Century*, 5 Vols, Amsterdam 1968–1980.

W.T. Treadgold, *The Byzantine Revival, 780–842*, Stanford 1988.

W.T. Treadgold, *A History of the Byzantine State and Scoiety*, Stanford 1997.

A.A. Vasiliev, *History of the Byzantine Empire*, Wisconsin 1958.

Voltaire, *Le pyrrhonisme de l'histoire*, Paris 1930.

S. Vryonis, *The Decline of Hellenism in Asia Minor and the Process of Islamization from the Eleventh through the Fifteenth Century*, Berkeley and Los Angeles 1971.

R.L. Wolff, *Studies in the Latin Empire of Constantinople*, London 1976.

Αικ. Χριστοφιλοπουλου, *Βυζαντινη Ιστορια*, Αθηνα 1988.

Αικ. Χριστοφυλοπουλου, Η Συγκλετος στο Βυζαντινον Κρατος, Αθηνα 1949.

奥斯特洛格尔斯基著，陈志强译：《拜占庭帝国》，青海人民出版社2006年版。

伯恩斯等著，罗经国等译：《世界文明史》，商务印书馆1955年版。

雅各布·布克哈特著，宋立宏等译，宋立宏审校：《君士坦丁大帝时代》，上海三联书店2006年版。

陈志强：《君士坦丁堡陷落记》，广东人民出版社1996年版。

陈志强：《拜占庭帝国史》，商务印书馆2003年、2006年版。

陈志强：《巴尔干古代史》，中华书局2007年版。

吉本著，黄宜思和黄雨石译：《罗马帝国衰亡史》，商务印书馆1997年版。

爱德华·吉本著，席代岳译：《罗马帝国衰亡史》，吉林出版集团有限责任公司2008年版。

哈全安：《中东史 610—2000》，天津人民出版社2010年版。

海斯、穆恩、韦兰著：《世界史》，三联书店1975年版。

列夫臣柯：《拜占庭》，三联书店1962年版。

马克垚主编：《世界历史（中古部分）》，北京大学出版社1994年版。

莫赫塔尔主编：《非洲通史》，北京1985年版。

苏联科学院：《世界通史》，北京1961年中文版。

汤普逊著，耿淡如译：《中世纪经济社会史》，商务印书馆1984年版。

汤普逊著，徐家玲等译：《中世纪晚期欧洲经济社会史》，商务印书馆1992年版。

汤因比：《一个历史学家的宗教观》，牛津大学出版社1979年版。

沃伦·特里高德著，崔艳红译：《拜占庭简史》，上海人民出版社2008年版。

王晓朝：《罗马帝国文化转型论》，社会科学文献出版社2002年版。

韦尔斯:《世界史纲》,北京1982年版。

吴于廑、齐世荣主编:《世界史》,高等教育出版社1996年版。

杨人楩:《非洲通史简编》,人民出版社1984年版。

希提著,马坚译:《阿拉伯通史》,商务印书馆1995年版。

徐家玲:《早期拜占庭和查士丁尼时代研究》,东北师范大学出版社1998年版。

徐家玲:《拜占庭文明》,山西教育出版社2001年版。

徐家玲:《拜占庭文明》,人民出版社2006年版。

叶民:《最后的古典:阿米安和他笔下的晚期罗马帝国》,天津人民出版社2004年版。

朱寰主编:《世界中古史》,吉林人民出版社1981年版。

2. 政治、军事和外交

Alfred J. Andrea, *Contemporary Sources for the Fourth Crusade*. Leiden; Boston; Köln: Brill, 2000. http://faculty.washington.edu/dwaugh/rus/texts/MF1914.pdf.

M. Angold, *A Byzantine Government in Exile: Government and Society under the Laskarids of Nicaea (1204–1261)*, Oxford 1975.

M. Angold, *The Byzantine Aristocracy IX to XIII Centuries*, Oxford: BAR International Series, 1984.

Michael Angold, *The Fourth Crusade: Event and Context.* Harlow: Pearson/Longman, 2003.

Anon, "Devastatio Constantinopolitana", *Contemporary Sources for the Fourth Crusade*, ed. and trans. Alfred J. Andrea. Leiden; Boston; Köln: Brill, 2000.

A. Arnakys, *The Early History of the Ottomans*, Athens 1947.

P. Aube, *Les Empires nomands d'Orient, XI–XIIIe siecle*, Paris 1983.

M.T.W. Arnheim, *The Senatorial Aristocracy in the Later Roman Empire*, Oxford 1972.

W. B. Bartlett, *An Ungodly War: The Sack of Constantinople and the Fourth Crusade.* Stroud, Gloucestershire: Sutton Publishing Limited, 2000.

M. Bartusis, *The Late Byzantine Army: Arms and Society, 1204–1453*,

Philadelphia 1992.

J. Birkenmeier, *The Development of the Komnenian Army: 1081–1180*, Boston: Brill, 2002.

A.E.R. Boak, J.E. Dunlop, *Two Studies in Later Roman and Byzantine Administration*, N. Y. 1924.

C. M. Brand, *Byzantium Confronts the West,1180–1204*. Cambridge, Mass., 1968.

R.Browning, *Byzantium and Bulgatia*, Berkeley 1975.

J. B. Bury, *The Imperial Administrative System in the Nine Century*, N. Y. 1911.

C. Cahen, *The Formation of Turkey: The Seljukid Sultanate of Rum, Eleventh to Fourteenth Century*, tr. and ed. P. M. Holt, Harlow 2001.

Glenn F. Chesnut, *The First Christian Histories: Eusebius, Socrates, Sozomen, Theodoret, and Evagrius*, Macon: Mercer Universtiy Press, 1986.

M. Clauss, *Des magistor officiorum in der Spatantike*, Munich 1980.

F. Dolger, *Das Kaiserjahr der Byzantiner*, Munich 1949.

J.A.S. Evans, *The Age of Justinian: The Circumstances of Imperial Power*, London 1996.

F. Gabrieli, *Arag Historians of the Crusades*, London 1984.

D. J. Geanakoplos, *Constantinople and the West. Essays on the Late Byzantine (Palaeologan) and Italian Renaissances and the Byzantine and Roman Churches*, Medina 1989.

Maria Georgopoulou, *Late Medieval Crete and Venice: An Appropriation of Byzantine Heritage. In Art Bulletin*, Sep. 1995, and Vol. 77.

J. Gill, *Byzantium and the Papacy, 1198–1400*, New Brunswick, N.J. 1979.

John Godfrey, *1204, The Unholy Crusade*. Oxford University Press, 1980.

A. Guillou, *Regionalisme et independance dans l'Empire byzantin au VIIe siecle*, Roma 1969.

Gunther of Pairis, *The Capture of Constantinople: the Hystoria Constantinopolitana of Gunther of Pairis*, ed. and trans. Alfred J. Andrea. University of Pennsylvania Press, 1997.

Tony Hackens, *Le Monnayage byzantin : émission, usage, message*, Louvain-la-Neuve: Séminaire de numismatique Marcel Hoc, Collège Erasme, 1984.

J. F. Haldon, *Byzantine Praetorians. An administrative, institutional and social survey of the Opsikion and Tagnata*, Bonn 1984.

J.F. Haldon, *Warfare, State and Society in the Byzantine World, 565–1204*, London 1999.

Jonathan Harris, *Byzantium and the Crusades*. Hambledon and London, 2003.

J.H.Humphrey, *The Archaeology of Vandal and Byzantine Carthage, New Light of Ancient Carthage*, ed. J. Pedley, Annapolis 1980.

H. Hunger ed., *Das Byzantinische Herrscherbild*, Darmstadt 1975.

W. Kaegi, *Byzantine Military Unrest, 471–843: An Interpretation*, Amsterdam 1981.

I. E. Karayannopoulos, *Les Slaves en Macedoine*, Athens 1989.

A. P. Kazdan and A. Cutler, "Continuity and Discontinuity in Byzantine History", *Byzantine* 52 (1982), 429–478.

B. Z. Kedar, *Crusade and Mission: European Approaches toward the Muslims*, Princeton 1984.

Th. K. Korres, *Ugron pur, Ενα οπλο της Βυζαντινης ναυτικης τακτικης*, Θεσσαλονικη 1985.

A. Laiou, *Constantionople and the Latins: The Foreign Policy of Andronikos I KomnenosI, 1282–1328*, Cambridge, Mass 1972.

A. Laiou and D. Simon(eds.), *Law and Society in Byzantium: Ninth–Twelfth Centuries*, Washington D.C. 1994.

J.H.W.C. Liebeschuetz, *Antioch: City and Imperial Administration in the Later Roman Empire*, Oxford 1972.

J.H.W.C. Liebeschuetz, *The Decline and Fall of Roman City*, Oxford 2001.

P. Lock, *The Franks in the Aegean, 1204–1500*, London and New York 1995.

A. Maalouf, *The Crusades through Arab Eyes*, London 1984.

I. J. Maksimovic, *The Byzantine Provincial Administration*, Amsterdam 1988.

J. Meyendorff, *Byzantium and the Rise of Russia. A Study of Byzantine-Russian Relations in the Fourteenth Century*, Cambridge 1981.

J.P. Migne , *Patrologiae cursus completus, Series graeca*,Paris 1857–1866.

Montesquieu, *Considerations sur les causes de la grandeur des Romains et de leur decadence*, New York 1882.

B. M. Nicol, *Byzantium and Venice. A Study in Diplomztic and Cultural Relations*, Cambridge 1988.

W. Norden, *Das Papsttum und Byzanz*, Berlin 1903.

D. Obolensky, *Byzantium and the Slavs*, New York 1994.

D. Obolensky, *The Byzantine Commonwealth: Eastern Europe, 500–1453*, London 1971.

C.W.Oman, *The History of the Art of War*, London 1898.

C.W.Oman, *A History of the Art of War in the Middle Ages*, London 1924.

N. Oikonomides, "The Etymology of Theme", *Byzantine* 1975, XVI.

J.R. Partington, *History of Greek Fire and Gunpowder*, Cambridge 1960.

Edwin Pears, *The Fall of Constantinople: Being the Story of the Fourth Crusade.* London, 1885.

J. Phillips, *The Fourth Crusade and the Sack of Constantinople*, London: Jonathan Cape, 2004.

B. Prawer, *Crusader Indtitutions*, New York 1980.

Donald E. Queller and Thomas F. Madden, *The Fourth Crusade: the conquest of Constantinople*, University of Pennsylvania Press, 1997.

J. Riley, *The First Crusade and the Idea of Crusading*, London 1986.

S. Runciman, *A History of the Crusades*, Cambridge 1951.

S. Runciman, *A History of the First Bulgarian Empire*, London 1930.

S. Runciman, "Byzantium and the Crusades", *The Meeting of two Worlds*, edited by Vladimir P. Goss. Medieval Institute Publications, 1986.

Shahid, *Byzantium and the Arabs in the Fourth Century*, Washington D.C. 1984, 1995.

J. Shereshevski, *Byzantine Urban Settlements in the Negev Desert*, Beer-Sheva 1991.

E. Siberry, *Criticism of Crusading*, Oxford 1985.

L. Simeonova, *Diplomacy of the Letter and the Cross: Photios, Bulgaria and the Papacy, 860's–880's*, Amsterdam 1998.

G. C. Soulis, *The Serbs and Byzantium during the Reigh of Tsar Stephen Dusan (1331–1355) and his Successors*, Washington D.C. 1984, 1985.

P. Stephenson, *Byzantium's Balkan Frontier: A Political Study of the Northern Balkans, 900–1204*, Cambridge 2000.

Ludwig Streit, *Venedig und die Wendung des vierten Kreuzzugs gegen Konstantinopel*, Anklam: Richard Poettcke, 1877.

Jules Tessier, *La quatrième croisade: La diversion sur Zara et Constantinople*, Paris: E. Leroux, 1884.

W.T. Treadgold, *Byzantum and its Army*, 284–1081, Stanford 1995.

S. Vryonis, *Byzantine Imperial Authority*, Paris 1982.

E. A. Zachariadou, *Trade and Crusade, Venetian Crete and the Emirates of Menteshe and Aydin (1300–1415)*, Venedig 1983.

陈志强：《拜占庭职官考辨》，载《西学研究》，商务印书馆2002年版。

陈志强：《拜占庭皇帝继承制度特点研究》，载《中国社会科学》1999年第1期。

崔艳红：《古战争》，时事出版社2007年版。

盖尤斯著，黄风译：《法学阶梯》，中国政法大学出版社1996年版。

林英：《唐代拂菻丛说》，中华书局2006年版。

彭梵得著，黄风译：《罗马法教科书》，中国政法大学出版社1998年版。

沃森著，李静兵等译：《民法法系的演变及形成》，中国政法大学出版社1997年版。

朱塞佩著，黄风译：《罗马法史》，中国政法大学出版社1998年版。

张绪山：《从中国到拜占庭》，雅典1998年版。

周枬：《罗马法原论》，商务印书馆1996年版。

3. 经济、技术

M. Bejannins, *Studies of History of Ancient Roman Economy and Administration*, Oxford 1974.

A.R. Bellinger, *Catalogue of the Byzantine Coins in Dumbarton Oaks Collection and in the Whittemore Collection*, Washington 1966.

P.R. Brown, *The World of Late Antiquity(AD150–750)*, London: Thames and Hudson Ltd. 1971.

Cambridge History of European Economy, Cambridge 1952.

P. Charanis, *Social Economic and Political Life in the Byzantine Empire*,

Collected Studies, London 1973.

P. Charanis, *Studies in the Demography of the Byzantine Empire*, London 1972.

R. Chevallier, *Roman Roads*, Los Angeles 1976.

P. Crone, *Meccan Trade and the Rise of Islam*, Oxford 1987.

A. Cutler, *The Hand of the Master: Craftsmanship, Ivory and Society in Byzantium (9th–11th Centuries*, Princeton 1994.

J. M. Fagerlie, *Later Roman and Byzantine Solidi Found in Sweden and Denmark*, New York: the American Numismatic Society, 1967.

C. Foss, *Byzantine and Turkish Sardis*, Cambridge, Mass 1976.

C. Foss, *Cities, Fortresses and Villages of Byzantine Asia Minor*, Aldershot 1996.

N. Goodacre, *Handbook of the Coinage of the Byzantine Empire*, London, Spink and Son Ltd., 1957.

M. Γρηγοριου-Ιωαννιδου, *Στρατολογια και εγγεια στρατιωτικη ιδιοκτησια στο Βυζαντιο*, Θεσσαλονικη 1989.

P. Grierson and M. Mays, *Catalogue of the late Roman Coins in Dumbarton Oaks Collection and in the Whittemore Collection*, Washington D.C., 1992.

A. Harvey, *Economic Expansion in the Byzantine Empire 900–1200*, Cambridge 1989, 1990.

M. F. Hendy, *Studies in the Byzantine Monetary Economy*, Cambridge 1985.

W. Hummel, *Katalog der byzantinischen*, Munich 1982.

Book 7 of the Collection, ed. A. Jomes，N. Y. 1986.

A.H.M. Jones, *Cities of the Eastern Roman Empire*, London 1971.

Sibyll Kindlimann, *Die Eroberung von Konstantinopel als politische Forderung des Westens im Hochmittelalter*. Zurich: Fretz and Wasmuth, 1969.

A. Laiou, *The Economic History of Byzantium: From the Severth through the Fifteenth Century*, 3 Vols. Washington D.C. 2002.

A. Laiou, *Peasant Society in the Late Byzantine Empire: A Social and Demographic Study*, Princeton, N.J. 1977.

P. Lemerle, *The Agrarian History of Byzantium*, Galway University Press 1979.

R.S. Lopes, *The Byzantine Economy in the Early Middle Ages*, London 1978.

M. McCormick, *Origins of the European Economy: Communications and Commerce, AD 300-900*, Cambridge 2001.

G. P. Mojeska, *Russian Travelers to Constantinople in the Fourteenth Dentury*, Washington 1984.

Cecile Morrisson, *Catalogue des monnaies byzantine de la Bibliotheque Nationale(491-1204)*, Paris 1970.

G.Ostrogorsky, *Quelques problemes d'histoire de la paysannerie byzantine*, Bruxelles 1956.

R. D. Qeocarhs, *Αρχαια και Βυζαντινη Οικονομικη Ιστορια*, Αθηνα 1983.

D. R. Sear, *Byzantine Coins and Their Values*, London: Seaby Audley House, 1974.

I. Tolstoj, *Vizantijskie monety*, Amsterdam 1968.

W. T. Treadgold, *The Byzantine State Finances in the Eighth and Ninth Centuries*, N.Y. 1982.

D. L. Vagi, *Coinage and History of the Roman Empire, c. 82 B.C. -A.D. 480*, Chicago: Fitzroy Dearborn Publishers, 1999.

W. Wroth, *Catalogue of the Imperial Byzantine Coins in the British Museum*, London 1908.

布瓦松纳著,潘源来译:《中世纪欧洲生活和劳动(五至十五世纪)》,商务印书馆1985年版。

陈志强:《拜占庭军区制和农兵》,《历史研究》1996年第5期。

罗斯托夫采夫著,马雍等译:《罗马帝国社会经济史》,商务印书馆1985年版。

厉以宁:《罗马拜占庭经济史》,商务印书馆2006年版。

李铁生编著:《古希腊罗马币鉴赏》,北京出版社2001年版。

林英:《金钱之旅——从君士坦丁堡到长安》,人民美术出版社2004年版。

马克垚:《西欧封建经济形态研究》,人民出版社1985年版。

朱寰主编:《亚欧封建经济形态比较研究》,东北师范大学出版1996年版。

4. 宗教文化

A. Αγχιοριτης, *Holy Mountain*, Thessaloniki 1981.

Aggelopoulos, *Εκκλησιαστικη Ιστορια*, Θεσσαλονικη 1987.

附录二　重要参考书目

P.J. Alexander, *The Patriarch Nicephorus of Constantinople*, Oxford 1958.

Alice-Mary Talbot ed., *Byzantine Defenders of Images——Eight Saints' Lives in English Translation*, Edited by Dambarton Oaks Research Library and Collection ,Washington, D.C., 1998.

M. Angold, *Church and Society in Byzantium Under Comneni, 1081–1261*, Cambridge: Cambridge University Press, 1995.

A. Andreades, Ιστορια της ελληνικης δημοσιας οικονομιας, Αθηνα 1918.

L. Brehier, *La civilisation byzantine*, Paris 1946.

P.R. Brown, *Society and the Holy in Late Antiquity*, London 1982.

A. Bryer and J. Herrin (eds.), *Iconoclasm*, Birmingham 1977.

H. Buchthal, *Miniature Painting in the Latin Kingdom of Jerusalem*, Oxford 1957.

Chrysostomos, *Jung and the Mystical Theology of the Eastern Orthodox Church: comments on common ground. In Pastoral Psychology*, Sum. 1990, and Vol. 38.

C.N. Cochrane, *Christianity and Classical Culture*, A Galaxy Book 1957.

O. Demus, *Byzantine Art and the West*, New York 1970.

F. Dvornik, *Byzantine Missions among the Slavs*, New Brunswick, N.J. 1970.

F. Dolger, *Harmenoplos und der Nomos Georgikos*, Thessaloniki 1951.

F. Dvornik, *Byzantine Missions among the Slavs*, New Jersey 1970.

F. Dvornik, *Early Christian and Byzantine Political Philosophy*, 2 Vols, Washington D.C.,1966.

S.B. Fletcher, *A History of Architecture*, London 1975.

R. Lane Fox, *Pagans and Christians*, London 1986.

E. Fryde, *The Early Palaeologan Renaissance (1261–1360)*, Leiden 2000.

Deno John Geanakoplos, *Medieval Western Civilization and the Byzantine and Islamic Worlds: Interaction of Three Cultures*, Lexington, Mass.: D. C. Heath, 1979.

S. Gero, *Byzantine Iconoclasm during the Reign of Leo III with Particular Attention to the Oriental Sources*, Louvain 1973.

S. Gero, *Byzantine Iconoclasm during the Reign of Constantine V with Particular Attention to the Oriental Sources*, Louvain 1977.

A. Guillou, *La civilisation byzantine*, Paris 1974.

H.M. Gwatkin, *Studies of Arianism*, Cambridge 1900.

K. J. Hefele, *A History of the Councils of the Church*, London 1896.

S. Houston, *Orthodox Rekindle Evangelistic Heritage*. In *Christianity Today*, Oct. 1997, and Vol. 41.

J. Howard-Johnston and P. Hayward (eds.), *The Cult of Saints in Late Antiquity and the Early Middle Ages*, Oxford 1999.

J. M. Hussey, *The Orthodox Church in the Byzantine Empire*, Oxford 1986.

J. Johnston, and Hayward, ed., *The Cult of Saints in Late Antiquity and the Middle Ages*, Oxford University Press 1999.

A.H.M. Jones, *Constantine and the Conversion of Europe*, London 1948.

I. Karagiannopoulos, *Η Πολιτικη Θεωρια των Βυζαντινων*, Θεσσαλονικη 1988.

G.A. Kennedy, *Greek Rhetoric under Christian Emperors*, Princeton 1983.

R. R. khawam, *L'univers culturel des chretiens d'Orient*, Paris 1987.

N.Q. King, *The Emperor Theodosius and the Establishment of Christianity*, Westminster Press 1960.

J.S. Kortes, *Church and State in Russia*, N. Y. 1940.

Paul Oskar Kristeller, *Renaissance Thought and Its Sources*, New York: Columbia University Press, 1979.

K. Krumbacher, *Geschichte der byzantinischen Litteratur von Justinian bis zum ende des ostromischen reiches*, Munich 1891, Athens 1974.

J.H.W.C. Liebeschuetz, *Continuity and Change in Roman Religion*, London 1979.

Zacharia von Lingenthal, *Historiae jus graeco-romanum*, Leipzig 1856–1884.

Zacharia von Lingenthal, *Historiae juris griechish-romischen delineatio*, Heidelberg 1839.

F. Loofs, *Nestorius and his Place in the History of Christian Doctrine*, New York 1914.

L. Mackinney, *Medical Illustrations in Medieval Manuscripts*, Los Angeles 1965.

R. MacMullen, *Christianzing the Roman Empire*, New Haven 1984.

R. MacMullen, *Christianity and Paganism in the Fourth to Eighth Centuries*, New Haven and London: Yale University Press 1997.

H. Maguire, *Byzantine Court Culture from 829 to 1204*. London, 1997.

C.Mango, *Byzantium and its Image*, London 1984.

C.Mango (ed.), *The Oxford History of Byzantium*, Oxford 2002.

N. P. Matshs, *Βυζαντινον δικαιον*, Αθηνα 1983.

R. McKitterick (ed.), *Carolingian Culture: Emulation and Innovation*, Cambridge 1994.

A. Moffatt, *Classical, Byzantine and Renaissance Studies*, Canberra 1984.

A. Momigliano (ed.), *The Conflict between Paganism and Christianity in the Fourth Century*, Oxford 1963.

John Monfasani, *Byzantine Scholars in Renaissance Italy*, Hampshire & Vermont: Ashgate Publishing Company, 1995.

J.M. Mussey, *The Orthodox Church in the Byzantine Empire*, Oxford 1986.

D.M. Nicol, *Church and Society in the Last Century of Byzantium*, Cambridge 1979, 1993.

Walter Norden, *Der Vierte Kreuzzug im Rahmen der Beziehungen des Abendlandes zu Byzanz*. Berlin: E. Beck, 1898.

P.J. Nordhagen, *Mosaics from Antiquity to the Middle Ages*, London 1966.

D. Obolensky, *The Bogomils*, Cambridge 1948.

E. Peterson, *Der Monotheismus als politisches Problem*, Leipzig 1939.

H. Pohlsander, "Crispus: Brilliant Career and Tragic End", *History*, 33(1984), pp.79-106.

Joseph Raya, *Byzantine Church and Culture*. Alleluia Press, 1992.

L.D. Reynolds and N.G. Wilson, *Scribes and Scholars: A Guide to the Transmission of Greek and Latin Literature*, Oxford 1991.

D.T. Rice, *Art of the Byzantine Era*, London 1963.

T. Rice, *Everyday Life in Byzantium*, London 1967.

B. Richards, *The Popes and the Papacy in the Early Middle Ages*, London 1979.

K.M. Ringrose, *Saints, Holy Men and Byzantine Society, 726 to 843*, Rutgers

University ,The State University of New Jersey, Ph.D., 1976.

B. Roth，*Sozial und Kulturgeschichte des Byzantinischen Reiches*，Berlin 1913.

S. Runciman, *Byzantine Civilization*,London 1933, 1959.

S. Runciman, *The Medieval Manichee*, Cambridge 1955.

S. Runciman, *The Last Byzantine Renaissance*, Cambridge 1970.

S. Runciman, *The Byzantine Theocracy*, Cambridge University Press, 1977.

S. Runciman, *The Eastern Schism*, Cambridge, 1955.

John Edwin Sandys, *A History of Classical Scholarship*, Bristol: Thoemmes Press, 1998.

F. Schulz, *History of Roman Legal Science*, Oxford 1953.

I. Sevcenko, *Society and Intellectual Life in Late Byzantium*, London 1981.

M. Sordi, *The Christians and the Roman Empire*, London 1983.

A. Σταυριδου-Ζαφρακα, *Η Συναντηση Συμεον και Νικοαου Μυστικου*, *Θεσσαλονικη* 1972.

J.H. Stubblebine, "Byzantine Influence in Thirteenth-Century Italian Panel Painting", Dumbarton Oaks Papers 20 (1966), 85–101.

J. Ph. Thomas, *Private Religious Foundations in the Byzantine Empire*, Washington 1987.

W. T. Treadgold, *Renaissances before the Renaissance*, Stanford 1984.

Ihor Ücenko, *Ideology, Letters and Culture in the Byzantine World.* London, 1982.

V. Vavrinek and B. Zasterova, "Byzantium's Role in the Formation of Great Moravian Culture", Byzantinoslavica 43 (1982), 161–188.

A.P. Vlasto, *The Entry of the Slavs into Christendom: An Introduction to the Medieval History of the Slavs*, Cambridge 1970.

E. Wellesz, *A History of Byzantine Music and Hymnography*, Oxford 1961.

M. Whittow, *The Making of Orthodox Byzantium, 600–1025*, London 1996.

N.G. Wilson, *Scholars of Byzantium*, London 1996.

N.G. Wilson, *From Byzantium to Italy*, London:Duckworth, 1992.

I. Zepos, *Ius Graeco-Romanum*, Athens 1931.

布尔加科夫:《东正教——教会学说概要》,商务印书馆2001年版。

查士丁尼著,张企泰译:《法学总论》,商务印书馆1997年版。

查士丁尼著,徐国栋译:《法学阶梯》,中国政法大学出版社1999年版。

陈志强:《独特的拜占庭文明》,中国青年出版社1998年版。

陈志强:《拜占庭文明探秘》,云南人民出版社2001年版。

哈伊·丹尼斯著,李玉成译:《意大利文艺复兴的历史背景》,三联书店1988年版。

丁枚:《罗马法契约责任》,中国政法大学出版社1998年版。

杜兰著,孙兴民等译:《世界文明史》,东方出版社1999年版。

范明生:《晚期希腊哲学和基督教神学》,上海古籍出版社1998年版。

哈全安:《古典的伊斯兰文明》,中国青年出版社1999年版。

法兰克·卡尔蒂尼编著,张海虹译:《基督教历史》,广东人民出版社2006年版。

玛丽·坎宁安著,李志雨译:《拜占庭的信仰》,北京大学出版社2005年版。

乐峰:《东正教史》,中国社会科学出版社1999年版。

雷诺兹等著,钱乘旦等译:《剑桥艺术史》,中国青年出版社1994年版。

罗竹风主编:《宗教经籍选编》,华东师范大学出版社1996年版。

弗·洛斯基著,杨德友译、吴伯凡审译:《东正教神学导论》,河北教育出版社2002年版。

吕大吉:《西方宗教学说史》,中国社会科学出版社1994年版。

麦克曼勒斯主编,张景龙等译:《牛津基督教史》,贵州人民出版社1995年版。

穆尔著,福建师范大学外语系编译室译:《基督教简史》,商务印书馆1981年版。

任继愈主编:《宗教大词典》,上海辞书出版社1998年版。

孙津:《基督教与美学》,重庆出版社1997年版。

罗德尼·斯塔克著,黄剑波、高民贵译:《基督教的兴起:一个社会学家对历史的再思考》,上海古籍出版社2005年版。

罗金声:《东方教会史》,上海广学会1941年版。

田明:《罗马拜占庭时代的埃及》,天津人民出版社2009年版。

保罗·蒂利希著,尹大贻译:《基督教思想史:从其犹太和希腊发端到存在主义》,东方出版社2008年版。

王其钧编著:《拜占庭的故事》,机械工业出版社2009年版。

王美秀等著:《基督教史》,江苏人民出版社2006年版。

威利斯顿·沃尔克著,孙善玲等译、朱代强校:《基督教会史》,中国社会科学出版社1991年版。

徐怀启:《古代基督教史》,华东师范大学出版社1996年版。

布鲁斯·雪莱著,刘平译:《基督教会史》,北京大学出版社2004年版。

杨真:《基督教史纲》,三联书店1979年版。

于可主编:《世界三大宗教及其流派》,湖南人民出版社1988年、2001年版。

优西比乌著,保罗·梅尔英译,瞿旭彤译:《教会史》,三联书店2009年版。

张绥:《东正教和东正教在中国》,学林出版社1986年版。

张绥:《基督教史》,三联书店1992年版。

赵敦华:《基督教哲学1500年》,人民出版社1995年版。

郑玮:《雅典的基督教化(267—582)》,天津人民出版社2009年版。

卓新平:《世界宗教与宗教学》,社会科学文献出版社1992年版。

5. 人物传记

P.J. Alexander, *The Patriarch Nicephorus of Constantinople*, Oxford 1958.

Anon, *The Deeds of Pope Innocent III*, translated with an introduction and notes by James M. Powell. The Catholic University of America Press, 2004.

Athanasius, *The Life of Antony and the Letter to Marcellinus*, ed.by R.C. Gregg, N. Y. 1980.

J. Barker, *Manuel II Palaeologus (1391–1425): A Study in Late Byzantine Statesmanship*, New Brunswick, N.J. 1969, 1979.

J.W. Barker, *Justinian and the Later Roman Empire*, Wisconsin: the University of Wisconsin Press, 1977.

T. D. Barnes, *Constantine and Eusebius*, Cambridge: Harvard University Press 1981.

A. Brilliantov, *Emperor Constantine the Great and the Edict of Milan*, London 1937.

G. Bowersock, *Julian the Apostate*, London 1978.

J. Burchhardt, *The Day of Constantine the Great*, California 1983.

C. Chapman, *Michael Paleologue restaurateur de l'empire byzantine 1261–1282*, Paris 1926.

M. Cook, *Muhammad*, Oxford 1983.

Adelbert Davids, *The Empress Thophano: Byzantium and the West at the

Turn of the First Millennium, Cambridge: Cambridge University press, 1995.

M.M. Fox, *The Life and Times of Basil the Great as Revealed in His Works*, Washington D.C. 1939.

D. Geanakoplos, *Emperor Michael Palaeologus and the West*, Cambridge 1959.

D.J. Geanakoplos, *Greek Scholars In Venice: studies in the dissemination of Greek learning from Byzantium to Western Europe*, Cambridge: Harvard University Press, 1962.

C. Gordon, *The Age of Attila: Fifth Century Byzantium and the Barbarians*, University of Michigan Press 1960.

James Hankins, *Plato in the Italian Renaissance*, Vol.1, Leiden & New York & Koln: E. J. Brill, 1994.

B. Hill, *Imperial Women in Byzantium, 1025–1204: Power, Patronage and Ideology*, London 1999.

Friedrich Hurter, *Geschichte Papst Innocenz III und seiner Zeitgenossen*, I, 1st ed. 1835; 2nd rev. ed. Hamburg, 1836.

John Kinnamos, *Deeds of John and Manuel Comnenus*, trans. by Charles M. Brand. Columbia University Press, 1976.

A. Lombard, *Constantin V, empereur des Romains (740–775)*, Paris 1902.

R. MacMullen, *Constantine the Great*, London 1970.

Paul Magdalino, *The Empire of Manuel I Komnenos, 1143–1180*, Cambridge 1993.

P.E. Niavis, *The Reign of the Byzantine Emperor Nicephorus I*, Athens 1987.

B. M. Nicol, *The Immortal Emperor*, Cambridge 1992.

D.M. Nicol, *The Byzantine Family of Kantakouzenos*, Washington 1968.

B. M. Nicol, *The Despotate of Epiros, 1267–1479*, Cambridge 1984.

D. Nicol, *A Biographical Dictionary of the Byzantine Empire*, London: Seaby Ltd., 1991.

B. Richards, *Consul of God: the Life and Times of Gregory the Great*, London 1980.

K.M. Ringrose, *Saints, Holy Men and Byzantine Society, 726 to 843*, Rutgers University The State University of New Jersey, Ph.D., 1976.

S. Runciman, *The Emperor Romanus Lecapenus and His Reign. A Study of Tenth Century*, Cambridge 1929.

I. Thomsom, "Manuel Chrysoloras and the Early Italian Renaissance", *Greek, Roman and Byzantine Studies*, Vol.7, No.1, 1966.

Theresa Urbainczyk, *Socrates of Constantinople: Historian of Church and State*, Ann Arbor: University of Michigan Press, 1997.

奥尔森著,吴瑞诚和徐成德译:《基督教神学思想史》,北京大学出版社2003年版。

伯克富著,赵中辉译:《基督教义史》,宗教文化出版社2000年版。

朱庭光主编:《外国历史名人传》,中国社会科学出版社1983年版。

6. 其他

Jean-Claude Cheynet and Claudia Sode edited, *Studies in Byzantine Sigillography 8*, München: K. G. Saur, 2003.

I. Karayannopulos, *Πηγαι της βυζαντινης ιστοριας*, Θεσσαλονικη 1978.

I. Καραγιαννοπουλος, *Χαρται μεσης Βυζαντινης Περιοδου*, Θεσσαλονικη 1976.

D. Obolensky, *Six Byzantine Portraits*, Oxford 1988.

N. Oikonomidis, *Byzantine Lead Seals*, Washington D. C. 1985.

H.W. Parke, *Greek Oracles*, London 1967.

F. Paschoud, *Cinq etudes sur Zosime*, Paris 1975.

G. Schlumberger, *Sigillographie de l'Empire byzantin*, Paris 1884.

W.T. Treadgold, "The Break in Byzantium and the Gap in Byzantine Studies", Byzantinische Forshungen 15 (1990), 289–316.

Sp. N. Trwiano, *Οι πηγε του βυζαντινου δικαιου*, Αϑηνα 1986.

P.D. Whitting, *Byzantine Coins*, New York: G. P. Putnam's Sons, 1973.

Δ. Ζακυϑηνος, *Βυζαντινη κειμενα*, Αϑηνα 1960.

奥古斯丁著,周士良译:《忏悔录》,商务印书馆1987年版。

柏拉图著,郭斌和等译:《理想国》,商务印书馆1997年版。

陈志强:《拜占庭学研究》,人民出版社2001年版。

恩格斯:《自然辩证法》,《马克思恩格斯选集》,人民出版社1985年版。

戈岱司著,耿升译:《希腊拉丁作家远东古文献辑录》,中华书局1987年版。

附录二　重要参考书目

《后汉书·西域传》,上海古籍出版社1986年版。
《旧唐书·西戎传》卷一九八,上海古籍出版社1986年版。
恺撒著,任炳湘译:《高卢战记》,商务印书馆1997年版。
《〈罗斯法典〉译注》,王钺译注,兰州大学出版社1987年版。
《马克思恩格斯全集》,人民出版社1963年版,1975年版,1985年版。
《马克思恩格斯选集》,人民出版社1972年版。
马基雅维里著,李活译:《佛罗伦萨史》,商务印书馆1997年版。
《毛泽东选集》,人民出版社1968年版。
孟德斯鸠著,婉玲译:《罗马盛衰原因论》,商务印书馆1997年版。
苗力田主编:《亚里士多德全集》,中国人民大学出版社1999年版。
普罗柯比著,吴舒屏、吕丽蓉译,陈志强审校注释:《秘史》,上海三联书店2007年版。
《三国志·魏志》,上海古籍出版社1986年版。
《圣经》,中国基督教协会1994年版。
斯奇巴尼选编,张洪礼译:《民法大全选译·公法》,中国政法大学出版社1999年版。
斯奇巴尼选编,黄风译:《民法大全选译·人法》,中国政法大学出版社1995年版。
斯奇巴尼选编,丁玫译:《契约之债与准契约之债》,中国政法大学出版社1998年版。
斯奇巴尼选编,费安玲译:《家庭》,中国政法大学出版社1995年版。
斯奇巴尼选编,费安玲译:《遗产继承》,中国政法大学出版社1995年版。
斯奇巴尼选编,黄风译:《民法大全选译·人法》,中国政法大学出版社1995年版。
斯奇巴尼选编,黄风译:《司法管辖权审判诉讼》,中国政法大学出版社1992年版。
斯奇巴尼选编,黄风译:《正义和法》,中国政法大学出版社1992年版。
斯奇巴尼选编,米健译:《债·私犯之债》,中国政法大学出版社1992年版。
斯奇巴尼选编,范怀俊译:《物与物权》,中国政法大学出版社1993年版。
斯奇巴尼选编,徐国栋译:《债·私犯之债(Ⅱ)和犯罪》,中国政法大学出版社1998年版。
《隋书·食货志》,上海古籍出版社1986年版。

471

塔西佗著,王以铸等译:《编年史》,商务印书馆1997年版。
塔西佗著,王以铸等译:《历史》,商务印书馆1997年版。
塔西佗著,马雍译:《阿古利可拉传》,商务印书馆1997年版。
汤普逊著,谢德风译:《历史著作史》上卷,第一分册,商务印书馆1997年版。

《通典》卷一九三《边防》卷九《西戎》五。
《〈往年纪事〉译注》,王钺译注,甘肃民族出版社1994年版。
希罗多德著,王以铸译:《历史》,商务印书馆1997年版。
西塞罗著,徐奕春译:《西塞罗三论》,商务印书馆1995年版。
西塞罗著,王焕生译:《论义务》,中国政法大学出版社1999年版。
西塞罗著,王焕生译:《论共和国论法律》,中国政法大学出版社1997年版。
夏征农主编:《辞海》,上海辞书出版社1980年版。
修昔底德著,谢德风译:《伯罗奔尼撒战争史》,商务印书馆1997年版。

附录三 拜占庭帝国皇帝年表

君士坦丁大帝	（324—337年在位）	Constantine the Great
君士坦丁二世	（337—340年在位）	Constantine II
君士坦斯	（337—350年在位）	Constans I
君士坦提乌斯二世	（337—361年在位）	Constantius II
尤利安	（361—363年在位）	Julian
约维安	（363—364年在位）	Jovian
瓦伦提尼安一世	（364—375年在位）	Valentinian I
瓦伦斯	（364—378年在位）	Valens
狄奥多西一世	（379—395年在位）	Theodosius I
阿卡狄奥斯	（395—408年在位）	Arcadius
狄奥多西二世	（408—450年在位）	Theodosius II
马尔西安	（450—457年在位）	Marcian
利奥一世	（457—474年在位）	Leo I the Thracian
利奥二世	（473—474年在位）	Leo II
芝诺	（474—491年在位）	Zeno
巴西利斯库斯	（475—476年在位）	Basiliscus
阿纳斯塔修斯一世	（491—518年在位）	Anastasius I
查士丁一世	（518—527年在位）	Justin I
查士丁尼一世	（527—565年在位）	Justinian I
查士丁二世	（565—578年在位）	Justin II
提比略二世	（578—582年在位）	Tiberius II Constantine
摩里士	（582—602年在位）	Maurice
弗卡斯	（602—610年在位）	Phocas

希拉克略一世	（610—641年在位）	Heraclius I
君士坦丁三世	（641—641年在位）	Constantine III
赫拉克洛纳斯	（641—641年在位）	Heraklonas
君士坦斯二世	（641—668年在位）	Constans II
君士坦丁四世	（668—685年在位）	Constantine IV
查士丁尼二世	（685—695，705—711年在位）	Justinian II
利昂提奥斯	（695—698年在位）	Leontios
提比略三世	（698—705年在位）	Tiberios III
菲利皮科斯	（711—713年在位）	Philippikos Bardanes
阿纳斯塔修斯二世	（713—715年在位）	Anastasius II
狄奥多西三世	（715—717年在位）	Theodosius III
利奥三世	（717—741年在位）	Leo III
君士坦丁五世	（741—775年在位）	Constantine V
利奥四世	（775—780年在位）	Leo IV
君士坦丁六世	（780—797年在位）	Constantine VI
伊琳娜女皇	（797—802年在位）	Irene of Athens
尼基弗鲁斯一世	（802—811年在位）	Nikephoros I
斯陶拉基奥斯	（811—811年在位）	Staurakios
米海尔一世	（811—813年在位）	Michael I Rangabe
利奥五世	（813—820年在位）	Leo V
米海尔二世	（820—829年在位）	Michael II
狄奥斐卢斯	（829—842年在位）	Theophilos
米海尔三世	（842—867年在位）	Michael III
巴西尔一世	（867—886年在位）	Basil I
利奥六世	（886—912年在位）	Leo VI
亚历山大	（912—913年在位）	Alexander
君士坦丁七世	（913—920，945—959年在位）	Constantine VII
罗曼努斯一世	（920—944年在位）	Romanos I
斯蒂芬和君士坦丁	（944—945年在位）	Stephen、Constantine
罗曼努斯二世	（959—963年在位）	Romanos II
尼基弗鲁斯二世	（963—969年在位）	Nikephoros II Phokas
约翰一世	（969—976年在位）	John I

附录三　拜占庭帝国皇帝年表

巴西尔二世	（976—1025年在位）	Basil II
君士坦丁八世	（1025—1028年在位）	Constantine VIII
罗曼努斯三世	（1028—1034年在位）	Romanos III
米海尔四世	（1034—1041年在位）	Michael IV
米海尔五世	（1041—1042年在位）	Michael V
佐伊女皇	（1042—1050年在位）	Zoe
君士坦丁九世	（1042—1055年在位）	Constantine IX
狄奥多拉女皇	（1042—1056年在位）	Theodora
米海尔六世	（1056—1057年在位）	Michael VI
伊萨克一世	（1057—1059年在位）	Isaac I
君士坦丁十世	（1059—1067年在位）	Constantine X
罗曼努斯四世	（1068—1071年在位）	Romanos IV
米海尔七世	（1071—1078年在位）	Michael VII
尼基弗鲁斯三世	（1078—1081年在位）	Nikephoros III
阿历克塞一世	（1081—1118年在位）	Alexios I
约翰二世	（1118—1143年在位）	John II
曼努埃尔一世	（1143—1180年在位）	Manuel I
阿历克塞二世	（1180—1183年在位）	Alexios II Komnenos
安德洛尼卡一世	（1183—1185年在位）	Andronicus I
伊萨克二世	（1185—1195年在位）	Isaac II
阿历克塞三世	（1195—1203年在位）	Alexios III
阿历克塞四世	（1203—1204年在位）	Alexios IV Angelos
阿历克塞五世	（1204—1204年在位）	Alexios V Doukas
狄奥多尔一世	（1205—1221年在位）	Theodore I
约翰三世	（1221—1254年在位）	John III
狄奥多尔二世	（1254—1258年在位）	Theodore II
约翰四世	（1258—1261年在位）	John IV Laskaris
米海尔八世	（1259—1282年在位）	Michael VIII
安德洛尼卡二世	（1282—1328年在位）	Andronicus II
米海尔九世	（1294—1320年在位）	Michael IX
安德洛尼卡三世	（1328—1341年在位）	Andronicus III
约翰五世	（1341—1391年在位）	John V

约翰六世	（1347—1354年在位）	John VI
安德洛尼卡四世	（1376—1379年在位）	Andronicus IV
约翰七世	（1390—1390年在位）	John VII
曼努埃尔二世	（1391—1425年在位）	Manuel II
约翰八世	（1425—1448年在位）	John VIII
君士坦丁十一世	（1449—1453年在位）	Constantine XI

图书在版编目(CIP)数据

拜占庭帝国通史/陈志强著.—上海：上海社会科学院出版社,2013

(世界历史文化丛书)

ISBN 978-7-5520-0248-5

Ⅰ.①拜… Ⅱ.①陈… Ⅲ.①拜占庭帝国—历史 Ⅳ.①K134

中国版本图书馆CIP数据核字(2013)第054942号

拜占庭帝国通史
———————————————————

作　　者：	陈志强
丛书策划：	张广勇
插　　图：	艾　瑞、蔡幼声
责任编辑：	张广勇
封面设计：	闵　敏
出版发行：	上海社会科学院出版社
	上海顺昌路622号　邮编200025
	电话总机 021-63315947　销售热线 021-53063735
	http://www.sassp.cn　E-mail:sassp@sassp.cn
经　　销：	新华书店
排　　版：	南京展望文化发展有限公司
印　　刷：	上海颛辉印刷厂有限公司
开　　本：	710毫米×1010毫米　1/16
印　　张：	30.5
插　　页：	2
字　　数：	530千
版　　次：	2013年6月第1版　2023年4月第7次印刷

———————————————————
ISBN 978-7-5520-0248-5/K·199　　定价：75.00元

版权所有　翻印必究